BIG HISTORY
大歷史

跨越130億年時空，
打破知識藩籬的時間旅圖

MAPS OF TIME

An Introduction of Big History

DAVID CHRISTIAN
大衛・克里斯欽

拾已安、王若馨——譯

出版者由衷感謝
阿曼森基金會人文科學基金
（Ahmanson Foundation Humanities Fund）
與
加州大學出版社綜合基金
（General Endowment Fund of the University of California Press Associates）
給予本書所提供的的慷慨捐助

一切有為法，如夢幻泡影，
如露亦如電，應作如是觀。

——《金剛般若波羅蜜經》

目次

前言

《Big History大歷史：跨越130億年時空，打破知識藩籬的時間旅圖》將自然史與人類的歷史結合成一篇獨一無二、宏偉壯麗而又清楚易懂的故事。這項偉大的成就，猶如牛頓在十七世紀運用等速運動定律將地球與天體彼此統合，甚至能與達爾文在十九世紀利用單一進化過程把人類與其他生命形式結合在一起的成就相提並論。

大衛・克里斯欽在本書第一章所涉及的自然史，根本就是早期博物學的延續與轉化。這段歷史大約起始於一百三十億年前的大爆炸（the big bang），而根據二十世紀宇宙學家的推測，我們所居住的宇宙就是從那時候開始擴張及變化。隨著時間與（也許再加上）空間開始出現，物質與能量彼此分離、以不同的密度散布在整個空間當中，不同的能量流造成強弱不等的作用力，而這樣的過程一直持續到現在。物質在引力的作用下凝結成許多局部團塊，變成了光芒四射的恆星，並匯集而成各個星系，圍繞著這類結構的周圍便出現了新的複合體與能量流。接著，約莫在四百六十萬年前，環繞著某顆恆星（也就是我們的太陽）旋轉的行星——地球——形成了，並很快就成為一切生命形式進行更複雜演化過程的所在地。僅僅到了二十五萬年前，人類才又新增了另一種層次的行為能力：運用語言與其他符號，形成了一種克里斯欽所說的「集體學習」（collective learning）。這就讓此後的人類社會擁有共同協作的獨特能力，對於各自周圍的生態系統進行改變，並陸續拓展出各不相同的生態區位，時至今日，形成了圍繞著我們的單一全球體系。

克里斯欽以這種方式將人類的歷史納入了近來才被詳盡闡明的宇宙自然史範圍，也算是二十世紀的一項知識創舉。因為就在物理學家、宇宙學家、地質學家與生物學家嘗試對自然科學賦予歷史性描述的同時，人類學家、考古學家、歷史學家與社會學家也忙著拓展人類如何在地球上大展身手的相關知識。他們的研究溯及既往，範圍幾乎擴及整個地表，涵蓋了採集食物的族群、早期農民以及一些未能留下文字紀錄而被排除於十九世紀以文獻為憑的「科學史觀」之外的其他民族。

多數歷史學者並不關注「史前階段」（prehistory）或那些不諳讀寫的族群過著什麼樣的生活，而只是一如既往地忙著自己專業領域裡的論證。綜觀整個二十世紀，這些論證以及對於大量歐亞民族和一些非洲和美洲印第安民族文獻的研究，不僅大幅增加了歷史資料的總體數量，同時也擴展了我們對於地球上那些都市化、懂讀寫和已開化民族之成就的認識。有些世界史歷史學者，就如同我本人這樣，曾試圖彙整這些研究，以期能更適切地以宏觀角度來描述人類的偉業；有些歷史學家也探討過人類活動對生態的影響。我甚至還寫過一篇綱領性的論文〈歷史與科學世界觀〉（"History and the Scientific Worldview", in *History and Theory* 37, no. 1 [1998], pp.1-13）來描述自然科學已出現的進展；我還向歷史學家提出挑戰，要他們大膽歸納，將自身的學門與早已暗中進行的自然科學歷史化結合在一起。有好些個學者，事實上，也正在朝這個目標努力。但在我開始與大衛・克里斯欽互通書信時，才知道已經有歷史學者正在撰寫這麼一部著作了。

克里斯欽的成就真正讓人感到驚訝之處在於他在每個層面都找到了類似的轉換模式。例如，關於恆星與城市，他是這麼描述的：

在宇宙初開之時，引力吸住了原子，並將它們塑造成諸多恆星與星系。在本章所敘述的年代裡，透過某種社會的引力，我們會看到零散的農民社群如何被形塑成城市與國家。隨著農業人口聚集成數量更大、密度更高的社群，不同團體間的互動增加、社會壓力上升，這點與恆星的形成有極其驚人的相似之處，爾後新的結構、連同新層次的複雜性因此倏然出現。與恆星一樣，城市與國家會重新組合，並為其重力場內的較小個體提供能量。

他在這本非比尋常的著作結尾，也提出了值得仔細斟酌的說明：

身為複雜的生物，我們從個人的經驗得知，要從下行的電扶梯往上走，對抗宇宙陷入無序狀態的趨勢有多麼困難，所以我們不免對其他似乎面臨相同狀況的各種實體深感興趣。因此，「達成有序狀態」這個主題——儘管存在著熱力學第二定律（也或許在它協助下才得以達成）——穿插於整本書的各篇敘事當中。混沌與複雜性兩者迴旋共舞著永無止境的華爾滋，給本書提供了一個統一性的概念。

我得不揣冒昧地說，克里斯欽在「混沌與複雜性兩者迴旋共舞著永無止境的華爾滋」當中所發現的秩序，不僅是一個統一性的主題，而且也是這部作品的最高成就。

話說回來，這就是一部兼具歷史性與知識性的代表作：清楚、連貫、博學、優雅、大膽與簡潔。它替讀者巧妙地綜合了過去數百年裡學者與科學家對我們周遭世界的了解，它還呈現出，不管我們擁有多麼非凡的能力、獨特的自我意識與永不枯竭的集體學習才能，人類社會依然是自然的一部分、在宇宙裡擁有恰如其分的一塊地方。這是多麼奇特但又意味深長啊。

或許我應該稍微談談大衛・克里斯欽這個人，來作為這段介紹的總結。首先，他擁有跨越國界的身分：父親是英國人、母親是美國人，兩人在土耳其伊茲密爾（Izmir）相識、並共結連理。不過，他的母親在一九四六年回到紐約布魯克林生下他，而她的丈夫則從英國軍方退役、加入了殖民地部隊，成為奈及利亞的一名地區指揮官。旋即他的母親也來到那裡與他父親團聚，因此大衛的童年就在奈及利亞的內陸地區度過。他七歲那年離家前往英國的寄宿學校求學，而後順理成章地進入了牛津大學攻讀現代史，並在一九六八年取得文學學士學位。（在牛津，這意味著要能對一些個別的歷史領域十分精熟：從羅馬時代以降的英國歷史和歐洲歷史中零星的其他領域，甚至還包含了幾十年的美國斷代史這種恰恰與「大歷史」對立的東西。）隨後兩年，他在加拿大西安大略大學（University of Western Ontario）擔任助教，並取得了文學碩士學位。到那個時候，他已經決定要專攻俄羅斯歷史，於是又重回牛津大學。一九七四年，他以一篇沙皇亞歷山大一世推動行政改革的論文取得了博士學位。他與他的父親一樣都娶了美國籍妻子，夫妻倆育有兩名子女。

在一九七五至二〇〇〇年間，他在澳洲雪梨的麥覺理大學（Macquarie University）教授俄羅斯歷史以及關於俄羅斯文學、歐洲歷史的課程。在法國年鑑學派的影響下，他的興趣轉向了俄羅斯人民的日常生活，結果使他完成了兩部有關俄羅斯人民飲食的著作：《麵包和鹽：俄羅斯飲食社會經濟史》（*Bread and Salt: A Social and Economic History of Food and Drink in Russia*, 1985，與R. E. F. 史密斯合著）以及《活水：解放前夕的伏特加與俄羅斯社會》（*Living Water: Vodka and Russian Society on the Eve of Emancipation*, 1990）。這些著作讓他很快就獲得邀約，再撰寫了更多一般性論述的作品：

先是出版了《權力與特權：十九世紀與二十世紀的俄羅斯與蘇聯》（*Power and Privilege: Russia and the Soviet Union in the Nineteenth and Twentieth Centuries*, 1986），然後是《俄羅斯、中亞與蒙古史》第一卷：《從史前到蒙古帝國時期的歐亞內陸史》（*A History of Russia, Central Asia, and Mongolia, volume I, Inner Eurasia from Prehistory to the Mongol Empire*, 1998）的問世。

這些後期作品在時空上的廣泛跨度，反映出他早於一九八九年就展開的教學冒險行動；當時麥覺理大學正在討論應該給學生開設什麼類型的歷史導論課程，而克里斯欽便脫口而出，說道：「為什麼不從宇宙的起源講起呢？」當下同事們就請他講講自己的看法。有別於其他歷史學者過往嘗試以整體地球為框架來講授人類歷史的做法，克里斯欽決定從宇宙本身講起；在各自講授本身科學專業的其他系科同事襄助之下，他跌跌撞撞地走過了自己戲稱為「大歷史」元年的第一年。

從一開始，大歷史就吸引了大量學生的支持，並很快就轉化成了熱情。然而最早出現反應最積極專業讀者的地方卻是在荷蘭和美國；在那兒，大衛・克里斯欽所作所為的相關訊息鼓舞了少數具有冒險精神的教師，讓他們也紛紛開設了類似的課程。世界歷史協會（World History Association）與美國歷史協會（American Historical Association）為了對此表示重視，也分別在一九八八年的年會專門設立了探討大歷史的議程。三年後，大衛・克里斯欽受邀來到聖地牙哥州立大學，繼續講授他的大歷史。

他在其他的專業愛好方面仍然相當活躍。他還持續撰寫《俄羅斯、中亞與蒙古史》第二卷；同時進行中的還有一份報告，談論有關在一九二〇年代初期達到高峰的俄羅斯禁酒運動。在空暇之餘，大衛・克里斯欽也撰寫了好些有關歷史與其他各種學科規模化研究的重要論文。總之，他就是一位精力旺盛、勇於創新且成就非凡的歷史學家。

您即將仔細閱讀這本書，也將獲得絕佳的體驗。請展書閱讀、詫異驚嘆、擊節讚賞吧。

威廉・麥克尼爾（William H. McNeill）

二〇〇二年十月二十二日

謝辭

像這樣的研究項目，會讓人養成收集零碎東西的癖好。你如飢似渴的蒐集各種概念與資料；而在不久之後，你可能就開始忘記自己如何向各種專門領域偷取知識的細節。我何其有幸，有許多素有名望的學者，仍願慷慨付出時間與我分享各種觀念。令我尤其獲益良多的，當屬我度過大半職業生涯的兩所學校：雪梨麥覺理大學與加州聖地牙哥州立大學。我想盡可能一一感謝自己所承受的人情，但卻未能面面俱到，因為實在族繁不及備載。他們的各種建議、研究方法與著作引證都已被我妥善的收藏在內心深處、但我卻記不得來自於何處；有時甚至還會不由得想把它們當成是自己的發現。發生這種記憶上的偏差（且我相信這還不在少數），我也只能致上深深的歉意，並一併向耐著性子與我討論規模化歷史問題的朋友與同事們道謝，這些問題已讓我為之魂牽夢縈了十多年。

我要特別感謝查蒂（Chardi），她是專業作者，也是榮格心理學派的信徒。她使我相信自己在上課教給學生的其實是個「創世神話」。我也要感謝在加州大學聖塔克魯茲分校教授「大歷史」課程的泰瑞・布魯克（Terry Edmund Burke）。他讓我了解試著撰寫大歷史教科書的時機已經到來，希望能藉此鼓勵其他人也來開設類似的課程。此外，他也對本書的初稿提供了極為珍貴（雖然有時也著實讓人難受）的批評。他總是不斷鼓舞著我。

尤其要感謝的是，我從一九八九至一九九九年在麥覺理大學任教的這段期間裡，所有講授或教授過大歷史課程的老師。請容我按姓氏字母順序將他們羅列如下：大衛・艾倫（David Allen）、邁克・阿徹（Michael Archer）、伊恩・貝德福德（Ian Bedford）、克雷格・班杰明（Craig Benjamin）、傑里・本特利（Jerry Bentley）、大衛・布里斯科（David Briscoe）、大衛・卡希爾（David Cahill）、傑夫・考林（Geoff Cowling）、比爾・艾德蒙茲（Bill Edmonds）、布萊恩・費根（Brian Fegan）、迪克・弗羅德（Dick Flood）、萊頓・佛雷波（Leighton Frappell）、安妮特・漢彌爾頓（Annette Hamilton）、默文・哈特維希（Mervyn Hartwig）、安・韓德森—塞勒斯（Ann Henderson-Sellers）、艾德恩・賈奇（Edwin Judge）、馬克斯・凱利（Max Kelly）、伯納德・納普（Bernard Knapp）、約翰・科尼格（John Koenig）、吉姆・柯恩（Jim Kohen）、山姆・劉（Sam Lieu）、大衛・馬林（David Malin）、約翰・梅爾森（John Merson）、洛德・米勒（Rod Miller）、尼克・莫杰斯卡（Nick Modjeska）、馬克・諾曼（Marc Norman）、鮑勃・諾頓（Bob Norton）、榮恩・帕頓（Ron Paton）、大衛・菲利浦斯（David Phillips）、克里斯・包威爾（Chris Powell）、卡羅林恩・羅爾斯頓（Caroline Ralston）、喬治・羅增斯（George Raudzens）、史蒂芬・蕭塔斯（Stephen Shortus）、艾倫・索恩（Alan Thorne）、泰瑞・韋德斯（Terry Widders）、麥克・威廉斯（Michael Williams）。同時，我還要感謝麥覺理大學在我寫作本書初稿之際所惠予的學術研究假。

有些人一直非常支持大歷史的觀點，他們也親自講授過大歷史課程。約翰・米爾斯（John Mears）大約與我同時開始講授這類課程，而且始終熱情洋溢的支持這個觀點。湯姆・格里菲斯（Tom Griffiths）和他的同事也曾於一九九〇年代初期在蒙納許大學（Monash University）開過一門大歷史課程。約翰・高茲布洛姆（Johan Goudsblom）在阿姆斯特丹大學（University of Amsterdam）

開了一門這樣的課，而且也一直很熱心的支持這項研究。他的同事弗雷德・史畢爾（Fred Spier）撰寫了第一本談論大歷史的著作（《大歷史的構成：從大爆炸至今》（*The Structure of Big History: From the Big Bang until Today*, 1996）），宏觀巧妙的論述了結合社會科學與自然科學的「大統一理論」（grand unified theory）結構。其他曾對這項研究表示感興趣、給予支持，或開設過類似課程的還有喬治・布魯克斯（George Brooks）、艾德蒙・伯克三世（Edmund Burke III）、馬克・裘克（Marc Cioc）、安・科托伊斯（Ann Curthoys）、格雷姆・戴維森（Graeme Davidson）、羅斯・鄧恩（Ross Dunn）、阿圖羅・吉爾迪茲（Arturo Giráldez）、比爾・李貝特（Bill Leadbetter）、海蒂・露普（Heidi Roupp）。一九九八年一月在西雅圖舉行的美國歷史協會年會上，阿諾・施里爾（Arnold Schrier）主持了一場有關大歷史的專題討論，我本人、約翰・米爾斯和弗雷德・史畢爾都發表了論文，而派翠西雅・歐尼爾（Patricia O’Neal）鞭闢入裡的評論也表現出了相當支持的態度。二〇〇二年一月在舊金山舉辦的美國歷史協會年會上，葛爾・史杜基斯（Gale Stokes）邀請我參加了一場主題為「尺度之作用」（the play of scales）的專題討論，共同探討大歷史相關議題。

有些人曾經閱讀或指教過本書部分的書稿。除了前面已經提到過的之外，還有伊麗莎白・科布斯・霍夫曼（Elizabeth Cobbs Hoffman）、羅斯・鄧恩、派翠西雅・法拉（Patricia Fara）、厄尼・葛林斯哈伯（Ernie Grieshaber）、克里斯・勞埃德（Chris Lloyd）、溫頓・希金斯（Winton Higgins）、彼得・曼西茲（Peter Menzies）、路易斯・施瓦茨科普夫（Louis Schwartzkopf）。一九九〇年，庫瓦琴科教授（Professor I. D. Koval’chenko）邀請我到莫斯科大學（Moscow University）作了一場大歷史的演講；瓦雷里・尼可拉耶夫（Valerii Nikolayev）也邀請我到莫斯科東方研究所（Institute of Oriental Studies）發表談話。史蒂芬・曼耐爾（Stephen Mennell）大約在十年前曾邀我到他召開的研討會上發表大歷史論文，會中艾瑞克・瓊斯（Eric Jones）也給我提供了寶貴的意見回饋。彭慕蘭（Kenneth Pomeranz）不僅寄給我一章當時他還未出版的《大分流》（*The Great Divergence*, 2001）書稿，並邀我到加州大學爾灣分校發表大歷史的演說。這些年來，我在許多大學進行了大歷史專題演講，其中包括澳洲麥覺理大學、蒙納許大學、雪梨大學、墨爾本大學、紐卡索大學（University of Newcastle）、伍倫貢大學（University of Wollongong）、西澳大學（University of Western Australia）；美國加州大學聖塔克魯茲分校、明尼蘇達州立大學曼卡托分校（Minnesota State University, Mankato）、印第安納大學布魯明頓校區（Indiana University, Bloomington）；加拿大維多利亞大學（Victoria University）；英國紐卡索大學（Newcastle University）、曼徹斯特大學（Manchester University）。我與約翰・安德森（John Anderson）曾為了一篇探討權力與財富最大化社會的論文合作了將近兩年的時間。儘管論文尚未發表，但與他合作，讓我對過渡到現代的過程產生了許多新的深刻見解。

從一九九九年九月送出若干份本書初稿以供審查之後，我從其他一些同事那兒也得到了大量的批評與指教。按姓氏字母順序羅列，他們依次為：艾弗瑞・克羅斯比（Alfred Crosby）、阿圖羅・吉爾迪茲、約翰・高茲布洛姆、馬妮・休斯—沃靈頓（Marnie Hughes-Warrington）、威廉・麥克尼爾、約翰・米爾斯、弗雷德・史畢爾、馬克・維爾特（Mark Welter）。我還要感謝加州大學出版社幫我找了兩位以上的匿名審稿者。二〇〇〇年，馬妮・休斯—沃靈頓與我進行了大歷史課程的協同教學，並提供了許多寶貴的建議。身為編年史學家，她確實能夠提醒我先前所忽略了的研究主題中的編年史意涵。威廉・麥克尼爾長期以來與我保持著頻繁的書信往來，共同討論本書的初稿。他的批評指教既有鼓勵也有針砭，從而讓我形塑出自己的諸般概念。特別值得一提的是，他要我更加正視世界史當中網路交流的作用。

我還要感謝那許許多多在麥覺理大學修過我HIST 112：「世界史概論」的學生，以及在聖地牙哥州立大學上過我HIST 411：「世界史師資班」的學員和HIST 100：「世界史」的學生。他們所提出的疑問，讓我得以時時專注於重要的事項上頭。我尤其感謝那些告訴我他們在其他我不知道的書籍裡、或在網際網路上找到的訊息或新發現的學生；還有那些喜愛這門課程，而讓我覺得自己如此投入確實相當值得的學生們。

我還要特別感謝加州大學出版社的員工，其中包括了林恩・威西（Lynne Withey）、蘇珊娜・諾特（Suzanne Knott）以及其他人等。愛麗絲・福克（Alice Falk）幫我編輯校訂書稿，工作做得極其全面而徹底。他們既專業、又有禮，而且幽默風趣，大大緩解了將書稿編纂成書時，既錯綜複雜、而有時還讓人備感艱困的過程。

以一部如此規模的作品來說，任何我所感謝提供給我幫助與支持的人，無疑都不應因書中的誤謬而受到責難；同時，也不能夠假定他們都得同意本書的論點。在寫作之初，我就固執的排拒了許多善意的批評，因此在資料、詮釋與持論公允方面若存有錯誤，我將一肩扛起所有的責任。

希望查蒂、約書亞（Joshua）與艾蜜莉（Emily）能將本書當成是我送給他們的禮物，也算是對於他們多年來一直作為我的禮物的小小回報。

大衛・克里斯欽

二〇〇三年一月

二〇一一年版序言

《Big History大歷史》出版於二〇〇四年。我很開心的是，大家對它還滿客氣的。這讓我很訝異，因為我還猜想著，特別是歷史學家，應該會排斥這種全都以時代為主軸來談論「普世史」的概念。持懷疑態度的人所質疑的當然就是有關大歷史的概念，以及大量對特定文本吹毛求疵的批評；然而大多數的評論者似乎都確信這個研究項目並非荒誕不經，確實可能帶來一些有趣的見解。有些人滿腔熱情，把大歷史看成一個歷史學術研究令人雀躍的嶄新領域。全世界的歷史學家都格外慷慨的表達了他們支持，而這份慷慨也反映在《Big History大歷史》獲頒二〇〇五年西方歷史協會（Western History Association）年度最佳世界歷史圖書獎的殊榮上。同時《Big History大歷史》也走向了國際社會、被翻譯成西班牙文和簡體中文，代表了現在已經可以用三種世界最主要的語言來閱讀本書。而且，韓文版本的翻譯也正如火如荼的進行當中。

從二〇〇四年以來，大家對大歷史的興趣已大為增加，而到了現在，其實大歷史已經被當成是個迅速崛起的教學與學術研究領域。這股熱潮的一些想法可以從羅柏安（Barry Rodrigue）、弗雷德・史畢爾與丹尼爾・史塔斯科（Daniel Stasko）所編纂的參考書目裡窺見一二；書目可在國際大歷史協會（International Big History Association）的網站www.ibhanet.org取得。最近的一些作品有辛西婭・布朗（Cynthia Brown）對於大歷史所做的重要綜覽，以及弗雷德・史畢爾的*Big History and the Future of Humanity*，此書對大歷史建構了豐富理論基礎。❶我在二〇〇七年幫美國教學公司（The Teaching Company）錄製了一套大歷史的講座課程；此外，我與辛西婭・布朗和克雷格・班杰明共同撰寫了一部大歷史的大學教科書，將在二〇一二年問世。

雖然自己的想法從二〇〇四年以來持續有所改變，但我對《Big History大歷史》的基本論點仍感到滿意，對於大歷史的定義和焦點也變得愈來愈清晰。比方說，區辨大歷史與世界史有何差異的最關鍵因素顯然在於它那跨學科領域的本質，以及從隱藏在不同歷史導向的學科裡對過去的各種描述背後找出潛在的統一性。大歷史所研究的是跨越了物理學、天文學、地質學、生物學和人類歷史的整體過往。在這麼做的時候，它所尋求的是某些共同的主題、典範與方法，還要更清楚地理解各主題之間的差異，以及不同領域歷史學術研究的各種典範。

有些概念在《Big History大歷史》裡已經出現，卻未有充分的發揮論述，因為那些都還需要更清晰的定義——不管是在我自己的心裡，或在這個領域裡其他同事的努力成果當中。例如：

・弗雷德・史畢爾以自己早期的研究和艾瑞克・伽森（Eric Chaisson）的研究成果為基礎，在*Big History and the Future of Humanity*這本書裡進行了顯然是到目前為止最複雜的嘗試，試圖替大歷史建構出一個主題式的架構。他小心翼翼地把複雜性日益增長的概念和相關的能量流主題與適居帶條件（goldilocks conditions）連結在一起——這個概念所指的就是，只有在相當明確的「邊界條件」（boundary conditions）與非常特別的狀況下，複雜性才有增加的可能。在此呈現廣泛的理論觀點，有助於賦予大歷史所講述的故事更大的深度與連貫性。

・我曾探討過，精密計時革命——也就是說，以新的方法給過去的事件進行絕對日期定年的演變發展——是個邁向大歷史發展的關鍵步驟。❷在二十世紀中葉之前——赫伯特・喬治・威爾斯（H. G. Wells）曾經在一九二〇年代就這麼承認過——我們別想幫整體宇宙寫出一套嚴謹而具科學性的歷史，因為絕對日期定年當時仍須仰賴書寫的文字，所以就只能回溯到幾千年以前而已。這或許也就說明了為何人們習於認定「歷史」其實所指涉的就是擁有讀寫能力的人類社會的歷史。只有到了一九五〇年代，隨著碳十四定年法和相關定年技術的問世，大歷史的探討才算出現了一線曙光。

・目前也已經有相當多有關大歷史歷史學、以及如何將這個領域融入整體歷史思維演變發展的討論。我本身在〈普世史的回歸〉這篇文章裡也對這件事進行了一番通盤考量的嘗試。❸克雷格・班杰明曾在這個主題一系列文章的導言裡作了一番相當精采的描述，說明了大歷史演化轉變的狀況。❹

大歷史讓人感到最過癮的，應該就是它那與生俱來全面而整體地本質。在大歷史的範疇裡，人類與我們首度邂逅時的身分是一個單一的物種，而且一直要到很晚近的時候，國家或文明的視角才在這樣的觀察當中脫穎而出。因此，大歷史所呈現的是一種能夠真正全面而整體的描繪出人類過往的觀點、而不是與國家的觀點綑綁在一起的東西；這樣的描述就像有用的科學一樣，不管是在首爾、新德里或布宜諾斯艾利斯，應該都要像在倫敦或紐約一樣一體適用才對。

還有，許多層出不窮的新概念也都充分地表現出大歷史獨特的觀點。其中最具影響力的，當屬一九九五年諾貝爾化學獎得主、氣候學家保羅・克魯岑（Paul Crutzen）所提出來的概念。他認為我們現在已經進入到「人類世」（Anthropocene）這個嶄新的地質年代；這是地球史上首度出現由單一物種，也就是我們，來主導生物圈形塑的年代。[5]那種對於當今世界的展望，與大歷史對於人類歷史固有的生態描述十分契合。

從二〇〇四年以來，在這個領域裡就一直都有一些重大的組織化發展。大學大歷史課程的開課數量遽增，而全世界現在也許至少開了五十幾門這樣的課程。在辛西婭・布朗的支持與鼓勵之下，位於加州聖拉菲爾的多明尼克大學（Dominican University）（舊金山附近）已率先將大歷史列為大一新生的基礎課程。二〇一一年四月，旨在將大歷史發展成研究教學領域的學術機構——國際大歷史協會正式成立。羅柏安與丹尼爾・史塔斯科已從國際大歷史協會網站可取得的論文裡追查了大歷史教學與學術研究快速發展的狀況，而且國際大歷史協會也將在二〇一二年四月於密西根主辦第一屆重要的國際大歷史研討會。[6]二〇一一年三月，建構免費網路線上學習的中學生大歷史課程大綱「大歷史計畫」（Big History Project）上線啟用。[7]有許多間接的跡象顯示，大歷史漸漸找到了吸引廣大群眾的方式。在阿姆斯特丹，大歷史十多年來一直都是公共辯論的主題，起因就在於阿姆斯特丹大學引進了大歷史課程，以及威廉・麥克尼爾於一九九六年獲頒了伊拉斯謨獎（Erasmus Prize）的緣故。弗雷德・史畢爾與羅柏安追蹤了對這個領域有興趣的教師與學者，結果發現有不少人正從事與大歷史目標關係密切的課程或研究計畫。

然而，儘管有這麼些欣欣向榮的跡象，這個領域仍有好長的一段路要走。不同學門間的傳統邊界仍受到嚴格的控制，而且有時防衛時的攻擊性更令人咋舌。這或許有助於我們了解，儘管現在已經有大量的大歷史學術研究，而且大歷史也可望拓展出令人雀躍的新研究議題（包括了複雜性與能量流的意義，以及資訊在跨越許多不同學門時所扮演的角色），但是在這個領域裡依然沒有出現大型的跨學科整合式的研究項目。在我撰寫這篇序言時，在大歷史方面還只有一項正式的大學職務任命（弗雷德·史畢爾任職於阿姆斯特丹大學），而且也只有一小群研究生在從事大歷史的研究（其中有三位目前就讀於雪梨麥覺理大學）。中學也已經開始進行大歷史課程的教授。但仍有待觀察的是，有多少學校與教育部門能拿定主意，認同教授大歷史能幫助學生理解現代知識表面下潛藏的統一性與一致性，並能夠領會在真正跨學門整合式思維與教學裡所發掘到強大的知識綜效作用。

我對大歷史能否蓬勃發展深具信心，部分是因為它顯然是有這樣的本事，就像完形轉換（gestalt switch）一樣，可以協助學生與學者用新的方式來關照熟悉的事物。另一個讓我深具信心的原因，就在於過去二十多年來，有一小群協助建構起這個領域的學者所奉獻的精力、智慧、慷慨與冒險精神。建構大歷史，還真的是集體學習的具體實踐。

最後，我要向威廉·麥克尼爾致上感謝之忱。他用自己無上的威信參與到這個歷史學術研究的領域當中來；而即使在十年前，這似乎都還是個相當非主流的領域。他對大歷史的支持已充分說服了歷史學家，不僅讓他們相信這個研究項目饒富趣味、具啟發性且十分重要，而且他們也可以從擴展自己對於「歷史」究竟意欲為何的展望而得到更多的收穫。

大衛·克里斯欽於麥覺理大學

二〇一一年四月

注釋

❶ Cynthia Brown, *Big History: From the Big Bang to the Present* (New York: New Press, 2007); Fred Spier, *Big History and the Future of Humanity* (Maldan, Mass., and Oxford: Wiley-Blackwell, 2010).

❷ David Christian, "Historia, Complejidad y Revolución Cronométrica, "（歷史，複雜性和斷代法的革命） *Revista de Occidente* 323 (April 2008): 27-57; Christian, "The Evolutionart Epic and the Chronometric Revolution, " in *The Evolutionary Epic: Science's Story and Humanity's Response*, eds. Cheryl Genet, Brian Swimme, Russell Genet, and Linda Palmer (Santa Margarita, Calif.: Collins Foundation Press, 2009), pp. 43-50; Christian, "History and Science after the Chronometric Revolution, " in *Cosmos and Culture: Culture Evolution in a Cosmic Context*, eds. Steven J. Dick and Mark L. Lupisella (Washington, D.C.: NASA, 2009), pp. 441-62.

❸ David Christian, "The Return of Universal History, " theme issue, *History and Theory* 49 (December, 2010): 5-26.

❹ 參照http://worldhistoryconnected.press.illinois.edu/6.3/index.html。

❺ 簡短的介紹可參閱David Christian, "The Anthropocene," *Berkshire Encyclopedia of World History* (Great Barrington, Mass.:Berkshire Publishing, 2010, 2nd ed.）；以及S. Will, P. J. Crutzen and J. R. McNeill, "The Anthropocene: Are Humans Now Overwhelming the Great Forces of Nature?" *Ambio* 36.8 (December 2007): 614-21。

❻ 參閱網站 www.ibhanet.org。

❼「大歷史」網站可參閱www.bighistoryproject.com。

導言

現代的創世神話？

大歷史：以所有的時間尺度回顧過往

研究歷史的方法，就是把它看成一段漫長的持續時間，也就是我稱之為「長時段」（longue durée）的概念。那不是唯一的方法，卻可能涉及諸般從古至今關於社會結構的大問題。它是唯一的一種語言，能讓歷史與現在產生連結，並創造出一個不可分割的整體。

普遍世界史理解過往人類生活的角度，並不在於特殊的關係與趨勢，而是在於詳盡與整體性。❶

片刻的停歇——在瞬息之際品嘗
來自荒漠中泉源的存在——
瞧吧！——幽靈般的篷車商隊已經抵達了
當初啟程的虛無——噢，快點兒吧！❷

就如同在大型沙漠篷車商隊裡的商人一樣，我們得知道自己要去哪兒、來自何方，還有與我們同行的夥伴是誰。現代科學讓我們明白了，這樣的篷車商隊規模龐大、成分多元，同行的旅人包括了許多奇特的生物，小自夸克、大至星系，不一而足。我們也深知這趟旅程從哪裡開始、往哪裡行進。在這些方面，現代科學可以幫我們解答一些內心最深處的疑問，也就是有關我們自身、以及我們優遊於其中的宇宙是否存在的問題。它能幫我們在個人化與普遍性之間做出我們不得不做的區隔。

「我是誰？哪裡是我的歸屬？我所隸屬的整體又是什麼？」一透過某種形式，所有的人類社群都會提出這些疑問。而在大多數的人類社會裡，教育體系、無論正規與否，都一直試著要回答這些問題，而答案往往都被嵌入各種創世神話當中，藉由令人印象深刻的權威性描述來說明一切事物的起源——從我們自己的社群，到我們周邊的動植物和地景，再到整片大地、月亮與天空、甚至宇宙本身——創世神話提供給我們通用的座標；大家可以透過這樣的座標系統想像自己的存在，並且在更大的架構裡找到自己所扮演的角色。創世神話的威力強大，因為它滿足了人們在深層的精神、心靈與社會需求上都需要的自我定位和歸屬感。因為它們提供了如此重要的功能，因此往往也就被整合到最深層次的宗教思維當中，如同猶太—基督—伊斯蘭傳統中的創世紀故事一樣。現代社會的許多奇怪特點之一就是：儘管我們已經能夠比早期社會取得更多的可靠資訊（hard information），但是現代教育體系裡卻往往不教授這些資訊，相反的，從中小學、大學到研究機構，有關起源的教學都是欠缺系統的斷簡殘篇。我們似乎無法提供一套統整的解釋來說明事情是怎麼變成目前這個樣子的。

我之所以撰寫這本書，就是認為這種知識上的謙虛殊不必要，甚至有害無益。我說它不必要，是因為足以形成現代創世神話的要素都已隨手可得；說它有害無益，是因為它使現代人難以找到方向，也就是法國先驅社會學家涂爾幹（Émile Durkheim）所說的「失範」（anomie）：一種無所適從的感覺，那些不明白自身處於什麼樣的整體當中的人，都無法避免陷入這種狀態。

《Big History大歷史》試圖彙整出一個連貫而易懂的起源解釋，也就是現代創世神話。這原本是我在雪梨麥覺理大學教授一門實驗歷史課程時的講課內容。該課程目標在於：是否能在現代世界裡用許多不同的尺度來講述一個具有一貫性的起源故事，從宇宙的起源開始，一路講到現代為止。我希望每一種尺度的敘述都能夠為整體概念加一點新的東西，並有助於理解其他所有尺度的敘述。對於現代歷史學界習以為常的做法而言，這是個非常冒失而自以為是的想法。然而結果卻證明了這居然行得通，著實令人驚喜，甚至要比我原本認為的還要有趣。這段導言的部分任務，就是要證明這種有關過去的獨特思維與教學方式是有道理的。

我在一九八九年開始教授「大歷史」；兩年後發表了一篇論文，試著替這種研究方法提出正式的辯護。❸儘管知道這個研究項目相當奇特，但我們這些嘗試教授大歷史的人在不久後便深信不疑，認為這些大問題非常適合在課堂裡探討、讓課程饒富趣味，而且還可以更有效地思索歷史的本質。講授這樣的大故事使得我們相信，在現代知識令人敬畏的多樣性與複雜性遮掩下，潛藏著一種統一性與連貫性，能讓不同的時間尺度彼此確實可以相互對話。總體而言，這些故事都具有傳統創世神話的力量與豐富性。它們形構了澳洲土著或許會稱之為現代「夢境」的東西——對於我們如何被創造出來、如何融入到整個架構當中，提出了一種連貫性的解釋。

我們還發現了其他一些多數前現代社會都已知道的東西：每一種企圖解釋整體現實的故事——無論解釋得成不成功——都具有一種驚人的力量；大歷史這個研究項目本身的威力就很強大，而且還能滿足深層的需求。對我來說，嘗試把過去當成整體來看待，就像是使用世界地圖一樣。不會有哪個地理學家只拿街道地圖來進行教學的。然而，大多數歷史學家在講授特定國家、甚或特定農業文明的歷史時，根本就不曾問過：把過去當整體看待會是什麼樣貌。那麼，相當於世界地圖的時間尺度會是什麼呢？有沒有一種時間地圖，可以用各種比例尺來把過去涵蓋在內呢？

此刻正是提出這類問題的絕佳時機。因為零散地解釋現實的方法已主宰學術界達一世紀之久，有愈來愈多人意識到必須進行跨學科的解釋才行。科學家在這方面的進展最為迅速。霍金在《時間簡史》（*A Brief History of Time*, 1988）這本書所取得的成就，顯示了一般大眾對於了解整體現實的濃厚興趣。在霍金本身專業領域的宇宙學當中，「大統一理論」（grand unified theory）的概念曾一度因為過於雄心勃勃而惹人訕笑，然而到現在卻已經被視為理所當然。從一九六〇年代開始，生物學與地質學也攜手合作，對各自演化論與板塊構造論的現代典範主題，採取了更為統整的解釋。❹

多年來，美國聖塔菲研究所（Santa Fe Institute）的學者一直都在探索這些相互的關聯性。該研究所的共同創辦人——同時也是諾貝爾物理學獎得主——默里・蓋爾曼（Murray Gell-Mann）就生動表達了在物理學家眼裡更具統整性描述的現實性論點：

> 我們活在一個日趨專業分工的年代裡，而這是其來有自的。人類不斷在各個研究領域裡孜孜以求；隨著專業的發展，各領域往往又分化出不同的從屬領域。這種變化的過程一再地發生，既是必然、也是眾望所歸。然而，藉由整合的方式對專業分工進行增補的需求也日益增長。這原因其實並不複雜，因為根據事先的定義，非線性系統藉著分割成子系統或各種面貌，就能被人適切地加以描述。假若只是分別針對這些彼此擁有強交互作用的子系統或面貌進行研究，那麼不論研究做得再怎麼仔細，一旦把各個研究結果彙總在一起，也得不到有用的全貌。這樣的概念，也就是這句古老諺語所蘊含的深刻真理：「整體大過於個體的總合。」
>
> 因此大家必須擺脫這樣的想法，以為正經的工作就是在狹隘的學科裡把定義明確的問題反覆探討到一無是處的程度，但卻把豐富的整合性思維貶謫到雞尾酒會裡去。在學術界、官僚體系或任何其他的場域裡，整合工作其實並沒有得到足夠的尊重。

在聖塔菲研究所，他補充說道：「我們找的人，除了能以傳統方式研究系統的局部行為之外，

還要勇於以整體的眼光來審視。」❺

歷史學家該不該追尋類似的統一性結構——或者是個「大統一敘述」——讓人得以從歷史學家的觀點、以最合宜的現代知識來概述起源呢？新的世界史分支學科的出現，意味著許多歷史學家也覺得自身的研究主題確實需要有個更加連貫一致的觀點。大歷史就是對於這種需求的回應。一九八〇年代末期，與我差不多同個時期，約翰・米爾斯開始在德州達拉斯的南方衛理公會大學（Southern Methodist University）開設了一門以最大可能的尺度所講授的歷史課程。此後，許多大學也都紛紛開設了類似的課程——在澳洲的墨爾本、坎培拉、伯斯；荷蘭的阿姆斯特丹；以及美國的聖塔克魯茲。阿姆斯特丹大學的弗雷德・史畢爾甚至更進一步，撰寫了第一部探討大歷史的著作。在書裡，他替這種以各種尺度給過去建構出一個統一性敘述的研究項目進行了恢宏的論辯。❻

與此同時，許多研究領域的學者也益發感受到，我們或許即將面臨著知識大統一的到來。生物學家威爾遜（E. O. Wilson）曾主張，我們必須開始探討從宇宙學到倫理學這些不同知識領域之間的關係。❼世界史歷史學家威廉・麥克尼爾曾如此寫道：

> 人類看起來似乎確實是整體宇宙的一部分，並同樣具有多變與不斷演化的特性……發生在人類之間與發生在恆星之間的狀況，看起來就像是宏大演化敘述的一部分，具有自然發生某種複雜性的特徵。這種複雜性會在組織的各個層級上引發新的行為類型——從微不足道的夸克與輕子到星系、從碳元素長鏈到活機體（living organism）與生物圈，以及從生物圈到意義的象徵性共同體（symbolic universes）——人類在當中獨自或共同生活與勞動，且總想著從周遭世界裡取得更多我們所欲所需的東西。❽

我打算用本書來促成更大型的研究課題，據以構建出更具統一性的歷史觀與總體知識觀。我充分了解這種計畫有多麼困難，但也確信這確實可行、也十分重要，所以值得一試。希望其他人也許到後來能夠做得更好一些。我也深深相信，現代的創世神話原來也是可以和所有早期社會的那些創世神話一樣富饒而美好；這是個值得訴說的故事，儘管訴說得並不是那麼完美。

結構與組織

絕不可能發生的事情就像這一切的活動一樣，也許如那些早已發生、但又像其他任何完全不為人知的事情一樣，永遠都有發生的可能。

若用艾菲爾鐵塔來代表地球的年齡，那麼塔尖頂上小圓球那薄薄的一層漆就代表了人類的年齡；而任何人都會認為，這座塔就是為了那層漆才建造出來的。我想他們是那麼認為的吧，天曉得。

量子物理學創始者之一的薛丁格（Erwin Schrödinger）曾在一部探討生命起源的生物學著作〈前言〉裡點出了構建更具統一性的知識觀點所遭遇到的困難。這篇〈前言〉也是我所知道，對於冒昧著手進行這種研究項目的做法所提出的最合理解釋。

我們從先人身上繼承了對於統一性與包羅萬象知識的強烈渴望。從最高學術機構被稱為「大

> 學（university）」就讓人聯想到，從年代悠遠的過去歷經了這麼多個世紀以來，唯一得到全面認可的也就只有事物的整體（universal）樣貌。然而在過去一百多年的時間裡，無論從廣度或深度來看，各式各樣知識分支的散播卻已讓我們陷入了一種奇怪的兩難境地。我們清楚感受到，若要把所有已知事物熔接成一個整體的話，我們現在不過才剛取得了真實可信的素材而已；然而從另一方面來看，僅憑藉個人智慧就想充分掌握整體當中的數個小小專業領域，幾乎也已經是不可能的了。
>
> 要擺脫這種兩難的境遇（免得讓自己徹底錯失了真正的目標），除了讓人冒險嘗試著把各種資料與理論加以綜合分析、即使用上了部分二手或不完整的知識——並冒著丟臉出醜的風險，我實在找不到其他的辦法。
>
> 道歉的話，就言盡於此吧。[9]

大歷史造成了某些讓人十分氣餒的結構性問題。諸如：現代創世神話的格局框架為何？撰寫的立場角度為何？探討的核心對象為何？主導的時間尺度為何？

我們既不會、也無法奢望現代創世神話會有「允執厥中」的持論。現代知識造就不出無所不知的「知情者」，也無法給人提供不偏不倚的觀察點，讓從夸克、人類本身到星系的所有事物都具有等量齊觀的重要性。我們無法同時出現在不同的地方。因此，認為知識不具備特定觀點的想法，根本就是愚昧無知（嚴格說來，這也反映了一種與尼采有關的哲學立場，也就是觀點主義〔perspectivism〕）。再說，這種知識能有什麼用呢？所有的知識都來自於知情者與所知對象之間的關係。而知情者總希望知識能夠具有某種用途。

創世的故事同樣源自特定人類社群與他們想像的宇宙彼此之間的關係。這些故事用許多不同的尺度來解釋整體的問題，也因此有時看起來似乎擁有類似俄羅斯娃娃那樣的疊套結構——或有類於托勒密（Ptolemy）的宇宙觀——擁有同一軸心的許多外殼——在中心的是那些試圖想理解的人；在外緣的是某種整體：宇宙抑或者神靈；在兩者之間的則是存在於不同年代、空間與神話尺度當中的各種實體。如此一來，正是我們所提出的問題影響了所有創世神話的普遍樣貌。因為身為人類的緣故，所以我們能確保自己在創世神話裡所盤據的地盤要比在整體宇宙裡所占有的範圍還要來得更大。創世神話總歸屬於某人；而本書所描述的故事，就是受過現代傳統科學教育的現代人類所擁有的創世神話。（說也奇怪，這也就意味著：儘管講的確實都是哥白尼學說出現後的內容，但現代創世神話與所有的創世神話一樣，似乎都採用了哥白尼學說出現之前的敘事結構。）

雖然涉及的範圍廣大無涯，但《Big History大歷史》並不想用細節來壓垮讀者。我已經設法不要把書寫得太過冗長（儘管不太成功），就是希望別讓細節掩蓋了更全面的景象。對這個故事任何一部分特別感興趣的讀者，都能夠輕易得到更多的收穫；而在每一章最後所附上的延伸閱讀簡易指南，則提供給讀者進一步了解的基礎。

書裡對於主題與題材的確切權衡，所反映出來的事實是：這是以歷史學家的角度，而不是用天文學家、地質學家或生物學家的觀點來對大歷史研究所做的嘗試。（在這篇導言最後，我也羅列了其他一些大歷史的研究方法。）這也意味著，人類社會在這本書裡所扮演的角色，相較於像是霍金的著作或普雷斯頓・克羅德（Preston Cloud）的《宇宙、地球與人類》（*Cosmos, Earth, and Man: A Short History of the Universe*, 1978）來說，就更顯得突出而重要。儘管如此，本書前五章仍涵蓋了通常屬於宇宙學、地質學和生物學範疇的主題。其中探討了宇宙、星系與恆星、太陽系與地球，以及地球上生命的起源和演化。本書其他的篇幅則仔細審視了我們人類這個物種的歷史，以及我們與地球和其他物種之間的關係。第六章與第七章討論了人類的起源和早期人類社會的本質。我試圖在章節裡找出人類歷史的獨到之處，以及讓人類有別於地球上其他生物的因素為何。第八章檢視了存在於城市與國家都尚未出現之前的最早期農村社會。大約在一萬年前，隨著農業社會的出現，人類開始居住在密集的社群當中，訊息與貨物的交流都比過往任何時候都來得更加頻繁。第九章與第十章所描述的是城市、國家與農耕文明的出現與發展。第十一章至第十四章則試圖對現代社會及其諸般起源的問題構建出一套連貫一致的詮釋。最後在第十五章，則提出了對於未來的展望。大歷史必然與大趨勢有關，而這些趨勢並不會在當下就突然終止。所以，以宏觀的觀點看待過去就難免對未來提出質疑，而對於不久的將來（比如說，在接下來的一百年裡）和遙遠的未來（在隨後的幾十億年之內）來說，至少也能找到一部分的解答。提出這類質疑應是現代教育不可或缺的一環，因為對於未來的評估將影響現在所做的決定；而今天的決定反過來又將塑造子孫後代所居住的世界。若不把這樣的任務當一回事，是會被他們給埋怨死的。

另一個組織上的難題則出現在題材方面。似乎只要是跨越了許多不同學術專業領域，論述起來就很難維持首尾的連貫性。但有些現象卻能夠跨越各種尺度。畢竟，主要的角色都很類似。在每一個層級上，我們會受到有序的實體所吸引，從分子到微生物、再到人類社會、甚至到一系列的星系。這些事物如何存在、如何誕生、如何演化，以及最終如何走向毀滅的解釋，就是以各種尺度來加以探討的歷史素材。當然，每一種尺度都有其自身的法則——如，分子有化學的法則、微生物有生物學的法則——但令人訝異的是，某些變化背後的原則卻都是一體適用的。這就是為什麼弗雷德・史畢爾曾說過，在最根本的層次上，大歷史所探討的就是「統治體制」。也就是出現在各個尺度下脆弱而有序的各種模式，以及它們出現變化的方式。⓾所以大歷史的核心題材就是要找出不同尺度下的法則變化方式。人類的歷史與宇宙的歷史確實有所不同，但卻不是截然不同。我在附錄二當中討論了一些關於變化的普遍原則，但本書在整體上的重點還是在於探討某些出現在不同尺度下的法則變化。

大歷史：支持與反對的意見

從地質學到考古學與史前史，這許多不同領域裡的專家都認為，以最大尺度來審視過去是個相當正常的做法。然而這卻無法完全服眾，讓人相信大歷史研究確實值得一做。尤其對專業歷史學家來說，以如此龐大的時間尺度來探究過去的想法，似乎野心未免也太大了、也許根本就不可能完成，會讓人偏離了真正的歷史學術研究工作。在這篇導言的最後，我要來回應一下自己所遭遇到的四項主要質疑。

第一種保留意見尤為常見於專業的歷史學家之中。他們認為，若以大尺度觀之，那麼歷史必然會遭到稀釋。它肯定會喪失掉細節、神韻、獨特性與重要性。到頭來，終將變得空洞而貧乏。不可否認的是，以大尺度觀照歷史，也許會讓專業歷史學家所熟悉的題材和問題全都消失無蹤，就如同從向上爬升的飛機窗口往下俯瞰，平時所熟悉的地貌風景細節都好像不復存在了一樣。在大歷史的進程裡，法國大革命所占的篇幅也許就只是順帶一提而已。然而這也有它的好處。隨著我們審視過去的框架逐漸擴大，那些以往因為太過宏大而無法讓人窺其全貌的歷史景致，就會一覽無遺地呈現在我們眼前。我們可以看到過往的大陸與海洋，也可以看到國家和區域歷史的城市與道路。任何類型的框架所排除的東西，都要比所揭露的還來得多。這對於採用了傳統時間框架、時間跨度從幾年到幾個世紀不等的現代歷史學來說，更是如此。也許被傳統框架所隱藏、最令人吃驚的東西，正是人類本身。即使在長達數千年的時間框架之下，也很難弄清楚人類歷史在整個演化生物圈當中具有什麼更明確的重要性。然而在一個各國都充斥著核武與生態問題的世界裡，我們更迫切地需要將人類視為一個整體。基本上只關注了國家、宗教與文化分野的歷史敘述，現在看起來，既狹隘、又不合時宜，甚至可能還會帶來危害。因此，認為以大尺度關照歷史將一無所獲的看法，是不正確的。而我們所熟悉的某些東西可能會消失無蹤，但是嶄新而重要的東西與問題將會呈現在我們的眼前。而這些東西的出現，只會讓這個學科變得更加豐富而已。

第二種反對意見是，若要撰寫大歷史，歷史學家就可能必須跨出其學科的範疇。當然，事實也的確如此。像本書這樣縱觀全局的研究總帶有一定的風險，因為作者所仰賴的都是二手資料和其他縱觀全局的研究。所以，粗心的大錯和誤解也就在所難免：錯誤原本就已是研究項目的一部分。而且，這也是學習過程的一環。要想了解自己的國家，就必須在有生之年至少出境旅行一次。雖然你不可能理解自己看到的每件事物，但卻會開始對自己的國家有了全新的認識。歷史也是如此。若想了解人類歷史有何獨到之處，我們就必須對生物學家和地質學家如何研究這個主題有些許的概念。我們不可能變成生物學家或地質學家；我們對這些領域的了解也有其局限；但我們確實必須盡可能善用其他領域專家的專業知識。他們對於過去的不同觀點，有許多值得我們學習的地方。過於重視各學科之間的界限，已掩蓋了不同學科之間許多知識協同增益的可能性。例如，我認為我們需要以生物學家的觀點來觀察，才能看出我們身為智人（Homo sapiens）這種物種的真正獨特之處。

第三種反對意見指出，當我們已知過去所有的大敘事都沒有什麼用處、甚至還會帶來危害的時候，大歷史卻打算創造出一種新的「大敘事」（grand narrative）。大歷史的後設敘事難道不會排擠掉其他少數民族、區域以及特定的國家或種族的歷史嗎？[11]也許用片段的觀點來看待過往（以人類學家喬治・馬庫斯（George Marcus）和邁可・費雪（Michael Fischer）的話來說，就是「用珠寶商的態度」來看待過去）是唯一能夠真正公平看待人類經驗如此豐富而多彩的方法。[12]娜塔莉・澤蒙・戴維斯（Natalie Zemon Davis）就說得很對：

> 問題依然在於，單一大師的敘事是否就是世界歷史所追求的恰當目標？我並不這麼認為。大師的敘事特別容易被具有歷史學家時空背景特性的模式所取代，姑且不論這些敘事在說明某些歷史證據時有多麼地管用。假若有一種新的分散式世界史觀正逐漸發掘出一些重要的架空歷史路徑與軌跡，那麼它也完全可以讓自己的大型故事成為架空或具有多種用途的諸般敘述。世界歷史所面臨的挑戰，就是要有創意地將這些敘事放置到互動的框架當中。[13]

再者，這樣的指責其實也並非無的放矢。以大尺度觀照過去，就必然得採取某種類型的敘事，而且也一定會受到當時利害攸關的事物所影響。然而，不管這些大規模的敘事看起來有多麼了不起，歷史學家都不應該迴避。無論喜歡與否，人們都會去追尋、並找到這些大型的故事，因為它們能帶給人們某種價值感。就如同威廉・克農（William Cronon）在一部環境史著作裡所寫到的：「當我們在描述某個生態系統當中的人類活動時，我們似乎總是在訴說著與他們有關的故事。與所有的歷史學家一樣，我們將過去的事件按照因果順序——也就是故事——進行配置，讓這些事件變得有序而簡單，以便賦予它們新的意義。我們之所以這麼做，是因為敘事乃是在極其水洩不通、混亂無序的編年現實裡，試圖尋求意義的主要文學形式。」[14]假使那些拿著薪水的知識分子太過於吹毛求疵、不去創作這些故事，這些故事仍然還是會廣為流傳；而他們將被人置之不理，且到頭來還會自己把身為知識分子的特權給終結掉。這根本就是棄責任於不顧，尤其他們在創造當今許多的後設敘事方面還扮演了至關重要的角色。後設敘事確實存在，且具有很強的影響力與說服力。我們或許可以加以馴化，但卻無法加以滅絕。此外，雖然大敘事具有很強的影響力，但潛意識的大敘事卻擁有更大的影響力。然而，「現代創世神話」也許早就已經深入到現代知識當中了。它以一種危險的方式存在著，對現代知識片段的表達與理解都極其差勁，損害了傳統上對現實的敘述，且無法被整合成一種現實的新觀點。唯有把現代創世神話加以耙梳、讓它成為一個連貫的故事，才真有可能來進行下一個步驟：對它加以批判、解構，或進行改善。歷史就像建築一樣，要先有建構才能有解構。我們得先看到現代創世神話，然後才能去加以批評。而且我們必須先清楚明白的表達出來，然後才能看個清楚。艾尼斯特・葛爾納（Ernest Gellner）在《犁、劍與書》（*Plough, Sword, and Book: The Structure of Human History*, 1991）這本嘗試採用縱觀全局歷史觀來撰寫的著作〈導論〉裡，就清楚表達了這個觀點：

> 本書的意圖相當簡單，就是要以最鮮明、甚或誇張的輪廓來闡明一種觀照人類歷史的觀點；這種觀點形成雖晚，但卻尚未獲得恰當的編纂整理。之所還沒有試著把它整理出來，是因為筆者還存有幻想，以為自己知道那是對的：其實並非如此。一般性的理論未必能保證帶來明確而不可改變的真相。尤其是，理論根本無法處理極其複雜的事實所產生的無窮分歧，這已遠超過任何一位學者的能力範圍。構設這個觀點，就是希望用簡潔有力的陳述來實現對它的批判性審視。[15]

此外，本書提出的這種「大敘事」，也許還會呈現出驚人的恢宏氣度。在二十一世紀的全球「真相」市場上，所有的敘事都面臨著激烈的競爭。許多已在中小學與大學裡詳盡講授過的昔日故事，讓我們得以確信現代創世神話不會是個龐大單調的故事，而是一套龐雜拼湊的故事，其中的每個故事都可以用許多不同的方式和變化形式來加以敘述。其實，也許這些大型的敘事能給其他那些在當前（不太足夠）的歷史課綱裡苦苦掙扎求生的過往描述，創造出更大的揮灑空間。就如同派翠克・歐布萊恩（Patrick O'Brien）所寫的一樣：「但願隨著愈來愈多歷史學家冒險以全世界為尺度來從事寫作，讓這個領域享有盛名，並產出許多具有競爭力的後設歷史敘事，從而讓諸多教區、區域及國家歷史的巨大洪流能重新匯聚在一起。」⑯

第四項反對意見與第三項關係密切：難道規模如此宏大的敘事不就是注定要誇大其詞嗎？我在教授大歷史的時候發現，學生會在兩種極端的立場之間努力尋找平衡點。一方面，他們會忍不住認為這種現代而「科學的」起源描述是真的，而所有在這之前的描述則多少都存在著誤謬。但在另一方面，當他們面臨了現代的過往敘述中某些不確定性時，可能又會忍不住認為這一切都「只不過是另一個故事而已」。

把大歷史敘事當成現代的創世神話是個挺不錯的辦法，可以幫學生在這些極端立場之間找到認識論上的平衡點。就像個備忘錄一樣，一開始就提醒我們一切有關現實的描述都只是暫時性的。在幾個世紀過後，今天我們所講述的許多故事都會顯得離奇而幼稚，就如同傳統創世神話裡的許多元素，在今天看來也顯得相當天真一樣。然而承認了這個事實，並不代表我們就是在表態支持虛無的相對主義。所有的知識體系——從現代科學到那些內嵌在最古老的創世神話裡的東西——都可以被視為一張張描繪現實的地圖。它們所呈現的，不僅僅只是是非對錯的問題。對於所有具有學習能力的生物、當然也包括人類來說，對於現實的完美描述是那麼地難以企及、殊無必要，而且代價未免也太大了。然而，切合實際的諸般描述卻是絕對必要的。所以，知識體系就像地圖一樣，都是個融合了務實、靈活、效益與靈感的複雜事物。它們或多或少都必須對現實做出與常識經驗相符合的描述。然而那樣的描述也得要有用才行。那得要能夠有助於解決各個社群都需要解決的問題，無論是精神上、心理上、政治上或是機械上的問題。[17]

所有創世神話，當其盛行之時，提供給我們描繪現實的地圖都是切合當時實際的，而這就是人們深信不疑的原因。它們很清楚當時的人們能理解什麼；它們納入了許多美好的經驗主義知識；它們的大型結構有助於人們在更加寬廣的現實裡找到自己的位置。但是每一張地圖都必須建立在那樣的知識的基礎上，並要能滿足某個特定社會的種種需求。正因為這樣，它們在離開了自己起源的環境之後就不必然被視為是「真實可信」的。現代創世神話不需要為自己同樣具有局限性的特性而道歉認錯。它非得從現代知識與現代問題開始著手不可，因為它就是為生活在現代世界的人所規畫設計的。就算確實明白自己就算付出努力也不可能完全成功，我們還是要努力去弄清楚自己存身的宇宙究竟為何。所以，對於現代創世神話的真相，我們要提出最強烈的呼籲，希望能從二十一世紀初期的觀點來提供給我們一種涉及起源問題的統一性描述。

大歷史的延伸閱讀

下列這些英文著作，有的用比世界史更大的尺度來探索過往、有的試圖以更遼闊的背景環境來觀照人類的歷史，而有的則替這一類的嘗試提供了方法論的框架。這份書單羅列的都是廣義的「大歷史」，而且無庸置疑的是，還有許多其他的著作也可以被收入進來。這些作者出身自許多不同的領域，而且作品的研究方法與性質也大不相同。因此，哪些算得上是大歷史、哪些不是，其實還有很大的討論空間。這份初步的參考書目，基本上來自於弗雷德・史畢爾最早編纂的一份書目清單。除了刪掉了一些太過專業、歷史學家與一般讀者不大可能用得上的書籍之外，另外也還剔除了一大批以大尺度撰寫、對歷史學家相當有用、但卻沒嘗試跨越多重時間尺度的書籍。

Asimov, Isaac. *Beginnings: The Story of Origins-of Mankind, Life, the Earth, the Universe* (New York: Walker, 1987).
Blank, Paul W., and Fred Spier, eds. *Defining the Pacific: Constraints and Opportunities* (Aldershot, Hants.: Ashgate, 2002).
Calder, Nigel. *Timescale: An Atlas of the Fourth Dimension* (London: Chatto and Windus, 1983).
Chaisson, Eric J. *Cosmic Evolution: The Rise of Complexity in Nature* (Cambridge, Mass.: Harvard University Press, 2001).
---. *The Life Era: Cosmic Selection and Conscious Evolution* (New York: W. W. Norton, 1987).
---. *Universe: An Evolutionary Approach to Astronomy* (Englewood Cliffs, N.J.: Prentice-Hall, 1988).
Christian, David. "Adopting a Global Perspective," in *The Humanities and a Creative Nation: Jubilee Essays*, edited by D. M. Schreuder (Canberra: Australian Academy of the Humanities, 1995), pp. 249-62.
---. "The Case for 'Big History'," *Journal of World History* 2.2 (Fall 1991): 223-38. Reprinted in *The New World History: A Teacher's Companion*, ed. Ross E. Dunn (Boston: Bedford/St. Martin, 2000), pp. 575-87.
---. "The Longest Durée: A History of the Last 15 Billion Years," *Australian Historical Association Bulletin*, 59-60 (August-November 1989): 27-36.
Cloud, Preston. *Cosmos, Earth, and Man: A Short History of the Universe* (New Haven: Yale University Press, 1978).
---. *Oasis in Space: Earth History from the Beginning* (New York: W. W. Norton, 1988).

Crosby, Alfred W. *The Columbian Exchange: Biological and Cultural Consequences of 1492* (Westport, Conn.: Greenwood Press, 1972).

---. *Ecological Imperialism: The Biological Expansion of Europe*, 900-1900 (Cambridge: Cambridge University Press, 1986).

Delsemme, Armand. *Our Cosmic Origins: From the Big Bang to the Emergence of Life and Intelligence* (Cambridge: Cambridge University Press, 1998).

Diamond, Jared. *Guns, Germs, and Steel: The Fates of Human Societies* (London: Vintage, 1998).

---. *The Rise and Fall of the Third Chimpanzee* (London: Vintage, 1991).

Emiliani, Cesare. *Planet Earth: Cosmology, Geology, and the Evolution of Life and Environment* (Cambridge: Cambridge University Press, 1992).

Flannery, Tim. *The Eternal Frontier: An Ecological History of North America and Its Peoples* (New York: Atlantic Monthly Press, 2001).

---. *The Future Eaters: An Ecological History of the Australasian Lands and People* (Chatswood, N. S. W.: Reed, 1995).

Gould, Stephen Jay. *Life's Grandeur: The Spread of Excellence from Plato to Darwin* (London: Jonathan Cape, 1996). [The U. S. edition is titled *Full House*.]

---. *Wonderful Life: The Burgess Shale and the Nature of History* (London: Hutchinson, 1989).

Gribbin, John. *Genesis: The Origins of Man and the Universe* (New York: Delta, 1981).

Hawking, Stephen. *A Brief History of Time: From the Big Bang to Black Holes* (New York: Bantam, 1988).

Hughes-Warrington, Marnie. "Big History," *Historically Speaking* (November 2002): 16-20.

Jantsch, Erich. *The Self-Organizing Universe: Scientific and Human Implications of the Emerging Paradigm of Evolution* (Oxford: Pergamon Press, 1980).

Kutter, G. Siegfried. *The Universe and Life: Origins and Evolution* (Boston: Jones and Bartlett, 1987).

Liebes, Sidney, Elisabet Sahtouris, and Brian Swimme. *A Walk through Time: From Stardust to Us: The Evolution of Life on Earth* (New York: John Wiley, 1998).

Lovelock, James C. *The Ages of Gaia* (Oxford: Oxford University Press, 1988).
---. *Gaia: A New Look at Life on Earth* (Oxford: Oxford University Press, 1979).
---. *Gaia: The Practical Science of Planetary Medicine* (London: Unwin, 1991).
Lunine, Jonathan I. *Earth: Evolution of a Habitable World* (Cambridge: Cambridge University Press, 1999).
Macdougall, J. D. *A Short History of Planet Earth: Mountains, Mammals, Fire, and Ice* (New York: John Wiley, 1995).
Margulis, Lynn and Dorion Sagan. *Microcosmos: Four Billion Years of Microbial Evolution* (London: Allen and Unwin, 1987).
---. *What Is Life?* (Berkeley: University of California Press, 1995).
Maynard Smith, John, and Eörs Szathmáry. *The Origins of Life: From the Birth of Life to the Origins of Language* (Oxford: Oxford University Press, 1999).
McNeill, J. R., and William H. McNeill. *The Human Web: A Bird's-Eye View of World History* (New York: W. W. Norton, 2003).
McNeill, W. H. "History and the Scientific Worldview," *History and Theory* 37.1 (1998): 1-13.
---. *Plagues and People* (Oxford: Blackwell, 1977).
McSween, Harry Y., Jr. *Fanfare for Earth: The Origin of Our Planet and Life* (New York: St. Martin's, 1997).
Morrison, Philip, and Phylis Morrison. *Powers of Ten: A Book about the Relative Size of Things in the Universe and the Effect of Adding Another Zero* (Redding, Conn.: Scientific American Library; San Francisco: dist. by W. H. Freeman, 1982).
Nisbet, E. G. *Living Earth—A Short History of Life and Its Home* (London: Harper Collins Academic Press, 1991).
Packard, Edward. *Imagining the Universe: A Visual Journey* (New York: Perigee, 1994).
Ponting, Clive. *A Green History of the World* (Harmondsworth: Penguin, 1992).
Prantzos, Nikos. *Our Cosmic Future: Humanity's Fate in the Universe* (Cambridge: Cambridge University Press, 2000).
Priem, H. N. A. *Aarde en leven: Het leven in relatie tot zijn planetaire omgeving/Earth and Life: Life in Relation to Its Planetary Environment* (Dordrecht: Kluwer, 1993).
Rees, Martin. *Just Six Numbers: The Deep Forces That Shape the Universe* (New York: Basic Books, 2000).
Reeves, Hubert, Joël de Rosnay, Yves Coppens, and Dominique Simonnet. *Origins: Cosmos, Earth, and Mankind* (New York:

Arcade Publishing, 1998).

Rindos, David. *Origins of Agriculture: An Evolutionary Perspective* (New York: Academic Press, 1984).

Roberts, Neil. *The Holocene: An Environmental History* (Oxford: Blackwell, 1998. 2nd ed.).

Simmons, I. G. *Changing the Face of the Earth: Culture, Environment, History* (Oxford: Blackwell, 1996. 2nd ed.).

Smil, Vaclav. *Energy in World History* (Boulder, Colo.: Westview Press, 1994).

Snooks, G. D. *The Dynamic Society: Exploring the Sources of Global Change* (London: Routledge, 1996).

---. *The Ephemeral Civilization: Exploding the Myth of Social Evolution* (London: Routledge, 1997).

Spier, Fred. *The Structure of Big History: From the Big Bang until Today* (Amsterdam: Amsterdam University Press, 1996).

Stokes, Gale. "The Fates of Human Societies: A Review of Recent Macrohistories," *American Historical Review* 106.2 (April 2001): 508-25.

Swimme, Brian, and Thomas Berry. *The Universe Story: From the Primordial Flaring Forth to the Ecozoic Era: A Celebration of the Unfolding of the Cosmos* (San Francisco: HarperSanFrancisco, 1992).

Wells, H. G. *The Outline of History :Being a Plain History of Life and Mankind.* 2 vols (London: George Newnes, 1920).

---. *A Short History of the World* (London: Cassell, 1922).

Wright, Robert. *Nonzero: The Logic of Human Destiny* (New York: Random House, 2000).

第一部

無生命的宇宙

年表1-1　宇宙的尺度

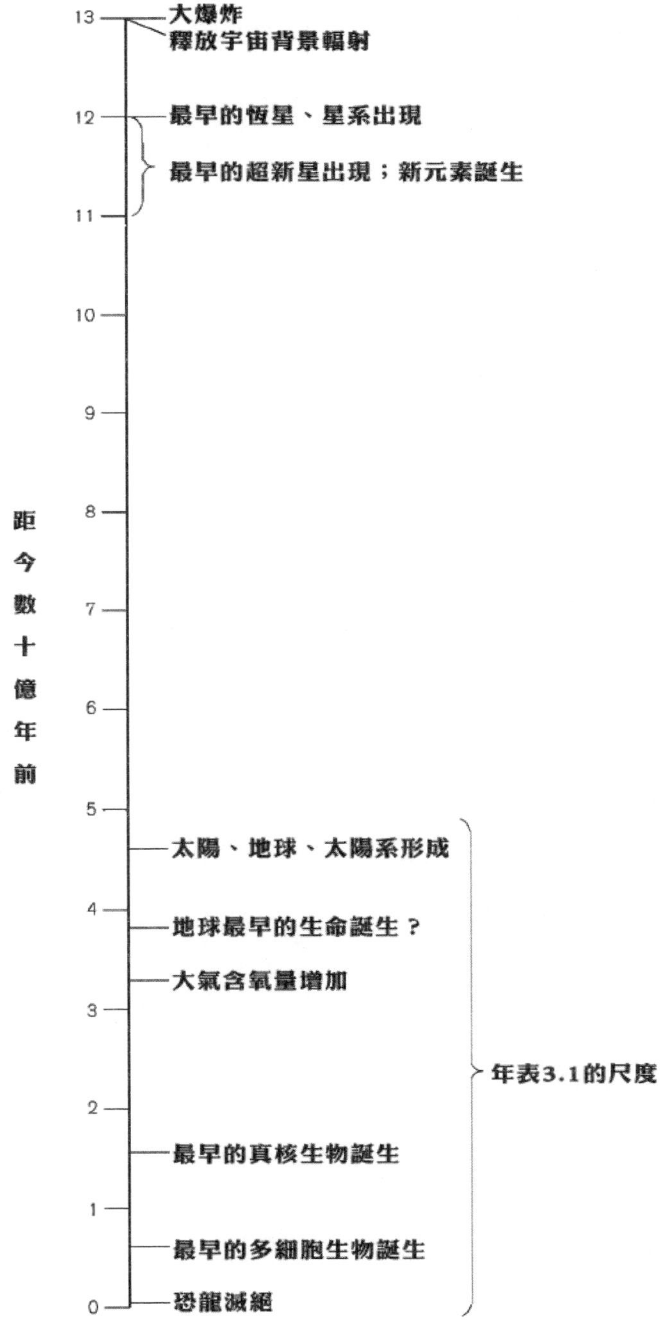

距今數十億年前
13
大爆炸
釋放宇宙背景輻射
12
最早的恆星、星系出現
最早的超新星出現；新元素誕生
11
10
9
8
7
6
5
太陽、地球、太陽系形成
4
地球最早的生命誕生？
大氣含氧量增加
3
年表3.1的尺度
2
最早的真核生物誕生
1
最早的多細胞生物誕生
0
恐龍滅絕

第一章

第一個三十萬年：宇宙、時間與空間的起源

薇奧拉：朋友，請問這是到哪兒了？
船長：這裡是伊利里亞（Illyria），姑娘。❶

起源的問題

所有的一切都是如何起源的呢？這是任何創世神話都要面對的第一個問題，而且，不管現代宇宙學取得了多麼了不起的成就，若要回答，依然還是讓人感到相當棘手。

一開始，所有的解釋都面臨了同樣的難題：事物怎麼能夠無中生有？這是個普遍性的難題，因為起源著實令人費解。以最小的尺度來看，次原子粒子（subatomic particles）有時會在一瞬間從虛無當中出現。原本這一刻什麼都沒有，但在下一刻卻出現了某種東西。這並不存在著什麼介於兩者之間的狀態。量子物理學能精確分析存在與不存在之間這些古怪的突然轉變，但卻無法用人性層面能夠理解的方式來加以解釋。這些自相矛盾的情況，可以用現代澳洲原住民的一句俗諺來完美地加以呈現：「虛無就是虛無。」❷

解釋起源之難的覺悟，簡直與神話一樣古老。在接下來所看到的段落，就以一種相當老於世故的態度提出了這些問題，並展現了驚人的現代懷疑論觀點。這是西元前一二〇〇年左右古印度詩歌總集《梨俱吠陀》（*Rig-Veda*）裡的一首讚歌。詩裡描述了創世之前若有似無的一種境界：

無既非有，有亦非有；無空氣界，無遠天界。
何物隱藏？藏於何處？誰保護之？深廣大水？

陶土，不知怎麼的，本來就一模一樣。根據十六世紀瑪雅人手稿《波波爾・烏》（*Popol Vuh*）、又名「委員會之書」（Council Book）的說法：「不管是什麼，根本都不存在：只有呢喃細語、只有泛波漣漪，在黑暗中、在夜色裡。只有創造者（Maker）與塑造者（Modeler）本人、至高無上的羽蛇神（Sovereign Plumed Serpent）、信使（Bearers）和生產者（Begetters）待在水裡，光芒閃耀。他們就在那裡，封閉在鳳尾綠咬鵑（quetzal）的羽毛當中、在一片藍綠色的汪洋裡面。」❹然而，創造者又是從哪兒來的呢？每一個起源似乎都事先假定了另一個更早起源的存在。在一神論的宗教裡，如基督教或伊斯蘭教，只要一問：上帝是如何被創造出來的？這樣的問題就跑出來了。我們所經歷的並不是個單一的起點，而是無窮無盡的起點，而每一個都會產生同樣的問題。

這種進退維谷的境地，其實並沒有什麼完全令人滿意的解決辦法。我們必須找到的並不是一種解決的辦法，而是某種「禪宗指月」之喻的方式來處理這種難以理解的事物。而我們得訴諸文字來達到這個目的。然而我們所找尋的文字——從上帝到地心引力——都不足以勝任這個任務。所以我們只好用充滿詩意或象徵的的方式來使用語言；這種語言，不論使用者是科學家、詩人還是薩滿巫師，都很容易遭人誤解。法國人類學家馬塞爾．格里奧爾（Marcel Griaule）曾經向一位多貢族（Dogon）智者奧格特梅利（Ogotemmeli）請教過一個神話上的細節；這個神話說的是，有許多動物全都擠在一格小小的台階上（就像諾亞方舟上的動物一樣）。奧格特梅利有點惱火地回答說：「這一切都得用語言來表答，但是台階上的每個東西都是個象徵……。不管有多少象徵，都可以在那個一尺寬的台階上找到自己的空間。」這裡翻譯成「象徵」的字眼，也可以被翻譯成「這個下層世界的語言」。❺在面對事物起源的時候，語言本身面臨了崩潰的威脅。

其中最棘手的一個難題就涉及了時間。當時間不存在的時候，會有某種「時間」的存在嗎？時間是我們想像出來的產物嗎？❻在某些思想體系裡，時間並不是確實存在的。地點成為了一切重要事物的根源，而這些創世的自相矛盾也就五花八門、不一而足。❼然而對於把時間視為核心的社群來說，起源的自相矛盾是無可避免的。下面所引述的，是伊斯蘭教對瑣羅亞斯德教徒（Zoroastrian）試圖處理這些謎團的嘗試所做的總結。其中，創造者是個名為「時間」（Time，「永恆存在」之神）的永恆實體，創造了一個變化的宇宙。這個宇宙由兩個相互對立的原則所支配，就是奧爾馬茲達（Ohrmazd，善神）和阿里曼（Ahriman，惡神）兩個神。

> 除了時間，所有的事物都是被創造出來的。時間是創造者；時間沒有極限、上下無垠。它一直存在、永遠存在。沒有哪位智者能說出時間何時已然降臨。儘管周遭圍繞著富麗堂皇的事物，但卻無人稱它為創造者；因為它還沒有帶來任何的創造物。然後，它創造了火與水；而當它把水與火融合在一起，奧爾馬茲達就此誕生，而時間也由於自己所創造出來的事物而同步成為了造物主（Creator）與老天爺（Lord）。奧爾馬茲達是光明、純淨、芬芳、慈善的化身，掌理一切良善的事物。然後，他向下俯視，在九萬六千帕勒桑（parasangs）之外看見了阿里曼這黑暗、汙穢、惡臭與邪惡的傢伙；阿里曼不為奧爾馬茲達所喜，因為他是個可怕的敵人。而當奧爾馬茲達看見自己的敵人時，他如此想著：「我得徹底摧毀這個敵人，」所以就考慮要用什麼跟多少的手段來毀滅他。後來奧爾馬茲達就開始了他的創造工作。無論奧爾馬茲達做什麼，有時間來協助他；因為奧爾馬茲達所需一切美德，都（已經）被創造出來了。❽

時間與模式一樣，都意味著差異，哪怕只是存在於過去與現在之間。所以這個故事，就像大多數的創世故事一樣，其實也是在訴說一種從最初一致性當中發生了差異出現的狀態。在這個版本裡，就如同許多創世神話一樣，差異都源自於對立雙方的衝突。

這些自相矛盾的情況有更加詩意的解決方式，就是把創世當成一種從睡夢中覺醒的狀態。南澳的卡拉魯族（Karraru）傳說把最初的地球描述為一個靜止不動、寂靜無聲、一片漆黑的地方。然而，「在納拉伯平原（Nullarbor Plain）下方一處深邃的山洞裡沉睡著一名美麗的婦人——太陽。偉大的父靈（The Great Father Spirit）溫柔地叫醒了她，並告訴她該從山洞出來喚醒宇宙的生命了。太陽母親張開雙眼、光芒遍灑大地，黑暗就此消失；她一吸氣就讓大氣產生了變化，空氣輕輕顫動、微風緩緩吹拂。」太陽母親展開了一趟漫長的旅行，用光芒喚醒了各式各樣沉睡的動物與植物。[9]這樣的故事就讓人聯想到，創世並不是個單一事件，而是件得被不斷重複的事情；而且，就如同我們遲早都會弄清楚的一樣，這是個大家都體驗得到的真理。每次只要我們觀察某種新的事物，這些創世的自相矛盾情況就會一再重複出現，從星系、恆星到太陽系與生命。我們許多人也擁有自身起源的體驗——在最初擁有記憶的瞬間，就有如從虛無中被喚醒一樣。

現代科學已透過許多不同的方式來探討起源的難題，而有的就硬是要比其他的更令人滿意。霍金在《時間簡史》裡指出，起源問題只會被人給嚴重地扭曲而已。若我們把時間當成一條直線，當然就會問到起點何在的問題。但是，假使宇宙的形狀長得不一樣呢？也許時間還比較像是個圓形也不一定。想知道圓形是否有起點和終點是毫無意義的，就像想知道北極的北邊有什麼一樣的無厘頭。沒有彼岸、沒有疆界，而且宇宙的一切事物都完全是獨立自主、自給自足的。霍金如此寫道：「宇宙的疆界狀態，就是沒有疆界。」[10]許多創世神話都採用了類似的方法，或許是因為產生這些神話的社會並沒有把時間視為直線。當我們在時間裡回顧往昔，過去似乎就慢慢消散，變成了現代澳洲原住民神話裡所謂的「夢幻時代」（Dreamtime）。過去就像拐過了一個街角，讓我們再怎麼努力嘗試卻也看不到它的身影；假使我們往前張望，情況也是如此。所以，未來與過去似乎有某種程度的可能性能彼此邂逅。⓫米爾恰・伊利亞德（Mircea Eliade）在一部晦澀難懂、但引人入勝的作品《永恆輪迴的神話》（*The Myth of the Eternal Return, or, Cosmos and History*, 1954）裡，也描述了類似關於時間的想像。⓬

現代社會多半把時間想像成直線、而不是曲線，所以會認為這樣的解決辦法還滿矯揉造作的。也許，反過來說，宇宙搞不好是永恆不朽的。我們大可以沿著這條時間的直線一直往過往回顧，但我們總是會找到一個宇宙，所以並不會真的出現什麼起源的問題。特別是印度次大陸的那些宗教，往往都已採用了這種策略。採用這種策略的，還有穩恆態理論（steady state theory）這種除了大爆炸宇宙學之外最嚴肅的現代學說。另外，施莫林（Lee Smolin）在最近提出的理論裡也採取了同樣的策略；這個理論認為，有些宇宙能在創造黑洞時用一再重複或「演算法」的步驟孕育出其他的宇宙，以類似達爾文演化論的方式來確保自己的「演化」方式能提高像我們本身這種複雜實體存活的可能性（請參見第二章）。⓭類似的論證在現代宇宙學裡簡直是俯拾皆是，而且都意味著我們所看到的宇宙也許只不過是在大上許多的「多重宇宙」（multiverse）裡，小小的一顆原子而已。然而這些方法也無法令人滿意，還是會留下令人心煩意亂的問題：這些永恆的過程本身是如何開始的？永恆的宇宙又是如何被創造出來的呢？

也許我們可以回到創造者的觀念上來。基督徒一般都認為，造物主在幾千年前創造了宇宙。劍橋有一位萊特夫博士（Dr. Lightfoot）在一個著名的計算結果裡「證實」，上帝就是在西元前四〇〇四年十月二十三日上午九點這個時候創造出人類。⓮許多其他創世神話也都提出了創造世界的神祇，像製陶工人、建築工人或鐘錶工匠那樣來創造出整個世界。這種方式解決了大部分的難題，但卻又不給眾神本身是如何被創造出來的這個基本問題任何的答案。再一次，我們似乎又被迫回到了一種無窮回歸（infinite regress）的狀態。

最後要提到的是懷疑論的態度。這需要我們坦率地承認，在某一刻，我們必然會智窮慮竭。人類的知識天生就有其局限，所以有些問題必然依舊還是難以理解的事物。有些宗教把這些難以理解的事物當成是眾神故意對人類隱瞞的祕密；其他的，諸如佛教，則把它們視為不值得追尋的終極謎團。我們即將看到的是，現代宇宙學在一開始敘述的時候也選擇了懷疑論的立場，儘管它對宇宙被創造出來以後如何演化的解釋相當令人信服。

早期關於宇宙的科學論述

現代科學試圖利用經過仔細測試的數據和嚴謹的邏輯來解答起源的諸般問題。雖然許多像牛頓這類具有開創精神的科學家都是基督徒，對神祇的存在也深信不疑，但他們又覺得神明是理性的，所以他們的任務就是要巧妙套出神明用來創造這個世界的潛在法則。這就意味著，要當做神祇並不存在那樣子去解釋這個世界。與大半其他傳統知識不同的是，現代科學在試圖解釋整個宇宙時的態度，就彷佛宇宙杳無生命，且事物在毫無意圖或目的的情況下誕生一樣。

基督徒看待宇宙的觀點，多半來自於希臘哲學家亞里斯多德。雖然有些希臘人堅決主張地球沿著軌道繞行太陽，但是亞里斯多德卻把地球置於宇宙中心、周圍環繞著一連串各自以不同速度旋轉著的透明球體。這些球體包含了行星、太陽與其他的恆星。這個模型在今天聽起來似乎相當奇怪而充滿古趣，但托勒密在西元二世紀卻賦予它嚴謹的數學基礎，而且也證明了以這種方式預測行星運動是準確的。基督教又進一步加上了另一個概念，認為這個宇宙是上帝在大約六千年前、花了五天的時間所創造出來的。但是到了十六、七世紀的時候，托勒密體系在歐洲開始潰解。哥白尼提出了一些強而有力的解釋，認為地球圍繞太陽旋轉。異端修士焦爾達諾・布魯諾（Giordano Bruno）則主張所有的恆星都是太陽，而宇宙的範圍也許是廣大無垠的。十七世紀，牛頓和伽利略這些科學家探索了許多這些概念的意涵，同時也盡其所能地將《聖經》中的創世傳說給保存下來。

到了十八世紀，托勒密的宇宙觀終於土崩瓦解。取而代之的是一種全新的想法，認為宇宙在原則上，是按照一種能以科學探究、且嚴謹合理而客觀的法則來運轉的。上帝創造了宇宙，或許在時間之內；而從某種意義上來說，抑或許在時間之外。但接下來祂就放任宇宙幾乎完全按照自己的邏輯和法則來運行。牛頓假設時間與空間都是絕對真理，給宇宙提供了終極的觀念體系。大家一般都以為這兩者都是廣大無垠、無窮無盡的，因此宇宙既無可界定的疆界邊緣、也無說得通的起源時間。就這樣，上帝就被一點一點地挪移，離起源的故事也就愈來愈遠了。

但是難題還是不少。其中一個就來自於熱力學理論；這個理論認為，宇宙裡的可用能量一直不斷減少（或者說，熵〔entropy〕一直不斷增加，請參見附錄二）。到頭來，在廣大而古老的宇宙裡將沒有可用的能量來創造任何東西——但這顯然不是事實。也許，這可能說明的是，宇宙並不是廣大而古老的。觀察夜空，又讓人發現了另一個難題。早於一六一〇年的時候，天文學家克卜勒（Johannes Kepler）就指出，假使真有無窮無盡的恆星，那麼夜晚的天空應該要極其明亮耀眼才對。這個難題就是如今我們稱之為「歐伯斯佯謬」（Olber's paradox）的觀點，因十九世紀大力推廣這個難題的德國天文學家而得名。有個可能的解決辦法，就是假定宇宙其實並非廣大無邊。如此或許就能解決歐伯斯佯謬的難題——但可能又會招致其他的難題；因為牛頓曾指出，若宇宙不是廣大無垠的話，那麼引力應該會把所有的物質扯向宇宙中心，就像集油槽裡的機油一樣。幸好，那並不是天文學家在研究夜空時所觀察到的情況。

誠然，所有的科學理論都有著這樣那樣的難題。但只要理論能解決自身面對的大部分問題，這些困難就可以讓人忽略不管。而牛頓的理論所面臨的那些難題，在十九世紀大半都已經被忽視掉了。

大爆炸：從原初混沌到最初有序的跡象

在二十世紀的前半葉，因證據逐漸積累而形成了另一種理論，我們稱之為「大爆炸宇宙學」。這個理論解決了熵的難題，認為宇宙並非廣大而古老；並解決了歐伯斯佯謬，指出宇宙的時空都有其盡頭；同時更解決了引力的自相矛盾，證明了宇宙因為擴張過於快速，使得引力無法（還來不及）把所有的一切凝聚成團塊。大爆炸宇宙學所描述的宇宙，有起源、有歷史，於是就把宇宙學變成了一門歷史科學、一種對於變化與演化的敘述。

這種觀點認為，宇宙在一開始只是個極其微小的實體，然後才開始迅速擴張，而且到今天仍持續地擴張。這種敘述，最起碼，在形式上很類似所謂「湧現神話」（emergence myths）這種傳統的創世神話。在這一類的敘述裡，宇宙就像蛋或胚胎一樣，在發展的內在法則掌控下，從遙遠、且也許還難以確切描述的起始點開始發育，歷經了不同的階段。一九二七年，大爆炸宇宙學創始人之一的喬治・勒梅特（Georges Lemaître）指出，初期的宇宙就像是「太初原子」（primordial atom）一樣。就像所有的湧現神話一樣，現代理論隱隱說明了宇宙是在某個特定時間點上被創造出來、有自己的生命軌跡，並可能在遙遠的未來消逝滅亡。新的理論可以用來說明許多以前的理論所遭遇到的困難。例如，指出宇宙並非永遠存在來解釋歐伯斯佯謬；光的速度有限（如愛因斯坦所言），所以在宇宙的一生中，來自最遙遠星系的光或許也到不了我們這裡。這個理論也和出現於二十世紀初，有關恆星、物質與能量的大量新資訊和數據無有二致。然而在理論剛出現的時候，也不得不借助於某種令人費解的神祕事物。

有關起源的現代敘述，就像接下來所說的這樣。⓯宇宙大約誕生於一百三十億年前。⓰（這到底是多久以前呢？如果人的壽命正好是《聖經》所說的七十年，那麼就得要有大約兩億人的壽命串聯在一起才能回溯到那麼遙遠的過去。關於這些巨大的時間範圍的更多詳情，請參見附錄一。）講到起源開端，除了提到有某種東西出現之外，我們實在無法很確定地說些什麼。我們不知道它出現的原因、搞不懂它出現的方式，也講不清楚在這之前還存在著什麼。我們甚至都沒辦法確定，是不是有那麼個讓某種東西存身的「之前」或「空間」，因為（聖奧古斯丁在西元五世紀的一場辯論裡已預見到）時間與空間也許是同時以物質與能量的形式被創造出來的。因此，講到大爆炸那一瞬或更早的時期，我們真的說不出什麼確切的東西。

然而，從大爆炸發生後的那一剎那開始，現代科學就有辦法在大量證據的基礎上提出一種嚴謹而連貫的敘述。最有趣的「事件」多半都發生在這不到一秒鐘的時間裡。事實上，把時間本身視為在這些最初時刻裡伸展開來的東西，或許可以讓我們理解到，一原秒（attosecond，十億分之秒的十億分之一）與宇宙往後的數十億年歷史都同樣別具意義。⓱

在一開始的時候，宇宙極其微小，也許比原子還要小。（那麼，原子到底有多小呢？物理學家理察・費曼〔Richard Feynman〕）曾舉過這麼個例子：如果把蘋果放大到地球的大小，那麼構成蘋果的每個原子，大小就相當於原本的那個蘋果。）[18]這個原子般大小的宇宙，溫度高達了好幾兆度。在這樣的溫度下，物質與能量能夠彼此相互轉換——如同愛因斯坦所證明的一樣，物質其實差不多就是一種能量凝聚的形式。在這裡、在這種能量／物質不斷密集變動的奇妙狀態下，我們彷若看到了眾多傳統創世神話所描述的原初混沌。但在現代的敘述裡，這個微小的宇宙以驚人的速度擴張，而就是這樣的擴張才造成了最初的各種差異與模式。[19]宇宙暴脹理論認為，大約在大爆炸後的 10^{-34} 秒到 10^{-32} 秒這麼短暫的時間裡，宇宙以超過光速（每秒大約三十萬公里）的速度膨脹，在某種形式的「反重力」（antigravity）的作用下迅速分離。這種過程涉及的強度令人難以想像：在暴脹之前，整個宇宙可能比原子都還小；在暴脹後（那一瞬間），它可能變得比整個星系都還要大。暴脹似乎讓我們無法觀測到絕大部分的宇宙，因為來自宇宙的光線大半都太過於遙遠，無法來到我們面前。我們能看見的宇宙也許只是真正宇宙極小的一部分。就像提摩西‧費里斯所說的：「如果整個暴脹的宇宙像地球那麼大的話，那麼我們能觀察到的部分可能比質子還要來得小。」[20]

隨著暴脹發生，宇宙就不再那麼相似而同質。初始的平衡遭到破壞，個別的模式開始出現，物質與能量開始呈現出我們今天所看到的樣子。現代核子物理學可以判斷出能量或物質在什麼溫度下會顯現出特定的類型，就像我們大多都講得出水在什麼溫度下會變成冰一樣。所以，如果能估算出宇宙冷卻的速度，那我們就可以估計出不同的作用力與粒子誕生於早期宇宙變動當中的時間。在大爆炸後的第一秒鐘之內，夸克就出現了，並且構成了質子與中子這些原子核的主要成分。夸克與原子核受強核作用力這種支配我們宇宙四種基本作用力之一的影響，彼此結合在一起。

在現代創世敘述的這一刻（仍然還不到大爆炸過後1/1,000秒的時間），甚至以大半創世神話那種不切實際的標準來看，所呈現出來的離譜程度也相當地引人注目。粒子的形態有兩種，構成了總額幾乎相當的物質和反物質。除了擁有相反的電荷外，反物質粒子與物質粒子一模一樣。只是很倒楣的，當這兩者相遇的時候，彼此會相互抵消，且本身的質量會百分之百轉化成能量。所以，在大爆炸後的第一秒鐘內就上演了一場任性的次原子搶椅子遊戲；夸克是遊戲者，反夸克是座位，而在十億個夸克裡找不到反粒子座位的那個夸克才是贏家。剩下來建構我們宇宙的物質，就是在十億個粒子裡找不到反物質夥伴的那個粒子。確實找到了夥伴的粒子會以宇宙背景輻射的形式被轉變成純粹的能量，而這樣的能量如今也瀰漫在整個宇宙當中。㉑這個過程容或也說明了何以在當今的宇宙裡，物質的粒子和能量的光子數量比大約為一比十億的原因。

接著的步調就開始趨緩。在大爆炸幾秒鐘之後，電子出現了。電子帶著一個負電荷，而質子（由夸克構成）帶著一個正電荷。電子與質子之間的關係受另一種基本作用力——電磁力所控制；這種作用力，在宇宙歷史開始的第一秒之內就出現了。在初期熾熱的宇宙裡，攜帶電磁力的能量光子與帶電的物質粒子彼此糾纏在一起。當時的宇宙看起來很像是今天太陽內部的情況：不斷進行交互作用的粒子與光子，構成了一整片白熱的海洋。在帶正電的質子、帶負電的電子與光的持續交互作用下所產生的能量，讓整個宇宙劈啪作響。在這個「輻射主控時期」（era of radiation, radiation-dominated era）裡，就如同艾瑞克・伽森所說明的，物質的存在只不過像「一個相當疏淡、用顯微鏡才能看得見的沉澱物，懸浮在稠密而耀眼的輻射裡、龐大而熾熱的「煙霧」當中。」㉒

過了大概三十萬年之後，宇宙的平均溫度下降到大約比零度高了攝氏四千度左右的情況，而這樣的冷卻就實現了宇宙歷史裡最根本的一種轉變。㉓轉變的瞬間就像開端一樣讓人難以理解，而且會穿插出現在我們的敘述當中。日常生活裡讓人最熟悉的例子，就是水變成蒸汽的轉變。把水加熱，而在短時間內所發生的，似乎只是水溫上升。變化逐漸出現，而我們也可以看見整個過程。然後，突然間，就越過一個臨界點；產生了某種新的東西，而整個系統也就進入了新的階段。原本的液體變成了氣體。為何臨界點會出現在某個特定的點上、在我們舉的這個例子裡（從海平面高度上量測）的100℃呢？有時我們能夠說明從一種狀態變成另一種狀態的轉變，而答案往往都是不同作用力——如引力、壓力、熱力、電磁力……等——之間出現了不平衡的狀態。有時候，我們還真不知道為何會在某個特定的點上越過臨界點。

終結輻射主控時期的，就是這麼樣的一個轉變。物理學家差不多可以這麼解釋，認為這是宇宙暴脹過程裡光子能量下降和作用在次原子層次上的電磁力達成平衡的結果。隨著宇宙暴脹，溫度開始下降，在其間流動的光能量大為減弱，使得帶正電的質子能捕捉帶負電的電子，從而產生出穩定而不帶電的原子。因為不帶電，所以原子就不再與光子發生強烈的交互作用（雖然不明顯的交互作用可能仍持續存在）。因此，光子就可以在宇宙裡自由飄蕩。在大多數的情況下，物質與能量不再產生交互作用。它們分屬於不同的領域，就如同猶太教—基督教—伊斯蘭教宇宙學裡的物質和心靈一樣。在這種分道揚鑣以後的時代，可以稱之為「物質主控時期」（era of matter, matter-dominated era）。[24]

最早出現的原子非常簡單，大多都是一個質子和一個電子構成的氫原子。另外還有大約三分之一由兩個質子和兩個電子構成的氦原子，以及少許體型較大的原子。所有的原子都極其微小，直徑大約是一千萬分之一公分，大多都由空空間（empty space）所構成。質子和中子結合成原子核，而電子則在遠處的軌道上繞著它們運行。就如同理查・費曼曾說過的：「如果我們想觀察原子的原子核，那我們必須把這個原子放大到大房間那樣的大小，這樣原子核才差不多是個肉眼勉強可以辨認的微粒，但原子全部的重量幾乎都集中在那個極其微小的原子核內。」[25] 即使在誕生了三十萬年以

表1.1 早期宇宙年表

距離大爆炸的時間	大事記
10^{-4}3秒	「普朗克時間」（Planck time）；宇宙小於物理意義上的最小長度單位「普朗克長度」（Planck length）；在這時間點之前所發生的事，我們完全無從置喙，然而此時已經出現了基本作用力之一的引力。
10^{-35}秒	基本作用力當中的「強作用力」與「電磁作用力」出現。
$10^{-33}-10^{-32}$秒	「膨脹」；宇宙以超光速膨脹擴張，溫度冷卻到接近絕對零度。
大約$10^{-10}-10^{-6}$秒	隨著基本作用力彼此分離，宇宙的溫度再次上升；夸克與反夸克出現、並彼此抵消湮滅；殘存的夸克僅局限於質子與中子當中（其總質量約為原本夸克與反夸克質量的十億分之一）。
1 – 10秒	電子對（electron-positron pairs）形成、湮滅（殘留物的質量大約等同於先前電子與正子質量的十億分之一）。
3分鐘	質子與中子結合成氫元素與氦元素的原子核。
300,000年	帶負電的電子被帶正電的質子捕獲而形成原子；宇宙成為不帶電的中性狀態，且輻射與物質彼此分離；此時在背景微波輻射裡，能覺察到放射線以巨大「閃光」形式被釋放出來的情景。

資料來源：Cesare Emiliani, *The Scientific Companion: Exploring the Physical World with Facts, Figures, and Formulas* (New York: John, Wiley, 1995, 2nd ed.)，頁82；類似的年譜也可以參考Stephen Hawking, *The Universe in a Nutshell* (New York: Bantam, 2001)，頁78。

後，宇宙依然是十分簡單、大半由空空間所組成，其中有氫與氦所組成的巨大雲團四處飄蕩，而且還湧現出大量的能量。

表1.1是宇宙初期歷史的簡明年表。在大爆炸過了大約三十萬年以後，所有造物的原料都已出現：時間、空間、能量，以及物質界的基本粒子——包括質子、電子與原子核，此時大多都已組成了氫原子和氦原子。從那一刻起，一切就沒什麼太大的變化了。同樣的能量與同樣的物質就一直存在到此時。在接下來的一百三十億年，這些相同的原料把自己排列成不同的模式，持續不斷地形成、然後消散。從某種觀點來看，現代創世神話的其他部分，就只不過是這些不同模式的敘述而已。

然而對我們來說，這些模式都很重要，因為我們本身就是一種探尋模式的生物。此時出現的模式包括了星系與恆星、化學元素、太陽系、我們的地球，以及所有居住在地球上的活機體。當然，也包括我們自己。據傳，有位不知其名的智者曾說過：「氫氣是一種很輕而無味的氣體，假以時日，就會變成人類。」[26]從這個觀點來看，現代創世神話和任何早期創世神話一樣都充滿了矛盾。一切不變；但又一切皆變。雖然各種事物似乎獨立存在、特徵各異，但其實又殊無差別。義大利人焦爾達諾・布魯諾在一五八四年的《論原因、準則與太一》（*Concerning the Cause, Principle, and One*）書中就提出了一種觀念，認為形式與物質就是相同潛在本質的不同表現形式。而同樣的觀念也出現在更加深奧的宗教與哲學思想裡。至聖佛典《心經》有云：「色即是空，空即是色。色不異空，空不異色。」[27]各種模式如何從早期宇宙的一片混沌中誕生，將是下一章所探討的核心主題。

大爆炸宇宙學的證據

我們必須從這些形而上學的推斷回歸到乏味、但卻極為重要的證據問題上來。為何現代天文學家會接受這種乍看之下顯得光怪陸離的創世敘述？為何我們該認真地看待這個故事？簡單地說，儘管現代的創世故事頗為曲折離奇，但卻擁有大量的真憑實據。

哈伯與紅移

第一個關鍵證據是來自於宇宙大小和樣貌的研究。想給宇宙進行繪測，就得要測定恆星之間的距離、弄清楚它們如何排列，以及它們彼此相對的移動方式。以科學方式來繪製宇宙地圖的現代嘗試，可以回溯到十九世紀末期的時候。

要找出恆星距離我們有多遠，難度確實很高。以比較近的恆星來說，我們或許可以用基本三角函數，並精確量測恆星的視差角度來估算距離。對於無法離開地球表面的天文學家來說，找得到的最大基準線就是地球繞行太陽公轉的軌道，所以他們會在為期六個月的觀察過程裡，尋找那些位置發生移動變化的恆星。然而在十九世紀以前，卻沒有哪位天文學家能夠做到這種方法所需要的精確量測（請參見圖1.1）。

至於那些更遙遠的恆星，我們也就只好仰賴一些更不精確的方法了。二十世紀開始的前十年，有一位美國天文學家亨麗愛塔・勒維特（Henrietta Leavitt）的研究主題是變星（variable star）——也就是亮度會出現規則性週期變化的恆星。她發現了一種特殊的變星，也就是所謂的造父變星（Cepheid variables），能讓人從變化的週期來推斷出恆星的大小和亮度。讓造父變星看起來忽明

圖1.1　視差：用基本三角函數來量測恆星之間的距離。

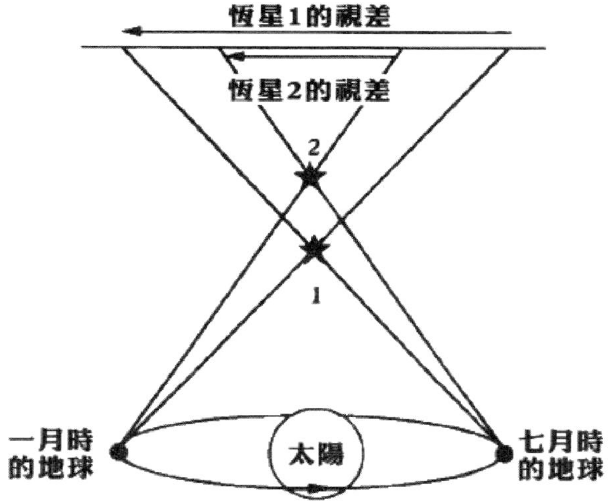

在為期六個月的過程裡，地球繞行太陽公轉時會改變本身的位置。結果，附近恆星的位置在這一年裡似乎看起來會有些許的移動；恆星的距離越近，位置的改變似乎就越大。（因觀察者移動而導致物體看起來位置有所改變，就是「視差」。）藉由仔細量測這種變動，就可以用基本三角函數來判定恆星距離地球的實際距離。這是第一種能夠判斷出實際宇宙尺度的方法。至於那些更遙遠的恆星，因為角度太過微小而無法操作，所以就得訴諸於其他的辦法。本圖取自Ken Croswell, *The Alchemy of the Heavens* (Oxford: Oxforf University Press, 1996)，頁16。

忽暗的原因，就是星體的膨脹與收縮。勒維特指出，造父變星的形體越大（也因此更為明亮），膨脹與收縮的速度也就越緩慢。所以，藉由測量變化的週期有多長，天文學家就能估算出每一個造父變星的大小和真正（或「固有」）的亮度。於是，藉由量測地球上的觀察者所看到的亮度，他們就可以估算出在前來我們地球的這趟旅途中遺失了多少光，從而弄清楚恆星離我們到底有多遠。

一九二〇年代，另一位美國天文學家愛德溫・哈伯（Edwin Hubble）利用洛杉磯郊外威爾遜山天文台（Mount

Wilson Observatory）的望遠鏡進行觀測，把造父變星當成繪測大範圍宇宙地圖的依據。他最早發現到，許多造父變星顯然都存在於我們銀河系之外的星系裡。這就意味著，宇宙並不是由一個星系、而是由許多個星系所構成的，因而也就證明了德國哲學家康德在將近兩個世紀之前所提出的觀點。（確切地說，康德曾相當準確地指出，天文學家稱之為「星雲」（nebulae）的物體，往往都是不同的星系所構成的，而且離我們自己的星系相當遙遠。）哈伯在一九二四年提出了這個觀點，給現代天文學掀起了一場革命。在幾年之內，哈伯的研究工作甚至給他帶來了具革命性的深刻見解。在一九二〇年代末期，他發現多數遙遠的星系似乎正在離我們的星系而去。事實上，離得越遠的星系，似乎離開的速度就越快。我們這時知道，我們觀察得到的最遙遠星系正以百分之九十的光速離我們而去。哈伯是怎麼知道的？而這項奇怪的觀測又意味著什麼？

說也奇怪，量測遠方的物體是否向我們移動，或遠離我們，反而比確定它們與我們之間的準確距離還要容易一些。相關的技術簡練而巧妙，掌握起來並不困難。若使用光譜儀檢測來自遙遠恆星的光線，我們就能對光譜的不同部分加以分析。這就像用三稜鏡來觀察陽光一樣。陽光通過三稜鏡時，不同的波長頻率會產生不同的折射角度；因此在通過三稜鏡後，就會呈現彩虹般不同顏色的光帶。每條光帶或顏色所呈現的，就是某種能量或波頻的光線；而且光線一旦藉由這種方式產生分離之後，就可以讓人分別對它們各自的能階（energy level）進行研究。在包括太陽在內的各個恆星光譜當中，在某些特定的波頻上會出現狹窄的暗線。實驗室研究已經證實，這些暗線之所以會出現，是因為光線在前往地球的過程裡穿越了某些能夠吸收特定頻率能量的材質，使得那些特定的頻率抵達我們這裡的時候已被減弱。這些暗線被稱為吸收線（absorption lines）。每一種吸收線都對應於一種特殊的元素，能吸收特定頻率的光能量。值得注意的是，這就意味著我們可以藉由研究星光裡的吸收線，來推測構成恆星的元素是什麼、總量有多少。事實上，關於恆星如何運作的現代知識（請參見第二章），多半都奠基在這一類的研究之上。

更值得注意的是，恆星的光譜能讓我們知道它是朝我們而來，還是離我們而去，移動的速度是多少。這個原理就是都卜勒效應（Doppler effect）——也就是救護車從我們身邊駛過以後，警笛聲會變得低沉的現象。假使有個移動的物體（如救護車）以波的形式釋放能量（如聲波），那麼該物體在朝向我們移動時，這些波似乎就受到了擠壓；在而背向我們移動時，這些波就會被拉伸延長。在海灘上走進拍岸的碎浪裡，相較於站著不動，浪花似乎會更頻繁地拍打著你的雙腿。但假使朝岸上往回走的話，浪花拍打雙腿的情況似乎就沒那麼頻繁。同樣的原理也適用於光譜。在恆星發出的光線裡，吸收線的位置似乎都有點偏離了實驗室裡所預期的位置。因此，代表氫元素的吸收線可能偏向高頻，使其光波呈現出遭到擠壓的狀況（或接近光譜藍色那端）。或者它也可能偏向低頻（接近光譜紅色那端），那麼光波看起來就像是被拉伸了一樣。哈伯發現了這兩種改變類型的存在。但當他在進行遙遠物體的研究工作時，卻發現所有的光波都往光譜紅色的那端移動。換句話說，它們似乎全都被拉伸延長，彷彿這些物體都正在遠離我們而去。物體離我們越遠，紅移的程度就越大。

哈伯的發現所產生的影響著實令人驚嘆，但卻很簡單、很容易讓人理解。星系離地球越遠，離開我們的速度就越快，雖然在我們自己與相鄰星系裡，恆星會受到引力的作用而聚攏在一起。我們沒有理由認為自己居住在宇宙異於尋常的地方裡。其實，從現代星系分布圖上來看，宇宙以最大尺度來看還真是相當相似而同質。所以我們不得不假設，在宇宙其他地方的觀察者也能觀測到宇宙的其他部分似乎也正在離他們而去。而這必然就意味著，整個宇宙正在膨脹擴張。倘若宇宙一直在膨脹擴張，那麼它在過去必然比現在要小得多。假使循著這個邏輯一直往過去追溯下去，那我們很快就會看到遙遠過去的某個瞬間，宇宙必定是極其微小的。這種論點就直接促成了現代大爆炸宇宙學的基本結論：宇宙曾極其微小、但後來便開始膨脹擴張，且至今仍持續地膨脹擴張。哈伯的研究成果，給大爆炸宇宙學提供了最早、也是最基本的證據。

哈伯還指出，科學家可以藉由量測宇宙擴張的速度來推算宇宙已擴張了多久的時間。這個結論著實驚人，因為這似乎是個全然出人意料之外的結果。哈伯找到了一種測量宇宙年齡的方法！原本，他計算出兩個物體之間的擴張速率（又稱為「哈伯常數」〔Hubble constant〕）大約為每百萬秒差距每秒五百公里（百萬秒差距〔megaparsec〕，是指三百二十六萬光年，也就是大約30.9×10^{18}公里，或大約三千京公里。）從這個數字來看，宇宙的年齡可能只有二十億歲。而我們現在知道根本就不可能是這個樣子，因為地球本身的年齡就至少是這個數字的兩倍。如今我們對哈伯常數的估算值就低了許多，也認為宇宙的年齡應該還要更老一些。但要判定宇宙確切的年齡還是讓人覺得相當棘手，主要是因為計算遙遠星系的實際距離並不容易。除了造父變星之外，現代科學家還嘗試了好幾種其他的距離標記，找出哈伯常數大約在每百萬秒差距每秒五十五至七十五公里之間。這些數字說明了宇宙的年齡大約落在一百億到一百六十億歲之間，而最新的估計值則大約集中在一百三十億歲左右。[28]為了簡單起見，本書將採用這個數字。

相對論與核子物理學

二十世紀初期，絕大多數的天文學家仍假定宇宙是無窮、單一且穩定的。倘若沒有某些其他的發展削弱了這種傳統的想像，那麼哈伯的推論可能就會顯得相當怪異。而其中的一項發展，就是愛因斯坦發表了相對論。這個理論的細節並不是本章討論的重點，然而它卻指出了，以最大尺度觀之，宇宙也許並不是那麼穩定。愛因斯坦的方程式顯示了宇宙就像是個立著的別針，要嘛倒向一邊、要嘛倒向另一邊；它若不是膨脹、不然就是收縮；完美平衡的宇宙是不可能存在的。然而愛因斯坦本人卻很抗拒這個結論。實際上，在後來被他形容為這輩子最大的錯誤裡，他修改了自己的理論，提出了一種被他稱之為「宇宙學常數」（cosmological constant）的作用力，為的就是要保護這種穩定宇宙的概念。他把這種作用力想像成一種反引力，能將引力給抵消掉，從而防止宇宙本身轟然崩塌。然而，俄羅斯人亞歷山大・弗里德曼（Alexander Friedmann）於一九二二年指出，宇宙其實若不是正在膨脹，就有可能正在收縮。到頭來，甚至連愛因斯坦也接受了宇宙狀態不穩定、且不斷進化的概念。

然而要解決這些新發現的衍生結果還是需要一點時間。在一九四〇年代，對大多數天文學家來說，宇宙膨脹的概念仍讓人覺得相當古怪。接下來，支持這個概念的新證據在一九四〇至一九六〇年代之間逐漸累積。一直到一九六〇年代末期，大爆炸理論才成為宇宙起源的標準敘述。一九四〇年代末期，有一批美國物理學家——包括了美籍俄裔物理學家喬治・伽莫夫（George Gamow）——開始利用這種對於宇宙新觀點的可能影響來解決自己的問題。極其微小的宇宙會是什麼樣子？顯然它的溫度必然很高：就像給自行車輪胎打氣一樣，打進去的空氣越多、輪胎的溫度就越高；所以，當所有的物質與能量都擠壓進一個極小空間時，這樣的宇宙溫度必定是相當高的。物質在這些條件下會出現什麼反應的詳細狀況，也不是本章討論的重點。重要的是，伽莫夫與後來的弗雷德・霍伊爾（Fred Hoyle）（後來成了大爆炸宇宙學的強烈批評者）這些科學家很快就意識到，可以利用現有能量與物質如何在不同溫度下運作的概念，對早期宇宙的行為反應進行某些運算。而他們得到的答案也相當合乎情理。他們發現自己可以用大爆炸理論的假說來建構出相當有眉有眼的描述，來說明早期宇宙形成的過程。尤其是，他們或許能大致推測出早期宇宙曾存在哪些形式的能量與物質，從而判斷宇宙在擴張與冷卻時的變化狀態。大家很快就發現，早期宇宙緻密而又熾熱的概念，與新興粒子物理學的知識相當吻合。

宇宙背景輻射

最後終於讓大多數天文學家接受大爆炸理論的原因，就是宇宙背景輻射（Cosmic Background Radiation，簡稱CBR）的發現。早期談到大爆炸如何發生運作的理論認為，早期宇宙的溫度不斷降低，而一旦溫度低到足以讓不同的粒子與作用力存活的時候，它們就能獲得穩定存在的形式。就如同我們所看到的，幾十萬年來，早期宇宙一直滿溢能量、溫度過高而無法讓原子成形。然而溫度後來降低到足以讓質子（帶正電荷）捕捉電子（帶負電荷）。此時，物質變成了不帶電的狀態，於是能量與光線就可以在宇宙裡自由穿梭。某些早期主張大爆炸宇宙學的理論家預言，在那一瞬間理當釋放了巨大的能量，而現在應該還檢測得到它們殘留下來的物質。

讓人警惕的是，科學家仍繼續探討大爆炸的概念，但卻沒有尋找這種背景能量的實際作為。背景能量的發現，純粹就是個意外，是阿諾．彭齊亞斯（Arno Penzias）與羅伯．威爾森（Robert Wilson）這兩位任職於紐澤西州貝爾實驗室的科學家於一九六四年意外發現的。他們當時正嘗試建造超敏度無線電波探測天線，但卻發現始終無法消除拾取到的各種背景「噪音」。到最後，他們終於明白，無論把探測天線朝向什麼方向，總是會有微弱能量所產生的微弱蜂鳴聲。有辦法同時在天空朝四面八方散發能量的東西會是什麼？若能量來自於某個特定恆星或星系，那還有點道理；但是，來自四面八方的能量——而且數量還如此龐大——似乎就讓人完全摸不著頭緒了。雖然訊號相當微弱，但把所有反映的能量加總在一起就變得十分龐大。他們把自己的發現透露給一位無線電天文學家；而他曾聽過宇宙學家吉姆・皮伯斯（P. J. E. Peebles）的預測，認為殘餘的輻射存在於相當於比絕對零度高了攝氏三度的能階上。這個溫度非常接近彭齊亞斯與威爾森所發現的輻射溫度。他們已經找到了早期諸多大爆炸理論家所預測的、能量突現的那一瞬間。

這兩位科學家的發現具有重大意義，因為沒有其他理論能說明這麼普遍而強大的能量從何而來，而大爆炸宇宙學卻可以理所當然又輕而易舉的加以解釋。從一九六五年開始，已經沒有多少天文學家還心存懷疑，不認為大爆炸理論是當前對於宇宙起源的最佳解釋。目前這已經是現代天文學的核心概念，也是統合現代天文學理論與概念的典範。而宇宙背景輻射就是現代宇宙學的核心：嘗試繪測出宇宙中微小的變化，應該能讓我們在不久的將來獲得有關早期宇宙本質的絕佳知識。（宇宙學家麥克斯・德馬克博士〔Dr. Max Tegmark〕甚至曾說過：「宇宙微波背景之於宇宙學的重要性，就如同DNA之於生物學的重要性一樣。」）[29]二〇〇一年六月，威爾金森微波各向異性探測器發射升空，以前所未有的精確程度來探測這些細微的變化。[30]

其他形式的證據

自從發現宇宙背景輻射之後，人們已經逐漸積累了更多宇宙大爆炸的證據。例如，根據大爆炸理論的預測，早期宇宙主要由某些簡單元素組成，尤其是氫元素（約占了百分之七十六）與數量較少的氦元素（約占了百分之二十四）。這與我們今天在宇宙中觀測到的元素比率大致相當（雖然恆星內部的反應讓氫元素轉變成氦元素，使得現在氫元素的數量下降到大約占百分之七十一的比率，而氦元素則在所有物質裡占了大約百分之二十八的比率）。對我們來說，氫元素與氦元素的化學優勢並不是那麼明顯，因為我們蝸居的宇宙角落恰好是其他元素高度集中的地方（請參見第二章與第三章），但是相關的證據就在我們身邊俯拾即是。氫元素顯然是最普通的元素，甚至在我們的身體裡面也是如此。就如同琳・馬古利斯（Lynn Margulis）與多里翁・薩根（Dorion Sagan）寫道：「我們氫元素所構成的身體映照出氫元素所構成的宇宙。」[31]尤其是，人們還對大爆炸中曾產生的少量鋰元素進行過精確的量測。這些量測數據也相當接近大爆炸時期元素形成理論所預測的數字。

話說回來，其實天文學觀測或放射性定年法（請參見附錄一）都無法鑑別出時間超過一百二十億年以上的物體。假使宇宙實際存在的時間超過了這個限度（也許是幾千億年），而超過一百二十億年這個取捨點的物體又付之闕如，那就實在讓人覺得不可思議了。

最後要說的是，大爆炸理論——有別於穩恆態理論這個主要的競爭對手——認為，宇宙隨著時間推移而不斷改變。這就意味著，宇宙最遙遠的地方和比較接近我們的地方，看起來應該是不一樣的；比方說，觀察一百億光年之外的物體，我們所看見的，其實是它在一百億年前的樣子。而且，就如同我們即將看到的，在現代宇宙裡的某些重要方面，遙遠物體的樣貌是有差別的。例如，早期宇宙就要比現代宇宙還擁有更多的類星體（quasars）（請參見第二章）。

大爆炸宇宙學的可信度

大爆炸宇宙學是否正確？沒有哪個科學理論能斷言自己完全確定。而且這個理論仍然還有些問題，其中一部分還涉及了高度的專業。但在目前，所有的問題似乎都有克服的辦法。

在一九九〇年代初期，曾經一度發現到某些恆星的年齡似乎比宇宙的表觀年齡還要來得大——這個證據，據某些天文學家表示，讓人對整個理論充滿了疑慮。利用哈伯望遠鏡進行觀測的結果，已經證明了這個疑慮並不是事實。最古老的那些恆星，現在看來似乎都比哈伯常數最新估算出來的宇宙年齡還要年輕個十億歲左右。這對大爆炸宇宙學來說，還真是個好消息！然而還是有些很不討喜的消息出現在一九九〇年代的末期，當時研究遙遠 Ia 超新星（Type Ia supernova）（請參見第二章）積累的證據顯示，宇宙的擴張速率非但沒有在引力的影響下減退，反而逐漸增加。假使這些觀測正確無誤，那就讓人吃驚了。因為這似乎就意味著，還有某些從大爆炸以來至今仍持續不斷發揮作用的未知作用力，維持並加快擴張的速率，但卻因為太過微弱而未曾被人給探測到。這種作用力或許是由「真空能」（vacuum energy）所構成；這種量子力學預測的作用力，表現方式與引力相反，會讓物質與能量彼此分離、而不是凝聚在一起。假若情況確實如此，那麼它的作用與愛因斯坦推測的宇宙學常數就幾乎一模一樣了。[32] 對大爆炸宇宙學的機制來說，這項證據也許是個相當大的阻礙。但在另一方面，它也許讓人出乎意料之外地解決了暗物質（請參見第二章）的問題，因為真空能與所有的能量一樣都擁有質量，這或許就可以用來說明天文學家一直在尋找的大量物質究竟為何。然而棘手的起源問題依然存在。在大爆炸那一瞬間，我們所有的科學知識似乎就變得混亂無用了。宇宙的密度似乎趨近於無窮大、溫度也趨近於無限高，而儘管現代科學擁有許多前景看好的概念，但卻沒有什麼好辦法來處理這些現象。

雖然遭遇了這些麻煩，但我們對這個理論仍相當有信心，因為它相當符合大半現代天文學和粒子物理學所收集的經驗與理論知識。而且，沒有其他哪個起源理論能有辦法解釋這麼多問題。科學家構建了一個合乎邏輯、符合諸多證據的理論，而這個理論似乎還可以告訴我們在宇宙歷史裡最初幾分鐘內發生了什麼事，這本身就是個驚人的成就。當我們明白未來的研究可能要從修改現在的理論著手、且修改的幅度也許還滿大的時候，這就更加值得我們關注了。

指數符號的說明

現代科學經常會處理一些龐大的數量與數字。例如，若要把十億個十億寫成正常的阿拉伯數字，會占據很大的空間（想知道占掉的空間有多大，請參考下一段所舉的例子），所以科學家一般都傾向於使用指數符號；本章有許多數字也都採用了這種方便的數學符號。數學符號的用法如下。[33]一百等於10乘以10、或兩個10彼此相乘。以指數符號表示，100就寫成10^{2}。一千是三個10相乘的結果，也就是10^{3}，……以此類推。若要將指數符號轉換成正常的標記方式，那麼就先寫下一個1、然後在1的後面加上與指數相應數量的0。所以，一千（10^{3}）就是1後面跟著三個0；十億是10^{9}、或1後面跟著九個0——也就是1,000,000,000。我們同樣也可以用指數符號來表示小數。一百分之一（1/100或1%）寫成10^{-2}；一千分之一（1/1,000）寫成10^{-3}。這套系統並不僅適用於10的倍數而已。所以，一百三十億年可以看成是十億年的十三倍，以指數符號表是就是13×10^{9}年。

值得注意的是，指數的數字加一、就會讓原本數字乘以十倍。所以，10^{3}比10^{2}不只大了那麼一點點，而是大了十倍。同樣的，10^{18}（十億個十億）並不是10^{9}的兩倍、而是十億倍（10^{9}倍），或10^{17}的十倍。指數符號以一種看似簡單的方式來描述龐大的數字，輕易的讓我們忽略了數字本身真正的大小。氫原子的質量以指數符號表達的寫法是1.7×10^{-27}公斤。若以正常的標記方式表示，就是個簡單、但有點冗長的分數：1.7/11,000,000,000,000,000,000,000,000,000公斤，或一穰一千秭分之一點七。要想弄清楚這個數字所代表的真正意義，那就更棘手了。請試著想像一下，有個東西微小到只有十億分之一公斤重。（我們當然無法想像——我們的大腦並不適合拿來處理這一類的計算；然而，我們可以盡量試試。）接著再想像有個東西的重量是這個東西的十億分之一；接著再重複一次這個過程，那麼你就知道氫原子的大小是多少了。若要秤量太陽的話，就用乘法來代替除法。太陽的質量大約是2×10^{27}公噸、或2,000,000,000,000,000,000,000,000,000公噸，也就是兩千穰公噸。太陽有大約1.2×10^{57}個原子。整個宇宙大約有10^{22}顆恆星。若要概算宇宙裡的原子數量，我們可以把這兩個數字相乘，也就是把兩者的指數相加，得出1.2×10^{79}個原子。這也許沒辦法讓人留下什麼深刻的印象，除非我們採用正常的標記方式表示。但，即使如此，我們多數人還是無法真正了解我們所寫下的東西。在本書的最後一章，我們會遇到比這幾個數字還要大上許多的數字。

本章摘要

對於大約一百三十億年前的宇宙，我們實在沒辦法滿懷信心地說出些什麼來。我們甚至不知道空間與時間是否存在。在某個時刻，能量與物質從虛空當中迸現，產生了時間與空間。早期宇宙的溫度與密度都相當高，並且在某種宇宙爆炸裡極其快速地擴張。在膨脹擴張時，溫度逐漸逐漸下降。物質與反物質彼此抵消，留下了極少量的物質殘餘物。脫離了早期宇宙那種強烈不穩定的狀態後，開始出現了不同的實體——質子、中子、光子、電子——以及不同的作用力，包括了強作用力、弱作用力，以及引力和電磁力。再經過幾十萬年，宇宙的溫度下降到質子與電子能穩定結合成原子的程度，而且其中的物質也變成了不帶電的中性。結果，物質與能量不再頻繁進行交互作用，而放射線也開始在宇宙裡自由流動。隨著宇宙膨脹擴張，輻射溫度逐漸下降，變成了如今能讓人檢測得到的宇宙背景輻射。

這個故事，儘管好像相當怪異，但卻有著大量科學研究的根據，並且和我們今天已知的天文學和粒子物理學知識大多吻合。大爆炸宇宙學，如今已經是現代宇宙學的核心概念。就是這樣的典範，把諸多宇宙本質與歷史的現代概念統合在一起，並主宰了現代創世神話的開篇第一章。

延伸閱讀

芭芭拉・史普勞爾（Barbara Sproul）的《原始神話》（*Primal Myths: Creation Myths around the World*, 1991）是一部不同文化的創世神話選集，並附有介紹性的短文。現在有許多大爆炸宇宙學的通俗讀物，其中有些作者曾協助構建了宇宙起源的現代傳說。下列就是我認為最有用的幾本書：霍金的《時間簡史》名氣最大，還有後來出版的《胡桃裡的宇宙》（*The Universe in a Nutshell*, 2001）；更專業的還有史蒂文・溫伯格（Steven Weinberg）的《最初三分鐘》第二版（*The First Three Minutes: A Modern View of the Origin of the Universe*, 1993）。約翰・格里賓（John Gribbin）的《創世紀》（*Genesis: The Origins of Man and the Universe*, 1981）是一本很適合一般大眾閱讀的引介性作品（同時也是本書的靈感來源之一），儘管距離現在已經有相當的年頭。包含了更新資訊、但仍然同樣具有可讀性的有提摩西・費里斯的《預知宇宙紀事》（*The Whole Shebang: A State-of-the-Universe(s) Report*, 1997）；約翰・巴羅（John Barrow）的《大霹靂》（*The Origin of the Universe*, 1994）；彼得・科爾斯（Peter Coles）的《認識宇宙學》（*Cosmology: A Very Short Introduction*, 2001）；還有阿拉孟・狄辛姆（Armand Delsemme）的《我們宇宙的起源》（*Our Cosmic Origins: From the Big Bang to the Emergence of Life and Intelligence*, 1998）。狄辛姆這本書與本書前半部大半的內容有關。若想更清楚了解現代天文學、化學與物理學的概念和術語，凱撒・艾密里安尼的《科學指南》是一本十分有用的手冊。艾瑞克・伽森的《宇宙的演化》（*Cosmic Evolution: The Rise of Complexity in Nature*, 2001）嘗試用許多不同的尺度——從恆星到微生物——來全面思考秩序與熵的意義，而馬丁・芮斯（Martin Rees）的《宇宙的六個神奇數字》（*Just Six Numbers: The Deep Forces That Shape the Universe*, 2000）則是一本介紹宇宙基本結構的書籍。施莫林的《宇宙的生命》（*Life of the Cosmos*, 1998）是一本易讀易懂的書；書裡提出了一些了不起的推測，認為我們的宇宙可能只是依照宇宙演化形式生成的眾多宇宙當中的一個。查爾斯・萊恩威福（Charles Lineweaver）的短文〈我們在宇宙中的位置〉（"Our Place in the Universe," 2002）是一篇很棒的導論，有助於我們思索在宇宙當中的尺度與定位。奈杰爾・卡爾德（Nigel Calder）的《時間尺度》（*Timescale: An Atlas of the Fourth Dimension*, 1983），儘管已有點過時，但對於時間整體來說，仍然是個很出色的年表。

注釋

❶ William Shakespeare, *Twelfth Night 1.2*；引自John Lewis Gaddis, *The Landscape of History: How Historians Map the Past* (Oxford: Oxford University Press, 2002)，頁一六。約翰・加迪斯補充說：「莎士比亞藉著薇奧拉的話指出：智慧，好奇再加上一點點畏懼，是任何歷史學家凝視歷史風景的出發點。」

❷ Deborah Bird Rose, *Nourishing Terrains: Australian Aboriginal Views of Landscape and Wilderness* (Canberra: Australian Heritage Commission, 1996), p. 23.

❸ *The Rig Veda*, ed. and trans. Wendy Doniger O'Flaherty (Harmondsworth: Penguin, 1981), no. 10. 129, pp. 25-26.

❹ *Popol Vuh: The Mayan Book of the Dawn of Life*, trans. Dennis Tedlock (New York: Simon and Schuster, 1996, rev. ed.), p. 64.

❺ Barbara Sproul, *Primal Myths: Creation Myths around the World* (1979; reprint, San Francisco: HarperSanFrancisco, 1991), p. 15.

❻ 現代最佳的時間論述可參閱*Time: An Essay*, trans. Edmund Jephcott (Oxford: Blackwell, 1992)，諾伯特・愛里亞斯（Norbert Elias）在此書中主張，現代人的時間感主要是因為身處於複雜社會中的人們相互協調自身行為的需求而形塑出來的。

❼ Tony Swain說明澳洲土著社會擁有一種以「位置」為基礎的存在論。參見*A Place for Strangers: Towards a History of Australian Aboriginal Being* (Cambridge: Cambridge University Press, 1993), chap. 1。

❽ 引自Sproul, *Primal Myths*, pp. 137-38。

❾ Peter White, "The Settlement of Ancient Australia," in *The Illustrated History of Humankind*, ed. Göran Burenhult, vol. 1 , *The First Humans: Human Origins and History to l0,000 BC* (St. Lucia: University of Queensland Press, 1993), p. 148.

❿ Stephen Hawking, *The Universe in a Nutshell* (New York: Bantam, 2001), p. 85.

⓫ 「作夢」和「黃金時代」的概念首次進入英語，是在澳洲中部探險隊於一八九四年的報告中，將Arunta語中的「altyerre」這個字翻譯成「作夢」，參見Rhys Jones, "Folsom and Talgai: Cowboy Archaeology in Two Continents," in *Approaching Australia: Papers from the Harvard Australian Studies Symposium*, ed. Harold Bolitho and Chris Wallace-Crabbe (Cambridge, Mass.: Harvard University Press, 1997), p. 20。

⓬ Mircea Eliade, *The Myth of the Eternal Return, or, Cosmos and History*, trans. Willard R. Trask (New York: Pantheon, 1954).

⓭ Lee Smolin, *The Life of the Cosmos* (London: Phoenix, 1998)，特別是第七章。

⓮ 這樣的計算方式也許很可笑，但是正如提摩西・費里斯（Timothy Ferris）所說的，從精神層次而言，推算起源的卻時刻是很具現代精神的。無論如何，烏謝爾大主教的計算只因為些許誤差而被拋棄——這種事情在現代宇宙學中不算嚴重錯誤——萊特夫博士只是在主教的基礎上稍作改進而已。參見*The Whole Shebang: A State-of-the-Universe(s) Report* (New York: Simon and Schuster, 1997), p. 172。

⓯ 關於這個過程最新的簡要說明請參見Charles Lineweaver, "Our Place in the Universe," in *To Mars and Beyond: Search for the Origins of Life,* ed. Malcolm Walter (Canberra: National Museum of Australia, 2002), pp. 88-99.

⓰ 美國太空總署於二〇〇三年二月宣布，根據威爾金森微波各向異性探測器（Wilkinson Microwave Anisotropy Probe，簡稱WMAP）收集的數據，計算出宇宙大爆炸的最精確時間是在一百三十億年前。參見"Imagine the Universe News," 12 February 2003，http://imagine.gsfc.nasa.gov/docs/features/news/12feb03.html (accessed April 2003)。

⑰ Martin Rees, *Just Six Numbers: The Deep Forces That Shape the Universe* (New York: Basic Books, 2000), p. 133，此書指出，由於從 10^{-14} 秒回到 10^{-35} 秒這段時間跨越的因數值超過十，要大於從氦元素形成的那三分鐘……到當前的時間（10^{-37} 秒，或一百億年）。

⑱ Richard P. Feynman, *Six Easy Pieces: The Fundamentals of Physics Explained* (London: Penguin, 1998), p. 5.

⑲ 暴脹對於複雜實體的出現至關重要，參見Eric Chaisson, *Cosmic Evolution: The Rise of Complexity in Nature* (Cambridge, Mass.: Harvard University Press, 2001)；參閱頁一二六。

⑳ Ferris, *The Whole Shebang*, p. 78；關於宇宙膨脹的一種說法，參見Paul Davies, *The Last Three Minutes* (London: Phoenix, 1995), pp. 28-35；"Note on Exponential Notation,"或者本章末節〈關於指數符號的說明〉。

㉑ 參見*Just Six Numbers*, pp. 93-97。

㉒ Chaisson, *Cosmic Evolution*, p. 112.

㉓ 根據NASA威爾金森微波各向異性探測器探測所得的計算結果顯示，轉變發生於大爆炸後約三十八萬年，讓宇宙背景輻射釋放出來。

㉔ Chaisson, *Cosmic Evolution*, p. 113.

㉕ Feynman, *Six Easy Pieces*, p. 34；費里斯寫道：「如果原子核像高爾夫球一樣大，那麼離它最遠的電子會在兩英里外繞著原子核旋轉」（*The Whole Shebang*, p. 108）。

㉖ Chaisson, Cosmic Evolution, p. 2.

㉗ 這是複雜而具象徵性的，如同越南禪宗大師一行禪師所說的：「色即是波，空即是水。」參見*The Heart of Understanding: Commentaries on the Prajñaparamita Heart Suira*, ed. Peter Levitt (Berkeley: Parallax, 1988), p. 15。

㉘ Wendy L. Freedman, "The Expansion Rate and Size of the Universe," *Scientific American* (Spring 1998): 92-97; Ken Croswell, "Uneasy Truce," *New Scientist* (May 30, 1998): pp. 42-46。最新的推估請見本章，注⑯。

㉙ Max Tegmark, quoted in James Glanz, "In the Big Bang's Echoes: Clues to the Cosmos," a "Science Times" column, *New York Times* (6 February 2001): D1.

㉚ 關於NASA的WMAP網頁，請參閱"Wilkinson Microwave Anisotropy Probe," 14 March 2003，https://map.gsfc.nasa.

gov/（accessed April 2003）；最近的推估請見本章，注⑯。

㉛ Lynn Margulis and Dorion Sagan, *Microcosmos: Four Billion Years of Microbial Evolution* (London: Allen and Unwin, 1987), p. 41.

㉜ Peter Coles, *Cosmology: A Very Short Introduction* (Oxford: Oxford University Press, 2001), pp. 91-92；Hawking, *Universe in a Nutshell*, pp. 96-99，此處對「vacuum energy」有所說明。

㉝ 本文關於指數的解釋是根據Cesare Emiliani, *The Scientific Companion: Exploring the Physical World with Facts, Figures, and Formulas* (New York: John Wiley, 1995, 2nd ed.), pp. 5-10。

第二章

星系與恆星的起源

複雜性的開端

若非得用一句話來總結「大爆炸後都發生了什麼事？」的話，那麼在說出最適合的答案前，也許得先深深地吸上一口氣、然後一口氣說出：「從開端之後，引力就已開始形塑宇宙的結構體，並使溫差加劇，這是一百億年後出現複雜性形成的先決條件，而且我們也無法置身事外。」❶

在晴朗的夜裡仰望星空，恆星顯然是我們宇宙裡最重要的成員。然而恆星就像人類一樣，從來都不是獨自存在的。它們聚集在我們稱為星系的巨大宇宙社群裡，每個星系可能都包含了一千億顆的恆星。我們家鄉所在的星系是銀河系。有別於其他星系看起來黯淡模糊的樣子，銀河系看起來就像是條流淌在夜空裡淺白色的光河，那是因為我們是從銀河的內部來觀看的緣故。而裸眼看不清楚、甚至到一、二十年前還讓多數天文學家無法清晰可見的，則是許多星系聚集在一起構成的更大型群落。其中包含了星系群（galaxy group）（通常直徑為幾百萬光年、包含了大約二十個星系）與星系團（galaxy cluster）（寬度達兩千萬光年，包含了數百、甚至數千個星系）。星系群與星系團受到引力的作用而聚在一起。然而，另外還存在著更大型的結構體；之所以如此巨大，是宇宙膨脹拉伸作用影響的緣故。其中包含了超星系團（supercluster）（寬度達一億光年，包含了大約一萬個星系）以及在一九八〇年代首次被天文學家探測到、包圍住大量空間泡泡的一系列龐大超星系團。而以更大的尺度來看，宇宙明顯呈現出驚人的同質性。這種同質性，就出現在宇宙背景輻射千篇一律的單調環境當中。所以，能夠吸引像我們這種複雜觀察者產生興趣的複雜模式，似乎只會出現在比一系列龐大超星系團還要小的尺度上。

目前在可觀測宇宙裡，超星系團似乎是最大的有序結構體。發現了它們，較諸哥白尼發現了地球繞行太陽公轉來說，更將我們遠遠推離了宇宙的中心。我們的太陽看起來似乎是坐落在一個二級星系裡的普通郊區當中（在我們在地的星系群裡，仙女座是最大的星系），混跡於室女座超星系團邊陲的星系群當中。❷

最近我們已清楚知道，即使超星系團在宇宙的歷史舞台上也只不過是些小角色而已。似乎大多數的宇宙質量（百分之九十、甚至更多）都是不可見的，且這些質量（被適切地稱為暗物質〔dark matter〕）確切的本質則迄今仍未可知。換句話說，我們的處境相當尷尬，對於構成宇宙的東西竟大半一無所知。❸本章會談論到暗物質本質的一些理論，但主要的重點仍然會擺在我們最熟知的宇宙這個部分——也就是看得見的這個部分。

我們接續著上一章，繼續來談談早期宇宙的歷史：大約在宇宙誕生三十萬年之後，能量與物質各自分道揚鑣之後的事情。

早期宇宙與最初的星系

宇宙在形成後的最初幾分鐘後就開始迅速冷卻，以至於無法製造出比元素週期表排名前三名的氫、氦與（微量的）鋰還要重、還要更為複雜的元素。在早期宇宙熾熱而混沌的狀態下，更複雜的東西根本就沒辦法存留下來。從化學的角度來看，早期的宇宙相當簡單，簡單到根本就沒辦法創造出像我們的地球，或居住在地球上活機體那樣複雜的物體。最早誕生的恆星與星系差不多就是由氫元素與氦元素所構成的。然而這卻也象徵著我們的宇宙擁有驚人的能力，有辦法用簡單的構成要素來構建複雜的物體。恆星一旦誕生，就奠定了創造出包括活機體這類更複雜實體的基礎，因為在它們熾熱的核心當中，正上演著把氫元素與氦元素轉變成週期表裡其他元素的這麼個煉金術般的過程。

到此刻為止，宇宙故事的走向還一直都被大爆炸的擴張力所掌控。現在，我們必須提出另一種大規模的作用力——引力。牛頓在十七世紀就曾有效描述過引力這種作用力，而愛因斯坦在二十世紀初又提出了更加適切的說明。大爆炸的威力把能量與物質分離，而引力又把物質聚攏在一起。牛頓認為，任何形式的物質都會對其他形式的物質施加某種牽引力。愛因斯坦則堅稱，引力之所以能有作用，是因為龐大的質量能扭曲時空幾何結構所產生的可能結果。他還指出，引力對能量與物質都能產生作用。這個結論並不全然讓人感到訝異，因為愛因斯坦早就證明了物質其實就是一種凝結的能量。但他也更進一步提出了一項新穎而獨特的證據，證明引力能同時讓能量與物質扭曲變形。太陽是我們太陽系裡體積最大的物體、且質量也是最大的。他認為太陽龐大的質量應該會讓周圍的時空產生彎曲，足以改變經過太陽邊緣附近光線的軌跡。觀測這種影響的最佳時機就在日食發生的時候，因為這是能讓人看見太陽附近恆星的唯一時刻。假使在日食前對太陽邊緣的恆星進行拍照，他的預測指出，這些恆星在經過太陽背後之前的移動速度似乎會放慢下來；而出現在太陽的另一側時，似乎又會在太陽的邊緣徘徊一陣子才離它而去。這種結果是因為星光的光束被太陽的質量給扭曲了的緣故，就像把棍子插到水裡會讓它看起來像是彎掉了一樣。一九一九年，人們在一場日食發生時檢驗了愛因斯坦的預言，結果發現他的預測果然神準。

引力把物質與能量兩者拽在一起，就能讓宇宙產生輪廓與結構。假使我們信守牛頓那直觀而簡單的想法，認為引力是一種「作用力」的概念，那麼就能更容易看出這一切是怎麼辦到的。牛頓指出，引力可以在很大的尺度上發揮作用，但是近距離的作用力還是最大。確切地說，兩個物體之間的萬有引力（gravitational attraction）與它們的質量（平方）成正比，與它們的距離（平方）成反比。這就意味著引力能讓擠在一起的質量更加緊密結合在一起，但對於相距遙遠的物體則作用甚微。引力對於像是攜帶能量的粒子這一類質輕、快速移動的物體幾乎毫無作用，因此塑造物質的效果要遠勝於塑造能量。由於引力在這些方面的影響各不相同，所以一直都能在許多不同的尺度上成功創造出許多複雜的結構體。這是個相當了不起的結論，因為它會讓人聯想到，就某種意義、某些尺度來說，引力能暫時抵消熱力學第二定律；這個基本定律似乎指出了一種必然的現象——隨著時間的流逝，宇宙會變得更加無序、更加簡單（請參見附錄二）。反倒是，隨著引力能量的釋放（使物質凝結在一起），宇宙看起來似乎就變得更加有序。就這樣，引力就成為我們宇宙裡秩序與模式的主要源泉之一。在本章的其餘部分，我們將看到引力如何創造出許多天文學家所研究的那些複雜物體。

許多早期宇宙和星系與恆星的歷史，都可以被視為讓宇宙往不同方向分開的大爆炸作用力和讓宇宙重新聚合的引力作用力彼此較勁的結果。這兩種作用力之間存在著一種不穩而多變的平衡；擴張力在最大的尺度上占了上風，而引力則在較小的尺度上占據優勢（只到星系團的層級）。不過引力還需要某些初始的差異才能發揮它的作用。假使早期宇宙一直都很平順穩定——比方說，氫元素與氦元素在整個宇宙裡的分布一直都很一致——那麼引力除了延緩宇宙擴張的速率之外，幾乎毫無作用。宇宙會一直維持著單一而同質的狀態，而諸如恆星、行星以及……人類這些複雜而滿是疙瘩的物體就永遠不可能出現。

所以，弄清楚早期宇宙究竟同質到什麼程度就相當重要。天文學家嘗試藉由找出宇宙背景輻射溫度當中的細微差異來量測早期宇宙的「平穩程度」。任何「顛簸崎嶇」的狀態應該都會以宇宙背景輻射當中細微溫差的形式呈現出來。早於一九九〇年代發射升空的「宇宙背景探索者」（Cosmic Background Explorer，簡稱COBE）衛星，就是用來探尋這樣的差異；而二〇〇一年六月發射升空的威爾金森微波各向異性探測器，則以更高的精確度來繪測這些差別。宇宙背景探索者已經讓我們知道，儘管宇宙背景輻射相當整齊劃一，但在溫度方面還是有細微的差異。很顯然，早期宇宙的某些區域是要比其他區域的溫度高一點，密度也大一點。這些「褶皺」讓引力有了某些差異來發揮作用，讓它能把這些差異擴大，讓密度高的區域變得密度更高。在大爆炸後的十億年裡，引力已創造出許多氫元素與氦元素所構成的巨大雲團。這些雲團或許有好幾個星系團那麼大，若以局部來看，它們的引力牽引力適足以抵消宇宙的擴張運動。而在更大的尺度上來看的話，大爆炸的擴張力仍居於主導地位，以至於這些巨大物質雲團之間的缺口會隨著時間的流逝而不斷變大。

在本身引力的牽引下，氫元素與氦元素雲團本身開始向內塌縮，而氫原子與氦原子則被更緊密地擠壓在一起。隨著氣體雲團的收縮，某些區域的密度就變得比其他區域更高、塌縮的速度也更快；就這樣，原本的雲團就分裂成愈來愈小的團塊，形成了從整體星系到個別恆星這些許許多多不同的尺度。引力把個別雲團塞進更小的空間裡，壓力就在中心形成。不斷上升的壓力讓溫度不斷升高，於是，在收縮的時候，每個氣態雲團的溫度就開始上升。在質量等同於數千顆恆星的較小團塊裡會出現密度與溫度都非常高的區域；第一批恆星，就是誕生在這些宇宙托兒所裡的這些地方。❹

隨著核心區域溫度的上升，當中原子的移動也愈來愈快、碰撞也愈來愈猛烈。到最後，碰撞猛烈到壓倒氫原子帶正電原子核之間的排斥力。（這些排斥作用力的大小，一部分取決於原子核裡質子，或所帶正電荷數量的多寡，因此這種反應最容易出現在氫原子當中；原子越大，這種反應就越難出現。）只要溫度一上升到攝氏一千萬度，成對的氫原子就會融合成原子核裡擁有兩個質子的氦原子。這種被稱為融合的核反應，就是在氫彈核心裡所發生的狀況。當氫原子融合成氦原子的時候，按愛因斯坦的方程式$E = mc^2$來看，極少量的物質會被轉變成巨大的能量：所釋放的能量等於被轉變的質量乘以光速的平方。由於光速的數字極其龐大，因此愛因斯坦的方程式讓我們明白，就算是極少量的物質，經轉化後也會釋放出巨大的能量。確切地說，氫原子在融合形成氦原子的時候會喪失掉大約百分之零點七的質量；我們之所以知道這一點，是因為氦原子比構成它的氫原子輕了一點。而遺失的質量則已經被轉換成能量。[5]恆星就像大型的氫彈一樣，擁有足以讓「爆炸」持續幾百萬、甚或是幾十億年的燃料。而就以這樣的方式，第一批恆星點亮了早期宇宙長達十億年之久的漫漫黑夜。

融合反應產生的龐大熱量與能量阻擋了引力的作用，所以一旦年輕的恆星一經點亮，就不再繼續塌陷了。這就是恆星中心核爆產生的擴張力、以及抑制所有恆星心臟地帶狂暴能量的引力牽引力兩者之間所達成的平衡狀態。恆星之所以能形成持續耐久的結構體，是因為把物質擠壓在一起的引力、以及迫使物質分離的融合反應爆發力兩者彼此妥協的結果。這樣的交涉過程一直持續不斷；假使核心溫度上升，恆星就會擴張、溫度就會下降，於是恆星又再度縮小——這很類似空調系統當中的負回饋循環。（假使氣溫過高，空調就會啟動，好讓氣溫再降下來。）我們可以從變星的脈動裡觀測到這些交涉的過程。然而一般說來，只要恆星存在不滅，這種潛伏的休兵狀態就會持續幾百萬、甚至幾十億年之久。

點亮了第一批恆星是宇宙史的一個重大轉捩點，意味著複雜性出現了新的層級，產生了按照新法則運作的新實體。原本數十億顆原子被引力的作用聚攏在一起，突然變成了一種有條有理的結構體——能持續存在個幾百萬、甚至幾十億年的時間。這種轉變會出現在原恆星（proto-star）核心溫度稍微上升而啟動了融合反應的時候，從而將引力的能量轉換成熱能，並創造出一種更新、更穩定的能量流系統。恆星把本身的原子組織成全新而更為持久的組態（configuration），讓自己在處理龐大能量流時不至於崩潰解體。我們即將看到的，就是這一類臨界點的特有模式。當原本各自獨立的實體被捲進更有序的新模式，且受到自由能（free energy）產出量不斷增加而結合在一起時，新的組態就突然出現了（請參見第四章）。但是，對於這一切結構體都一體適用的是，要讓它們彼此聚攏在一起簡直難上加難，因此這種狀態就不可能恆久存在。所以，複雜性的新層級就具有某種易碎性與必然終將塌縮的特徵。根據熱力學第二定律，所有複雜的實體最終都會消亡；但結構體若越簡單，存活下來的可能性就越大，這也就是為何恆星的壽命會比人類還要長得多的原因（請參見附錄二）。

在經過了一百三十億年後，許多第一批出現的恆星到今天依然健在。它們大多存身於各星系的中央，或恆星組成的大型團塊、以巨大球狀軌道繞行大多數星系的球狀星團（globular cluster）裡。在沒有清楚結構的氣態雲團歷經了混沌與快速塌縮的過程裡，或許就是最早的恆星形成的時候。時至今日，我們可以從它們飄忽不定的軌道與缺乏比氫、氦質量更重的元素來探測出它們的存在，因為在它們當初誕生時，也就僅有那些元素罷了。在擁擠的早期宇宙當中，星系胚胎經常彼此交融，而這樣的合併也有助於說明為何許多最古老恆星的軌道都如此飄忽不定。

當星系在早期宇宙裡誕生並彼此合併的時候，引力也開始發揮作用，把許多星系雕琢成宇宙裡極為常見的形狀。早期宇宙裡那些形狀參差不齊的星系被引力聚攏在一起，不同的部位被拖曳到中央地帶而形成了巨大的圓弧；這些圓弧在移動過程裡產生的微小變化，會讓個別的雲團像水從排水管排掉那樣開始旋轉。當個別雲團收縮、像溜冰選手把手臂收攏起來那樣時，旋轉的速度就會加快。就像個快速旋轉的生麵糰一樣，轉得最快的區域會被離心力向外拋甩，讓整個雲團變成有點像是一片薄薄的宇宙披薩那樣。這些簡單的變化過程全然受制於引力作用的影響，說明了為何宇宙裡許多最大的物質雲團，甚至以星系團的尺度來看，長得都像旋轉的圓盤一樣；蘇聯理論家雅可夫・澤爾多維奇（Yakov Borisovich Zel'dovich）管它們叫「可麗餅」。我們在較小的尺度上也能看到相同法則的作用，這也就是為何從遠處觀測我們的太陽系，同樣也會看到一個巨大而扁平圓盤的道理。

等到下一代恆星開始形成的時候，這些過程也把一些像銀河系這種更大的星系轉變成巨大、看起來正常得多的圓盤。這種變化所反映出來的狀況是，恆星越年輕，軌道就越規律有序；例如，我們的太陽以時速八十萬公里這種壯觀的速度，用掉大約兩億兩千五百萬年的時間來繞行銀河系一圈。類似的機制也塑造了其他的星系，創造出一個住滿了許多恆星星系的宇宙；儘管這些星系的建構方式各不相同，但往往都長得很像是勻稱的旋轉圓盤。一直到今天，依然有恆星持續誕生。在銀河系裡，每年大概會誕生十顆新的恆星。

宇宙學巡禮：黑洞、類星體與暗物質

早期宇宙還包含了比恆星更奇怪的物體。大多數星系核心的密度都很高，以至於即使溫度已經高到足以啟動融合反應，但巨大的物質與能量雲團仍持續塌陷。這時，引力獲得了某種程度的動量（momentum），能將物質與能量擠壓到不復存在的程度，從而形成黑洞這樣的天體。黑洞是一種密度相當高的空間區域，任何物質與能量、甚至連光線都無法逃離它們的引力作用。這就意味著，我們永遠都無法直接觀測到它的內部狀況，除非進到裡面去——當然，我們也就不可能再從裡面出來報告自己的觀測結果了。黑洞的密度如此之高，以至於我們若想把地球變成黑洞的話，就必須把它壓縮成一個直徑零點七英寸的圓球才行。❻

一直以來，都有許多關於黑洞存在有何實質意義的有趣推測。例如，最近有人認為也許黑洞裡面就藏了一個新生的宇宙；每個黑洞或許都是個獨立的宇宙，誕生於自身的大爆炸發生之後。施莫林認為，若情況確實如此，那我們說不定就有辦法解釋我們自己宇宙裡某些其他的怪異現象。尤其我們或許就有辦法說明，為何這麼多關鍵參數——例如，基礎物理作用力的相對強度或基礎核粒子的相對大小——似乎都被精確調整過，好拿來創造一個能製造出恆星、元素以及像我們人類這種複雜實體的宇宙。依據施莫林的假設來看，有能力製造黑洞的宇宙才可能擁有「後代」。倘若在這個假設的基礎上再進一步，假定新生宇宙與它們的「親本」宇宙只存在著細微的差別，那我們就會明白，這或許就是一種類似達爾文天擇的概念所導致的結果。❼經過許多世代以後，無論這些確切擁有產生黑洞必備特性的宇宙在統計學上存在的機會有多渺茫，它們都有可能在這麼多宇宙所存身的超空間裡占有舉足輕重的地位，因為所有其他的宇宙都沒有生育後代的能力。然而，假使宇宙有能力製造黑洞，那麼或許也就有辦法製造出其他像恆星一樣的大型物體，以及其他各種複雜的結構體。這些推測告訴了我們，對於我們的現代創世神話來說，在宇宙的層級之上或許還存在著更多新的層級，也許是個年齡遠大於一百三十億歲、比我們的宇宙還大了許多的「超宇宙」。然而以目前來說，我們既無法證明、也無法否定這些不切實際的臆想。

所以，我們大可安心地把注意力從這些推測臆想擺回到自己所熟知的宇宙。關於我們自己的宇宙與構成這宇宙的諸多星系，我們可以從黑洞身上得到一些重要的訊息。黑洞的密度相當大，使得引力所產生的能量要比恆星內部所產生的能量還大了許多。在人馬座（射手座）方向、距離銀河系中央約兩萬七千光年的地方，似乎潛伏著一個黑洞。我們或許可以透過一種名為人馬座 A 的無線電波強訊源來確認這個黑洞的存在，它的質量大約是太陽的兩百五十萬倍。

黑洞存在於許多星系的中央，而這或許有助於說明另一種奇怪物體存在的原因——它們是類星體，又稱為「類星無線電源」（quasistellar radio source）。這種現代天文學家已知的最明亮天體，是澳洲天文學家在一九六二年首度探測發現到的。儘管它們的大小都還沒有太陽系來得大，但亮度甚至都比那些最大的星系還要來得亮。它們的距離也非常遙遠；絕大多數與我們的距離都超過了一百億光年，而且都沒有低於二十億光年的。所以，當我們在觀察類星體的時候，我們所看到的，其實都只是那些存在於宇宙生命之初的物體而已。目前看來，它們的能量似乎都來自於巨大的黑洞——那些把身邊龐大物質生產出來的星系物質吞噬掉了的傢伙。因而，類星體就包含了黑洞，再加上它們拿來當作食物的恆星。類星體在宇宙生命之初的數量相當龐大，因為當時星系彼此都擠在一起、靠得更近，所以黑洞就能獲得更多的食物。從那時候開始，宇宙就已擴張，星系團彼此離得愈來愈遠，星系黑洞能採集到的食物也就變得愈來愈少。所以，儘管大多數星系的中央或許仍有黑洞存在，但此時卻只有少數的怪獸還能有足夠的食物來創造出類星體。而且，由於類星體對於恆星塵埃的胃口大得驚人，且大部分壽命都不超過幾百萬年，以至於在現代宇宙當中已不多見。類星體就等同於天文學領域當中的恐龍，儘管提供它們能量的黑洞仍存活於大半星系的中央地帶，等待著冒失的恆星落入它們的掌控之中。

星系與恆星組成了大半個看得到的宇宙。然而觀測星系與星系團的運動卻讓人得到了一個尷尬的結論，也就是我們觀測到的只不過是實際宇宙的一小部分而已。確實，宇宙裡的物質，我們看得到的也許還不到一成，甚至連百分之一都還不到。運用引力的基本法則，天文學家能藉由研究星系的旋轉方式來大致計算出星系群裡究竟包含了多少物質；而這一類的研究也顯示，星系實際包含的物質也許是十倍於我們所能見到的部分。天文學家把這種物質稱為暗物質，藉此表達他們的困惑。

現代天文學的核心研究項目之一，就是找出構成這種大量物質的東西究竟為何。目前有兩種主要的可能答案。第一種，這些東西由極其微小的粒子組成，大小甚至比電子都小上許多，但整體卻比其他形式物質的質量還重。這些東西被稱為「大質量弱相互作用粒子」（weakly interacting massive particles，簡稱WIMPs）。目前對於這些粒子的最佳解釋認為，它們就是微中子（neutrino）這種可能有質量、也可能完全沒有質量的粒子。即使它真的擁有質量，應該也不到電子質量的五十萬分之一。然而，每兩個粒子大約有十億個微中子，因此就算個別微中子的質量微乎其微，或許還是有辦法構成宇宙裡大半以上的物質。倘若我們能看見微中子，那麼宇宙看起來就像是一大片的微中子塵霧，沾染著微小的物質斑點。另一種可能的答案是，也許宇宙裡存在著許多巨大的物體，但卻因為沒有散發出光線或其他形式的輻射，所以我們才看不見它們。它們可能是由恆星或行星狀物體的遺骸所組成，被稱為「暈族大質量緻密天體」（massive compact halo objects，簡稱MACHOs）。不久之前又出現了第三種可能的解釋，或許能給暗物質問題帶來一個簡潔的答案：暗物質也許就是暗能量（dark energy）。正如同我們已經知道的，能量同樣也會產生引力牽引力。所以，宇宙裡多達百分之七十的質量／能量，或許就包含了所謂的真空能這種發現於一九九〇年代末期、似乎能讓宇宙擴張速率加快腳步的能量。倘若真是如此的話，那麼天文學家觀測到的額外引力牽引力，也許大半都是暗物質所造成的。按照這樣的設想來看，暗物質在整個宇宙所有的東西裡還占不到百分之二十五，而在看得見的宇宙裡則只占了百分之五。[8]

恆星的一生與死亡

恆星就像人類一樣，也有自己一生的故事；從誕生那一刻開始，經歷了生存、轉變，直到死亡的來臨。如今，我們對恆星獨特的生命週期已知之甚詳，而這些知識大多來自於星光光譜的研究。我們從前一章得知，仔細分析吸收線光帶（能量行經恆星之間被吸收後所產生的頻率），就能得知許多有關恆星裡包含了什麼物質、以及恆星的溫度有多高的訊息。從上個世紀以來，天文學家研究了愈來愈多的恆星光譜，也已逐步建構出一個圖像，以呈現恆星一生的不同階段與它們能繼續存在的不同類型。

恆星最重要的單一特徵就在於它們的尺寸大小，或更確切地說，就在於形成前最初物質雲團的規模如何。這是恆星諸多特徵的決定性因素，能左右它的亮度、溫度、顏色與壽命……等等。假使最初的雲團大小還不到太陽的百分之八，那麼它的核心密度或溫度就不可能達到足以讓氫原子融合的程度，所以也就形成不了恆星。充其量，也許就只能形成帶著淡淡的光芒、有點像木星的棕矮星（brown dwarf）而已。棕矮星是一種介於行星與恆星之間的天體；然而對於繞行棕矮星軌道的物質所做的最新觀測結果卻顯示，雖然它們並沒有大到足以能讓爆炸產生，但形成的方式仍大半與恆星相同。[9]從另一方面來看，如果最初的雲團大小比太陽大了六十到一百倍的話，那麼它就可能在塌縮的過程裡分裂成兩個、甚或更多形成恆星的區域，這也正好說明了為何天文學家會觀測到如此繁多的聯星系統（double star system）或聚星系統（multiple star system）。在這兩種極端之間，我們最好也考慮一下這兩種主要的尺寸：大多數恆星的尺寸都落在從比太陽小很多、到比太陽大八倍左右之間的範圍，而其餘的大小則在太陽的八到六十倍之間。

星雲胚胎當中的物質總量會影響到雲團的引力牽引力、星雲的收縮速度，以及星雲核心的密度與熱度。新生恆星的核心熱度會影響到本身燃盡自己可用燃料的速度。因此，大型恆星比小型恆星的溫度更高；儘管擁有更多的物質，但卻因為燒得更快、過得更險，於是也就死得更快。比太陽大十倍的恆星或許有三千萬年的壽命，而更大型的恆星也許就只能存活個幾十萬年而已。較小恆星的大小從太陽的兩倍到十分之一不等，本身的密度不高，也因此核心溫度較低，所以燒起燃料來也就更加精打細算。最小型的恆星壽命可能長達好幾千億年，比當前宇宙的年齡都還大了好幾倍。

大部分恆星都和我們的太陽一樣，燃燒本身燃料的速度都比巨星（giant）來得更慢。然而到頭來，它們還是會耗盡所有的氫元素，讓自己的核心充滿了氦元素。屆時，維繫恆星大半歲月的氫元素融合反應再也難以為繼了。於是恆星的核心開始冷卻、並向內塌縮。然而塌縮使得恆星內部的壓力變大，溫度再度升高，以至於恆星似乎又枯木逢春，膨脹成原先的好幾倍大小。假使這顆恆星夠大的話，那麼在塌縮發生的時候，或許會讓核心溫度上升到攝氏一億度。在這個溫度，又會出現以氦元素為燃料的新融合反應。然而這些反應把質量轉化為能量的結果卻遠不如氫融合反應，所以能夠持續的時間也就比較短。恆星很快又把氦元素給消耗殆盡；這時，核心又再度塌縮，而外層則膨脹得更加龐大，有時甚至還被拋到了空間當中。這類的系列反應，每一次都需要更高的溫度，而且會從中產生許多新的元素，而為數最為龐大的則有碳、氧、氮這三種。比方說，我們的太陽會一直持續這個序列到開始製造出碳元素、然後才無以為繼；然而比它稍微大了一些的天體則有辦法一直持續到製造出氧元素為止。就這樣，逐漸衰老的恆星就創造出許多在元素週期表裡排序靠前的元素；最大的恆星會在生命的最後階段裡創造出鐵元素（原子序數為26），所需的溫度約在四十到六十億度之間。這種反應序列在鐵元素誕生後就畫下了句點。在年老的恆星死亡之際，這些帶有新元素的殘骸就四散在它們的身邊，形成了恆星墳場；相較於早期宇宙的任何其他區域來說，恆星墳場在化學成分的組成上要更為複雜得多。

在瀕臨死亡的階段，許多恆星就會膨脹成像獵戶星座的參宿四（Betelgeuse）這種紅色超巨星（red supergiant）。大約再過五十億年，我們的太陽也會進入這個階段，形體大幅膨脹到地球與火星都會被它的外層給包覆掉的程度。（參宿四的尺寸相當龐大，若把它放在太陽的位置，那麼地球正好被掩埋在它的核心與表面之間。）到頭來，當它們耗盡了燃料，小型到中型的恆星開始冷卻下來，到最後變成了人稱白矮星（white dwarf）的恆星灰燼。白矮星的密度很大，大小與地球般的行星相近，而不像恆星那樣。經過幾十億年以後，絕大多數的恆星都會冷卻下來，而身為恆星的一生也就走到了盡頭。

巨星的大小約為太陽的八倍，生命歷程甚至更具戲劇性。由於這些恆星的形體相當龐大，核心的壓力與溫度也高得多，所以就有辦法製造出許多不同的元素，質量可達到矽元素的程度；而且就如先前說過的，有的甚至連鐵元素都製造得出來。在生命的最後階段裡，它們一層接著一層地製造出不同元素，瘋狂地釋放能量，並避免引力導致的塌縮。然而在燃料終於耗盡的時候，它們的結局也比中等大小的恆星更加壯觀。沒有能量讓這些恆星無以為繼，於是引力便接管了一切，轉瞬間就在迅雷不及掩耳的災難性塌縮過程裡壓垮它們。這就創造出一種被稱為超新星（supernova）的現象。超新星爆炸能持續好幾個星期之久，產生的巨大能量足以點亮一千億顆恆星或整個星系。假使最初的恆星大小不及我們太陽的三十倍大，塌縮後或許會遺留下中子星（neutron star）。這些天體的原子被牢牢擠壓在一起，使得電子與質子產生融合而形成了中子。中子星的質量與太陽相當，但卻被濃縮成一座大型現代都市大小般的區域。中子星的自轉速率達每秒六百圈。一九六七年在地球表面的觀測首次發現了它們的存在，曾被認為是脈衝星（pulsar），因為它們自轉時（且角度也恰好便於地球上的天文學家進行觀測）所散發出來的能量，似乎會以短脈衝的形式來撞擊地球。蟹狀星雲（金牛座）裡就包含了一顆自轉速度達每秒三十圈的中子星，是中國司天監在西元一〇五四年所探測到的超新星爆炸殘骸。

尺寸大於太陽三十倍的恆星塌縮過程甚至更加劇烈，核心區域還可能被擠壓成黑洞。就在核心之外，質子與電子結合成中子，而中子與微中子形成的巨大溪流也倉皇逃離了這顆垂死的恆星。大量的脈衝創造出一個溫度高達幾十億度的大汽鍋。剎那間，在超新星這非比尋常的超高溫環境下，彷若又跨過了某種新的臨界點，因為在這個大熔爐裡或許會烘焙出質量比鐵還要重得多的元素。甚至，在傾刻之間，超新星爆炸就有辦法製造出元素週期表排序到鈾為止的所有元素。這些元素接著又轟進了宇宙的深處。主宰這場星系煉金術的元素有氧，以及較少量的氖、鎂和矽；它們算得上是星際空間裡最常見的較重元素。最新被人發現到的這一類超新星，是一九八七年二月從地球上觀測到的；這也是從一六〇四年曾有一顆超新星在銀河系裡爆炸以來，在地球探測到的超新星當中最明亮的一顆。一九八七年觀測到的這顆超新星位於和我們相鄰的大麥哲倫星系，我們可以在南方的天空看見它的身影。它所標示的，是過去被稱為桑度列克-69202（Sanduleak -69202）的恆星在臨死前的痛苦掙扎；當它的生命走到了盡頭，也就是紅巨星階段，直徑大約有太陽的四十倍大。這個超新星爆炸的位置離我們約有十六萬光年之遙，也就是爆炸其實是發生在十六萬年以前。人類早期歷史所記載的許多「新星」或許也曾經都是超新星，其中還包括了與耶穌降世一同前來報到的那顆恆星。因為大型恆星的壽命都很短，所以打從最早的星系形成以來，一直都是超新星以各式各樣的新生化學元素來滋養富饒這一片星際空間。我們手上戴著的金戒指或銀戒指，構成的物質就來自於超新星內部。要是沒有超新星的話，我們可能連能否生存下去都還是個問題。❿

另外還有一種超新星，是從鄰近恆星身上得到新生物質滋養的白矮星發生爆炸所創造出來的，被稱為Ia超新星（Ia supernova）。這些爆炸所發出來的光芒甚至要比大型恆星死亡所形成的超新星還更加明亮耀眼，而且還彈射出大量的鐵元素和其他各種重元素（heavy element）。

在講述地球上的生命故事時，恆星死亡的故事是非常重要的一個篇章，因為恆星不僅創造了構成我們這個世界的物質，同時也創造出讓生物圈得以運轉的能量。遍布在星系各處的較重元素都會先出現在恆星與超新星當中。隨著宇宙逐漸老去，（氫與氦以外的）新元素數量也已穩定增加。假使沒有恆星與超新星創造出化學物質如此豐富的環境，我們的地球也就不可能誕生，而生命也就無從演化。就這樣，構成了我們的化學物質就分別以三個不同的階段被創造形成於：大部分的氫元素與氦元素都誕生於大爆炸當中；從碳（原子序數為6）到鐵（原子序數為26）的大部分元素都形成於中型與大型的恆星內部；而大多數的其他元素則形成於超新星內部。在早期宇宙裡形成的第一代恆星是不可能讓生命獲得存續的。然而像我們的太陽這些在以後的世代才出現的恆星，就可能有辦法提供維繫生命所需的給養。

驅動生物圈所需的能量，大半也都來自於恆星。直射的太陽光是地球上最重要的能量來源之一。然而對於過去兩個世紀的人類來說，在很久以前就儲存在煤炭與石油裡的太陽光也一直都具有同樣的重要性。除此之外，地球上有許多重要的變化過程也都是靠地球內部的熱引擎（heat engine）來加以驅動；地球的熱能有一部分來自於太陽形成的過程，而其他的則來自於超新星當中所產生的放射性元素。就是這些方方面面的事情，讓我們在講述地球的生命故事時，怎麼樣都離不開這些恆星的生平故事。

太陽的誕生

和所有的恆星一樣，我們的太陽也是誕生於物質雲團的引力塌縮過程當中。而這樣的塌縮，或許是附近的某顆超新星所觸發的。這場巨大爆炸所產生的衝擊波傳遍了誕生於距銀河系中心約兩萬七千光年、或離星系邊陲約百分之四十處的某個旋臂區裡的汽態雲團。隨著衝擊波傳遍了這些雲團，雲團裡的物質就被重新加以排列，就如同在震動鼓面上的沙子一樣。整個由數百顆新生恆星所組成的恆星部落就這麼誕生了。

它們都算是第二代或第三代的恆星，因為構成它們的元素除了氫與氦之外，還有許多其他的元素。在形成太陽的雲團裡，太初氣體占了百分之九十八（氫氣大約占了百分之七十二；氦氣大約占了百分之二十七）的比例。然而其中也出現了許多其他的元素，包括了碳、氮、氧（此時這些元素大約占了所有宇宙物質的百分之一點四），以及鐵、鎂、矽、硫、氖（另外又占了百分之零點五）。這十種元素——若不是誕生於大爆炸期間，不然就是出現在大型恆星當中——在我們所在星系裡，卻只不過占掉了原子物質質量的百分之零點零三，而其餘的元素則都是由超新星所創造出來的。[11]出現了比氫與氦更重的元素，以及由這些元素所形成的許多簡單化學物質，就說明我們的太陽（或許還有許多它的恆星兄弟姊妹）與第一代恆星的不同之處，因為它有一批衛星伴隨著它誕生降世。而這些衛星就是構成了太陽系的行星（請參見第三章）。

太陽和所有的恆星一樣，許多特徵都取決於它的大小。它是顆黃色的恆星（光譜型為G 2），亮度範圍屬中等等級。然而，絕大部分恆星（約占了百分之九十五）的大小都沒有太陽那麼大，溫度也都比較低。⓬相較於地球來說，太陽根本就是個龐然大物。它的直徑有將近一百四十萬公里，是地球到月球距離的四倍以上。儘管如此，在它死亡的時候，形體還沒能大到足以塌縮成超新星的程度。然而，它的形體也沒有小到可以讓自己活到一大把年紀。它大約誕生在四十六億年前，而且大約還能活個四到五十億年的時間。到目前為止，太陽的年齡約為宇宙的三分之一，走過了自己生命週期一半的歷程。和所有的恆星一樣，太陽的動力也來自於核心龐大而穩定的核爆炸，溫度可高達一千五百萬度。在太陽的核心裡，氫原子融合成氦原子，並釋放出大量的輻射能量。融合反應產生的能量光子得花上一百萬年的時間，才有辦法奮力穿過太陽密度極高的核心而抵達表面。在太陽表面的溫度僅有攝氏六千度。能量從太陽表面輻射到太陽系的各個角落，並擴及太空深處。光子一抵達太陽表面就開始以光速前進。耗費了一百萬年從次原子粒子的交通堵塞狀態裡艱難脫身以後，光子只花了八分多鐘的時間就抵達了一億五千萬公里之外的地球。

倘若沒有太陽，我們的地球不可能存在，而生命也就沒辦法出現演化。我們太陽系的所有行星都是在重力場（gravitational field）當中由太陽的碎片建構而成。而太陽供輸了大半的光與熱能來維繫地球生命的存續。正是太陽這顆電池，讓地球表面上這些複雜的地質、大氣與生物的進程得以正常運作。

宇宙的尺度

宇宙誕生時的形體小得令人難以想像，而現在卻大得讓人無以名狀。不知怎麼的，若想理解這個宇宙的創世故事，我們就得設法弄清楚講述這個故事的時空尺度。儘管我們永遠無法完全領會這些尺度，但總值得我們付出一番努力。

假使宇宙目前已經活了一百三十億年，那就表示我們無法看到一百三十億光年之外的任何東西，因為沒有什麼東西的速度能快過光速，而一百三十億光年就是光線從宇宙起源以來所能達到的最遠距離。然而，其實宇宙也許要比這個規模還來得更大，因為膨脹的概念告訴我們，從宇宙存在的第一秒鐘開始，它所存身的時空就以超光速展開擴張。假若真是如此，那麼宇宙的真正大小也許就是我們所能觀測到的數百京（10^{18}）倍。實際上，假使不同的部分都以不相同的方式向外擴張，那麼就可能會出現數十億個不同的宇宙，各自擁有些許不同的物理法則。

當然，即使是我們看得到的宇宙，其實也不是我們能掌控的。要從最小的次原子粒子計算到最大的已知星系團，我們得乘上十的三十六次方才行；也就是說，最大星系團的大小是最小已知粒子的 10^{36} 倍。[13] 這些說明，對我們的意義其實並不大；光是開始來想想這樣的尺度，我們就得發揮無與倫比的想像力才行。這或許可以讓我們以一種思想實驗（thought experiment）的方式來讓自己稍稍了解極大尺度究竟為何。

像銀河系這樣的大型星系大約擁有一千億顆恆星。更大型的星系甚至擁有一兆顆恆星，而為數更多的矮星系卻可能只有一千萬顆恆星。所以，平均每個星系所擁有的恆星數量大約在一千億顆左右。而據我們所知，在觀測得到的宇宙裡大概也有一千億個星系。那麼，一千億究竟有多大呢？想像一下有一千億顆穀粒堆積在一起的景象；這些穀粒多到足以填滿一整座雪梨歌劇院這樣大小的建築。⓮這也就說明了僅僅在我們自己的星系裡就有這麼多的恆星。若要呈現出整個觀測得到的宇宙裡的所有恆星，就建造一千億座歌劇院，並把每座歌劇院都填滿穀粒。（這些穀粒的總量差不多等同於地球所有沙漠與沙灘上的沙粒數量總和。）⓯然而，讓我們把注意力就放到這一座歌劇院上頭來吧，假想它就代表了我們的銀河系。假使我們拿穀粒來製作銀河系的比例模型，那麼，從位在雪梨歌劇院中心的太陽到最靠近的那顆穀粒之間的距離有多遠呢？半人馬座α（南門二）這三合星是夜空裡亮度居第三位的類星體，當中的比鄰星是距離我們最近的恆星。假使我們的太陽是雪梨歌劇院裡的一顆穀粒，那麼比鄰星的位置就差不多像紐卡索這座澳洲城市一樣；兩者相距一百公里，實際距離僅有四點三光年（超過四十兆公里、或大約二十五兆英里的距離）。總體來說，在地球周圍十二光年的範圍裡大約有二十六顆恆星。（其中的天狼星在我們的天空裡看起來最亮眼，因為它離我們非常近——只有八點六光年——且質量是太陽的兩倍，亮度是太陽的二十三倍。）要著手弄清楚像我們自己銀河系這般的大小，我們就必須想像雪梨歌劇院裡所有的穀粒都得按照這樣的比例尺來拉開距離的樣子。

另外還有一個方法可以讓人掌握這些比例尺的尺度。巨無霸噴射客機飛越澳洲或美國這樣的大陸要花四、五個小時的時間。那麼，用同一架噴射機飛到太陽要花掉多少時間？（我們得吃掉多少頓飛機餐以後才能抵達目的地？）波音七四七的飛行速度大約是時速九百公里（五百五十英里），所以我們大概得花將近二十年的時間，才能夠抵達大約一億五千萬公里（約九千五百萬英里）之外的太陽。假使要飛往離我們最近的鄰居比鄰星的話，得讓同款巨無霸噴射客機飛行五百多萬年才到得了！這就是在一座擁有一千億顆恆星的銀河城市裡，隔壁鄰居彼此之間的距離。若想感受一下整個銀河系的大小，就得記得光從太陽到地球只需八分鐘，但卻要耗掉大約四年又四個月的時間才能夠抵達比鄰星。而同樣的光線得再用三萬年的時間，走上萬倍於比鄰星的距離，才能夠抵達銀河系的中心。

這些思想實驗儘管簡陋粗疏，但也還過說得過去，在我們想像宇宙到底有多大的時候，或許能幫得上點忙；若按絕對價值來看，往往與我們人類有關的尺度都極其渺小。在宇宙的尺度上，我們的太陽與地球只不過是很小很小的物質微粒而已。

這些數字的計算也說明了其他一些有助於了解人類歷史的事情。我們地球安身於宇宙裡的位置決計不是出於偶然。我們之所以得以存在，就是因為我們所存身的區域實在非同一般。宇宙大部分的空間都是空空蕩蕩、冷冷清清的。而我們的思想實驗所涉及的，其實只有一個星系這麼個包含了大量物質的空間區域罷了。在眾多星系以外的地方，物質的密度就稀薄得多了。在一個超新星製造出各式各樣元素的大型星系裡，我們的地球就生活在一個物質異常豐饒的區域當中。在那個星系當中，我們就住在恆星形成的區域裡、離那顆成熟的恆星不太遙遠的地方。即使在星系密度最大的盤面所在之處，空空間區域往往每立方分子大小的空間裡也只大概容納了一個原子。然而在地球的大氣層當中，在同樣大小的空間裡也許會有兩千五百京個分子。[16]而流經這種物質的，則是太陽無時無刻不散發出來的能量。換句話說，人類的歷史就在宇宙裡一個充滿了物質與能量的小型區域當中展開了他的篇章。就是這種極其豐饒與複雜的環境，才使得生命有了誕生的可能。

本章摘要

早期宇宙在經過了大約三十萬年以後，主要成分多半是氫元素與氦元素構成的巨大雲團。這些雲團擁有創造胚胎恆星與星系的物質。宇宙誕生了大約十億年以後，在氫元素與氦元素濃度較高的區域裡誕生了第一批恆星。引力把這些密度頗大的氣態雲團拉扯成各種不同尺度的扁狀旋轉圓盤。以最的小尺度規模來看，這些物質雲團的大小差不多與我們的太陽系相當。在它們塌縮的時候，核心的溫度會升高到氫元素融合成氦元素的程度。這些核反應釋放出來的能量讓核心免於更進一步的塌縮，並創造出穩定的恆星核心。一旦氫元素消耗殆盡，大型的恆星會繼續以氦、氖……乃至於鐵元素這些愈來愈複雜的元素作為燃料，而這時融合所需的能量已經到了捉襟見肘的地步。那些最大型恆星的燃料消耗得相當快，最後終於在所謂的超新星大爆炸裡崩解塌縮。大多數更複雜的化學元素就是在超新星內部裡被製造出來的。較小的恆星燃燒得比較慢、溫度也沒那麼高，所以存活的時間就比較長，而且到最後燃料耗盡時，就如同餘燼一樣，冷卻下來的過程也比較漸進。

恆星的誕生與死亡，讓我們所生活的這個宇宙擁有了更為複雜的化學元素。對於我們地球與歷史最具影響力的複雜物體，確實沒辦法存在於早期宇宙這種更為簡單的環境裡。

延伸閱讀

若要了解恆星的一生，肯恩・克洛斯威的《天體煉金術》是一部極好的入門作品；而提摩西・費里斯的《銀河系大定位》（*Coming of Age in the Milky Way*, 1988）則是一部絕佳的現代天文學歷史。阿拉孟・狄辛姆（Armand Delsemme）的《我們宇宙的起源》（*Our Cosmic Origins: From the Big Bang to the Emergence of Life and Intelligence*, 1998）也是一部不錯的入門讀物，而凱撒・艾密里安尼（Cesare Emiliani）的《科學指南》（*The Scientific Companion: Exploring the Physical World with Facts, Figures, and Formulas*）一九九五年第二版則以相當平易近人的方式闡述了一些技術性的細節。以撒・艾西莫夫（Isaac Asimov）的作品好讀易懂，然而卻已漸漸變得有點過時。約翰・格里賓的《創世紀》是一部談論宇宙與我們在其中有何定位的通俗歷史作品，但因宇宙學的發展日新月異，也讓這本書看起來顯得益發陳舊。關於現代天文學當中某些更加啟人疑竇的概念，馬丁・芮斯的《宇宙的六個神奇數字》與施莫林的《宇宙的生命》這兩部作品則提出了某種解釋。在《宇宙的演化》這本書裡，艾瑞克・伽森讓我們看到了某種精采的嘗試，精確解釋了我們在恆星當中發現到的複雜性層級。而查爾斯・萊恩威福的短文〈我們在宇宙中的位置〉則讓人明白了何為宇宙的「地理學」以及空間的尺度。

注釋

❶ Martin Rees, *Just Six Numbers: The Deep Forces That Shape the Universe* (London: Weidenfeld and Nicolson, 2000)，頁一二六。

❷ Timothy Ferris, *The Whole Shebang: A State-of-the-Universe(s) Report* (New York: Simon and Schuster, 1997), pp. 151-52.

❸ 關於暗物質的最新討論，請參閱Ferris, "Chap. 5: The Black Taj," *The Whole Shebang*；亦可參閱Rees, *Just Six Numbers*，第六章。根據最新的估計，輻射大約占整個宇宙質量的百分之零點零零五；中微子這類微粒子大約占百分之零點三；質子和電子這類普通物質大約占百分之五；由理論上存在但尚未觀測到的微粒所構成的冰冷暗物質（cold dark matter）大約占百分之二十五；剩下的百分之七十大致就是暗能量（dark energy），請參閱David B. Cline, "The Search for Dark

Matter," *Scientific American* (March 2003): 50-59，尤其是頁五三的圖表。

❹ 根據美國太空總署發射的威爾金森微波各向異性探測器於二〇〇三年二月收集的數據，大約在大爆炸後兩億年左右出現第一批恆星。參見"Imagine the Universe News," 12 February 2003，http://imagine.gsfc.nasa.gov/docs/features/news/12feb03.html (accessed April 2003)。

❺ Rees, *Just Six Numbers*, p. 53：唯一能百分之百將質量轉化為能量的辦法，就是讓物質和反物質結合。

❻ 參閱Ferris, *The Whole Shebang*, pp. 79-80。

❼ 參閱Lee Smolin, *The Life of the Cosmos* (London: Phoenix, 1998)，特別是Chap. 7, "Did the Universe Evolve?"。「達爾文宇宙進化論」主張：任何擁有「副本」的系統（這裡的例子就是宇宙和黑洞）都有可能因不明原因產生複雜實體，這一點很像天擇。參閱Henry Plotkin, *Evolution in Mind: An Introduction to Evolutionary Psychology* (London: Penguin, 1997), pp. 251-52。

❽ Charles Lineweaver, "Our Place in the Universe," in *To Mars and Beyond: Search for the Origins of Life*, ed. Malcolm Walter (Canberra: National Museum of Australia, 2002), p. 95，及參考注❷。

❾ John Wilford Noble, "Cosmic Players That Could've Been Stars," *New York Times* (8 June 2001): A21.

❿ 參閱Armand Delsemme, *Our Cosmic Origins: From the Big Bang to the Emergence of Life and Intelligence* (Cambridge: Cambridge University Press, 1998), p. 61，這一頁的圖表概述了不同質量恆星的相異生命類型。關於超新星爆炸過程的詳細描述，可參閱Paul Davies, *The Last Three Minutes* (London: Phoenix, 1995), pp. 41-45。

⓫ Delsemme, *Our Cosmic Origins*, pp. 74-75.

⓬ Ken Croswell, *The Alchemy of the Heavens* (Oxford: Oxford University Press, 1996), pp. 47-48.

⓭ E. O. Wilson, *Consilience* (London: Abacus, 1999), p. 49.

⓮ 我從已故英國天文學家大衛・艾倫（David Allen）的演講中第一次聽到這個假說，他在雪梨生活和工作。

⓯ Cesare Emiliani, *The Scientific Companion: Exploring the Physical World with Facts, Figures, and Formulas*(New York: John Wiley, 1995, 2nd ed.), p.9.

⓰ Croswell, *The Alchemy of the Heavens*, p. 182.

年表3-1　地球、生物圈與「蓋亞」的尺度：45億年

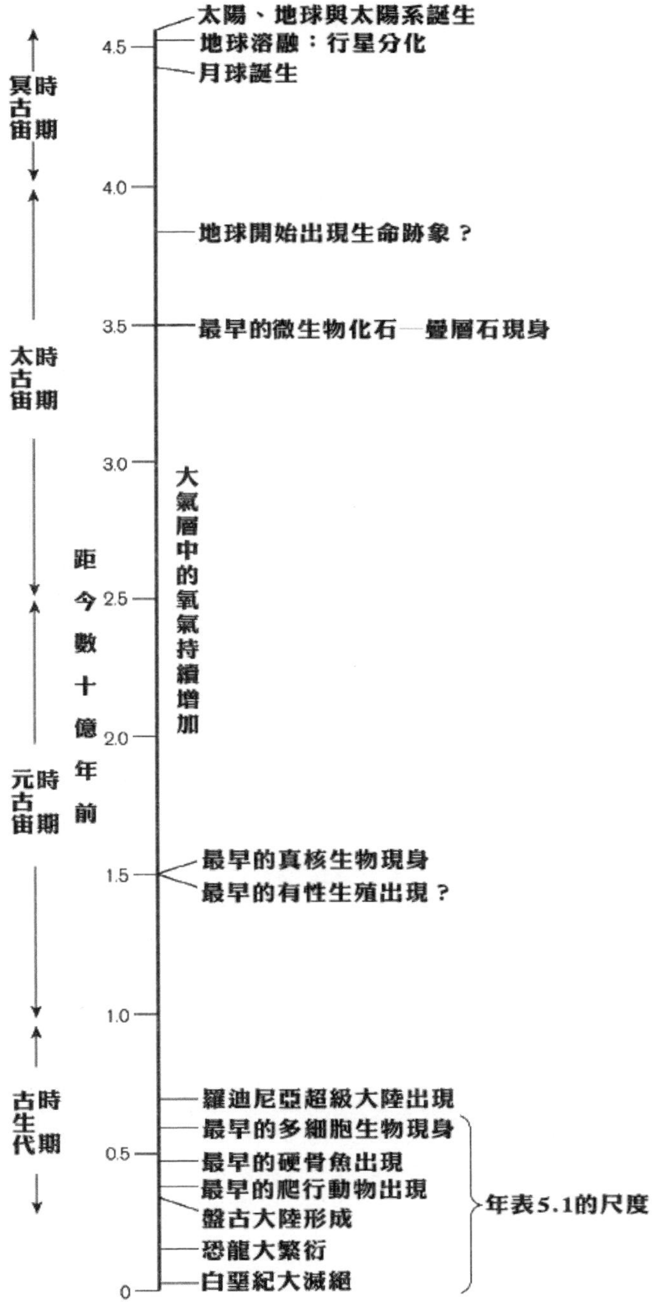

前兩章概略講述了涵蓋幾十億光年的廣袤區域，其中涵蓋了有如恆河沙數般的無數恆星。在第二章結束的時候，我們把鏡頭拉近到某個單一星系的區域——也就是銀河系的範圍。而在這一章，我們要再把鏡頭拉近到與我們關係更加密切的尺度範圍，也就是單一恆星與它所擁有的某顆行星。在這個小小的尺度比例上，我們把自己在地的恆星稱為「太陽」——而且似乎就是它主宰了我們的宇宙。因此，許多世俗的宗教把太陽視為至高無上的神靈也就不足為奇了。然而許多宗教也把在我們居住生活的地球視為養育我們的母親。希臘人在過去稱她為大地之母「蓋亞」（Gaia）。

我們的地球和太陽系裡的其他行星與衛星一樣，都是太陽誕生時的伴生副產品。在一般的恆星誕生故事裡，引力雖然不是唯一發揮作用的作用力，但在整個故事裡卻仍具有重大的影響力。從一九六〇年代以來，我們透過人造衛星間接暢遊了大半個太陽系，到如今對於太陽系如何產生的認知與理解，也已經徹底地改變了。

太陽系

包括我們地球在內的太陽系所有行星，全都與太陽一起誕生於距今大約四十五億六千萬年前的時候。它們的年齡大概是宇宙年齡的三分之一。研究太陽系當中的太陽、行星、衛星、隕星組成成分與運動方式，再加上晚近對於鄰近恆星的行星誕生所得到的觀測結果，讓我們現在得以滿懷信心地說明我們太陽系究竟是如何形成的。然而在細節方面，我們仍存有某些猶疑之處。

太陽或許囊括了太陽系當中百分之九十九點九的物質。如此一來，讓我們深感興趣的就是那剩下來的百分之零點一，因為包括了我們地球在內的所有行星，都是從這些微小的殘渣裡誕生出來的。我們已經知道，物質雲團在收縮的時候，引力會讓它們產生旋轉，並且把它們攤平成圓盤狀。而太陽星雲這個構成我們太陽系的氣態與塵埃雲團也不例外。太陽形成的過程大約經歷了十萬年的時間，而它的引力牽引力就在這段期間把太陽星雲裡的大多數物質拉扯到了核心的位置。然而因為離心力的緣故，使得那些千絲萬縷的塵埃與氣體都和太陽保持了一定的距離，並且和土星、木星、天王星與海王星這些充滿氣體的大型行星一樣，全都在軌道上繞著太陽運行。我們之所以能夠對此深信不疑，是因為天文學家在一九九〇年代末期，在我們銀河系邊緣當中新形成的恆星附近，首度順利觀測到了類似的圓盤。太陽星雲幾乎全由氫元素與氦元素所組成（約占總質量的百分之九十八），而其餘的部分則零星分布著少量的其他各種元素。

太陽點亮時，太陽星雲內環加熱的溫度會比外圈還要來得更高。這樣的溫度能讓更易揮發的（氣態）物質遠離內環區域。但是到了更外圍、約略在即將形成木星的軌道以外，溫度已經低到足以讓這些氣體凝結成液體或固體。結果，運行在內圈軌道的就含有較多岩石成分，而更易揮發的物質則積聚在離太陽較遠的地方。這就說明了為何靠裡面的行星組成成分多為岩石，而靠外面的行星（從木星往外）則多半由在地球上以氣態存在的氫與氦這些物質所構成。同時，這也解釋了外圍行星的形體為何會如此巨大：木星的質量是地球的三百多倍（儘管它的形體大約只有太陽的千分之一大小）；而土星的質量則將近是地球的百倍之多。（冥王星比我們的月球還要小得多，雖然已不再被視為真正的行星，但卻是殘存的微行星當中最大的。）水（冰）是最常見的簡單化合物，由兩種含量最豐富的活性元素氫與氧所構成。所以，在水通常以固態存在的遠處所形成的行星，形體必定會比在水以氣態存在的區域裡形成的行星還要更大，而且也很容易加以驅散。外圍的行星擁有較大的質量，也讓它們能更輕易捕獲像氫與氦這些在極度低溫下仍維持氣態的元素。直到今天，太陽系可以區分為兩大行星族群：內環是形體較小、岩石構成的行星，密度大於$3g/cm^3$；外圈是形體巨大、但密度較小的行星，密度小於$2g/cm^3$。

雖然軌道與軌道間的溫度和物質都各自不同，但個別軌道裡的物質粒子仍然會彼此碰撞，或因引力作用而相互結合。有時候，它們會因靜電作用力而黏合在一起——讓摩擦過的琥珀吸起紙屑的，就是這種作用力。在德國哲學家康德於一七五五年首度提出的某種推測，也就是天文學家稱之為吸積（accretion）的機制裡，這種溫和的碰撞會產生軟質的岩石團塊。這些團塊會像滾雪球一樣越滾越大，從隕星變成微行星般的大小。和碰碰車一樣，微行星的運行軌道混亂無序，經常彼此撞成一團。隨著形體越滾越大，碰撞也變得更加激烈。在十萬年中，曾經出現過許多直徑達十公里的微行星。近代像哈雷彗星之類的彗星，極有可能就是從太陽系早期歷史階段殘存下來的東西，也因而讓我們能更容易來設想某些早期微行星的樣貌。然而，殘存至今的彗星在某種程度上受到木星這顆超級行星的引力拉扯，大多落在更偏離軸心或更加偏遠的軌道上。因此，它們就倖免於被行星給併吞的命運。在地球與太陽的距離三十五倍以上、以海王星為界的外側行星之外，也就是所謂的歐特雲（Oort Cloud）當中，至今仍有幾十億顆彗星在軌道上運行著。大多數的彗星形體都很微小，但有的也像凱隆彗星（Chiron）一樣，直徑可達兩百公里之譜。

大約在太陽誕生了十萬年以後，這個新生的太陽以所謂金牛座T型星風（T Tauri wind）炸開了內側軌道裡殘留的氣體和塵埃粒子。這種現象通常與年輕的恆星有關。據推測，金牛座T型星風還會把後來終於變成地球的微行星未成熟大氣層一掃而空。仍然存留在內層軌道上的則是固態的微行星，因形體較大而沒有受到太陽風的影響。漸漸地，在所有軌道裡，形體最大的微行星就把較小的物體誘導進自己的引力網裡，直到在各自軌道裡身邊大半剩餘的物質都被清掃乾淨方才罷休。就這樣，或許在太陽誕生後的這一百萬年裡，大約出現了三十顆與月球或火星大小相近的原行星；每顆原行星都占據了一條特定的軌道，並繞行在原先太陽圓面（solar disk）的平面上。在接下來的幾億年裡，這些東西終於整合成我們今天所看到的行星系統。

內行星（水星、金星、地球、火星與小行星帶）主要由矽酸鹽（矽與氧的化合物）、金屬和存留的氣體所構成。以地球為例，它的組成成分為氧（將近百分之五十）和少量的鐵（百分之十九）、矽（百分之十四）、鎂（百分之十二點五），以及許多元素表上的其他化學元素。在火星與木星之間的小行星，也許是受附近木星強大引力拉扯而「未能」形成岩石行星的殘餘部分。木星這顆形體最大的行星形成得很快，大約比地球早誕生了五千萬年以上。❶它的形體龐大得幾乎足以在核心展開核反應；它幾乎差那麼一點點就是顆小型的恆星了。假使木星的形體再大上一點點的話，那麼太陽系也許就會擁有兩顆太陽，而整個太陽系的結構與歷史也可能就大不相同。行星繞行軌道的模式將變得極不穩定，而且生命似乎也就不可能誕生在任何一顆行星上頭。

我們從所有大型行星（尤其是土星）周圍存在著的物質圓盤得知，這些行星就好比恆星胚胎一樣，都大得足以形成自己的星雲。事實上，木星的星雲與太陽的星雲非常相似，以至於它的內衛星木衛一（Io）和木衛二（Europa）的質地多為岩石，而靠外側的衛星則富含更多氣體——這或許是因為氣態元素被新生行星的輻射給驅散開的緣故。

我們的太陽系是否獨一無二？還是說，太陽系其實都差不多呢？直到最近，即使在離我們最近的恆星附近，天文學家也都找不到直接的手段來探測行星是否存在。太陽系看起來似乎真的是與眾不同，甚至還可能是獨此一家、別無分號。然而，天文學家透過仔細測量恆星運動當中的細微顫動，在一九九五年首度證實了其他恆星也有行星在軌道上繞行的事實。在接下來的六年當中，他們用同樣的方法又找到了將近七十顆行星。一九九八年五月，哈伯太空望遠鏡首次拍攝到第一張某顆這類行星的照片。這顆行星的形體相當龐大——有木星的三倍之多——而且似乎是被金牛星座的聯星系統給噴射出來的。❷同時，天文學家還拍攝到太陽系胚胎時期的吸積星盤（accretion disk）。這類證據都說明了太陽系似乎相當平凡常見，儘管各自的確切構造也許大相逕庭。假使只有百分之十的恆星擁有伴生行星，如同最新的證據所顯示的那樣，那麼單就在我們銀河系裡，可能就有數十億顆擁有類似太陽系這種結構的恆星。也就是說，我們生活的這個天文生境（astronomical niche），雖然從宇宙的尺度來看似乎頗不尋常、但卻不是稀有罕見。單單在銀河系當中，原則上，也許就有數百萬個有能力維繫某種生命形式的行星系統。這是否就意味著，宇宙裡出現生命也是司空見慣的呢？在審視最早的生命本身如何出現在地球上的時候，我們會用接下來的篇幅以及第四章來好好探討這個問題。

早期的地球：融熔與冷卻

吸積是一種混沌無序而狂暴猛烈的過程，在微行星的形體變得更大、引力變得更強時就變得更加的劇烈。在每一條軌道裡，微行星彼此的碰撞產生龐大的熱量與能量。這樣的過程究竟有多麼激烈，可以從許多行星那怪異的傾斜偏向與旋轉方式得知；就像打撞球一樣，每顆行星在某個階段都遭受過其他某種大型天體的撞擊。只要觀察一下月球表面，就可以看到這些過程的事實證據。因為月球沒有大氣層，表面也沒有受到侵蝕，所以仍保留了早期歷史的痕跡。月球表面留下了數百萬道流星撞擊的深刻傷痕，讓人在晴朗的夜裡用簡單的望遠鏡就能看得一清二楚。或許有十億年左右的時間，地球也經歷了這麼一段狂暴的過程，直到把自己軌道上大多數殘留物質清掃殆盡才告終止。地球早期「冥古宙」時期猛烈狂暴的狀況，也就是那個時期無法存留下什麼證據的緣故（請參見附錄一當中的表A1）。大約過了十億年，碰撞的情況不再那麼頻繁。當然，有些微行星也就得以一直存活到了今天。所以碰撞依然持續著，而且有些還曾在地球的歷史裡發揮了相當重要的作用。然而比起冥古宙時期來說，這樣的碰撞現在已經少得多了。

早期地球沒有太厚的大氣層。在成長到完整大小之前，地球的引力牽引力不足以阻止氣體飄移到太空當中，而太陽風卻早已把大半的氣態物質驅離了太陽系的內層軌道。所以我們得把早期的地球想像成是個由岩石物質、金屬與被捕獲的氣體所構成的混合體，不斷遭受更小的微行星狂轟濫炸，而且也還沒有多少大氣層。對人類而言，早期的地球簡直就像是個地獄般的地方。

一旦成長到完整大小，地球的溫度就開始上升，這有部分是因為本身與其他微行星碰撞的緣故，而有部分則是因為內部壓力隨著形體變大而升高的關係。此外，早期太陽系裡還包含了大量的放射性物質，或許形成於太陽誕生前不久的超新星爆炸當中。這樣的熱量大半都保留到了今天，然而隨著時間流逝，大量的熱量也從隔熱效果良好的地球核心滲漏到地表上來。隨著地球溫度上升，內部也開始熔化。在這個熔融的核心內部，不同的元素在一種被稱為分化（differentiation）的過程裡被按照密度大小加以排列。大約到了太陽系形成四千萬年以後，早期地球大部分像鐵與鎳這些較重的金屬元素已穿過熾熱的淤泥沉入地心，從而形成了一個以鐵元素為主的地核。這個金屬地核讓地球擁有了自己特有的磁場。地球的磁場在我們這個行星的歷史發展過程裡，向來都有非常重要的作用：讓許多穿越太空的高能量粒子流偏轉方向，以確保地球上最終能讓生命誕生的微妙化學反應得以順利進行。

較重的物質直驅地心而去，較輕的矽酸鹽則往上漂浮，整個過程有如現代化煉鋼高爐裡所發生的狀況一樣。密度較大的矽酸鹽在地核與地殼之間形成了厚度將近有三千公里的地函（mantle）區域。在彗星不斷撞擊下，地球表面傷痕累累、溫度上升，讓最輕的矽酸鹽上升到了地表；在這裡，它們冷卻下來的速度要比在斷熱效果更佳的地球內部來得更快。這些較輕的物質——諸如我們所熟知的花崗岩——構成了厚度約為三十五公里的大陸地殼。相對於整個地球來說，這層地殼薄得就像是蛋殼一樣。海洋地殼（多半由火成岩中的玄武岩所構成）的厚度甚至更薄，大約只有七公里左右。從地表到地核的距離大約有六千四百公里；因此，即使是大陸地殼所涵蓋的範圍，也大約只有地表到地核距離的兩百分之一而已。早期的大陸地殼，至今多半仍都存在於地表上。我們仍可以在加拿大、澳洲、南非與格陵蘭發現到最古老的大陸地殼，而它們存在至今已有三十八億年的歷史。

最輕的物質——包括氫與氦這樣的氣體——從地球內部汩汩湧向地表。所以我們可以把早期地球的地表設想成一片廣袤的火成岩大地。而且藉由分析當前火山排放出來的氣體混合物，就能讓我們精確判斷出當時有哪些氣體湧出了地表；這些氣體包括了氫（H）、氦（He）、甲烷（CH_4）、水蒸汽（H_2O）、氮（N）、氨（NH_3）與硫化氫（H_2S）。其他的物質，也包含了大量的水蒸汽，則是由彗星不斷撞擊所帶來的。大部分的氫與氦都逃脫逸散掉了；然而一旦地球完全成形，形體就大得足以讓重力場留住大半剩下來的氣體，從而形成了地球最早的穩定大氣層。大部分的甲烷和硫化氫被轉化成二氧化碳（CO_2），並很快就在早期的大氣層裡占據了首要的地位。在充滿了二氧化碳的大氣層裡，天空看起來一片通紅，而不是我們如今所看到的藍色。然而，隨著地球冷卻下來，累積在大氣層裡的水蒸汽變成了一場持續了好幾百萬年的滂沱大雨。傾盆大雨造就了最早的海洋。最早的海洋必然是形成於距今三十五億年前，因為我們知道當時已經有活機體存在；它們的出現，也就表示了地球的表面溫度已降到攝氏一百度以下。早期的海洋吸收了大氣裡大半的二氧化碳。以肉眼來看，天空的顏色似乎漸漸就變成了藍色。

對我們來說，水以液態存在於地球表面是個非常重要的事實，這就意味著地球的溫度已適合出現複雜而脆弱的分子，以構成最早生命形式。地球的溫度何以如此適宜生命生存，原因至今依然不明。或許在所有的太陽系裡都存在著這麼一個讓生命得以誕生的狹小範圍——與自己的太陽保持了不至於讓水沸騰、但又能得到足夠熱度的距離。然而我們也知道，大氣層的演化並無簡單而可預測的法則可供依循。早期金星的大氣層也許與地球類似；然而厚厚的雲層與更大量的日照形成了失控的溫室效應，如今讓金星的表面溫度高達鉛的沸點。事實上，金星一直都是個不毛之地。火星形體較小、引力較弱，雖然在以往或許擁有不小的大氣層，但如今卻幾乎已消失殆盡。也許就是各種難得的條件都湊到了一塊兒，才讓地球變得適合生命生長；這也說明了，即使宇宙裡有數十億個行星，但適合生命生存的也只有少數而已。❸然而，如同我們會在第五章裡看到的，一旦生命形成了，活機體就開始在此安家落戶，把地球的大氣和地表改造成更適合生命生存的所在。

早期大氣中的許多成分（包括大部分的水氣），連同許多形成最初生命形式的有機化學物質，也許是在地球最初的十億年裡，由彗星撞擊地表所帶來的。❹這種持續不斷的碰撞，也許也就是月球得以在太陽系形成後的五千萬至一億年之間誕生的原因。研究月球的岩石讓我們得知，這個衛星的密度比地球小了一點，鐵元素的含量也少得多。造成這種差異的原因，或許是地球在分化過程結束以後，曾遭受火星般大小的原行星擦撞的緣故。這樣的碰撞把物質從早期地球的地函和地殼裡給挖鑿了出來，但對富含鐵質的地核卻毫無影響。就像土星環繞行著土星一樣，這些碎片在軌道上繞行著地球，藉由吸積作用而聚積成單一物體，最終就形成了月球。

所以，大約在太陽系形成十億年以後，早期的地球擁有了月球這顆衛星、熾熱的鐵質地核、發燙的半液態內部地函、薄薄的固態地殼、一大片海洋，以及主要由氮氣、二氧化碳與水蒸汽所構成的大氣層。對我們來說，這裡是個高溫炎熱、危機四伏而令人不快的地方，浸泡在下個不停的酸雨裡，偶爾還會被彗星或小行星撞擊所引發的岩漿給掩蓋。然而，這裡卻擁有讓最初生命形式展開演化和繁衍茁壯的一切必要因素。最重要的是，地球上有水，因為離太陽夠遠而能讓水蒸汽變成液體，但又夠近而不會讓水凝結成冰。

早期地球的跡證

我們怎麼能知道那麼多早期地球的事情？我的敘述當然帶有推測的成分，但是那也是基於大量可靠的資料依據而來。有兩種訊息的重要性非同一般，值得我們更進一步詳加探討。

我們只能鑽探到地底很淺的地方；若想探究地球深處，就必須採取間接的方式。幸好，地震研究衍生的產物給我們帶來了好些個描繪地球內部樣貌的方法。地質學家用測震儀來進行地震研究；這種儀器可以量測出猛烈震動引發地球突然振動的程度。在地表不同的位置擺放測震儀，就能精確繪測出這些振動，清晰顯示出地震的震央、震度與種類；這些儀器還可以繪測出振動在地球內部的行進方式。這些狀況已讓我們得知，震波在不同類型介質裡的行進方式是不一樣的；依據這項證據，我們就可以繪測出組成地球的不同地層（請參見圖3.1）。

更引人矚目的是，這些技術能讓我們準確推算出過去幾百萬年、甚至幾十億年前的那些活動發生的年代。給在遙遠過去所發生的事情、包括早期地球歷史當中的活動定下確切的年代，的確是現

圖3.1 地球內部的結構

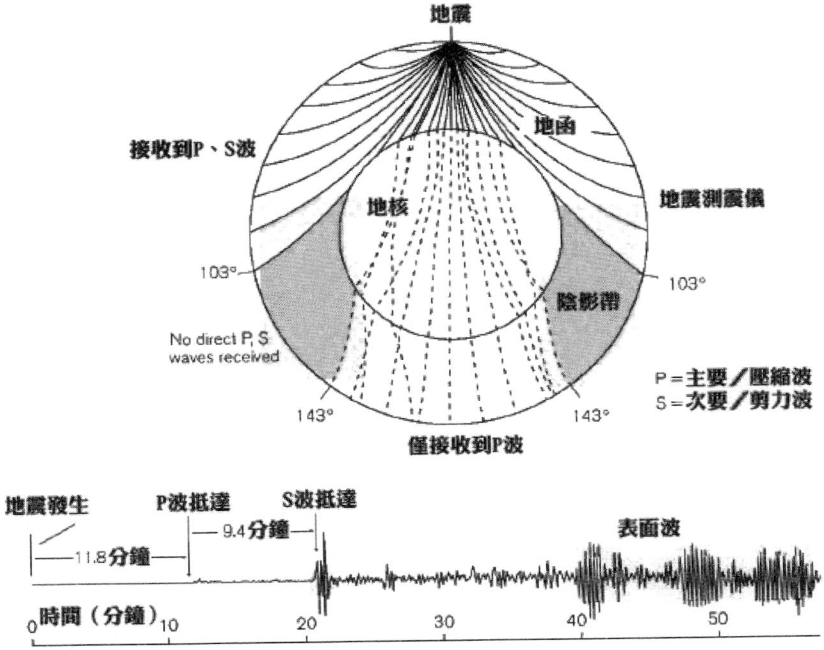

利用地震測量結果判定地球的結構

儘管我們還沒有能力穿透到地球內部的深處，但仍然可以利用地震波、也就是地震產生的振動，來判定那兒有些什麼。地震波分為三種：主要／壓縮波、次要／剪力波和表面波。每一種地震波的移動速度都各不相同，在通過物質時所受到的影響也南轅北轍。所以，分析不同地點、不同類型的地震波抵達地表的速度，就可以得知大量有關地球內部結構的狀況。曲線圖所顯示的，是地震測震儀對上方示意圖裡的地震所作的紀錄。本圖取自凱撒・艾密里安尼的《科學指南》（1995年第2版），頁174；而他則是取自亞瑟・斯特拉勒（Arthur N. Strahler）的《地球科學》（*The Earth Sciences*, 1971, 2nd ed.），頁397的圖23.22與頁395的圖23.17。

代創世神話最非比尋常的一大特色（請參見附錄一）。

在過去，人們得用盡手邊的各種技術來推估遠久以前的年代。[5]系譜紀錄曾是確定過去年代最重要的方法之一。在十七世紀的歐洲，研究《聖經》的學者利用《舊約全書》裡的系譜清單來計算上帝創造世界的年代。十八世紀晚期，藉由研究在不同地層發現到的特定化石與岩石種類，地質學家學會了如何判定遙遠過去當中，許多重大地質事件的相對年代。儘管相對年代無法讓我們得知某種動物的確切生存年代、或某塊岩石是在什麼時候出現的，但卻可以讓人弄清楚事情發生的先後順序。利用特定的化石來精確測定相對年代的做法，古生物學家個個都已經是行家了。在專家手裡，某種特殊類型的三葉蟲，或隸屬筆石綱的古生物所留下的怪異鋸齒狀痕跡，都可以證明位於天南地北的不同岩石，其實差不多都是在同一個時期出現的。這些方法被拿來建構最早期的地質時間尺度，讓我們知道了出現各種岩層與不同類型生物的大致順序（請參見附錄一當中的表A1）。到了十九世紀，即使如此粗略的技術，卻也表明了地球的歷史遠遠不只六千年而已。然而，大多數的科學家仍然相信，地球最多也就幾億年的歷史罷了。

相對定年法（relative dating）已經變得愈來愈完善，而且仍然是一種測定岩石年代的有效方式。但是出現在二十世紀的放射性定年法（radiometric dating）技術，卻給定年法帶來了最重要的變革。在許多情況下，這樣的技術能以驚人的精確度來斷定某個特定物體形成的確切年代。所以，運用這種方法，我們也就能測定出在人類還沒誕生以前的遙遠過去裡，許多事情發生時的絕對與相對年代。有關放射性定年法的諸般技術，在附錄一裡有更為詳盡的說明。

我們建構現代地球創世敘述所採用的年代，主要的根據是來自對於至今仍在太陽系裡漂流的物質所作的分析。地球表面、乃至於地底深處的物質一直被頻繁地循環利用，以至於無法讓我們得知太多有關地球形成的最初階段究竟發生了些什麼事情。地球上能夠確定年代的最古老岩石（來自格陵蘭），大約有三十八億年的歷史，也許誕生於地球形成的八億年之後。要想找出地球與太陽系形成的年代，我們得利用那些從早年太陽系形成至今都沒有絲毫改變的物質才行。隕石，尤其是被稱為球粒隕石（chondrite）的那種類型，恰好最能符合我們的要求，因為它們似乎是由構成我們太陽系的太陽星雲碎片所組成的。這也就是說，隕石在太陽系形成之初就已出現；而且從出現以後就沒有太大的改變。因此用放射性定年法測得的隕石形成年代往往都落在四十五億六千萬年前，這其實並不讓人感到意外。最古老的月球岩石也差不多形成於相同的年代。這些測得的相近年代、再加上太陽系裡找不到更古老的東西，就足以證明太陽系本身大概也是誕生於距今四十五億六千萬年以前。

現代地質學的起源

早期熾熱的地球是如何演化成今天擁有蔚藍天空、高氧大氣、崇山峻嶺、廣袤大陸與無盡海洋的樣貌呢？

在一九六〇年代以前，地理學與地質學已經成為非常成熟的研究領域，積累了大量有關地形與海洋構成方式的堅實證據。但它們卻缺乏某種核心而系統化的概念，能用以解釋地球如何從早期惡劣的環境轉變成現在這個樣貌。一九六〇年代末期，隨著板塊構造論的出現與普遍的認可，地球科學便取得了如同天文學的大爆炸理論那樣深具影響力的核心概念或典範。於是，我們就能破天荒地以連貫而符合科學的方式來講述地球的歷史。

現代地質學的傳統源自於歐洲，所以受基督教創世神話的影響至深。然而就如同我們已知道的，基督教認為地球是上帝在距今六千年前所創造出來的信仰，早在十七世紀的時候就開始飽受威脅。有一位名為尼古拉斯．斯坦諾（Nicholas Steno）的丹麥科學家率先提出了他的主張，認為化石是曾經存活於地球上的生物遺骸。他還認為山脈之所以形成，是長期以來的火山活動這種大家熟悉的地質作用所造成的結果。這些說法具有重大的影響。比方說，也許在阿爾卑斯高山上發現的魚形化石，其實是遠古時代的魚類遺骸。這樣的事實若不是奇蹟所致，就只得假設阿爾卑斯山在從地面竄升成山以前，曾經在水底下泡過一段時間。而我們也很難想像，這樣的過程被壓縮在六千年當中，怎麼可能不會引發一連串的重大災變呢？確實，也真有些地質學家把《聖經》裡的大洪水當成典型，認為地球的歷史當中曾發生過許多毀滅性的大災難。而在十九世紀以前，至少在某些圈子裡，這樣的理論仍持續捍衛著《聖經》年表的說法。

然而地質學家對此卻抱持著愈來愈懷疑的態度。在十八世紀的時候，有些人開始對不同的岩層進行了系統性的繪測。十九世紀的地理學家查爾斯．萊爾（Charles Lyell）率先清楚陳述了這種日後被稱為均變論（uniformitarianism）的原理。而斯坦諾早已提示過這個原理，認為地球並非誕生於一連串的巨大災變之中，而是長時期歷經了至今仍在發揮作用的緩慢地質作用力才擁有今天的面貌。這些作用力包含了抬高現有地面高度的火山作用（火山活動），以及緩慢地把高地上的物質清掃到低地、最終席捲到海裡的侵蝕作用。萊爾認為，當今世上大多數的地形特徵都可歸諸於這兩種彼此對立的變化過程，一種樹立山頭，另一種則往往會瓦解山峰。在一部最重要的著作《地質學原理》（*Principles of Geology*, 1830）裡，萊爾暢談了這套理論的明確意涵：地球已存在了好幾百萬年、而不是只有幾千年而已。

到了十九世紀末期，人們普遍認為地球至少已經存在了兩千萬年、甚至長達一億年之久。這些數據是威廉・湯姆森（William Thompson）、也就是開爾文勳爵（Lord Kelvin）所推算出來的；他假定地球與太陽曾經是灼熱的物質球體，後來才慢慢地冷卻了下來。從這個數據來看，影響地球發展的決定性因素就在於持續了幾百萬年之久的冷卻過程。隨著地球冷卻，經過火山作用與侵蝕作用的塑造，於是就出現了當今陸地與海洋的組態。一直到二十世紀初發現了放射性，再加上居里夫人發現了放射性物質會產生熱量，人們才明白太陽與地球本身內部或許就擁有熱源。這也就意味著，它們的冷卻速度要比開爾文勳爵估計的還要慢得多，而且年齡也許還比他深具影響的估計值大上了不少。

魏格納與現代板塊構造論

在這段期間裡，某種首度見於十七世紀的奇怪觀察結果鼓勵了一些思想家，讓他們採用了相當別出心裁的方式來描繪地球的歷史。最早的現代化世界地圖，是歐洲人在本世紀開始航行到美洲與太平洋以後製作出來的。英國哲學家法蘭西斯・培根曾在一六二〇年指出，這些地圖能讓人輕易看出各個大陸就像是拼圖零片一樣。非洲西岸與南美洲東岸是如此匹配，如此的相似性當然讓人覺得萬分訝異。只要那麼一點兒想像力，我們就可以假設，所有的大陸曾經有一度是連成一片的。那麼，該如何解釋這種奇怪的吻合狀況呢？

大陸漂移的概念，讓德國地理學家阿爾弗雷德・魏格納（Alfred Wegener）在一九一五年撰寫《大陸與海洋的起源》（*The Origin of Continents and Oceans*, 1922）一書時，有了十足的科學基礎。魏格納收集了大量的證據，證明所有的大陸曾經是彼此拼合在一起的。他指出，假使用大陸棚

（continental shelf）、而不是用當今大陸的海岸線來拼合各個大陸，那麼結果保證會讓人更加大開眼界。此外，他也指出，許多現代的地質特徵似乎會從一片大陸延續到另一片大陸上。例如，他曾描繪過被稱作岡瓦那大陸序列（Gondwana sequence）這一系列的岩層組（rock formation），認為那顯然是冰川活動所造成的結果。這個岩層序列從北非延伸出來，經過西非，然後抵達南美洲，再穿過南極洲，最後進入了澳洲。魏格納認為，這些特徵在各個區域漂移過南極時已經出現。換句話說，這些大陸並不是一直都固定在目前的位置上，而是已經在地球表面上「漂移」了一定程度的距離。因此，魏格納的假說在後來就被稱為大陸漂移學說（continental drift）。

魏格納的證據讓人印象深刻，但卻無法解釋像非洲、亞洲或南北美洲這樣大小的陸塊如何在地表上進行移動。不完全因為如此，但權勢滔天的美國石油地質學家協會（American Association of Petroleum Geologists，簡稱AAPG）卻在一九二八年正式否決了魏格納的理論。在往後的四十年裡，大多數的地質學家都認為魏格納的理論只不過是個有趣的假說，並想找出更符合傳統的解釋來說明他所發現的異常現象。一直到第二次世界大戰以後，人們才有辦法解釋大陸為何、以及如何能在地表上移動。然而一旦有了合理的解釋，魏格納的概念又再度獲得了大家的重視。確實，只要在他的理論裡添加一些當代的東西，就變成了現代地質學的核心組織概念：板塊構造論。

現代板塊構造論的興起，得歸功於第二次世界大戰期間所發展出來的科技。新的戰爭形式促進了聲納技術的發展，以探測潛艦的位置。而聲納技術也使得海底的探勘工作變得比過去更加全面而徹底。在海洋學家著手仔細勘查海底的時候，某些奇怪的地貌也就出現在世人的眼前。其中有一條高聳的海底山脈橫穿了整個大西洋與其他海洋。在這些海底山脊的中央是成排的火山，不時往周圍的海床滲漏著熔岩。

研究海底山脊附近海床的磁場，會讓人看到更奇特的現象。儘管靠近山脊的岩石定磁方位大致還算正常，但較遠的地帶卻往往與現在的地球磁場極性相反，北極變成了南極、南極變成了北極。再往更遠地方的極性又再次顛倒過來……，如此便形成了一連串磁力極性交替變換的地帶。地質學家最後終於明白，地球本身磁場的極性似乎每隔幾十萬年就會發生變化，而這也就說明了不同地帶的誕生時期都各不相同。當其他一些更精確的鑑定年代技術也被用來進行海底探勘時，我們就清楚知道離海洋中央山脊最近的海床年紀最輕，而離得更遠的，年紀也就依次遞增。最古老的海底區域，就是那些距離海洋中央山脊最遙遠的地方。有些海床竟然最多只有大約兩億年的歷史——比起歷史可達四十億年的最古老大陸地殼還要年輕得多。

一九六〇年代，從美國地質學家哈里・赫斯（Harry Hess）的工作成果開始，對於這些異常現象就有了連貫而有條理的解釋。熔岩不斷從大多數主要海洋系統的裂縫裡滲出，形成了新的海床。這一類區域被稱為擴張邊緣（spreading margin）。新的海洋地殼形成、聳立成巨大的玄武岩山脊，同時卻也像個楔子一樣，把原本已經存在的海床給頂到一旁。因此，有些像大西洋這樣的海洋似乎就一直在擴張變大。當今的衛星觀測顯示，大西洋正以每年大約三公分左右的程度向外擴張，與我們手指指甲的生長速度大致相當。也就是說，大西洋大約誕生於距今一億五千萬年前，而如今北美洲的某些區域與當今的歐亞大陸西側就是在當時分裂出去的。

這樣的跡象並不是地球正在膨脹擴張的證明，因為地質學家同時也發現到，有些像南美洲西岸這些區域的海底正被捲回到地球的內部。這些地區被稱為隱沒邊緣（subduction margin）；在這兒，地殼構造板塊受其他地方海底擴張影響而彼此靠攏、產生碰撞，讓海底地殼卡住了大陸地殼的板塊。海洋地殼主要由火成岩中的玄武岩所構成，比構成大陸地殼的花崗岩質量更重。因此，當海洋地殼與大陸地殼發生碰撞時，較輕的大陸地殼往往就會騎到海洋地殼上頭。海洋地殼衝到大陸地殼下方，到最後被扯進了地球的內部。（這種持續循環往復的過程，足以說明為何一般的海洋地殼都要比大陸地殼年輕得多。）下沉的海洋地殼板塊與上方的大陸板塊和下方的物質相互擠壓摩擦，產生龐大的熱量與壓力。在南美洲，這樣的熱量再加上海洋與大陸地殼運動，就引發了曾經創造出安地斯山脈的火山活動。

在某些地區當中，大陸地殼所在的區域會在被稱為碰撞邊緣（collision margin）的地方擠壓在一起。最引人注目的例子就在印度北部；在那兒，構成印度次大陸的板塊被推向亞洲大陸板塊。在這樣的區域當中，兩大板塊緊扣在一起而形成了巨大的山脈（在這兒，也就是喜馬拉雅山脈）。最後，還有一些區域裡的板塊似乎會彼此滑來滑去的，就像美國加州的聖安地列斯斷層那樣。大多數的板塊運動都會造成地震，因為板塊與本身下方物質之間的摩擦力會讓板塊運動很難平順而流暢地進行：它們往往都在壓力長期累積之後，突然就出現了滑動的狀況。所以在理論上來看，勘查出地震活動最劇烈的區域，就可以繪測出不同地殼構造板塊的邊緣。

仔細勘查地殼不同部分相互接觸的區域，我們知道了構成地球最外層（岩石圈）的都是一些堅硬的板塊，就好比有裂縫的蛋殼一樣。地球一共有八個大型板塊和七個較小的板塊，另外還有一些更小的物質碎片。它們的移動位置都在一層名為軟流圈（asthenosphere）較軟物質上方，厚度約在一百公里到兩百公里之間。推動這些板塊的，有軟流圈當中的活動變化，以及來自地底更深的板塊間（偶爾也從內部）縫隙對物質進行擠壓的壓力。就像浮在一鍋慢熬的湯面上那層糟粕一樣，底下更軟、更熱、更有延展性物質的流動，會讓各板塊更堅硬的物質發生變形、破裂與移動的狀況。換句話說，讓大型物質板塊在地表移動所需的能量，就是來自於地球內部的熱量。這樣的熱量多半來自於地球內部的放射性物質，而這些物質則形成於太陽系誕生前的超新星大爆炸當中。這就是魏格納沒能找到的地質發動機：他根本就不可能預料到，推著各個大陸在地球上四處遊走的，居然是超新星在四十六億多年前爆炸後的殘餘能量。而這也就讓我們再次回想起引力的作用，因為在超新星爆炸當中，先讓恆星誕生、然後消亡的，就是引力。

板塊構造論讓地質學在許多不同層面都能凝聚出某種統整一致的概念。它能讓我們了解什麼是造山運動、火山活動，以及諸如魏格納這樣的地質學家所勘探到的許多地質異常現象。而且它還讓我們明白，我們基本上是可以建構出一套地球表面的歷史，呈現出地球在不同歷史階段裡的地表樣貌。同時，諸如全球定位系統這種更精確的勘查技術，也已經讓我們能夠精密地測量出各個地殼構造板塊的移動。

地球與大氣層的簡史

板塊構造論，再加上我們對於地球如何誕生的了解，就意味著我們如今已經可以撰寫出一部合理而連貫的地球歷史。

地球歷史上的冥古宙時期，從四十五億六千萬年前地球誕生，一直持續到距今大約六億年前左右。❻在這個時期當中，地表溫度很高，火山活動頻繁，極不穩定。而且，地球還得經常承受來自彗星和其他殘存微行星的狂轟濫炸。

到了距今大約三十八億年前，也就是地質學家稱之為太古宙時期的開端，我們知道此時地球表面已經出現了大陸地殼，因為有些此時形成的地殼到今天依然還存在著。海洋可能也已經存在。

當時大氣層的主要成分也許有二氧化碳、氮氣，以及泰半由彗星所帶來的硫化氫。大氣裡只有極少量的游離氧元素，因為氧元素的反應活性很強，很容易就與其他元素形成化合物。最初的大陸地殼或許有部分的位置已經改變，但我們無法確定當年板塊運動的方式是否與現在一模一樣。有了大氣層和大片的水域，當年的侵蝕過程和地表變化或許就和今天同樣迅速。快速的侵蝕與持續的彗星撞擊，也就說明了何以早期地表曾經歷多次改變、但至今卻幾乎沒留下什麼痕跡；因此，我們對於最初階段地球歷史的了解，其實仍有太多疏漏之處。

最初的大陸地殼碎片也許曾形成一些微小而短命的微大陸，四面環繞著小型火山島嶼和地下火山林立的海洋。大約到了三十億年前，這些微大陸有部分已融合成較大的板塊，因為我們至今還可以在非洲、北美洲與澳洲這些現代大陸的核心裡發現到這麼古老的板塊。然而也只有在距今五億年的時間範圍以內，我們其實才有辦法把這些板塊在地表排列的狀況加以重現。

對於過去幾億年裡的構造運動，現代地質學如今已建構出一幅愈來愈複雜的圖像。這些運動多半都是在研究年代已知的現代岩石定磁方位時所發現的。從這兒，我們就能大致推估出這些岩石在當初形成時的所在位置。這一類研究似乎揭露了一種散布與趨同的簡單模式。大約距今兩億五千萬年前，大多數的大陸板塊都連在一起、構成了魏格納命名為「盤古大陸」（Pangaea）的超級大陸；大陸四面圍繞著一片人稱「泛古洋」（Panthalassa）的單一大型海域。大約到了兩億年前，盤古大陸分裂成兩塊大陸。位在北邊的是勞亞大陸（Laurasia），範圍涵蓋了現在大半個亞洲、歐洲與北美洲地區；位於南邊的岡瓦那大陸（Gondwanaland），範圍包含了現在大部分的南美洲、南極洲、非洲、澳洲與印度地區。隨後，勞亞大陸與岡瓦那大陸又各自開始變得更加支離破碎。目前，我們或許正處在大陸板塊重新匯聚的初期階段，因為非洲與印度正逐漸往北移動，向歐亞大陸靠攏。最新的證據顯示，大約在盤古大陸出現的五億年之前，地球上曾有過一塊更為古老的超級大陸，如今被我們稱之為羅迪尼亞大陸（Rodinia）。❼然而就目前來看，這就是我們在追溯現代板塊構造的過程時，找得到歷史最為悠遠的大陸。

這是現代創世神話裡相當重要的一段歷史。就如我們將在第五章所看到的一樣，在地球的歷史進程裡，對於生命形態的演化和大氣層與氣候的運作方式來說，大陸與海洋在不同年代的確切組態確實扮演著舉足輕重的角色。藉由種種不同的方式，地球的歷史就體現了活機體的演化發展。在下兩章的篇幅裡，我們將探討活機體如何在不斷變化的地球上安家落戶，以及地球本身在裹上一層生命的薄膜之後會產生什麼樣的變化。

本章摘要

太陽與太陽系大約同時誕生於距今四十五億六千萬年前的一場物質雲團的引力塌縮過程裡。太陽誕生於這片雲團的中央，並吸收了雲團裡大多數的物質。然而，散落在太陽以外的少量物質就在這平盤的軌道上繞行著這個新生的恆星。在每一個軌道當中，碰撞與萬有引力的作用讓物質凝聚成團塊，到最後終於在每條軌道上留下了單一的行星天體。因為太陽風把較不穩定的物質驅離了太陽系的中心區域，使得構成內行星的物質多為岩石，而外行星則多為氣體。

在誕生不久之後，最初的地球就開始融熔；質量較重的物質下沉到地核，而質量較輕的物質則浮出了地表。到了大約四十億年前，地球的內部結構已經和現在的結構相仿。然而，地表與大氣層卻經歷了一段極其漫長的變化過程，才變成了我們今天所看到的樣貌。自從板塊構造論在一九六〇年代出現以來，我們才清楚知道大陸板塊一直在地表上緩慢移動著，並逐漸改變了大陸與海洋的組態。

延伸閱讀

我們可以找到許多很棒的地球史專書，包括彼得・卡特莫勒（Peter Cattermole）與派屈克・穆爾（Patrick Moore）合著的《地球的故事》（*The Story of the Earth*, 1986），以及J. D. 麥克杜格（J. D. Macdougall）的《地球簡史》（*A Short History of Planet Earth: Mountains, Mammals, Fire, and Ice*, 1996）。普雷斯頓・克羅德的《宇宙、地球與人類》與《太空的綠洲》（*Oasis in Space: Earth History from the Beginning*, 1988）都是經典之作，儘管我們得更新其中的某些細節。阿拉孟・狄辛姆的《我們宇宙的起源》與凱撒・艾密里安尼的《科學指南》第二版則總結了許多有關地球歷史的技術性細節，而史蒂文・史丹利（Steven Stanley）的《穿越時光的地球與生命》（*Earth and Life through Time*, 1986）則讓我們知道了地球與地球生命的歷史之間的密切關係。詹姆斯・洛夫洛克（James Lovelock）有好幾本談論蓋亞假說（Gaia hypothesis）的著作，同樣認為地球與地球生命的歷史根本彼此交纏，密不可分。以撒・艾西莫夫的總結摘要易懂好讀，但有部分已漸漸顯得有點過時。羅斯・泰勒（Ross Taylor）的短文〈太陽系：適合生命的環境？〉（"The Solar System: An Environment for Life?", 2002）則提出了偶發事件如何讓每顆行星變得與眾不同的適切原因。

注釋

❶ Ross Taylor, "The Solar System: An Environment for Life?" in *To Mars and Beyond: Search for the Origins of Life*, ed. Malcolm Walter (Canberra: National Museum of Australia, 2002), pp. 59-60.

❷ Nigel Hawkes, "First Sight of a Planet outside Our Solar System," *Times* (London) (29 May 1998): 5.

❸ 關於不久後遇見其他生命形式的可能性，可參閱Ian Crawford, "Where Are They?" *Scientific American* (July 2000): 38-43。

❹ Armand Delsemme, *Our Cosmic Origins: From the BigBang to the Emergence of Life and Intelligence* (Cambridge: Cambridge University Press, 1998), pp. 116-21，這篇文章論證的是彗星究竟有多重要。

❺ 關於年代測定技術發展史，可參閱本書附錄一。也可參閱Delsemme, *Our Cosmic Origins*, p. 285；Neil Roberts, *The Holocene: An Environmental History* (Oxford: Blackwell, 1998, 2nd ed.), chap. 2；以及Nigel Calder, *Timescale: An Atlas of the Fourth Dimension*(London: Chazto and Windus, 1983）。

❻ Lynn Margulis and Dorion Sagan, *What Is Life?* (Berkeley: University of California Press, 1995), pp. 64-80。這裡收入了一份極佳的地球歷史年表。

❼ Ian W. D. Dalziel, "Earth before Pangea," *Scientific American* (January 1995): 38-43.

第二部

地球上的生命

第四章

生命的起源與演化論

生命：複雜狀態的新層級

「生命是什麼？」一九四三年，物理學家薛丁格在都柏林一個知名的系列講座裡提出了這個問題。在我們對於生命都還沒有任何真正遺傳學基礎的認知之前，他就提出了相當具有先見之明的答案。他認為，我們應該可以用解釋物理學或化學那樣的科學方法來解釋生命。然而他也明白，我們不能僅憑藉著參酌某一份清單的做法，就來給生命驟下定義。就如同所有的複雜實體一樣，活機體掌控了大量的能量流與物質流，所以必然擁有某種形式的代謝作用。活機體吸收能量與營養、並將它們給排出體外。它們也會繁衍生殖，就好比許多諸如龍捲風或水晶石這些複雜而無生命的實體一樣。所以我們無法僅憑藉著代謝或繁殖，就能給生命做出一個令人滿意的定義；這兩者攜手合作所創造出來的複雜狀態的新層級，才是重要的關鍵。所以，薛丁格便提出另一種方法來闡明生命的獨到之處。生命不僅僅相當複雜而已——它顯然要比宇宙裡任何其他事物都來得更複雜；倘若宇宙的整體趨勢是傾向於無序狀態的話，那麼活機體取得有序狀態的程度就相當引人矚目。「在生物體生命週期裡所顯示的諸般活動，都呈現出某種令人擊節讚賞的規律性與有序狀態，這是任何我們碰到過的無生命物質所無法企及的。」❶

恆星可以在熱力學的下行電扶梯上往上攀爬（請參見附錄二），但是活機體攀爬的身手卻更加敏捷。其實，艾瑞克・伽森已經有過論證，認為透過估算維持活機體對抗熱力學第二定律毀滅性壓力的能量流密度，我們就可以粗略而客觀地測量出活機體所取得的複雜狀態層級。❷表4.1所呈現的，就是伽森對這些能量流的估計值。右邊欄位顯示的是給定時間內通過特定質量的自由能流量值；相較於恆星來說，活機體能處理的能量流密度似乎還要大得多，而且沒有崩潰之虞。也就是

表4.1 自由能密度率估算表

通用結構	自由能密度率（格爾 秒$^{-1}$ 克$^{-1}$）（erg s^{-1} g^{-1}）
星系（例如銀河系）	1
恆星（例如太陽）	2
行星（例如地球）	75
行星（生物圈）	900
動物（例如人類的身體）	20,000
大腦（例如人類的頭蓋骨）	150,000
社群（例如現代人類的文化）	500,000

資料來源：Eric J. Chaisson, *Cosmic Evolution: The Rise of Complexity in Nature* (Cambridge, Mass.: Harvard University Press, 2001)，頁139。

這樣的能力，讓它們在熱力學的下行電扶梯上得以攀爬得更遠、更快。套一句薛丁格的名言來說，每一個活機體似乎都擁有驚人的能力，「能持續不斷地從周遭環境裡抽取有序狀態。」❸最單純的結構體存在的時間也最久遠，而較複雜的結構體出現的時間則比較晚；這也就說明了複雜結構體的創造是一項更為困難的演化任務。最後，我們也能清楚看到圖表下半部那些更加複雜的實體，其實本身也比較脆弱。恆星與行星也許能存活幾十億年的時間，但最長壽的生物體（至少就我們所知）也就只有幾千年的壽命，而大多數都只有幾天或幾年的存活時間。最複雜的結構體之所以這麼快就煙消雲散，正體現了處理密度特別大的能量流是多麼困難：這是活機體咄咄逼人地挑戰熱力學第二定律所付出的代價。所以，討論生命其實也就是在探討秩序與複雜性的新層級，付出了讓本身變得更加脆弱的代價，來換取控制與組織自由能的新能力。就如同馬丁・芮斯曾寫下這樣的話語一樣：「恆星要比昆蟲更單純。」❹然而恆星的壽命也更長啊。

化學過程也許在宇宙其他地方也創造出了生命，儘管目前我們並不知道這是否屬實。但是我們確實知道在地球誕生的六億年當中，地球上的確出現了生命。從地質學的標準來看，若把早期地球的嚴苛條件也納入考慮的話，生命出現的速度可還真快。而且打從生命出現的那一刻開始，活機體就以一種讓人眼花繚亂、看似瀑布傾瀉般永無休止的嶄新生命形式，來進行繁衍生殖與更迭變化；每一種活機體都經過精心微調，以便能夠處理鄰近環境裡的獨特能量與資源。有別於恆星或水晶這些廣泛與多用途的反熵結構，在更靈活對抗熵的游擊戰當中，活機體能夠不斷熟悉新的地形、適應新的挑戰。就整體而言，活機體探索周邊環境的方式，是無生命世界裡無一可企及的。它們找到新的能量來源與新的自我組織方式，好讓自己能夠在流經它們身上的能量颶風裡存活下來。並不是所有改變都會導向更加錯綜的複雜狀態，但有些確實會如此。這也說明了生命為何擁有如此驚人的能力，像戲法一般變出複雜狀態的各種新形態。

維持這些複雜實體能量差距的來源是什麼？幸好這個問題的答案還算明確：最根本的源頭就是引力。我們已經知道引力能夠創造恆星這種密度大、溫度高的物體。然而宇宙在整體上來說卻是極度嚴寒；整個宇宙背景輻射的溫度，平均大約只比絕對零度高了攝氏三度左右。所以，鑲嵌在這酷寒宇宙裡的恆星，就有如幾十億個散發著光與熱的小點點一樣。我們絕非出於偶然才都擁簇在恆星附近生活，因為在這裡才能讓我們利用從太陽核心核熔爐傾瀉到太空當中的龐大能量流。

至於活機體身上的複雜性法則，與那些主宰天文學範圍尺度的法則還是有所差異。個別生物體（至少就我們所知）的繁衍場域，要比以恆星或行星為尺度的範圍還小得多。在那些較小的尺度上，引力的重要性當然無庸置疑；然而其他的作用力也不遑多讓。生命的塑造，大半都由電磁力與控制原子運作方式的核作用力所決定。這些作用力決定了原子組合的方式，並影響它們以何種方法來構成更大、更複雜的分子。

然而在複雜狀態的生物層級上也出現了新的法則。活機體以特定、更開放的變化法則來運作，而這同樣也適用於更單純、更不可抗拒的物理與化學法則之上。若要落實生物法則，就得依靠活機體賴以繁衍的高度精確性。處理龐大能量流是個需要小心處理的工作，得要有相當精確的機制才行；這類結構體的創造與再創造，必須要有複雜、嚴謹與精確的章程。一套僅能粗略複製這些機制的繁殖系統，應該很快就會喪失掉必要的精確性（縱使有辦法完美複製這些機制的系統會排除掉任何變化的可能性）。因此，要想達到高度精確的代謝，就需要有高度精確（而並非完美）的繁殖。這就說明了像我們人類這樣的大型生物體，為什麼需要比細菌更多的遺傳訊息。這也是為什麼多數生命起源的研究，都把重點放在遺傳密碼上；這種複雜的分子「軟體」，也就是活機體，能以任何其他複雜實體都無法企及的精確度來進行繁殖的原因。

總而言之，從化學到生命的轉變，算得上是宇宙史上的一大變革。複雜的生物體，依照嶄新而異常精確的藍圖進行複製，引領我們走進了歷史變遷的新形態——場域當然還是在地球，而或許也還包括了宇宙許多其他地方。隨著化學物質彼此結合而形成了活機體，自然發生的各種屬性似乎也讓我們明白，不能僅憑藉著研究組成生物體的化學物質就來妄加解釋。所以，若想對生物有所了解，我們就得要有新的典範，好引領我們超越核子物理學、化學或地質學的法則，從而進到生物學的領域當中。我們將在本章探討活機體發展變化的基本法則，以及有關地球生命起源的某些新概念。我們會把重點擺在達爾文的概念上，他率先闡明了生物的演變法則有何獨到之處。再下一章，我們會接著探討地球的生命史。

達爾文與演化論

許多社會都會假設，有一位造物神靈，以某種方式把生命注入無生命的物質，藉以解釋生命的由來。現代科學認為這種解釋是個討巧的做法，因為差不多所有的事物都能仰賴神靈的理論加以解釋，而且無需客觀求證。相反的，現代科學嘗試將生命的誕生，解釋為諸般無生命作用力與變化過程的結果，一如它在處理太陽與地球形成的做法一樣。

現代生物學用來解釋生命起源與發展的基本概念，就是透過「天擇」的「演化」論。這套理論的系統性闡述，首見於達爾文一八五九年出版的《物種起源》（*On the Origin of Species*）。[5]達爾文本人很少使用演化這個術語，原因或許在於這個術語似乎隱含了某種讓生物演變朝特定方向進行的神祕的力量，因而會與他認為生物演變是一種更開放過程的觀點相互矛盾。然而，推廣這個術語不遺餘力的赫伯特・史賓賽（Herbert Spencer）卻認為，生物演變是一種生命形態由「低等」邁向「高等」的發展改變，是一種進化的形式。這種觀點實在不太恰當，因為這樣的態度會讓我們對於活機體歷史的理解充滿了武斷而主觀的價值判斷。然而，儘管演化給人帶來了這樣那樣的聯想，但我們仍然會繼續使用，只因為它依然最廣泛適用於說明達爾文生物演變理論的術語。

達爾文認為，所有的物種都不是一成不變的實體。牠們經歷了不斷的演變，而且演變的方式還會受到某些簡單的法則所控制。單一物種擁有一大群生物個體，彼此具有足夠的相似性來進行雜交繁殖，但彼此又不完全相同。物種的定義，是根據個體生物彼此共有的特徵，而不在於讓牠們產生差異的那些較不重要的可能性。然而，經過了一段漫長的時間以後，個體特徵出現的隨機變異或許會讓整體物種的平均特徵數量發生改變。例如，某物種的平均身高或許會有所改變，抑或者個體的平均大腦會有所增長。這些較不重要的演變在歷經了幾千個世代的積累之後，最終必然會改變整個物種的整體特徵。要想了解物種如何演變，我們就必須弄懂某些個體的某些特徵為何與如何變得愈來愈普遍，而其他個體的某些特徵卻面臨了退化或消失不見的局面。

達爾文知道，在大多物種的全體生物當中，只有少數個體能存活到成年，並繁衍後代。然而，這個物種的未來卻只能由那些能夠存活與繁衍的個體來加以形塑。所以能夠讓生命代代相傳的，也就只有那些倖存者的後代而已。（演化與歷史一樣，顯然都是由勝利者所寫就的。）然而，什麼是決定哪些個體能否繁衍的因素呢？當然，也有可能一切都只是碰巧而已。但若從長遠來看，達爾文認為最有可能存活與繁衍的個體，就是有幸繼承了老一輩的那些特徵，讓自己能夠稍微更適應環境的那一群。然後，牠們會把這些相同的特徵傳承給大多數的後代子孫。隨著時間的流逝，這些特徵就變得愈來愈普遍，因為沒有擁有這些特徵的個體所繁衍的健康後代會越變越少，直到這一脈完全滅絕。歷經了幾千個世代的更迭，許多諸如此類的微小演變將確保整個物種如此演變或演化，讓牠們得以更加適應周遭的環境。以隱喻式的角度來看，我們可以認為是環境「自然」選擇了某些特徵、捨棄了其他的特徵，就好比育種人員「人為」篩選了某些個體來飼育一樣。若以這種隱喻式的概念來看的話，物種似乎會隨著時間的流逝，而漸漸「適應」了牠們的自然環境。

適應是現代生物學裡相當重要的概念，值得我們好好來給它下一番定義。它所指的是，所有活機體似乎都能在自身生活的環境裡過得如魚得水。確實，活機體與環境兩者是如此相得益彰，以至於當時許多反對達爾文理論的人，乃至於今天，仍然還有一些人認為，像人類的雙眼或大象的鼻子這樣的器官，必定是個慈愛的造物者所設計出來的。達爾文試圖證明，就算是眼盲的過程也同樣是適應所帶來的結果。適應能用來解釋活機體何以種類如此繁多，因為生物要讓自身適應的各種環境是如此複雜而多變。為了描述這些不同的環境，生物學家與生態學家採用了棲息地（habitat）與小生境（niche）這兩個概念。棲息地只不過是物種所生存的地理環境。小生境的概念就比較複雜，因為它還涵蓋了物種生活的方式。這個語詞源自拉丁語，本來是「巢穴」的意思。在建築學當中，這個語詞指的是牆上放置雕像或其他物件的凹陷壁龕。在生物學與生態學當中，小生境是指生物藉演化過程來雕琢或適應特定的生活方式。啄木鳥的小生境，是取決於牠在某些樹上找尋可供食用昆蟲的方式；許多單細胞細菌會在大型動物的內臟裡找到具有吸引力的小生境，這也包括了我們人類的內臟。但是，環境當然也會出現變化——環境改變時，舊的小生境會關閉，而新的小生境或許就會在其他的地方開張。由於環境形形色色、變化無常，生物若想生存就得不斷調整適應。這就是演化為何永不止息的原因。完美或「進化」並沒有一成不變的標準，所以適應也就成了一種永無止境的過程。

現代生物學家利用演化的概念來解釋地球生命形態的龐大多樣性。他們也利用同樣的概念，試圖解釋地球最初為何會出現生命的原因，因為無生命的物質似乎也能藉由某種簡化版的天擇而出現演化的現象。而且，倘若有合宜的環境與足夠的時間，它們最終也會演化成活機體。演化的概念是現代人理解生命是什麼與生命如何演變的基礎，因此，我們得更詳盡地著墨這項理論，並弄懂它又是如何從往昔種種說明各種生命何以出現的嘗試當中演化而來，我們才有辦法來描述地球的生命史。

現代演化論的起源

我們已經知道在十七、八世紀的時候，有些歐洲科學家對於猶太教與基督教共有的《聖經》

創世神話開始產生了疑慮。《聖經》似乎告訴我們，所有物種都是上帝在距今大約六千年前創造出來的，而且都還大致保持了上帝造物之際的樣貌。這種信仰，甚至連發明了現代生物分類學（taxonomy）系統的十八世紀瑞典植物學家卡爾・林奈（Carl Linnaeus）也深信不疑。然而就算是在十七、八世紀，這種說法也很難自圓其說。例如，許多化石顯示了奇怪生物的存在，但卻從未曾見諸於《聖經》或歷史記載當中。有些顯然是海洋生物的化石，卻出現在歷時幾百萬年才形成的崇山峻嶺之上，而有的則是被深埋於岩層當中。當然，這樣的地點所代表的是，這些化石必然是在幾百萬年前就被埋藏在這兒了。

當時所有的農夫都知道，狗、貓、牛、羊這些物種並不如表面看來那麼一成不變。事實上，透過仔細選擇交配的對象，鴿子或者狗的育種人員就能培育出一些非常奇特的動物。身為倫敦兩家賽鴿俱樂部的會員，達爾文對於賽鴿育種人員的工作相當著迷。在這兒，他描述了自己親眼所見的一些變種，而牠們顯然全都從普通的野鴿馴化而來：

> 把英格蘭傳信鴿與短面翻飛鴿兩相對照，可以看出兩者的鳥喙存在著奇妙的不同，使得牠們的顱骨也出現了相應的差異。傳信鴿——尤其以雄鴿為甚——還有一個相當奇特的地方，那就是腦袋附近的皮膚上長滿了肉瘤，伴隨著十分細長的眼瞼、超大的外露鼻孔、以及大大咧開的嘴。短面翻飛鴿的喙嘴輪廓幾乎與雀科鳥類一模一樣；一般的翻飛鴿都有種特別的遺傳習性，會以密集隊形在很高的高空飛行，而且還會在天空裡翻跟斗。侏儒鴿的體型很大，有長長巨大的喙嘴與一雙大腳；有些侏儒鴿的亞種有很長的脖頸，有些長著很長的雙翼與尾巴，而有些的尾巴則是出奇地短……。突胸鴿的軀體、翅膀和雙腿長得特別長；牠的嗉囊特別發達，在開心

而鼓脹起來的時候，可能會讓人大吃一驚、甚至啞然失笑。❻

這些異乎尋常的動物和上帝原本創造的物種一樣嗎？還是說，牠們根本就是新的物種？假若牠們是新的物種，那麼顯然上帝仍持續對生命進行著修修補補的工作——而這樣的擺弄似乎也就暗指祂最初的創造也許不是那麼完美。當歐洲人在哥倫布之後的幾個世紀裡到處遊歷的範圍變得更大以後，也使他們注意到有更多的物種是《聖經》裡未曾提起的。在太平洋、南北美洲和歐亞大陸當中所發現的動植物存在著許多差異，讓基督教神學家面臨了一個巨大的挑戰。是上帝創造了這一切的物種嗎？如果是的話，那為何會如此龐雜多樣？而且，為何祂會用這麼奇怪而任性的方式來分派牠們在世界各地的位置？為什麼英格蘭沒有袋鼠，而澳大利亞沒有大熊貓呢？

到了十八世紀後期，有些生物學家一直在思索，活機體是否可能隨著時間流逝，憑藉某種自然機制而產生演變？因為認為上帝一直不停修補自己的創造物這種想法還滿讓人混亂的。或許這樣的機制不僅可以用來解釋為何有這麼多物種與亞種的存在，也可以拿來說明為何有那麼多物種沒有出現在《聖經》的創世敘述當中。麻煩的是，誰也沒辦法確切說明物種如何或為何會出現演變的狀況。

在十九世紀初，達爾文的叔X叔伊拉斯謨斯・達爾文（Erasmus Darwin）認為物種演化的目的就在於讓自己能更適應環境。這說法滿有道理的，因為所有現存物種看起來確實都相當適應自己的環境。但是他也和同時期的生物學家一樣，並不清楚這些物種適應環境的方法為何。在一八〇九年初版發行的一本書裡，法國博物學家尚—巴蒂斯特・拉馬克（Jean-Baptiste Lamarck）提出了某種可能的機制。也許生物花了一輩子所得到的微小改變，可以透過某種方式傳遞到後代子孫身上。他舉了個例子來加以說明：長頸鹿的祖先得伸長了脖子去吃長在高處的樹葉。伸得最厲害的那些長頸鹿或許就把長脖子的特徵傳遞給了下一代。漸漸地，長脖子就變得愈來愈普遍了，最後終於變成了整個物種主要的顯著特徵。只可惜，隨便哪個動物育種人員都能指得出這套理論的謬誤之處。後天獲得的特徵——也就是透過特定生活方式，或特定個體的努力所得到的特點——通常並不會傳遞到下一代身上。只有遺傳特徵才會以這種方式進行傳遞。我們在健身房花再多時間，也不能讓孩子就此長得健康強壯。一頭肥豬並不一定會生出肥碩的小豬；但若這頭豬的祖先本來就很肥胖，那麼就有可能會生出肥胖的後代。

拉馬克提出的機制並不管用。可是如果生物體的遺傳構造由過去（從長輩那兒繼承來的東西）決定，那牠們怎麼能適應現在的環境？這就是讓達爾文給解決掉的難題。打從孩提時期開始，達爾文就深受動物所吸引，到了二十幾歲的時候，就已經是個專家級的博物學家。與大多數當時的博物學家一樣，他很清楚所有物種都很容易受外界影響。他也明白人類有能力透過人工選擇而改變物種。但是他當時還不明白的是，在沒有人類干預的情況下，物種為何也會發生變化。除了神靈與人類之外，還有什麼能讓某些個體能夠繁衍生殖，而讓其他個體走向遺傳滅絕呢？

一八三一年，由於博物學家的才華和有錢人家某些人脈關係的緣故，讓達爾文以博物學家的身分登上了小獵犬號，展開了一場環遊世界的探險之旅。這趟旅程遇到了各式各樣的物種，注意到關係密切的物種之間微乎其微的差異，讓達爾文感到震驚不已。他也清楚看到了諸如犰狳這些動物演化的化石證據。在南非，他看到了與現存動物十分相似，但卻有著細微差異的動物化石。但是就在智利太平洋外海上的加拉巴哥群島（Galápagos Islands），他找了最後形成了演化論的線索。在那兒的某些剛形成不久的火山島上，他找到了好幾種看起來與美洲大陸關係密切的雀鳥。然而各個島嶼上的雀鳥卻不盡相同。比方說，牠們的喙嘴呈現出些微的差異，以確保每個物種都能完美適應自己發源的島上那些繁茂成長的特定動植物。

這就清楚證明了伊拉斯謨斯・達爾文曾說過的那種適應。從某種意義上來看，物種顯然有能力「適應」變動更迭的環境。但是，那是怎麼辦到的？大約在一八三八年的時候，達爾文讀到了現代人口學研究創始先驅馬爾薩斯（Thomas Malthus）的著作，於是似乎就讓他找到了自己理論的核心概念。馬爾薩斯注意到，大多數物種，包括人類在內的許多個體（有時占了一大部分），都無法存活到繁衍後代的年紀。在達爾文看來，顯然只有那些能夠繁衍後代的個體才能對後代的本質產生影響。所以，要緊的是要弄清楚為何有些個體能夠存活下來，但其他的卻沒辦法。當他研究了賽鴿育種人員的工作之後，答案就昭然若揭了。育種人員會人為挑選出某些個體，而且只讓牠們來繁衍後代。在達爾文的時代，這已經是一門發展相當成熟的技藝：

> 技術最好的育種專家約翰・賽布萊特爵士（Sir John Selbright）曾說過，以鴿子來說，「他可以在三年內培育出任何指定的羽毛，但是卻得花費六年的時間才能得到想要的頭型和喙嘴。」在薩克森，大家都充分了解選擇的原則對美麗諾羊有多麼重要，以至於都把它當成了一種行業來看待：羊隻被擺在檯子上詳加檢查，就如同行家鑑賞繪畫那樣；這樣的活動每隔幾個月就舉行一次，一共進行三回，而每一次羊隻都被作上記號並加以分類，以便到最後可以選出最好的來作為育種之用。❼

但是，在自然界裡做出了這樣選擇的是什麼？是什麼「選擇」了讓某些個體能夠繁衍生殖，而讓其他個體走向遺傳滅絕？能夠繁衍與不能繁衍的個體之間有什麼差別？

達爾文認為，答案就在於「身體素質」（fitness）。以統計學觀點來看，存活下來並繁衍出健康後代的個體，確實比未能存活的個體要稍微健康了一點。牠們能夠繁衍後代的原因，就在於比其他個體更健康，所以能存活得更久，並找得到健康的配偶。當然，在個別的案例裡，運氣的成分也很重要（假使被雷劈死了，那麼再怎麼健壯也都不重要了）。然而對大多數的個體來說，在很長的一段時間裡，身體素質必定扮演著相當關鍵的角色。平均說來，那些活到成年，並能夠繁衍後代的個體，必定比未能存活的個體稍微健康一點、稍微更適應環境一些。因此，並不是物種真的適應了什麼；情況其實恰好相反。那些碰巧能更適應環境的個體才最有可能存活下來，並且影響了自己物種後代子孫的發展。

達爾文明白，這種隨機統計的分揀過程，會在各種生命形式裡代代相傳，如果重複出現的頻率夠密集的話，就會像人類育種人員一樣，讓物種產生實質的演變。這種過程一再重複，在每個世代當中出現個幾百萬次，就會讓環境淘汰掉某些個體，讓其他的個體存活下來。後代子孫只會遺傳到這些存活者的優秀品質；長此以往的結果，就使得整個物種變得愈來愈像這些存活下來的個體、而不是遭到淘汰的個體。那麼，若以隱喻式的概念來看的話，環境所扮演的角色就如同人類的育種人員一樣。這也就是為何達爾文把這種機制稱為「天擇」，而把培育動物的做法稱為「人工選擇」的原因。

就這樣，達爾文讓我們看到了這種純統計學、全然無意識的過程一再重複出現，也就說明了物種讓自己不斷適應這些不斷改變環境的演變方式。要完全理解達爾文的觀點，關鍵就在於理解這些過程有許多都是帶有偶然性的特質。個體與父母的差異很小，但基本上卻具有隨機的特性。不管怎麼說，牠們都不是「試圖」去適應。「演化」的並不是個體，而是物種的一般性特徵。

達爾文認為，這些機制經過長時間一再重複，也能用來解釋不同物種起源的由來，因為分布範圍廣泛、並受環境細微差異影響的某物種全體生物，顯然有可能會用稍微不同的方式來進行演化。對他來說，加拉巴哥群島的雀鳥就是不同物種在誕生初期階段的明顯例證。達爾文論表示，這樣的過程隨著時間的流逝，也可以用來解釋地球上所有活機體的多樣性。身為地質學家查爾斯・萊爾的仰慕者，達爾文確實相信地球已經存在了很漫長的時間——也許，漫長到足以讓微小的演變創造出當今品類如此繁多的物種。

這些結論讓人相當詫異，因為這不啻意味著一場革命：所有地球上一切美麗與複雜的生物——從阿米巴變形蟲到大象、蜂鳥或人類——都可能是這種盲目與重複的過程所創造出來的。無意識的過程不僅能創造出恆星與星系，甚至還能夠創造出生命本身。❽這樣的論證似乎剝奪了一切上帝存在的理由，而這也是達爾文的理論為何一直以來、而且直到如今仍遭到如此強烈抗拒的原因。

以下是達爾文本人對於天擇的運作方式所作的描述：

> 沒有明顯的理由能夠說明，為何在馴化狀態下如此有效的這些原則，竟然沒能在自然狀態下發揮作用……（既然）誕生的個體比起可能存活下來的都還來得多。天平上的些微差距就會決定哪些個體能活、哪些個體會死——哪些不同品種或物種的數量會增加，哪些會減少，甚或最終迎向滅絕……。由於這樣的生存競爭，任何變異——在與其他生物體和外部自然界關係極度複雜的狀態下，不管差別有多小，也不管出於什麼什麼原因，假使能給個體或任何物種帶來一絲一毫的好處——就能讓這個物種保留下來，並往往還會遺傳給後代子孫。後代子孫也因此擁

有較大的存活機會，因為任何物種每隔一段時間總會生下許多個體，但卻只有其中的少數能夠存活下來。我把這樣的原則，以及從中衍生出每一種有用而被保留下來的些微差異稱為「天擇」。❾

透過天擇的演化證據

達爾文在《物種起源》裡盡可能清楚闡述了自己演化理論的論點。他還設法處理了某些可能對進化論提出的異議。對於自己面臨這項任務的艱鉅程度，他沒有太多的幻想。他的讀者大多都是傳統的基督徒。他們相信上帝創造了不同的物種，而認為物種可能透過盲目過程而產生的想法，則讓他們驚愕莫名。所以達爾文大多數的論據都是針對這些讀者而發的。

他可以用化石紀錄來證明物種似乎會隨著時間流逝而發生演變。但這可能是他能用來論證的證據裡最不具說服力的一項，因為這些化石紀錄都是一系列個體已經變成了化石的「照片」；反對者很容易就可以辯說，每個個體都是上帝分別創造出來的不同物種，而現在已滅絕消失。達爾文必須證明確實有過渡物種的存在。某些化石看起來確實像是現存動物品種的中間物種。這一類化石當中最知名的，就是始祖鳥這種存活於大約距今一億五千萬年前、長得像鳥類的恐龍。始祖鳥看起來的樣子既像爬行動物、又像是鳥類。第一個化石樣本被發現於一八六二年，恰好就在《物種起源》出版之後，而達爾文還可以在他以後的修訂版本裡發表對這件事的意見。這一類發現，確實就是達爾文理論裡所預言的那一種。然而，反對者也很容易就可以指出化石紀錄的重大缺陷。在各種化石譜系裡都還存在著巨大的落差，所以僅憑化石紀錄，並無法提供讓人完全滿意的證據，來證明天擇的運作方式。

達爾文也提出許多其他類型的證據來支持自己的理論。他認為現代物種共享了很多特徵，而這就是牠們從共同祖先進化而來的跡象。奇怪的是，這種主張最具說服力的地方，居然是憑藉某種生物因循特性而從遠祖身上殘留下來的一些明顯無用的特徵。鯨魚擁有指骨，而這到今天已看不出有任何的適應性功能。但倘若我們假定現代鯨魚是曾經用得著手與手指的陸地動物演變而來的後裔，那麼指骨的存在就確實有它的道理。事實上，現代鯨魚也可能是河馬的遠親；這種現代哺乳類動物似乎在早年同樣也能適應水棲的生活形態。天擇的理論能輕易解釋這種現象，因為它能說明生物體一點一點的演化過程，並存留了大半過去的特徵，即使這些特徵已經有部分不再具有任何作用。這種說法相當具有說服力，因為傳統的理論實在很難清楚解釋這一類證據。是什麼理由讓神靈保留了這些無用的器官，而不是從無到有重新設計出每一個物種呢？

達爾文還能證明，物種的地理分布狀態比較符合他的理論，而不是神創說。為什麼神靈居然沒有把某些特定的物種都安置在地球上牠們能夠適應的那些區域呢？為什麼不是所有沙漠都有一大堆的駱駝呢？為什麼博物學家反而發現到，在某個特定區域裡的大多數物種都有密切的親緣關係——以至於，像在澳洲，有些長得像老鼠的生物，與袋鼠而不是歐洲老鼠的親緣關係更近？當然，達爾文告訴我們，有袋目動物生活在澳洲的原因，就在於那是牠們祖先生活的地方，同時也是牠們進行演化的地方。

對於反對達爾文的人來說，他的理論另一項可能的影響更讓人感到特別反感：人類可能是猿猴的近親（這種可能的影響到今天依然健在；請參見第六章）。對某些人來說，這種概念就算到現在還是讓人覺得很不舒服；人類學家伊夫・柯本斯（Yves Coppens）還記得祖母曾對他說過：「或許你是猴子的後裔，但我一定不是！」❿然而在達爾文的時代，他的理論還面臨了許多其他難題。例如，當時大多數地質學家都認為地球的年紀還不滿一億歲。達爾文知道天擇需要相當漫長的時間，才能在地球上產生種類如此繁多的生物；而他也悻悻然承認，一億年的時間也許根本就不夠用。他認為，演化的進程是極其緩慢的。確實，他深信這個過程相當緩慢，根本就無法直接觀察得到，也因此所有演化的證據就都得透過間接的方式取得。而且，十九世紀的生物學家也不是真正都了解遺傳運作的方式。要讓達爾文的理論能夠發揮作用，那麼遺傳的機制就必須十分精確（要不然就不可能有穩定的物種存在），但也不能太過於精確（否則將永遠不會發生演變）。父輩的特質能傳遞給後代子孫固然重要，但某些或許會強化或威脅某些特定個體健康的細微變異也不遑多讓。但因為沒有誰能完全了解遺傳機制的運作方式，所以也就無法確定遺傳過程是否確實按照必要的方式在運作。達爾文本人也只能說，父輩擁有「混合式」的特質，有如調和在一起的兩種顏色一般。但這似乎必然讓每一代從常態中產生的那些變異被抹消掉，哪怕變異於己有益也不例外，於是也就產生了讓天擇無法實現的結果。缺少對於遺傳特徵的清楚了解，讓達爾文理論的可信度飽受打擊達半個多世紀之久。

到了二十世紀，大半達爾文所面臨的難題都已迎刃而解。宗教方面對進化論的抵制逐漸變弱。同時，扶持這項理論的新證據浮出了檯面，而且理論的落差也得到了填補。在一些重要的細節方面，達爾文的理論也獲得了修正與改進。因此，達爾文的核心概念就成了解釋地球生命史的現代科學基本原理。

他的理論之所以能在現在獲得廣泛接納，原因就在於人們在二十世紀已能直接觀察到演化的運作狀況。對於像果蠅這類繁殖很快的小型物種進行研究，能讓人很容易就觀察到演化的過程。我們也可以從回應抗生素使用而產生新型細菌的狀況裡看到演化的運作（下文將對此做出進一步的探討）。

此時的化石紀錄也比達爾文時代要豐富得多，新的發現也給長時期的演化提供了更加完整的解釋。儘管這樣的解釋無法完全證實達爾文的理論，但依然能夠與理論完美契合。現代的定年法技術把地球的年齡從一億歲往回推到了四十億歲，給達爾文的演化過程提供了一段比原本長了四十倍的時間。二十世紀的生物學家終於明白了遺傳特徵的運作方式，並做出了與達爾文理論完全吻合的解釋。與達爾文同時代的孟德爾（Gregor Mendel）早已構設出遺傳的基本原理，但他的作品在二十世紀以前卻一直乏人問津。他指出，雖然有性生殖的生物從雙親身上繼承了性狀（或基因），但這種遺傳繼承卻處於互不相干的封裝當中——有的性狀來自父系，有的則來自母系的遺傳。他還指出，在很多實例當中，這些性狀只有一個會出現在後代身上。假使你父母擁有藍色與棕色的眼睛，這並不代表你的眼睛會變成藍褐色，你只會遺傳到其中一種顏色。所以遺傳並不必然會引起達爾文感到恐懼的性狀稀釋。特定的基因也許不會遺傳給所有的後代；但如果遺傳了的話，那就會是種完整無缺的傳遞。我們也完全明白基因能夠代代相傳的方式。DNA精確地把遺傳訊息從生物體身上傳遞給後代子孫，所以物種就能夠擁有極大的穩定性。但是這個過程也並非完美無缺。當DNA在進行自我複製的時候，平均每十億個遺傳訊息片段就會出現一個錯誤，機率就相當於打字員在鍵入五十萬頁資料時會出現一處錯誤一樣。假使演化真要出現的話，就得把這種小小的變異納入考慮。[11]一九五三年，弗朗西斯・克里克（Francis Crick）與詹姆斯・沃森（James Watson）對DNA的結構提出了說明，也因此讓鞏固達爾文的理論、讓它成為現代生物學核心概念的做法，進入相當關鍵的時期。

現代微生物學還證實了達爾文另一個出於直覺的想法：地球上所有生物體都擁有親緣關係。所有的活機體，從最單純的細菌到最大型的現代哺乳動物，都包含了運用相同基礎化學過程與途徑的細胞。而且牠們也都使用同樣的遺傳密碼。以這種觀點來看，所有的活機體都擁有親緣關係。這也就代表著某種二選一的情況：生命若不是只經歷了一次演化，就是經歷了一次以上的演化，但是這些嘗試卻只有其中一個能存留至今，其他的血脈世系到最後則都被抹消殆盡。無論哪一種狀況，所有現存的生物體——從人類本身到香蕉、海鞘或阿米巴變形蟲——都擁有共同的（細菌）祖先。

在比較次要的地方，達爾文的理論也已經作了修改。例如，達爾文似乎曾經認為，所有演化演變之所以發生，都是因為這些演變能增加這些個體存活機率的緣故。但是我們現在都很清楚，許多遺傳變異都是隨機發生的。對於成年個體的結構來說，大半的遺傳物質（例如，或許高達百分之九十七的人類基因組）都不具有任何影響力，所以這些區域的變異並不會直接影響到個體的存活機會。一般的原則似乎是這個樣子的：對於某個物種個別成員存活機會沒有影響的隨機演變，可能會導致整個物種的遺傳結構（或基因型）出現緩慢而純然隨機的變化。然而，有時候也會出現某些閒置基因被重新啟動的情形，那麼這類「中性的」的變化在未來也許就會變得相當重要了。

達爾文似乎也曾相信演化的發生會有節奏穩定的特性。而現在我們也知道，這並不總是正確的。在氣候或環境穩定的時期當中，物種的演變也許非常緩慢。但假使環境或氣候變遷的步伐加快的話，那麼物種演化與差異化的腳步也會加快。這恰好也就是現代細菌回應現代抗生素挑戰所採取的演化方式。當抗生素被廣泛使用的時候，那些最不受抗生素影響的細菌個體就會突然變得更適合繁殖健康的後代。過不了幾個世代，牠們的基因往往就主宰了整個物種。就這樣，新品種的細菌多少都對抗生素的作用產生了一定的免疫力。在演化的過程裡，這種節奏如今看來也頗為正常。在地球的歷史當中，曾有過演化演變得極為迅速的時期，也有過生物發展相對穩定的時期。根據尼爾斯・艾崔奇（Niles Eldredge）與史蒂芬・傑伊・古爾德（Stephen Jay Gould）在一九七二年所提出的當代「間斷演化」（punctuated evolution）理論，演化的作用總是有一陣沒一陣的。

地球生命的開端

現代的達爾文學說能說明早期出現在地球上的單純生命形態如何演化成現代的生物體（請參見下一章）。但是，我們有辦法拿它來進一步解釋最初生命形態的起源嗎？我們能否對生命源起於無生命物質做出純然科學的解釋呢？

生命或許是自然發生的這種概念，一向都是科學家嚴肅對待的課題，其歷史至少可以遠溯到古希臘時期。[12]而且這確實有其充分的理由。畢竟，出現在動物屍體上的蛆蟲似乎就是憑空出現的。在十七世紀，運用才剛發明不久的顯微鏡進行研究，證實了大氣裡充滿了微小的生物體；如此就能假設蟲卵藉空氣傳播落到腐肉上，從而解釋諸如蛆蟲這種看似自發生長的狀況。然而這仍然沒能完全排除小小微生物自發生長的可能性，也許牠們仍可以藉由飄浮在空中的某種「生命力」形式而自然發生。

在一項簡單到不行的實驗裡，法國生物學家巴斯德看來終於駁倒了生命可能會自然發生的概念。所有的生命都來自於有機分子的基礎——也就是建立在碳基分子的基礎上。因為碳元素本身能以複雜的方式結合在一起，所以就能構成比任何其他元素都還要複雜而多樣的分子。到了十九世紀，許多實驗都已證明，假使把富含有機物質的湯加熱到沸騰來殺死所有的活機體，然後再放置於密封的容器當中，那麼就不會有任何生命出現。然而，有些人認為這是容器把無孔不入的生命力給排除掉了的緣故。一八六二年，巴斯德設計了一項巧妙的實驗來測試這個概念。他煮了一鍋含有豐富有機物質的肉湯，然後把湯放到一個暴露在空氣中的鵝頸瓶裡，而不是擺到密封的容器當中。一方面，假使生命力果真存在，那麼它必然能夠進到瓶子裡，利用瓶裡的有機物質來製造新的生物體。而在另一方面，大氣中飄浮的孢子或微生物則無法抵達曲頸瓶的頸部。一百多年來，巴斯德的那瓶肉湯還是保持著無菌的狀態，而且至今仍被存放在巴黎。他的試驗似乎終於證明了生命並無法自然產生，而且大氣裡也沒有飄浮著生命力。生命僅能誕生於生命當中。

這項實驗破解了一個謎團，但卻又創造出另一個謎團。假若生命無法誕生於無生命物體，那麼早期在地球上出現的生命又從何而來？古生物學家知道，生命似乎突然出現於所謂的寒武紀、距今不到六億年前的時候。我們該如何解釋這種生命突然爆發的情況？難道生物學家又得被迫回頭接受神創論的概念嗎？許多十九世紀的生物學家確實被迫如此，因為任何生命起源的純科學解釋都必須假定生命能夠源自於無生命的物質，而巴斯德似乎已證明這種狀況是不可能發生的。另一種可能性的論證則鎖定有機分子在某些方面就是與無機分子大不相同，認為它們的差異也許就在於起源與能否製造生命的能力上。碳元素是否擁有什麼別具一格的特性？到了十九世紀中期，當化學家在實驗室裡用無機化學物質合成了許多有機分子之後，這套說法也就站不住腳了。

一直到了二十世紀才又出現了一套更顯得似是而非的生命起源科學理論。這套說法是亞歷山大・奧巴林（Alexander Oparin）與約翰・伯頓・桑德森・霍爾丹（J. B. S. Haldane）首創於一九二〇年代，利用演化理論的基本概念來解釋地球生命的演化與生命最初的樣貌。整套論述的主要概念是，演化在某種程度上也能在複雜而無生命的化學物質身上出現。因此，倘若像水晶之類的東西可以讓自身保持穩態，並創造出頗類似於自身的複製品，那麼甚至連某些化學物質也有能力進行演化。一旦出現這種情況，那些能生產出最穩定「後代」（換言之，這些最能適應環境）的化學物質的滋生速度，往往會比那些後代較難存留的還來得更快。這個過程與達爾文的演化論非常類似。當這些化學物質變得更加適應周圍環境的時候，它們或許也會變得更加複雜，直到最後我們終於把它們當成活機體來看待。生物學家將這樣的過程稱為化學演化。

然而化學演化究竟如何產生出最初的活機體？答案至今依然不明。想弄清楚這些難題，我們得把問題分成幾個層級來談。首先，我們必須解釋生命的基本原材料是如何被創造出來的：這是化學的層級。再來，我們得弄懂這些單純有機物質如何被組裝成更複雜的結構體。最後，我們還得對於現存所有活機體DNA編碼當中的精確繁殖機制如何起源來做出說明。目前，對於第一個問題，我們已經找到了一些相當不錯的答案；第二個問題的答案也還算合情合理；但是我們對於第三個問題仍然感到迷惑不解。

現在看起來，第一項任務真的是簡單得嚇人。活機體的主要成分多為碳氫化合物。碳元素擁有驚人的活性，因此重要性也就非同一般。再加上氫、氮、氧、磷、硫……這些成分，就占去所有活機體百分之九十九的乾重量（dry weight）。[13]事實證明，只要條件對了，這些化學物質也夠豐富，那麼就能輕鬆組成單純有機分子，包括氨基酸（構成蛋白質的材料，也是所有生物體的基本結構物質）與核苷酸（構成遺傳密碼的材料）。[14]巴斯德的實驗似乎已證明這樣的分子無法自然形成，而我們現在也知道了箇中緣故：今天的大氣裡含有大量的游離氧元素，是個相當不利於有機分子的惡劣環境。氧元素的反應活性很強，發生反應的時候會產生熱量（我們通常在火災發生時才會注意到它的殺傷力）。對於木質、紙質這一類有機分子來說，氧元素的破壞性尤其驚人。只要一有機會，它就會以一種緩慢燃燒的形式，把它們分解成水和二氧化碳。

不過，奧巴林與霍爾丹也指出，早期地球大氣中也許並沒有什麼游離氧元素。那麼，生命出現的年代或許遠早於寒武紀之前，大氣當中沒有氧氣，能容許單純有機分子擁有足夠的存留時間來進行複雜而緩慢的化學作用，以滿足發生化學演化所需的條件。一九五二年，有兩位美國科學家——哈羅德・尤里（Harold Urey）和他的研究生史丹利・米勒（Stanley Miller）——在一項著名而卻又相當簡單的實驗室實驗（米勒－尤里實驗）裡測試了這種可能性。他們創建了一個早期大氣的模型，在大型密封的曲頸瓶裡注入了甲烷、清水與阿摩尼亞。接著把這個混合物加熱，並通電以提供少量的自由能，藉此模擬出早期地球天空裡必然會出現的閃電。七天以後，他們在曲頸瓶裡發現了暗紅色的沉渣。沉渣裡含有二十種最重要氨基酸當中的好幾種。氨基酸是一種單純有機分子（由大約二十到四十個原子所組成），以不同的模式鏈結在一起，而形成蛋白質這種主宰了所有活機體化學作用與結構的物質。在稍微不同的偽大氣狀態下，以稍微不同的條件重新執行這項實驗，科學家已經證實，所有二十種基本氨基酸都可以用這種方式製造出來。如此一來，我們就有辦法製造出蛋白質這種構成生命的原始材料。米勒－尤里實驗也製造出較為少量的其他重要有機分子，其中也包括了糖，以及建構遺傳密碼的核苷酸主成分。

有人曾聲稱米勒與尤里已經差不多算是可以創造出活機體了。然而我們現在卻很清楚，事實並非如此。在創造單純有機分子與創造生命之間，仍然存在著許多難解的步驟。再者，早期地球大氣裡的阿摩尼亞與甲烷或許比兩位化學家所設想的還來得少，而二氧化碳與氮氣則比他們所設想的還來得多。這樣的大氣並不容易滋生出太多單純有機分子。然而，米勒－尤里實驗依然還是相當重要的。它讓我們明白，要想創造出早期地球上許多構成生命的基礎化學成分，或許並不是那麼困難。

自從這個實驗出現了以後，無論在地球上或是外太空當中，許多讓人感到不可思議的環境裡都出現了氨基酸、單純核苷酸、甚至磷脂這種構成了細胞膜物質的蹤跡。在星際空間的塵埃雲團裡已確認有氨基酸的存在；同時發現到的還有大量的水和酒精，都是製造磷脂不可或缺的材料。我們知道，在隕石與彗星裡面都有水蒸汽和許多單純有機分子。太空裡出現了水和許多不同類型的單純有機分子，就意味著或經由猛烈的碰撞，或憑藉行星表面不斷飄移的宇宙塵埃，整個太陽系在歷史上曾飽受生命原材料的狂轟濫炸。其實就現在看來，太陽系裡的某些天體——包括火星、金星、木星的木衛二和木衛四，還有土星的土衛六——都曾（部分或許至今仍然）擁有液態的水，所以原本或許都能夠演化出單純有機分子，即使現在都是一片荒蕪、死氣沉沉的樣子（就像金星與火星看起來的樣子一樣）。另外至少還有一種可能會發生在這些行星誕生之初的情況，也就是受隕石撞擊而從行星上被削切下來的碎片在它們之間飄盪的時候，會出現行星彼此交換有機物質的狀況。例如在一九九六年的時候，據稱有人在南極發現了一塊約在距今一萬三千年前墜落於地球的隕石，其中所包含的氣體，與火星稀薄大氣裡的混合氣體相同。假使這說法確實無誤的話（而許多科學家卻對此抱持著懷疑的態度），就表示這塊隕石很可能來自於火星。倘若我們在火星上發現了活機體，那就得慎重考慮它們是否和我們擁有親緣關係。[15] 總之，現在看起來，早期的太陽系當中似乎充斥著大量構成生命的基礎化學物質。

第二項任務就比較困難一點了。這得說明這些最多只有幾十個分子所組成的單純化學物質，究竟如何組成生命存在所必要的龐大複雜結構體。就連病毒都有上百億個原子來組成極為特別的模式，而每一個植物與動物的複雜細胞則包含了一兆到一百兆（即 10^{12} 到 10^{14}）個原子。目前，我們無法確定這種在尺寸大小與複雜程度方面的大幅激增，究竟是從何而來、到底是如何發生的。然而，恰恰就是這樣的演變，把有機化學物質給轉變成了真正的生命。目前，我們似乎有三種可能的答案，來回應生命最早起始於何處的這個問題。生命或許最初現身於太空之中、或出現在行星表面、抑或者（按最新提出的一種可能性）誕生於行星的內部深處。

多年來，弗雷德・霍伊爾與錢德拉・維克拉馬辛（Chandra Wickramasinghe）一直堅決主張，認為地球上的生命種子來自地球以外的地方。這種理論被稱為泛種論（Panspermia）。假使生物體最初是在宇宙裡某個其他行星上被創造出來的話，那麼我們當然也只是把這個問題挪移到其他行星上頭，但仍然得想辦法解釋生命何以是在那兒、而不是在這兒被創造出來的。要不然，也有人認為極其單純的生物體是在太空裡裝配出來的。我們知道星際空間的確會出現種種化學過程，也知道某些單純生物體相當堅固結實，足以在太空旅行的階段裡存活下來。然而就目前來看，生命本身似乎不太可能起源於太空當中，因為那裡的能量與原材料供應都很短缺，按理會使得化學過程進行得非常緩慢。此外，許多生命不可或缺的化學反應似乎都離不開液態的水，而在太空裡卻找不到液態水的存在。

行星——環境更複雜、自由能更充足、液態水能積存，出現的化學物質密度更大、品類更豐富——給生源說（biogenesis）提供了一個前景更加看好的發展舞台。直到最近，大半的生物學家仍想當然耳地認為，假使生命發源於地球，那麼必然是出現在地球的表面。達爾文早於一八七一年就曾經說過，生命或許肇始於「某個暖和的小池塘，裡面含有各式各樣的阿摩尼亞與磷鹽、光、熱、電……等要素。」[16]打從達爾文的時代開始，生物學家就一直試著要弄清楚，大自然的化學與物理過程究竟採取了什麼方式，怎麼可以在早期地球的海裡或海邊的某個地方，把這些化學物質組裝成單純生物體呢？

在所有這些理論當中，水都扮演了至關重要的角色。氨基酸與核苷酸一旦形成以後，只要待在水裡就能獲得某種程度的保護。這兩者的分子會自然形成長鏈，儘管過程需要的環境得稍微乾燥一點。這樣的鏈結或許就發生在沿岸的淺水窪裡，溶於水的分子每隔一段時間就會變乾，然後再溶回到水裡去。在適當的條件下，氨基酸鏈結會形成蛋白質，而核苷酸的鏈結則形成了核酸。所以，在經過了幾百萬年以後，早期地球的海洋裡或許就充滿了單純有機化學物質，能夠彼此組合成更為複雜的模式。凱恩斯—史密斯（A. G. Cairns-Smith）曾指出，在淺水窪裡，黏土的微小結晶也許能讓更複雜分子的形成拿來作為版型。[17]在這兒，在這些分子最後終於開始用新的方式彼此連結在一起之前，靜電力會先以黏土本身分子結構所支配的複雜模式把原子聚攏在一起。位於早期細胞當中的黏土結晶甚至可能還扮演了一部分現代DNA的角色，能夠提供反覆使用的版型來製造宿主細胞代謝時所使用的化學物質。

不管早期的有機分子究竟如何形成，它們能產生一種稀薄的有機「羹湯」，含有單純蛋白質、核酸與其他有機分子。這些分子有種自然傾向，會產生由磷脂構成的普通薄膜或「外殼」，並凝結成微小的液滴，「就有如油醋醬汁裡的油滴一樣。」[18]有些分子也會以類似進食過程的方式，透過外殼來吸收化學物質，好讓自己擁有所需的能量來進行擴張，並進而吸收更多化學物質的能量。此外，當這類分子變得太過臃腫難看時，就很容易分裂成好幾份，每部分都自行其是，就像油滑表面上的大水滴會分裂成小水滴一樣。所以，在四十億年前的地球海岸與溫暖海洋裡，或許早已出現了重複著許多生命活動的有機分子。它們變成擁有外殼的細胞狀液滴，「吞食」了其他化學物質，並像繁殖一樣再分裂成不同的液滴。

這所有的理論似乎都還滿像一回事的，但卻都無法解釋生命從無到有的各個過程。「暖和的小池塘」理論本身還是有一些問題，包括早期的大氣或許不像米勒與尤里所假設的那麼有利於生物演化——尤其是假若如同某些證據所顯示的，最初的活機體出現於距今三十八億年以前，而當時地球表面仍經常遭受到地球外物質的狂轟濫炸。最新的研究已提出一些大有可為的新方法來解決這個問題，已讓我們知道確實存在著我們先前一無所知的細菌形態——一種在地表之下進行演化的古生細菌（archaebacteria）。[19]就如同所有的原核生物（最簡單的單細胞生物）一樣，古生細菌沒有細胞核。但與大多數原核生物從陽光或其他細胞裡提取能量的做法不同的是，古生細菌的「食物來源」是地球生產的化學能。它們可以從鐵、硫、氫，以及許多其他埋在岩石或溶於海水裡，讓人不太可能想像得到的化學物質裡提取能量。古生細菌能輕易存活在地下深處，甚至還能承受極大的高溫與高壓，於是它們的存在就讓人益發認為生命或許並非源自於行星表面，而是起源於地下深處。在一九九〇年代，人們發現古生細菌存活於地表下一公里多的岩石當中；人們還發現它們不僅存活在溫度超過沸點的海床火山口上，而且還存活於海床下方的多孔巖石當中。二〇〇一年，在一大片研究人員稱之為「失落之城」海床區域裡也發現了古生細菌；那裡的熱量並非來自於火山活動，而是來自於一種名為橄欖石（olivine）的綠色岩石與海水所發生的化學反應。這類區域在地球初期歷史裡相當尋常。[20]然而古生細菌存活在地球表面的數量也相當龐大。比方說，人們就曾經研究過懷俄明州黃石國家公園溫泉裡的古生細菌。到頭來，它們盤據在這些條件糟糕的棲息地，會讓人聯想到鄰近的行星或月球上，或許也有、或曾經有過生命的存在，因為在太陽系的其他地方，也很可能存在著類似的棲息地。

我們有許多理由相信，古生細菌比多數現生物體更適合被當成地球最初生命形態的模型。自從冥古宙時期以來，古生細菌的存活環境一直都沒有太大的改變。而且它們能在地表下好好活著的本事，也就意味著在地球初期歷史裡常見的隕石撞擊、間或抹除地表周邊一切生命的情形，對它們並沒有太大的影響。它們或許也因此在臭氧層形成以前能獲得保護，免於地球大氣變遷的影響，並逃過了初期地球上大量紫外線輻射的能量衝擊。雖然嗜熱古生細菌的棲息地似乎讓我們望而生畏，但卻可能是早期生物體安家落戶的最佳場所。這些環境擁有大量的化學養料，能產生米勒－尤里實驗所製造出來的那種有機物質。尤其是在熱氣流上升的火山口周圍也擁有充足的能量，能引發多重連鎖的化學反應。對於古生細菌遺傳物質的研究也顯示，它們演化的速度比大多數其他倖存下來的生物體慢了許多。而且，或許讓人最訝異的是，這些最古老的生物體，無論是古生細菌或一般細菌，似乎全部都有抗溫耐熱的本事。這就說明了無論我們怎樣幫地球的早期生物體進行分類，它們或許都只不過是在深海火山口周邊這種極其富饒環境下進行演化的嗜熱生物體而已。假若這些論證正確無誤的話，那麼生命或許首度出現在地表以下與海洋當中，遠早於能在地表附近或地表較為涼爽環境裡存活的新物種。[21]

第三項任務是解釋遺傳密碼的起源，這比前兩項任務更難處理。從某種意義來說，這是個最基本的問題，因為所有現代生命形態的關鍵，似乎就在於儲存與讀取製造生物體（基因組）指令的核苷酸如何進行勞務分工，而蛋白質則運用了那些指令來建構個別的生物體。簡略地說，核苷酸處理複製，蛋白質負責代謝。它們的區別就好比電腦的硬體與軟體。所以，究竟是哪一個先發生了演化？代謝（化學活性）還是複製（遺傳密碼）——抑或者兩者齊頭並進，同時發生了演化？[22]

奧巴林的理論暗指率先出現的是代謝作用，而精確的複製機制則演化得比較晚。這種概念讓人直覺就認定為似是而非，因為硬體能在沒有軟體的情況下單獨存在，但反過來就是不行。根據奧巴林理論的說法，最初的生物體就是一大堆以潦草的方式進行繁殖、甚至「演化」的化學物質，而且它們演化的方式也許還相當複雜。許多人無法理解這種隨機的過程怎麼可能創造得出複雜的狀態。然而，演化的過程就算再怎麼粗糙簡陋，其實也不全然都是隨機發生的。在早期地球上隨機發生的所有化學實驗當中，有些會創造出比其他更穩定的副產品。所以組裝這些早期分子的過程並不必然每次都得從頭開始。恰恰相反的是，每次只要有相對穩定的分子產生，它就有可能存活下來，由此轉而變成進一步實驗的基礎。就像凱撒・艾密里安尼所指出的那樣，讓猴子隨機敲擊打字鍵盤打上個幾百萬年，能打出一整部《聖經》的機率根本就趨近於零。但假若再加上一條規則，每次只要打出正確的字母就鎖定它的位置，那麼機率就會發生徹底的改變，而我們也就可以坐等這部《聖經》在十年內完成。[23]若用稍微不一樣的方式來說，我們可以這麼認為，初期地球的有機化學物質早已接受了演化法則的支配。大多數的化學物質都已消失，但那些環境適應良好的則可能被「鎖定下來」。少數存活得夠久的那些就能擁有後代，而所有往後的世代就都是他們的後裔。就以這種殘酷的方式，環境「選擇」了那些最有能力存活與繁衍的化學物質。

而且有許多理由讓我們認為，這種化學演化或許是一種極為強大的演變機制。例如，根據某些科學家的推斷，這當中存在著一些可以助長純隨機性結構如人們預期般出現於其中的深奧機制。[24]在某些類型的化學反應當中，某個特定的化學物質也許會在自體催化（autocatalysis）的過程裡，成為催化或刺激自身的產物。當這種類型的化學物質聚積到足夠的數量時，最後可能變成一種失控反應，相當類似於把臨界質量的鈾元素裝填到炸彈裡一樣。一旦達到了臨界質量，這些化學連鎖反應很快就形成極為複雜的結構體。假使這個（基本上屬於數學的）邏輯正確無誤，那麼就意味著建構出大型而複雜的化學物質這些最初的生命形態，其實是有機化學的自然傾向。假使真的是這樣的話，那麼無論在宇宙的哪個角落裡，只要條件允許大量有機化學物質出現並產生交互作用的話，那麼生命的誕生也幾乎就是件必然的事情了。

然而，任何形式的演化都需要相當精確的複製機制；否則，即使最成功的性狀也會隨時間流逝而喪失掉。所以，甚至連把代謝置於首位的那些理論也必須說明，早年究竟存在著什麼樣的複製機制。這並不是件容易的事。身為當前（除了某些病毒外）所有活機體遺傳密碼之鑰的ＤＮＡ是一種極其複雜的分子，其中包含了數十億個原子。解開後的人類ＤＮＡ分子長度有將近兩公尺長。ＤＮＡ的原子被準確排列成既定的模式，如同軟體一樣，當中包含了創造活機體所需的全部資訊。我們身體裡的每個細胞都含有一整套這樣的操作指令，儘管只使用了ＤＮＡ操作指南裡極小的一部分。這些指令都是由細胞身處的特定環境所選擇與觸發。因此，腦細胞與骨細胞所使用的編碼部分也不會相同。

ＤＮＡ分子由兩股核苷酸長鏈所組成，中間有梯級將彼此相連，就像梯子一樣。然後這把梯子會被扭曲成長長的螺旋狀，就像螺旋樓梯一樣。在梯子的每個梯級上都附著了四種被稱為鹼基的簡單原子簇當中的一種。由於每一種鹼基都只能與其他四種鹼基中的一種連接在一起，因此梯子的每個梯級就只能由兩種按嚴格序列排列的鹼基所組成。腺嘌呤（Ａ）只能夠和胸腺嘧啶（Ｔ）連結，而胞嘧啶（Ｃ）則只能夠與鳥嘌呤（Ｇ）連結在一起。這些出現在梯子各自一邊的鹼基序列包含有建構生物體所需蛋白質的製造密碼。每三個鹼基為一組，負責替某個特定的胺基酸進行編碼。特殊的分子會週期性替一部分ＤＮＡ螺旋進行解壓縮，並以三個為一組的方式來讀取鹼基的序列。在細胞裡的其他地方，這些胺基酸被組裝成鏈狀，以便製造數以千計驅動化學反應和產生細胞內部結構體的蛋白質。ＤＮＡ也有自我複製的能力。首先，構成梯子每個梯級的兩個鹼基彼此分離，整個雙螺旋結構會像拉鍊一樣從中一分為二。然後，每個鹼基會從周遭環境裡吸引一個與自己相似的配對物——A與T連結、C與G結合，直到拆成一半的原本螺旋結構都再建構出全新互補的鏈結。就這樣，單一DNA分子就能形成兩個新的分子，各自差不多都與親代的分子一模一樣。

要想說明如何建構這種複雜、精巧而簡潔的機制，是擺在現代生物學理論面前最具挑戰性的任務之一。我們遇到的難題是，單憑DNA本身的力量似乎毫無用處；就像任何一種軟體一樣，沒有了硬體就跟廢物沒兩樣。所以，我們很難想像它怎麼有辦法獨自進行演化。而認為代謝作用（「硬體」）率先演化的看法也有問題——尤其讓人難以理解的是，這些簡單粗糙但尚稱堪用的演化過程如何能夠產生出高層級的複雜狀況。假使細胞的繁衍不是那麼嚴謹，那麼艾密里安尼所描述的機制也就無法正常運作。即使複雜的生物體進行了演化，它的基因版型也可能在往後的世代裡漸漸變得模糊不清。正因如此，許多致力於解決這些問題的人堅決認為，假使沒有較為精確的複製能力，生命就無法大幅取得新層級的複雜性。而這又把我們帶回到這個論點上頭，雖然難度極大，但仍要設法證明遺傳密碼的出現或許早於複雜的代謝作用。

讓這類理論於一九六〇年代得以加速發展的因素，就在於人們發現RNA並不像它的近親DNA那麼一無是處所致。RNA就像軟體一樣，可以像DNA一樣進行訊息編碼。然而因為它只存在於單鏈當中，所以也就可以像蛋白質一樣摺疊起來，並參與到代謝活動當中。所以，它就可以扮演兩種生命的角色；它能夠自行繁殖，也能夠提供整套繁殖所需的指令集。它可以是硬體、也可以是軟體。或許最初能複製、且精確到帶有某些「遺傳」形式的分子，就是用RNA製造出來的。事實上，有些病毒甚至到了今天仍然使用RNA、而不是DNA來作為自己基因組的基礎。

發現RNA既能充當硬體、又能作為軟體，讓許多理論認為RNA就是最初的生命形態。這些理論與曼弗雷德・艾根（Manfred Eigen）和萊斯里・歐格（Leslie Orgel）的研究工作有關，認為遺傳密碼的演化出現得最早，早於複雜的代謝作用，甚至早過了細胞。[25]只可惜，RNA的自我複製並不如DNA那樣精確，而這確實就是個大麻煩。一個還不錯、但並不夠好的複製系統或許是最差勁的情況，因為這可能糟糕到累積了一堆錯誤，又成功地把這些錯誤全都傳遞到後代身上。我們早已知道，與生命起源的「代謝優先」模式當中那種更馬虎地複製形式相較之下，這樣的系統或許會更快導致崩潰（力挺RNA的曼弗雷德・艾根就懊惱的把這個問題形容為「錯誤災變」。）[26]

弗里曼・戴森（Freeman Dyson）早就認為這兩種理論或許可以彼此結合在一起。[27]或許率先出現的確實是代謝作用，而沒有精確複製機制的細胞，則在地球生命中占盡優勢達數百萬年之久，雖有種種局限，但仍設法演化出許多至今仍出現於現代細胞當中的代謝過程。其中有一種仍出現在當今所有活機體身上的過程，就涉及了被稱為三磷酸腺苷（adenosine triphosphate，簡稱ATP）的分子內部能量的儲存。這個過程一出現，就與另一個構成RNA重要成分的分子有了密切的關係。所以RNA的演化或許就發生在這樣的細胞內部；這或許要比外在環境還有利於它們的演化。到頭來，就像某種寄生蟲一樣，RNA容或以一種初具雛形的共生形式劫持了細胞的繁殖機制，讓細胞與寄生的RNA達成了妥協；細胞專注於代謝，而RNA則致力於繁殖。有了更為精確的複製機制（假使能以某種方式避開「錯誤災變」的話），這些細胞中的RNA或許到最後也可能會演化成自己的近親DNA。

要不然，生命或許就如同我們所知道的那樣，源自於兩種截然不同類型的生物體彼此之間的共生狀態；其中一種精於代謝，另外一種擅於編碼。類似這樣的勞務分工仍存在於當今的細菌和許多飄蕩於它們之間的不同類病毒實體（請參見第五章）。細菌常常會使用這些自由飄蕩的類病毒軟體碎片來遂行自身的各種目的，而類病毒實體則會利用細菌與其他生物體的代謝能力來進行繁殖。我們可以想像有這麼個非常早期的世界，當中進行代謝的對象使用類病毒器官來穩定自身的繁殖機制，而類病毒生物體則利用細菌來完成它們的代謝，到最後兩者終於彼此融合成單一的生物體。

倘若這些理論沒半個能讓人完全信服，我們其實也不必太過於訝異。生命起源的完整理論根本就還不存在。要解釋遺傳密碼的起源、找出真正複雜生物體出現的關鍵之鑰，我們仍處在相當艱困的境地。然而，我們在最近幾十年已取得了快速的進展，而且正在進行的研究也顯示了未來十到二十年內，將可以帶給大家更讓人滿意的解釋。

本章摘要

經過二十世紀的改良修正之後，達爾文的演化論已成為現代生命科學的基礎系統化概念。達爾文認為物種當中再細微的隨機變異，都能說明為何有些個體就是比其他的更可能擁有繁殖的能力。那些稍微更加適應環境的個體更有機會存活到成年時期，並產下健康的後代，因此就更可能把基因傳遞給後代子孫。就這樣，物種透過了所謂「天擇」的方式慢慢演變，而隨著時間的推移就形成了全新的物種。

在早期的地球歷史當中，這樣的過程或許還塑造出漂浮在太空、地表與地下的有機化學物質。隨著這些類型裡「成功」與穩定的物質存活下來得越多，且經歷了幾十億個世代化學形態的天擇之後，就形成了愈來愈穩定與複雜的化學物質。就這樣，最初的活機體就在地球誕生不到十億年的時間裡被創造了出來。這些生命體就是所有現代生命形態的老祖宗。

延伸閱讀

達爾文是少數現代科學思維的奠基者之一，本身的著述相當值得一讀。《物種起源》（一八五九年初版、一八六八年再版）至今仍相當有可讀性；而史提夫・瓊斯（Steve Jones）則在《新物種原始論》（*Almost Like a Whale: The Origin of Species Updated*, 2000）裡對達爾文的理論進行了一番更新與修正。和許多很棒的當代生物學和演化論的教科書一樣，阿拉孟・狄辛姆的《我們宇宙的起源》也在這方面提供了相當簡要的介紹。近年來，生物學界也已出現了不少針對一般非專業讀者的優秀著作。史蒂芬・傑伊・古爾德在演化方面的著作始終值得一讀，甚至他還沒成為主流之前的作品也是如此。丹尼爾・丹尼特（Daniel Dennett）的《達爾文的危險想法》（*Darwin's Dangerous Idea: Evolution and the Meaning of Life*, 1995）是一部當代的經典之作，而恩斯特・邁爾（Ernst Mayr）的《長篇大論：達爾文與現代演化思潮之誕生》（*One Long Argument: Charles Darwin and the Genesis of Modern Evolutionary Thought*, 1991）與約翰・梅納德・史密斯（John Maynard Smith）的《演化的理論》第三版（*The Theory of Evolution*, 1975）所敘述的內容則稍嫌陳舊。在當代嘗試解釋生命起源方面，也有好幾本相當不錯的著作。保羅・戴維斯（Paul Davies）的《第五個奇蹟》（*The Fifth Miracle: The Search for the Origin of Life*, 1999）要算是最新、也最容易上手的一本。薛丁格的《生命是什麼》（*What Is Life? The Physical Aspect of the Living Cell; with, Mind and Matter; and Autobiographical Sketches*, 1944, 1992）仍值得一讀，而書中的若干觀點在弗里曼・戴森的《生命的起源》第二版（*Origins of Life*, 1999）當中也有一番修訂。凱恩斯—史密斯的《生命起源的七條線索》（*Seven Clues to the Origin of Life*, 1985）與羅伯特・夏匹洛（Robert Shapiro）的

《起源》（*Origins: A Skeptic's Guide to the Creation of Life on Earth*, 1986）書裡所探討內容相當精采而容易理解。琳・馬古利斯與多里翁・薩根的著述相當好懂易讀，帶領我們一窺側重於細菌角色的生命觀（也就是「微觀宇宙」的視角；請參見《演化之舞》（*Microcosmos: Four Billion Years of Microbial Evolution*, 1987））。艾瑞克・伽森的《宇宙的演化》、《生命新紀元》（*The Life Era: Cosmic Selection and Conscious Evolution*, 1987）與《宇宙》（*Universe: An Evolutionary Approach to Astronomy*, 1988），斯圖亞特・考夫曼（Stuart Kauffman）的《宇宙為家》（*At Home in the Universe*, 1995），以及羅傑・盧俶（Roger Lewin）的《複雜性》（*Complexity: Life on the Edge of Chaos*, 1993）與《人類的演化》第四版（*Human Evolution: An Illustrated Introduction*, 1999），全都探討了複雜性的種種概念，以及它們在當代探究生命的討論裡所扮演的諸般角色。

注釋

❶ Erwin Schrödinger, "What Is Life?" in *What Is Life? The Physical Aspect of the Living Cell*；以及*Mind and Matter*，和*Autobiographical Sketches* (Cambridge: Cambridge University Press, 1992), p. 77（一九四四年首度出版）。

❷ 伽森將Φ^{m}稱為「自由能率密度」（free energy rate density），並且用「單位時間單位密度的能量單元」來測量它；他補充說明：這種概念就像天文學家對於「亮度－質量比」、物理學家對於「密度」、地質學家對於特定「輻射通量」、生物學家對於特定「新陳代謝比」、工程師對於「力－質量比」那樣熟悉。參閱他的*Cosmic Evolution: The Rise of Complexity in Nature* (Cambridge, Mass.: Harvard University Press, 2001), p. 134。

❸ Schrödinger, *What Is Life?*, p. 73.

❹ Martin Rees, "Exploring Our Universe and Others," *Scientific American* (December 1999): 46.

❺ 另一位博物學家亞爾佛德・羅素・華萊士（Alfred Russel Wallace）差不多在同一時期提出了類似的觀點，他也於一八五八年與達爾文一起在*Journal of the Linnaean Society*上發表了文章，首度介紹這個理論。

❻ Charles Darwin, *The Origin of Species by Means of Natural Selection: The Preservation of Favored Races in the Struggle for Life* (1859), ed. and intro. J. W. Burrow (Harmondsworth: Penguin, 1968), p. 82.

❼ Darwin, *The Origin of Species*, p. 90.

❽ 丹尼爾・丹尼特（Daniel Dennett）在他最新的作品中用「盲目的計算可以創造出獨特的複雜事物」來描述「達爾文的危險思想」，*Darwin's Dangerous Idea: Evolution and the Meaning of Life* (London: Allen Lane, 1995)。

❾ Darwin, *The Origin of Species*, pp. 441-42, 115；亦可見於Tim Megarry, *Society in Prehistory: The Origins of Human Culture* (Basingstoke: Macmillan, 1995), pp. 33-34。

❿ Hubert Reeves, Joël de Rosnay, Yves Coppens, and Dominique Simonnet, *Origins: Cosmos, Earth and Mankind* (New York: Arcade Publishing, 1998), p. 138（伊夫・柯本斯撰寫的部分）。

⓫ Armand Delsemme, *Our Cosmic Origins: From the Big Bang to the Emergence of Life and Intelligence* (Cambridge: Cambridge University Press, 1998), p. 135. 斯圖亞特・考夫曼（Stuart Kauffman）指出，秩序和混亂之間的微妙平衡也許本身就是進化過程的產物，這種可能性相當吸引人，參閱*At Home in the Universe: The Search for Laws of Complexity* (London: Viking, 1995), p. 90。

⓬ 這些材料出自大衛・布里斯科於一九八九年以來在麥考理大學的演講，亦可見於Lynn Margulis and Dorion Sagan, *What Is Life?* (Berkeley: University of California Press, 1995), pp. 64-69。

⓭ Lynn Margulis and Dorion Sagan, *Microcosmos: Four Billion Years of Microbial Evolution* (London: Allen and Unwin, 1987), p. 48.

⓮ 胺基酸這種簡單分子包含了氮基群（$-NH_2$）和羧酸群（-COOH），是一些數量不一定的其他原子結合一個碳原子的組成；核苷的構造也同樣簡單，由一個糖分子和一組磷酸鹽、四種鹼基中的一種（包括含氮化合物）所組成。藉著長鏈將它們連結在一起，核苷形成了脫氧核醣核酸和核醣核酸這兩種主要的核酸類型，是一切生物遺傳的關鍵。由於最早是由細胞核中分離出來的，所以稱之為核酸。

⓯ 早期生命的先驅研究者馬爾科姆・沃爾特（Malcolm Walter）對此有極佳的論述，參閱*The Search for Life on Mars* (Sydney:

Allen and Unwin, 1999)。

⑯ 達爾文的觀念，引述於Paul Davies, *The Fifth Miracle: The Search for the Origin of Life* (Harmondsworth: Penguin, 1999), p. 54。

⑰ A. G. Cairns -Smith, *Seven Clues to the Origins of Life* (Cambridge: Cambridge University Press, 1985）.

⑱ Reeves, de Rosnay, Coppens, and Simonnet, *Origins*, p. 92。（羅莎尼撰寫的部分）

⑲ 關於原始細菌的詳細論述，參閱Davies, *The Fifth Miracle*，特別是第七章。

⑳ Karen L. Von Damm, "Lost City Found," *Nature* (12 July 2001): 127-28.

㉑ Birger Rasmussen, "Filamentous Microfossils in a 3,235-Million-Years Old Volcanogenic Massive Sulphide Deposit," *Nature* (8 June 2000): 676-79，他主張澳洲Pilbara地區發現的「嗜極生物」（extremophile）距今有三十二億年之久，是最古老的生物，先前發現的原始細菌最早也只有五億年。這些嗜極生物住在海洋深處含硫量豐富的火山口附近，或許就是靠化學物質維生。

㉒ 關於進化順序的問題，弗里曼・戴森（Freeman Dyson）的論述相當清楚，參閱*Origins of Life* (Cambridge: Cambridge University Press, 1999, 2nd ed)。

㉓ Cesare Emiliani, *The Scientific Companion: Exploring the Physical World with Facts, Figures, and Formulas* (New York: John Wiley, 1995, 2nd ed.), p. 151。弗雷德・霍伊爾提出過一個有名的比喻：「自然形成最簡單細菌的機率，就像一堆廢物在龍捲風吹襲中自行組成了波音七四七客機」，引述自Delsemme, *Our Cosmic Origins*, p. 151。

㉔ 關於這些奧妙機制的具體描述，請參閱Kauffman, *At Home in the Universe*；以及Paul Davies, *The Cosmic Blueprint* (London: Unwin, 1989)。

㉕ 關於RNA，可參閱John Maynard Smith and Eörs Szathmáry, *The Origins of Life: From the Birth of Life to the Origins of Language* (Oxford: Oxford University Press, 1999), chaps. 3 and 4。

㉖ Dyson, *Origins of Life*, p. 40.

㉗ Dyson, *Origins of Life*, chap. 3.

年表5-1　多細胞生物體的尺度：6億年

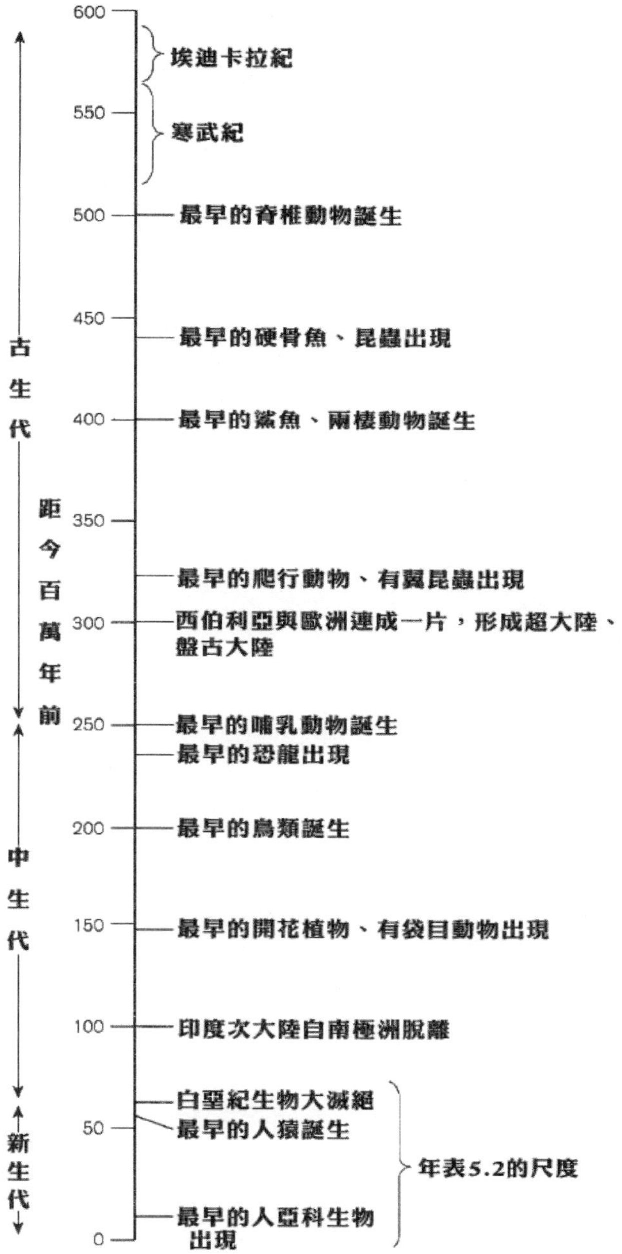
600
550
500
450
400
350
300
250
200
150
100
50
0
埃迪卡拉紀
寒武紀
最早的脊椎動物誕生
最早的硬骨魚、昆蟲出現
最早的鯊魚、兩棲動物誕生
最早的爬行動物、有翼昆蟲出現
西伯利亞與歐洲連成一片，形成超大陸、盤古大陸
最早的哺乳動物誕生
最早的恐龍出現
最早的鳥類誕生
最早的開花植物、有袋目動物出現
印度次大陸自南極洲脫離
白堊紀生物大滅絕
最早的人猿誕生
最早的人亞科生物出現
年表5.2的尺度
古生代
中生代
新生代
距今百萬年前

第五章

生命與生物圈的演化

多樣性與複雜性

一旦生命出現在地球上，若活機體在這個不斷變化的世界裡找得到新的小生境安身，那麼天擇就能確保它們得以繁衍與多樣化發展。本章將要描述的是地球生命史當中的主要演變。演化如何產生當今各式各樣不同的生物體？而地球的生命史又有哪些主要的發展階段？雖然這個故事的諸多細節仍模糊不清，但大致的輪廓至今卻已昭然若揭。

經過了大約四十億年的演化過程，大多數活機體的構造仍相當簡單，形體也十分微小。細菌仍一如往昔占據著統治地位，且直徑超過百分之一公釐的細菌也不多見。不同於恆星（其複雜程度並不必然與形體大小成正比）的是，活機體似乎形體越大，複雜程度也就越高。所以細菌的主導地位與這項普遍法則並無二致，也就是較簡單的實體比複雜的實體更易於創造與供養，同時也更加持續耐久而數量龐雜。絕大多數的活機體都隸屬琳・馬古利斯與多里翁・薩根所謂的「微觀宇宙」範疇。❶這也就是為什麼史蒂芬・傑伊・古爾德會認為，即使生命的出現標記了新類型複雜性的興起，但地球的生命史也不會僅只是個描述各種實體趨向複雜發展的故事而已。最簡單的遺傳配方仍運作得好好的，所以複雜性並沒有占到什麼演化方面的便宜。❷事實上，生物體在某些狀況下還會朝著更簡單的方向進行演化：蛇類捨棄了腿部、鼴鼠失去了視力，而病毒甚至還喪失了獨自繁殖的能力。

然而，天擇不斷拿新的生活方式進行沒完沒了的實驗也是個不爭的事實；在這個長達四十億年的實驗過程裡，也造就了遠比其他生活於早期地球的那些還更加複雜的生物體。即使似乎沒有什麼有效的驅動力迎向更趨複雜的狀態，而複雜生物體在事物的整體設計裡或許也沒什麼了不起的重要性，但它們就這麼誕生了。就如同約翰・梅納德・史密斯與厄斯・薩斯馬利（Eörs Szathmáry）所指出的：「憑藉天擇來進行演化的理論並沒有預言生物體會變得更為複雜……。然而有些血脈世系確實已變得更複雜了。」❸「宏觀宇宙」生物體的世界終究出現在微觀宇宙世界的內部，且兩者一起並存；我們身為大型的生物體，對於這個進程往往也就有所關注——就好比我們宇宙的歷史只專注於在軌道上繞行著某顆無名恆星的無名行星一樣，只因為那顆行星湊巧就是我們的家園。

我們可以用一連串的重大轉折來講述這個生物複雜性日益增長的故事。這當中包括了生命本身的起源、真核細胞的出現、有性生殖、像我們自身這種多細胞生物體的建構，以及會彼此匯聚成社會群體的生物體粉墨登場。❹在每個階段，分子、細胞與個體被連結成更大型的結構體——就好比企業併購期間裡的商業活動一樣——而演化則得幫它們找出彼此相互溝通與合作的新方式。若要說明透過天擇怎麼會產生出複雜性，就得說清楚為何天擇（以達爾文學說的術語來說）有時還被證明能幫助有能力自我複製的分子在漸趨大型化實體當中的協作配合，直到形構出如我們這般卓越出眾的生物體——由幾十億個緊密合作的細胞所組成的巨大結構體。

撇開我們的身材尺寸不談（我們身體的大小對於單細胞生物體來說就有如帝國大廈一樣），我們再怎麼說都不該誇大自己的複雜性才是。衡量複雜性是否有所增長，常見的方式就是估算不同類型生物體在建構時所需的基因數量。然而這樣的計算結果似乎並不如我們原先自以為是的那樣。人類並沒有擁有我們原以為構成人體所必須的六至八萬個基因，而是只擁有了半數、大約三萬個基因。光是蛔蟲就擁有我們三分之二的基因數（大約一萬九千個），而果蠅只擁有不到一半的數量（大約一萬三千個）；甚至連大腸桿菌這種棲息在我們腸道裡的細菌，基因數量也有四千個之多。所以，雖然建構大型生物體比小型生物體還要更加困難，但是箇中的差異卻不如我們曾想像的那麼大。我們生物上的近親不僅有黑猩猩，另外也還包括了阿米巴變形蟲和蛔蟲。

太古宙時期：細菌的年代

對地球生命的歷史來說，最重要的證據來自於化石紀錄，讓我們得以知道過去七億年裡發生的許多事情。但是這段時間卻還不到生命存在於此的五分之一。化石紀錄無法讓我們得知太多更早期的事情——也就是活機體為單細胞生物，全都生活在海洋裡的時期——因為這些早期的生物體缺少了能夠形成化石的堅硬部位。然而，古生物學家已得知要如何找出並分析這些微小細菌的「微體化石」，而最古老的化石可以回溯到三十五億年前，與地球最早生命跡象出現的時候相去不遠。近年來，生物學家也已經大量採用種種技術來研究與比對不同現代物種的基因物質。這樣的工作能呈現現代物種在演化方面的連結，而這是僅憑藉化石紀錄所探測不出來的。

在傳統的行星年表裡，冥古宙時期是地球形成的年代，一直持續到大約四十億年前為止；太古宙時期是地球出現生命的最早年代，從大約四十億年前持續到二十到二十五億年前之間。地球最早的生命形態在那個年代的初期就開始進行演化，而這樣的演化是在有水的狀況下進行的。這些最初的生命形態也許是在海床裡或海床下熾熱火山口裡進行演化的古生細菌；或許也有可能是其他形態的細菌。倘若最新研究的觀點正確無誤，古生細菌與真核細胞生物體都是從所謂的真細菌類（eubacteria）這種更古早、更簡單的生物體演化而來。❺

無論是哪種說法，生命在很早的時候就已出現。活機體可能早在三十八億年之前就已存在，因為這個時期的格陵蘭岩石裡出現了往往與生命存在有關的碳－12同位素層。截至三十五億年前，生命肯定已經出現，這個時期的南非與澳洲西部岩石裡似乎出現了類似現代藍藻（藍綠藻）的細菌微體化石。❻這些細菌和今天把死水變綠的生物體相當類似。它們的出現也意味著早期地球的海洋裡已是一片生氣盎然。地球出現生命的速度也鼓舞了許多生物學家，讓他們認為，只要條件適合，宇宙裡的任何地方都可能迅速而自然地誕生出生命。所以生命絕不是什麼稀有罕見的東西，反而有可能存在於宇宙的各個角落。就如同保羅•戴維斯在最近曾說過，宇宙本身，至少在自身演化的現階段來說，似乎還算是個「生態友善」的地方。❼

但是那樣的「友善」仍有其局限性。任何複雜的結構體都得要有持續的能量流才得以存活。因此所有生物體的基本任務之一就是找尋養分與能量的來源——而這可不見得有多容易。地球最初的生物體所找到的解決方案，不僅深刻影響了地球生命的歷史發展，同時也影響了地球本身的發展走向。

最初的生物體也許從地表下的化學物質裡取得能量。它們「攝取」化學物質。倘若最初的生物體是古生細菌，那麼它們獲取所需能量的來源或許就來自海洋深處的化學噴溢道。但在很早期就有些生物體學會以吃掉其他生物體的方式來獲得能量。如此一來，初級生產者與食物鏈較高位階的生物體之間就出現了明顯的區隔；前者從無生命的環境裡提取所需的能量，而後者則以包含了初級生產者在內的其他活機體為食。假使汲取能量的方式就只有這些的話，那麼地球生命的歷史就受制於地球融熔核心所供給的能量，而且只有生活在海洋深處當中的生物體才有發展的可能。然而到了至少三十五億年前，有些生物體棲息在海面附近，學會了從陽光攝取能量。相較於位於地心的熱機（heat engine）來說，太陽是個更為富饒的能量源。藍藻細胞含有葉綠素分子，能透過所謂的光合作用這種基本化學反應，對陽光進行加工處理。

光合作用對地球上的生命極為重要，值得我們花費精力來弄懂它的運作方式。❽分子由化學鍵連結在一起的原子所構成。然而，化學鍵的產生需要能量，而打破化學鍵就可以再次釋放出部分的能量。所以化學物質就可以被當成是儲藏能量的倉庫。活機體打破化學鍵，就能獲得儲存於諸如葡萄糖這種有機分子當中的能量。打破化學鍵也同樣需要能量，所以訣竅就在於讓打破化學鍵所釋放出來的能量多於被消耗掉的能量。這就是酵素／酶的作用。酵素是一種分子（主成分為蛋白質），本身的形狀讓它們得以毫不費力就能破壞含有能量的特定分子穩定性。如此一來，它們釋放出來的能量就比耗費掉的還要多得多。我們都很熟悉這種用少量能量來釋放出大量能量的原則——我們用火柴點火就是如此。然而，在整個過程裡還需要投入初始能量來創造充當能量儲藏器的化學鍵。這就是光合作用的用武之地。在光合作用當中，葉綠素（在水與二氧化碳存在的狀況下）用光能量創造出微小的電流。這個電流驅動了複雜的反應鏈，產生諸如葡萄糖這種能儲存能量的分子物質。就這樣，植物用太陽光的能量在自己體內製造了微小的能量包，可以在需要更多能量時加以解封。當然，其他生物體也可以透過吃掉植物的方式來使用這些儲存起來的能量。我們吃蘋果，就等同侵門踏戶、用掉了蘋果樹所儲存的能量。我們燃燒煤炭，就是釋放了三億年前石炭紀樹木所貯藏的能量。透過這種方式，大量從太陽光轉化而來的能量就可以被儲存在相當小的能量包當中。我們很容易就不記得，一杯包含了幾百萬年前生物體所儲藏能量的汽油，就可以讓卡車開上斜坡。我們同樣也很容易忘記，倘若沒有太陽光持續注入能量的話，整個生物圈將耗盡能量、彈盡援絕。

利用光合作用的複雜化學反應，活機體開始從太陽光那兒獲取巨大而慷慨的贈予。太陽光供給了能源，生命就能茁壯成長，所採取的方式根本是陽光照射不到的世界所無法想像的。在其餘大半時光裡支配著地球生命歷史發展的，就是共同享有地球的不同物種對於太陽光如何獲取、散播和分配的種種不同方式。人類的歷史也是這個故事的一個篇章，因為人類透過採集覓食、耕種養殖和化石燃料的使用，已經找到了愈來愈有效的方法來獲取太陽光。

藍藻是現代植物的老祖宗，也是當今世上最重要的初級生產者之一。許多藍藻會分泌出一種黏液，讓它們成糰黏合在一起。時間一久，它們就會形成所謂層石藻這種大型蘑菇狀物體，在祖先遺骸凝結得愈來愈厚的那層東西上面，還長著一層薄薄的活體細菌。在當今的某些環境裡仍會長出層石藻（澳洲西部的鯊魚灣就是最著名的地區之一），而這些早在三十億年前就已出現的層石藻，如今出現的化石數量之多，也已讓人司空見慣了。它們的存在也讓我們想到，許多當年表現不凡的最初生命形態，到如今仍然活得好好的，幾乎也沒有什麼太明顯的改變。

所以我們應該要忍得住誘惑，別以為太古宙的世界比我們當今的世界枯燥乏味。假使我們對這個世界擁有正確理解，就會明白它與我們的世界一樣多姿多采、充滿了異國風情。馬古利斯與薩根對此也有一番戲劇性的描述：

縮小到微觀的角度來看，一幅由上下起伏的紫色、海藍色、紅色與黃色區域所構成的奇妙景象就映入了眼簾。在莢硫菌屬細菌所構成的紫色區域裡，懸浮著的硫磺小液滴會散發出如臭鼬般氣味的氣泡。包鞘黏稠生物體的領地會一直延伸到天際；一頭牢牢插進岩石當中，另一頭的一些細菌則會迂迴擠進小小的縫隙當中，並開始穿透到岩石內部。細長的絲狀物會脫離夥伴的行列，悄悄地滑過身旁，尋找陽光下更適合自己的位置。形狀有如螺旋瓶塞開瓶器或螺旋義大利麵的細菌長鞭蠕動著、飛奔而過。多細胞絲狀物與成群紡織品般發黏的細菌細胞會隨著水流搖曳擺動，將卵石塗上了一層紅、粉、黃、綠的鮮豔色彩。孢子在微風吹拂下如陣雨般灑落，

墜落在低窪泥淖與水域的遼闊邊緣上。❾

在這個微觀的宇宙裡，遺傳訊息會以諸如複製子、質體、噬菌體或病毒這些DNA或RNA的各種不同片段到處漂盪。這些東西恰好就介於生命與無生命狀態的分界線上，因為它們大多數的構成成分都只不過是一段遺傳訊息，想讓自己能獲得賴以為「生」的軀體罷了。細菌可以在生命的任何階段裡利用這些遺傳訊息的片段，而不僅只是在繁衍生殖的時候。而這麼做就可以對它們小小基因庫有限的代謝技能範圍進行增補。❿複製子或許永遠不會整併到個別細菌的永久基因庫當中，但是，就像借來的電腦軟體一樣，主機／宿主在它們移往他處之前是擁有使用權的。所以細菌擁有較大型生物體所不具有的遺傳訊息共享靈活性，而這樣的特性容或能說明它們何以擁有如此驚人的繁多種類與適應能力。雖然本身的基因庫極其微小，但每個細菌都有權限存取完整的資料庫——而這是像我們這樣的較大型生物體所沒有的（或者說，是在基因工程出現以前的過去年代裡所沒有的）。就如同馬古利斯與薩根所說的一樣：「為了享有宏觀宇宙的體型、能量與複雜的身體，我們所付出的交換條件就是遺傳的靈活性。」⓫我們稍後會看到，至少就我們這個物種來說，符號語言或許已經藉由允許我們用交換訊息、而非基因的方式，回應了某些細菌憑藉自由交換遺傳物質的能力所享有的適應靈活性。

從許多標準來看，細菌仍然是當今地球上的主要生命形態。然而，某些單細胞生物體到頭來會開始結合在一起，成為更有條理的結構體。這些狀況被視為諸如我們人類這種多細胞生物體誕生的首要步驟。多細胞生物起源的年代，就出現在元古宙時期。

元古宙時期：複雜性的新形式

早期光合作用的形式會從硫化氫當中把氫移除，以儲存太陽光的能量。然而，有些藍藻到最後學會用更有效的光合作用形式，從化學鍵更穩固的水分子當中移除氫元素，而過程中產生的一項副產品就是游離氧元素。經過幾百萬年的時間，這種全新且更強大的代謝技術便開始徹底改變早期的大氣層，在當中注入大量對早期大多生命形態多屬有毒的游離氧氣體。

在一開始的時候，游離氧很快就會被化學反應再度吸收，如生鏽就使它與鐵鍵結在一起。（元古宙初期出現的大量鐵鏽，是我們得以獲知游離氧大量增加的原因之一。）然而，打從大約二十五億年前開始，因為游離氧產生得太快，難以被這種方式吸收殆盡，大氣裡就開始出現了氧氣。到了大約二十億年前，游離氧也許已占大氣氣體的百分之三；在最近的十億年裡，這個數字已上升到大約百分之二十一的水準。⓬假使周遭氧氣的濃度再高一點，我們只要用力搓手就會導致自燃的現象！

多氧大氣層的出現是地球生命史當中最了不起的重大變革之一。馬古利斯與薩根把這項變化稱之為「有氧化災變」。⓭因為氧氣的活性很大，所以一出現就使得大氣一直處在一種持續性的化學失衡狀態，創造出某種化學張力的新層級，驅動了更強大演化變革的形式。在這兒間接從太陽身上所獲取的燃料，是用以建構築更複雜生命形態的免費能量新來源。就如同詹姆斯・洛夫洛克曾寫到：「（游離氧）所提供的化學勢差（chemical potential difference），範圍廣泛得足以讓鳥類翺翔天際、讓我們在冬天跑步取暖；也許還賦予我們思考的能力。氧氣張力現有的濃度之於當代的生物圈來說，就等同於高壓電力的供應之於我們二十世紀的生活方式一樣。沒有了它，一切還是照舊進行著，但潛在的可能性卻也因而顯著降低了。」[14]

主宰地球到將近二十億年前的生命形態，都是生活在海洋裡的簡單單細胞生物體。生物學家把這些生物體稱為原核生物。原核生物的ＤＮＡ自由地漂浮在細胞當中。細胞在繁殖的時候分裂成兩半，每一半都獲得了與母體細胞一模一樣的ＤＮＡ副本。因此，原核生物的後代往往就是親代無性生殖的翻版。然而，就如同我們已經知道的，它們能與鄰居「橫向」交換遺傳訊息，也可以與親代和後代進行「垂直」的交換；這種能力所考慮到的演化類型，是更複雜生物體所無法獲得的。[15]這也部分說明了為何原核生物能成功發掘、並利用這許多生命至今仍須仰賴的基本化學過程。它們改變了地表，也改變了大氣；套一句馬古利斯與薩根的話來說：「細菌年代把地球從原本滿布火山玻璃岩石、月球般坑坑窪窪的地形，變成了我們在此安家落戶的肥沃星球。」[16]

然而，活機體在有辦法使用多氧大氣層的大功率電池組之前，複雜性與形體大小的演變仍有其局限。游離氧對單純有機物質的傷害很大，而這也就是為什麼生命無法誕生於多氧大氣當中的原因。但是經過二十億年的演化以後，生命已具備足夠的健全體魄和彈性，足以在這種新出現的汙染物質裡存活下來。雖然許多物種必然已湮滅絕跡，但那些設法在高氧大氣裡存活下來的就有機會繁衍茁壯，因為氧氣比其他形態的「食物」更能提供它們更多的能量。此外，在大氣層高空飄浮的游離氧到最後還形成了臭氧層。儘管只是一層厚度只有幾公釐、位在地表上方大約三十公里的氣體，但是這個由三個氧原子所構成的分子（O_3；臭氧）層卻遮擋住了帶給地球的過多紫外線輻射，從而使陸地上與海洋裡的生命能更容易開枝散葉地繁衍開來。透過這些方式，氧氣的出現就把演化給引領上了全新的道路。

這些改變，或許就說明了何以在大約十七億年前會出現這些嶄新而獨特、被稱為真核生物的生命形態。[17]它們的登場，也就標舉了生物體遺傳複雜性出現了顯著的增長，所以也算得上是地球生命史當中的一大變革。[18]大多數原核生物都很微小，大概只有千分之一到百分之一公釐的大小，而真核生物通常比它們大得多。真核生物的大小多半都在百分之一到十分之一公釐之間；也就是說，我們甚至用肉眼就看得見最大的真核生物。它們比大多數原核生物更為複雜，而且也包含了更多DNA（大約在一千倍以上），儘管這種額外的遺傳訊息大半似乎都沒有被加以利用。最後，真核生物終於在多氧大氣裡成長茁壯，因為它們找到了種種利用這種新能源的方法。從古生物學的時間尺度來看，它們的出現也相當突兀。馬古利斯與薩根就援引了天文學家切特・雷莫（Chet Raymo）的比喻來說明這個情況：「新的細胞與舊的原核生物在化石紀錄裡所呈現的巨大差異，就有如萊特兄弟的飛行器在小鷹鎮試飛成功一星期之後，就出現了協和式噴射機一樣」[19]。

因為真核生物比原核生物包含更多遺傳訊息，而且有辦法取得更強大的能量來源，所以也就擁有更多胸有成竹的代謝花招，並導致更複雜生物體的誕生。藉著從氧氣裡汲取能量的手段，真核生物就能夠間接利用諸如藍綠藻這種行光合作用的生物體所獲得的成果；它們會不斷把氧氣輸送到大氣當中。真核生物擁有比原核生物更靈活、更具有適應力的隔膜，讓它們可以用更精確的方式和周遭環境進行能量、食物與廢棄物的交換。真核生物也用一種被稱為細胞核的特殊內部隔層來保護自己脆弱的遺傳系統。最後，它們的內部更是複雜萬分，因為裡面容納了內部器官或細胞器官。

琳・馬古利斯已證實，真核生物或許是透過一種共生的形式，把不同類型的原核生物與遺傳物質彼此結合，來達成自身的演化——藉由這樣的過程，個別生物體進行了演化，而變得彼此更加相互依存。共生現象相當普遍，也闡明了演化變革最為複雜的層面：競爭與合作兩者關係密切、盤根錯節的事實。演化就和商業活動一樣，並不是所有行當都會讓贏家通吃。往往，特定生物體的致勝一擊，得靠其他生物體的配合。生物學家確認了好幾種不同類型的共生關係。寄生（parasitism）是某個物種損害了另一個物種，從中獲得利益的關係。杜鵑鳥在其他鳥類的巢裡產卵，就有如寄生生物一樣。然而寄生並不是掠食（而使得受害者一無所有）。假使要讓這樣的關係持續下去，並給寄生生物帶來好處，那麼就必須讓宿主繼續活著，至少得維持上一段時間；要不然，寄生生物恐怕就會收獲甚微。在被稱為偏利共生（commensalism）的關係當中，有兩種物種共同生活在一起，一方得利，而另一方似乎也沒有什麼損失。互利共生（mutualism）關係則是兩種物種都從這種夥伴關係當中得到好處。大多數開花植物都得依賴昆蟲或鳥類幫忙授粉，而為了吸引授粉者，它們也會「提供」花蜜或某種食物給牠們。人類的農業活動就涉及了人類與被馴化動植物物種之間某種形式的互利共生。例如，人們食用玉米這種常見的穀類作物，而某些地區要是莊稼歉收的話，人們就得捱餓。但是玉米也從這種關係當中獲得了好處，因為人類會保護它們的植栽，並協助它們繁殖與繁茂生長。事實上，現代的玉米品種十分依賴這種關係，以至於再也無法在沒有人類協助的情況下靠自己來進行繁殖。這就是真正的共生：其中一方或雙方若離開了這種共生關係就再也無法存活。這種關係在動物世界裡相當常見，因為只要夥伴雙方都能從中獲利，那麼這種關係應該就會比一方收獲甚微的關係還要更加穩固。這也就是為什麼致命的病菌往往都朝著對「宿主」傷害愈來愈低的方向進行演化。人類最熟悉的例子有像水痘這一類「兒童」疾病，全都是從原本對宿主傷害極大、有時還會把宿主給殺死的致命物種演化而來的。

在某些極端的例子裡，互利共生可能會讓原本各不相干的兩種物種創造出某種單一的生物體。就某種意義來說，真核生物也因此成為最早出現的「多細胞」生物體。隨著真核生物的出現，馬古利斯與薩根寫道：「生命又踏出了一步，跨越了基因鬆散轉移的網路邁向共生的協同增效作用。不相干的生物體融合在一起，創造出比彼此總和還要大的全新整體。」⓴我們知道這一步已然邁出，因為真核細胞內部的細胞器官似乎從曾經是各自獨立的原核生物體發展而來，而它們或許在當初就表現得像寄生生物一樣。真核生物的細胞器官包含了數以千計個微小的核糖體，在裡頭按DNA當中的不同配方製造出各式各樣的蛋白質。它們還擁有專門從被細胞「吃掉」的化學物質裡提取氧氣能量的粒線體，以及摧毀有害入侵者的溶酶體。大多數的真核生物都擁有像鞭子一樣的鞭毛，讓它們能夠改變位置；因此真核生物就可以移動到友善宜人的環境當中，而不像原核生物那樣只能隨波逐流地隨遇而安。據推測，機動性也許讓許多演化的進程徹底改觀：「就像蒸汽機加速了包括製造出更多蒸汽機的工業生產週期一樣，螺旋菌的夥伴關係可能會開創出一波發展，讓共生生命形態的數量與多樣性大為增加。」㉑真核生物行光合作用的機制也包含了葉綠體或葉綠素封包。甚至，最初的真核生物體或許就是綠藻這種東西。事實上，包括粒線體與葉綠體的某些細胞器官仍擁有本身的DNA（粒線體約有十二個基因），就是我們認為真核生物是透過曾經截然不同的生物體共生結合所演化而來的理由之一。

真核生物的繁殖方式遠比原核生物更加複雜。大多數原核生物都能產生與自體一模一樣的複製體，而真核生物則往往只在融合了來自兩個不同親代個體的遺傳物質之後才能進行繁殖。兩個成熟期生物的DNA隨機融合成一縷縷新的DNA，其中包含了親代雙方基因的混合體。結果，真核生物的個體變異比原核生物還來得更多。它們再也不只是親代的複製品而已。這樣的創新是朝向有性生殖發展的第一步，對演化變革的步調具有深遠影響，因為這使得天擇能夠從各個世代裡產生更多樣的變化。真核生物體與有性生殖的出現讓演化的速度加快，說明了為何生命在過去十億年裡會以各種全新的方式繁衍發展，創造出定居在當代地球上大量而豐富的各式生命形態。有性生殖連同真核生物體的出現，都算得上是地球生命史發展的重大轉捩點之一。[22]

寒武紀大爆發：從微觀宇宙到宏觀宇宙

真核細胞的演化是一系列演化變革的一部分，其重要性與地球出現最初的生命並無二致。有性生殖加快了演化變遷的步伐。數量不斷增加的游離氧與演化而成的呼吸（從氧氣中汲取能量）能力，讓更奇異、更強大的代謝形式能取得更多的能量。而且，或許最重的要是，真核生物體開始組成集體合作的團隊，到最後變成了最早的多細胞生物體。總之，這些改變都有助於我們了解什麼是「寒武紀大爆發」——一場起始於大約六億年前，規模更大、更複雜、更具活力的生命形態相對突然地擴散增殖。

最早的多細胞生物體（與諸如層石藻那種僅只是生物體的群落截然不同）或許早在二十億年前就已演化形成，[23]但卻只到了最近這十億年裡才變得比較普遍。這些生物體要想繁衍發展，就得先克服一些嚴重的問題。其中最重要的是，大量的細胞必須能夠用各種新的方式來相互溝通與合作才行。

這可不是件容易的事。想了解這是怎樣發生的，要緊的就是得弄清楚不同類型生物合作的差別。第一種是我們已經在前面提過的共生。第二種合作類型則是源自於相同物種的許多個體所構成的社群或群落。有時這些生物社群結合在一起的結構十分鬆散。我們知道，包括像藍綠藻那樣的早期生物體會聚集成巨大的群落，因為層石藻就是從這樣的群落演變來的。然而，雖然群落為個體提供了保護，但仍不足以作為共生的例證，因為個別生物體在必要時還是可以靠一己之力而存活下來。當代有些海綿看上去似乎是個單一的生物體，但其實它們卻通得過篩子的過濾。它們會分裂成黏漿狀的物質，然後在個別的細胞再聚集在一起時重新復原成原來的樣子。同樣不尋常的生物，還有一種以細菌為食物的阿米巴變形蟲。喬艾・迪・侯奈（Joël de Rosnay）的解釋是：

> 假使你奪走了某隻變形蟲的食物與水，它就會散發出一種痛苦的荷爾蒙。其他變形蟲就會趕過來提供救援，聚集成一個多達上千個「個體」所組成的群落——在某種程度上，它們看起來就像蛞蝓在尋找養分時移動的樣子。假使找不到養分，它們就會停下來，搭建出一個製造孢子的莖桿，而只要環境依然乾燥，它們就會這樣無限期待在那個地方。然而若是給它們水分，孢子就會開始生長，變成各不相干的變形菌體，然後各自朝不同的方向離去。[24]

這樣的實體，基本上是由數百萬個不同個體擠成一團而形成的，必要時還能夠以團隊的方式一起搭檔合作。

在所謂的社會性動物當中，諸如螞蟻和白蟻這樣的生物，個體之間的相互依存性更強。在螞蟻和白蟻的群落裡，許多個體並沒有生殖的能力。這種類型的合作為演化理論帶來了嚴重的問題：這能給沒有後代子孫的生物體帶來什麼演化上的好處？為何基因會以這種看起來像是自殺的方式來進行演化？答案似乎是，只要彼此合作的生物體關係密切，那麼天擇在這樣的群落裡就能奏效。促進個別生物體提高近親繁殖機會的基因，能間接提高牠們本身的生存機會。例如，沒有生殖能力的工蟻，也許和群落裡能夠繁殖後代的螞蟻共享了百分之五十的遺傳物質。藉由協助牠們繁衍後代，就能夠促使它本身的許多基因存活下來。甚至，我們可以用數學的方法來證明，要在某些條件下盡可能讓特定基因存活下來的手段並不僅限於擁有大量的後代子孫，還可以藉由協助親緣生物繁衍後代來加以實現。但是這些親緣生物必須得是近親才行。（遺傳學家霍爾丹曾談論過，說自己會為兩名兄弟或八名堂表兄弟姊妹獻出生命；他所要表達的事實是，他與兄弟共享了一半的遺傳物質，而與堂表兄弟姊妹則只共享了八分之一而已。）[25]唯有透過這樣的論證，才可能表明達爾文的天擇機制如何能讓個體與同物種的其他成員進行合作，就算這麼做會降低自己直系的生殖機會。

多細胞生物體就是這種合作類型的極端例證。像我們這樣的生物體是由數千億個獨特的細胞所組成，然而卻只有極少數所謂的生殖細胞才擁有繁殖的機會。為何骨骼、血液與肝臟細胞能容忍這種情況？答案似乎就是因為所有細胞都包含了相同的遺傳物質。它們都是複製品，所以就擁有一模一樣的ＤＮＡ分子。透過合作的方式，它們讓共有的基因版型獲得了最大限度的存活機會。就遺傳學的角度來看，它們在確保生物體整體的存活與繁衍方面擁有共同的「利益」，而這對生殖細胞而言也是如此。在這類生物體當中，數十億個不同的細胞彼此密切合作，以至於我們不再將它們視為各自獨立的生物體，而是把它們當成某個單一而構造複雜的多細胞生物體構件來看待。

所以，在演化成多細胞生物體之前，就必須要有某種機制，能讓單一生殖細胞（受精卵）繁殖出許多不同類型、但具有相同遺傳特徵的成熟形態細胞。實際出現的情況是，各個細胞都繼承了同樣的遺傳物質；但是隨著生物體的生長發育，外在因素在不同細胞身上開啟了不同的基因，造成了不同細胞各不相同的發育狀況。一旦設定完成，這些遺傳基因的開關就可以接著傳遞給更多細胞，使得單一腦細胞能藉由複製出許多完全相同的子代細胞來進行繁殖。[26]以同樣的方式，肌肉細胞就製造出更多肌肉細胞、骨骼細胞也製造出更多骨骼細胞……等等。這種從屬的遺傳形式，讓包含在ＤＮＡ當中的整體基因組只有一部分能藉此而呈現在個別的細胞當中，是在多細胞生物體身上細胞發育方式的一大特色。

最初包羅萬象的多細胞生物體化石證據生成的年代，可以追溯到大約五億九千萬年前的埃迪卡拉紀。然而到了大約五億七千萬年前的寒武紀，這些多細胞生物體的化石紀錄才真正變得大量而豐富起來。從地質學的觀點來說，擁有碳酸鈣分泌物構成保護殼的生物體在突然之間就出現了。它們的外殼以化石的形態被相當完整地保存了下來。世界各地都有這些甲殼的蹤跡，就代表了寒武紀時代的到來，但我們卻很難弄清楚，究竟這真的是多細胞生物體繁茂發展的跡象，抑或只不過是更容易以化石形態被保留下來的生物體粉墨登場罷了。

最大型的多細胞生物體，諸如樹木或人類，或許包含了多達一千億個細胞——數量之多，簡直就和銀河當中的恆星一樣。人類擁有兩百五十多種不同類型的細胞，是大約三萬個基因的活動所創造產生，並受它們管理支配。另一種極端則是較單純的多細胞生物體，像是果蠅，只擁有大約六十種不同類型的細胞。水螅這種身長不到三十公分、全身由半透明管子所構成的無脊椎動物，也只有大約六十種不同類型的細胞。㉗顯然，多細胞生物的演化含有活機體複雜性大幅增長的意味。（跟往常一樣，我們必須小心，別把「更複雜」當成「更好」來看待。）

從化石紀錄來看，多細胞物種很少有能夠存活上數百萬年之久的。因此，如今依然存在的多細胞物種，也只占了過去六億年的演化裡曾出現過許多不同物種當中的極小一部分而已。然而，有些從寒武紀大爆發以來就一直持續演化的較大型物種的品種，業已被證實相當具有持續耐久的能耐。這就好像從哪兒冒出了某種標準化的普遍模式，讓演化能持續把較不重要的變異編寫到這模式上頭來。

要想了解這些不同類型的多細胞生物體歷史，我們需要有一種分類系統、也就是生物分類法。生物學家把物種分成許多不同的類群和子類群。生物分類的最小單位是種／物種（species）。單一的物種由個別生物體所組成；它們擁有類似的生物特徵，原則上能彼此雜交繁殖，但無法與其他物種繁衍後代。現代人類本身就構成了一個單獨的物種。根據一項著名定義，物種是「擁有實際或潛在能力進行雜交繁殖的天然族群所組成的類群，在繁殖方面是孤立於其他這類族群之外的。」[28]類似的物種被歸類為屬（genus），相關的屬則構成了科（family）與總科（superfamily），而這些往上則依次被分類為目（order）、綱（class）、門（phylum）、界（kingdom），乃至於域（superkingdom）。

目前，在最高級別上對生物體進行分類的最佳方式究竟為何？生物學家對此仍莫衷一是。林奈這位現代分類體系的先驅把所有生物體歸類為兩大體系：植物與動物。然而，隨著顯微鏡的大量使用，生物學家開始注意到有一大批單細胞生物體並無法納入這兩種類別。十九世紀中葉，德國生物學家恩斯特．海克爾（Ernst Haeckel）建議把所有單細胞生物體歸類成一個獨立的原生生物界（kingdom of Protista）。後來在一九三〇年代，生物學家了解到有無細胞核的細胞之間確實存在著根本性的差異。結果，他們便開始將所有生物體區分成兩個截然不同的界，也就是原核生物界（無細胞核生物體）和真核生物界（有細胞核生物體）。在某些分類體系當中，真核生物界也涵蓋了所有的多細胞生物體。二十世紀下半葉，為了是否要替真菌與病毒（病毒的構造簡單而單一，僅能憑藉劫持其他生物體的代謝系統才能繁衍後代）各自劃分出兩個界，人們出現了激烈的爭論。一九九〇年代，卡爾．烏斯（Carl Woese）提出一種新的大型分類體系來區分古生細菌與其他形式的細菌。與所有的原核生物一樣，古生細菌也沒有細胞核；但有別於其他原核生物的是，它們的能量並非取自太陽光或氧氣，而是來自其他化學元素。

表5.1所顯示的，是當前最高級別生物分類體系當中的一種。這種體系正式認可的域有兩個，分

表5.1　五界分類系統表

域（Superkingdom）	界（Kingdom）	成員
原核生物域（無細胞核單細胞生物體）	無核生物界	細菌　藍綠藻 古生細菌 （有時也被列為獨立的一界）
真核生物域（細胞擁有細胞核與細胞器官的生物體）	原生生物界（多數為單細胞生物）	原生植物　原生動物 黏液菌
	植物界（多細胞生物，擁有葉綠素、能行光合作用，通常不具備移動能力）	藻類　蘚苔類 （真蘚類、苔類、金魚藻） 蕨類　裸蕨植物 石松類　松柏類 買麻藤　銀杏 蘇鐵　開花植物
	真菌界（多細胞生物，沒有葉綠素，藉由分解生物體遺骸來獲取能量，通常不具備移動能力）	酵母菌 毒蕈 蘑菇
	動物界（多細胞生物，沒有葉綠素，從其他生物體身上取得能量，通常擁有移動能力）	原生動物　海綿 珊瑚　扁形動物 絛蟲　節肢動物 軟體動物　腕足動物 環節動物　外肛動物 棘皮動物　半索動物 脊索動物，含脊椎動物

別是原核生物域和真核生物域。在這兩個域當中又分成了五個界：無核生物界（原核生物域裡唯一的一個界）、原生生物界（單細胞真核生物體）、植物界、真菌界與動物界（所有的多細胞真核生物）。比方說，我們利用這個系統，就可以知道現代人類屬於真核生物域、動物界、脊索動物門或脊椎動物、哺乳動物綱或哺乳動物、靈長目、人猿總科（含人類與猿類）、人科（含人類、大猩猩與黑猩猩）、人亞科（含人類與近四、五百萬年前的人類的祖先）、人屬、智人種。[29]

人們很快就把多細胞生物體區分為三大界：植物界（含從光合作用轉化能量的生物體）、動物界（含吞噬其他生物的的生物體）與真菌界（含從外部消化其他生物體，再從它們身上吸收養分的生物體）。在大約五億九千萬至五億七千萬年前的埃迪卡拉紀當中，出現了一批令人吃驚的多細胞生物體，當中有一部分與現存的海綿、海蟲、珊瑚與軟體動物這些生物體相當類似。但是有些物種卻和現存的物種大相徑庭。這種情況也同樣適用於像是在英屬哥倫比亞的「伯吉斯頁岩」（Burgess shale）裡所挖掘出來的許多寒武紀生物體，大約已有五億兩千萬年的歷史。顯然，這個時期就是個遺傳基因的嘗試實驗期。透過適應，或許更可能（如史蒂芬・傑伊・古爾德曾提過的）透過全然豐富多姿的演化變化，這當中就出現了許多多細胞動植物組織的基本模式。[30]而且這些模式有許多也都存留到了現在。

奧陶紀（五億一千萬至四億四千萬年前）化石孢子的發現，說明了植物是最早離開海洋遷移到乾燥陸地的多細胞生物體。對於多細胞生物體而言，到陸地開拓殖民就有如移居到另一個星球一樣。最重要的是，這個過程需要特殊的保護裝置來防止生物體失去水分和虛脫。它們潮溼的內部必須要有某種隔離層來提供保護；實際上，所有陸地動物在體內仍帶著一片小型的替代性海域，讓牠們的幼崽能在此受孕與生長。一旦登上陸地，沒有了水的浮力，牠們的身體也就需要更大的內在強度，而解決這個問題的辦法往往就是利用本身細胞分泌的鈣化合物來形成骨骼。它們同時還得發展出獨特的飲食、呼吸與繁殖的方式。就如同馬古利斯與薩根簡單扼要的描述一樣，陸地是個地獄般的生存環境，有著「折磨人的太陽、刺骨的冷風與降低的浮力。」㉛最早登上乾燥陸地的移民與現代的苔類植物或蕨類植物類似。最初擁有種子的樹木出現於泥盆紀（四億一千萬至三億六千萬年前），形成了轉變成現今大半煤炭儲量的大片森林。（煤炭、石油與天然氣都是主要的「化石燃料（fossil fuels）」，正如字面上的意思一樣，是由生物體的化石遺骸（fossilize）所構成的。）

動物的多細胞化程度遠超過植物。它們細胞特化的情況更為普遍，彼此的溝通交流也更有效率。動物身上也已經出現機動性與複雜行為的特質。然而這並不必然是牠們引以為傲的理由；恰恰相反的是，這是演化裡共生關係無所不在的跡象，因為植物不僅餵養了動物，同時也利用了牠們的機動性來協助散播種子。它們不需要大腦或雙腿——它們用我們的就可以了！㉜首先遷移到陸地上的動物或許是節肢動物，長相有點像是體型巨大的昆蟲。它們出現於志留紀（四億四千萬至四億一千萬年前），其中包含了類似現代蠍子的動物，但形體卻和人類一樣大。節肢動物就像現代的龍蝦一樣，骨骼全都暴露在身體外面。相形之下，包含了現代人類在內的脊椎動物所擁有的則都是內骨骼。最早的脊椎動物是在五億一千萬至四億四千萬年前的奧陶紀時期，從海裡像蠕蟲般的祖先演化而來，其中也包含了早期的魚類與鯊魚。所有脊椎動物都有脊骨、肢體以及所有構成部分全都集中於頭部這一端的神經系統。這種在脊骨末端的神經叢集就是最初大腦的雛形。到最後，它將成為意識的所在地，因為在脊椎動物大腦演化過程的某個時間點上（具體時間不詳）出現了某種能力，不僅對刺激有所反應、還能有所感受，並能在某種意義上意識到這些刺激的存在。

隨著最初神經系統的出現，我們或許就能宣告簡單形式的「意識」已逐漸演化形成，假使我們接受了尼古拉斯・韓佛瑞（Nicholas Humphrey）的論點，認為意識就是感受知覺的能力，即使是在還沒擁有系統思維與自我意識的情況下。「有意識基本上指的就是有知覺：也就是說，有能力對此時此地發生在我身上的事情做出充滿情緒反應的心智表徵。」[33]然而意識顯然具有不同的程度或級別，全都有賴於大腦以何種方式對外在世界進行描述與體驗而定。泰倫斯・迪肯（Terrence Deacon）曾指出，韓佛瑞在這裡所說的體驗，其實應該是指感知能力（sentience），因為意識（consciousness）這個詞彙應該是用來表示生物體「替自己體現世界各個層面」[34]的方式。他認為，所有擁有神經系統的動物都可以建構出外在世界的內在表徵，讓本身能對外在變化做出較為複雜的反應。因此，一頭熊會感受到自己和所有看起來像熊的動物有著某些類似的地方。牠或許也學會了感受冬天來臨與想要冬眠之間的緊密關係。任何擁有神經系統的動物或許都有這些感受到外在世界的表徵，儘管在腦容量更大的物種身上所出現的多樣性、不同表徵之間的關聯性，以及與它們有關的知覺能力，容或還會增加。但是迪肯也進一步指出，認為只有人類有能力使用符號來進行思考——也就是說，以純粹任意的符號連結許多不同類型的表徵，並營造出一個屬於自己的獨特內在世界。[35]所以，人類與最早擁有大腦的生物體在內在世界方面似乎擁有許多共通之處，即使我們象徵性思維炫目的光芒往往會給這些更直接與普遍的知覺形式蒙上一層心理的陰影。潛伏在我們意識背景裡的知覺，從這種極簡主義的角度來說，或許就是我們與所有擁有「意識」的生物體所共有的東西。

意識的最初各種形態雖然都在海洋裡發生演化，但卻在陸地上波瀾壯闊地蓬勃發展起來。脊椎動物（有脊骨的動物）在泥盆紀末期開始往陸地開拓殖民，儘管牠們可能早在志留紀就已經踏上了陸地。現代陸地脊椎動物的基本架構仍與牠們相當類似：都有四肢、每個肢體上都有五指／

趾，即使四肢與指／趾幾乎都已經萎縮了的蛇類也不例外。這些相似之處就說明了所有的脊椎動物——兩棲動物、爬行動物、鳥類與哺乳動物——都是那些最初移居陸地生物的後代子孫。最初的兩棲動物從魚類演化而來，就像現代的肺魚一樣，能呼吸氧氣，並用鰭在陸地上移動。然而，兩棲動物還是得回到水裡產卵，而這往往也就把牠們的活動範圍局限在海岸、河流或池塘附近。爬行動物演化出擁有堅硬外殼的卵，就像樹木演化出擁有堅硬外皮的種子一樣，所以這兩種生物體都能在乾燥的陸地上繁殖。最早的爬行動物大約出現在三億兩千萬年前的石炭紀（三億六千萬至兩億九千萬年前）。但是有愈來愈多證據顯示，牠們從「大滅絕」以後又開始茁壯成長起來；「大滅絕」是指大約兩億五千萬年前（二疊紀末期）出現生物大量絕種的情況，原因或許和後來的白堊紀大滅絕一樣，都是因為巨大的小行星撞擊所造成的。[36]對於現代的人類來說，最壯觀的古代爬行動物非恐龍莫屬，牠們最早出現於三疊紀（兩億五千萬至兩億一千萬年前），一直蓬勃繁衍到大約六千五百萬年前的白堊紀末期。[37]

現代證據指出，地球與小行星碰撞，產生巨大的塵霧，使得許多不同種類的恐龍在突然之間就完全滅絕。[38]位於墨西哥猶加敦半島北方，寬度達兩百公里的希克蘇魯伯隕石坑，或許就是白堊紀大碰撞所造成的。當時有好幾個月，因為太陽光遭到遮蔽而使得地表溫度降低。但是接下來層層疊疊的塵霧把地球隔絕起來，形成了某種溫室效應，使得地球的溫度再度回升。這些瘋狂的溫度波動，適足以徹底摧毀許多已適應溫暖氣候的物種。現代鳥類擁有羽毛隔離層，或許就是白堊紀末期那場大災難裡少數倖存下來的恐龍後代。

年表5-2　哺乳動物輻射演化的尺度：7千萬年

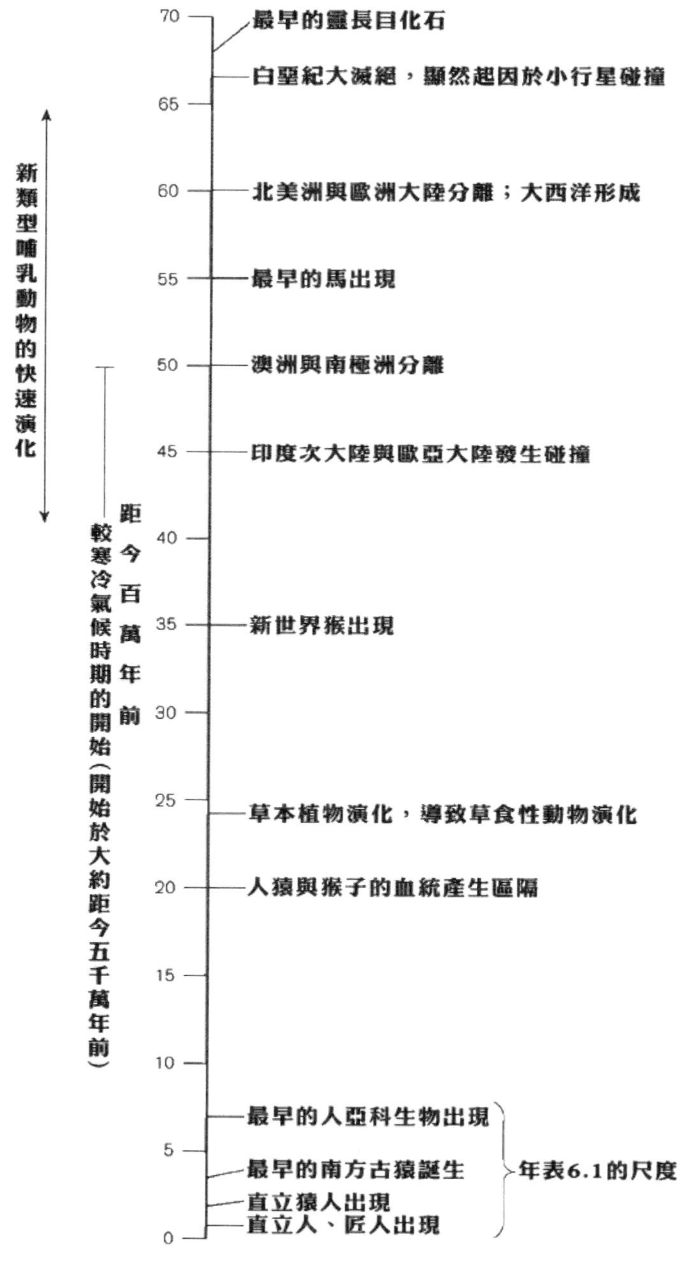

哺乳動物與靈長目動物

與爬行動物不同的是，哺乳動物是溫血動物、身上長有體毛。牠們的幼崽在出生前從母體內獲取營養，在出生後則依靠母體改造過的汗腺所產的乳汁來取得營養。（請參見年表5.2）

哺乳動物最早出現於三疊紀，大約與最早出現的恐龍處在同一個時期。然而，牠們在整個恐龍年代裡，無論是多樣性、數量與體型的發展都相當有限。當時的哺乳動物往往都是小型夜行生物——體型或許就和現在的鼩鼱差不多。牠們體型小，且多數都居住在地底洞穴，或許就是讓牠們在這場滅絕了如此多種恐龍的大災難裡倖存下來的一大助力。在大多數恐龍消失之後，哺乳動物就以新物種壯觀的輻射演化方式蓬勃發展了起來。牠們很快就填補了恐龍消失後所空出來的生態區位（ecological niche）。草食性哺乳動物出現了，同時登場的還有肉食性哺乳動物、吃昆蟲的哺乳動物，以及樹居哺乳動物。所以白堊紀末期的小行星碰撞，也算是人類這物種在史前史發展裡，至關重要的一件大事。假設這顆小行星的軌跡稍有不同，好比快個幾分鐘或慢個幾分鐘的話，或許哺乳動物的多樣性與數量也就還會維持著相當有限的狀態，那麼也就不可能演化出我們這個物種了。

白堊紀末期的危機提醒了我們，演化的演變是多麼反覆無常與開放無限。演化並沒有事先規畫好的方向。生命在地球上的演化方式並沒有內在的必然性。有可能出現的狀況是，行光合作用的生物體會有所發展，或者，到最後也有可能是多細胞生物體獲得了演化的機會。[39]以這種有限的角度來看，有可能在某個時間點上就會產生較大型與較複雜的生物體。然而演化並不必然會走上在地球上所走過的這些特定路徑。

人類屬於哺乳動物當中的靈長目。今天，靈長目動物包含了大約兩百種各式各樣的猴子、狐猴與人猿。牠們大多數都曾經是樹居動物。這個特殊的小生境促使牠們的肢體演化成大拇指與其他手指相對（以便能牢牢抓住東西）；眼睛演化成立體視覺，以便能準確判斷距離；大腦演化成有能力控制四肢的複雜動作，並處理從眼睛傳來的複雜資訊。最初的靈長目動物出現在恐龍滅絕不久之後，在不自覺的情況下就僥倖成為希克蘇魯伯緊急迫降事件的受益者。

人類隸屬於靈長目動物裡的人猿總科（Hominoidea, hominoids），其中包括現存動物當中的人類與人猿（黑猩猩、大猩猩、長臂猿和紅毛猩猩），以及許多已經滅絕了的物種。根據化石紀錄顯示，最初的人猿總科動物大約出現於兩千五百萬年前的非洲。甚至連達爾文也都支持這個想法，認為我們演化上的祖先曾定居在非洲，儘管他當時所掌握到的證據比我們現在還要少得多。他的推理相當簡單：在現代世界裡，與我們最相像的動物全都居住在非洲。他認為，黑猩猩與大猩猩比亞洲的紅毛猩猩更像現代人類。然而，對於和他同時代的人來說，把黑猩猩與紅毛猩猩加以區隔的做法根本就畫錯了重點；認為我們可能和任何一種人猿擁有親緣關係，在當時是個相當駭人聽聞且粗鄙無禮的想法。但是這個概念並不像過去人們可能以為的那麼新穎，而且許多社群也都已經把靈長目動物當成人類的近親來看待。阿爾瓦雷斯神父（Father Álvares）是一名葡萄牙傳教士，十七世紀在非洲獅子山（Sierra Leone）工作時就曾說過，「有異教徒宣稱自己是（達里〔dari〕，或用現代語言來說，就是黑猩猩）這種動物的後代，而且在看到這種動物時總滿懷惻隱之心：他們從不傷害或攻擊這種動物，因為他們把牠當成自己祖先的靈魂，並且認為自己擁有高貴不凡的出身血統。他們認為自己是這種動物的家人，而且凡是相信自己就是這種動物後代的人都自稱為阿米耶努（Amienu）。」[40]

根據我們在這兒所採用的分類法，人猿總科分成了三大群體：人科（Hominidae）、猩猩科

（Pongidae，紅毛猩猩）與長臂猿科（Hylobatidae，長臂猿）。而人科則包含兩大群體：大猩猩亞科（Gorillinae，大猩猩與黑猩猩）和人亞科（Homininae）。人亞科動物是唯一習慣用兩腿行走的靈長目動物。根據分子定年法技術所顯示，人亞科大約在五百萬至七百萬年前從大猩猩亞科當中分化出來。現代人類是人亞科碩果僅存的成員，但是這個群體還包含許多已經滅絕的物種，其中就包括了我們的直系祖先（請參見第六章）。

演化與地球的歷史：「蓋亞」

我已經談論了地球生命的歷史，也講述了地球本身的歷史，彷彿這些都是不一樣的故事似的。但是，它們的關係其實相當密切。藉由泵送大量的游離氧進入大氣當中，新生命形態的演化改變了地球的大氣層。數以百萬計的動植物屍骸不僅構成了石炭紀的岩石，同時還創造出驅動現代工業所需化石燃料的龐大儲量，並且還透過這些方式而改變了地球的地質狀況。同時，古生細菌也對海床下方的區域展開了一番挖掘與開採的工作。

生命對我們地球所產生的影響可能比我們所想的還要深遠。詹姆斯・洛夫洛克認為，活機體彼此之間的合作形式比我們平常識別得出來的還要廣泛得多。甚至，他還認為在某種意義上來說，活機體還構成了一個遍布全球的單一體系；他用希臘神話大地女神的名字來幫它命名，稱之為「蓋亞」。蓋亞的作用就有如一個能夠自我調節的龐大超級生物體，可以自動將地表的環境維持在適合生命生存的狀態。

我們在一九七〇年代提出了蓋亞假說，假定大氣、海洋、氣候與地球的地殼會因活機體的行為表現而調節成適合生命生存的狀態。確切來說，蓋亞假說還認為，溫度、氧化狀態、酸度，以及岩石與水的某些樣貌應隨時都能保持在恆定狀態，而這種內部動態平衡狀態的維持，則是依靠整個地區的動植物自動而無意識的主動回饋過程來加以完成。[41]

洛夫洛克提出了這些機制的一項例證，指出儘管太陽散發的熱量在過去四十六億年裡已增加了大約百分之四十，然而地表的溫度仍維持在大約攝氏十五度上下，或保持在適宜生命演化與繁茂成長的範圍之內。有哪些機制有辦法維持如此穩定的全球恆溫器呢？藻華（水體優養化）或許能被當成是這種連結有生命與無生命環境回饋過程的一個實例。許多藻類會產生一種叫做二甲硫醚（DMS）的氣體。它與氧氣在大氣層高空發生反應時會產生一種極小的微粒，讓周邊的水蒸汽出現冷卻凝結的現象。事實上，藉由製造大量二甲硫醚的方式，藻類就創造了雲團。巨大的雲團覆蓋物減少了太陽光抵達地表的總量，冷卻了地表的溫度，也因而降低了地表附近的藻類數量。結果，二甲硫醚的數量變少，雲團覆蓋物開始消退，而抵達地表的太陽光總量則開始增加。所以藻類就發明出一種全球性的恆溫器，藉由持續調整雲層覆蓋物的數量來讓地表溫度維持在限定的範圍之內。洛夫洛克的理論認為，生物圈（地球上的全體生命）就是在許多這種彼此連鎖的負回饋迴圈控制之下，處在一種粗略的均衡狀態當中。[42]

洛夫洛克的理論一向受人質疑的原因就在於，這個理論很難說清楚為何某些特定物種居然會以造福整體生物圈的方式來進行演化。天擇的理論讓我們認為，演化的主導力量是競爭、而不是合作，這是因為個體的數量繁多，但小生境卻很稀少的緣故。所以不同物種之間的合作關係，永遠都需要有特殊的解釋才說得通。在多細胞生物體當中，遺傳的相似性似乎能夠解釋為何會出現合作的情形。而且我們也已經知道，確實是有許多兩種物種都能從中獲益的共生形式。然而，以全球為範圍來進行合作的概念實在難以自圓其說。為何藻類就該演化出排放二甲硫醚的能力，否則它就得讓自己「適應」已演化出這種能力的物種，或協助它們來繁衍這樣的基因？洛夫洛克向來都很堅持，認為在這樣的過程背後一定得要有某種達爾文演化論的邏輯，但是想清楚說明這種邏輯卻不是件容易的事。在特定的情況下，我們有時還能看到對某特定物種和整體生物圈的好處彼此重合的情況。比方說，有人曾指出某些藻類能隨著上升氣流升到高空，然後再隨著雨水落到地面。因為能夠把後代子孫散播到各處，這個過程就讓整個物種獲得了明顯的演化優勢。二甲硫醚的釋放在許多方面或許都有助於這個過程的進行。二甲硫醚與氧氣反應時會產生熱量，或許有助於形成帶著細菌飄上天空的上升氣流。一旦上升到雲層的高度，這個反應周邊副產品所形成的水蒸汽與冰晶就能防止藻類在大氣層高空乾燥枯萎。這些冰晶也能夠幫它們重新回到地面。這樣的論點，就像亞當・斯密經濟學理論所說的「無形之手」一樣，或許有助於解釋個體與物種之間的競爭，如何導致了在總體上對大多數生命形態都有益的結果。藉雲播種也許只是生命本身、尤其是細菌的生命用來協助生物圈，讓它維持在適宜一般生命存活狀態的無數方法之一而已。[43]

還有一種更進一步的可能性，認為合作關係出現在細菌身上要比出現在大型生物體身上還來得更合乎常情，因為細菌比大型生物體更能自由交換彼此的遺傳訊息。正像我們已知道的，細菌差不多就像現代人類在兌換硬幣那樣，毫不費力就能交換彼此的複製子。這意味著，至少在細菌的世界裡，天擇形構了整個能夠同心協力的細菌團隊。就像馬古利斯與薩根所說的那樣：

由於擁有極少的基因數量而缺乏代謝能力，因此細菌必然得要有很強的團隊意識才行。細菌在自然界從來就不曾單打獨鬥。反倒是在任何特定的生態區位裡，好幾種細菌團隊生活在一起，對環境做出反應並加以改善，用互補的酵素來互相幫助……。用這種複雜精細的方式相互配合，細菌占領了整個環境，並徹底改變了環境。挾著龐大與不斷變化的數量，它們完成了僅靠個體所做不到的事情。[44]

假使這個論據正確無誤的話，那麼細菌的合作甚至還可以擴大到整個星球的範圍——這樣也就比較容易清楚說明洛夫洛克在「蓋亞」裡所觀察到的合作形式。我們當然有理由相信，細菌儼然在維持生物圈生存繁衍方面扮演了相當關鍵的角色。

蓋亞假說無論是否完全正確，也都是個強大且鼓舞人心的概念。「就算這不是真的，也虛構得很棒」（Si non è vero, èben trovato）。除此之外，活機體顯然確實改變了地表的樣貌。但是反過來說也是講得通的。地質的改變已形塑了演化的樣貌。在多數大陸板塊都還連成一氣的年代裡，因為生態多樣性較少，使得生物多樣性也就遠比不上各個大陸散落到這個星球表面各處的年代。如今，各個大陸遍布各處，所以生命在地球最近的歷史當中一直顯得格外豐富而多元。（直到過去這幾個世紀，我們這個物種的所作所為才減少了那樣的多樣性）。藉由改變可用小生境的數量與多樣性，各大陸板塊構造的重新配置，或許就說明了為何過去五億年裡曾出現過至少五個生物多樣性急遽衰退的時期——或許有百分之七十五以上的物種在這些時期裡消失滅絕。其中最結局最悲慘的就是發生在大約兩億五千萬年前，二疊紀末期的那一次，也就是在盤古大陸這個超級大陸形成的時候。在這個時期當中，似乎有百分之九十五以上的海洋物種遭到滅絕的命運。[45]白堊紀末期的隕石碰撞，加上地質狀況日趨複雜的這個世界裡，大量獨特生態區位的出現，造成演化加速進展；而靈長目動物的演化，也恰好就出現在這個時期當中。

無論在什麼時候，大陸與海洋的確切組態也會給氣候的模式帶來深刻的影響。甚至，連我們自己這個物種的演化，都是發生在氣候與生態異常快速變遷的時期當中。在大約兩千三百萬至五百二十萬年前的中新世時期，地球的氣候開始變涼。海水蒸發數量減少，意味著整體氣候變得比較乾燥，使得森林的面積縮小，而貧草原和沙漠地區則蔓延擴大開來。造成這些變化的原因，有部分歸因於大西洋面積擴大，非洲與印度次大陸向北漂移，分別與歐亞大陸板塊的西部和東部發生碰撞，使得地球的大陸陸塊重新配置。赤道附近溫暖的海水能自由流動到極地，就會讓地球的氣候保持在暖和的狀態。當今位於南極的南極大陸阻止了暖流讓南極暖化，而位在北極附近的大陸圈，則限制了赤道洋流的北移。南北兩極共同合作阻擋暖流的流動，在這個星球的歷史裡或許也算是絕無僅有了。在五百二十萬至一百六十萬年前的上新世時期，氣候變得更涼爽乾燥的趨勢也已經加緊腳步，一直持續到演化出我們人亞科祖先的更新世時期。差不多在六百萬年前，地中海變成一個半封閉式的內海，把全世界海洋裡大約百分之六的鹽分鎖在裡面。其餘海洋因為含鹽濃度較低，較容易結冰，於是南極大陸的冰帽就開始迅速擴張，造成全球溫度急遽下降。大約在三百五十萬至兩百五十萬年前，北半球與南極大陸開始形成冰原；而到了大約九十萬年前，最北方也已經出現大面積的冰原。全世界已進入「冰河時期」。[46]

現在，氣候史專家能非常精確地量測出最近的全球氣候變遷狀態。氧原子擁有三個同位素（也就是擁有不同中子數目的原子）。因為冰原與海水所吸收的同位素數量並不相同，所以存留在海洋當中的同位素比率也就因海水結冰的多寡而有所差別。憑藉著找到攝取氧氣的生物化石，量測它們遺骸裡這些同位素的比率，科學家就能估算出在這些生物體還活著的時候，全世界冰原的規模與範圍有多大。從這些計算結果得知，在這個漫長而又寒冷的演變趨勢當中，也有一些循環週期較短的冷暖變化時期。這些時期的成因，有部分來自於地球的傾角與軌道變化所致。現在已經很清楚的是，這些較短循環週期的頻率在最近五百萬年裡也已經有所改變。一個完整的循環週期——從溫暖的間冰期、到較長的冰河時期，再回到間冰期——在大約兩百八十萬年前的持續時間大概是四萬年。從那時候一直到一百萬年前左右，這個循環週期持續的時間大約是七萬年；而在最近的這一百萬年裡，主要循環週期持續的時間大約都在十萬年左右。[47]目前的模式似乎包含了大約持續一萬年的短暫間冰期或溫暖時期，接著是時間更長的寒冷時期，間或夾雜著數個循環週期較短的酷寒時期，然後才快速過渡到新的間冰期。最近一次冰河時期大約開始於十萬年以前，並持續到一萬年前左右。所以，在過去的這一萬年裡，地球一直都處在這些循環週期當中的溫暖間冰期階段。

對於人亞科演化研究來說，地球氣候的長期冷卻，與這些時間較短的循環週期，兩者的重要性就在於，它們都創造了各種不穩定的生態條件。所有陸地生物都必須適應氣候與植物群落的週期性變化，而這種必然性無疑加快了演化改變的步伐。現代人類就是這個加速改變時期的一項產物。

個別的物種與歷史

今天，地球上大約有一千萬至一億種不同物種。每一種物種都包含許多基本上能透過雜交來繁衍後代的個別生物體。物種可以被劃分成許多區域性的族群，在地理上彼此相互隔絕。族群包含了物種所有真正會彼此遭遇、並繁殖後代的成員；而物種則是由所有具備了足夠生物相似性而能夠進行雜交繁殖的個體所構成，即使它們大多數其實根本就永無相見之日。

本書其餘篇幅只把焦點放在諸多物種當中的其中一種，也就是我們人類本身。但在一開始，我們或許有必要描述一下各物種歷史的某些一般性特徵。從達爾文之後，我們就已明白物種並不是永恆不朽的。它們從其他物種演化而來；它們有時能生存上數百萬年之久；然後它們若不是滅絕，不然就是演化成這樣或那樣的其他物種。就這個意義上說，每一個物種都有它們自己的歷史，即使這些歷史大多都沒有被記錄下來。終其一生，每一種物種或許都經歷了各式各樣細微變化。或許會出現區域性的變種，但生物學家仍然把這些個體歸類為單一物種的成員，只要它們依然能進行雜交，並繁衍出擁有生育能力的後代。例如，所有現代品種的犬類都能進行雜交繁殖，而不論牠們在（人工選擇所產生的）身材、形體與性情上有多大的差異。這也就是為何馴化的犬類在生物學上會被視為同一物種成員的緣故。

我們大致上可以根據某個族群的歷史來描述某個物種的歷史。假使有個新的物種成功確立了自己的地位，那麼它就已經在其他物種的社群裡找到了一個小生境，有辦法從環境裡汲取足夠的資源，好讓物種的個別成員能夠成功存活下來，並繁衍後代。遷徙到新的地區，抑或者在生活方式或遺傳天賦上的細微創新，都可能令這個物種有能力擴大那個小生境，甚或開發出新的小生境或地域。一旦出現這樣的情況，這個物種的族群就有成長的可能。而且它的成長還往往依循著某種特徵模式，可以被總結成這麼一個公式：遷徙、創新、成長、過度開發、衰退與穩定。[48]最初的創新導致族群快速成長。到最後，因為繁殖了太多個體而導致至少有一種重要資源（如食物、水或者空間）匱乏，以至於不可能有更進一步的成長。[49]這就是過度開發的階段。隨之而來的，有時候就是災難性的族群衰敗；話雖如此，假使族群的成長在物種達到最大永續發展的程度能放慢腳步，那麼

圖5.1　族群成長的基本節奏

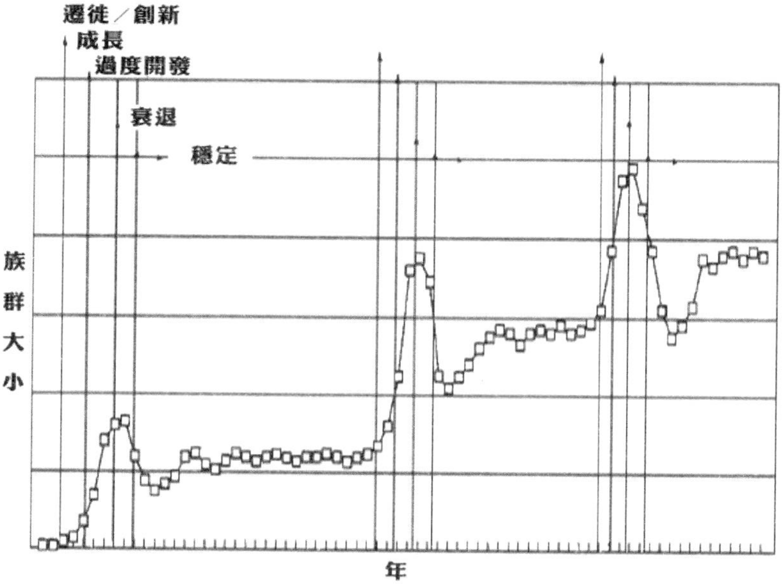

典型的族群成長模式示意圖。到最後，對於大多數的物種來說，這種模式在導致滅絕的衰退時期就已宣告結束。

這樣的衰退或許不會那麼劇烈。

到最後，當物種以更巧妙的方式適應了環境所提供的機會與限制時，族群的數目就可能再度上升，回到穩定的階段。只要某個特定的物種還存活著，就可能多次經歷這樣的循環週期。但是總有一天可能出現衰敗階段以後不再有穩定階段的情況——也許是因為環境變遷，或其他物種以致命的方式改變了環境所致。於是這個物種終將面臨滅絕的命運，儘管它們或許還會留下後代子孫，卻與它們迥然不同，足以被歸類為新物種的一員。

圖5.1所顯示的就是這種節奏的示意圖，記錄了某種虛構物種的族群成長狀態。圖裡所呈現的獨特節奏，說明了這個物種的歷

史，以及它與其他物種、還有整體生物圈的關係；我們也能夠從中獲得某些知識，藉以協助我們覺察出自己與其他物種的歷史之間，某些更重要的相似與差異之處。

本章摘要

在將近四十億年的時間裡，演化的過程已形成現代地球上這一切顯而易見的生物多樣性。當然，如今還存活著的物種，也只不過在地球歷史上曾演化出現過的物種總數裡，占了極小的一部分而已。

過去曾有三十多億年的時間，生命都只由單細胞生物體所構成。然而，即使在細菌的世界裡也出現過某種變化。細胞獲得了某種能力，先是從太陽光、後來又從氧氣當中取得能量。真核細胞得到了體內的細胞器官。大約從六億年前開始，某些細胞聯合在一起而形成多細胞生物體，而這也是地球上最早不用顯微鏡就能觀察到的生物體。從寒武紀大爆發以後，樹木、花卉、魚類、兩棲動物、爬行動物與靈長目動物也都已演化出現。許多其他演化實驗也曾繁榮興盛，然後消失得無影無蹤。

在生命演化出現的同時，地球本身也在進行演化，而且這兩個過程在許多方面都是彼此相關的。活機體創造了石炭紀的岩石和多氧大氣層。與此同時，板塊構造過程透過加快或延緩演化變革速度的方式，慢慢塑造並改變地表與氣候模式，而隕石碰撞與火山爆發這一類猛烈的活動，卻在某些特定區域裡改變了演化過程的方向。生物圈與地球也加入這個複雜而相互聯結的系統，一起進行演化。在這個不斷變化的系統當中，基本的生態單元就是這些特定的物種。它們擁有各自的歷史，受本身與其他物種關係的支配。各個物種歷史的形塑，主要來自於這個物種特殊的小生境與從周邊環境汲取資源（包含食物）的方法。隨著時間的推移，這個物種的小生境多少都會有些細微的改變，而這些變化有可能會影響到這個物種的整個族群。各個物種的歷史大多受到這些大量波動的影響，而反過來說，這些波動又與環境的改變和各個物種利用環境的方式有關。族群變化的獨特方式帶來了某種方法，讓我們有辦法處理一般現存物種與我們這個特殊物種的歷史。

延伸閱讀

撇開書名不談，約翰・梅納德・史密斯與厄斯・薩斯馬利的《生命的起源》（*The Origins of Life: From the Birth of Life to the Origins of Language*, 1999）是一部圍繞著複雜性的演化這個中心思想所建構而成的地球生命史。于貝爾・雷弗（Hubert Reeves）等人合著的《起源：宇宙、地球與人類》（*Origins: Cosmos, Earth, and Mankind*, 1998）也遵循了類似的主題。在《生命的壯闊》（*Life's Grandeur: The Spread of Excellence from Plato to Darwin*, 1966，美國版書名為*Full House*）這本書裡，史蒂芬・傑伊・古爾德批判了從根本上就認為生命不管怎麼看都會隨時間流逝而變得更趨複雜的觀點；而在《奇妙的生命》（*Wonderful Life: The Burgess Shale and the Nature of Histor*, 1989）這本書裡，他則強調了演化偶然機緣的本質。馬爾科姆・沃爾特的《探索火星生命》（*The Search for Life on Mars*, 1999）非常有助於我們對於地球最初生命化石證據的了解。阿拉孟・狄辛姆的《我們宇宙的起源》提供了生命史的簡要概述，而理查・福提（Richard Fortey）的《生命簡史》（*Life: An Unauthorised Biography*, 1998）和史蒂文・史丹利的《穿越時光的地球與生命》則有篇幅較長的說明。琳・馬古利斯與多里翁・薩根《演化之舞》和《生命是什麼？》（*What Is Life?*, 1995）有效地提醒了我們地球上細菌生命的重要性；詹姆斯・洛夫洛克則以論證支持細菌在調節「蓋亞」體系的環境裡所扮演的重要角色。保羅・埃爾利希（Paul Ehrlich）的《自然界機械論》（*The Machinery of Nature*, 1986）是一本生態議題入門的佳作。提姆・弗蘭諾瑞（Tim Flannery）的《未來食客》（*The Future Eaters: An Ecological History of the Australasian Lands and People*, 1995）和《永恆的邊境》（*The Eternal Frontier: An Ecological History of North America and Its Peoples*, 2001）則在地質學時間尺度上分別提供了澳洲大陸與北美大陸本身和周邊環境的絕佳生態史描述。

注釋

❶ Lynn Margulis and Dorion Sagan, *Microcosmos: Four Billion Years of Microbial Evolution* (London: Allen and Unwin, 1987).

❷ Stephen Jay Gould, *Life's Grandeur: The Spread of Excellence from Plato to Darwin* (London: Jonathan Cape, 1996)：此書第十四章主張細菌占有主導性地位，地球上的生物有一半可能都是細菌。亦可見於Margulis and Sagan, *Microcosmos*。

❸ John Maynard Smith and Eörs Szathmáry, *The Origins of Life: From the Birth of Life to the Origins of Language* (Oxford: Oxford University Press, 1999), p. 15。其他將「進化」視為複雜實體不斷增加的過程的論述，可參閱Hubert Reeves, Joël de Rosnay, Yves Coppens, and Dominique Simonnet, *Origins: Cosmos, Earth and Mankind* (New York: Arcade Publishing, 1998)。

❹ 關於生命愈趨複雜的歷史，請參閱Maynard Smith and Szathmáry, *The Origins of Life*；關於現代生物學家對於複雜實體的爭論，請參閱Roger Lewin, *Complexity: Life on the Edge of Chaos* (London: Phoenix, 1993), chap. 7。

❺ Maynard Smith and Szathmáry, *The Origins of Life*, p. 62.

❻ 一位仔細研究過細菌的學者曾對此有較詳細的討論，參見Malcolm Walter, *The Search for Life on Mars* (Sydney: Allen and Unwin, 1999)，第三章。這些論證可能還有些瑕疵，如果是這樣的話，最早可斷定有生命存在的證據不超過三十億年。

❼ Paul Davies, *The Fifth Miracle: The Search for the Origin of Life* (Harmondsworth: Penguin, 1999)，特別是第十章。
❽ 以下敘述是基於John Snyder and C. Leland Rodgers, *Biology* (New York: Barron's, 1995, 3rd ed.)，第五、第六章。
❾ Margulis and Sagan, *Microcosmos*, p. 97.
❿ Margulis and Sagan, *Microcosmos*, p. 88.
⓫ Margulis and Sagan, *Microcosmos*, p. 93.
⓬ 關於氧氣的數據可參考Armand Delsemme, *Our Cosmic Origins: From the Big Bang to the Emergence of Life and Intelligence* (Cambridge: Cambridge University Press, 1998), p. 168，以及頁一七〇的圖表。
⓭ Margulis and Sagan , *Microcosmos*, chap. 6.
⓮ J. E. Lovelock, *Gaia: A New Look at Life on Earth* (1979; reprint, Oxford: Oxford University Press, 1987), p. 69.
⓯ Margulis and Sagan , *Microcosmos*, p. 93.
⓰ Margulis and Sagan , *Microcosmos*, p. 114.
⓱ Lynn Margulis and Dorion Sagan , *What Is Life?*(Berkeley: University of California Press, 1995), p. 73.
⓲ 請參閱Maynard Smith and Szathmáry, *The Origins of Life*, chap. 6。
⓳ Margulis and Sagan, *Microcosmos*, p. 115.
⓴ Margulis and Sagan, *Microcosmos*, p. 119，關於進化過程中合作與競爭的平衡，請參閱這部著作的頁一二三至一二五。
㉑ Margulis and Sagan, *Microcosmos*, p. 142.
㉒ Maynard Smith and Szathmáry, *The Origins of Life*, chap. 7.
㉓ Richard A. Fortey, *Life: An Unauthorised Biography: A Natural History of the First Four Thousand Million Years of Life on Earth* (London: Flamingo, 1998), p. 89.
㉔ Reeves, de Rosnay, Coppens, and Simonnet, *Origins*, p. 110（迪・侯奈撰寫的部分）。
㉕ Maynard Smith and Szathmáry, *The Origins of Life*, pp. 125-29.
㉖ Maynard Smith and Szathmáry, *The Origins of Life*, p. 28.
㉗ 這些例證取自Stuart Kauffman, *At Home in the Universe: The Search for Laws of Complexity* (London: Viking, 1995), p. 109，但是

這裡對人類基因數目的估算較低。

㉘ Ernst Mayr, *The Growth of Biological Thought* (Cambridge, Mass.: Harvard University Press, 1982), p. 273；引述自Tim Megarry, *Society in Prehistory: The Origins of Human Culture* (Basingstoke: Macmillan, 1995), p. 19。

㉙ 這種現代的人類分類法取自Roger Lewin, *Human Evolution: An Illustrated Introduction* (Oxford: Blackwell, 1999, 4th ed.), p. 43。

㉚ Stephen Jay Gould, *Wonderful Life: The Burgess Shale and the Nature of History* (London: Hutchinson, 1989).

㉛ Margulis and Sagan, *Microcosmos*, p. 187.

㉜ Margulis and Sagan, *Microcosmos*, pp. 174-75.

㉝ Nicholas Humphrey, *A History of the Mind* (London: Chatto and Windus, 1992), p. 97；尼古拉斯・韓佛瑞在此書頁一九五補充說：最初的「意識」可能出現於哺乳類動物或鳥類的複雜大腦中，但也可能在更遠為簡單的生物體內發生。

㉞ Terrence W. Deacon, *The Symbolic Species: The Co-evolution of Language and the Brain* (Harmondsworth: Penguin, 1997), p. 455.

㉟ Deacon, *The Symbolic Species*, p. 450.

㊱ 參見Luann Becker, "Repeated Blows," *Scientific American* (March 2002): 76-83; 這次行星撞擊發生的地點已證實是在澳洲西北海岸的貝德奧（Bedout）。

㊲ 恐龍的龐大和力量使人類對牠們充滿想像，舉例而言，古代內亞地區那些守衛寶藏的巨大鳥型恐龍或者獅身鷲首怪物的傳說，可能都是起於原角龍這類恐龍的化石，在中國新疆天山山脈的金礦附近常發現這類恐龍化石，參見Jeannine Davis-Kimball, with Mona Behan, *Warrior Women: An Archaeologist's Search for History's Hidden Heroines* (New York: Warner, 2002), chap. 6。

㊳ 這段關於行星撞擊的生動敘述來自Tim Flannery, *The Eternal Frontier: An Ecological History of North America and Its Peoples* (New York: Atlantic Monthly Press, 2001), chap. 1。

㊴ 關於演化是否一定趨向日益複雜的困難問題，可參閱Davies, *The Fifth Miracle*, pp. 219-25，他的解釋簡要出色。

㊵ 阿爾瓦雷斯神父的說法被引述於Jeanne M. Sept and George E. Brooks, "Reports of Chimpanzee Natural History, Including Tool Use, in Sixteenth-and Seventeenth-Century Sierra Leone," *International Journal of Primatology* 15.6 (December 1994): 872，在此感謝布魯克斯（George E. Brooks）提供給我抽印本。

41 James Lovelock, *The Ages of Gaia: A Biography of Our Living Earth* (Oxford: Oxford University Press, 1988), p. 19.

42 生物圈（biosphere）這個名詞是澳洲地質學者愛德華・修斯（Edward Suess, 1831-1914）首先提出，就像一層層的岩石被稱為岩石圈，一圈圈的大氣層被稱為大氣圈一樣。但首先推廣這個觀念的是俄國的弗拉基米爾・沃納德斯基（Vladimir Vernadsky, 1863-1945），他將生物視為「生命物質」（Margulis and Sagan, *What Is Life?*, pp. 48ff）。

43 Lynn Hunt, "Send in the Clouds," *New Scientist* (30 May 1998): 28-33；關於蓋亞假說的更多說明，請參閱詹姆斯・洛夫洛克的著作。

44 Margulis and Sagan, *Microcosmos*, p. 91.

45 Lewin, *Human Evolution*, p. 27。就像白堊紀晚期的大滅絕，這些關鍵性的毀滅事件也可能是小行星撞擊所引起。

46 Lewin, *Human Evolution*, pp. 22-24.

47 Lewin, *Human Evolution*, p. 22.

48 關於這種模式如何在澳大拉西亞地區運作，可參閱Tim Flannery, *The Future Eaters: An Ecological History of the Australasian Lands and People* (Chatswood, N. S. W.: Reed, 1995)，他的敘述相當生動，頁三四四是全書摘要。

49 賴必格最小量定理（Liebig's Law of the Minimum）的意思是，族群數量將受到供給最少的資源（例如水）的限制，參閱Allen W. Johnson and Timothy Earle, *The Evolution of Human Societies: From Foraging Group to Agrarian State* (Stanford: Stanford University Press, 2000, 2nd ed.), pp. 14-15。

第三部

早期人類的歷史：

許許多多的世界

年表6-1　人類演化的尺度：7百萬年

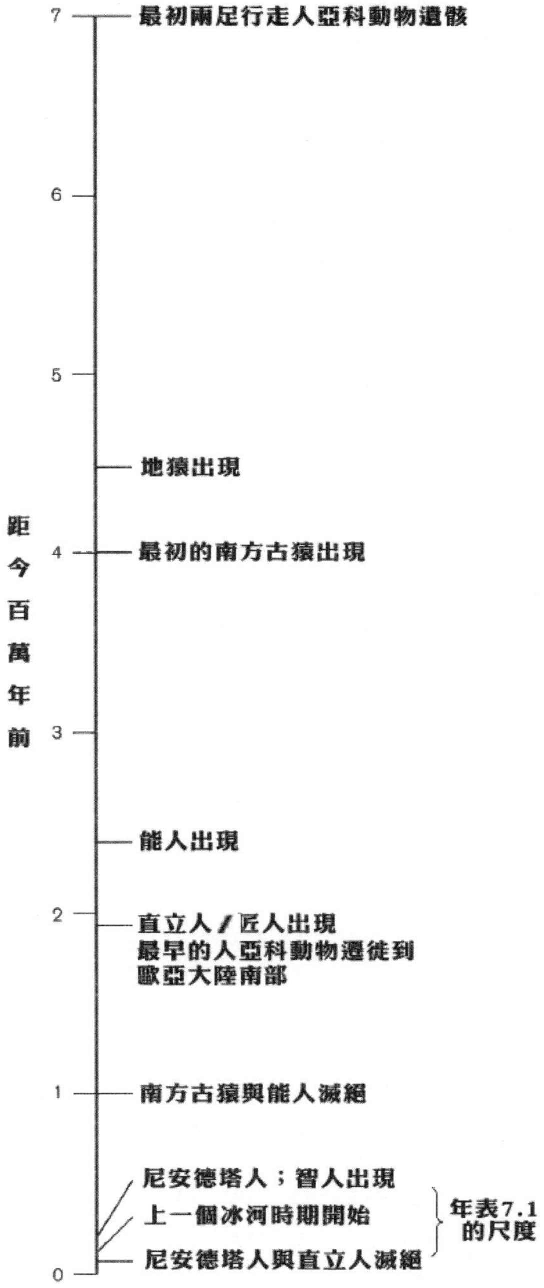

第六章

人類的演化

在本書接下來的篇幅，我們會把關注的重點只放在某個單一物種，也就是智人的歷史上面。把焦點收縮成這樣的理由有二：首先，我們——本書的作者與讀者——都屬於這個物種。若想要了解自己，我們就必須知道智人的歷史。第二個理由比較沒那麼顯而易見、也沒那麼狹隘，但我們這個物種的歷史從某些大得嚇人的尺度上來看，確實相當重要。

在嘗試解釋人類為何會出現的時候，我們又再次面對了關於起源的自相矛盾狀況。怎麼有可能會出現某種全新的東西？我們是動物，演化時也都和任何其他活機體一樣遵循著達爾文的法則，而且與其他人科動物這些親緣相近的物種也非常相似。然而，我們又和這些算是與我們親緣最近的物種有根本的不同。不知怎麼的，我們這個物種已經超越了達爾文的法則。而這就是為什麼我們對地球所造成的影響向來遠比其他大型生物體還來得更大的緣故。

我們該如何解釋，是什麼把我們與其他動物聯繫在一起？而又是什麼把我們與牠們區隔開來呢？

人類的歷史：複雜性的新層級

我們之前就已看過類似過渡轉變的過程。人類的歷史所標舉的，是某種複雜性新層級突然就出乎意料地湧現，就像最早的恆星、地球上的生命或多細胞生物體的出現那樣。我們已經知道，複雜的實體比起沒那麼複雜的實體更為罕見，它們脆弱得多，而且因為必須在熵的下行電梯上往上攀爬得更快一些（請參見附錄二），所以它們就得設法應付更密集的能量流。我們也已經明白，當或多或少曾各自獨立的實體被整合到新的大型結構體當中，就會產生新形態的相互依賴狀態，而導致過

表6.1　人類人均能量消耗量的歷史透視

（能量單位＝一千卡／每日）

	食物（含飼養動物）	家庭與商業	工業與農業	交通運輸	人均總計	世界人口（百萬）	總計
科技社會（當前）	10	66	91	63	230	6,000	1380,000
工業社會（西元一八五〇年）	7	32	24	14	77	1,600	123,200
先進農業（距今一千年前）	6	12	7	1	26	250	6,500
早期農業（距今五千年前）	4	4	4		12	50	600
狩獵（距今一萬年前）	3	2			5	6	30
原始人	2				2	無法使用	無法使用

資料來源：I. G. Simmons, *Changing the Face of the Earth: Culture, Environment, History* (Oxford: Blackwell, 1996, 2nd ed), 頁27。

渡到複雜性更高的狀態。最後，我們也還看到，當複雜性的各個新層級出現之後，這些層級似乎就會根據新的法則來運作（以複雜理論〔complexity theory〕的術語來說，就是「湧現特質」〔emergent property〕）。

人類的歷史，同樣也標舉了地球上某種新層級複雜性的湧現。❶在較早的過渡過程當中，人類的歷史把曾經各自獨立的各實體聯結成更大型的相互依存模式；而這個過程和帶來深切變革性影響的更龐大能量流具有密切的關係。從二十一世紀的角度來看，我們有辦法量測出其中的某些變化。人類從集體行動當中學會了如何應付日益增長的龐大能量流。儘管這些變化的驚人影響一直到最近這兩個世紀裡才顯現出來，但根源在舊石器時代裡就已經埋下了。❷

表6.1所呈現的是人類如何學會從環境中汲取遠超過生存與繁殖所需的能量。他們展現了一種全新的「生態創新」能力。從人類歷史的初期開始，諸如懂得用火之類的技能就提高了人均可用能量的總額。在過去一萬年裡，農業已增加人類在給定區域裡能夠獲取的食物能量，而在過去六千年裡，馴化大型草食性動物則增加可用牽引動力的能量總額。在過去的兩個世紀裡，使用化石燃料已使得人均能量使用的數額成長了好幾倍。隨著人口總數從舊石器時代或許幾十萬人的數量，成長到一萬年前的好幾百萬，再到今天的六十多億（請參見表6.1），我們這個物種所掌控的能量總數至少已成長了五萬倍。以單一物種所能支配的能量來說，這是一個令人難以置信的數量；這也有助於說明為何我們這個物種對整體生物圈能有這樣的影響力。有個量測這種影響力的有效辦法，就是估算太陽光供應給生物圈的能量有多少是被人類給吸取利用掉。淨初級生產力（net primary productivity，簡稱ＮＰＰ）是指部分來自太陽光的能量透過光合作用進入食物鏈當中而轉化為植物體，而植物回過頭來又養活了大多數其他生物體。因此淨初級生產力就可以被用來概略量測生物圈的能量「收入」。當前的計算結果顯示，我們這個物種目前吸收自用的數量至少占了百分之二十五，而有些量測結果則占了百分之四十。保羅・埃爾利希總結了這些不尋常數字背後的故事：「物種的數量成千上萬，而現在約有四分之一光合作用的產品被智人收為己用。」❸

人類不斷增長的能量控制能力已形塑了人類的歷史，以及許多其他物種的歷史。它同時還讓人

圖6-1　1百萬年前至今的智人人口

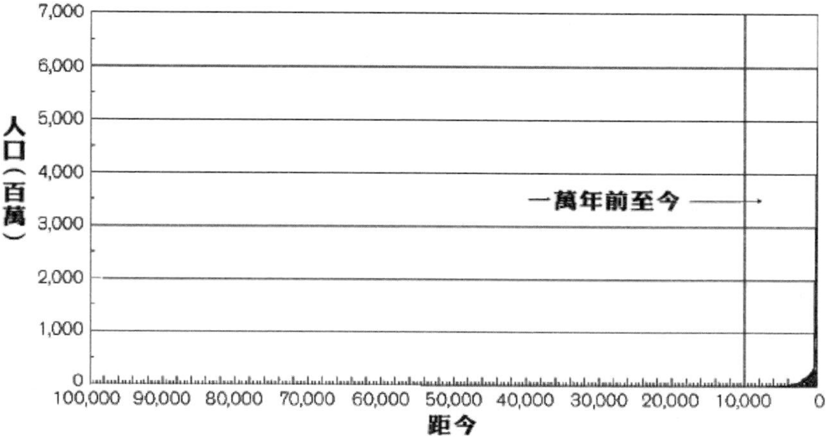

根據表6.2繪製而成。

類得以用更快的速度來進行繁衍。表6.2、表6.3以及圖6.1，概略呈現了過去十萬年來的人口成長狀況。與人類數量一起成長的還包括了我們這個物種的生態區域；到了一萬年前，或許早在三萬年以前，人類的蹤跡就已遍布在除了南極大陸以外的各個大陸上。在舊石器時代，人類歷史的主要特點就在於人類聚落的範圍不斷擴大。在過去一萬年裡，人類學會了如何在從村落到城鎮、從城市到國家這些愈來愈大的社群裡居住生活，人類聚落不斷升高的密度，一向都扮演著人類社會演化的推手角色。

資源一旦歸人類使用，就定義上來說，其他物種也就只有望而興嘆。所以當人類的數量上升時，其他物種的日子自然也就很不好過。像是牛羊這些馴化家養的動物，還有從蟑螂到老鼠這些非出於本意的家養動物，生長得都算繁茂昌盛，但有更多物種的遭遇卻不太好，而且還有為數驚人的物種已遭逢滅絕的命運。那樣的過程同樣也始於舊石器時代，在當時人類活動的推波助瀾

表6.2　世界人口與成長速率距今　10萬年前至今

距今（年）	世界人口估計值	自前一年代起算的每百年成長率（%）	必然包含的倍增時間	數據來源
100000	10,000	—	—	史特林格，頁150
30000	500,000	0.56	12,403	利維－巴奇，頁31
10000	6,000,000	1.25	5,580	利維－巴奇，頁31
5000	50,000,000	4.33	1,635	畢哈本
3000	120,000,000	4.47	1,583	畢哈本
2000	250,000,000	7.62	944	利維－巴奇，頁31
1000	250,000,000	0.00	∞	利維－巴奇，頁31
800	400,000,000	26.49	295	利維－巴奇，頁31
600	375,000,000	-3.18	無法使用	利維－巴奇，頁31
400	578,000,000	24.15	320	利維－巴奇，頁31
300	680,000,000	17.65	427	利維－巴奇，頁31
200	954,000,000	40.29	205	利維－巴奇，頁31
100	1,634,000,000	71.28	129	利維－巴奇，頁31
50	2,530,000,000	139.74	79	利維－巴奇，頁31
0	6,000,000,000	462.42	40	利維－巴奇，頁31

資料來源：J. R. Biraben, “Essai sur levolution du nombre des hommes,” *Population* 34 (1979): 13-25；Massimo Livi-Bacci, *A Concise History of World Population*.Translated by Carl Ipsen (Oxford: Blackwell, 1992)；Chris Stringer and Robin McKie, *African Exodus* (London: Cape, 1996)。

表6.3　不同歷史年代裡的成長速率

年代	起始（距今年）	結束（距今年）	起始人口（百萬）	結束人口（百萬）	每百年成長率（%）	必然包含的倍增時間
舊石器時代	1,000,000	100,000	0.01	6.0	0.71	9,752
中期	1,000,000	30,000	0.01	0.5	0.56	12,403
晚期	30,000	10,000	0.5	6.0	1.25	5,579
農耕時代	10,000	1,000	6.0	250.0	4.23	1,673
早期	10,000	5,000	6.0	50.0	4.33	1,635
農耕文明	5,000	1,000	50.0	250.0	4.11	1,723
西元第一個千年除外	5,000	2,000	50.0	250.0	5.51	1,292
現代	1,000	0	250.0	6,000.0	37.41	218
早期	1,000	200	250.0	950.0	18.16	415
工業化	200	0	950.0	6,000.0	151.31	75

資料來源：根據表6.2繪製而成。

下，不僅造成尼安德塔人這種親緣如此相近物種的滅絕，同時還導致許多其他大型物種的消亡——其中包括西伯利亞的長毛象、美洲的馬與巨型地懶以及澳洲的巨型袋熊與袋鼠。今天，人類活動所造成的物種滅絕速度已加緊了腳步。目前被認為正面臨滅絕「威脅」的物種有：四千六百二十九種哺乳動物裡有一千〇九十六種（占百分之二十四）；九千六百二十七種鳥類裡有一千一百〇七種（占百分之十一）；六千九百種爬行動物裡有兩百五十三種（占百分之四）；四千五百二十二種兩棲動物裡有一百二十四種（占百分之三）；兩萬五千種魚類物種裡的七百三十四種（占百分之三）；

以及二十七萬種高等植物物種裡的兩萬五千九百七十一種（占百分之十）。❹而且因為物種滅絕的步伐逐漸加快，我們可以想見，有更多物種會在不久的將來消失無蹤。這些數字讓我們能有效判斷人類歷史給這顆星球帶來的影響，因為古生物學家已研究過去六億多年裡的物種滅絕速度，而目前的滅絕速度，看來似乎與那段時間當中五、六次最猛烈滅絕時期的情況還頗為類似。❺這就意味著人類歷史的影響，從至少十億年的時間尺度上來看，還是相當引人注目的。換句話說，假使有星際古生物學家在這十億年的時間裡造訪了這顆星球，並使用當代古生物學家的工具嘗試解讀這顆星球的歷史，他們將會發現到一個幾乎與我們這個物種粉墨登場同時發生的重大滅絕事件。

這些數字也有助於我們評估人類歷史的獨特性。沒有其他大型動物物種像人類這樣子繁殖、占據了如此廣闊的區域，或掌控了這麼龐大的生態資源。（再說一次，可能出現牛隻或兔子之類例外的物種，牠們的繁殖也算在人類的生態團隊裡面。）我們的歷史甚至與跟我們親緣最近的黑猩猩歷史都截然不同。儘管牠們在遺傳、身體、社交與智力方面都與我們非常相近，但我們卻沒有證據能夠證明，在過去十萬年裡，牠們在數量、盤踞的範圍，或技術方面曾發生什麼巨大的改變。事實上，那也正好就是為何人類能被認為擁有「歷史」，而把同樣的想法擺在黑猩猩身上就顯得有點兒奇怪的原因。大多數的動物物種並沒有我們一般所定義的歷史；在牠們演化出現之後，往往會待在自己原本的小生境裡，直到從化石紀錄當中消失為止。像恐龍或哺乳動物這樣整個物種所屬的科或目會被人認為擁有歷史，因為這些群體當中的不同物種能以許多不同的方式演化，因而這些動物整個科的數量、生存範圍與生態「技術」確實就會出現變化。然而對於單一物種來說，情況卻往往大異其趣。人類在各方面都呈現多重且多樣的行為特色，不僅獨步於單一物種，更卓立於整個科別及動物界的常態——這些全都完成於驚人的短短一瞬。

顯然，隨著我們這個物種的出現，就跨越了某個基本的重要門檻。人類歷史所標舉的，是歷史變化新法則的到來。所以，把焦點擺在人類身上並不是只為了血緣上的虛榮而已。我們這個物種的出現，就表示我們這個星球的歷史面臨了一個重要的轉捩點。就如同A. J. 麥克邁克爾（Anthony J. McMichael）所提到的：「每一個物種都是大自然的一項試驗。只有智人這樣的試驗，才能夠用累積文化適應能力，補足自己生物適應性的這種方式來進行演化。取得短期收益（食物、領地與性結合）的一般生物基礎驅動力，再加上透過漸趨複雜的文化實踐來滿足這種驅動力的智力，兩者史無前例地結合在一起，就使得人類這樣的『試驗』變得如此出類拔萃。」❻

人類的出現

多年來，人們提出許多「原動力」的說法來解釋過渡成人類的過程。這些說法，從雙足步行讓我們靈巧的雙手能空出來製造工具（達爾文理論的首選答案）、到狩獵與肉食、更大的腦容量、人類語言的使用，不一而足。接下來的說明將把重點放在人類語言的重要性上面，但仍然會把部分其他因素的輔助作用一併納入討論。

我們在前面已隱約提過某種稍微抽象的解釋。所有物種都要適應自己的環境，但大多數的物種就算使出渾身解數，卻也只擁有一兩種適應環境的訣竅。相形之下，人類似乎經常都能開發出新的生態訣竅，用新的方式從本身的環境裡擷取資源。用經濟學的術語來說，人類似乎擁有一種高度發展的「創新」能力。而且他們的創新並不是發生在達爾文理論那幾十萬年或幾百萬年的時間尺度上，而是出現在數千年到幾十年、甚至更短的時間尺度當中。我們所面臨的挑戰是，說清楚人類憑什麼、在何時以及為什麼取得了這種新層級的生態創造力。假使我們有辦法說清楚這種被大幅強化的能力，那麼將非常有助於說明人類歷史的獨到之處。

我們已經知道，新形態複雜性的出現總是牽涉到大型結構體的創造，而其中原本各自獨立的實體則被鎖進了相互依存的新形態與相互合作的新法則當中。❼根據這個提示，我們應該期許自己能感受到過渡到人類歷史的這個過程，主要的特徵並不在於人類以個體身分所產生的本質改變，而是在於個體彼此相互理解方式的改變。這也就意味著，我們不應該只關注早期人類在基因、生理或大腦方面的變化，而且還應該把注意力放在祖先們彼此互動方式的改變上。

就像許多其他這一類的過渡過程一樣，我們這個物種的出現也相當突兀。從古生物學的尺度來看，這幾乎就發生在瞬息之間。這就意味著我們可望找到某個獨一無二的觸發起因。在恆星形成的過程裡，溫度經年累月上升到氫原子開始彼此融合，於是就突然觸發了某個啟動裝置。人類的演化過程也是如此；經過數百萬年演化而來的適應技能，在跨過某一道門檻的時候，改變也就在突然之間發生了。我們該如何來形容這道門檻呢？顯然這與學習能力的強化有關。許多動物都擁有學習的能力，從扁形動物到蟾蜍都是如此。然而大多數動物所學到的東西，大半都隨著牠們死亡而一起消失。當然，有些教誨還是能延續下來。黑猩猩母親用親身示範的方式來教導子女如何破開堅果或尋找白蟻。而這些孩子，遲早有一天也會教導牠們的孩子這些事情。但是，我們知道沒有哪種動物能抽象地描述應該做什麼——沒有哪種動物可以不經示範就能解釋怎麼搜尋白蟻，或不用親自走過一遍就能說清楚某條小徑的樣貌；我們當然也知道，沒有哪種動物可以描述諸如上帝、夸克或幻覺這些抽象的實體。過去與未來也是抽象的概念，只有現在能讓人直接體驗得到；因此，沒有符號語言的動物或許就缺少了人類審慎思索過去與想像未來的能力。這些都是相當嚴重的局限。靈長目動物學家雪麗・史多姆（Shirley Strum）曾在肯亞對一群被她命名為「泵房幫」（Pumphouse Gang）的狒狒進行了長年的觀察。相較於其他群體來說，這些狒狒簡直就是狩獵大師；牠們經常每天都有肉吃。但是只有在特定的雄狒狒帶領下，狩獵才會特別圓滿成功。要是這頭狒狒死亡的話，牠們卻沒有辦法把牠的技能或知識給保存下來。❽

然而，人類的語言卻容許在不同的大腦之間進行更加精確而有效的知識傳遞。這就意味著人類可以更加精確地分享資訊，並創造出生態與技術知識的共用資源；而這反過來也就意味著，對人類來說，合作所帶來的好處將逐漸超過競爭所帶來的好處。（約翰・米爾斯就把人類稱為「高度網路化的生物」。）❾此外，個別個體貢獻給這個共用資源的生態知識，也能在身故之後被長期保存下來。所以，知識與技能就可以不用透過遺傳而一代代累積下來，而且個別的個體也都有權使用這些世世代代所儲存起來的知識。因此，人類的獨到之處就在於他們能夠共同學習。細胞式的思維（聚焦於個體的思維）很難看到這個特點；但是在解釋人類有何獨到之處的時候，我們必須學著別把黑猩猩的個體拿來和人類的個體進行比較（因為個體之間的差異雖大，但並非無法改變），而是要和整個人類群體來作比較。假使把個別的人腦與黑猩猩的大腦拿來作比較的話，我們無法了解其中有何差異；只有把個別黑猩猩的大腦拿來和數百萬人類經過許多世代所創造出來的碩大共同大腦相比較時，我們才會開始領略到其中存在的差異。

共同學習的可能性改變了一切。麥克邁克爾表示：

> 文化積累的出現是自然界當中前所未有的一樁盛事。它的作用就像複利一樣，讓一代又一代的人開始在文化與技術發展的道路上不斷前進。漫遊在這條道路上，人類從整體上來看就與自

己的生態根源漸行漸遠。在不同世代之間傳遞知識、思想與技術，讓人類獲得了一種額外且全然絕無僅有的能力，讓他們得以在完全陌生的環境裡生存下來，並且創造出符合他們當前所需所欲的新環境。❿

共同學習讓人類擁有了歷史，因為這就意味著人類可用的生態技能已隨著時間的流逝而發生了變化。而這個過程也具有明確的指向性。隨著時間的流逝，共同學習的過程確保了人類能以物種的身分從環境裡好好地汲取資源，而他們不斷提高的生態技能則確保了人類的人口會隨著時間的流逝而不斷增長。關於共同學習的普遍性論述，不僅無法預測這個過程發生的確切時間或布局，當然，也無法預料可能進行到什麼程度，更無法預知確切的結果；但是這樣的普遍性論述卻可以讓我們知道，人類的歷史在龐大時間尺度下的長期發展輪廓是什麼。

若想感受共同學習的力量，只要想像一下：假使我們得從零開始來學習每件事情，但家庭或社群能給的卻只是適切社會行為與飲食習慣的建議，而這些或多或少都是幼年黑猩猩能得到的智力傳承。那麼，我們的生活可能會是什麼樣貌？我們一輩子能發明或建造出多少身邊的人工製品（每一件都包含了貯存起來的知識）？提出這一類問題能有效提醒我們，身為個體的生命得要多麼仰賴數百萬其他人類經過許多世代所積累起來的知識。以個體來說，人類其實並沒有比黑猩猩或是尼安德塔人聰明到哪兒去；但是以物種來說，我們卻擁有更龐大的創造力，因為我們的知識能讓每一代人本身與好幾代人之間一起共享。總而言之，共同學習是一種威力如此強大的適應機制，以至於讓人認為它在人類歷史裡所扮演的角色，類似於天擇在其他生物體歷史裡所扮演的角色。

為什麼人類有辦法共同學習？這是因為人類的語言具有獨特本質的緣故。人類的語言比非人類的交流方式更加「開放」。語言擁有語法上的開放性，因為嚴謹的文法規則，能讓我們用諸如單字這樣少量語言的組成成分產生幾近無限多的意義。它在語義上也是開放的——也就是說，它能傳達的意義範圍更廣——因為它不僅能夠用來指涉出現在我們眼前的東西，同時還可以用來描述不在現場的實體、甚或永遠都不會出現的各種實體。藉由符號的使用，我們就可以把儲存在記憶裡的大量訊息聚攏到一個個單一的區塊當中；然後我們就可以利用這些符號積木來建構更大的概念結構。符號讓我們有辦法把具體的東西給抽象化——在某種程度上，可以把我們身邊事物的精煉「本質」給描繪出來。然而這些符號也可以用來指涉其他符號，所以可以把大量的訊息加以濃縮，並儲存起來，就好比我們稱之為貨幣的符號籌碼，能提供我們一種簡潔有效的辦法，來存儲和交換抽象的價值。⓫符號語言讓我們能夠儲存與分享那些千百萬人在有生之年裡所累積起來的資訊。總而言之，相較於與前符號期的任何溝通方式來說，符號語言是一種更強而有力的資料移動器。正如同泰倫斯・迪肯曾經指出，前符號期的溝通方式「只能憑藉與某樣事物具有確鑿的部分—整體關聯性來描述這項事物，即使這只不過建立在習以為常的巧合這種基礎上。雖然有大量的物體與各種關係都很容易受非符號表現方式的左右，甚至，任何可以用感官呈現出來的東西莫不如此，但是這卻涵蓋不了抽象或其他難以捉摸的參考對象。」⓬

倘若這種論證正確無誤的話，那麼就意味著若想理解現代人類的演化過程，我們就必須解釋符號語言的出現。然而我們得注意的重點是，這個過程並不會出現什麼必然發生的事情。不同於恆星的形成，假使我們知道引力的作用與核力強弱的話，就能以統計的方式來加以預測；生物的變化則更來得更隨機而開放，這也就是為什麼活機體的變化比恆星更多。最後構成我們這個物種的組成成分不規則而隨意地聚集在一起，而且根本就沒有一定得用某種特定方式把自己組合起來的必然性。

最遲到了十萬年前，我們這個物種早已出現了很久以後，人類的人口或許曾下滑到僅剩下一萬名成年人的程度，這也就意味著我們這個物種在當時也面臨如今山地大猩猩即將滅絕的命運。[13]這項統計數據不僅讓我們想起演化過程的隨意性，同時也提醒了我們複雜實體有多麼脆弱。人類出現在地球上，根本就是件風險相當高的事情。

證據與論證：建構人類演化的故事

創造出一個連貫而貌似可信的人類演化故事，一直都是二十世紀科學最偉大的成就之一。然而，這個故事是怎麼建構出來的？在更仔細探究人類演化的故事之前，我們有必要先仔細研究一下這些用來湊集這個故事的證據種類與論證類型。

化石證據包含了祖先物種的骨頭和遺跡：工具、殘羹剩飯，以及在骨頭或石頭上所留下的記號。現代的古生物學家有辦法從一塊骨頭當中蒐集到數量頗為可觀的資訊。一塊下顎骨不僅能讓人辨識出某個物種而已；牙齒磨損的樣子不僅能讓我們知道這種動物平常的飲食習慣與內容，還可以告訴我們這種動物的生活環境與其利用環境的方式。一塊顱骨能讓我們得知某個物種知識能力的狀態，而顱骨的下半部往往還可以告訴我們這個物種是兩足行走、還是四足行走的動物；兩足動物的脊椎從下方連接到顱骨，而四足動物的脊椎則是從後方連接到顱骨。趾骨本身可以顯示動物行走的方式：假使拇趾與其他腳趾是分離的（就像大多數靈長目動物一樣），那我們就能確定這個腳仍然還被用來抓取東西，而不是專門用於行走。往往，我們就只能找到幾塊骨頭而已。但是如果有天上掉下來的好運能得到一副比較完整的骨架，比方說像露西（Lucy）（唐・約翰森〔Donald

Johanson〕於一九七〇年代初期在衣索比亞發現了她全身百分之四十的骨骸），那麼就能讓我們知道更多東西。露西與在她身邊找到的遺物約有三百萬至三百五十萬年的歷史。這些東西所帶給我們的，最起碼是某個該年代早期人類物種在生理方面的詳盡證據。

人類活動的遺跡也具有同樣的重要性。其中最重要的要算是石器的發現，這有部分是因為樹皮、竹子……等較不耐用的材料所製作的工具很少能被保存下來。用顯微鏡分析石器的刃口能讓我們知道它們曾切割過什麼東西；分析石頭的來源能讓我們知道製作石器的人是不是主動從其他地區物色特殊的原材料；復原來自石器製作遺址的石片可以告訴我們許多它們如何被製造出來的事情；製作工具的技術則帶給我們祖先如何思考的珍貴線索。分析早期人類遺址裡找到的其他動物骨頭，能讓我們得知許多有關於我們祖先是否為肉食性，以及他們如何狩獵的種種狀況。例如，仔細分析骨頭上的切痕，有時發現人類屠宰的痕跡覆蓋在食肉動物齒痕上面。據推測，這或許就意味著早期人類曾經撿拾其他肉食動物所殺死的動物來作為食物。運用愈來愈多樣的現代定年法技術，所有這些不同類型的物證多少也都能被斷定出準確的年代。（有關放射性定年法的技術，請參見附錄一）。

但是化石紀錄的質量往往參差不齊；而且一直到最近，我們根本都還找不到從大約四百萬至七百萬年前這段關鍵時期的任何一塊化石，當時正是人亞科原人（結果形成我們這個物種的世系）從後來形成現代黑猩猩的世系當中分離出來之際。所以，我們不得不用其他形式的證據來填補這個缺口。最近這幾十年裡最重要的證據之一，就是分子定年法提供給我們的。我們在第四章裡已經看到，大多數演化的變化都是隨機出現的。這種狀況尤其適用於物種基因組當中不會直接影響到存活機會的那些部分，其中就包含了大量的「廢物ＤＮＡ」（junk DNA）和所有人類細胞粒線體當中所含有的DNA。這些基因組當中的基因變化是「中性的」——對於已經生長發育的生物體不會有什麼影響。因此，廢物DNA當中的變化就像在洗一副厚厚的紙牌一樣。幸運的是，這種隨機的過程還是受到一般統計規律的規範。假使你拿了一副按花色與大小順序排列的新紙牌，然後把紙牌洗個幾次，統計學家還是能根據這副紙牌和原本狀況的差異有多大，從而大略估算出這副牌被洗過幾次。紙牌的數量越大、洗牌的次數越多，這種估算的結果就越精確而可靠。

在最初發表於一九六七年的一篇文章裡，兩位在美國工作的生物化學家文森特・薩里奇（Vincent Sarich）與阿倫・威爾遜（Alan Wilson）認為，大多數遺傳變化都受到類似法則的規範。[14]因此，假使找來兩種現代物種，計算出二者DNA序列的差異，就能相當準確地估算出這兩種物種從共同祖先那兒分離出來的時間。如此一來，DNA的演化就扮演了某種遺傳時鐘的角色。這個概念一開始曾飽受人們訕笑，一部分是因為很多人都認為，天擇的基本原則就在於所有的演化改變都是為了適應環境，而這也就意味著所有的改變都不會按統計學上可預見的方式出現。然而，現在我們都有共識，認為大半的變化確實是隨機發生的——而且再怎麼說，這些斷年法所得到的結果也都和許多其他類型的證據相當吻合。現在，這一類的基因比較已成為弄懂不同物種之間有何關係的例行手段，雖然這當中仍存在一些問題。比方我們都知道得很清楚，假如要把它當成時鐘來使用的話，並不是所有基因變化的發生都具有必要的規律性。但是這些方法都具有非凡的多用途價值，尤其在人類演化的研究方面更是如此。[15]

薩里奇與威爾遜首先告訴我們的是，就遺傳基因來說，我們與黑猩猩之間的親緣關係比我們過去認為的還來得更近。在一九七〇年代，大家普遍都認為，後來形成人類與猿類的兩個血統，至少在一千五百萬年前、甚或早在三千萬年前就已分家——對於那些並不樂見自己與黑猩猩擁有近親關係的人來說，這是個讓人感到自在的距離。然而，現代人類的DNA與我們現存關係最近親屬的DNA差異只有百分之一點六左右。也就是說，我們的DNA有百分之九十八點四與現代的黑猩猩一模一樣。這就意味著我們與黑猩猩各自的歷史之間所有的差異，都必須用我們與黑猩猩彼此遺傳物質之間百分之一點六的差異來加以解釋。我們能以哺乳動物的遺傳變化率來進行比較，因為我們知道大約在六千五百萬年前，當恐龍被迫走向滅絕的時候，哺乳動物出現物種之間快速分化的情形。但是當時人類與黑猩猩彼此的差別也只有百分之十，與主要的哺乳動物群體之間的差別無異；這就代表人類與黑猩猩彼此分家的情形大概發生於五百萬至七百萬年前。這也說明了在分家之際，曾經有一種動物是現代人類與現代黑猩猩的共同祖先，儘管牠可能看起來和這些至今仍存活著的物種都不一樣。這個時期稀稀落落的化石紀錄，也代表了我們對這位祖先的存在實在沒什麼好說的。⓰然而我們可以確定的是，這樣的動物確實存在——要不然我們就不會存在！類似的論證認為，人類與大猩猩在八百萬至一千萬年前曾擁有共同的祖先，而人類與紅毛猩猩則在一千三百萬至一千六百萬年前曾有共同的祖先。

根據氣候變遷與動植物遺跡的分析結果，我們也能得知許多我們的人亞科祖先演化環境的狀況。在過去幾百萬年裡，全球氣候曾被冰河時期反覆無常與無法預期的氣候變化所掌控（請參見第五章）。這些變化改變了棲息地與環境，有利於具有高度適應能力和有能力使用更多種生態區位的物種。像現代人類這種通才，又「像雜草一樣」有辦法更加適應生態破壞的物種，或許就是冰河時期的典型產物。⓱

這些各式各樣的技術結合在一起，讓我們能夠描述人亞科原人身體的演化和他們生存的環境，但是要描述他們的行為就更棘手得多。化石能告訴我們一些有關生活方式的事情；但若想更進一步，我們就得仰賴現代的類比法，拿可能擁有類似生活方式的其他物種來進行比較。從珍・古德（Jane Goodall）與黛安・福西（Dian Fossey）開始，研究人員在最近這幾十年當中研究了野生類人猿（great apes）的生活；而且對於牠們的生活方式，以及牠們的社會、生殖與政治關係，我們現在也已經有充分的了解。[18]這類研究能顯示早期人亞科原人可能擁有的生活方式；然而這些研究也可能誤導我們，因為不同類型的人猿、甚至不同社群裡同一類型的人猿，也可能擁有不同的生活方式。例如，普通黑猩猩（Pan troglodytes）這種最常見的黑猩猩物種，生活在關係非常密切的雄性所統治的社群裡，而加入這個社群的雌性則來自其他社群。雖然雄性構成統治集團，但這一切也不是一成不變的；雌性或許會和好幾個雄性交配，這樣就使得這些社群的生殖與政治關係變得極其複雜。相較之下，大猩猩通常生活在由數名雌性所組成的較小群體裡，擁有一到兩名的雄性。而紅毛猩猩在大半的時間裡都獨居生活，只有在交配時才會聚在一起。所以，決定究竟要採用哪一種靈長目社會來類比，好讓我們了解早期人亞科原人的社會，其實並不容易。

同樣狀況也適用於另一種對人亞科原人演化研究向來具有極大影響力的類比：與現代「採集」社會所做的類比。[19]人類學家經常提醒古生物學家，現代採集社會其實是非常現代化的——所有一切都以某種方式被現代社會所影響。因此，要在這些類比的基礎上建構人亞科原人或早期人類社會的理論，或許有風險。儘管如此，因為在技術與社會結構方面，現代採集社會當然比現代城市社群更接近早期人類，但是人類學家的警告卻往往讓人給忽視了。對於諸如非洲南部薩恩人（San people）這一類的現代研究，已協助我們建構起一些說得過去的理論模型，讓我們知道早期人亞科原人和人類如何狩獵、男女雙方彼此如何互動，以及可能會玩哪些類型的權力遊戲。而最重要的也許是他們已提醒了我們，對於現代城市居民來說，這些貌似簡單的社會也有其錯綜複雜與成熟世故的一面。畢竟，能夠在非洲南部、澳洲沙漠或在西伯利亞凍土帶以石器時代的技術成功生活數千年之久，這可不是件容易的事情。

最後，我們當今對於其他物種如何演化的了解，也已經被拿來構建人類如何演化的可能模式。比方說，我們常常注意到，某個新物種與它所演化而來的某物種裡的不成熟個體，兩者有極其驚人的相似之處。這個過程被稱為幼態延續（neoteny），出現於控制物種生命週期的基因開關產生了微小改變的時候。這樣的變化會引發第二與第三階段的連續效應，從而導致重大的演化變革。有人認為，在許多方面，人類更像年輕的黑猩猩，而比較不像成年的黑猩猩，這種相似性就意味著我們或許部分透過了某種形式的幼態延續而演化出現，而現代黑猩猩則可能保留了更像我們共同祖先的成分。同樣的，現代的演化研究也已經告訴我們，演化的發生往往都是有一陣沒一陣的。假使因為氣候變遷而出現一個新的小生境，它往往很快（以演化來說，「很快」也得花上幾十萬、甚至幾百萬年）就會被大量十分相似的物種給填滿，其中有大部分在後來可能會被淘汰掉，只留下一到兩種存活下來的血統。這個過程被稱為輻射適應（adaptive radiation），而且每一個輻射似乎都大致和某種特定的生態訣竅有關。我們待會兒會看到，在我們的祖先物種當中似乎也發生過好幾次輻射適應，而且我們現在也看得出來，每一次輻射都給這個最終成為我們人類的套裝帶來一些新的東西。[20]

所有各類型的這些證據都已被用來構建人類如何演化的現代論述。這個論述絕非完美無瑕，但是已經比十年前的論述更加豐富，而且也擁有更多證據。

靈長目動物與人科動物的輻射

我一直認為符號語言的演化可能是個迎向人類歷史的臨界門檻。但是，假使我們的祖先沒有其他特質來利用符號語言所贈予的種種好處，那麼符號語言也就不可能促成這樣的改變。在所有這些預適應能力當中最重要的，就是社會性／群聚性、預先存在的語言技能、雙足步行和靈巧的雙手、肉食與狩獵、長時間的兒童學習過程，以及大容量的前腦。在這兒，我們將試著追溯這些偶然而隨意的過程；藉著這些過程，各式各樣的基本要素演化發展，並組合成含有構成我們這個物種各種特徵的套裝。

靈長目動物的遺產

我們與其他靈長目動物共享了許多先前提過的特徵。[21]大多數靈長目動物都曾經棲息在樹上。居住在樹上的動物都必須能看得很清楚，不然就會從樹上摔下來。所以所有的靈長目動物都擁有很棒的立體視覺。嗅覺比較沒那麼重要，遠不如犬類對它的倚重，這也就說明了為什麼大多數靈長目動物的鼻子都有點小，而且臉長得也都有點扁。在複雜的三度空間環境裡，視覺訊息需要十分龐大的處理能力，所以大多數靈長目動物都擁有和身體大小不成比例、稍微大了點的大腦，而且整個靈長目動物世系都擁有腦容量相對增加的特點。更大的大腦往往就意味著更長的壽命——也許這就代表了對學習的依賴性變得更大，而且（原則上）學習的成效會隨著年歲增長而改善。居住在樹上還需要靈巧的手腳，所以大多數靈長目動物都擁有可以好好抓取和操縱東西的手和腳。實際上，這就表示牠們的大拇指和大腳趾可以與自己其他手指和腳趾相對。相較於地棲物種的正常狀況，樹居生活還促使前後肢分工的狀況更加徹底。雖然大多數靈長目動物都可以用手和腳來抓取東西，但是牠們的後肢逐漸就變成專門負責運動，而前肢則專門用來抓握東西。

人類隸屬於舊大陸（Old World）靈長目動物的一個特殊群體，被稱為人猿總科。這個群體包含了人類與猿類——黑猩猩、大猩猩、紅毛猩猩和長臂猿——以及所有現在已經滅絕了的祖先。歸類在這個總科裡最古老的生物體化石只有兩千多萬年的歷史，這就代表牠們出現在地質學家所說的中新世早期（大約距今兩千三百萬至五百二十萬年前）。這些遺骸是被叫作原康修爾猿（Proconsul）的物種。[22]儘管人科動物的演化可能發生在非洲，但是我們同樣也在歐亞大陸南部、法國到印尼之間的區域裡，發現了早在一千八百萬年前就已出現的人科動物遺骸。人科動物是個相當多元發展的群體，曾經有一段時間的數量或許比舊大陸其他猴類物種都還多。他們的遷徙，是輻射適應的典範例證。

化石紀錄的表達不夠明確清楚，無法讓我們確定哪些演化訣竅最能呈現人科動物的輪廓，雖然不斷增長的形體、愈來愈靈巧的雙手、越長越大的腦部以及願意從林木植被的環境裡搬遷到別的地方，都可以算是這些訣竅的一部分。這一切都是我們與靈長目的這個下屬總科裡，所有現存的成員所共同享有的特徵。

雙足步行與最早的人亞科原人

人亞科是人科（類人猿）下屬的一個亞科。人亞科動物只包含了我們本身的直系祖先。他們的歷史開始於中新世到上新世之間的過渡時期，介於五百萬至六百萬年前之間。在分子定年技術的基礎上，我們知道大約六百萬年前在非洲的某個地方，曾經存在一種現代黑猩猩與現代人類共同祖先的動物；這個歷史的建構，就從這裡揭開了序幕。從那個時候開始，經過一連串的輻射適應，出現大量不同種的人亞科原人——也許多達二、三十種。我們在三十年前所遭遇的難題是找不到任何人亞科動物的遺跡，但今天的難題卻是無法在現在已知的許多物種裡，找出演化成現代人類血統的物種。

對於現代的古生物學家來說，最神聖的任務就是找到黑猩猩與人類共同祖先這個物種的遺跡。而我們可能也已經找到了這個物種，或某個與它相近的物種。西元二〇〇〇年，有一個法國與肯亞考古學家組成的團隊在奈洛比（Nairobi）北部發現某種約有六百萬年歷史的生物遺跡，隨即就被媒體戲稱為「千禧人」（Millennium Man）。[23]然而它的真實身分仍無法確定。它的外觀很像猿類，以至於許多古生物學家在我們這兩個物種的明顯分界之間，把它歸類到了黑猩猩那一邊，而不是人亞科這一邊。而類似的批評也把矛頭指向了另一種最古老人亞科原人的可能候選者——卡達巴始祖地猿（Ardipithecus ramidus kadabba）；根據二〇〇一年七月號《自然》雜誌的報導，有一個美國考古團隊在衣索比亞的東非大裂谷（Great Rift Valley）發現這個物種的遺跡。[24]這些遺跡的歷史可以回溯到五百二十萬至五百八十萬年前之間。遺骸當中有一塊腳趾骨，從形狀看得出這個生物是用兩隻腳走路的。目前，大多數古生物學家都同意，區分人亞科原人與猿類的明確特徵就在於雙足步行：所有已知的人亞科物種都用兩隻腳走路，而沒有哪種已知的猿類物種做得到這一點（儘管黑猩猩能夠直立站上一段很短的時間）。[25]所以斷定這些早期的標本是否真正能夠雙足步行是個非常關鍵的重點；但是就目前來說，證據仍顯得模稜兩可。

對於這些發現有何重要意義的討論被搞得錯綜複雜，儘管曾經出現許多理論，但事實上誰也無法確定為什麼會演化出雙足步行。[26]有些人把關注的焦點放在氣候變遷在這當中所扮演的角色。兩千萬年前，非洲大陸相對來說還比較平坦，赤道地區甚至還覆蓋著大面積的熱帶雨林。但是大約從一千五百萬年前開始，非洲的地殼構造板塊開始分裂成兩半。板塊運動沿著東非大裂谷生成一連串高地和峽谷，順著大陸的東部向南北兩方延伸出去。裂谷劈開了地殼，給化石尋獵者帶來一個愉快的狩獵場所。但是或許只有山脈才能解釋為何人亞科原人的化石會出現在這個地方，因為它們讓整個大陸東部變成巨大的雨影區（rain shadow），讓這片區域變得比西部乾燥。伊夫・科本斯曾指出，這種乾旱把某些物種驅趕到林木較為稀疏的地形當中，而它們在那兒就只好在距離較遠的林木之間活動，來尋找自己所習慣的那類食物。這或許就促進它們朝更直立的姿勢來演化，因為黑猩猩以指背行走（knuckle-walking）的特性並不適合長距離跋涉。然而這個看似大有可為的理論卻只能徒呼負負，因為有部分最近出土的早期人亞科動物的化石——其中也包括卡達巴始祖地猿的化石——都是在或許曾經林木茂密的環境裡找到的。[27]

雙足步行也許可以讓人亞科原人在空曠地區看到更遠處的潛在掠食者。還是說，這或許比黑猩猩那具代表性的指背行走更具能源效益，讓早期人亞科原人能在更大範圍的區域裡搜尋食物。抑或者，在沒有遮蔭的環境下，直立行走也許還可以減少皮膚直接暴露在陽光下的面積，讓他們免於正午豔陽的傷害。這些與其他方面的各種壓力，其實最有利於那些毫不費力就能直立行走的個體。（最後一項論證或許也說明了，為何人亞科原人演化到某個階段，就不再像其他猿類那樣毛茸茸的了。）與黑猩猩比較具有相當深遠的含意，誠如科本斯所指出的，有三種情況會讓黑猩猩嘗試站立起來：「看得更遠、保護自己或發動攻擊——因為站起來就可以騰出雙手來投擲石塊——以及拿食物給孩子吃。」[28]

不管造成雙足步行的原因是什麼，化石證據雖然為數不多，但仍顯示在這兩百萬年裡已經出現一些雙足步行的物種。這些物種也包含了拉米達始祖地猿（Ardipithecus ramidus ramidus）；一九九四年，人們在衣索比亞發現了他的遺骸，年代測定結果顯示有四百四十萬年左右的歷史。這些早期的人亞科物種構成了人亞科原人史上第一次重大的輻射適應，而他們的成功或許和雙足步行所帶來的任何好處都有關係。

南方古猿

接下來兩次人亞科原人的輻射則都與古生物學家稱之為南方古猿（australopithecines）的物種群體有關。

所有南方古猿都用兩隻腳走路。我們是根據骨盆的結構、手臂和腿部的相對長度以及脊椎連接到顱骨的接入點（從下方而不是後方）而得到這個結論。在目前已知的幾種南方古猿物種裡，最古老的是湖畔南方古猿（Australopithecus anamensis），遺骸在一九九五年被發現於肯亞北部的圖爾卡納湖（Lake Turkana）地區，測定的年代大約在距今四百二十萬年前。[29]最著名的南方古猿殘骸是美國古生物學家唐．約翰森於一九七〇年代在衣索比亞所發現的。他找到了一具雙足步行女性全身百分之四十的骨架，並幫她命名為露西（據說是用披頭四的名曲〈天上帶著鑽石的露西〉（Lucy in the Sky with Diamonds）來命名的）。露西的身高大約一百一十公分，儘管附近找到的其他遺骸還有身高可達一百五十公分的。所有這些遺骸都有三百萬至三百七十萬年的歷史，通常被歸類為阿法南方古猿（Australopithecus afarensis）這個物種；他們同樣也是以被發現的地點衣索比亞阿法爾山谷（Afar valley）來加以命名。[30]一九九八年，人們在南非發現了更完整的南方古猿骨架、連同它的顱骨，年代測定為距今兩百五十萬至三百五十萬年前。瑪麗．李奇（Mary Leakey）所發現的著名拉多里（Laetoli）腳印則更加古老，因為它們的年代測定結果至少有三百五十萬至三百七十萬年的歷史。這些腳印是由三個南方古猿所遺留下來的；其中兩個肩並肩走在一起，而另一個則是帶隊的。顯然他們在步行越過還很燙的火山灰時是手挽著手的。這些驚人的腳印直接證實了其他化石遺跡所間接暗示的東西：我們已知最古老的人亞科原人是用兩隻腳走路的。一九九五年，考古學家在離東非大裂谷西邊已經有一段距離的查德發現了羚羊河南方古猿（Australopithecus bahrelghazali）這種新物種的遺骸；他們似乎生活在距今三百萬至三百五十萬年前。顯然，東非大裂谷的兩側都曾經有南方古猿在那兒定居生活。我們在二十世紀找到數百名個別南方古猿的遺骸，就這樣散布在從衣索比亞、查德到南非這麼大一片的廣袤區域當中。

雖然南方古猿用兩條腿行走，但從解剖學和特別針對牠們手部所進行的仔細研究結果卻顯示，他們還是非常適應樹棲生活，而且走起路來也不像現代人這麼有效率。更重要的是，他們的腦容量比較小，約在三百八十至四百五十立方公分之間。這與現代黑猩猩的三百至四百立方公分，還有現代人類平均一千三百五十立方公分的腦容量，形成鮮明的對比。人亞科世系最首要的明顯特徵並不在於聰不聰明，而是在於是不是能夠雙足步行。

我們有強烈的理由認為，我們本身的世系血統可以追溯到某些早期南方古猿類型的身上。但是也有另一個南方古猿群體以一種非常獨特的輻射方式出現在世人眼前；用古生物學的術語來說，他們看起來比阿法南方古猿還更「強壯」。他們存在於三百萬年前到最遲可能為一百萬年前的這段時間之間，有時還被劃分成一個獨立的屬，也就是傍人屬（Paranthropus）。讓他們與眾不同、並將他們劃定成和我們不同演化世系的，就在於他們演化出特別強壯的下巴來嚼碎堅硬而又富含纖維的植物性食物。所以他們就擁有粗壯敦實的顱骨，有著誇張的頸脊來作為具強大咀嚼能力肌肉的靠山。

我們對南方古猿的生活方式還有什麼好說的？假使我們從飲食談起，似乎大半南方古猿的食物可能大致上還是和住在森林環境裡的祖先一樣。他們的牙齒很適合用來嚼碎堅硬而又富含纖維的果實外殼、樹葉和其他植物。然而，他們或許有時候也會吃肉，因為我們從直接的觀察裡已發現到，現存大半的靈長目動物偶爾吃肉，而且還會盡可能吃很多的肉。[31]他們若不是自己獵捕弱小的動物（包含其他靈長目動物）來當做食物，不然就是拿自然死亡或被別的肉食性動物殺死的動物身上的肉來作為食物。然而南方古猿的飲食基本上還是以素食為主。

用盤踞在類似小生境的現代靈長目動物來類比，我們得知南方古猿可能生活在集體行動的小家庭群體裡，個別成員各自採集自己的食物。沒有證據能證明他們擁有比現代黑猩猩更強的語言能力，但這並不代表他們之間就沒有政治權謀或溝通交流。就像許多現代靈長目動物的社會一樣，雄性與雌性可能形成統治的結集制度，並且花許多時間來處理、抑或者思索群體的政治運作。和現代的黑猩猩一樣，南方古猿可能透過手勢、聲音與諸如梳理毛髮這樣的活動來交流。但是黑猩猩與南方古猿都沒有精確傳達抽象訊息所需的發聲器官或是智能。

與現代人類親緣相近靈長目動物社會的研究結果，對於最早人亞科原人社會的本質卻有相互對立的觀點。從遺傳學觀點來看，與我們親緣最近的是黑猩猩；而最著名的普通黑猩猩這個物種，是由血緣相近的雄性群聚在一起、過團體的生活。雄性留在出生時的群體裡，而雌性則離開自己出生時的群體。然而大半南方古猿物種與黑猩猩並不一樣，他們似乎多為兩性異形（sexual dimorphism）（也就是說，雄性的體型比雌性大得多）。這也就意味著南方古猿的「社會」在某些方面可能與大猩猩更為相似。[32]雄性大猩猩體型較大，原因就在於牠們要相互競爭才有機會接近雌性，而這確保了體型最大的雄性能夠繁殖最多後代。這樣的結果就造成由某個雄性、或許再加上一個稍微年輕的雄性所統治的社會，帶領著若干雌性與牠們的子女四處遊走，組成最多可達大約二十名成員的群體。或許我們應該設想一個或多或少介於這些結構之間的世界。它可能比現代黑猩猩的群體稍微小一點，由親緣相近的雄性彼此競爭領導權和雌性的青睞。或許居於統治地位的雄性能獲得數名雌性的青睞，但是卻不是牠所獨占專享的。南方古猿或許就是生活在這樣的世界裡，雄性多少都得經常彼此競爭來吸引雌性伴侶。然而在這個以充滿競爭但血緣相近雄性為主體、處處以繁殖為核心的世界裡，依然存在著母親與子女這種規模較小、但卻更加親密的關係，就好比大多數現代靈長目動物的群體一樣。我們知道黑猩猩媽媽與自己的孩子會產生持久且明顯的感情關係，而雄性則對撫育孩子的工作和身為父親完全無感。總之，我們實在找不出什麼證據來證明，南方古猿與今天的猿類物種在生理或生活方式方面有什麼太大的差別。

使用工具與肉食：能人

對原始人類專家來說，位於坦尚尼亞北部塞倫蓋提平原（Serengeti Plain）上綿延五十公里寬、屬東非大裂谷一部分的奧杜威峽谷（Olduvai Gorge）是個很特別的地方：在這裡發現到的東西，是我們這個物種在非洲演化出現的最佳明證。一九六〇年，現代人類演化研究先驅路易斯・李奇（Louis Leakey）的兒子喬納森・李奇（Jonathan Leakey）在這裡找到一具身高約有一百四十公分的人亞科動物化石。路易斯・李奇主張把它與人類歸類為同一個屬（人屬），因此把它命名為能人（Homo habilis），或稱之為「巧人」（handy man）。這就讓他成為包含現代人類在內的人屬裡最古老的成員。

儘管當時有許多人類學家認為這些遺骸只不過是某種特別纖弱細長的南方古猿，但卻有兩個因素讓李奇認為這個物種應該更趨近於「人類」。首先，他發現了有關能人系統化製造與使用石器的最早證據。這些活動所涉及的技能似乎比早期人亞科原人當中所顯現的更加複雜。其次，能人的腦容量比南方古猿大得多，在六百到八百立方公分之間。能人似乎就跟現代人類一樣，是一種會使用工具、懂得學習的動物；所以在大約兩百三十萬年前出現的這種新物種，或許就意味著人類歷史真正的開始。現代人類學家保留了李奇所作的命名，而能人也毫無疑問展現了與眾不同的特徵；而部分特徵，或許是由於兩百五十萬年前氣候開始變得較為乾冷的生態變遷所引發的。例如，能人所製作的石器顯示了「慣用手」的跡象，說明大腦出現左右分工的現象；反過來說，這或許也是提高語言技能的必要條件。[33] 然而，最近對於愈來愈多的能人遺骸與遺址所作的研究也已經顯示，他們與現代人類在智能與生活方式上的鴻溝，遠比李奇所想像的大得多。[34]

對能人的看法出現了這些轉變，有部分是因為現代古生物學家並不像李奇那樣驚豔於他們使用工具的跡象。我們現在知道有許多動物都會使用工具，而在人類以外的其他所有動物裡，黑猩猩使用工具的方式最多。例如，我們已經發現黑猩猩會把棍子插入白蟻堆裡、然後再迅速抽出棍子，這樣就能吃到仍然爬在棍子上的白蟻；有的黑猩猩甚至還會用石頭敲開堅果。然而，能人似乎卻採用了某些更需要規畫安排與深謀遠慮的方式來使用工具。古生物學家用奧杜威峽谷（Olduvai Gorge）這個發現大量他們使用過石器的地方來替這些石器命名，把它們稱為奧杜威文化（Oldowan）石器。這些石器的形式十分獨特，在考古紀錄裡持續存在了將近兩百萬年的時間，幾乎一直延續至二十五萬年前。這些石器主要由大石塊製作而成，通常是河裡堅硬的玄武岩或石英岩卵石；他們用石「鎚」敲下較小的碎片，好製作出一兩個鋒利的刃口。

製作這一類工具需要相當程度的規畫與經驗，比製作黑猩猩使用的簡單工具要求更多。現代的碎石實驗已經說明了，原本的石塊需要精挑細選，而且還得經過精確的打製。其實製作石器確切所需的那些技能，根本就是大腦前額葉皮質的專長，而大腦的這個部分應該也是人類演化過程裡發展得最為明顯的地方。使用工具的能力很可能透過一種被稱為鮑德溫適應（Baldwinian adaptation）的過程而演化出現（這是以十九世紀首先系統性描述這個過程的美國心理學家詹姆斯，馬克・鮑德溫〔James Mark Baldwin〕來命名）。這種演化的形式似乎結合了達爾文式的演化與文化上的各種元素，因為行為的改變而導致了某種動物生活方式的改變，從而產生了某些新的選擇性壓力，時間一久，就造成了遺傳上的變化。例如，學會新行為而得以在寒冷氣候裡生活的物種，到頭來可能就在遺傳上演化出毛茸茸的皮毛（就像長毛象和披毛犀一樣）。在人類身上，乳糖分解酵素是一種消化牛奶的酵素，而成年人若還擁有合成這種酵素的能力，其實就是種突變；然而隨著原本罕見的突變變得愈來愈常見，放牧馴化動物的群體在經過好幾個世代以後，最後終於強化了本身消化牛奶的能力。或許，那些最善於製造與使用工具的個別人亞科原人，就是用類似的方式得到天擇的優勢，擁有比其他人更多的後代，使他們的智能很快就整合到整個物種的遺傳結構當中。假使果真如此，那麼工具的使用或許就在一種正向回饋的過程裡，成為大腦發育的起因與結果。

石器有什麼用途？現代的試驗已經顯示，奧杜威文化的小斧頭能用來敲碎骨頭，或對木頭進行粗略的加工。然而從上面敲下來的碎片也許比核心部分更重要，因為這些碎片可以被製作成小型的銳利薄片，以作為屠宰與切割之用。所以我們可以想像，個別和成群的能人在採集食物時隨身帶著鵝卵石，需要時就從這些卵石上敲下一些薄片來用。用顯微鏡觀察這些石器的邊緣刃口，就可以知道奧杜威文化的石器具有多種用途。或許它們最重要的作用就是用來獲得更豐富而多樣的食物。它們可能用來挖掘原本無法取得的植物塊莖。更重要的是，用它們所製作出來的小石斧和薄片可能用來嚇跑被殺掉的動物身旁其他的食肉動物、取得大型動物的骨髓，以及屠宰這些動物的屍體。從牙齒方面的證據來看，不管能人獲取肉食的方式是什麼，他們個別所吃的肉食都比南方古猿更多。更加豐富的食物也許就能給維持更大腦容量的代謝提供部分所需的額外能量，尤其是假若肉食似乎很有可能縮短了腸道的長度，因而減少處理和消化食物所需的能量。肉食可能也已經使社會生活變得更加複雜，因為最近已有證據顯示，黑猩猩非常重視肉類食物，而且還當成某種貨幣來使用——作為與其他黑猩猩進行性交易、政治交換或物質交易的一種方式。㉟總之，更多的肉食或許已促使智能發展與社會狀況出現各種新穎的複雜狀態。

然而我們也不該誇大肉類在能人飲食當中的重要性。我們認為這些靈長目動物只不過偶爾客串一下獵人，或許就像某些現代的黑猩猩群體一樣。㊱我們從能人的牙齒研究裡得知，他們的主食還是水果與植物性食物，即使偶爾有肉類來充當高價值的副食。此外，相較於現代狩獵採集民族來說，他們的石器顯然也太過簡單了點；而且，儘管在採集食物或四處覓食的時候相當管用，但是這些石器在真正狩獵時卻幾乎派不上什麼用場。仔細檢查能人遺址骨頭上的切痕就可以發現，他們屠宰動物的屍體，但這動物往往卻不是他們殺死的，因為他們加諸的切痕往往都出現在其他動物的齒痕上面。他們可能獵殺小型動物，但或許還是以自然死亡，或被其他動物殺死的大型動物腐肉來當做食物。

解剖研究同樣也顯示能人並不完全是雙足步行的動物，可能有很多時間還是待在樹上。所以我們應該想像得到，由五到三十名能人組成的群體在白天分散採集覓食，就和現代的靈長目動物或南方古猿一樣，也許到了晚間他們才聚在一起，回到樹上棲身。他們首選的生態區位仍然與南方古猿類似，雖然他們更重視肉類的食用，且待在地面上時間也更長。

總而言之，並沒有什麼明顯證據能夠證明，能人就像路易斯・李奇在乍見之初所宣稱的那樣，在智力與社會複雜性方面真的出現了什麼重大的突破。

更大的腦容量與活動範圍：匠人與直立人

能人與其他好幾種物種一起居住在非洲的東部，其中也包括了強壯的南方古猿（傍人屬）。事實上，在諸如雙足步行這種新適應結果的早期歷史裡，常見的模式當中，人亞科原人的早期歷史展現了相當大的多樣性。與能人存活在同一個時期的，或許至少還有六個不同物種的人亞科原人。

大約在一百八十萬年前，在地質時間尺度上從上新世過渡到更新世的時候，新出現了一種被現代人類學家稱為直立人（Homo erectus）或匠人（homo ergaster）的人亞科原人物種。[37] 目前有一個保存得十分完好的匠人標本，是一九八四年在非洲肯亞的納里歐柯托米（Nariokotome）所發現的，年代測定約有一百八十萬年的歷史。這個化石被稱為「圖爾卡納少年」（Turkana Boy），是所有人亞科原人化石裡最完整的。圖爾卡納少年死亡的時候還是個青少年，但已經有一百五十公分以上的身高和大約八百八十立方公分的腦容量，幾乎比大多數個別能人的腦容量還大了三分之一。[38]

到了一百萬年前，在人亞科原人更波瀾壯闊的某次輻射當中，各式各樣的直立人／匠人取代了所有其他形式的人亞科原人。匠人個體的個子比能人高，而且腦容量也更大，在八百五十到一千立方公分之間。這就讓他們接近了現代人類的腦容量範圍。還有一些其他跡象也證明他們顯然更接近現代人類。從大約一百五十萬年前，他們開始製作一種人稱阿舍利文化（Acheulian）手斧的新型石器；製作這種工具比奧杜威石器更需要成熟老練的智力表現。這些石器比奧杜威小石斧的精確度更高，造型也更加優美。而且這些石器的每一側都經過加工製作，變成梨形的「斧頭」，通常擁有最少兩個切割的刃口。有時候，阿舍利石器也用骨鎚打磨出更鋒利的刃口。有些匠人族群可能也學會了用火。這不僅給他們、特別是他們的穴居生活帶來絕佳的保護，同時也能藉由烹煮而讓肉類變得柔軟而衛生。不過，就算他們真的能用火，也是毫無章法可言。比方說，我們找不到他們使用過火爐的任何證據。[39]

匠人的語言能力似乎比能人更優秀，但到底優秀到什麼程度卻很難說。較大的前腦代表理解與處理符號的能力變得更強，而喉頭位於咽喉較低的位置或許也讓發音變得更加容易；因此，相較於手勢交流來說，符號溝通的重要性也大為增加。然而，我們幾乎沒有什麼直接證據來證明他們擁有符號活動所需的豐富能力，而這種能力在現代人類的化石證據裡卻昭然若揭。因此，即使符號溝通似乎有可能以某種形式出現在匠人身上，但卻還沒對他們的行為或意識產生革命性的影響。[40]史蒂芬・米森（Steven Mithen）曾提過一個有趣的觀點，認為匠人個體也許主要還是在社交場合裡使用他們所擁有的語言能力。[41]沒有證據能證明語言被拿來解決技術上的問題，因為匠人的阿舍利石斧在出現以後的一百萬年裡就幾乎沒有什麼改變。而且，雖然匠人飲食裡的肉類或許比他們的能人親戚多，但他們似乎也不太可能從事像現代狩獵採集民族那樣的系統性狩獵活動。

這些物種的行為靈活性增加，最重要跡象就在於它們當中包含了最早遷移出東非，接著又徹底離開非洲、進入歐亞大陸的人亞科原人。大約在七十萬年前，許多直立人社群散居在亞洲南部，甚至還曾經進入冰河時期的歐洲。一八九一年，直立人的遺骸首度在印尼被人發現；而最著名的發掘結果，或許當屬一九二〇年代在北京近郊周口店洞穴裡的發現。總而言之，直立人所開發的小生境比能人所使用的範圍更加廣泛——「廣泛」所指的，既是生態環境，也是地理區域的範圍。尤其是，他們顯然有辦法生活在某些能人覺得太冷或季節性變化太大的區域。

某個物種可用小生境的增加，往往就是人口發展大獲成功的徵兆；我們可以合理地假設，人亞科原人的數量隨著可用小生境數量的增加而成長。雖然我們並不知道任何一種早期人亞科原人的數量有多少，但或許與二十世紀以前的類人猿族群數量相去不遠。人亞科原人在某個時期裡或許曾有好幾萬、或多達好幾十萬人；而在遷移到非洲西部與北部，然後進入歐亞大陸南部時，他們的數量或許就有所增長。然而甚至就拿直立人來說，我們也還沒有掌握到任何人口數量長期成長的證據。所以，我們不應該過度誇大他們遷離非洲的重要性。在歐亞大陸南部，直立人進入一個比東非熱帶草原季節性變化更大，但其他條件卻相當類似的環境裡。而且，包括許多更早人猿總科動物在內的其他哺乳動物物種，也早就進行過類似的遷徙。到最後，讓人感到訝異的是，直立人也沒能定居在歐亞大陸北部的寒冷中心地帶。[42]另外，也沒有他們越過大海抵達澳洲與巴布亞紐幾內亞的任何證據。

過去一百萬年裡人類出現以前的人亞科原人

在過去的一百萬年裡，在非洲與歐亞大陸各地都出現好幾種新類型的人亞科原人。而任何一個地方的這些物種，腦容量的擴展都非常迅速。到最後，許多物種的腦容量都達到一千三百立方公分，讓它們躋身於現代人類腦容量範圍的行列。大概從二十萬年前開始，經過很長一段技術幾乎毫無變化的時期之後，出現一種新的石器製作技術：也就是所謂的勒瓦婁哇（Levallois）或莫斯特文化（Mousterian）時期的工具。在這些工具裡，有一種形如龜殼的石核，是以精確的計算、一鎚子敲掉好幾片石片的方式所製作出來的。要想開發新的小生境，想必離不開一套更多樣化的工具組才是。

為何人亞科原人的大腦居然成長得這麼快？要說明大腦為何成長，難度要比看起來還大得多，因為腦容量大的動物非常稀有——而且理由很充分。現代人類的大腦可以說是我們已知最複雜的單一物體。

愛德華・威爾森曾主張，人類大腦的演化是地球生命史當中的四大轉捩點之一。[43]每個人的大腦都包含大約一千億個神經細胞，和一般銀河系裡的恆星數量一樣多。它們彼此相互連結（平均每個神經元可能與一百個其他神經元連接在一起）而形成了驚人的複雜網路，連接的線路可長達六萬英里。這樣的結構能用來執行平行運算。也就是說，儘管每一次的運算速度可能都比現代的電腦還慢，但在某個特定時刻所執行的總運算次數卻遠遠勝過電腦。一部高速的現代電腦能在一秒鐘裡完成十億次的運算，而即使是休息狀態下的蒼蠅，其大腦也還能處理至少百倍於電腦的運算次數！[44]當然，要演化出如此強大的生物電腦，就得要有很棒的達爾文式演化對策才行。

然而，儘管這個論據在直觀上還算說得過去，但本身卻仍有很嚴重的問題。假使大腦擁有如此明顯的本事來「適應」，為何只有少數物種能演化出與身體大小相較之下、真正大型的腦容量呢？麻煩的是，大腦的維護成本相當高。人腦用掉維持人體所需能量的百分之二十，但卻只占體重的百分之三。生育頭部巨大的嬰兒也充滿困難與危險，尤其對於用兩腳行走的物種來說更是如此，因為雙足步行需要的是窄臀、而不是寬臀，換句話說，發育出大型腦容量是一場相當具有風險的演化冒險。所以我們不能就只是認為大型腦容量的演化出現，是因為它們擁有明顯的優勢所致。相反的，我們必須找出更為明確的解釋才行。

答案之一有可能是，大腦被生活在野外的物種當成了一種相當不錯的輻射體。這個答案並不像聽起來的樣子那麼的輕率。然而，或許還有更巧妙、更適合的答案才是。或許這當中存在著某些回饋迴路，其中還涉及了鮑德溫式的演化發展。在某個領域裡的變化（不管是遺傳或行為方面）都可能會引起其他領域的種種變化，而這就會產生新的選擇性壓力來增強最初的變化。這樣的一個迴路，正如同我們所看到的，或許就把工具的使用與腦容量給連結了在一起。

另一個迴路可能與前一個迴路串聯運作，把社會性與腦容量兩者連結在一起。就算在黑猩猩身上，我們也已經知道，擁有精確計算社會關係的能力確實能夠提高個體的繁殖機會。而且這些過程或許還能建立起相對快速的回饋迴路，因為社交能力較強的個體交配得比較頻繁，生下的後代比較多，而這些後代也許反過來又擁有比較厲害的社交與政治技巧。到頭來，這些過程或許就促成了大腦的發展，擴大了本身最能進行複雜社交計算的那些區域。[45]腦容量更大也讓生育的過程變得更加痛苦而艱難。在某個階段，這個問題也許可以透過改變嬰兒發育的速度來加以解決。人亞科原人的嬰兒在完全成熟之前就誕生出世。但是這樣的解決方式卻意味著嬰兒變得愈來愈無助，更需要父母的養育。如此就使得由雄性與雌性所構成的社會群體圍繞著母親打轉、給予支持，而讓母親的重要性大為增加。這種轉變也許和這樣的事實有關：有別於大多數其他類人猿（紅毛猩猩除外）的是，人類已喪失了發情期；因此，他們即使在不可能懷孕的時候也能夠發生性行為。這種性行為與繁衍生殖局部分離的情況，可能使男女之間的配偶關係變得更加牢固，進而提高了男性在養育子女這件事上頭的作用，而這樣的改變或許也和人類兩性異形的衰退有關。[46]且不管這些複雜過程的細節究竟為何（而考古紀錄裡的記載也太過含糊不清、語焉不詳），人亞科原人必然在腦容量變大的同時而變得更加社會化。但是正如我們所知道的，生活在更大、更複雜的社會群體裡得要有更複雜的社會技能才行；而大致說來，擁有最佳社會技能的個體才最有可能找得到配偶。不斷成長的腦容量讓社會變得更加複雜，從而又促使腦容量更進一步發展——這種類型的回饋迴路，或許就說明了在人亞科生物演化的某些階段裡，人類大腦（尤其是前額葉皮質）的擴展為何如此迅速。[47]

還有另一種可能性是，大腦的成長在人亞科原人的發展時程裡，只是一些相當微小變化的一個副產品。正如同我們所看到的，幼態延續——物種演化過程與本身演化而來的物種稚體（juvenile）形態類似——之所以發生，是因為支配發展速度與時機的遺傳密碼出現了些許重新配置的情形，結果導致這個物種在性成熟以外的大多數特徵都變得發展較為緩慢。所以，成年人類的臉都長得扁扁的，而且身上的毛髮也比較少。黑猩猩也具備了這些特質，但只出現在青少年時期裡。隨著年齡增長，牠們的口鼻部位向外突出，而且全身上下也變得毛茸茸的。最重要的是，現代人類維持了黑猩猩青少年時期特有的大腦成長速度，而且還把這樣的速度繼續維持了更長的一段時間。也就是說，他們的腦袋長得比較大，而且青少年時期快速學習的步調也持續得比較長久。就這樣，控制著發展過程的基因身上小小的改變，可能就會對幼態物種的成年形態產生巨大的影響。

最後一種可能性是，大腦的快速成長和語言種種更複雜形式的演化有關。就像使用工具一樣，語言技能可能與大腦的能力密切相關，讓擁有較大腦容量的個體獲得了顯著達爾文式的演化優勢。這會讓更大的大腦在更具演化發展特性的回饋迴路裡加速演化。我們會在下一章更仔細探討這個論點。

不管原因究竟為何，我們知道人亞科原人的大腦從五十萬年前左右就開始迅速成長。這些變化是智能明顯增加的明證，也可能是語言能力明顯提高的佐證。但是，讓人感到沮喪的是，我們仍然沒有太多證據來說明人亞科原人的生活方式是否出現了革命性的變化。在這些晚期的人亞科原人當中，最著名的當屬尼安德塔人。一八五六年，人們首次在德國的尼安德德河谷（Neander valley）找到了尼安德塔人的化石。儘管長期以來人們都把尼安德塔人與現代人類劃分成同一個種（嚴格說來，他們的學名為Homo sapiens neanderthalensis），但是最近用尼安德塔人化石上殘存的ＤＮＡ進行的基因測試卻顯示，人類與尼安德塔人的血脈可能早在七十萬至五十五萬年前就已分道揚鑣了。48

在考古紀錄當中，尼安德塔人首次出現於十三萬年前左右，一直到最近兩萬五千年前才消聲匿跡。他們的腦容量並沒有輸給現代人類，甚至有可能還更大一些，但是他們的身體卻比現代人類更結實粗壯。他們顯然擁有狩獵的能力，而這就使得他們在冰河時期能夠盤踞在更早期人亞科原人所無法居住的自然環境裡——像是現在的烏克蘭和俄羅斯南部的部分地區。然而，相較於現代的狩獵採集民族，甚至舊石器時代晚期的人類，他們的狩獵方法根本毫無效率和章法可言。他們的石器通常被當成莫斯特文化（Mousterian）的代表，比直立人的石器更複雜，但多樣性與精確性卻遠不如現代人類所製作的石器。有跡象顯示尼安德塔人會進行藝術創作或舉行葬禮，而這兩者都代表符號溝通日趨頻繁的情況（但證據並不明確）。我們沒有發現到社會更趨複雜化的跡象。就像早期的人亞科原人一樣，尼安德塔人似乎主要還是過著簡單的家庭群體生活，彼此的接觸交流相當有限。沒有證據能證明尼安德塔人有辦法給這個星球帶來和現代人類一樣的影響。

本章摘要

這是個讓人感到相當挫折的結論。我們已知現代人類的演化是地球歷史裡深具革命性的一件大事。我們也能看到所有現代人類的組成要件在幾百萬年的時間裡一點一滴被聚攏在一起。人亞科原人演化出更大的腦容量，不僅讓行動更加靈活，或許還開始擁有使用符號語言的能力。人亞科原人比任何其他靈長目動物更懂得學習用更複雜的方式來使用工具，因此獲得了更多樣化的飲食。總的來說，這些變化顯然讓直立人得以拓展出比任何其他親緣相近物種還來得更廣闊的棲息環境。

然而，我們還沒有任何明確的化石紀錄能證明，即使到了距今大約二十五萬年前，晚期人亞科原人的物種是否在行為方面曾出現革命性的變化。我們仍脫離不了天擇的範疇，遺傳的變化依然讓文化的改變相形見絀。我們很難想像，早期人亞科原人的物種怎麼能像我們本身這個物種一樣來改變這個世界。同樣的疑問甚至也適用在尼安德塔人身上；他們在遺傳基因上與我們極其相似，腦容量與我們一樣、甚至比我們還更大。那麼，有關現代的人類與人類的歷史，到底什麼才算是具有革命性呢？在本章所提過的種種變化，會以什麼樣的方式來給他們具有革命性的生態影響做好準備？我們在下一章會提出一些嘗試性的答案。

延伸閱讀

有關人類的演化，我們可以找到許多很棒的暢銷書籍，而這個領域可以說是瞬息萬變、以至於這些書籍也可能很快就過時了。在這當中，羅傑・盧般的《人類的演化》第四版是最好的教科書之一，而史蒂文・瓊斯等人所編纂的《劍橋人類演化百科全書》則是一部絕佳的參考書籍。在這個領域裡的兩位重量級人物——理查德・李奇（Richard Leakey）與唐・約翰森都寫過相關主題的作品：李奇著有《人類傳奇》（*The Origin of Humankind*, 1994），而約翰森與梅特蘭・艾迪（Maitland A. Edey）則合著了《露西》（*Lucy: The Beginnings of Humankind*, 1981）。賈德・戴蒙（Jared Diamond）的《第三種猩猩：人類的身世與未來》（*The Rise and Fall of the Third Chimpanzee*, 1991）是一本針對這個領域的簡要概述，而保羅・埃爾利希的《人類本質》（*Human Natures: Genes, Cultures, and the Human Prospect*, 2000）則是近期另一部全盤概覽的作品。其他全面總覽的作品還包括了：戈蘭・布倫哈特主編的五卷《圖說人類歷史》；布萊恩・費根（Brian Fagan）的《地球人》第十版（*People of the Earth: An Introduction to World Prehistory*, 2001）這本廣為採用的教科書、羅伯特・佛里（Robert Foley）的《簡述人類演化》（*Humans before Humanity*, 1995）、伊恩・泰德薩（Ian Tattersall）的《終極演化》（*Becoming Human: Evolution and Human Uniqueness*, 1998）、羅伯特・溫克（Robert Wenke）的《史前史中的模式》第三版（*Patterns in Prehistory: Humankind's First Three Million Years*, 1990），以及彼得・柏伽基（Peter Bogucki）的《人類社會的起源》（*The Origins of Human Society*, 1999）。克萊夫・甘布爾（Clive Gamble）的《史前全球文明》（*Timewalkers: The Prehistory of Global Colonization*, 1995）是探討舊石器時代最佳的總覽作品之一。在意識與思想的演化方面有史蒂芬・米森的《史前：文明記憶拼圖》（*The Prehistory of the Mind: A Search for the Origins of Art*, 1996）、泰倫斯・迪肯的《使用符號的物種》（*The Symbolic Species: The Co-evolution of Language and the Brain*, 1997）、史迪芬・平克（Steven Pinker）的《語言本能》（*The Language Instinct: The New Science of Language and Mind*, 1994）與《心智探奇》（*How the Mind Works*, 1997）、威廉・喀爾文（William Calvin）的《心智的躍升》（*The Ascent of Mind: Ice Age Climates and the Evolution of Intelligence*, 1991）與《大腦如何思考》（*How Brains Think: Evolving Intelligence, Then and Now*, 1998），以及尼古拉斯・韓佛瑞的《心智的歷史》（*A History of the Mind*, 1992）；這些都是很有價值的作品，儘管這個領域仍沒有太多確切的證據，仍有許多地方需要推斷與思索。克雷格・史丹佛的《狩獵猿人》與《重要的他者》（*Significant Others: The Ape-Human Continuum and the Quest for Human Nature*, 2001）運用了敏銳的洞察力，提出現代靈長目動物學必須給人類演化的故事帶來什麼樣的東西。在《非零年代》（*Nonzero: The Logic of Human Destiny*, 2000）一書當中，

羅伯特・賴特（Robert Wright）則探討了非零和賽局在人類歷史裡所扮演的關鍵角色。

注釋

❶ 範例可參閱John Maynard Smith and Eörs Szathmary, *The Origins of Life: From the Birth of Life to the Origins of Language* (Oxford: Oxford University Press, 1999)。

❷ 關於人類如何使用能量的簡明歷史可參閱Vaclav Smil, *Energy in World History* (Boulder, Colo.: Westview Press, 1994)。

❸ Paul Ehrlich, *The Machinery of Nature* (New York: Simon and Schuster, 1986), p. 287；關於地面上的人類之初級淨生產力（NPP）數據，取自I. G. Simmons, *Changing the Face of the Earth: Culture, Environment, History* (Oxford: Blackwell, 1996, 2nd ed.), p. 361，他採用的數據又來自J. M. Diamond, "Human Use of World Resources," *Nature* (6 August 1987): 479-80。

❹ World Resources, 2000-2001: *People and Ecosystems: The Fraying Web of Life*(Washington, D.C.: World Resources Institute, 2000), pp. 246, 248.

❺ 範例可參閱Richard Leakey and Roger Lewin, *The Sixth Extinction: Patterns of Life and the Future of Humankind* (New York: Doubleday, 1995）。

❻ A. J. McMichael, *Planetary Overload: Global Environmental Change and the Health of the Human Species* (Cambridge: Cambridge University Press, 1993), p. 33.

❼ 約翰・梅納德・史密斯和厄斯・薩斯馬利對生物新形態複雜性的說法如下：「那些在轉變之前就有能力自我複製的實體，終究還是只能以大整體中的一部分來進行複製」（*The Origins of Life*, p. 19）。

❽ Craig Stanford, *The Hunting Apes: Meat Eating and the Origins of Human Behavior* (Princeton: Princeton University Press, 1999), pp. 28-29.

❾ John A. Mears, "Agricultural Origins in Global Perspective," in *Agricultural and Pastoral Societies in Ancient and Classical History*, ed. Michael Adas (Philadelphia: Temple University Press, 2001), p. 65。關於「非零和賽局」（賽局的目的在於分享成功經

驗而非你死我活的競爭）在人類歷史中之重要性的討論，請參閱Robert Wright, *Nonzero: The Logic of Human Destiny* (New York: Random House, 2000)。

⑩ McMichael, *Planetary Overload*, p. 34.

⑪ Derek Bickerton, *Language and Species* (Chicago: University of Chicago Press, 1990), p. 157；引述自William H. Calvin, *How Brains Think: Evolving Intelligence, Then and Now* (London: Phoenix, 1998), p. 82。

⑫ Terrence W. Deacon, *The Symbolic Species: The Co-evolution of Language and the Brain* (Harmondsworth: Penguin, 1997), p. 397.

⑬ Chris Stringer and Robin McKie, *African Exodus* (London: Cape, 1996), p. 150.

⑭ Vincent Sarich and Alan Wilson, "Immunological Time Scale for Hominid Evolution," *Science* (1 December 1967): 1200-03。這篇論文的題目，跟其他那些偉大的科學論文比起來，少了點詩意。

⑮ 關於分子分類學的局限性，請參閱Roger Lewin, *Human Evolution: An Illustrated Introduction* (Oxford: Blackwell, 1999, 4th ed.), pp. 41-45。

⑯ 近來我們發現了人亞科祖先的遺跡，意味著古生物學家將來有可能用更充分的證據來描述這種共同的祖先。當然，這其中還有許多值得思索的問題，請參閱Lewin, *Human Evolution*, pp. 84-85。

⑰ 關於環境和人類進化的簡要說明，可參閱Calvin, *How Brains Think*, pp. 69-81，以及William H. Calvin, *The Ascent of Mind: Ice Age Climates and the Evolution of Intelligence* (New York: Bantam, 1991)。

⑱ 克雷格・史丹佛（Craig Stanford）近期的兩本著作：*The Hunting Apes*和*Significant Others: The Ape-Human Continuum and the Quest for Human Nature* (New York: Basic Books, 2001)概述了此領域最新的成果。

⑲ 在這樣的社會中，很明顯是以採集植物類食物為主，因此我使用「採集」（foragers）這個字而非常見的「狩獵與採集」（hunters and gatherers），這個字出自於理查・李（Richard Lee）的著名作品：*The Kung San: Men, Women, and Work in a Foraging Society* (Cambridge: Cambridge University Press, 1979)；關於採集技術的討論，可參閱Allen W. Johnson and Timothy Earle, *The Evolution of Human Societies: From Foraging Group to Agrarian State* (Stanford: Stanford University Press, 2000, 2nd ed.), chap. 3。

⑳ Robert Foley, "In the Shadow of the Modern Synthesis? Alternative Perspectives on the Last Fifty Years of

Paleoanthropology," *Evolutionary Anthropology* 10.1 (2001): 5-15，此文聚焦於探討人亞科祖先如何適應輻射的歷史。

㉑ Lewin, *Human Evolution*, chap. 10.

㉒ Lewin, *Human Evolution*, p. 55.

㉓ Ann Gibbons, "In Search of the First Hominids," *Science* (15 February 2002): 1214-19：這個考古團隊將其歸類為「圖根原人」（Orrorin tugenensis）。

㉔ Yohannes Halle-Selassie, "Late Miocene Hominids from the Middle Awash, Ethiopia," *Nature* (12 July 2001): 178-81.

㉕ 不僅人亞科原人可以用雙足行走，最近在地中海小島發現一個九百萬年前的類猿生物化石，似乎也是用雙足行走的物種，參閱Stanford, *The Hunting Apes*, p. 220。

㉖ Lewin, "Origin of Bipedalism," chap. 17, *Human Evolution.*

㉗ Hubert Reeves, Joël de Rosnay, Yves Coppens, and Dominique Simonnet, *Origins: Cosmos, Earth and Mankind* (New York: Arcade Publishing, 1998), pp. 152-56（伊夫・柯本斯撰寫的部分）；Lewin, *Human Evolution*, pp. 108-109。

㉘ Reeves, de Rosnay, Coppens, and Simonnet, *Origins*, p. 156（伊夫・柯本斯撰寫的部分）。

㉙ 在這一章及接下來的兩章裡，將使用考古學者常用的「距今」兩字。以當前嚴謹的定年技術而言，這裡的「今」是指一九五〇年代，但這幾十年的微小差距可以暫且忽略。

㉚ 露西的發現，使人更加關注早期人亞科原人的進化史，請參閱Donald Johanson and James Shreeve, *Lucy's Child: The Discovery of a Human Ancestor* (Harmondsworth: Penguin, 1989)。

㉛ Stanford, *The Hunting Apes.*

㉜ 關於人亞科原人之兩性異形的重要論證，請參閱Walter Leutenegger, "Sexual Dimorphism: Comparative and Evolutionary Perspectives," in *The Illustrated History of Humankind*, ed. Göran Burenhult, vol. 1, *The First Humans: Human Origins and History to l0,000 BC* (San Francisco: HarperSanFrancisco Publishers, 1993), p. 41。

㉝ Ian Tattersall, *Becoming Human: Evolution and Human Uniqueness* (New York: Harcourt Brace, 1998), pp. 133-34.

㉞ 近來提出的說法是能人有兩種：腦容量和體型較大的盧多爾夫人（rudolfensis），以及腦容量、體型較小但下顎和牙齒更接近現代人的物種，參閱Lewin, *Human Evolution*, p. 124。

35 克雷格・史丹佛在《狩獵猿人》這本書中，探討了肉食在原始社會中的營養及社會重要性，以此對於「獵人」的假說提出修正。

36 關於黑猩猩的狩獵行為，請參閱Stanford, *The Hunting Apes*。

37 這類來自非洲的樣本稱為「匠人」（ergaster），其餘則稱為「直立人」（erectus），我僅在討論非洲以外的樣本時才使用「直立人」。

38 關於匠人的精采論述可參閱 Paul Ehrlich, *Human Natures: Genes, Cultures, and the Human Prospect* (Washington, D.C.: Island Press, 2000), pp. 92-96。

39 Johan Goudsblom, *Fire and Civilization* (Harmondsworth: Allen Lane, 1992)。此書指出，用火是人類歷史上最基本的大躍進。

40 Deacon, *The Symbolic Species*, p. 358.

41 Steven Mithen, *The Prehistory of the Mind: A Search for the Origins of Art, Religion, and Science* (London: Thames and Hudson, 1996), pp. 179 ff.

42 David Christian, *A History of Russia, Central Asia, and Mongolia*, vol. 1, *Inner Eurasia from Prehistory to the Mongol Empire* (Oxford: Blackwell, 1998)，我在這本書第二章裡探討了歐亞大陸不曾出現直立人的重要意涵。

43 Edward O.Wilson, *Consilience: The Unity of Knowledge* (London: Abacus, 1998), p. 107：此書第六章關於當前對人類大腦的認識提出了最佳的簡要說明。

44 Robert Lewin, *Complexity: Life on the Edge of Chaos* (Phoenix: London, 1993), p. 163.

45 尼古拉斯・韓佛瑞在其著作中曾提到這種回饋循環，摘要請參閱Calvin, *How Brains Think*, pp. 66-68。

46 Jared Diamond, *Why Is Sex Fun? The Evolution of Human Sexuality* (London: Weidenfeld and Nicolson, 1997)。Donna J. Haraway, *Simians, Cyborgs, and Women: The Reinvention of Nature* (New York: Routledge, 1991), p. 107，此處試圖解釋人類女性缺乏明顯發情期的重要意義。

47 Robert Foley, *Humans before Humanity* (Oxford: Blackwell, 1995), pp. 165-71.

48 Ehrlich, *Human Natures*, p. 96.

年表7-1　人類歷史的尺度：20萬年

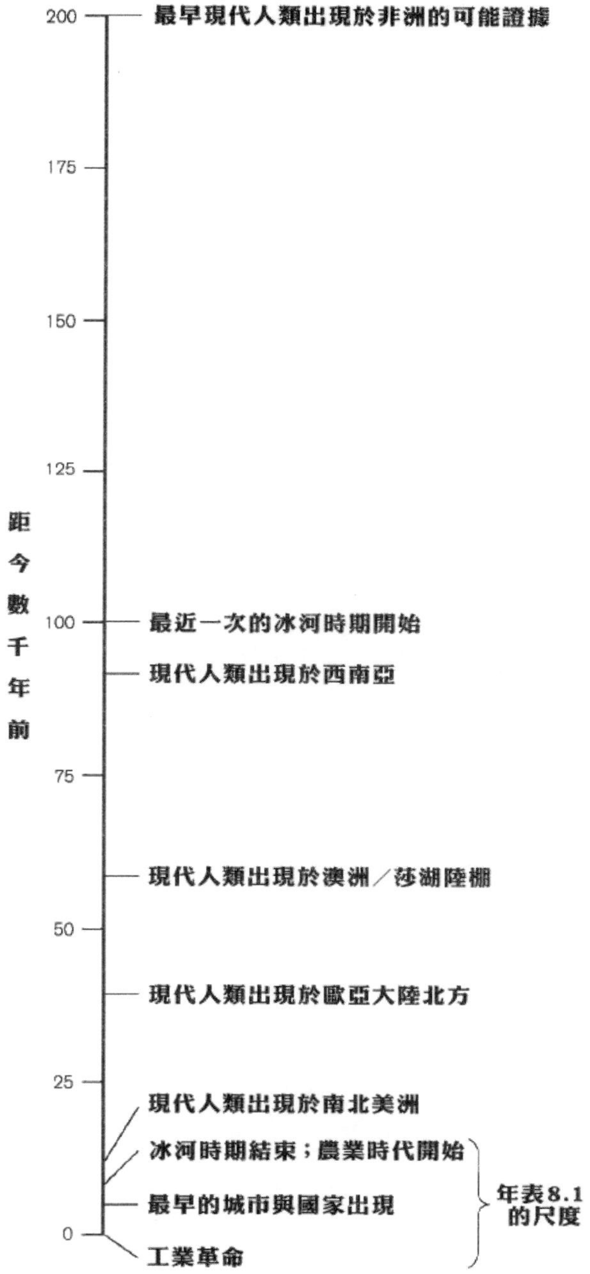
200
最早現代人類出現於非洲的可能證據
175
150
125
距今數千年前
100
最近一次的冰河時期開始
現代人類出現於西南亞
75
現代人類出現於澳洲／莎湖陸棚
50
現代人類出現於歐亞大陸北方
25
現代人類出現於南北美洲
冰河時期結束；農業時代開始
最早的城市與國家出現
0
工業革命
年表8.1
的尺度

第七章

人類歷史的起源

人類語言的演化

有許多特徵促成了我們這個物種獨一無二的演化套裝組合。然而我們在上一章曾經指出，最關鍵的因素就在於符號語言的出現，推出了集體學習這種新穎而獨特的強大適應機制。所以，為了搞懂人類的歷史究竟在什麼時候真正展開它的篇章，我們就必須弄清楚人類是在什麼時候、透過什麼方式獲得了使用符號語言的天賦。

這是個陰暗幽微的領域，因為語言並沒有在化石紀錄裡留下任何的直接痕跡；我們理解人類語言演化過程的努力，全仰賴於化石紀錄裡模稜兩可的暗示，硬生生塞給它一堆理論的填充物。其實這也沒什麼好奇怪的，各路專家甚至對於人類語言最早出現於何時這麼個根本的問題也沒有什麼共識。亨利・普洛金（Henry Plotkin）是這麼認為的：

> 有些人認為是在最近這十萬年或更晚的時候，有些人則追溯到距今兩百萬年以前，而大部分的人則認為是落在距今二十五萬至二十萬年前之間的區段裡面。語言絕不可能突如其來就冒了出來，假若我們不把突如其來定義為某個單一奇蹟般的突變，或一段連一千年都還不到的時間……。語言極有可能是經過幾萬年、或許幾十萬年的塗塗抹抹才渲染開來。[1]

目前，根據語言學家諾姆・杭士基（Noam Chomsky）的深刻見解，人們往往假定語言能力的發展就像人類其他獨特的能力一樣，全都取決於裝有處理特殊技能編碼指令的大腦裡，特定「模組」或「器官」的演化狀況。大家都認為人腦擁有極為強大而全面的運算能力。但是它們也還擁有一些特殊的模組，能處理語言與許多其他技能，其中或許也包括了社交技能、科技能力以及生態或環境的知識。這些理論讓人十分心動，尤其以語言這個例子來說更是如此。人類嬰兒習得語言的速度與流暢程度，不僅和任何一種嘗試錯誤的學習過程都不一樣，同時也和我們的黑猩猩近親全無雷同之處。似乎從某種意義上來說，人類的語言能力必然是一種連接到我們大腦裡的固定線路；而用演化漫長時程來看，必定是在不久前才和大腦搭上了線。假使真是如此的話，那些對人亞科原人演化感興趣的人就得設法說明語言的模組是如何演化出現的。❷

史蒂芬・米森曾提出一套說法，認為或許在過去的十萬年裡，有些曾各自獨立的大腦模組——當中有部分甚至在最初人亞科原人出現時就已存在——就像語言的「大爆炸」一樣，突然間就彼此融合在一起。❸然而我們仍然不清楚這究竟是如何發生的。把人腦喻為「瑞士刀」的觀點也還存在著一些其他方面的難題。人腦在許多重要方面當然和猿類不一樣（不僅只有大小而已），然而事實卻已證明，我們根本就不可能找到獨特「語言」模組的位置。語言能力似乎分布在頭腦當中的許多不同部位，甚至位置何在也因人而異。語言似乎是大腦不同部位交互作用網路的產物，而不是任何單一語言區域的成果。❹

在《使用符號的物種》一書當中，泰倫斯・迪肯給人類語言的演化提出了一種不倚仗特殊化模組概念的解釋。他從使用符號這種人類語言最獨特的特徵開始進行論證。他認為，對外在世界的描繪有三種形式。最簡單的兩種形式取決於能否覺察到事物與事件彼此之間的相似性（迪肯稱之為「圖像」〔icons〕）或相關性（「索引標籤」〔indices〕）。❺圖像的相似性使得像細菌那種簡單的生物體都能對溫暖或明亮的現象做出某種反應、對寒冷或黑暗做出另一種反應。而另一方面，巴夫洛夫的狗（Pavlov’s dogs）懂得進食與鈴鐺聲之間存在著某種相關性，因為這兩者經常都同時出現，因此，牠們就把這兩種現象連結在一起，儘管這當中並沒有任何圖像符號的相似性。這兩種學習方式都有賴於內在與外在事件一對一的對應關係。然而，「符號」這第三種描繪形式不僅涉及了外部世界，同時還涉及了所有圖像符號與索引標籤全體，所以就可以被用來創造出更複雜的現實內在地圖。

但是象徵性的思維方式卻相當棘手。只有把圖像符號與索引標籤這兩種描繪形式在某種程度上擺到後台運行，而讓頭腦的其他部分把相關概念的本質提煉成某種符號形式，才可能實現符號性的思維。根據迪肯的說法，「發現符號所遭遇到的難題就在於，要把注意力從具體事物轉移到抽象概念，從符號與物體之間各自獨立的索引式連結轉移到一整套符號間有條有理的關係。為了讓象徵－象徵關係的邏輯產生積極的作用，高度的冗餘是非常重要的」（頁四〇二；請參見第三章各處）。這種智能的策略需要大量的運算能力。迪肯的論證明確指出我們得克服多大的困難才能實現符號性的思維，而這也有助於說明為何符號的描繪模式顯然僅限於出現在腦容量甚大的人類身上。

然而，單單只有腦容量大還是不夠的。符號語言還需要許多其他智能上與生理上的技能。這當中包括有能力快速製作與處理符號的象徵性動作或聲音，並且能理解別人發出一連串快速的語音符號。這麼一套連貫而又複雜的技能，如何與為何能夠在幾百萬年這相對較短的時間裡同時發展起來呢？迪肯的答覆指出，它們出現在某種共同演化的過程當中；在這個過程裡，人亞科原人演化成更有辦法利用符號溝通簡陋而粗淺的形式來獲得好處，而語言本身也演化得愈來愈精緻而準確，以滿足人亞科原人大腦不斷變化的能力與特點。這樣的變化也許涉及了某種鮑德溫式的演化發展，當中些許的行為改變就給那些最擅長這些新行為的個體帶來顯著的生殖優勢。而這樣的優勢，反過來又會創造出有利於這些技能的強大選擇性壓力；就這樣，一開始只被當成純粹行為發展的東西，到最後就被銘刻到我們這個物種的遺傳密碼與人類語言的深層結構當中。❻符號溝通的粗陋形式最初或許是某些細微行為變化所造成的結果，而這和實驗情況下現代黑猩猩身上所觀察到的行為類似。但是一旦它們變成了習慣，這些新的溝通形式就會藉由提高因遺傳原因而最擅長這些方式的那些個體繁衍生殖的機會，從而創造出新的選擇性壓力。

這樣的討論讓我們得知，邁向符號語言發展的最初幾個步驟或許在很早以前就已開始，令許多讓現代語言得以出現的行為與遺傳變化有足夠的時間來完成它們的演化發展。這還顯示了最初幾個步驟所需的大腦智力，其實和現代黑猩猩幾乎沒有太大的不同。然而在最初這幾個步驟之後，或許就出現了一些演化上的變化，其中最明顯的特徵（至少在化石紀錄裡）就是大腦前額葉皮質的大小與重要性擴展變大。到最後，我們應該只能從人類演化後期的這段期間當中來尋找有效符號溝通的直接證據。迪肯認為符號溝通極其困難的說明，讓我們明白了一旦邁過門檻，人類溝通交流的品質與本質就可能產生突變——出現了某種符合史蒂芬・米森語言大爆炸的情形。

形成符號語言的最初幾個步驟也許包含了手勢和語音的結合。在實驗的狀況下，黑猩猩能夠學會如何使用象徵符號，儘管能力依然相當有限；而南方古猿在語言方面也許也具備了與現代黑猩猩同樣的能力。❼不過，假使能觀察到南方古猿彼此溝通交流的情形，我們或許還是無法確定這是不是真正的「語言」。迪肯的解釋是：

> 退一步來說的話，最早的符號系統幾乎可以確定並不是成熟語言。假使在今天遇到的話，我們甚至不會把它們當語言來看待，儘管我們或許承認它們與其他物種的交流方式大相逕庭。最早的語言形式容或缺少了我們認為現代語言該具備的效率與靈活性……。最初的符號學習者

> 可能還是像現代猿猴那樣，大半的社會交流仍然透過呼叫與展示（call-and-display）的行為來進行，而符號溝通很可能只占了很小的一部分。（頁三七八）

假使這樣的重構正確無誤，那就說明了南方古猿擁有生活在符號國度裡的有限能力，或許讓他們產生了適度的抽象思維，甚至某種程度的自我意識。然而，在大多數情況下，我們應該假定南方古猿就和大多數擁有大腦的動物一樣，都生活在受到當下感官知覺所支配的經驗世界裡，而不像現代人類生活在精神心靈的世界裡；在那樣的世界裡，我們常常能夠召喚出不存在的事物，其中也包括了過去與未來。❽

我們從能人顱骨的研究得知，他們的大腦不僅在大小尺寸上勝過了南方古猿，同時在組織結構上也大不相同。尤其是，它們還出現了左右腦分工的跡象，這在現代人類身上則反映在「慣用手」的特質上頭。這個特徵與腦容量的增加一樣，都可能反映出對於完善的符號能力所做的選擇，因為大腦不同部位的功能分化可能提高了大腦平行處理不同類型訊息的能力。❾迪肯認為，在能人與晚期人亞科原人身上，或許已經出現其他和語言相關的某些技能：

> 能人與直立人也許已具備了（比南方古猿）更強大的肌肉控制能力，而且喉部可能也已經出現約莫中等程度的下降狀況（從而增加了能夠發聲的多樣性）。相較於現代人類來說，直立人的說話方式有點兒比較不那麼清晰，速度也比較緩慢，而能人的說話能力甚至可能還更有限。所以，儘管他們的口語表達都做不到今天的速度、範圍或靈活性，但至少還擁有許多現代語言當中的輔音／子音特徵。（頁三五八）

但是我們也不應該誇大這些技能。所有早期人亞科原人相對較高的喉部，讓他們無法發出和現代人類同樣範圍（尤其是元音／母音）的聲音。假使他們能說話，或許也只能使用以輔音為主的有限字彙而已。手勢或許依然擔負著大部分溝通交流的重責大任。因為缺少現代人類操縱符號的速度與靈巧，他們的溝通交流用現代的標準來看還是既有限而又遲緩的。最重要的是，我們還不曾在考古紀錄裡看到任何蛛絲馬跡，能告訴我們與集體學習有關的適應能力獲得大幅提高的情況。

我們開始從過去五十萬年左右這個時段當中尋找證據，看看符號語言、連同提高了的適應性創造力是否朝向更具決定性的轉變發展。尼安德塔人的大腦容量與人類相同，然而對他們顱骨底部的研究卻顯示，他們同樣也沒有能力巧妙控制現代人類語言所要求的複雜發音方式。而這一點、再加上沒有其他明確證據能證明尼安德塔人彼此之間出現過廣泛的符號活動，這就讓我們認為尼安德塔人所使用的語言應該並不完善，即使他們在冰河時期出現於歐亞大陸的部分地區象徵他們適應新環境的能力確實有所提高。然而，人類某些個別物種的大腦容量在過去這五十萬年裡迅速成長，說明這個世界正在經歷一個快速的共同演化過程，而當中若干對符號語言發展至關重要的獨特能力也一起快速演化。這些演化也許包含喉部的下降（以實現發音所需更複雜的操控）、大腦內部側向分工的情況逐漸提高，以及控制呼吸、並迅速而準確辨認與分析聲音的各種能力的提升。[10]

人類歷史從何時開始？

我們最早獲得人類——不只看起來像現代人類，而且還擁有像現代人類一樣的行為表現與彼此交流的能力——存在的證據是在什麼時候？這是個歷史學家可能會提問的最重要問題之一，因為這是個有關人類歷史起源的問題。

近年來，我們已經得到兩種截然不同的答案。第一種答案「人類多地起源說」的地位如今已相當弱勢，雖然還有包括了密爾福特・沃波夫（Milford Wolpoff）與阿蘭・索恩（Alan Thorne）這些學者大力的支持。他們認為，在將近一百萬年的時間裡，人類遍布在非洲與歐亞大陸的土地上慢慢朝現代的形態演化發展。因此，所有非洲與歐亞大陸發現到每一種過去這一百萬年裡的人亞科原人遺骸，都應該被當成是某種不同區域性變種的單一演化物種樣本；其中有部分包括膚色與臉部特徵等特色就一直存留到現在。根據這種觀點，各區域的族群持續雜交繁殖，所以他們一直都算是同一個物種的成員。⓫假使這種說法是正確的，那麼我們就必然會得到這麼個結論，認為人類的歷史也許有一百萬年的時間，儘管那些最獨特的特徵到最近才顯露出來。然而，這樣的研究方法仍然有一些未解的難題。最重要的是，過去這一百萬年來化石遺骸繁多的種類、廣闊的分布範圍以及個體長途跋涉的可能性，都很難讓我們把這些遺骸當成單一物種演化的證據。

另一種觀點在目前比較受歡迎，認為現代人類出現得比較突兀，在十萬至二十五萬年前之間從非洲的某個旮旯裡冒了出來。⓬這個結論的關鍵證據來自遺傳學，雖然和最近的化石研究結果也沒有什麼差別。研究現代人類遺傳物質的結果顯示，我們在遺傳方面的變異遠不如鄰近的大猩猩族群。這就表示我們這個物種還非常年輕——也許只有二十萬年的歷史。假使我們出現的時間再久一點，就會有足夠的時間讓區域性族群內部與不同族群之間積攢出更多遺傳的多樣性。此外，現代人類大多數的遺傳多樣性都出現在非洲的各個族群之間，說明了這裡是人類住得最久的地方。那麼，想必非洲就是現代人類（智人）最早出現的地方。事實上，這個理論說明了在我們的歷史當中，現代人類至少有一半的時間就只生活在非洲這個地方。

這種認為我們這個物種相對來說出現得還滿突兀的說法，相當符合我們所知道的典型演化模式。現代人類就像許多人亞科原人的物種一樣，或許都是透過某種生物學家所熟知的異域種化（allopatric speciation）過程而演化出現的。當某個物種的族群出沒在一大片廣袤的區域時，往往就會有些群體變得與世隔絕。它們可能進入一個山谷、越過一座高山或是跨過一條河流，然後就切斷了與自己物種其他成員的聯繫。假使它們不再與自己物種的其他族群繁衍雜交，那麼很快就會在基因上與親代族群背道而馳。如果這個孤立的族群數量不大，而新落腳的生態環境又和原來的很不一樣，那麼出現分歧的速度就會很快，因為選擇性壓力很大，而且有利的遺傳變化在小型族群裡能傳播得更迅速。此外，純粹從統計觀點來看，小型族群不大可能完全擁有親代族群的特徵，而且當中的統計偏差值可能會快速地大量增加（這就是所謂的奠基者效應〔founder effect〕）。由於這些原因，生活在親代物種活動範圍邊緣小型族群裡的新物種，往往就會快速演化發展。假使這就是人類演化的方式，那麼所有現代人類的祖先就都來自那些十萬至二十萬年前生活在非洲的小型孤立群體。假使他們生活在非洲的南部，這確實就讓他們身處於舊石器時代中期（二十萬至五萬年前這段時間）人亞科原人族群活動範圍末端的邊緣地帶。

但是這個理論同樣也有它的問題，因為大多數的支持者都有共識，認為能夠證明包括人類語言這種獨特現代行為的證據，一直到五萬年前開始的舊石器時代晚期方才出現。得自歐亞大陸與澳洲的考古學證據顯示，人類的行為在五萬年前左右出現某些頗具決定性意義的改變。考古學家用來當成現代人類行為跡象的標記有四大類。第一類是新的生態適應，像是進入新類型環境當中之類的。第二類是新的技術，諸如小型、精密製作，間或可能已裝上手柄的標準化刀刃，以及像骨頭這些新材料的運用；這一切想必都已強化了進入新環境的能力。第三類是更大規模社會與經濟組織的跡象，證明了遠距離交易網路的擴展、獵取大型動物能力的改善，以及組織規畫能力的提高。第四類在某些方面來說也最重要，那就是符號活動出現的間接跡象，例如各式各樣藝術活動的出現，其中或許還伴隨著符號語言的使用。根據所有這些類型的證據，許多考古學家與史前史學家都認為，過去曾經發生過「舊石器時代晚期革命」：一個人類創造性活動的繁榮盛世在晚近大約五萬年前突然出現，標舉了人類歷史就此真正展開。

然而，現代人類的出現與現代行為的出現，兩者之間為何有如此明顯的落差呢？這向來是個吊人胃口的難解之謎。這讓某些學者忍不住臆想，認為某些關鍵的改變可能發生在這過去十萬年裡人類大腦的布線方式；如果是那樣的話，人類歷史的真正開端就要比遺傳證據所建議的時間更晚。然而，最近有兩位美國古生物學家，莎莉・麥克布里雅蒂（Sally McBrearty）與艾莉森・布魯克斯（Alison Brooks），大致根據非洲考古證據的仔細分析，對這些難題提出了一種巧妙簡練的解決方案。她們的說明和我們在前一節對語言起源所做的說明恰好吻合，因為這似乎展現了生物學家所熟悉的那種遺傳演化的過程，如何在大約二十五萬年前轉化成歷史學家所熟悉的那種文化演化的過程。我們在下一節的討論，主要將以她們對於非洲早期人類歷史的修訂描述為本。[13]

麥克布里雅蒂與布魯克斯在〈這並非革命〉（The Revolution That Wasn't: A New Interpretation of the Origin of Modern Human Behavior）這篇文章裡指出，在歐亞大陸和澳洲考古證據裡昭然若揭的突兀改變，在非洲的考古證據裡卻杳無蹤跡。在非洲這個地方，她們認為十足的人類行為，證據在舊石器時代晚期更早之前就已出現——或許早在二十五萬年以前，但是出現的過程似乎很零碎，一點一點逐漸顯露出來。使用小型刀具、其中有部分還裝了手柄，連同使用磨刀石與顏料這些證據出現得非常早，而其他創新技術的證據——包括了捕魚、採礦、長距離貨物交易、骨器的使用，以及遷徙到新的環境——出現的時間也比歐亞大陸更早。不論文化或人體結構上的改變，都不曾以「大爆炸」的形式出現；它們的演化過程反倒是比較像是那種斷斷續續、有一陣沒一陣的樣子：

> 非洲沒有「人類革命」這回事。反倒是，……新穎的特徵逐步累積增長。各種社會、經濟與生存基礎的不同元素以不同速度改變，紛呈於不同的時間與地點。我們描述了來自非洲中石器時代（African Middle Stone Age，距今大約二十五萬至五萬年之間）的證據，以支持以下的觀點：人類的解剖構造和人類的行為在過去的二十幾萬年裡，從一種原始的模式斷斷續續轉變成一種更為現代的模式。（頁四五八）

非洲並沒有出現舊石器時代晚期的革命，反倒明顯經歷了一段緩慢的變化過程，彷彿反映出許多小型群體與廣大區域當中「共享知識體系間歇性擴張」的情形（頁五三一）。而她們認為這種情況才是我們應該期待見到的，假使現代人類曾生活在小型群體裡，並且在一個接著一個社群裡逐漸發展出這些技能的話。

此外，她們還表示，這些變化當中最早出現的部分，恰好和一種被稱為Homo helmei人亞科原人的新人種出現在同一個時期；他們與現代人類的親緣關係十分相近，因此或許很有必要把他們重新劃分到我們智人這個人種裡面來。確實屬於智人的遺骸到了十三萬年前、甚或早在十九萬年以前的確就已出現於非洲，但這兩個人種之間並沒有什麼明顯的不連續性（頁四五五）。總而言之，她們堅稱，非洲不同於歐亞大陸，遺傳與行為的證據兩者在這兒彼此結合在一起，條理清晰地說明了我們這個人種如何起源，並開始展現我們專屬的生態創造力。

Homo helmei與早期智人都和非洲中石器時代的技術有關，因而導致現代性的主要行為轉變顯然是發生在大約二十五萬至三十萬年前、阿舍利文化與非洲中石器時代的交界之間，而不是如許多人所以為的四萬至五萬年前、非洲中石器時代與後石器時代（Later Stone Age）之間。我們在此已證明，許多複雜行為在非洲中石器時代就已出現。這就意味著認知能力隨著Homo helmei的出現而有所增長，而且Homo helmei與智人之間不僅行為相似，親緣關係也相當接近。可以這麼說，更正確的做法是把這兒提到的Homo helmei 樣本歸類為智人、讓他們成為智人的一部分。假若真是如此的話，那麼我們這個人種就擁有大約二十五萬至三十萬年的時深（time depth），而我們的起源就恰巧和中石器時代技術出現的時間彼此重合（頁五二九）。

如果麥克布里雅蒂與布魯克斯說得沒錯，那麼我們就可以說，人類是在三十萬至二十五萬年前間的某個時候從非洲登上了歷史的舞台。

非洲起源論：最初的二十萬年

大約在十萬年以前，人類的活動範圍局限在非洲一隅；但他們不僅在這裡開創了新的技術與生活方式，並且還攻占了包括森林與沙漠等各種新的環境。到了大約六萬年前之後，人類才開始長途跋涉到過去人亞科原人從未定居的區域，其中包括了澳洲大陸（需具備穿越大片水域的能力）、冰河時期的西伯利亞（需具備適應極端嚴寒環境的能力），而到最後終於抵達了美洲大陸。

人類在非洲那些最早（與最久）的歷史階段，證據實在少得讓人心癢難耐。原則上，我們知道一旦出現語言之後，每個社群就擁有屬於自己的歷史，包含著豐富的史詩、英雄、災難與勝利。但是因為我們無法看見這些史實，所以我們就不得不來描繪大趨勢，忘掉那些對於個體事關重大的細節。我們對此幾乎一籌莫展，也只能定期花一點帶有想像力的氣力，讓自己別忘記每個社群確實擁有自己詳盡的歷史；對於社群成員來說，這樣的歷史和今天任何依據書面資料建構起來的歷史一樣，同樣都生動而充滿了活力。

這些概括性的論述，全都適用於因為沒有書面資料而在傳統上被稱為史前史的那一整段人類歷史。但是把它們運用到人類歷史最初的年代裡卻格外具有影響力。在非洲所完成的考古工作向來都不如歐洲，定年工作也很棘手，而且，一如既往，嘗試在考古證據基礎上對行為舉止提出解釋也困難重重。此外，我們應該也預期得到，在早年那些日子裡，集體學習產生效果的過程相當緩慢；我們應該還不必去找出有什麼引人注目的精湛技術。就像麥克布里雅蒂與布魯克斯所指出的：「中更新世（Middle Pleistocene）晚期，非洲的早期現代人類族群，規模相對來說比較小一點，也比較分散，改變的出現多為偶發性，而且小型群體間的接觸也是有一搭沒一搭的。這就產生了某種逐步進展的結果，逐漸拼湊出現代人類適應調整的狀況」（頁五二九）。

儘管存在這些困難，麥克布里雅蒂與布魯克斯還是提出充分的理由，說明二十五萬年前在非洲的所有重大變化都是這麼來的，而這些變化在過去卻被視為舊石器時代晚期革命的證據。最早與最清楚呈現新行為出現的種種跡象，可以從改變中的石器技術裡窺見一二。其中最為引人注目的，要算是與不同種類直立人有關的阿舍利石器技術在距今二十五萬年前之後消失無蹤的情形。取而代之的是一些既新穎又更精緻的石器。有些可能裝上了手柄，所以可以用來當作標槍或拋射武器——這項創新讓人們得以用更安全而準確的方式來獵捕大型動物。一把以上的石刃上有現代獵人用樹膠固定刀刃的痕跡，許多早期石刀的造型也符合裝上手柄的樣子。[14]此外，還有捕魚和撿拾貝類這種小規模利用資源的跡象。這些技術直到距今大約五萬年前之後才出現在非洲以外的地區。

人類也適應了新的環境，尤其是先前人亞科原人從未利用過的沙漠與森林地區。[15]新型社會組織與在地「文化」的證據開始呈現在石製工具風格迥異的圖案上。還有些證據則顯示了有時距離超過數百公里之遙的複雜交易模式。這些行為都說明了，儘管人類大多數時間都生活在家庭群體當中，而這些家庭群體又結合成小型團體，但是他們偶爾也會和其他群體進行友好的接觸——有時得越過很遠的距離才行。這種網路（羅伯特・賴特稱之為「巨大的區域性大腦」）[16]的形成，標舉了與我們所知現存類人猿社會體系的徹底決裂。把它詮釋為溝通交流形式有所改善的間接證據，著實是個很誘人的念頭。有更多現代語言學技能的直接跡證出現在裝飾物件，以及顯然被用來研磨顏料的磨石上頭。這兩者早在舊石器晚期之前就已出現在非洲。這些都是再清楚不過的證據，證明了符號活動、符號思維與符號語言確實是存在的。

雖然這些零碎的證據沒一個明確可鑑，但若一併考慮的話，就能幫我們拼湊出最初集體學習過程的不同階段，而集體學習發展到二十五萬年後的今天，也在我們所認識的這個世界裡達到了最高峰。這些零碎的證據也讓我們明白，這樣的過程和能使用符號語言的新人亞科原人亮相登場，兩者有直接關聯。

集體學習的一些規則

符號語言讓人類與其他親緣密切的物種有所不同，可以分享資訊、並且能夠集體學習。這種知識的聚積與共享是如何衍生出長期的變化，讓人類與那些親緣密切物種的歷史有所區隔呢？在探索人類歷史有何獨到之處的時候，我們首先得把重點放在那些決定了集體學習過程的步調與地形因素。為何生態創新在某些年代裡的進展較慢，而在其他年代裡的步伐卻比較快呢？為何在某些區域裡的步調較慢，而在其他地區裡卻比較快呢？假設，正如同我們先前所討論過的一樣，集體學習是人類歷史最重要的識別特徵，那麼我們顯然就需要密切關注這些問題。

實際上，當然集體學習的過程就像任何創造過程一樣變幻莫測、難以預料。然而還是有些一般性規則值得我們在一開始的時候多加留意，因為這會讓我們知道哪些改變最有可能加速或減緩具有生態重大意義的知識累積——這些類型的知識隨著時間推移，已賦予人類操控物質世界的獨特能力。這當中有兩個因素最為重要：資訊聚積的數量與種類，以及資訊共享的效率與速度。

第一個關鍵因素涉及訊息網路的規模大小、抑或能共享訊息的社群與個體的數量多寡。[17]從直覺上來說，隨著交換訊息人數的數量與多樣性增加，訊息交換網路潛在「綜效」作用的速度也可望隨之加快腳步。[18]最容易讓人理解這項規則的做法，當屬從模型網路的角度來加以說明；網路裡有若干個節點（以圖形理論來說的頂點；而以我們的目的來說則是人或社群），而整體智力綜效與這些節點間的可能鏈結（圖形理論的邊）數量是成正比的。接下來的算術問題就簡單多了。兩個節點之間可能的鏈結數為一、三點之間是三、四點之間是六；在一般的情況下，假使節點的數量為n，那麼鏈結的總數就是（n×（n−1））／2。而事實上，並不是所有的連接點都連結得上。但是重點就在於，可能的連線數量（以及整體網路潛在的訊息綜效）增加的速度，比節點的數量還來得更快，而節點數量的增加，則導致了兩者增加速度的差異變得更大。所以，當網路的規模擴大時，潛在的智力綜效也就增長得更快：「數量更大、密度更高的人口，就等同於更快的技術進展。」[19]

資訊聚積的種類也許和數量同樣重要。擁有類似生活方式的相鄰社群或許能互相幫忙微調彼此的技術與技能，但不太可能推出什麼全新的理念。基本上，只有擁有不同生活方式的社群有了重要的接觸，新形態的資訊才有被共享的可能。無可否認的是，生活方式當中的差距往往會形成彼此接觸的阻礙；然而有時像在某些形態的買賣交易裡，它們倒也不會構成妨礙。確實，但凡出現不相似的群體歸屬於相同資訊網路的地方，我們就很可能發現種種導致技術與生活方式產生重大轉變的集體學習過程。

這個抽象的模型，說明了嘗試描述資訊網路的規模與種類、也就是描繪資訊得以進行交換的區域為何，其實是一件非常重要的事情。我們從模型裡也還得知另一個重要的原則：當資訊網路的規模與種類增加時，我們可望找到的不僅只有知識的積累，同時還有知識積累步伐的加快。從最普通的層面上來說，這確實就是我們長期觀察人類歷史所得到的結果。

第二個關鍵因素則涉及資訊交換的效率。定義某個可能出現資訊交換區域的規模大小是一回事。但是那個區域當中資訊交換的速度和規律性卻可能會出現極大的差異。資訊交換的效率首先反映了不同社群之間彼此接觸與交換的本質與規律性。而這一切都可能受到社會習俗、地理因素以及通訊與運輸技術的影響。在單一資訊網路裡，集體學習的過程在不同區域裡的影響力或許強弱不一；因此，這可能就讓人以為某些區域所聚積的訊息要比其他區域的種類更多、濃度也更高。

這些論據顯示了一個很有用的普遍性原則：資訊網路的規模、多樣性與效率，應該就是決定生態創新速率的重大決定性因素。在本書接下來的篇章裡，透過檢視世界各地資訊網路的規模與種類、以及在這些網路裡資訊聚積效率的差異，我們將嘗試追索在集體學習過程裡不斷變動的綜效究竟為何。

在舊石器時代，存在著彼此接觸有限的小型群體，確實讓生態資訊的交換進展得非常緩慢。每個個體一輩子遇得到的人可能不會超過一百個，而且大半輩子很可能就在不超過十到三十個個體陪伴下，在同屬一個家族的族群裡度過。在這樣的網路裡，能夠交換的訊息量顯然相當有限；這些局限有助於說明為何舊石器時代的技術變革在我們眼裡看起來是如此緩慢，即使用人亞科原人的標準來看，這些技術變革其實已經算是相當迅速的了。

其他因素或許也減緩了變革的步伐。由眾多小型社群所組成的社會，往往會在語言方面呈現顯著的多樣性。在澳洲原住民部落裡，幾十萬人的族群也許就擁有兩百種不同的語言。這些語言雖然互有關聯，卻又彼此迴異，只有近鄰才可能彼此交流無礙。在加州，直至一七五〇年代，人們所使用的語言至少還有六十四種、甚或還多達八十種；而在巴布亞紐幾內亞，即使到了今天，也都還有將近八百五十種使用中的語言。[20] 文化上的差異，就如同處在各個群體都需要一片廣闊地盤來養活自己的環境下、相鄰群體之間的遙遠距離一樣，可能也會給生態與其他類型資訊的交換帶來限制。總而言之，看到新的技術與新的適應性變化在舊石器時代裡緩慢演化的過程，其實一點兒都不會讓人覺得有什麼好訝異的。而且它們的出現還帶有地方性，所以最早的人類社會或許相當五花八門：每個群體都在相對隔離的環境裡各自進行自己的適應實驗，沒有什麼機會來聚積技術上的探索與發現。

舊石器時代的生活方式

在試圖查明最早的人類究竟是如何生活時，不管是誰，大半都得用猜測的方式。對於現代狩獵採集社群的研究顯示，不同群體生活方式的細節差異極大。然而，我們還是相當有信心能做出一些廣泛的概括性論述。[21]少量的化石遺骸，再加上我們從現代狩獵採集民族身上所做的觀察，讓我們已確定早期人類的數量很少，而且都生活在小型的社群當中。至於小到什麼程度，我們還真不知道。然而合理的猜測似乎是，人類的人口總數有一陣子和現代黑猩猩的數量差不多，也許還有些明顯的上下浮動。

我們能夠斷定這些群體的規模不大，因為所有現代的狩獵採集技術都需要一片廣袤的地域才養得活少量的人口。以全新世早期的歐洲為例，狩獵採集的生活方式最多能供養每十平方公里一人的人口密度，而早期的農業形態在同樣的面積裡則可以養活五十到一百人。[22]我們沒道理認為舊石器時代的社群在這方面會更有效率。現代的狩獵採集民族大多是游牧民族，在每年的不同時間裡遊走於本身勢力範圍的不同地帶。他們的飲食通常在很大程度上都依賴於所採集到的食物，其中包括植物、堅果、塊莖以及各種小型動物。此外，他們大多數會獵捕大型動物，而且相當重視這些肉類的價值，至於抓不抓得到那就是另一回事了；因此，形體較小、更易取得的食物往往就成了他們基本的飲食內容。過狩獵採集生活必須有相當龐大的知識，知道哪兒有可用的資源、鳥獸的遷徙模式與特定植物的生命週期，所以，假使低估了這些社群的生態技能，那就大錯特錯了。

舊石器時代的人類日子過得有多好？倘若讓一個現代都市居民穿越到這樣的世界，他將發現自己處處碰壁，但曾經風靡一時、認為狩獵採集民族生活根本過得艱苦不堪的假設也言過其實。或許讓一個舊石器時代的西伯利亞人突然穿越至二十一世紀，他同樣也覺得今天這種日子實在讓人過不下去，儘管過不下去的理由並不相同。在一篇發表於一九七二年、刻意挑起爭端的文章裡，人類學家馬歇爾・薩林斯（Marshall Sahlins）把石器時代的世界描繪成「原初豐裕社會」。他認為，富裕的社會就是要「讓所有人的物質需求都能輕易得到滿足」；他表示，若按照某些標準來看，石器時代的社會比現代工業化社會更符合這個標準。[23]他指出，實現富足生活的途徑，若不是透過生產更多商品來滿足更多欲望，就是藉由限制個人對於可取得物質的欲望（也就是「禪宗式的豐裕之路」（Zen road to affluence）。利用現代人類學的資料來洞察石器時代社會的生活經驗，他承認，石器時代的人類物質消費水準顯然相當低。事實上，游牧生活的本質就會阻礙物質財貨的累積，因為需要隨身帶著個人的身家就限縮了積累物質財富的欲望。根據研究顯示，現代游牧社會或許還會刻意採取許多不同的方法來抑制人口成長，其中包括延長授乳期（以抑制排卵），以及像是遺棄多餘的孩子或不再有能力隨社群其他成員一起遷徙的老人這些更殘忍的手段。透過這些方法，狩獵採集的社群或許就已成功限縮了本身的需求。

然而，薩林斯認為，在這些社群裡的正常消費水準要應付基本所需根本就綽綽有餘。狩獵採集民族能利用的食材範圍相當廣泛，因此除了在條件最惡劣的地區外，他們很少出現嚴重食物短缺的狀況。而且小型群體的游牧生活不僅帶來生活的多樣性，同時還讓他們免於罹患較大型定居社群所特有的疾病。更引人注目的是，人類學家曾對現代狩獵採集民族為謀生而花在「工作」上的時間進行評估，結果顯示他們根本毋須為了生存而長時間賣命工作；他們的工作時間甚至比現代工業化社會裡大多數工薪階級或操持家務的人還少。從澳洲阿納姆地（Arnhem land）傳統社群的研究結果來看，「人們並沒有努力工作。每人每天用在準備食物的時間就四、五個小時。此外，他們也不連續不斷地工作。對於維持生計的追求也是有一陣沒一陣的。在取得暫時夠用的食物以後，他們就暫時停止工作，所以也就擁有大量的空閒時間。」[24]在這兒，總有一大堆我們會想稱之為「休閒」的時間。研究人員研究了其他現代狩獵採集民族的社群，也得到類似的結果。而且，有鑑於現代的狩獵採集民族普遍都被驅離了物資最豐饒的區域，所以我們幾乎不用懷疑舊石器時代晚期那些人的工時，即使有所存疑，也是懷疑他們真的有花那麼多時間在工作上頭。已經有人很努力想勾勒出從舊石器時代到現代，工作模式隨著社會規模增加而產生的改變。歸納起來，這些研究顯示成年男女日常的平均工時：在狩獵採集社會裡約為六小時；在園藝種植社會裡約為六點七五小時；在集約農耕社會裡約為九小時；在現代工業化都市居民身上略有回跌，大約將近有九小時。隨著住所變得更傾向常設性、容納了更多財貨，花在「操持家務」上的總時間也隨之增加，但男性承擔家務的比例則隨著社會規模的擴大而變少了。而在另一方面，隨著各個家庭開始從外頭的專業人士那兒獲取更多的商品，花在製作與維修居家用品的時間也就減少了。[25]

總之，薩林斯的結論認為石器時代的社會相當豐饒而富裕，因為大多數基本的欲望都能以最少的壓力與努力得到滿足。薩林斯的文章可能刻意誇大其詞，意在顛覆人類歷史唯有在採集而農耕而工業社會的轉變裡才看得到進步的傳統觀念。我們沒理由相信石器時代社會裡的平均壽命會遠遠超過三十或四十歲；而且毫無疑問的，許多人都死於如今完全可以避免的方式。然而我們卻無法迴避薩林斯所凸顯的基本自相矛盾；人類社會不斷成長的「生產力」，已讓人們的欲望愈來愈多，但是能享用所獲得東西的空閒時間卻愈來愈少。生產水準的提高已養活更多人，但是卻很難證明人類的滿意程度也已跟著水漲船高。人類整體已經愈來愈擅長從環境裡提取資源，但我們卻不可以自動就把這種改變當成是「改善」或者是「進步」。

最早的人類也許就像大多數的人亞科原人一樣，都生活在十到二十個擁有親緣關係、會一起遷徙的個體所組成的家族群體當中。家族是多數人度過大半輩子的社群。由於（身為人類的）他們能彼此交談，我們也十分肯定他們會把與自己最親密的人當成「家人」或「親屬」。所有靈長目動物都在我們能廣義加以認定為「家庭／家族」的群體裡過著群居的生活。然而只有隨著符號語言的出現，他們才可能分享有關家人與親屬的概念。這就意味著親屬關係（不論是基於血緣或諸如婚姻之類的習俗）成為早期人類歷史裡人類社會網路的基本組織原則。在一個簡單但卻影響深遠的社會結構模型裡，艾瑞克・沃爾夫（Eric Wolf）曾指出「親屬有序」的社會是人類社群的主要類型，甚至還以許多不同的樣貌一直流傳到當今這個時代。[26]然而家庭群體很少過著完全與世隔絕的生活。就像現代的家庭一樣，每個家庭通常都屬於相關社群網路的一分子；尤其在食物供給充分、足以養活大量人口時，他們彼此還會偶爾聚上一聚。在這種聚會（以澳洲來說，就是原住民的歌舞會）的場合裡，各個群體或許會和其他至少有些親戚的群體進行訊息的交換，甚或人員的流通。在這些網路當中，親屬意識能決定你的身分、能信任什麼人，以及必須提防什麼人。

現代的類比顯示，舊石器時代的親屬意識，在獨特的舊石器時代經濟關係的集合裡，打下了深深的烙印。我們也許可以用有一種社會性引力法則的想像來理解這些關係。人類是一種高度社會化的生物；因此每個個體都會對其他個體施以一種溫和的引力作用力，這也就說明了人類何以總過著群居的生活。然而每個群體也都還輕輕拽著鄰近群體的思維、財貨與人群。我們已經見過，即便現代黑猩猩（這種高度社會化的生物）也都會利用交換肉類這種貴重財貨的方式，來鞏固社群裡的關係。而在人類身上，資訊、財貨與各式各樣小禮物的交換，則發揮了社會性引力的作用，把諸如家庭這種緊密相連的群體給聚攏在一起。這些交換不該視同現代人進行的貿易行為，而是某種禮物饋贈的形式。在基督教世界裡，耶誕節就是這種交換遺留到現代的產物，禮物本身（想想那些襪子、領帶和廉價的香水）並不如它們所代表的社會關係那麼重要。在這樣的場合裡，交換禮物主要是為了維繫良好的關係，而不是出於經濟利益的考量。人類學家把這種交換背後的準則稱為互惠。[27]互惠取決於能否透過禮物的餽贈而建立起良好的關係，以此作為對未來的保障。羅伯特・賴特引用一份針對愛斯基摩人生活所做的報告，十分清楚地表達了這個觀點：「（對愛斯基摩人來說，）存放自己盈餘的最佳位置就在另一個人的肚子裡。」[28]

與互惠彼此對立的就是復仇。但凡在互惠無法避免衝突的地方，個人或家庭就以復仇來討回自己所遭受的不公。畢竟，在小型無政府的社群裡，如果個人或家庭不伸張正義的話，是不會有其他人替他們討回公道的。人類學家理查・李（Richard Lee）報導了一個現代的事例，暗示極刑在舊石器時代的世界裡可能意味著什麼：

> 當整個社群相當罕見地展開一致行動，在光天化日下對特維（Twi）發動了伏擊，並加以重傷時，他已經殺害了另外三個人。在他彌留之際，所有男人都朝他發射毒箭——按提供消息人士的措詞來說——一直到「他看起來就像隻毫豬一樣」才罷休。接著，在他死後，所有女人與男人走近他的屍體、一起用長矛戳他，象徵大家共同承擔他死亡的責任。[29]

大規模的戰爭就和大規模的貿易一樣，在舊石器時代裡或許並不常見。在大多數情況下，禮物（也包括暴力與侮辱這種負面的餽贈）的交換依然限於個人與「熟人」的範疇。然而，這些交換在人類生存方面扮演了重要的角色，建立起種種知識、聯盟與互助的體系，納入諸多截然不同的家族，也涵蓋了廣袤無垠的地域。我們可以肯定的是，在舊石器時代的社會裡，甚至也有霸凌事件，就像現代家庭裡、還有現代非人類靈長目動物當中所發生的狀況一樣。[30]

儘管我們無法確定，但當時的人類很可能認為社會網路也延伸到非人類的世界當中。符號語言讓人得以想像、並分享所想像的事物。這樣的分享是一切宗教思想的基礎。當代對於小型群體宗教的研究顯示，最初的人類社群認為整體宇宙與眾多親屬網路的關係密不可分。圖騰思維——相信特定家族或世系與特定動物物種有親緣關係，並能以動物的形式重生——反映了一種瀰漫於小型社群裡認為自己與動物世界血脈相連的觀念，即便到了今天依然如此。超自然的世界或許也一直被視為是個獨特而可理解的國度——差不多就像個獨立的部落領地，人們可以與其中的居民談判、戰鬥或是通婚。這是人們死後一定可以、甚至在世時有時也能夠到訪的國度。而在前往旅遊時，親屬關係的風俗儀式與符號象徵，則提供了某種通行於兩界的護照。現代的薩滿巫師向鬼神祈求、交涉、甚至「委身結合」，以平息祂們的怒火或確保自己的榮寵。最重要的是，他們獻上食物供品或者以牲口為祭來取悅或安撫神靈，因此互惠的禮物饋贈便體現了神靈與人類世界之間的關係。親屬思維與宗教之間的關係甚至仍存留在現代偉大的宗教當中，往往把先驗的生靈形容為父母或祖先，必須向祂們獻上禮品或「犧牲」來表示崇敬之意。但是在相對平等的社群裡，似乎諸神的世界也被認為是眾神平等，並且充滿個人主義的色彩。克里斯多福・切斯―鄧（Christopher Chase-Dunn）與湯瑪士・霍爾（Thomas D. Hall）報導了加州北部在歐洲殖民來臨之前的情形：

> 在眾多權貴與生靈之間並沒有什麼階級之分。許多群體認為是魔法師寇幽提（Coyote）創造了整個宇宙。沒有哪個家族或血裔與神靈或祖靈擁有特殊的關係。相反的，尋求那些將成為自己特別盟友的心靈力量，並建立關係，是每個人自己的事情。獲得大量這種「力量」的個人會更有成為薩滿巫師的可能，但每個人也都建構了自己與心靈世界的關係。這種宗教的宇宙觀，其實和論資排輩或階級制度的主張還滿互相牴觸的。[31]

然而，至少在世界觀方面，舊石器時代的思維與人類歷史稍晚時期的典型思維似乎大異其趣：前者顯得具體得多。人們打交道的對象並不是泛泛的「眾神」，而是這個神靈或那種魔力；就好比他們的技術也沒有推廣普及，而是極為獨特而明確，與這個特別的鹿群、還是那片特別的森林或那條海岸線有關。就我們所能判斷的部分來說，這種特性或許就說明了，為何舊石器時代世界裡的宗教和宇宙觀總和某些特定的地方有密切的關係。[32]因為舊石器時代的社群規模非常小，以至於他們的世界觀也就缺少了普遍性與一般性這種現代人顯然很關心的東西。只有一些特別的地方才是最要緊的；這些地方才是所有那些重要事物的源泉。或許我們可以從澳洲北領地亞拉林（Yarralin）部落的霍布思・達奈亞里（Hobbles Danaiyarri）對黛博拉・柏德・羅斯（Deborah Bird Rose）所說的一句話來稍微抓到一點點這種感覺：「所有一切都來自於大地——語言、人類、鴯鶓、袋鼠、草地。那就是法則。」[33]

粗放：舊石器時代晚期的遷徙與影響

舊石器時代的群體規模很小，彼此之間的交換也相當有限，使得生態知識的積累非常緩慢，慢到讓人經常（誤）以為這個時期完全沒有技術方面的演化可言。事實上，雖然我們不易看到細節，但仍然可以確定的是，在舊石器時代的社群內部仍不斷積累大量的生態知識。事實上，若從現代回顧過往，我們比當時的人更容易看清楚這種變化在當時的發生過程，因為在回顧往昔過程裡所凸顯出來的變化（相對於在當時相當重要的出生、死亡與其他人生大事）大多數都發生在很大的時間尺度上，大到個人在一生裡根本就難以覺察的程度。[34]經過幾千年的時間，人類在非洲所利用的環境，無論是規模或多樣性都已大為增加。我們可以用粗放（extensification）這個醜陋的字眼來有效描述完成這一切的過程，而與之互補的則是集約（intensification）這個較為人所熟知的概念。粗放是指人類的活動範圍雖然擴大，但人類社群的平均規模或密度卻沒有隨之提高，結果造成人類社會的複雜性也沒有什麼長進。粗放涉及小型群體逐漸遷移到新土地的過程，而往往這片土地就位在原來那個地方的旁邊，且環境也差不多。人類以這種方式遷徙，部分原因就在於他們擁有能夠這麼做的適應靈活性，而像黑猩猩這種和我們有親緣關係的物種則沒有這種遠離自身演化棲息地的能力。而談到遷徙的動機，或許從在地群體的內部衝突到地方性人口過剩等等，不一而足。但值得注意的是，粗放即使可能導致人類活動範圍和現代人類總體數量緩慢擴大，但卻沒有改變群體的平均規模。所以，儘管人類必須不斷進行細微的調整來適應新的棲息地，而在過程裡確實也開發了在各式各樣從熱帶森林到極地苔原等新環境裡生活所必須的新技術，但是集體學習的綜效卻沒有獲得顯著的增長。

不管這些改變的原因何在、速度在現代的眼光看來有多麼緩慢，經過一再重複、或許歷經了七、八千個世代與二十五萬年的時間，最後終於讓現代人類在南極以外的所有大陸安家落戶。證據顯示，現代人類大約從距今十萬年前開始出現在非洲以外的地方。最早的證據是中東地區發現大約十萬年前的現代人類顱骨。這就意味著，現代人類與尼安德塔人在同一個時期裡生活在中東地區。在這個地區，最起碼，這兩個物種的成員甚至還可能曾彼此邂逅過。[35]和更早期的人亞科原人一樣，現代人類發現在地中海周圍向東、向西或向亞洲遷徙是一件沒什麼難度的事情，因為歐亞大陸東南部的環境和非洲相當類似。

人類首度往環境迥異的地方遷徙，就是進入莎湖大陸棚（Sahul）（涵蓋了現在的澳洲大陸與巴布亞紐幾內亞），並且在冰河時期踏上歐亞大陸北方的大草原和極地苔原（請參見地圖7.1與7.2）。更早期的人亞科原人從來都沒有進行過這樣子的遷徙；因此這些遷徙活動就成了現代人類生態創造力逐漸提高的重要證據。生活在較寒冷的北方高緯度地區顯然不是一件容易的事，使得現代人類耗費了漫長的歲月才從中東遷徙到歐洲與歐亞大陸的內陸。從大約四萬年前開始，現代人類的蹤影首度出現在這些地區。到了三、四萬年前，人類出現在烏克蘭；到了大約兩萬五千年前，人類或許已經在北方西伯利亞的部分地區定居了下來。到最後，生活在西伯利亞東部的一些社群終於跨進了美洲的土地——也許是靠著行船；也可能是徒步越過了在前一個冰河時期的冰期裡，裸露在外的白令陸橋（Beringia）。我們知道一萬三千年前左右人類就已經進入美洲，不過也有跡象顯示他們或許在更早的三萬多年前就已經抵達那裡。

在這段期間當中，有些人類也已展開首次重要的航海活動，從今天的印尼航向莎湖大陸棚。最晚一直到一九六〇年代，仍然沒有確切的證據能證明人類在一萬年前就在澳洲大陸定居。然而從那個時候開始，現代人類定居在莎湖大陸棚的時間就已被推向更過去的年代。人類一定在四萬年以前就已經抵達那個地方，說不定還更早一些。用最新的熱發光定年法（thermoluminescence dating）檢測最新證據的結果顯示，澳洲北部阿納姆地的馬拉庫納恩加（Malakunanja）在將近六萬年前就有人類居住；而一九七四年在澳洲新南威爾斯蒙哥湖（Lake Mungo）所發現的那具骸骨，最近年代測定的結果顯示有五萬六千到六萬八千年的歷史。[36]這些日期非常重要，因為從來都沒有更早期的人亞科原人成功在莎湖大陸棚定居下來。即使到了冰河時期後期，海平面比現在的高度還低的時候，前往莎湖大陸棚至少也得花上六十五公里的海上航程。而在其他時候，這段距離至少也要一百公里。

地圖7.1　冰河時期冰期籠罩的範圍

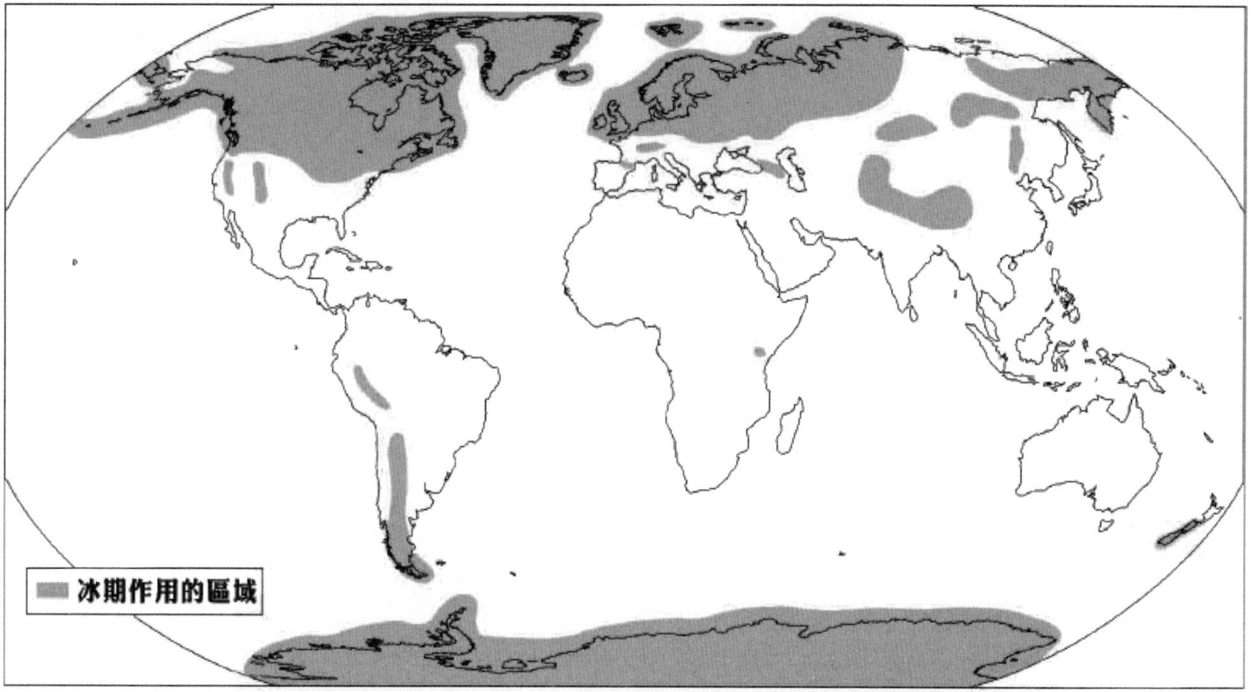

資料來源：Neil Roberts, *The Holocene: An Environmental History* (Oxford: Blackwell, 1998, 2nd ed), p. 89。

地圖7.2　從距今10萬年前開始的智人遷徙活動。

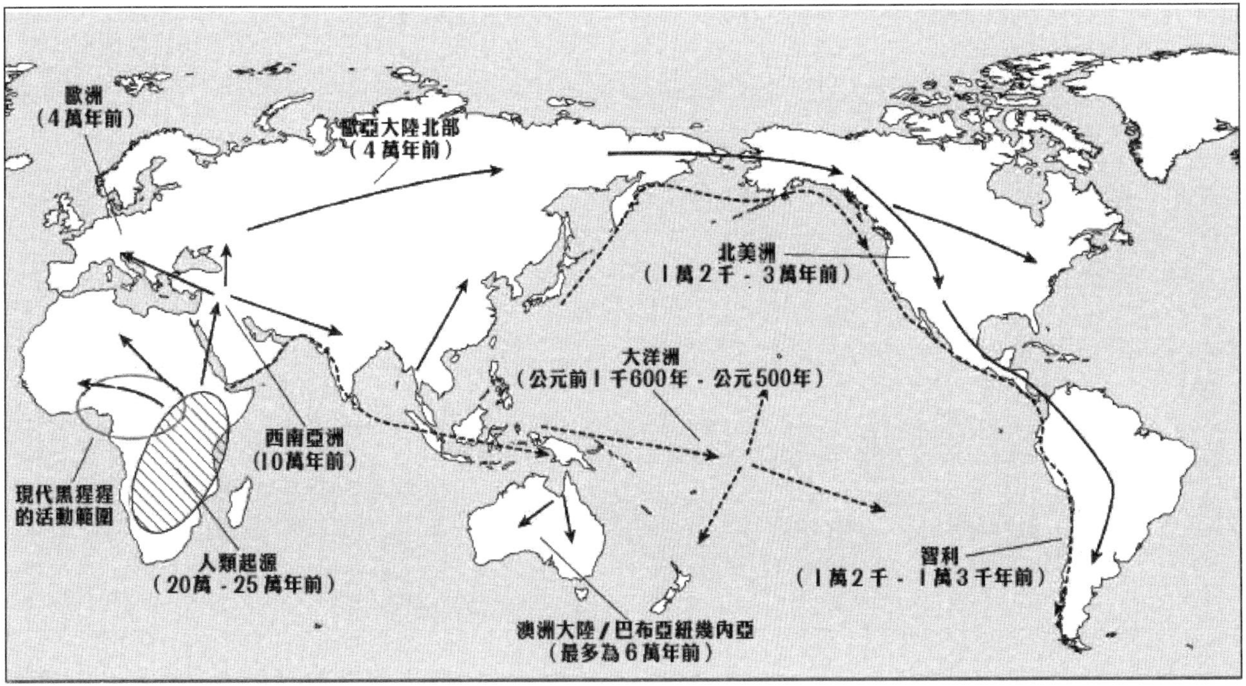

任何想從帝汶或蘇拉群島航行到莎湖大陸棚的人都必須是頂尖的水手，而且還得要有審慎策劃的能力，因為偶然漂流到莎湖大陸棚的人口並不會龐大到足以形成長期的群落。所以，在莎湖大陸棚定居得要有某些我們不曾在先前任何人亞科原人那兒所發現過的新技術才行（請參見地圖7.2）。仔細分析了現代人口群落的基因變異，更證實了化石紀錄裡昭然若揭的人類遷徙歷史。我們從這些變異裡得知，東亞與澳洲的人口群落在五萬多年以前分家，而美洲印第安人與北亞的人口群落則在一萬五千到三萬五千年前分道揚鑣。[37]

當人類遷移到這些新環境的時候，他們得發展出新的技術才行。在所有舊石器時代晚期發展出來的技術當中，用火技術的改進或許是其中最重要的一項。我們已知有些匠人／直立人的社群或許已經開始用火，但只局限在某些方面而已。現代人類用火的方式繁多、更具有生產力。火不但被人用來取暖，還被用來抵禦肉食性動物的侵害。人類還把火拿來烹煮食物，而這樣的發展就能讓人把原本可能沒用的東西加工處理成食物：加熱軟化了肉類的纖維，並且破壞了許多植物物種從塊莖到豆莢上演化來作為保護之用的植物毒素。[38]火還可以被用來形塑整個地貌景觀，並作為狩獵與採集的輔助手段。在一篇著名的文章中，澳大利亞考古學家芮斯・瓊斯（Rhys Jones）曾把這樣的技術稱為「刀耕火種」（fire stick farming）。[39]火耕的「農民」會定期蓄意放火焚燒灌木叢。在某種程度上來說，這是為了防止易燃物質的堆積而可能引發更猛烈、更危險的大火。然而藉由清除低矮灌木的做法，刀耕火種也促進了新植物的生長，反過來也把可獵取的草食性動物給吸引過來。根據最近的研究顯示，人類可能早在四萬五千年前就已採用了這樣的技術。[40]不過，至少在溫帶地區，人們從那個時候開始，或多或少就一直採用這樣的技術，給整個生物相（biota，整個地區的全體動植物）帶來了深遠的影響。斯蒂芬・派因（Stephen Pyne）如此寫道：

溫帶地區幾乎沒有哪一個植物社群能夠避開用火選擇性作用，而且，由於智人的輻射遍及整個世界，於是火就幾乎被帶到地球上的每一片土地。許多生物相也因此讓自己適應了火的存在，就如同它們也經常受到洪水和颶風的光顧一樣，於是適應就變成了共生關係。這樣的生態系統不僅接受了火的存在，而且往往還鼓勵用火、甚至必須用火。在許多環境下，火是分解物體最有效的手段，是決定某些物種相對分布狀態的重要選擇性壓力，也是有效的養分循環、甚至整體社群循環的手段。[41]

在舊石器時代晚期與比較晚近的時期，世界上許多不同地方都能看到某種用火的形式。[42]庫克船長在十八世紀沿著澳洲海岸航行時看見灌木叢燃著濃煙；麥哲倫在火地群島外海看見巨大升騰的煙柱。現代人類學研究也顯示人類在北美洲悠久的用火歷史。[43] I. G. 西蒙斯（I. G. Simmons）所敘述的情況是這樣子的：

北方亞伯達省海狸印第安人（Beaver Indians）的生火方式相當複雜而微妙。他們會刻意燒掉幾塊長滿植物的土地，讓土地得以充分發揮最大的價值。他們在森林地帶開闢出林間空地（「院落」），用焚燒的方式加以維護；點綴在溪流、溼地、小徑與田埂（「走廊」）周圍的草地也用相同的方式來開闢與維護，因為這兩個地方都是獵物可能聚集或路過的區域。他們也在獵區（trapline）、湖畔與池塘的周圍，以及大片倒伏枯木、沒有其他資源價值的區域裡放火；其實，這些做法還滿危險的，因為若在夏天點燃的話，或許會引發樹冠火（crown fire），然而因

住居的場所變得更加專業化。特別引人注目的證據，來自於在今天烏克蘭與俄羅斯西南部系統性完善規畫的建築。[48]而或許最令人感到詫異的，就是某些地區的社群以驚人的效率開發當地資源，使得自己變得比較不那麼具有游牧部落的特質。最能明白清楚證明舊石器時代晚期已有「村莊」存在的證據，同樣來自烏克蘭。奧爾加・索弗（Olga Soffer）在當地研究了將近三十個舊石器時代晚期的遺址，發現其中許多都出現長毛象的骨頭和用來儲藏冷凍肉品的穴坑。與這些遺址相連的則是其他一些不是那麼常設性的場所——位於遠離河谷的高地之上——可能是夏季臨時的狩獵營地。最早以長毛象骨搭建的住所約有兩萬年的歷史，但在聶伯河盆地（Dnieper basin），往往在靠近河谷的許多地方也都有類似的住所。在聶伯河畔的梅日里奇（Mezhirich）匯集了大量長毛象骨，另外還有精心準備的火爐和許多獸骨或象牙製的飾品。住所用長毛象骨搭建框架，部分埋入地下作為地基，而屋頂上則覆以獸皮。在這裡大概有五間房舍，每間面積大約有八十平方公尺（二十四坪多），可供多達十個人居住。相較於容易腐朽的木料來說，建造房舍的人更偏好長毛象的骨頭，不僅用它們來作為房屋的支架，還把它們當成「帳篷釘」來使用。他們把象骨深深地插入地下，並且鑿出窩槽來插上木棍。此外，他們還把長毛象骨敲碎來當燃料使用。[49]這些聚居的地點，或許是供三十人左右的群體過冬的營地，他們每年住在這裡的時間可能有九個月之久。從他們建造的用心程度，可以反映出這些居所相對較為耐久的特質。在科斯坦基第二十一號遺址（Kostenki 21），沿著頓河（Don river）河岸兩百公尺長的地帶有好幾間房舍，彼此的間隔大約有十到十五公尺的距離。其中有一戶靠近沼澤地的屋舍，有個區域還在地上鋪設了厚厚的石灰岩板來防潮。在這兒還有一些看起來似乎帶有儀式意義的物品，比方像科斯坦基這兒所發現到的兩具麝牛頭蓋骨。或許這些地方是過去用來舉行申明相關群體彼此團結一致的年度集會或儀式活動遺址。[50]這些冰河時期的村莊靠著冷凍肉品維生；他們把肉品存放在穴坑裡，以火解凍後食用。肉品大多來自長毛象或野牛這類群居的草食性動物，在牠們長得最合適的夏秋季節所獵捕而來。每年總有些居民會在狩獵季節遷移到臨時的夏季營地。回來以後就把獵物的肉存放在穴坑裡；從深度來看，這些穴坑是在短暫夏天趁著永凍土層溶解時從頂端挖掘而成的。[51]

要在這樣的環境裡生存下來，需要社交與技術方面的技能。在惡劣的環境下，知識與工具兩者的重要性不分軒輊；根據現代人類學的研究顯示，當時的人類相當重視知識的價值，並精心編纂，讓它得以在傳說、宗教、歌曲、繪畫與舞蹈當中保存了下來。許多跡象顯示，舊石器時代晚期的人類確實有在進行資訊與各式貴重物品的交流貿易——有時涵蓋的區域還相當廣泛。這並不代表這一類交換會固定舉行，卻意味著資訊廣泛散播的狀況確實存在，儘管進展緩慢，且時續時斷。大約在兩萬年前、上一個冰河時期最寒冷的那段期間，從庇里牛斯山山脈到頓河流域之間出現令人驚嘆的維納斯女神小雕像，就是這種擴散的絕佳例證。而更讓人感到訝異的，則是舊石器時代晚期歐洲西南部與蒙古西部的洞穴壁畫竟有驚人的雷同之處。[52]在莎湖大陸棚同樣有證據顯示，人們或許也在這廣袤的範圍裡彼此交換物品與流布思想。澳洲西部赭石之地（Wilgie Mia）的赭礦已有數千年的開採歷史，採用的技術包括有木製的鷹架、碎岩的重石，以及挖掘嵌在岩石裡的赭石所用的火烤硬化楔子。礦脈裡的紅赭石——或許象徵著「夢幻時代」生靈的血液——從澳洲西部跨越了整個大陸，被販運到遙遠的昆士蘭。[53]

各式各樣技術讓早期人類得以前往愈來愈具多樣性的環境，並定居在世界所有主要大陸上，而這也就意味著人類總數的增加。然而，估算舊石器時代人類的人口如何增長卻是一件相當棘手的事情。大多數計算結果也只不過是依靠審慎的猜測罷了。而且我們還得面對一個在一開始就應該承認的危險，那就是從這些數字所得到的任何推斷，都只會讓我們又回到原始猜測背後的假設。然而，假使這些估算相當精確的話，就算誤差範圍很大，也能帶給我們某些清楚而重要的結論。儘管早期人類的人口數量顯然不多，且或許還有明顯的上下浮動，但我們仍看見人類在非洲的活動範圍在十五萬年來明顯擴大了不少。活動範圍的擴大，也就代表早期人類的總數也有所增長。就像我們在第六章所點出來的一樣，遺傳證據顯示，大約在十萬年前，上一個冰河時期開始的時候，現代人類的數量曾下降到瀕危的低點（或許只剩下一萬名成年人）。[54]然而，某些現代人類遷徙離開了非洲——首先進入中東，然後，大約從五萬年前開始，陸續進入歐亞大陸的中部、北部，以及東亞與澳洲——必然就意味著人類的數量在那個時日以後出現顯著的成長。上一次冰河時期後期的嚴苛條件或許讓成長的腳步減緩，但人類開枝散葉到諸如西伯利亞和美洲這樣的全新環境，卻可能帶來截然不同的影響——至少對全世界來說就是如此。愈來愈多舊石器時代晚期的聚落間接反映出人口增長的跡象：從五萬年前以來，在黑海北部到北方冰原之間只發現過六個尼安德塔人的遺址，但卻找到五百多個人類的遺址。[55]義大利人口統計學家馬西姆・利維巴茨（Massimo Livi-Bacci）指出，三萬多年前舊石器時代晚期的全球人口有「數十」萬人，而在將近一萬兩千年前上一次冰河時期末期時，則大約有六百萬人之譜（請參見表6.2與6.3）。[56]

假使我們採納這三個數字——上一次冰河時期開始時的一萬人、舊石器時代晚期之初約有五十萬人的推測，以及另一個在一萬年前上一次冰河時期結束時有六百萬人的臆想——那麼我們就能計算出早期人類大致的人口成長率。從表面上看，這些數字顯示人類的人口數量在距今十萬至三萬年前這段時間裡，每百年的成長率大概是一點○○六，而數量倍增的時間則大約為五千六百年。

相較於任何其他大型哺乳動物來說，這些增長率都相當迅速。但若以後來人類歷史的標準來看，速度又顯得十分緩慢。我們從表6.3得知，農耕時代人口倍增的平均時間縮短為舊石器時代晚期的六分之一。而到了現代，人口倍增的平均時間再次縮短，變成大約是農耕時代的八分之一。我們可以透過估算平均人口密度來大致感受一下這些不同時代之間的差異。地球表面的陸地總面積（包括南極）大約為一億四千八百萬平方公里。把不同時代的世界人口數量分散到這個面積當中，我們就會得到一個理論上的平均人口密度：距今一萬年前是每二十五平方公里一個人；距今五千年前，同樣的面積大約容納了八個人；距今兩千年前約為四十二個人；西元一八〇〇年約為一百六十個人；而到了今天則大約是一千〇一十三個人。這只是一種表達方式，說明自從舊石器時代結束以後，全世界的人口已經成長了上千倍，從六百萬變成大約六十億之譜。就如同我們在這一章裡所看到的一樣，這種驚人的改變，就從舊石器時代人類首度在非洲內部遷徙到新的地帶開始。

人類對生物圈的影響

儘管在現代人類看來，這些讓人口擴張得以實現的技術專長似乎還很粗糙，但卻意味著人類對於生態控制的能力已有顯著的增長。這樣的增長適足以對舊石器時代的環境帶來重大影響。刀耕火種就是個絕佳的例證，因為自然景色經過了數千年的定期焚燒，似乎已改變大片區域的樣貌，有時改變得還相當的徹底。[57]在澳洲大陸，諸如尤加利樹這種親火的物種能在刀耕火種的體系下繁茂成長，而其他物種卻只能衰敗式微；因此，以尤加利樹為主的自然景觀被歐洲移民認為是澳洲的「自然」景色，其實那卻是人為製造出來的景象，就像十八世紀英國的林園造景一樣。

另一個讓舊石器時代的社群開始形塑自己周遭環境的重要途徑，就是迫使其他物種消失滅絕。

改良的狩獵技術與日漸增加的用火頻率，都可能在這件事情上頭發揮了作用，就如同人類擴散到新環境當中所產生的影響一樣。受威脅最大的當屬許許多多大型物種或大型動物（megafauna）：大型哺乳類動物、爬蟲類以及鳥類，因為繁殖速度緩慢，所以就更容易出現整個族群突然衰落的情形。長毛象、披毛犀與巨型大角鹿（愛爾蘭麋鹿）的身影在歐亞大陸北部與中部地區已不復見；而馬、象、巨型犰狳與樹懶也在北美洲消失無蹤。58 在澳洲大陸，許多種大型有袋類動物已蹤跡杳然，其中還包括雙門齒獸（Diprotodon）——一種身高約兩公尺、長得像毛鼻袋熊一樣的生物。而它們似乎是在人類首次到達這個地方以後的一萬年間才消亡滅絕的。59 達爾文的合作夥伴亞爾佛德・羅素・華萊士早於一八七六年就已注意到，全世界大多數地方都在上演程度各異的物種滅絕戲碼，從太平洋到歐亞大陸、到美洲大陸，莫不如此：「我們活在一個動物種類日漸貧瘠的世界裡，其中所有最巨大、最凶猛和最古怪的動物都已在最近消聲匿跡；而對我們來說，這無疑是個更好的世界，因為牠們都不見了。然而，這麼多大型哺乳動物不僅在一個地方、而是在遍及了大半個地表範圍突然滅絕，確實是個不可思議但卻幾乎未曾充分研究的事實。」60

科學家長久以來一直爭論不休的，就是氣候變遷與人類過度捕獵這兩者對於物種滅絕的影響究竟孰輕孰重。這兩者或許都發揮了各自的作用，但在我們開始更精確測定滅絕的年代時，就有愈來愈多的證據顯示，這些重大的物種滅絕肯定都是發生在人類抵達了諸如西伯利亞、澳洲與美洲大陸這些新殖民地的時候。61 這些都是物種滅絕情況最嚴重的地方。澳洲與美洲大陸可能失去了百分之七十到八十體重在四十四公斤以上的哺乳動物；在歐洲大約失去了百分之四十的大型動物，而在非洲卻只有失去大約百分之十四。62 到了最近，在太平洋群島等地的物種也顯得特別容易受到傷害，因為那裡的動物先前並沒有任何和人類打交道的經驗。沒有任何跡象顯示，在先前更新世氣候快速變遷的過程中曾出現類似的物種滅絕速度，因此也支持了與人類活動脫不了干係的主張。不管原因是什麼，大多數大型哺乳動物在澳洲與美洲大陸絕跡帶來極為重大的影響。由於消滅了一些最終可能會被馴化的物種，或許就延遲或阻礙了農業出現在這片廣袤的區域當中，同時也剝奪了這些物種成為主要潛在能量來源的機會。[63]

舊石器時代物種滅絕的故事，結局相當悲慘而驚人。在那些由於現代人類擴張而遭到滅絕的物種裡，很可能還包括了最後碩果僅存、但不屬於我們這個人種的人亞科原人。尼安德塔人，正如同我們已知道的，擁有與現代人類等量齊觀的大腦容量；他們的創造力足以讓他們定居在現代俄羅斯與歐洲的寒冷地帶，而那是更早期人亞科原人從不曾居住的地方。然而他們顯然缺乏現代人類所擁有的技術創造力，想必是因為缺少一套強大符號語言的緣故。現代人類與尼安德塔人曾同時生活在中東地區；而且，這個區域裡的現代人類似乎也使用和尼安德塔人鄰居頗類似的工具。但是這兩個人種使用類似工具的方式卻大相逕庭。從研究現代人類遺留下來的獵物骨頭得知，大多數動物都是在夏季或冬季捕獲的；而來自尼安德塔人遺址的同類型證據則顯示，他們的捕獵活動一年到頭都沒停過。換句話說，現代人類的活動範圍或許更為廣泛、捕獵時的選擇性更多，而尼安德塔人則是一年到頭都在同一個地方守株待兔。這種微妙的差別可能就在這兩種群體之間產生了更加深刻的差異。現代人類更強大的機動性代表著不同群體相互之間的接觸更為頻繁，資訊共享的範圍也更為廣泛，而尼安德塔人在群體和個體之間則都保持比較孤立隔絕的狀態。對於現代狩獵採集民族的社群，尤其是位在更寒冷地區的那些（或許就類似在上一次冰河時期裡定居在中東地區的那些社群）來說，不同群體之間的資訊共享，會是能否存活下去的重要因素。同時，自給自足程度較高而機動性較低的群體，可能更容易受到突發生態危機的傷害。這樣的群體由於狩獵方式效率較低，或許必須付出更多體力才能存活下來。如此的需求，或許就說明了為何尼安德塔人看起來都這麼健壯結實；他們狩獵時依靠個人的氣力更甚於集體的機伶巧變。[64]

隨著時間的推移，當現代人類分布範圍變得更廣，最後終於進入尼安德塔人所居住的地區，這些差異就顯現了出來。法國南部就是這樣的區域之一；在上一次冰河時期晚期，這裡是舊石器時代晚期歐洲人口密度最高的地區（或許這也就是為何百分之八十的歐洲石窟藝術都集中在這裡的原因）。[65]有證據顯示，尼安德塔人的社群在法國熬過了上一次冰河時期大半的時間，而且或許可能還嘗試著向自己的鄰居借鑑某些新的技術。然而終究還是功敗垂成。在兩萬五千到三萬年前這段期間，最後的尼安德塔人還是湮滅消失在歐洲的西南部。類似的故事很可能也發生在同時期的歐亞大陸東端，因為有證據顯示，其他人亞科原人族群在當地存活的時間，或許和尼安德塔人一樣晚，或許到了五萬、甚或兩萬七千年前才滅絕殆盡。[66]

即使在舊石器時代，現代人類精湛的生態技藝也充滿了破壞性與創造性。舊石器時代人類的遷徙活動、石窟藝術與技術專長，當然贏得了我們的讚賞；然而這麼多其他大型動物、包括唯一倖存下來的人亞科原人走向了滅絕的結局，確實也提醒了我們，人類的歷史確有其為達目的而不擇手段的一面。

本章摘要

最近的研究顯示，非洲在大約二十五萬年前出現了擁有符號語言與集體學習能力的現代人類。漸漸地，人類一個接著一個社群地發展出新的技術，並開始學習在新的環境裡生活。大約從十萬年前開始，人類開始走出非洲，進入了更早期人亞科原人從來不曾居住過的地方，而在這些地方定居必須擁有全新的生態技能。現代人類從六萬到四萬年前開始住在莎湖大陸棚；從大約三萬年前開始在冰河時期的俄羅斯與西伯利亞安頓下來；而到了一萬三千年前、甚至更早的時候，來自西伯利亞的移民無疑已在美洲大陸安家落戶。隨著人類的擴張，首度開始對生物圈產生重大的影響，用火改變了自然景觀，並且大量捕獵更新世的大型動物，乃至導致牠們的滅絕。到了上一次冰河時期結束的時候，除了太平洋上的許多島嶼之外，人類已定居在世界上所有可以居住的地方。他們同樣也讓唯一倖存下來的另一支人亞科原人走向了滅絕的道路。

延伸閱讀

我們這個物種的早期歷史是個相當複雜的領域，到處布滿了爭議。有好幾部很不錯的綜論性作品，包括了：彼得・柏伽基的《人類社會的起源》、戈蘭・布倫哈特主編的五卷《圖說人類歷史》、羅傑・盧骰的《人類的演化》第四版、伊恩・泰德薩的《終極演化》、理查德・克萊因（Richard Klein）的《人類這個職涯》（*The Human Career: Human Biological and Cultural Origins*, 1999）、路易吉・路卡（Luigi Luca）與路易吉・路卡・卡瓦利—斯福扎（Francesco Cavalli-Sforza）的《人類大流散》（*The Great Human Diasporas: The History of Diversity and Evolution*, 1995）、克里斯・史特林格與羅賓・邁凱的《非洲大出走》，以及、羅伯特・溫克的《史前史中的模式》第三版。本章相當倚重莎莉・麥克布里雅蒂與艾莉森・布魯克斯在最近發表的〈這並非革命〉這篇優秀的論文，然而這套說法是否能獲得普遍的認可，目前還言之過早。有關於語言的早期歷史，同樣也是頗具爭議。當前對於這個問題的各方爭議專著成書的有：泰倫斯・迪肯的《使用符號的物種》、史蒂芬・米森的《史前：文明記憶拼圖》、亨利・普洛金的《心智思維的演化》（*Evolution in Mind: An Introduction to Evolutionary Psychology*, 1997）、約翰・梅納德・史密斯與厄斯・薩斯馬利的《生命的起源》，以及、史迪芬・平克的《語言本能》。克萊夫・甘布爾的《史前全球文明》是是最近探討舊石器時代歷史的最佳縱覽性作品之一，深刻地關注著不斷變化的社會關係與網路。提姆・弗蘭諾瑞的《未來食客》是一部絕佳、或有爭議的著作，精闢闡述了人類早期給莎湖大陸棚所帶來的生態影響；他的另一部近作《永恆的邊境》則探討了北美洲的生態歷史。奧爾加・索弗的著作（請參見參考書目裡所列舉的文章）是理解人類在冰河時期俄羅斯殖民開拓狀況的基礎。蒂文・瓊斯等人所合編的《劍橋人類演化百科全書》對本章所描述的許多細節也都裨益頗大。

注釋

❶ Henry Plotkin, *Evolution in Mind: An Introduction to Evolutionary Psychology* (London: Penguin, 1997), p. 248.

❷ 史蒂芬・米森在《史前：文明記憶拼圖》（*The Prehistory of the Mind: A Search for the Origins of Art, Religion, and Science*〔London: Thames and Hudson, 1996〕）這本書中討論了「如何獲得語言」的幾種理論，簡明摘要可參閱John Maynard Smith and Eörs Szathmáry, *The Origins of Life: From the Birth of Life to the Origins of Language* (Oxford: Oxford University Press, 1999), pp. 143-45。關於語言的模組，可參閱Steven Pinker, *The Language Instinct: The New Science of Language and Mind* (New York: Penguin, 1994)。

❸ Mithen, *The Prehistory of the Mind.*

❹ Terrence W. Deacon, *The Symbolic Species: The Co-evolution of Language and the Brain* (Harmondsworth: Penguin, 1997)，特別是

第十章：史迪芬・平克主張，如果真的存在「智力」的零件或器官，它看起來可能比較像是路上被輾斃的動物，而非我們所熟悉的心臟和肺臟這樣的器官，請參閱Steven Pinker, *How the Mind Works* (New York: W. W. Norton, 1997), p. 30。

❺ Deacon, *The Symbolic Species*, p. 70，此處指出，圖像是透過符號及與物體之間的類比相似性來達成的，相關性是透過兩者間的物理或時間性關聯來達成，而象徵則與對象的物理性質無關，它透過某種正式的（或僅是被接受）的關聯來達成。以下文中引自該書的內容會以附加說明的方式使用。

❻ Deacon, *The Symbolic Species*, pp. 322-24, 345.

❼ Deacon, *The Symbolic Species*, pp. 84-92.

❽ 關於語言如何影響時間感，請參閱John McCrone, *The Ape That Spoke* (Basingstoke: Macmillan, 1990); *How the Brain Works: A Beginner's Guide to the Mind and Consciousness* (London: Dorling Kindersley, 2002)，尤其是頁五六—五八。

❾ Deacon, *The Symbolic Species*, pp. 310-18.

❿ Deacon, *The Symbolic Species*, pp. 340, 353.

⓫ Chris Stringer and Robin McKie, *African Exodus* (London: Cape, 1996), pp.48 ff.；也請參閱Alan G.Thorne and Milford H.Wolpoff, "The Multiregional Evolution of Humans," *Scientific American* (April 1992): 28-33。

⓬ 關於此範式的遺傳學證據討論，請參閱Luigi Luca Cavalli-Sforza and Francesco Cavalli-Sforza, *The Great Human Diasporas: The History of Diversity and Evolution*, trans. Sarah Thorne (Reading, Mass.: Addison-Wesley, 1995)。

⓭ Sally McBrearty and Alison S. Brooks, "The Revolution That Wasn't: A New Interpretation of the Origin of Modern Human Behavior," *Journal of Human Evolution* 39 (2000): 453-563。我從這篇文章中引述的文字會以附加說明的方式使用。

⓮ McBrearty and Brooks, "The Revolution That Wasn't," p. 497.

⓯ McBrearty and Brooks, "The Revolution That Wasn't," pp. 493-94.

⓰ Robert Wright, *Nonzero: The Logic of Human Destiny* (New York: Random House, 2000), p. 51.

⓱ 「網路」這個比喻可能在世界史領域中最常被使用，請參閱威廉・麥克尼爾的《西方的興起：人類共同體的歷史》（*The Rise of the West: A History of the Human Community* [Chicago: University of Chicago Press, 1963]）此書主張，不同人群間的互動是世界史變遷的主要驅力。他最近與約翰・麥克尼爾（John. R. McNeil）合著的作品進一步完善了「互動網路」

的概念，請參閱J. R. McNeill and William H. McNeill, *The Human Web: A Bird's-Eye View of World History* (New York: W. W. Norton , 2003)。

⓲ 琳・馬古利斯與多里翁・薩根在《生命是什麼？》（*What Is Life?*, p. 8）為「綜效」提出精闢的定義：美國建築師巴克敏斯特・富勒（R. Buckminster Fuller, 1895-1983）使用「綜效」（源於希臘文的「合作」）描述物體各部分協同合作的效果大於單獨作用的總和。

⓳ Wright, *Nonzero*, p. 52：此書第四章"The Invisible Brain"說明以下普遍準則：人口密度提升有助於促進革新。

⓴ 關於語言的種類如何隨人類歷史演進而減少，請參閱Frances Karttunen and Alfred W. Crosby, "Language Death, Language Genesis, and World History," *Journal of World History* 6.2 (Fall 1995): 157-74：此書頁一五九提出了加州的數據，頁一七三提出了巴布亞紐幾內亞的當前數據。

㉑ 研究現代的食物採集民族，或多或少可以協助我們想像舊石器時代的生活方式，關於這類推論及其局限的例子，請參閱Allen W. Johnson and Timothy Earle, *The Evolution of Human Societies: From Foraging Group to Agrarian State* (Stanford: Stanford University Press, 2000, 2nd ed.)，尤其是第二、三章。

㉒ Colin Renfrew, *Archaeology and Language: The Puzzle of Indo-European Origins* (Harmondsworth: Penguin, 1989), p.125，此處提出的人口密度估計值較低，較高的數值請參閱Massimo Livi-Bacci, *A Concise History of World Population*, trans. Carl Ipsen (Oxford: Blackwell, 1992), pp. 26-27。

㉓ Marshall Sahlins, "The Original Affluent Society," *Stone Age Economics* (London: Tavistock, 1972), pp. 1-39。引文在頁一。

㉔ Sahlins, "The Original Affluent Society," p. 16.

㉕ Johnson and Earle, *The Evolution of Human Societies*, p. 14.

㉖ Eric R.Wolf, *Europe and the People without History* (Berkeley: University of California Press, 1982)，此書第三章描述了「家族秩序」、「貢賦體制」、「資本主義」等社會模式。以親屬結構為核心之採集食物社會的另一個說明，請參閱Johnson and Earle, "The Family-Level Group," *The Evolution of Human Societies*的第一節。

㉗ 卡爾・波蘭尼及其追隨者的著作說明了互惠主義的經濟學原則，請參閱Karl Polanyi, Conrad M. Arensberg, and Harry W. Pearson eds., *Trade and Market in the Early Empires: Economies in History and Theory* (Glencoe, Ill.: Free Press, 1957)，關於波蘭尼

的概念，亦可參閱S. C. Humphrey, "History, Economics, and Anthropology: The Work of Karl Polanyi," *History and Theory* 8 (1969): 165- 212。

28 引述自Wright, *Nonzero*, p. 20。

29 Richard Lee, *The Dobe !Kung* (New York: Holt, Rinehart, and Winston, 1984), p. 96；引述自Johnson and Earle, *The Evolution of Human Societies*, p. 75。

30 Irenäus Eibl-Eibesfeldt, "Aggression and War: Are They Part of Being Human?" in *The Illustrated History of Humankind*, ed. Göran Burenhult, vol. 1, *The First Humans: Human Origins and History to l0,000 BC* (St. Lucia: University of Queensland Press, 1993), pp. 26-27.

31 Christopher Chase-Dunn and Thomas D. Hall, *Rise and Demise: Comparing World-Systems* (Boulder, Colo.: Westview Press, 1997), p. 138.

32 東尼・史威（Tony Swain）在《陌生人之地：澳洲原住民史》（*A Place for Strangers: Towards a History of Australian Aboriginal Being* [Cambridge: Cambridge University Press, 1993]）一書中對於位置意識在原住民的宗教及宇宙觀的支配作用有精采的探討。亦可參閱Deborah Bird Rose, *Nourishing Terrains: Australian Aboriginal Views of Landscape and Wilderness* (Canberra: Australian Heritage Commission, 1996)。在此感謝法蘭克・克拉克（Frank Clarke）告知我這兩筆參考資料。

33 引述自Rose, Nourishing Terrains, p. 9。

34 Mircea Eliade, *The Myth of the Eternal Return, or, Cosmos and History*, trans. Willard R. Trask (New York: Harper, 1959)。這是一部艱澀但非常重要的作品。

35 此處大多參考了Stringer and McKie, *African Exodus*。

36 Clive Gamble, *Timewalkers: The Prehistory of Global Colonization* (Harmondsworth: Penguin, 1995), p. 215; Alan Thorne et al., "Australia's Oldest Human Remains: Age of the Lake Mungo 3 Skeleton," *Journal of Human Evolution* 36 (June 1999): 591-612，此文為蒙哥湖骸骨重新定年；Richard G. Roberts, "Thermoluminescence Dating," in Burenhult ed., *The First Humans*，此書頁一五三刊登了這個岩洞的照片，頁一五六則刊登了來自這岩洞的砥石照片。亦可參閱John Mulvaney and Johan Kamminga, *Prehistory of Australia* (Sydney: Allen and Unwin, 1999), pp. 130-46；他們對於馬拉庫納恩加遺址年代早於五萬年

的說法存疑（頁一四〇至四二）。

37 Cavalli-Sforza and Cavalli-Sforza, *The Great Human Diasporas*, p.123.

38 Paul Ehrlich, *Human Natures: Genes, Cultures, and the Human Prospect* (Washington, D.C.: Island Press, 2000), p. 166.

39 Rhys Jones, "Fire Stick Farming," *Australian Natural History* (September 1969): 224-28.

40 Leigh Dayton, "Mass Extinctions Pinned on Ice Age Hunters," *Science* (8 June 2001): 1819.

41 Stephen Pyne, *Fire in America: A Cultural History of Wildland and Rural Fire* (Princeton: Princeton University Press, 1982), p. 3.

42 Neil Roberts, *The Holocene: An Environmental History* (Oxford: Blackwell, 1998, 2nd ed), p. 112；作者引述了P. Mellars, "Fire Ecology, Animal Populations, and Man: A Study of Some Ecological Relationships in Prehistory," *Proceedings of the Prehistoric Society* 42 (1975): 15-45。關於澳洲的火耕農業，請參閱Tim Flannery, *The Future Eaters: An Ecological History of the Australasian Lands and People* (Chatswood, N.S.W.: Reed, 1995), pp. 217-36，此處提出了爭議性的說法：廣泛用火的間接後果之一是使大型草食動物滅絕，過去牠們所吃的大量植物被焚毀。

43 Andrew Goudie, *The Human Impact on the Natural Environment* (Oxford: Blackwell, 2000, 5th ed.), pp. 38-41.

44 I. G. Simmons, *Environmental History: A Concise Introduction* (Oxford: Blackwell, 1993), p. 74.

45 Johan Goudsblom, *Fire and Civilization* (Harmondsworth: Allen Lane, 1992).

46 Peter Bogucki, *The Origins of Human Society* (Oxford: Blackwell, 1999), p. 92；以及參閱Elizabeth Wayland Barber, *Women's Work: The First 20,000 Years: Women, Cloth, and Society in Early Times* (New York: W. W. Norton, 1994), chap. 2。

47 Richard G. Klein, *Ice Age Hunters of the Ukraine* (Chicago: University of Chicago Press, 1973), p. 110；以及參閱Olga Soffer, "Sungir: A Stone Age Burial Site," in *The First Humans*, ed. Burenhult, pp. 138-39。

48 Olga Soffer, "The Middle to Upper Palaeolithic Transition on the Russian Plain," in *The Human Revolution*, eds. Paul Mellars and Chris Stringer (Edinburgh: Edinburgh University Press, 1989), 1: 736.

49 Z. A. Abramovo, "Two Models of Cultural Adaptation," *Antiquity* 63 (1989): 789；以及參閱Roland Fletcher, "Mammoth Bone Huts," in *The First Humans*, ed. Burenhult, pp. 134-35。

50 Brian M. Fagan, *The Journey from Eden: The Peopling of Our World* (London: Thames and Hudson, 1990), p. 186; N. D. Praslov,

"Late Palaeolithic Adaptations to the Natural Environment on the Russian Plain," *Antiquity* 63 (1989): 786.

51 Olga Soffer, "Patterns of Intensification as Seen from the Upper Paleolithic of the Central Russian Plain," in *Prehistoric Hunter-Gatherers: The Emergence of Cultural Complexity*, eds. T. Douglas Price and James A. Brown (Orlando, Fla.: Academic Press, 1985), p. 243，以及Soffer, "Storage, Sedentism, and the Eurasian Palaeolithic Record," *Antiquity* 63 (1989): 726。

52 Timothy Champion et al., *Prehistoric Europe* (London: Academic Press, 1984), p. 81。相似的數據亦可見於西伯利亞的Mal'ta和Buret'遺址，參閱A. P. Okladnikov, "Inner Asia at the Dawn of History," in *Cambridge History of Early Inner Asia*, ed. Denis Sinor (Cambridge: Cambridge University Press, 1990), p. 56；Clive Gamble, *The Palaeolithic Settlement of Europe* (Cambridge: Cambridge University Press, 1986)，此書頁三二六呈現了維納斯雕像的出土地點，亦可參閱Chris Stringer and Clive Gamble, *In Search of the Neanderthals: Solving the Puzzle of Human Origins* (London: Thames and Hudson, 1993), p. 210。

53 Mulvaney and Kamminga, *Prehistory of Australia*, pp. 28-31.

54 Stringer and McKie, *African Exodus*, p. 150.

55 Göran Burenhult, "The Rise of Art," in *The First Humans*, ed. Burenhult, p. 100.

56 請參閱Stringer and McKie, *African Exodus*，頁一五〇的數據（距今十萬年前），Livi-Bacci, *A Concise History of World Population*, p. 31；以及Thomas M. Whitmore et al., "Long-Term Population Change," in *The Earth as Transformed by Human Action: Global and Regional Changes in the Biosphere over the Past 300 Years*, eds. B. L. Turner II et. al. (Cambridge: Cambridge University Press, 1990), pp. 25-39。

57 關於火耕農業對澳洲及紐西蘭的影響，可參閱Flannery, *The Future Eaters*。這部作品引人入勝——雖然還有些小小爭議。

58 最近發現的化石顯示，有一種矮小的長毛象在北冰洋上與世隔絕的格陵蘭島存活到將近四千五百年前，請參閱Roberts, *The Holocene*, p. 86。

59 Dayton, "Mass Extinctions Pinned on Ice Age Hunters，提供的證據，說明了人類早在四萬五千年前就已使用刀耕火種技術；另見Tim Flannery, *The Eternal Frontier: An Ecological History of North America and Its Peoples* (New York: Atlantic Monthly Press, 2001), pp. 189-91。

60 引述自Flannery, *The Future Eaters*, p. 181。

61 Richard G. Roberts, Timothy F. Flannery, Linda K. Ayliffe, Hiroyuki Yoshida, et al., "New ages for the last Australian megafauna: Continent-wide Extinction about 46,000 years ago," *Science* (8 June 2001): 1888-1892，以及John Alroy, "A Multispecies Overkill Simulation of the End-Pleistocene Megafaunal Mass Extinction," *Science* (8 June 2001): 1893-896。這兩篇文章對大滅絕的年代有更精確的定年，並使用更精密的電腦來模擬人類對舊石器時代大型動物可能產生的影響，藉此提出了「早期人類對動物滅絕負有更大責任」的有力論點。就目前所知，體重一百公斤以上的澳洲大型陸地動物大約是在四萬六千年前左右滅絕，跟人類抵達此地的時間差不多。

62 Roberts, *The Holocene*, p. 83，引述自Paul S. Martin and Richard G. Klein eds., *Quaternary Extinctions* (Tucson: University of Arizona Press, 1984)。

63 關於此議題最新的討論可參閱Flannery, *The Future Eaters*, pp. 164-207，此書極度重視人類行為的後果；亦可參閱賈德．戴蒙的《槍炮、病菌與鋼鐵：人類社會的命運》（*Guns, Germs, and Steel: The Fates of Human Societies* [London: Vintage, 1998], pp. 46-47），作者著重論述了動物滅絕所造成的影響；另外還可以參閱Mulvaney and Kamminga, *Prehistory of Australia*, pp. 124-29，此處對於澳洲現存證據關於大滅絕的一些疑點進行討論。

64 Stringer and McKie, *African Exodus*, pp. 101-104.

65 Burenhult, "The Rise of Art," p. 104.

66 關於可能在爪哇存活到距今五萬三千至兩萬七千年前那些異於現代人的人亞科原人，可參閱Richard G. Klein, *The Human Career: Human Biological and Cultural Origins* (Chicago: University of Chicago Press, 1999, 2nd ed.), p. 395；此書頁四七七之後指出尼安德塔人或許在歐洲存活到距今三萬年前。

第四部

全新世：分散的世界

年表 8-1　農耕社會和城市文明的歷史：5千年

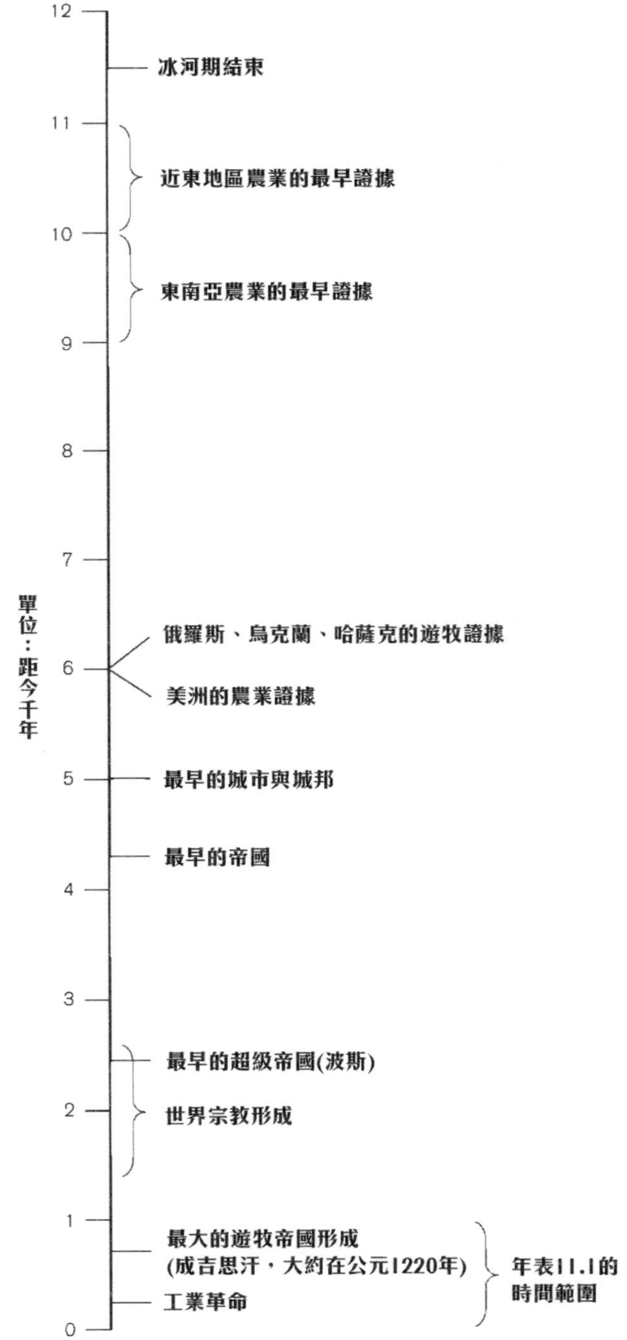

第八章

集約化與農業的起源

農業革命造成了食物經濟的重構，從基於狩獵與採集（搜食）的游牧生活形態轉變成基於耕作的定居生活形態。雖然農業一開始只是為了補狩獵與採集之不足，但最終幾乎完全取代了狩獵與採集。農業革命砍伐了地球上十分之一的林地與草地以獲得可耕地。不似對地球影響微乎其微的狩獵採集文明，這種新的農耕文明確確實實地改變了地球的表面。❶

從地質學的時間範圍來看，在最後一個冰河期結束之際，亦即大約在一萬一千五百年前，更新世走向終點而進入了全新世。大約在此時，人類歷史開始邁往一個新方向。隨著由粗放轉變為集約技術，人類歷史跨越了一個門檻。在舊石器時代，隨著人們遷徙到世界各地開拓新環境，我們可以看到人類在生態上的力量逐漸增加。從全新世早期開始，人類採取了集約的形式：新的技術與生活方式使人類能夠在給定的土地範圍上獲取更多資源。因此，雖然絕大部分的人類歷史始於舊石器時代（以編年史的角度而言），大多數的人類乃生活在最近一萬年之內（參見圖8.1）。

用寬鬆的定義而言，我們可以將全新世早期的新技術稱為農業。這些技術刺激了人口增長，並鼓勵人類在大型、集中的社區定居，即我們所稱的村落與城鎮。更稠密的定居形態鼓勵了更多的意見交流，也激發了集體知識，使技術的變化速度得以加快。然而更稠密與龐大的聚落也創造了新的社會及組織問題，為了解決這些問題，就需要新的社會關係，以及更大型、更複雜的社會結構。在數千年裡，這些變遷以不同的速度散布至世界上的許多地區。它們標誌了現代人類在進化過程中最重要的變化。

全新世的活力最明顯的就是展現在人口增長方面（參見圖8.2、表6.2與表6.3）。在歐洲史前史也可觀察到同樣現象，即便是最初期的農耕方式，在大約相同的土地面積上所能養活的人口數量，亦

圖8.1 人類歷史中三段時期的比較

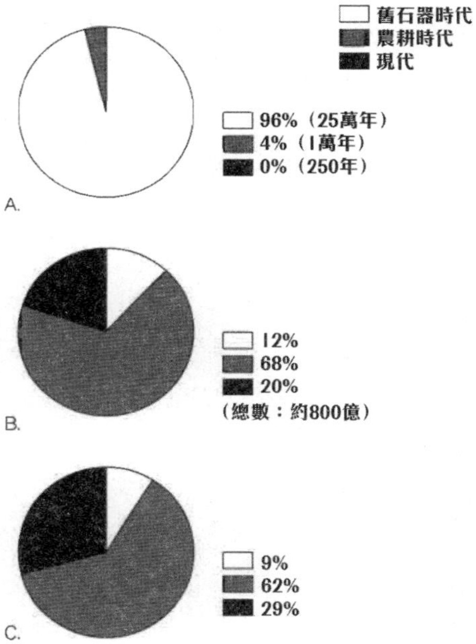

針對三個方面比較舊石器時代、農耕時代與現代的差異，分別為（a）延續時間（分別為240,000〔譯者註：此處原文書數字有誤，不僅少一個零，也與上方圖表250,000不全相符〕、10,000與200年）。（b）各時代生活的總人口數（自人類物種出現以來，誕生的人口總數約為800億，該推估值引自Massimo Livi-Bacci, *A Concise History of World Population*，頁31、33；（c）各年代的人口壽命年數，因為人類平均餘命在現代大幅增長，這個數字在計算人類可活的年數後顯得更為突出。（該推估值引自Massimo Livi-Bacci, *A Concise History of World Population*，頁31、33）。

圖8.2　距今1萬年前到當代的人口數量

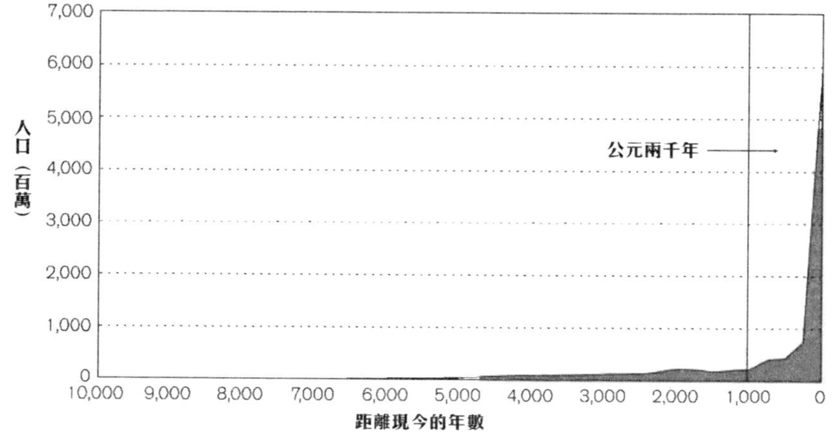

此圖根據表6.2繪製。

比使用放牧技術時增加約五十到一百倍。❷這就是為何在轉變成為農耕社會後，世界人口成長的曲線圖呈現了明顯的向上攀升。當然，這個時期的世界人口統計總數是個大概的估計值。儘管如此，此一時期的人類居住遺址數量倍增，顯示了人口成長的速度的確比舊石器時代要快得多。表6.2與表6.3中的估計值顯示世界人口總數從一萬年前的約莫六百萬人，上升到了五千年前的五千萬人，亦即在五千年之間增長了六到十二倍。❸平均而言，世界人口數量每一千六百年增長一倍，然而在舊石器時代前期，人口數量平均每六千年才增長一倍。這些變化標誌著一個人口學的新時代開端，特徵是距今近一萬年前以來，世界人口成長率長期保持穩定增長，直到進入現代之後則更加大幅攀升。

在一九三〇年代，澳洲考古學家柴爾德（V. Gordon Childe）提議將這一系列的變化稱為「新石器時代的革命」。考古學家起初使用

表8.1 人類歷史的分段

時代名稱	大致的時間範圍	重要特徵
時代1：許多世界：舊石器時代，以及人類歷史的開端	距今30萬／25萬至1萬年	人類適應性技術的最早跡象；許多小型且聯繫鬆散的社群；人口成長且擴散；人類進入新環境，在大多數可居住的地方定居；其他存活的人類物種滅絕
時代2：數個世界：新生世與農業時代	距今1萬至5百年	集約化與密集、相互聯繫的聚落；適應方式增加，新形態的社群，人造的環境增加，人口成長；彼此分離的三個世界區域以類似的軌跡發展，但因受到資訊交換的不同綜效影響而有不同的速度。
時代3：一個世界：現代	距今5百年至現在	單一的全球體系；對於物種層次的集體知識；大幅加快獲取資源；對生物圈資源的控制；其他有機體的滅絕

新石器此一名稱，是為了指出其與一萬年前出現的打磨石器之差異。然而柴爾德主張此一時代真正的特徵，乃是另一更具革命性的事物：農業的出現。農業為往後人類歷史上所有最重要的發展奠定了基礎。今日許多史前史學家並不贊成柴爾德所鑄的這個名稱，因為他們經過詳細考察後，認為這些改變是緩慢發生的。那個時代的人幾乎沒有察覺他們自身在經歷一場革命。儘管如此，柴爾德關於新石器時代或農業革命的概念仍值得保留下來，因為若將全部的人類歷史視為一整段時間範圍，則這些變化的確是迅速而且具革命性的（參見表8.1）。僅僅在一萬一千五百至四千年前這段歷時七千五百年的時間裡，以種植跟畜養維生的農業族群，至少在世界上三個甚至七個之多的不同地區出現。由

於農業人口遷徙到新的地區，或者其他可能已經半農業化的族群將這些新技術吸納入他們的生活方式，這種原初的農業生活方式開始在這些地區出現並向外傳布。透過人口流動、傳播、在地居民的創新與再創新等因素的交相融合，農業生活方式與許多地區性的衍生變型得以在世界上大部分地區既存的或新生的交換網路中擴散。

本章聚焦於我所提出的早期的農業時代。在人類歷史的這段時期中，農業的族群已經存在，但沒還有出現城市與國家。我們會看到這段時期在各地的編年史均不相同。在某些地區，這段時期始於一萬至一萬一千年前，而大約在五千到六千年前結束；在另外一些地區則出現得相當晚，並延續到了二十世紀。

人類歷史的全新世

末次冰河期的結束

末次冰河期最寒冷的階段出現在兩萬五千至一萬八千年前。從一萬八千年前開始，氣候變得愈來愈溫暖潮溼，這個變化有時十分急遽，雖然有時也會短暫地回到冰河期的狀態（例如大約在一萬三千至一萬一千五百年前之間的這段時間）。大約從一萬一千五百年前以來，氣候大致維持為典型的溫暖時期狀態，即冰河期之間的間冰期，雖然間或出現較為溫暖或寒冷的天氣。有記載的人類歷史全都發生在全新世的間冰期。

由於氣候溫暖之故，北美大部分地區、北歐、斯堪地那維亞以及西伯利亞東部所覆蓋的冰層變薄且消退。冰層融化造成海平面上升，淹沒了世界上大部分的沿海地區。此一變化在北緯地區最為明顯，陸地因為不再受到厚重冰層的壓迫而往上升高。

氣候的變化改變了地貌與植被。❹沙漠與冰原區域逐漸縮小，但森林面積持續擴大。在歐亞大陸與北美，原先冰河期的草原地帶變成了森林，形成了數個世界上最大的林區。白樺樹與松樹的擴張最快也最廣，其次是榛樹、榆樹與橡樹等落葉樹種。在非洲與南美那些更溫暖的地區，曾經幾乎絕跡的森林重新出現，並形成了面積媲美北緯地區溫帶森林的熱帶雨林。森林的擴張取代了原先的草原物種，例如歐亞與北美草原上依賴著冰河期草原維生的長毛象、野牛與馬等獸群。取而代之的動物有野豬、鹿與兔子，以及一系列的新植物供其食用，例如堅果、漿果、種子、水果與蕈類。對人類而言，相較於在冰河期北緯地區狩獵大型食草動物，開發利用這些物種要來得艱難許多。但在一些地區，隨著氣候變暖，作為捕食者獵物的小型物種大量繁殖，而牠們的絕對數量使其更具吸引力。在距今一萬年到五千五百年前的這段時間內，溼度的提高使得現今的撒哈拉沙漠成為茂密的湖泊山林地區，當地居民在岩石上留下了令人嘆為觀止的畫作，畫作上所描繪的生活方式在如今乾燥的沙漠中是難以想像的。

就像動植物必須適應氣候的變化，人類亦是如此。但他們在世界上各個不同地區採取了不同的適應方式；因此全新世的人類社會就更加複雜多樣了。

三個世界

在全新世早期，隨著海平面升高，連接西伯利亞與阿拉斯加、日本與中國、英國和歐洲，以及澳洲、巴布亞紐幾內亞與塔斯馬尼亞的陸橋皆被淹沒。印度尼西亞由冰河期位於亞洲南部的半島變成了群島，而印度尼西亞、澳洲與巴布亞紐幾內亞之間的溝壑則變得更寬。由於人類已散布世界

地圖8.1 全新世的世界地區

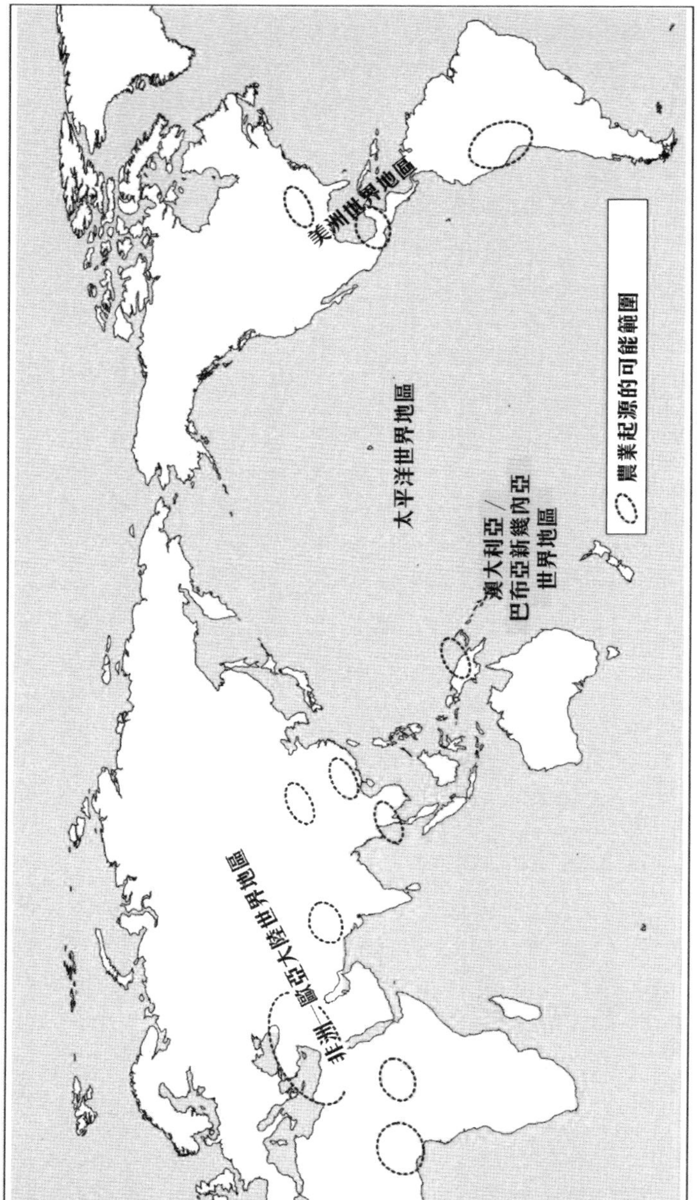

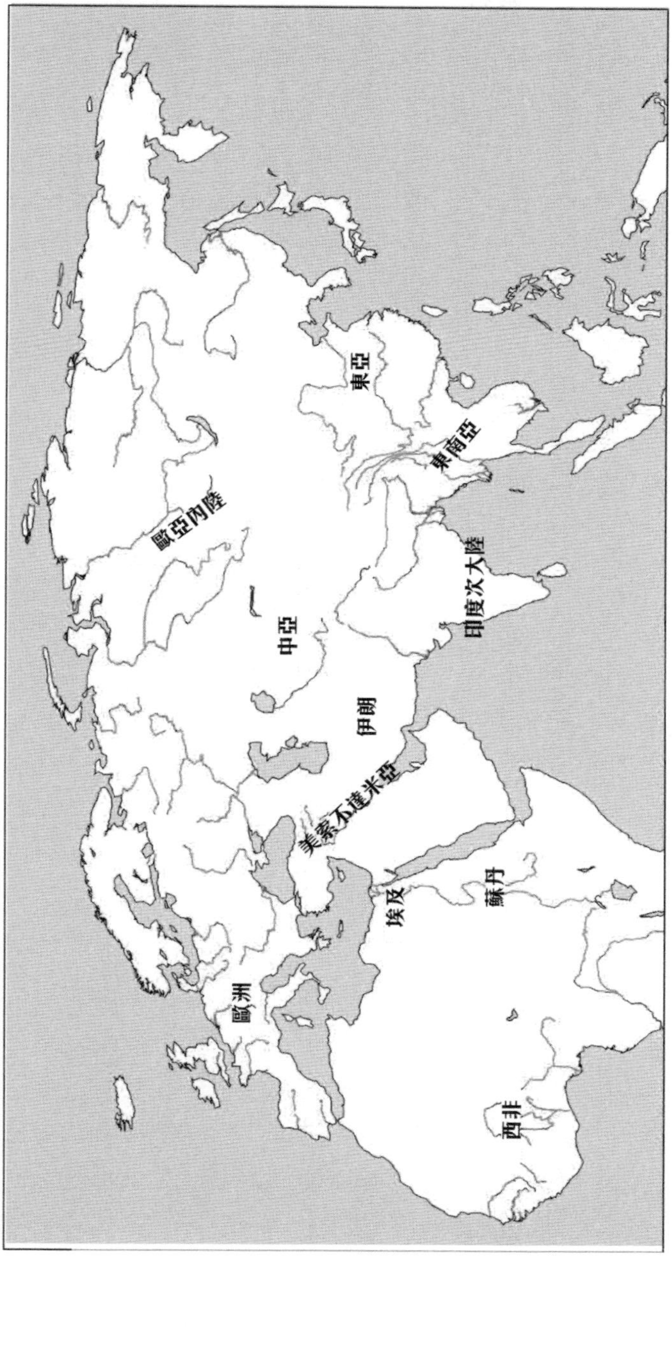

地圖8.2 非洲—歐亞大陸世界地圖

各地定居，這些古老連結的斷裂迫使人類被分割為具有不同歷史的人群。如羅伯特・萊特（Robert Wright）的妙喻：「新大陸與舊大陸在文化進化上成了兩個互不相干的培養皿。」[5]

不會有完全的隔絕存在。可能在四千年前抵達澳洲的野狗，或最近幾世紀的印度尼西亞海參捕撈者，都足以證明澳洲從來沒有完全與印度尼西亞以及亞洲隔絕。巴布亞紐幾內亞也一直與西元前一千六百年以來移居到印度尼西亞的南島民族保持聯繫。[6]白令海峽的狹窄溝壑，與維京人在紐芬蘭殖民地的短暫居留，說明美洲沒有與歐亞大陸完全隔絕。再者，南美的甘薯出現在玻里尼西亞，證明在過去的三千年裡，美洲與太平洋地區的各種族群必有某種聯繫。然而，由於這些聯繫非常有限，所以我們還是可以將過去四千年占了絕大部分全新世的人類歷史視為在三個不同的世界地區發生，以及加上額外的第四個世界地區——太平洋地區。[7]全新世的世界地區主要為非洲—歐亞地區，範圍包括非洲與整個歐亞大陸，以及離岸島嶼如英國與日本；美洲地區，範圍從阿拉斯加到火地島，以及一些離岸島嶼如加勒比海的島嶼；澳洲與巴布亞紐幾內亞地區；以及大約四千年前之後的太平洋島嶼的人類社會（參見地圖8.1與8.2）。

在每一個世界地區裡，至少原則上而言，觀念、影響、技術、語言，甚至於某些商品，都可能從一端傳播到另外一端。巴布亞紐幾內亞與澳洲之間總是透過托雷斯海峽的島嶼鏈產生間接聯繫。澳洲西北的名產如珍珠貝，如跑接力賽般地幾乎橫跨了整個大陸，而來自東北遠端約克角的「喇叭螺」則經過加工製成用於宗教儀式或巫術的裝飾品，遠銷至澳洲南部及澳洲西部沙漠。[8]玻里尼西亞與密克羅尼西亞群島上居住著一群具有關聯性的移民族群，從他們的語言以及被稱為拉皮塔（Lapita）文化的考古遺跡，都可見到明顯的相似性。[9]在非洲—歐亞大陸世界地區，撒哈拉沙漠在大約四千年前曾經是一片無樹的大草原，所以撒哈拉以南的非洲並不是像之後一樣與其他地區隔絕。畜牧技術起源於歐亞內陸與非洲撒哈拉地區，然後往兩個方向傳播出去，一是通過歐亞草原到西伯利亞東部，一是直至中東與東非。印歐語系的語言傳播到了新疆、印度與西歐；亞非語系的語言則傳遍了大部分的非洲，並傳入中東地區；突厥語的傳播範圍則從蒙古到安那托利亞地區。在美洲，早期移民一代代地從阿拉斯加往火地島遷徙，如語言學家約瑟夫・格林伯格（Joseph Greenberg）所言，創造出一個涵蓋整個南美與大部分北美地區的語言區。[10]

將全新世大部分時期中的這些區域視為各自獨立的世界地區，有助於我們區分普遍性與地區性的趨勢。這些世界的歷史具有驚人的相似性，但也有不容忽視的重要差異存在。所有的世界地區都發生了某種集約化過程，而人類從舊石器時代就可見的適應能力，也持續穩定成長並遍及世界。但是改變的速度不一而致，而各地區出現的自然環境適應情況也不同。以下三章的主要任務，就是解釋這些歷史中的相似處與相異處。[11]

何謂農業？

在全新世早期集約化的各種形式中，農業毋寧是最重要的。然而，究竟何謂農業呢？

如前一章所討論的火棒耕作的「農民」一樣，耕作者有系統地調整環境，使其利於他們認為最有用的動植物物種生存。不過農業透過大幅的翻整使生產力大增，也造就了一種早期的人工淘選方式，最終改變了這些人類青睞的物種。農業所依賴的這種方式即是早期的基因工程，稱為馴化。

馴化

馴化是一種共生的過程，在此一過程中物種並非捕獵另一種物種，而是保護後者並促使其再生產，以創造更可靠的食物來源。這種從捕獵到共生的協同進化模式在進化史中十分常見，且亦符合達爾文進化論的邏輯。因為過度的捕獵會使獵物的數量枯竭，因此最有效的捕獵者（無論體型大小）會選擇性地捕殺獵物，甚至會試圖確保作為他的獵物的物種能夠延續生存。雙方在這種關係中皆獲得了好處。捕獵者藉此更能夠掌控其重要的食物來源，而作為代價，獵物則獲得了一個樂於確保其存續與繁衍的保護者。如果人類沒有馴化綿羊與玉米，這兩種物種就不會像今日一樣繁茂。許多物種之間都有馴化的現象存在。例如，螞蟻為了獲得蜜露，其對待蚜蟲的方式就好比對待畜養的牛。螞蟻會用觸角敲打捕獲的蚜蟲，刺激其產生蜜露。而螞蟻會照顧蚜蟲並確保牠們能夠成功繁殖，作為得到蜜露的交換。[12]

捕獵與馴化之間並沒有明確的分界。但是在緊密的共生關係中，雙方物種在行為及遺傳方面都會發生變化，直到一方或者雙方沒有另外一方就無法生存為止。在人類歷史上，遺傳變化主要發生在被馴化的物種上。人類也有遺傳變化——比方有些人產生了可以消化家畜生乳的能力。然而人類最重要的適應性乃是表現在行為與文化方面。文化變遷的速度更快，這解釋了為何人類之間的共生要比非人類之間的共生關係發展快速得多。

馴化所指的是在共生關係中，至少共生的其中一方無法靠自己活存下去的階段。以農業的例子而言，這意味著馴化的動植物再也無法在缺乏人類的支持下存活或繁殖，而許多人類族群也必須依賴他們屬意的畜養動物才能生活。馴化的綿羊因為行動緩慢且愚笨，已經無法在野生環境謀生，而現代的玉米或玉蜀黍由於種子無法隨意飛灑，也必須靠人類的幫助才能繁殖。[13]布魯斯・史密斯（Bruce Smith）為馴化下了這樣的定義：「由人類所創造的新型動植物——與其祖先或現存的野生近親具有明顯差異。」[14]此種動物新物種的創造，肇始於人類對於動物繁衍的控制，切斷了牠們與野生環境的聯繫。而植物的馴化則始於採收、種植與除草這些行為，因為其去除了馴化植物與周遭鄰近植物的遺傳聯繫，使其站在優於其「野生」表親的人造起跑點。在這兩種情況下，人類的干預替野生與馴化物種之間設下了隔欄。這促使了快速的遺傳變化，其方式非常相似於異域性物種形成，只是在此造成同一物種產生不同族群的遺傳屏障乃是人類，而非遷移或地理環境變化。

一旦人類開始將某一族群與其野生的近親族群區分開來，這個族群就可能發生迅速的進化。[15]考古學家對於這類變化十分熟悉。人類種植的種子植物通常長著緊密叢聚的種子，且比野生的物種更加牢固地附著於莖上，因為生長密集的種子便於人類採收（也便於再次栽種）；另外，孤立或稀鬆地附著於莖上的種子容易在採收時掉落，因此不利於再次栽種。基於類似的原因，人類種植的植物也傾向於長出大而皮薄的種子。對於密集種植而必須爭相獲取陽光的植物而言，最先發芽的種子所得到的生存機會愈大；所以這些種子多為皮薄且在內部儲藏了較大量的營養，有助於它們在生存競爭中勝出。人類也傾向於選擇再次栽種那些最肥大、最能結果與最先發芽的植物。因此，當古植物學家在尋找馴化證據時，他們尋找的種子是那些比野生物種來得大且皮更薄的、叢聚的、藉著葉軸（即連接軸）更牢固地附著在莖上的。馴化的動物也經歷了相似的變化，不過要找出這些考古學上的紀錄比較困難。體型的縮小是一個共同的特點，這可能是由於人們蓄意選擇比較容易馴養和控制的獸類，或者是馴化過程中提供的營養條件較差所致。另一個特點是不同的畜群結構。一般而言，家畜群中母的數量會比公的數量多，因為公畜會先被揀出。老的家畜也比較容易被淘汰掉。

農業並不是馴化的同義詞。許多社會都採行過有限度的馴化方式，不論對象是動物或是植物，但是並沒有仰賴這些動植物為生並定居。畜牧民族雖然與農業民族一樣依靠家畜，不過他們依賴的主要是馴化的動物而非植物。此外，畜牧民族與採集民族相同，都在不同的地區流動。與之相反的，農業民族通常既利用馴化的動物，也利用馴化的植物，而且大部分定居於一地。雖然農業民族也可能會打漁或狩獵，但這些族群的生存基礎乃是來自馴化的動植物。在農業社會裡，馴化的植物最終往往比馴化的動物來得更為重要。這是基本生態學規則所造成的結果，亦即位於食物鏈最底層的生物能夠最有效地轉換陽光所給予的能量。食物鏈每往上一層，就有百分之九十的能量被消耗掉；因此，主要仰賴植物為主食的人類生活方式，要比主要仰賴動物為主食的生活方式（例如畜牧）能夠支持更高的人口稠密度。因此，馴化的植物對於大多數農業革命的人口動力而言至關重要。

如表8.2所示，在整個全新世中，不同動植物物種的馴化一直持續進行，而且顯然在世界上各個不同的地區分別發生。然而，這些數字只是反映了最早的馴化證據。某些地區（例如南亞、中亞與中國）很快就從馴化階段進展到主要依賴農業的生活方式，但另外一些地區的進展就相對緩慢——美洲尤甚，從最早的馴化跡象到最早仰賴農業維生的證據出現之間相隔了數千年。

早期馴化的編年史與地理

還有一些其他的研究，顯示我們或許能將表8.2所記載的時間往前移，少則數百年，多則上千年。研究者也考證出可能存在某些至今被遺漏的馴化中心。有一些可能的地點位於熱帶地區，尤其是在巴布亞紐幾內亞與印度尼西亞，以及亞馬遜雨林（當地的主要農作物為木薯、馬鈴薯與花生）。在巴布亞紐幾內亞的部分地區，也許大約在九千年前就開始種植芋頭了；而在五千至六千年

表8.2 最早見於歷史記載的馴化證據

時間（距今千年）	西南亞	中亞／東亞	非洲	美洲
13-12				狗
12-11	狗、山羊、綿羊			
11-10	二粒／單粒小麥、大麥、豌豆與扁豆、豬			
10-9	黑麥、牛			葫蘆、南瓜
9-8	亞麻			胡椒、酪梨、豆
8-7		小米、葫蘆、狗		玉米、大羊駝／羊駝
7-6	棗椰、葡萄	荸薺、普通小麥、桑樹、稻米、水牛	穇子	
6-5	橄欖、驢子	馬、牛（瘤牛）、洋蔥	油棕、高粱	棉花
5-4	甜瓜、韭蔥、胡桃	駱駝（雙峰）	薯芋？、豇豆	花生、甘薯
4-3	駱駝（單峰）	大蒜	貓、珍珠、黍	天竺鼠、木薯
3-2				馬鈴薯、火雞
2-1				鳳梨、菸草

資料來源：改編自Neil Roberts, *The Holocene: An Environmental History* (Oxford: Blackwell, 1998, 2nd ed)，頁136。

前，該地的永久性村落砍伐境內的林地以施行真正的農業為生，使用當地（或進口）的芋頭與薯芋類物種作為主食。⓰

在一百多年前，法蘭西斯・加爾頓（Francis Galton）指出馴化的最早階段包含了某種生態學的「海選」。人類可能「海選」了眾多的獵物物種，但許多都缺乏某種使牠們能成為合適畜養對象的重要特質，而在徵試過程中落選了。這些落選者包括鹿（因為太過膽小）、橡實與榛子（雖然仍在饑荒時作為糧食，但營養價值不高，且比穀類與豆類難以儲存）。人類最早馴化成功的動物很可能是狼。狼在舊石器時代晚期末期被馴化，現代的家犬都是這些最早馴化的狼之後代。⓱不過馴化的狼並沒有對後來的馴化物種帶來變革性的影響，因為其功能是用來幫助打獵，而非提供一種採集生活之外的生活方式。

真正開啟了「新石器時代革命」的，是一小部分種子植物的馴化。關於此一變遷的最早證據出現於西南亞，亦即連接非洲與歐亞大陸，使其成為前現代世界上最大交換網路的走廊地帶。農業首見於最大且最古老的世界地區，亦即非洲—歐亞世界地區，很可能並非出於偶然。同樣地，它出現在連接兩個迥異地區的走廊地帶也絕非偶然，因為這類「樞紐」地區（第十章有更充分的討論）乃是大範圍地區的生態訊息交換場所。另一個樞紐地區是連接北美與南美地區的中美洲，在這裡農業也很早就出現了。

非洲—歐亞大陸最早的農業遺址集中在考古學家所稱的肥沃月彎。這是一個以高原為主的弓形地帶，北起現在的以色列、約旦與黎巴嫩，接著向東沿著土耳其和敘利亞的邊界，然後往南到伊拉克與伊朗邊界的札格羅斯山脈。在距今一萬一千至九千年之間，此地至少有八種植物被馴化。包括扁豆、豌豆、鷹嘴豆、苦豌豆、亞麻與穀類——二粒小麥、單粒小麥與大麥。這三種穀類作物的馴化似乎都發生在杰里科附近，距今一萬一千五百至一萬零七百年之間，可能是由於當地的族群從野外撿拾了這些種子而致。⓲這三種穀類在過去幾世紀都發生了許多與馴化相關的變化。它們發展出更大的種子，還有堅固的葉柄以支撐主莖上的種子。

綿羊與山羊可能在肥沃月彎北部被原本獵捕牠們的族群所馴化。不過，大體而言，動物馴化的時間似乎比植物來得晚些。事實上在許多地方，動物馴化的先決條件是出現作為飼料的農作物。豬在肥沃月彎北部土耳其與敘利亞邊境被馴化。⓳豬與綿羊和山羊不同，牠們與人類爭奪食物，可能是因為這樣所以牠們馴化的時間較遲。牛的馴化時間也比綿羊與山羊來得晚。牛被馴化的遺跡最早可追溯至距今約九千三百年前。⓴之所以這麼遲，可能是因為牛的野生祖先原牛，是一種很兇猛的野獸（我們知道此點，是因為野生的原牛一直存活至三世紀之前：十七世紀初在波蘭發現了原牛的最後蹤跡）。然而，就像綿羊與山羊一樣，原牛也是群居的動物。這意味著只要馴化或取代牠們的首領，就能夠控制整個獸群。㉑馴化很快就導致牛出現了遺傳變化，就像綿羊與山羊一樣，因為人類將他們不喜歡的特性，如容易受驚或攻擊性強（甚至包括高智商！）淘選掉了。

中國是第二個出現早期馴化的地區。最近的研究顯示，馴化在中國出現的時間比之前人們認為的還要早。也許大約在九千五百至八千八百年前，那些曾經採集野生稻米的民族就在中國南方長江一代種植稻米了。八千年前中國北方黃河流域開始栽培小米。豬應該是單獨在北方被馴養。距今八千年前，中國北方以小米為基礎的系統與中國南方以稻米為基礎的系統已然確立。

馴化的第三波出現在距今六千至四千年之間。至少在四千年前撒哈拉沙漠以南的地區就開始種植非洲屬的小米與高粱，甚至還可能更早。從當地與肥沃月彎迥異的自然條件與馴化現象來看，可知撒哈拉沙漠以南的非洲極少受到西南亞的影響。

近期研究顯示，美洲的馴化出現得比先前認定的時間來得晚。目前到處都沒有確切證據表明在距今五千五百年之前有全面的馴化發生。在五千五百年前，位於中美洲今墨西哥城西南部的提瓦坎谷地出現最早栽培玉米的例子。玉米是從野生的墨西哥類蜀黍演變而來的，其與豆子與南瓜類一同變成美洲最重要的栽培作物。南美是美洲唯一馴化動物扮演吃重角色的地區。在當地，天竺鼠、駱馬和羊駝至少在距今四千年前就被馴化，同時間人類也開始種植藜麥與馬鈴薯。動物的馴化在美洲相對來得不重要，因為最具潛力的馴化動物如馬與駱駝，早在冰河期末期就可能由於人類的濫殺而滅絕了。事實上，在第一波移民潮來到美洲時，只有少量可能馴化的動物倖存，這或許可以說明為何在美洲史前史早期馴化之前與定居農業文化之間存在著如此漫長的鴻溝。[22]

第三個世界地區巴布亞紐幾內亞也出現了馴化。不過雖然此地的馴化發生得早，其影響卻比其他地區來得小。

農業並沒有在出現後就席捲各地。事實上，若從現代的觀點，我們反而會吃驚於在本章所涵蓋的時期中，農業竟然發展得如此緩慢。雖然某些族群開始仰賴馴化的動植物為生，並成為真正的農業族群，但許多族群仍固守傳統的採集生活方式，只是馴養一兩種動植物作為補充。在巴布亞紐幾內亞，直到現代都還存在著農業與採集並行的生活方式。美洲的馴化散播速度緩慢，在北美東部栽種向日葵與葫蘆的族群中尤甚。當地農業進展緩慢的原因或許是因為缺乏可能馴化的動植物。雖然在大約四千年前，農業生活方式已十分發達，然而漁獵與採集的重要性仍然維持了大約三千年，因為當地栽種的作物無法提供足夠的營養。墨西哥的玉米在約一千八百年前傳入時，並沒有造成大量繁殖。直至約一千一百年前傳入了足以抵擋北方寒冬的新品種玉米，以及墨西哥豆與南瓜，當地的農業才開始起步。[23]

在非洲東北部沿尼羅河一帶，一批在肥沃月彎馴化的典型動植物在距今九千年前出現（其中只有大麥是埃及本地所產），但直到數千年後農業村落才廣見於此地。歐洲在大約九千年前，馴化的動植物從肥沃月彎傳播到了巴爾幹地區及義大利地中海沿岸與法國。接著又傳播到具有不同氣候與生態的溫帶地區，當地必須調整馴化的方式才能成功繁殖。人們曾經認為可以追溯六千至八千年前農業在歐洲擴散的「推進浪潮」。然而，更多進一步的研究顯示，雖然農業的確在歐洲境內擴散，但速度緩慢，也不如起初人們所想的來得成功。農業族群只在易於耕種的黃土地區定居。但在其他地區，尤其是次大陸的西北部與東北部，數千年以來農業所產生的影響都很有限。不過，當地的採集族群通常會使用某些農業技術，並與農業族群保持貿易關係，只是他們並沒有成為真正的農民。馴化與相關的農業生活方式只是採集之外的另一種選擇或補充；新石器時代許多地方的採集與農業族群乃是透過區域性的交換網路相互聯繫。

在其他地區，包括從烏拉爾山脈以西的俄羅斯到中亞與墨西哥北部，也可以看到類似的模式，在早期農業時代，農業雖帶來了影響，但並未成為主流。

農業的起源

我們應該如何解釋農業的變革呢？[24]

這個問題看似容易回答。集體知識的發展確保人類能夠持續探索從環境中獲得資源的方式，而最終會找到農業這個答案。此外，農業比大多數的採集生活方式提供更高的產量，所以人們忍不住會認為只要農業被「發明」出來，一定會迅速傳播到各地。最早嘗試解釋新石器時代革命的學者的確提出了這樣的假設，他們將農業視為一項發明，認為因其天生優於人類的其他適應方式，所以會從一個中心散播到各地。

然而，二十世紀的研究發現這類解釋有兩大問題。首先，誠如我們所見，農業並不是從一個中心散播出去的。相反地，農業顯然在三個世界地區的不同地方分別出現。我們如何解釋在世界上這些看似毫無關聯的地區，卻幾乎同時發生了這些變化呢？正如馬克・柯恩（Mark Cohen）所強調的，「關於早期農業最驚人的事實就是……它無庸置疑地是一個全球性的事件。」[25]

再者，我們不能再假定採集族群一旦學會了農業技術，就一定會採用它們。事實上，我們也不應不加懷疑地將農業的出現自動視為進步的象徵。比起採集生活方式，農業確實能夠支持更多人口維生，從長遠觀點來看，當這兩種生活方式有所衝突之時，農業族群較可能勝出。但很明顯的，很多採集族群即使在習得了農業技術後仍然拒絕使用它們。曾經有一些來自喀拉哈里沙漠的採集族群成員告訴當代的研究者，既然有那麼多現成的蒙剛果仁唾手可得，那麼為何還要像農民那樣耕種呢？在澳洲最北部地區，特別是約克角，原住民具有耕種的知識，因為他們北部的島民從事農耕。然而他們卻寧可不選擇務農。在俄羅斯與烏克蘭亦然，大約六千到七千年前農耕者進入此區域之後，採集與農耕就持續共存了數千年。[26]採集者將農耕視為一種選擇，但並非必須。

而他們的保守態度也許是非常合理的。從獸骨遺留的證據可以發現，早期農業帶來了新型的疾病與壓力。[27]在溫暖的氣候下，農民的食物選擇比採集者來得單一，所以他們更容易遇到週期性的短缺；採集者較容易轉而使用其他的食物資源。饑荒則是農業革命所帶來的一項矛盾的副產品。農業族群更容易發生由老鼠、大鼠、細菌及病毒所傳播的疾病，較大型的定居族群是這些生物繁殖的溫床。更重要的是，透過現代疾病的遺傳比較得知，在馴養家畜的非洲—歐亞大陸，致病細菌能夠輕易地從牛、雞和豬等家畜傳播到人類身上。疾病也利用了以下事實，亦即當人們定居在村落族群中耕種，他們自己也變成了獸群。[28]最成功的菌株，以及那些存活得最久而成為流行病的，是那些讓它們的宿主受到感染但不會致命的——天花和流感皆為此類。還有另外一個指標或許可以看出早期農業族群健康衰退的現象，就是新石器時代的人類骨骼平均長度，與舊石器時代的採集社會相比，似乎顯得較短；此外，也沒有證據顯示在早期農業方式出現後，人類的平均壽命因而增加或嬰兒死亡率降低。[29]在這兩種類型的社會中，能夠存活至成年的兒童皆不到百分之五十；雖然一些人可以活到五十或六十歲左右，但平均壽命不超過二十五至三十歲。[30]總而言之，農業的出現似乎是降低而非提高人類福祉的水準。約翰・科斯沃茲（John H. Coatsworth）寫道：「生物考古學家透過觀察某地的人類遺骸去比較農業轉變前後的人類福祉，結果發現農業轉變與當地營養的大幅下降，還有疾病、死亡、過勞與暴力的增加都有關聯。」[31]

任何關於農業起源的敘述，都必須解釋早期農業的編年史，以及為何採集族群願意使用農業這種明顯有很多缺點的生活方式。在當時能夠輕易採集到品種豐富、體型更大、取得方便的動植物之情況下，為何人類會甘於選擇一種必須辛苦耕耘、採收與準備，只為了獲得少數幾類植物種子的生活方式？

新石器時代革命的「原動力」解釋

現代學者從一九二〇年代開始試圖提出對於新石器時代革命的解釋。俄國遺傳學家N. I. 瓦維洛夫（N. I. Vavilov）調查馴化植物的近親物種，他相信可以證明那些遺傳物種多樣性最豐富的地方，就是該物種的起源地，而且還可能是這些物種最早被栽種的地區。他考證出了八個可能是早期農業的「發源地」。瓦維洛夫列出的發源地名單，與現代研究提出的名單相仿，也符合支持現代古植物學的原則，亦即現代的植物研究可以告訴我們許多馴化的早期歷史。V. 高登・柴爾德（V. Gordon Childe）主張氣侯變遷為人口稠密地區創造了若干「綠洲」，當地的居民為了生存而被迫必須採取集約的生產方式。在一般情況下，他的立場仍具某些合理性，雖然其原始主張裡有若干細節已無法成立。羅伯・布萊德伍德（Robert Braidwood）對伊拉克的早期農業進行了首次系統性的考古調查，他研究了兩座村莊：卡里姆・薩希爾（Karim Shahir）與雅爾莫（Jarmo），前者居住的是採集族群，後者居住的是農業族群。理查・麥克奈許（Richard MacNeish）是研究美洲早期農業的先驅，他自一九四〇年代晚期開始，進行了一系列的遠征以研究玉米早期歷史。[32]

在這些先驅性的調查之後，出現了大量關於農業起源的研究。我們現在已經相當清楚其主要的組成要素，但尚未完全掌握它們彼此是如何交織影響的。主要的因素包括了氣候變遷；採集族群的集約化；人口增長，迫使某些地區的採集族群必須去開發較小的地域並更密集地使用土地；族群中的交換增加；以及最後一點，可用來馴化的生物之可取得性。任何解釋都必須包含這些因素的共同作用。接下來的論點結合了數個密切相關模型的觀點及從不同地區獲取的資料，不過其最適於解釋我們所知的美索不達米亞與肥沃月彎地區。該論點主張農業的進化經歷了數個不同的階段，這在每個早期馴化的地區都曾發生，而且只有些微的差別。[33]

讀者將會看到，此處提供的概述與二十世紀早期那種獨樹一尊的主張不同。相反地，就像《創世紀》的故事一樣，它描述了誘惑、墮落與驅逐。

文化的預先適應與生態知識

在舊石器時代晚期，大多數族群已具備許多農業知識。技術上來說，他們預先適應了農業。我們之所以能夠做出這番假定，是因為現代採集族群必須深入了解環境中的動植物。他們知道在哪些條件下他們屬意的物種會繁盛，知道如何培養及促使他們生長——例如除掉雜草或其他競爭物種。大多數的小型社會，了解植物可以由種子或插枝繁殖，而且人類行為可以刺激或抑制其成長。[34]唐納・歐・亨利（Donald O. Henry）指出舊石器時代人類的生態知識是農業出現的「必要」條件之一。[35]

我們也可以確定集約化的重要形式曾出現在完全或幾乎沒有接觸農業的採集族群中。人類學家往往把這些族群稱為「富有的採集者」。上一章提及了舊石器時代晚期烏克蘭令人驚嘆的長毛象狩獵文化，以及法國南部的稠密人口，依靠歐洲冰原南部的大量漁獲為生。凡是看到採集族群趨向定居，我們就知道他們正在利用集約化技術，因為若要長期待在一個固定地點，他們就必須更密集地使用當地的資源。但在末次冰河期結束後之後的千禧年早期，此類集約化已日益明顯。集約化以某種形式出現在三大世界地區，而且都造成了某種程度的定居（例如建立永久或半永久的居所）。我們必須強調這一點，因為人們經常以為在某些得天獨厚的區域出現了農業之後，世界上其他一些地區就停滯不前了。

在澳洲發現了不少集約化的證據，尤其是在過去的五千年之間。集約化使得人口得以增長，並使得某些地區出現了定居形式。這個時期也出現了更多形態的石器。在澳洲許多地區發現了新的、小型的、更為精製的石器，包括在澳洲中部發現了可能是作為矛頭的尖錐型石器（澳洲尚未發現有使用弓與箭的證據）。有些尖錐形石器製作精美，用來作為進行儀式時的道具，或被交易至數百英里外。其他地方則出現了刀，這些刀可能被做成排狀的武器，像是殺傷力強的「死亡之矛」，其鋸齒狀的刀鋒能造成致命的傷口。[36]澳洲野狗是一種半馴化的犬類，大約在四千年前出現，其非常接近現代品種的印度狗，該物種可能橫跨了印度洋到達澳洲，而非從印度尼西亞輸入的。[37]

新技術意味著新的榨取資源的方法。澳洲的維多利亞省建起了精緻的鰻魚捕具，有些甚至搭配了三百公尺長的渠道。約瑟芬・弗魯德（Josephine Flood）如此形容這些捕具：

> 這些捕具橫跨了石頭做成的水道與渠道，漁網或鰻魚捕籠固定在石牆的孔徑上，通常做成V字型。鰻魚捕籠由樹皮條或結成辮狀的燈心草編成，開口是以柳條製成的環。這個圓錐的形狀可以讓人站在河堰後方，當鰻魚從捕籠的狹窄開口游出時，一舉抓住魚身。漁民咬住鰻魚的後腦以殺死牠們。[38]

因為他們藉由捕具獲取且儲存了大量的鰻魚，吸引他們邁向實質的而相對永久性的定居。這些保存至今的矮石屋聚落（有一處遺址的石屋數量達到了一百四十六間），證實了早年造訪此地的歐洲人在報告中所提及的原住民村落。[39] 這些族群靠著獵取當地豐富的物種，從鴯鶓到袋鼠，以及菊薯塊莖、蕨類與旋花屬等當地植物過活。

在澳洲沿海地區，貝殼魚鉤這種新發明，使得人們能夠獲取新的糧食資源並促進人口增長。有些族群開始採收芋薯、水果與穀物，意味著已出現了初期農業。當時（以及現在）採收芋薯所使用的技術鼓勵了再次種植，水果的種子則刻意地被種植在廚餘堆中，以培養出果樹林。在澳洲中部一些較貧瘠的區域，歐洲旅人觀察到當地族群利用石刀收割野生小米，並將其儲藏於大穀倉中。某些地區尚發現了磨種子用的石磨，其年代可追溯至一萬五千年前，證明這些技術很早就存在了。[40]

從舊石器世代晚期到全新世早期，世界上許多地區都發生了類似的變化。中美洲有跡象顯示早在九千至一萬年前，就開始集約利用若干後來成為主食的物種，包括早期的玉米、豆類與南瓜。部分中美洲沿海的族群，由於享有豐富的海洋資源，所以大多在五千年前就開始定居了。41 歐亞大陸西北部的波羅地海地區，也在末次冰河期結束後很快地出現了集約化的跡象。布萊恩・費根（Brian Fagan）寫道：

> 在中石器時代，住在剛形成的波羅地海沿岸地區的居民，開發出許多令人驚嘆的工具，包括魚矛、漁網、魚叉與魚梁，許多都保存在被水浸沒的遺址中。矛與箭的尖端為以小石子、骨頭或鹿茸製成的倒鉤。他們利用打磨過的鋒利工具將森林植物進行木工與加工。利用整根樹幹刨空製成的獨木舟即為明證。42

這些穩定且大部分定居的族群居民都是富有的採集者。他們依靠狩獵、捕魚與採集植物維生。有些位於波羅地海地區的聚落規模相當龐大。考古學家已經發現一年到頭都有人居住的遺址，其居民人數達到上百人。有些遺址從大約三千年前至一千五百年前就有人長期居住。43

在埃及南部與蘇丹的尼羅河谷也發現了富有的採集者存在的證據。亞斯文（Aswan）附近的族群在一萬八千年前就狩獵大型獵物、捕魚（意味著他們很有可能過著定居生活）、利用野生植物磨製麵粉；在附近一個年代考據約為一萬五千年前的遺址裡，發現了一些具有光澤的石刀，顯示其是用來收割野生穀物的。44 但此時期最知名的富有的採集者是納圖夫族群，他們在距今大約一萬四千年前出現在地中海東部沿岸，即今日以色列、約旦與敘利亞的一部分，並且延續了超過兩千年。恩・馬拉哈（Ain Mallaha）的納圖夫族群，大約一萬三千年前在上約旦河谷曾經繁極一時，從沉積物可發現他們已經懂得採收野生穀物與橡果，以及使用漁網與魚鉤捕獵湖濱區的魚、烏龜、貝類與湖鳥等資源。[45] 納圖夫族群亦會捕獵瞪羚。由於納圖夫族群周遭擁有豐富的資源，他們發展出比當地過去聚落大上六到七倍的村落，規模上達一百五十人。

這些地區的採集族群創造了不少新技術，包括如何細心照料動植物資源。有時這些新技術也促使整個族群變得趨向定居。這些變化標誌了邁向農業的重要步驟。

隨著人類技術變化，他們開始對周圍的物種產生影響，特別是那些被密集開發的物種。例如採集者將屬意的植物帶回他們的大本營，數年之後，它們的種子就會在該地成長為植物，供這些採集者的後代享用。這些行為會造成強大的淘選壓力，因為很明顯地隨著時間的推移，那些最美味的水果會被種在人類的居住地附近，而野生族群則持續地「不好吃」。[46] 這些針對某些植物族群的人為密集操縱，在經年累月後可以造成明顯的遺傳變化。

遺傳預先適應與馴化的潛力

有些物種比起其他物種更有辦法適應人為選擇的操縱。事實上，回顧一些有潛力的馴化物種，會發現它們在被馴化之前就已經預先適應了這個過程。這個事實構成了亨利所提的農業第二個「必要條件」。此外，正如瓦維洛夫所主張的，這些有潛力的馴化物種之分布情況，可以為馴化在不同地區的地理學與「風格」提供有用的解釋。在人類「海選」具有馴化潛力的眾多野生物種時，只有少數物種通過考驗，在某些地區甚至是全軍覆沒。事實上，營養且易馴養物種的可取得或不易取得，是早期農業地理分布的一項關鍵因素，且對於更晚之後的人類歷史也一樣重要。[47] 在數十萬種植物物種裡，只有數百種被成功馴化，而且與當今十多種供應全世界的主要作物相比，它們大多只是聊備一格的作物。

人類想要從具潛力的馴化物種中尋找的特質，是抗寒、具營養價值、適應性高，以及在許多不同條件下都能夠繁殖。動物必須是群居型的；能夠集體生活並飼養，而且具有社會階級，容易服從人或動物領袖。這些馴化動物的天性也許有助於解釋早期馴化的編年史。賈德・戴蒙提出有力的主張，他認為在肥沃月彎，有潛力的馴化物種異常地繁多、吸引人且容易馴化，這些特徵十分有助於解釋為何農業首先出現在這個地區。此地的主要穀類作物非常容易馴化，這從它們自野生狀態轉變為馴化物種時的微小差距可見一斑；野生大麥與小麥產量大、營養豐富、易於採收與種植。相反地，玉米的馴化就相對來得棘手；墨西哥類蜀黍改良了數千年，才能夠供應大量人口。㊽中美洲在全新世早期巨型動物滅絕之後，由於缺乏有馴化潛力的動物，使得該區採行農業的時間遲滯了。當地只有狗與火雞被馴化，這兩種動物皆不像肥沃月彎的主要馴化動物那麼有價值。馴化動物的匱乏使得美洲農民缺少獸力拖曳、糞肥以及豐富的蛋白質來源。在巴布亞紐幾內亞亦然，由於當地的馴化植物營養有限，如蛋白質含量不高的芋頭，造成農業對人口的影響不大並限制了其傳播。

農業的重要先決條件是擁有馴化潛力的物種及相關的生態知識。然而，這些因素並不能解釋轉變為全面發展農業的時機和動機。

氣候變遷、人口壓力與交換

既然農業在相對短暫的數千年之間，廣泛地出現在世界上不同地區，我們忍不住會想要尋找在世界各地引發這個變化的全球性機制。有兩個可能觸發農業的因素，一是氣候變遷，另一是人口壓力。

末次冰河期末期出現的氣候變化既反常且難以預料。不過，當時最重大的影響是平均氣溫升高。不論這些變遷的方向與性質為何，其必然刺激了全世界產生文化以及遺傳上的轉變。隨著氣候與環境變化，人類社會不得不嘗試新的食物與技術。這在某些地區尤其明顯，例如歐亞草原，在過度捕獵與全球暖化的交相影響下，使得某些棲息於當地的傳統獵物如長毛象在此滅絕。

氣候變遷也改變了環境。在某些地區，溫暖的氣候使得可作為食物的動植物增加。亨利主張在末次冰河期結束前，具馴化潛力的動植物其實十分稀少，因為當時的氣候環境較為寒冷，稻米、穀類與玉米只能被隔絕限制在低地地區。不過，隨著更為溫暖與潮溼的氣候擴大，它們的產量增加，並且擴散到高地地區。在這些地區，溫和的氣候條件使它們擁有更長的時間可以產生種子，對人類的價值也隨之提高。最能支持這個論點的就是肥沃月彎，透過花粉學可以追溯當地穀類的傳播軌跡。不過，全新世早期更為溫暖潮溼的氣候，似乎讓世界上許多地方如穀類等喜溫植物的數量跟生長範圍都大幅增加。在那些有河流、湖泊或沼澤等豐沛水源的地區，產量尤其成長驚人，而各地的不同生態條件則使得可食用的動植物種類增多。正如傑克・哈爾蘭（Jack Harlan）在一九七〇年代進行的實驗所顯示的，如今在土耳其南部，三週內就可以收割足以養活一戶家庭一整年的穀物。由於富含營養的植物食品產量增加，食草動物也被吸引而來。而且這樣的「伊甸園」最終也吸引來人類。在資源豐富的地方，採集族群變得更為定居，這或許是邁向農業的重要一步。

第二個全球性的因素雖然在考古學紀錄中較難考證，然而在討論農業起源時卻是絕對不能忽視的一點：人口壓力。埃斯特・波瑟魯普（Ester Poserup）在其著作中主張人口增長非但不會受到當時技術的局限（此點與馬爾薩斯的說法相近），反倒會促使農業技術變遷，而馬克・柯恩（Mark Cohen）則竭力探索人口增長作為農業起源之解釋的可能性。他的基本主張就是人口壓力促使個人與團體遷往較不稠密的居住區。結果到了全新世早期，各地都出現了人口壓力，以致「世界上各個族群在數千年之內相繼被迫採納了農業」。[49] 還有若干理由使我們認為人口壓力在末次冰河期增高，尤其是在非洲—歐亞地區。人類在嚴酷環境例如凍原等地居住、大型獵物的減少（許多物種都因為過度獵捕而滅絕）、小型食物如貝類與種子的增加，這些現象都暗示了有某種程度的人口壓力存在。人類居住遺址的增加也說明了同樣情況。[50]但更重要的是，我們看到在全新世之初，人類已經占據了地球上可以居住的大陸，所以向外擴張的機會已變得不易。靠著舊石器時代的採集技術，世界上大多數地區的人口已經逼近了地球所能容納的極限。保羅・貝羅奇（Paul Bairoch）觀察指出：「根據哈桑（Fekri A. Hassan）估計，在狩獵與採集的情況下，地球最適宜負載的人口大約為八百六十萬（熱帶草原的居住人口為五百六十萬，溫帶草原的居住人口只有五十萬）。」[51]

在某些地區，氣候變化可能加劇了這些壓力，因為隨著全球氣溫增高，海平面也隨之升高。例如在波斯灣等地，氣候的改變無疑迫使了沿海的採集族群入侵其鄰居的居住地（此點驗證不易，原因之一是大多數這類遺址都已被海水淹沒）。關於舊石器時代人口遷移的地理研究，也凸顯出人口密度的大幅增加已到達了瓶頸。人們必須跋涉越過某些地區而遷徙至他方。美索不達米亞與尼羅河之間的地區就是如此。依照舊石器時代的標準，當地早在八萬或九萬年前就擁有稠密的人口。中美洲也產生了類似的瓶頸，造成人類居住的狹長地帶一路延伸至安地斯山。至於在中國的黃河及長江流域，雖然我們比較難以判斷當地的情況是否符合此論點，但是當地的豐饒物產可能也遇到了瓶頸，迫使採集族群必須在更小的區域內生活。

第三個因素與人口的增長密切相關，也可能促成了定居的產生：地區之間交流的增加。有廣泛的紀錄顯示採集族群會為了交換食物、進行儀式與婚禮而暫時聚在一起。採集者會在能夠提高食物生產的地方聚集數週以上。在十九世紀一位澳洲維多利亞省的英國牧民的回憶錄中，就有這類聚會的相關記載：

在定期的集會上，人們交易各種物品，特別是那些從國境遠方運來的貨物。其中一個最受歡

> 迎的易貨集會地點是特蘭鎮附近的努拉特山。當地盛產森林袋鼠，人們發現利用幼年袋鼠的皮所製作的毯子品質拔群。來自吉朗的原住民帶來最適合製作石斧的石頭，以及黏著力強的樹膠。這種產於吉朗的樹膠可以用來修補石斧的柄以及矛尖的裂縫，或者用來黏合樹皮桶的接榫處，整個西部地區都使用這種桶子進行大量的搬運。此外還有從古德伍德附近斯普靈溪畔的採石場出產的綠岩，可用於製作石斧；以及從布洛克湖附近的鹽溪而來的沙岩，可用於磨製石斧。敦克爾德附近所產的黑曜岩及火山玻璃可用來刮擦與磨亮兵器……海貝……與淡水貽貝也是用來交換的物品。[52]

安德魯・謝拉特（Andrew Sherratt）認為採集族群之間交換有價值物品的行為，很可能提高了交換網路樞紐地區的人口密度甚至定居情況。在全新世早期，位於安那托利亞與紅海之間的黎凡特走廊，這類交換尤其頻繁；某些在水源充足的高地地區開發穀物天然林地的族群，很可能也受到啟發，而移往位於繁榮的「貿易」路線上的低地種植。事實上，他指出在一九六〇年代，珍・雅各（Jane Jacobs）就主張在交換行為最頻繁時，像杰里科這樣的大城市會首先誕生；為了維持這些既存的聚落，簡單的農業形式會出現，隨後發展成小型村落。[53] 這些交換當然也會刺激早期形態的農業所需的生態技術之交流。

因此，在某些地區，地方的繁榮、適度的人口壓力以及交換的增加皆會共同刺激定居的產生。在舊石器時代晚期就出現了定居的族群；但是由於欠缺馴化知識，這些實驗最終沒有造成在技術或生活方式上永久或廣為流傳的改變。不過，到了末次冰河期結束之際，由於有了更多具馴化潛力的生物，或許因為日益增加的人口壓力，使得這些實驗變得更為常見、更重要也更為持久。中東的納圖夫文化就為這些進展過程提供了一個很好的範例。

人口增長、集約化與專業化

定居生活雖與農業不同，但卻可能是邁向農業的一個重要的、計畫之外的步驟。在中東，納圖夫人的人口急速成長，在距今一萬四千年之後，納圖夫人的村落不斷分裂擴張，遍布了黎凡特東部。人口的增長幾乎可以確定是由定居生活所造成的，雖然在某些地區人口增長亦是促成定居的原因之一。如前一章所述，流動的採集族群有理由限制其人口增長。但如果他們定居下來，則這些對人口增長的限制就會放寬。人們不用到哪裡都必須帶著嬰兒。以穀物為主的飲食（特別是熟食）可以幫助幼兒早一點斷奶；生產的間隔縮短；女性會提早進入青春期。在流動性較低的族群中，這些因素都加速了人口增長。

定居生活不僅有助於採集者在技術上產生改變，也會促使他們培養的動植物發生遺傳上的變化。由於人們日益依賴少數產量豐富且易於採收的食物資源，使得他們漸漸無法像游牧時期一樣熟知眾多的物種及掌握游牧技術。這是新石器時代形式的「去技術化」。但是這個過程也使得人類增加了對特定偏愛物種的專業知識。定居族群獲得了更多關於生命週期、疾病以及靠近他們聚落的少數物種之知識。採集者的生態學知識也大幅增加，更加了解他們所獵捕物種的生命週期以及如何有效地保護及繁殖。人類對這些物種的悉心照料，也促使遺傳變化往利於馴化的方向演變，而較差的物種就會遭到淘汰。最後，為了久居而進行的整地，將會創造出一個利於強壯物種繁衍的理想環境，尤其當人們經常運用此物種而使其種子在該環境聚積起來時更是如此。

經過一段時間後，定居的採集族群不僅會發現他們的人口數量增加，他們對於特定物種的知識也增加了，而且這些物種在他們的培育下，變得日益有用。

定居生活的陷阱

隨著定居族群的人口增加，加上他們愈來愈依賴少數偏愛的物種，還有更懂得如何提高這些物種的產量之後，他們就愈來愈不可能也不想回到游牧生活了。我們將這種模式稱為定居生活的陷阱。只要歷經數代綿延，定居的採集族群應該就會發現他們喪失了古老的技術，而人口增長又使得各個族群可取得的土地縮減，造成他們不得不繼續過定居生活。正如新石器時代的馬爾薩斯預言，人口增長終將超過一開始吸引人類定居的充足自然資源。還有一種可能是週期性的氣候惡化會減低天然食物的產量。無論是哪一種情況，經過數代定居的族群，都會發現原本吸引他們居住此地的豐沛資源，如今卻已達到了該區的生態極限。此時，如果已經無法回到過去的游牧生活方式（因為鄰近的地區也已住滿人口），或者游牧生活已經顯得沒有吸引力（因為定居已經逐漸成為常態），族群除了更加的集約化之外幾無其他選擇，他們只能更努力地提升其屬意的幾樣物種之產量。

此一決定構成了達到完全發展的農業的最後一步。這些過程在美索不達米亞所發現的證據中最為明顯。在距今一萬三千至一萬一千五百年間，納圖夫族群遭遇了氣候惡化。證據顯示當時的營養日趨不足，女性不孕現象增加，階級差異拉大，這些都可能是出於對資源危機的反應。[54]在肥沃月彎的一些族群，特別是居住在貧瘠地區的，其因應方法就是回到較為流動的生活方式。但在具有豐沛水源及野生穀物的地區，有些族群則開始更加集約化地生產某些特定食物，例如穀物。重要的步驟就是將種植穀物的土地上的其他植物清除。婦女似乎擔負了大部分的農業生產工作，這與現代採集社會和園藝社會的情況相同，似乎意味著當時婦女掌握了領先的農業技術，而男性則致力於狩獵等活動，使得他們遠離家園。[55]起初精耕很可能只是為了在惡劣環境中生存的自衛性行為，因為在距今一萬三千年前之後，納圖夫人的人口數量似乎急速下降。不過，這個做法顯然奏效了，因為接下來出現了愈來愈多依賴馴化生物為生的族群，先是植物，然後是動物。許多族群繼續將馴化生物當作傳統採集生活方式的補充——但有些族群則不然。對於他們而言，馴化生物提供了一種全新生活方式的基礎。

第一個真正的農業村落出現在大約距今一萬五百年前的亞洲西南部。這個名為阿布・胡賴拉（Abu Hureyra）的村落位於現今土耳其與敘利亞邊界，顯示了這種變遷是何等快速。[56]距今約一萬五百年前，當地建立了一座村莊，其居住的坑屋有茅草屋頂及木造牆壁。村民食用野生穀物，但也獵捕瞪羚。每年春天瞪羚都會定期到來，他們大量獵捕並儲存這些羚肉。因此，這些族群儲存了肉類與穀類。他們可能精心栽種了某些穀物，或許也圈養了一些瞪羚。在距今一萬五百年前之後的數百年間，該村落的農業與家畜因此迅速發展。村落的人口成長到了三、四百人之譜。大約在九千七百年前，出現了一個幅員更廣的新村落；該村的村民依舊依賴瞪羚為生。然而到了大約九千年前，在一次為期約一世紀的劇烈轉型中，他們變成了農民，以主要的家畜如綿羊、山羊，以及穀類、豆類食物為生。他們以泥磚建造了簡單的方型房屋，還有狹窄道路與庭院。[57]到了此時，肥沃月灣出現了許多類似的村莊。（參見地圖8.3）

對於農業起源的概括解釋？

此一發生順序——預先適應；然後由於氣候變化、逐漸上升的人口壓力，以及交換行為的增加，進而刺激了定居生活的產生；接著出現集約化與進一步人口成長，最終導致完全的農業——非常適合用來描述肥沃月彎的情形。不過其他地區的早期農業亦是如此嗎？

過去人們認為，在美洲，馴化比定居還要早出現。考慮到游牧或半游牧的族群在早期馴化階段扮演了關鍵角色，例如使用玉米等植物，這個推論或許是正確的。然而最近對於美洲馴化時間所提

地圖8.3　古代的美索不達米亞

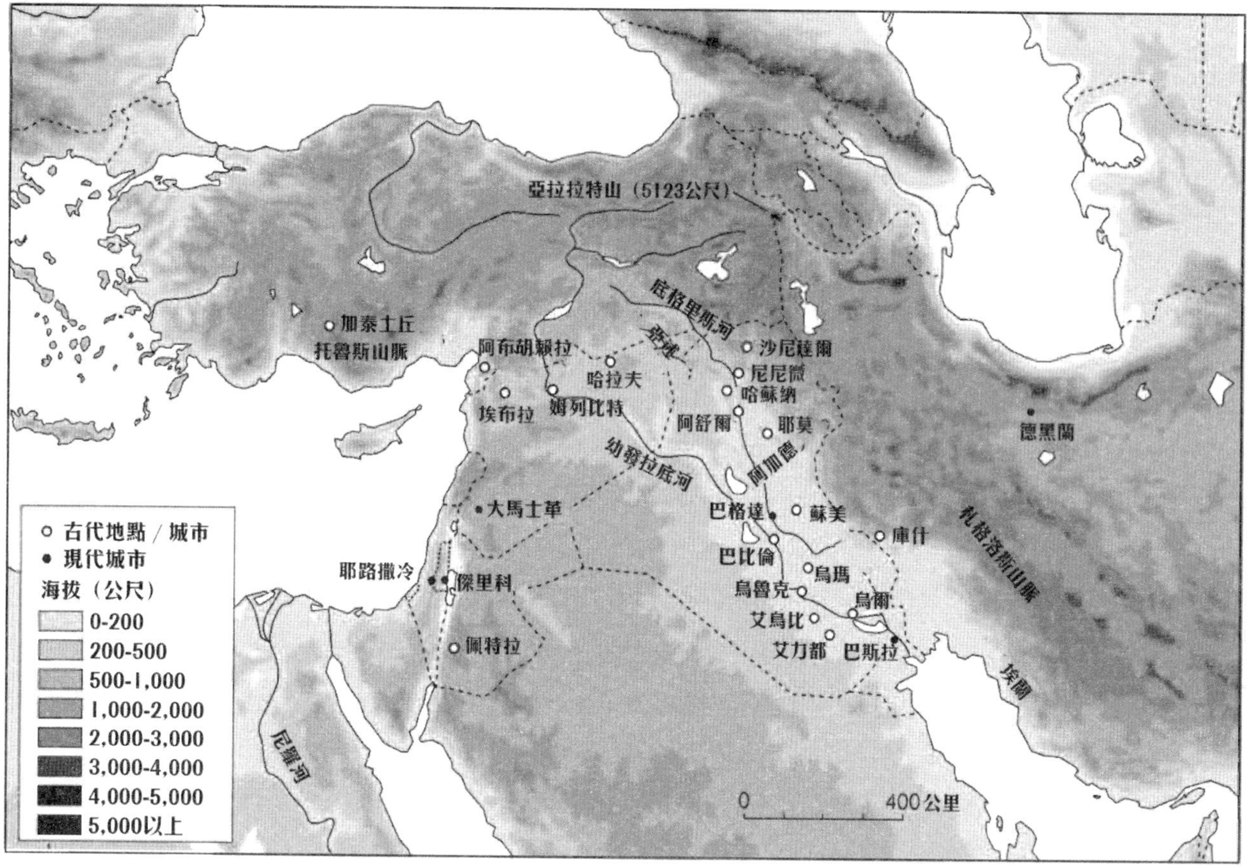

出的修正，顯示定居生活對於農業的出現亦有重要影響，並導致了更為重要的轉變。雖然在中國的資料過於稀少，以致無法產生確定的結論，但當地很可能也經歷了相同的順序，撒哈拉沙漠以南的早期農業亦是如此。[58]布魯斯・史密斯（Bruce Smith）的調查，是近期討論這個問題最佳的一篇研究，他表示：

> 在世界上許多地區，馴化種子植物的實驗最終使農業在一些共同條件下誕生。這些實驗是居住在湖邊、沼澤或河邊的狩獵—採集（搜食）社會——這些地點具有豐富的自然資源，使得這些社會能夠永久定居，並依賴當地大量的動植物。因此擁有近水區域資源的定居生活，似乎是早期馴化實驗中的一個重要因素。[59]

早期的農耕生活

最早期的農業族群是如何過活的呢？如果要回答這個問題，我們必須先打破本章嚴格的編年史方法，因為早期農耕時代的社會並非局限存在於距今一萬一千五百至四千年之間。在某些地區，例如巴布亞紐幾內亞的高原地帶，這種生活方式一直延續到二十世紀；而許多地區的半定居族群，包括美洲的大部分，存續到了一或兩個世紀之前。[60]但是這個問題至關重要，因為具有獨立農民的族群已廣為傳播並歷時已久，他們的生活方式與沿革構成了一個重要的、然而經常被人類歷史忽視的篇章。

技術：粗耕，而非農業

早期農耕時代的技術與今日我們所知的農業並不相同。因此，我們將當時的技術稱為粗耕（horticulture）。大體而言，這些技術的生產力比起以後的技術來得低，而這可能也是為何早期農耕族群的健康情況，在某些方面比多數的採集族群來得差的原因。人類學家對於粗耕的定義，是指沒有使用犁或獸力的植物種植技術。在這些社會裡，主要的農業工具大致不出鋤頭或掘棒，用來種植植物種子，以及清除會與種子競爭土地養分的雜草。

世界上許多地方至今還存在著粗耕社會。對於某些地區以及作物來說，或許進行這類技術比農耕更適合，但是一般而言粗耕的產量較低。掘棒無法翻動堅硬的上層土壤，因此粗耕只適合肥沃、容易耕作的土地，例如黃土。此外，粗耕通常沒有使用家畜所產生的堆肥。這些局限性有助於解釋為何早期農耕形式未能傳播到許多後來在農業時代進行集約耕作的地區。在某些區域，例如現代的烏克蘭，早期的粗耕者在河堤的黃土地耕作，而將河流與河流之間的高地留給游牧的採集者。大多數的粗耕者也會繼續狩獵與採集。實際上，直到今天，狩獵、採集與打漁在粗耕與農業生活方式中仍占有重要的一席之地。

村莊族群

最早的農耕時代族群是由獨立的農耕村落組成。他們各自構成自給自足的社會。在他們之上不存在更高的權威、國家或地區酋長，然而交換網路（有時非常廣泛）對大多數族群具有整體性的影響。

以二十世紀初的巴布亞紐幾內亞高地為例，早期農耕時代的村莊在規模上相差甚大，從二十、四十戶到數千戶皆有。有些村落在現代看起來就像一座小鎮。定居的聚落所選擇的建築形式，似乎與流動性較高的族群喜愛的暫時性居所不同。不像游牧族群屬意圓形的「帳篷」或防風設備，村落的建築必須耐久，所以通常為方形或矩形（然而在中國北方，構造精良的圓形房屋存在了很長一段時間。至今在西安近郊的半坡遺址仍可看到這些建築）。永久性的房屋需要劃分家庭成員的使用空間，大家都會問，誰要跟誰住在一起？因此，房屋的規模和設計表明了這些村落已經具有核心家庭的概念。他們對於「財產」也可能已具有較為清晰的觀念，不論是家庭或村落整體的。在早期農耕時代末期，某些地區出現了防禦性的牆壁，從而可以確知村民已經開始擁有家庭或村落財產的強烈意識。

早期農耕時代的族群，規模要比舊石器時代主流的家庭與遊群（band）來得大。在大型酋邦與國家出現之前，親屬關係顯然是這些族群組成的主要原則。不過，為了適應更大型、組織更緊密且更為永久的農耕村落族群，親屬思想的本質勢必也發生了變化。核心家庭必須明確定義彼此的關係，以及家庭與整個村落的關係，這意味著創造更細緻的親屬觀念，更接近於現代學者所研究的村落社會。所以我們可以合理地假設，早期農耕時代的主要社會結構，較近似於艾爾曼・賽維斯（Elman Service）所描述的「部落」（tribe），而非相對簡單的「遊群」，後者的規模極少超過五十人，而且通常小非常多。[61] 因為部落往往包含數百人，所以他們需要更細緻的方式將個人與家庭之間的關係加以分類。由於大家來自相同的祖先，因此得以維持一體感。

社會階層或平等地位？

雖然大多數游牧採集族群，會依性別與年齡劃分人的等級，此外也可能存在個人社會階層，但採集族群在許多方面都是平等的。只要他們維持游牧方式，就不能儲藏多餘的物資，從而無法在財富上產生明顯區別。農業則必須定期地儲存多餘物資，支撐更大規模的族群。這為財富的集中以及新形態的不平等之出現創造了先決條件。事實上，有跡象顯示當採集族群變得更為定居之後，不平等的現象也隨之出現。早期納圖夫族群可能是由數個具有關係的家庭所構成的。然而，當納圖夫族群的規模開始擴大，管理村落活動與控制村落衝突的問題亦隨之複雜化，從而出現了更為複雜的關係。定居社群所面臨的主要問題是成員在遇到衝突時，再也不能輕易地依靠遷徙或加入其他群體而解決。農業將個人和族群更牢固地束縛在某片土地上，並迫使他們必須不時採取集體行動。因為種種原因，大型社群發現，為了達到某些目的，他們必須選出領導人物。而選擇領袖就意味著必然會出現階級。考古學家甚至在某些納圖夫人的墳墓裡發現了差異，少數人的陵墓中有裝飾品陪葬，這顯示他們可能具有較高的地位，而其他多數人的墓葬則相對樸實。甚至某些兒童也進行厚葬，這表明了上層地位可以繼承，所以階級世襲體系可能已經存在。

所有的早期農業村落中也存在著類似的壓力。然而在早期農耕時代，不平等的情況是有限度的。尤其是某些農業剛開始發展的地區，由於幾乎沒有資源競爭的情況，社群中仍維持相當程度的平等。例如在烏克蘭特里波利耶（Tripolye）文化的早期階段，房屋規模相差無幾，而從住宅中的器物也看不出財富上的差異。這一類的證據，使得出生於立陶宛的美國人類學家瑪莉加・金巴塔斯（Marija Gimbutas），主張早期農業社會這段時期，男女及所有不同家庭可能都具有相對平等的地位。[62]當時可能會依照性別進行明確的勞動分工。在多數的農耕族群中，生兒育女對於家庭的存續是必須的；然而在嬰兒死亡率高、又沒有避孕措施或奶瓶餵養的世界裡，女性的生活就一定會受到生育與撫育兒童的約束。然而我們沒有理由假設這樣的性別角色差異，必然會造成系統性的性別不平等。

與其他社會的關係

正如我們所見，早期農耕時代族群與採集族群是共存的。他們也會與其他農業族群進行交易。新石器時代早期的大型交換網路，將過著不同生活方式的族群連接起來。這種大型的交換體系，在中東有最為明確的證據——特別是在安那托利亞的加泰土丘早期城鎮，他們購入了黑曜岩，那是一種用於製作利刃的火山玻璃。

這些接觸無疑地也包括了衝突與攻擊，早期農業社會可能也有各種半儀式性的爭鬥，而且偶爾會造成傷亡（就像現在名為「運動」的儀式性衝突）。但這些衝突不太可能是高度組織化或者經常性的，因此不足以稱為戰爭。大多數的早期農業族群不會儲藏大量武器。理所當然地也沒有防禦工事。即使在杰里科這個至今所知最早的農業村落，人們曾經相信是作防禦堡壘用的高牆，現在也被認為是防洪設施。

農業的影響

隨著農業的出現，人類與自然界的關係發生了根本性的變化。早在舊石器時代，人類行為就影響了其他有機體。但當人類首度從事農業之後，他們也開始改造非生物的環境——土壤、河流及景觀——以創造出滿足自身需求的新環境。[63]農業指的是改變自然進程以滿足人類利益，這意味著干預自然的生態循環。藉由排除不需要的物種（除草），農民費心創造了人為的景觀，阻止了原本可以恢復土地原貌的生物更替過程。由於排除了許多物種，土地的生產力總是低於自然的基準。反過來，人類屬意的物種生產力大增，因為它們獲得了額外的營養、水分與陽光。但降低植物覆蓋率的同時也就增加了土壤受侵蝕的程度，因為植物的根部可以保持土壤不至於流失，減少雨水落到地面的規模與動能。[64]土壤流失加上集約耕作少數農作物，加速了營養循環，迫使人類必須費力維持土壤肥力，無論是透過施肥或灑灰，或者輪耕，或者休耕讓土地休養生息。人類不僅透過培育馴養的基因工程改造身邊的有機體，也獵殺會威脅這些馴化生物的動物（例如狼）。

當人類開始改造環境，使其更適合自己的需要，他們漸漸產生了「自然」與「人類」世界分離的感覺。在現代的採集族群中，尚能明顯觀察到人與自然是為一體的觀念，然而在農業社群中這種想法已經不復存在。取而代之的是一種異化的感受——認為自然界至少是與人類無關的，甚至可能是與人類強烈敵對的。

不過，在全新世早期，這些變化僅影響到世界的一小部分，而早期的農業技術對於自然環境的影響也是有限的。[65]直到農業技術廣為傳播之後，人類對自然世界的影響才變得顯著。

本章摘要

末次冰河期的結束，標誌了人類歷史上一個重要的轉捩點。隨著農業的出現，人類社會開始起源文獻的近期優秀研究。馬克・柯恩（Mark Cohen）的《史前時代的糧食危機》（*The Food Crisis in Prehistory*, 1977）論證了人口壓力對於解釋農業起源的重要性；大衛・林多斯（David Rindos）的《農業的起源》（*Origins of Agriculture: An Evolutionary Perspective*, 1984）將農業進化描述為一個大部分屬於無意識的共生過程的發展。賈德・戴蒙的《槍炮、病菌與鋼鐵：人類社會的命運》強調具有馴化潛力生物的分布，是解釋早期農業時間與地理的關鍵。唐納・歐・亨利的《從採集到農業》（*From Foraging to Agriculture: The Levant at the End of the Ice Age*, 1989）詳細說明了納圖夫文化及其在早期美索不達米亞農業中扮演的角色。理查・麥克奈許的《農業的起源和定居生活》（*The Origins of Agriculture and Settled Life*, 1992）詳細考察了美洲的農業起源。對這段時期生活方式的概括性考察，可參見戈蘭・布倫哈特主編《圖說人類歷史》（五卷，一九九三—一九九四）與羅伯特・溫克的《史前史中的模式》第三版；瑪莉加・金巴塔斯在《女神時代的文明》（*The Civilization of the Goddess: The World of Old Europe*, 1991）對於早期農業生活方式與性別角色關係提出了頗具爭議性的觀點，她的某些假設可參見此書所做的總結：瑪格麗特・艾倫伯格（Margaret Ehrenberg）的《史前時代的婦女》（*Women in Prehistory*, 1989），尼爾・羅伯茲的《全新世環境史》；克里夫・龐亭的《世界綠色史》（*A Green History of the World*, 1992），以及I. G. 西蒙斯的《改變地球的面貌》（*Changing the Face of the Earth: Culture, Environment, History*, 1996）探討了農業早期形式對於生態的一些影響。安德魯・謝拉的〈激活大敘事：考古學和長期改變〉（Reviving the Grand Narrative: Archaeology and Long-Term Change, 1995）論證了交換網路對於農業起源與歷史進展的重要性。約翰・馬瓦尼（John Mulvaney）和佐翰・卡明加（Johan Kamminga）的《澳洲史前史》（*Prehistory of Australia*, 1999）和約瑟芬・弗魯德的《夢幻時代的考古學》（*Archeology of the Dreamtime*, 1983）為澳洲的全新世早期歷史提供了權威性的導論。

注釋

❶ Lester R. Brown, *Eco-Economy: Building an Economy for the Earth* (New York: W. W. Norton, 2001), p. 93.

❷ 關於較低的統計數據，參見Colin Renfrew, *Archaeology and Language: The Puzzle of Indo-European Origins* (Harmondsworth: Penguin, 1989), p. 125；而較高的統計數據，參見Massimo Livi-Bacci, *A Concise History of World Population*, trans. Carl Ipsen (Oxford: Blackwell, 1992), pp. 26-27。

❸ J. R. Biraben, "Essai sur l'évolution du nombre des homes," *Population* 34 (1979): 23.

❹ 本段文字乃基於Neil Roberts, *The Holocene: An Environmental History* (Oxford: Blackwell, 1998, 2nd ed.), chap. 4。

❺ Robert Wright, *Nonzero: The Logic of Human Destiny* (New York: Random House, 2000), p. 29。萊特也正確地指出可以將塔斯馬尼亞視為一個完全不同的世界（頁五二）。

❻ 關於東南亞對澳洲的影響，參見Josephine Flood, *Archaeology of the Dreamtime* (Sydney: Collins, 1983), pp. 222-93。

❼ 約翰・基克札（John Kicza）對於美洲的評論為：「沒有令人信服的證據顯示美洲與外界有過除了偶然接觸以外的聯繫，直到一四九二年哥倫布航海為止」（"The Peoples and Civilizations of the Americas before Contact," in *Agricultural and Pastoral Societies in Ancient and Classical History*. ed. Michael Adas [Philadelphia: Temple University Press, 2001], p. 183）。

❽ Flood, *Archaeology of the Dreamtime*, pp. 236-37.

❾ 參見Ben Finney, "The Other One-Third of the Globe," *Journal of World History* 5.2 (Fall 1994): 273-98；J. R. McNeill, "Of Rats and Men: A Synoptic Environmental History of the Island Pacific," *Journal of World History* 5. 2 (Fall 1994): 299-349；以及Tim Flannery, *The Future Eaters: An Ecological History of the Australasian Lands and People* (Chatswood, N.S.W.: Reed, 1995)。

❿ Robert J. Wenke, *Patterns in Prehistory: Humankind's First Three Million Years* (New York: Oxford University Press, 1990, 3rd ed.), p. 208；並參見Joseph Greenberg and Merritt Ruhlen, "Linguistic Origins of Native Americans," *Scientific American*

(November 1992): 94。

⓫ 關於這些世界的比較，此書已有精湛的探討：Jared Diamond, *Guns, Germs, and Steel: The Fates of Human Societies* (London: Vintage, 1998)：本章節的論點得益於該書所提出的許多問題與解答。

⓬ Jared Diamond, *The Rise and Fall of the Third Chimpanzee* (London: Vintage, 1991), p. 165.

⓭「某些馴化動物物種與其野生的祖先相比，大腦顯得較小，感覺器官較不發達，因為牠們不再像牠們的祖先一樣需要仰賴較大的大腦與較發達的感覺器官以躲避野外的捕獵者」（Diamond, *Guns, Germs, and Steel*, p. 159）。

⓮ Bruce D. Smith, *The Emergence of Agriculture* (New York: Scientific American Library, 1995), p. 18.

⓯ 此書對於植物馴化所產生的影響有出色的討論：Diamond, *Guns, Germs, and Steel*, chap.7。

⓰ Flood, *Archaeology of the Dreamtime*, p. 219.

⓱ 最早期的狗——亦即馴化的狼——的遺跡是在伊拉克發現的，時間大約在西元前一萬至一萬兩千年：參見Charles B. Heiser, *Seed to Civilization: The Story of Food* (Cambridge, Mass.: Harvard University Press, 1990, new ed.), p. 37。

⓲ Smith, *Emergence of Agriculture*, pp. 67, 72.

⓳ Smith, *Emergence of Agriculture*, pp. 85-86, 61, 57, 64-65.

⓴ 豬的相關討論參見Clive Ponting, *A Green History of the World* (Harmondsworth: Penguin, 1992), p.44：牛的相關討論參見Heiser, *Seed to Civilization*, p. 43：Wenke, *Patterns in Prehistory*, p. 248。

㉑ Brian M. Fagan, *People of the Earth: An Introduction to World Prehistory* (Upper Saddle River, N.J.: Prentice-Hall, 2001, 10th ed.), p. 244。關於最後的原牛之討論，參見Heiser, *Seed to Civilization*, pp. 43-44。

㉒ 賈德・戴蒙亦提出了有力的論證，說明此鴻溝同樣反映了為何有價值且具潛力的栽種作物數量如此稀少，參見*Guns, Germs, and Steel*, chap. 8 and 9。

㉓ Smith, *Emergence of Agriculture*, pp. 159, 181, 197-98; Diamond, *Guns, Germs, and Steel*, pp. 150-51.

㉔ 此書在解釋農業轉變的問題上，提出了即使稍嫌過時也仍十分優秀的討論：Mark Cohen, *The Food Crisis in Prehistory* (New Haven: Yale University Press, 1977), chap. 1。

㉕ Cohen, *The Food Crisis in Prehistory*, p. 5.

26 Marek Zvelebil, "Mesolithic Prelude and Neolithic Revolution," in *Hunters in Transition: Mesolithic Societies of Temperate Eurasia and Their Transition to Farming*, ed. Marek Zvelebil (Cambridge: Cambridge University Press, 1986), pp. 11-13.

27 Mark Cohen, *Health and the Rise of Civilization* (New Haven: Yale University Press, 1989), pp. 112-13.

28 Diamond, *Guns, Germs, and Steel*, pp. 206-10.

29 Cohen, *Health and the Rise of Civilization*, pp. 132, 139.

30 Cohen, *Health and the Rise of Civilization*, p. 139.

31 John H. Coatworth, "Welfare," *American Historical Review* 101.1 (February 1996): 2。感謝湯姆・帕桑納提（Tom Passananti）協助我取得該文獻。

32 此書針對農業起源的不同解釋進行了扼要的調查：Fagan, *People of the Earth*, pp. 232-35。

33 本文提到的解釋多受惠於這兩本書所提供的模型：Bruce Smith, *Emergence of Agriculture*，以及Donald O. Henry, *From Foraging to Agriculture: The Levant at the End of the Ice Age* (Philadelphia: University of Pennsylvania Press, 1989)。

34 Cohen, *The Food Crisis in Prehistory*, pp. 19 ff.

35 Henry, *From Foraging to Farming*, p. 231.

36 Flood, *Archaeology of the Dreamtime*, pp. 187-90.

37 Flood, *Archaeology of the Dreamtime*, p. 195. 此書對澳洲與巴布亞紐幾內亞的集約化進行了有趣的比較：Diamond, *Guns, Germs, and Steel*, chap. 15。

38 Flood, *Archaeology of the Dreamtime*, p. 205.

39 Flood, *Archaeology of the Dreamtime*, pp. 204-07.

40 Flood, *Archaeology of the Dreamtime*, pp. 226-28.

41 Wenke, *Patterns in Prehistory*, pp. 254-56.

42 Fagan, *People of the Earth*, pp. 216, 218.

43 P. M. Dolukhanov, "The Late Mesolithic and Transition to Food Production in Eastern Europe," in *Hunters in Transition*, ed. Zvelebil, p. 116.

44 Roland Oliver, *The African Experience* (Boulder, Colo.: Westview Press, 2000, 2nd ed.), p. 35.

45 Roberts, *The Holocene*, pp. 147-48.

46 關於人類族群如何透過某些行為預先適應農業，此書提供了艱深但精采的研究：David Rindos, *Origins of Agriculture: An Evolutionary Perspective* (New York: Academic Press, 1984)。

47 關於物種可取得性所扮演的關鍵角色，參見Diamond, *Guns, Germs, and Steel*, chap. 8。

48 Diamond, *Guns, Germs, and Steel*, pp. 134-38.

49 Cohen, *The Food Crisis in Prehistory*, p. 65。亦可參見Ester Boserup, *The Conditions of Agricultural Growth: The Economics of Agrarian Change under Population Pressure* (Chicago: Aldine, 1965)。

50 Cohen, *The Food Crisis in Prehistory*, p. 85.

51 Paul Bairoch, *Cities and Economic Development: From the Dawn of History to the Present*, trans. Christopher Braider (Chicago: University of Chicago Press, 1988), p. 7：引用出自Fekri A. Hassan, *Demographic Archaeology* (New York: Academic Press, 1981)。

52 詹姆士・道森（James Dawson）於一八八一年的記述，引自John Mulvaney and Johan Kamminga, *Prehistory of Australia* (Sydney: Allen and Unwin, 1999), p. 94。

53 Andrew Sherratt, "Reviving the Grand Narrative: Archaeology and Long-Term Change," *Journal of European Archaeology* 3.1 (1995): 20-21.

54 Henry, *From Foraging to Farming*, pp. 49-51.

55 關於婦女所扮演的先鋒角色，可參見該書的論點：Margaret Ehrenberg, *Women in Prehistory* (Norman: University of Oklahoma Press, 1989), pp. 80-85：亦參見Elizabeth Wayland Barber, *Women's Work: The First 20,000 Years: Women, Cloth, and Society in Early Times* (New York: W. W. Norton, 1994), chap. 3。

56 Fagan, *People of the Earth*, pp. 257-59.

57 Fagan, *People of the Earth*, p. 257.

58 相關討論參見Smith, *Emergence of Agriculture*, pp. 210-14。

59 Smith, *Emergence of Agriculture*, p. 213.

60 關於美洲的半定居族群之討論，參見Kicza, "Peoples and Civilizations of the Americas before Contact," 特別是pp. 212-17。

61 Elman R. Service, *Primitive Social Organization: An Evolutionary Perspective* (New York: Random House, 1971, 2nd ed.)，各處；亦參見此書關於人類社會的類型學之討論：Allen W. Johnson and Timothy Earle, *The Evolution of Human Societies: From Foraging Group to Agrarian State* (Stanford: Stanford University Press, 2000, 2nd ed.), pp. 32-35。

62 該書總括了金巴塔斯的觀點：*The Civilization of the Goddess: The World of Old Europe*, ed. Joan Marler (San Francisco: Harper and Row, 1991)。

63 I. G. Simmons, *Changing the Face of the Earth: Culture, Environment, History* (Oxford: Blackwell, 1996, 2nd ed.), p.94.

64 Andrew Goudie, *The Human Impact on the Natural Environment* (Oxford: Blackwell, 2000, 5th ed.), p. 188。在自然條件下，土壤平均每年形成不到零點一釐米，每年大約消失零點零五至二釐米。用於耕作的土壤，每年大約消失五至十釐米；用於放牧的土壤，每年大約消失一釐米。因此人類行為能夠快速破壞數千年來形成的土壤。

65 關於歐洲早期農業對生態的有限影響，參見Roberts, *The Holocene*, pp. 154-58。

第九章

從控制自然到控制人類：城市、國家與「文明」

社會的複雜性

在宇宙形成初期，引力抓住原子雲，使其形成了恆星與銀河系。在本章所敘述的年代中，我們將會看到分散的農業社群，如何經由某種社會引力形成城市與國家。隨著農業人口聚集為更龐大與密集的社群，不同群體之間的互動變得頻繁，社會壓力也隨之增加，直到新的結構突然出現，伴隨著新層次的複雜性。這與星系的形成有驚人的相似處。就像星系一樣，城市與國家重組並強化了其引力場內部的小型物體。

這些變遷所形成的社群，經歷了城市化、隸屬國家組織、經常發生戰爭，是現代歷史編纂學者關注的焦點。所以歷史學家很容易忘記這些社群與舊石器時代及早期農耕時代那些小規模、相對不存在階級的社會，有多大的不同。事實上，大部分的人類歷史（從編年史的角度而言）都不知國家權力為何物。即使是早期農耕時代的村莊，對絕大多數人來說，大部分時間裡最重要的，都是自身與個人或地方的關係，而且這些關係都是十分平等的。大多數家庭能夠自給自足，人們來往時將對方視為人，而不是機構的代表。

後來，大約在五千年前，最早的國家出現了。大約在西元前三二〇〇年，美索不達米亞南部出現了小型的城邦（參見地圖9.1）。西元前三一〇〇年，埃及出現了國家，當地統治者（名為美尼斯或那爾邁）統一了南北方，建立第一個埃及王朝。在其他人口成長的地區也出現了國家——包括了大約西元前二〇〇〇年的北印度與中國，以及西元前一〇〇〇年的中美洲（參見地圖9.2）。最早的國家出現，標誌了從人際關係走向非人格化權力，以及從控制自然變成控制人類的重大轉折。❶我們現在所認識的世界，就是由官僚制度、權力與國家構成的世界。在這個世界裡，個人與社群的財富與權力，會因其出身、性別與所屬種族而天差地別。馬文・哈里斯（Marvin Harris）將此變化描述為平等的終結：

> 這是地球上首次出現國王、獨裁者、祭司、皇帝、首相、總統、州長、市長、將軍、上將、警長、法官、律師、獄卒，以及地牢、監獄、感化院與集中營。在國家的監管下，人類首次學會了如何鞠躬、卑躬屈膝、下跪與磕頭。從許多方面來看，國家的興起就是世界的墮落，從自由走向奴役。❷

國家通常會位於一個更廣大的區域，這個區域裡也包含了其他國家與腹地。我會把這些區域稱為農業文明。文明經常被當成進步的同義詞，但那並非我在此的用意。雖然農業文明與其他類型的人類社會有明顯區別，我並不打算評斷任一社會類型的內在價值。我將農業文明定義為基於農業為生的大型社會，具有國家與其他附屬品（例如識字、戰爭等等）。農業文明一詞本身或許就自我矛盾，因為我們通常會將文明（從拉丁字civis衍生而來，該字意義為「公民」）與國家、特別是城市連結在一起。但是農業的這個形容詞提醒我們，所有前現代的城市都依賴著城市邊緣的腹地或者更偏遠的村莊。

如果把城市與國家的出現，想像成多細胞有機體的演進，或許更能幫助我們了解這個概念；即是一個將許多獨立整體串聯成更大型整體的過程。圖9.1將該過程的主要階段以簡化的思考方式呈現（同時參見表9.1）。❸本章所探討的轉型可說是從第四到第五階段的改變，農業文明則大致是在第五與第六階段形成的。

地圖9.1　古代的蘇美

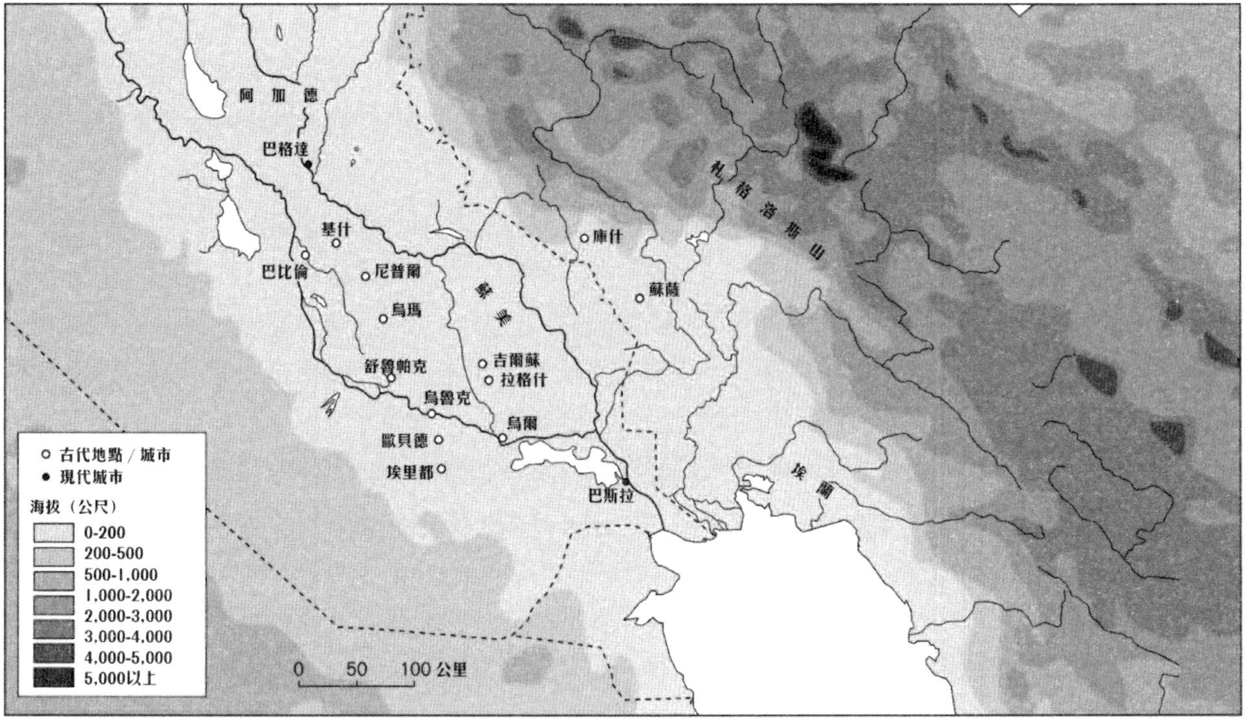
阿 加 德
巴格達
基什
巴比倫
尼普爾
烏瑪
蘇 美
吉爾蘇
拉格什
舒魯帕克
烏魯克
烏爾
歐貝德
埃里都
庫什
蘇薩
札 格 洛 斯 山
埃 蘭
巴斯拉
古代地點／城市
現代城市
海拔（公尺）
0-200
200-500
500-1,000
1,000-2,000
2,000-3,000
3,000-4,000
4,000-5,000
5,000以上
0 50 100 公里

地圖9.2 古代的中美洲

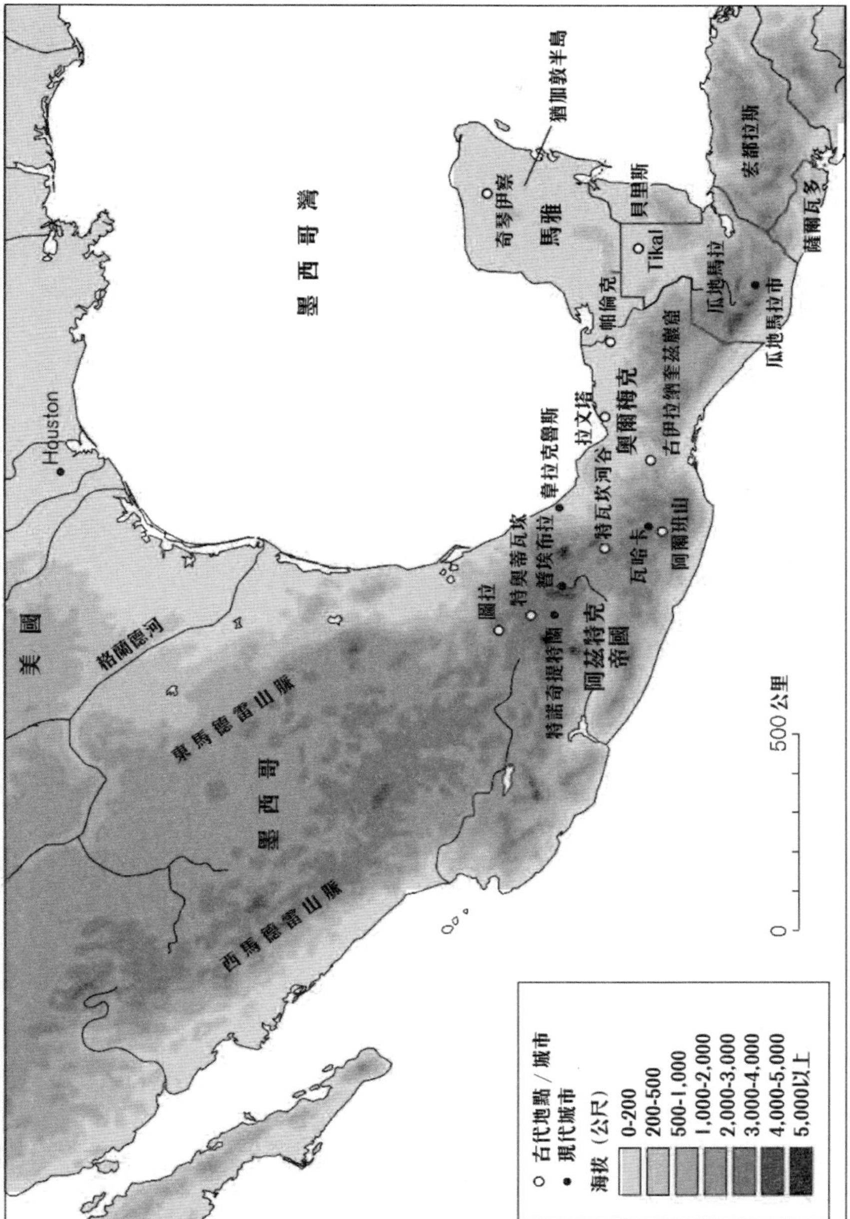
美國
格蘭德河
Houston
墨西哥灣
猶加敦半島
奇琴伊察
馬雅
貝里斯
Tikal
帕倫克
拉文塔
韋拉克魯斯
奧爾梅克
古伊拉納奎茲巖窟
瓜地馬拉
瓜地馬拉市
宏都拉斯
薩爾瓦多
東馬德雷山脈
墨西哥
西馬德雷山脈
圖拉
特奧蒂瓦坎
普埃布拉
特諾奇提特蘭
阿茲特克帝國
特瓦坎河谷
瓦哈卡
阿爾班山
0
500公里
古代地點／城市
現代城市
海拔（公尺）
0-200
200-500
500-1,000
1,000-2,000
2,000-3,000
3,000-4,000
4,000-5,000
5,000以上

圖9.1　社會組織的規模

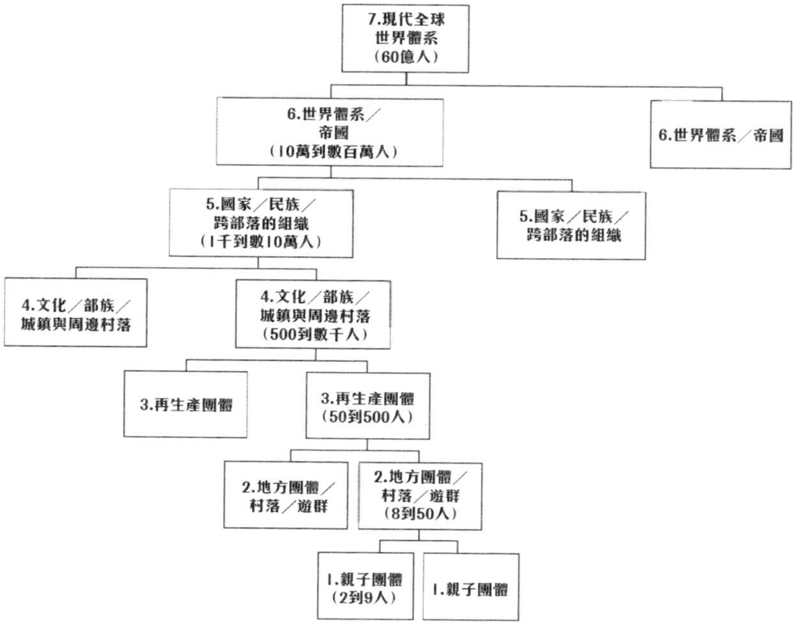

以圖示化呈現人類社會組織規模的顯著差異。

我們應如何解釋此一重要的轉型呢？農業區逐漸增加的人口密度，為最早的城市與國家之成型，提供了人口學上及實質的原始材料，而人口日益過剩的情況則為國家的誕生賦予了大量動力。❹不過，地方社群是自願結合，還是被迫在一起的呢？兩者可能都提供了部分的答案。

「自上而下」論採取的是被迫的觀點，認為國家是少數有權有勢者強加於大多數人的機構。此點常見於馬克思主義者對於國家的理論，他們將國家視為剝削的機器。雖然有些人（主要為農民）延續了他們祖先的做法，持續向大自然需索資源，但此時出現了一個新的統治階層；他們經由操作影響力、財富與權力的大

表9.1 社會組織的規模

層級	社會結構的類型與規模	大小（人口數）
7	現代全球化體系：涵蓋全部因影響力、財富與權力所形成的階級社會	60億人
6	世界體系與帝國：涵蓋在文化、經濟或者有時在政治上相關聯的龐大區域	數十萬～數百萬人
5	國家／民族／城市／跨部族的組織：規模龐大，具有強大經濟與軍事體系，為國家或近似國家的結構	數千～數十萬人以上
4	文化／部族／城鎮與周邊村落：相連結的再生產團體，有時會出現單一領袖，例如「大人物」或「酋長」	500~數千人
3	再生產團體／村落群：相關聯的地方團體，內婚頻繁，具有親族與文化的模糊概念	50~500人
2	地方或維持生存的團體／村落／遊群／紮營團體：若干親子團體一同遷徙或比鄰而居	8~50人
1	親子或家庭團體：母親與孩子住在一起，父親通常也包括在內	2~8人

型網路，開始從其他人類身上榨取資源。人類社會變成菁英搜刮他們所需資源的「利基」。社會分成了許多階層，底層的人榨取自然（初級製造者），而上層的人則剝削這些榨取自然的人。這些變遷在人類社會裡創造了一個新的「食物鏈」，其中菁英與其剝削對象的利益分化，無疑可以作為解釋複雜社會結構出現的部分原因。

然而，剝削和共生現象一樣，並不是

一個簡單而明確的概念。就像非人類世界的捕食行為一樣，其或多或少含有殘忍的形態。琳・馬古利斯與多里翁・薩根觀察到：「從長遠來看，最凶惡的捕食者，就像最可怕的致病微生物一樣，由於它們殺死了自己的獵物，結果也導致了自身的毀滅。有所克制的捕食——攻擊但不殺死對方或慢慢地取其性命——是進化過程中一再出現的主題。」❺在有所克制的捕食關係中，雙方可能都會獲取某些利益，剝削的狀況也可能因為利益分享而減輕。在早期的國家中，包括在美索不達米亞、中國和中美洲的國家，很可能具有極為殘忍的剝削形式，例如大規模的殺人獻祭。不過就像病毒往往朝向毒性減輕的方向進化，以利用其獵物而不會殺死牠們，人類統治者最終也學會了要去保護他們所剝削的農民（就像農民保護他們的家畜一樣）。透過這種方式，初級生產者變得依賴統治他們的菁英，如同菁英依賴初級生產者一樣。威廉・麥克尼爾將這種新型的關係視為一種寄生現象：「在人類必須對付的微寄生物裡，最重要的是致病細菌。而對人們而言唯一重要的巨寄生物，就是其他人類，他們善於使用暴力維生，因此不必親自生產所需的食物或商品。」❻菁英與他們剝削的對象都必須適應人類社會中出現的新型與多層級的「生態」，因為新的結構改變了村莊、家戶與家庭親密而古老的結構。

認為國家的形成是「從下至上」的理論，則強調在社會愈形複雜後，人類發現他們需要具有國家般的結構才能繼續生存。此過程與非人類世界的情況驚人地相似。即使在與人類最接近的物種大猿身上並不明顯，但許多物種的歷史都是往更高的複雜社會性進化。我們已觀察到單細胞先是結合成鬆散的結構，例如疊層石或海綿，最終發展成像人類一樣的多細胞有機體，在這樣的有機體中，不同的細胞各司其職，而且各自都倚賴著整體的正常運作。多細胞有機體也可以結合為更大的群體。有些群體，例如羚羊，規模大型但單一；有些群體的組成則非常複雜。許多群居性的昆蟲，如螞蟻、白蟻和蜜蜂，生活在稠密的群體中，個別成員都非常依賴整體。其生活環境（就像現代都市）主要是由該物種成員及其創造的結構所組成。在最複雜的群體內，例如白蟻丘，個體的分工極細，而且為了讓群體能有效率地運作，就需要溝通與協調的方式。個體透過視覺、觸覺與交換如費洛蒙等化學物質進行溝通。並發展出一些常規以解決人口過多、汙染和個體發生衝突的問題。社會階層於焉產生。

對我們而言，這些族群看起來與國家極為相像，它們有自己的階級制度，也自有一套控制與規訓個體的手段。這也是為什麼研究者在使用「蜂后」或「工蟻」這類名詞時會覺得極為自然。如路易斯・湯瑪斯（Lewis Thomas）所寫的，螞蟻「跟人類相像到讓我們覺得自慚的地步。牠們種植真菌，像飼養家畜一樣飼養蚜蟲，組織軍隊打仗，釋放化學物質以警告或混淆敵人視聽，逮捕奴隸。編織蟻的家庭懂得利用童工，牠們將幼蟻當作來回紡織的梭子，把樹葉編製成真菌園。牠們毫不停歇地交換訊息。除了不看電視，牠們無所不能。」❼這種對照雖然顯得怪誕，但是也提高了國家形成是自下而上論的可信度。這些理論認為國家是解決人口密集與擁擠生活問題的手段。人們還發現，由於其生活的社群變得更大型且複雜，他們不得不將任務與知識區分，為了因應這類發展，新的交流方式也隨之出現，例如使用曆法幫助人們制定行動時間表，或以文字幫助記錄個人的義務及財產等。個人變得更加依賴群體，為了讓人們可以交換技術與資源，就必須以新的方式組織群體。由於群體開始協調配置眾人的能力與技術，大型社群就產生了一種個人所無法比擬的生態力量，雖然個體可從這種生態力量中獲取不同程度的利益。因此，人類組成國家的邏輯，十分類似於昆蟲群居的形成過程。二者之間的重要差別，正如我們在考察農業的出現時所看到的，人類是在文化層面上調適，而昆蟲則是在遺傳方面進化。這解釋了何以人類可以迅速發展出複雜的社會結構。

若要充分解釋國家權力，就必須結合自上而下與自下而上兩種理論，因為兩者事實上互為補充。本章的其他部分將系統性地解釋國家權力如何出現，此處所指的國家權力，是指少數人手中集中了實質上控制著絕大多數人力與物質的資源。該定義雖然具爭議性（例如何謂實質上），但有助於我們聚焦於形成大型權力結構的兩項重要前提。一是出現人類、物質以及智慧資源的巨大積累；另一是出現新的方式以管理與控制這些資源。

集約化：向自然界榨取資源的新方法

當複雜性提升到另一個新的層級，意味著需要開發及管理新的能源。人們藉由更為集約的技術創造新能源（此為本章前半部的主題）。建構社會結構以管理這些龐大能源使其不致斷絕，是一項複雜的任務，最終會導致我們稱之為國家的協調機制出現（此為本章後半部的主題）。

複雜性的層級提升，往往有賴於正向的回饋機制——某項改變刺激了另一項變化產生，再激發出另一個變化，然後又回頭增強了第一項變化，如此反覆成為循環的迴圈。其中一種因果鏈在轉變成更大型複雜的社會結構過程中起到重要作用。它連結了人口增長、集體知識及技術創新（參見圖 9.2）。當人類族群規模及密度逐漸增加，訊息及商品交換網路的規模與多樣性也隨之擴大，刺激了集體知識的發展。在這些更大型的網路中可能會產生知識上的綜效，激發嶄新的及更為集約化的技術發展，以養活更龐大的人類族群。❽這個回饋的循環加快了創新與成長的速度，幫助我們解釋了為何農業的出現可被視為一個使人類歷史轉向的重要齒輪。以現代標準來看，這個變遷的速度毋寧是緩慢的，但若以舊石器時代的標準而言，這項改變是迅速的——而若與非人類世界的遺傳變化相

圖9.2 農業與人口成長；一個正向回饋的迴圈

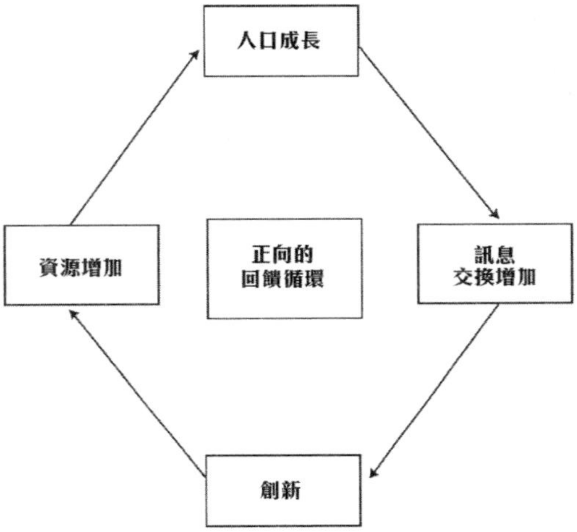

比較，則此變遷速度更是飛快得令人眩目。

在農業出現之後的數千年內，非洲—歐亞大陸及美洲這兩個世界地區出現了若干新技術，這些技術積累的成果乃是基於馴化技術的生產力提升。在此我將描述三項比較重要的變化，其大致依照集約化的程度由低至高排列：游耕、「次級產品革命」與灌溉。表9.2指出在不同人類歷史時期，不同程度的集約對於每公頃食物產量以及人口密度的巨大影響。

游耕

游耕或輪耕是一種半游牧的農業形式，至今仍被廣泛運用（主要在森林地帶）。事實上，正是輪耕使得早期農民得以從初級耕作的土地遷移到森林地帶，例如歐亞大陸北方。因為其通常會放火清出一片用於耕作的新區域，因此輪耕可說是將舊石器時代的刀耕火種技術改良運用於農業時代的新技術。[9]這種方式利用的是儲存在樹木中的養分。從事輪耕的農民經常會砍倒樹木或剝

表9.2　不同時期的能量投入與人口密度

	能量投入（千兆焦耳／公頃）	食物收穫（千兆焦耳／公頃）	人口密度（千兆焦耳／公頃）
採集	0.001	0.003-0.006	0.01-0.9
畜牧	0.01	0.03-0.05	0.8-2.7
輪耕	0.04-1.5	10.0-25	1-60
傳統耕種	0.5-2	10-35	100-950
現代農業	5-60	20-100	800-2000

資料來源：I. G. Simmons, *Environmental History: A Concise Introduction* (Oxford: Blackwell, 1993)，頁37。

注：GJ/ha=千兆焦耳／公頃

除一圈樹皮，在森林裡清出一片土地；然後燒掉砍倒的樹木，在肥沃灰燼中的殘幹之間種植農作物。在歐洲，新石器時代早期的耕作者用石斧開闢空地種植穀類。[10]在新開發的空地裡，農作物不僅從樹木的灰燼中獲得營養，而且不需與其他植物競爭，所以能繁茂生長。但是經過三、四年之後，土地的肥力通常已然耗盡，所以人們必須再度遷移。在人口較少的地方，整個社群能夠以二十到五十年為週期遷徙，如此就有足夠時間使每一塊林地在循環之間恢復生產力。但是隨著人口增加，週期無可避免會縮短，而空地也變得愈來愈固定，這個過程最終形成了現代世界所熟悉的無樹的農耕景觀。透過這種方式，游耕最終導致了大量森林遭到砍伐。整體而言，自全新世早期以來，森林已減少了百分之二十，從大約五十億公頃減少至四十一公頃。直到最近之前，溫帶地區的森林減少得比熱帶地區更為嚴重（前者減少了百分之三十二到百分之三十五，後者為百分之四到百分之六），不過如今熱帶地區的森林遭到砍伐的速度最為迅速。[11]

次級產品革命

所有的世界地區都存在不同程度的游耕。但是集約化的第二種重要方式僅存在於非洲—歐亞地區，因為其依賴一種利用家畜的新方式——而巨型動物在美洲及澳洲滅絕，使得這些地區幾乎沒有潛在的馴化動物可供利用。

隨著農民進入東歐及中歐的溫帶地區，他們不得不調整耕作方式以適應更為寒冷及潮溼的氣候。安德魯・謝拉特主張大約在西元前五千年至三千年之前，為了幫助解決這些問題，耕作方式出現了若干重大變遷。[12]他將這些變遷統稱為「次級產品革命」。這些新技術創造了一種更緊密地與家畜共生的現象，使得人類得以更有效地利用他們的家畜。

在農業時代早期，馴化動物主要作為儲備糧食及獸皮來源。雖然人們養了牠們一輩子，但只會在宰殺牠們的時候作一次性使用。這種低效能的利用方式恰恰說明了為何在多數農耕時代早期的社群裡，家畜的重要性遠不如植物。然而，在大約西元前五千年到四千年之後，某些非洲—歐亞大陸的農業族群懂得了在家畜還活著的時候就利用牠們的次級產品——尤其是牠們的乳與毛。農民還學會了將家畜當作一種新的能源，尤其是牠們的牽曳力。大型動物如馬、駱駝或水牛，很快地成為最強大的動力來源。這是一項革命性的變化，其重要性或許可與更為晚近的石化燃料革命相提並論，因為其提供了自從人類有效用火以來最具意義的一種新力量。役畜的體力效能可達五百到七百瓦特功率，人類最多只有七十五瓦特。[13]牛或馬的牽曳力可用於載人、拉車及耕地。

馬或牛對於耕地尤其重要，因為牠們比掘棒更能有效地翻地，能夠翻鬆比較堅硬的土壤。大量使用家畜還增加了糞便量，可用以維持土地的肥力。對家畜更有效的利用，提高了農民的生產力，而使用堆肥和耙犁耕地的增加，則使耕作面積得以縮小。因此，新技術使得農業能夠傳播到如北歐等較難耕種的黏土地區。

這些變化也使人們首度有可能在乾涸的草原地區定居，因為這使得某些群體能夠完全靠畜產品養活自己。次級產品革命將青草轉變成人類可資利用的能源，而將馴化的食草動物轉化為有效的機械，就像後來工業革命找到新的方法從煤炭獲取能源一樣。畜牧民族利用了新技術以在非洲和歐亞草原上的廣袤地區定居，這些地區因為過於乾旱而不利耕種。由於最有效利用草原地區的方法就是在大片地區放牧，牧民們不得不採取游牧或半游牧的生活方式。因此我們常認為畜牧文化本質上就是必須逐水草而居，不過事實未必如此。早期的畜牧文化可能大約在西元前四千年出現在俄羅斯東南方的大草原及哈薩克西部，但直到西元前一千年馬鞍發明並獲得改良之後，軍隊化跟高度發展的騎馬畜牧文化才真正形成。畜牧文化也在西南亞與東非發展起來。

次級產品革命是一種粗放的方式，它使得人類社群得以定居在以前根本無法居住的地方。但這也是一種集約的方式，因為它使得人們能夠更為密集地居住在一起，而且獸力牽引的使用改善了歐亞大陸的運輸網路。從長遠來看，這個革命使得非洲—歐亞地區的交通、商業及戰爭轉型，因為能夠更加容易並迅速地長程運輸商品與士兵，不管是使用牛車、馬車（約自西元前兩千年起）或是騎馬。在歐亞地區，畜牧者將中國、印度及美索不達米亞的農耕文明連接成一個跨歐亞的交換體系。這也使得該地區能夠分享技術、宗教甚至疾病。總之，次級產品革命的技術讓非洲—歐亞地區成為地球上最大型的知識共享地區。[14]

有人主張次級產品革命，特別是耙犁技術的發展，可能在性別階級的演變中起到關鍵作用。在粗耕社會，如我們所見，婦女一般負責大多數的農業勞動。不過在使用耙犁耕作的社會裡，一般是由男子承擔農業勞動。學者還認為男性「取代」婦女務農，是向性別不平等關係的出現邁出了重要一步。瑪格麗特・艾倫伯格認為：「人類學已經證明，當今社會……耙犁農業與父系血統、土地所有權的高度關聯，就像無耙犁農業社會中婦女深入參與和其較高的社會地位之間存在關聯一樣。」[15] 然而，此論點也面臨了一些難處。首先，在使用耙犁的農耕社會裡，即使男性花費較多時間務農，婦女在生產與再生產活動中仍像過去一樣發揮重要功能。此外，許多社群從未發生次級農業革命的轉型，像是美洲的農耕社會，但它們依然發展出了驚人的父權結構。因此我們不能將父系制度過於緊密與任何一種生活方式或技術關聯在一起。我之後會論證，制度化的父權制可能是與制度化的階層制一起誕生的；它們與奴隸制度、階級、收取貢賦與國家一同發展出來（或彼此重疊）。

灌溉

就像輪耕一樣，各個世界地區都實施了某種類型的灌溉，雖然其在非洲—歐亞區發揮了最大影響力，而對美洲的影響較小。許多溫帶地區有足夠的陽光進行光合作用，但是因為缺乏雨水而限制了植物的生長。灌溉就是利用河流或沼澤地水源種植農作物的方式。此為農業集約化最重要的手段之一，至今仍然不可或缺，無論是在郊區花園或在美國中西部的穀物工廠。早期的灌溉方式極為簡單，大概不出挖掘一條小渠道引河水進入田地罷了。在水量豐沛的地區，如美索不達米亞南部的幼發拉底河三角洲，灌溉通常就是截取許多匯入幼發拉底河的支流。靠著這些技術，農民們就能在幼發拉底河與底格里斯河兩條大河所形成的肥沃沖積土壤中獲益。不過，隨著農業族群發展以及新的組織形態出現，灌溉工程也日益精緻；動輒使用數以千計的人力建造大型且計畫周密的渠道網路。

在擁有肥沃土壤的乾燥地區，如美索不達米亞平原或中國黃河流域，灌溉技術可以決定性地提高該地的生產力，所以這就是為何在所有技術創新中，灌溉是最具革命性的一種。

許多其他地區也使用了灌溉方式。在巴布亞紐幾內亞，證據顯示早在九千年前就出現灌溉技術。在中國南部和東南亞部分地區，種植水稻的農夫發明了許多梯田及灌溉技術，以提高主要農產品的產量。中美洲亦是如此，在農業時代發展出成熟的新型灌溉技術。西元前一千年時，馬雅人將沼澤的水排出，並以城市廚餘填埋，以形成具生產力且易於耕作的土壤，以養活迅速增加的人口。改良的玉米品種也提高了中美洲的糧食產量。然而，因為缺乏合適的大型家畜，這裡並沒有次級產品革命。這對於美洲的農業影響深遠，也許可以解釋為何美洲與非洲—歐亞大陸的歷史進程差異如此巨大。⑯

其他創新

在農業地區還出現了許多其他的創新技術，例如紡織品、製陶、建築與冶金。最早的陶器可能出現在日本的繩紋文化，其年代可以追溯到全新世初期。在美索不達米亞，最早的陶器大約西元前六千五百年出現。陶器用於盛水、烹調及儲存食物。中南美洲從西元前三千年就開始使用陶器。在非洲—歐亞與美洲世界地區，陶器製作方法是人們從用泥土建造房屋、在爐子或火上燒煮食物所自然發展出來的。在早期農耕時代，世界上許多地區已開始冶煉軟金屬，如黃金、白銀與黃銅等，主要用於裝飾。最早的金屬加工證據出現在大約西元前五千五百年的美索不達米亞，之後在美洲地區也出現了同樣的金屬加工技術。作為兵器或工具的硬金屬加工較晚才出現，因為其製作工藝需要更高的溫度及效能更高的冶煉爐。硬金屬使用合金製作，如青銅（銅加錫，有時是銅加砷）或鐵

（混合碳會產生最堅硬的金屬）。這些限於非洲—歐亞大陸一帶。令人驚訝的是此項創新竟沒有出現於其他地區，因為硬金屬製作所需技術與燒製陶器相仿。最早的青銅製作出現在西元前四千年的蘇美，到了西元前兩千年，中國也出現了青銅製作。硬金屬最早在西元前兩千年代中期的高加索出現，在西元前一千年就傳遍整個非洲—歐亞大陸；因此西元前一千年經常被稱為鐵器時代。最早的共析鋼可能在羅馬帝國時期被製造出來。

人口成長

更具生產力的農業技術也刺激了人口成長。但是人口增加本身也是集約化的一種形式，因為在前礦物燃料時代，人類社會的能源大多來自於人類與動物的肌肉力量。只要當地的社會結構足以有效控制及協調大量人口與牲畜行為，人口及牛隻的數量增加就等於較高的生產力。⑰人們已詳細研究肥沃月彎的人口發展。從其遺址數量的增長可以追溯出當時村落社群長期的散播。在大約西元前五千年，肥沃月彎的村落沿著美索不達米亞平原的河流，向南傳播到平坦的沙漠與灌木地區。在這些乾旱的平原上，農夫不得不借助簡單的灌溉方法以利用更多的河水。他們也大量食用從大河裡捕來的魚類。隨著農業社群增加、傳播、技術複雜化及生產能力提高，他們所生產的資源與養活的人口都有所增加。正如我們所見，世界人口在一萬年前至五千年前之間，可能從六百萬增加到了五千萬。

如果我們從大的範圍來看，累積的趨勢是非常明顯的。不過我們仍要記得，若以數十年或數百年的範圍觀察，累積的過程毋寧是混亂且不穩定的。某個地區的人口密度可能增加了，然後因為氣候變遷、土地過度使用或其他緣故又下降了。如羅伯特・溫克（Robert J. Wenke）所言：「歷史早期的複雜性，事實上，似乎就是一個混亂的『大起大落』循環，只有一個長期跟大體上的概略趨勢，就是朝向複雜性演變。」[18]

階層化：財富和權力不平等的出現

具有更高生產力的技術，以及更大、更密集的聚落生活，創造了讓國家得以出現的前提條件。

不平等興起的證據

隨著能夠掌握的資源的增加，人類社會不得不首次面對處理過剩資源的任務，對它們的控制與分配帶來了截然不同的新問題。並且，出人意外地迅速，分配方式變得往其中一方傾斜，由此出現了權力與財富的不均等梯度。剩餘資源開始用來支持特權階級的專門人員（而且主要是男性）：工匠、商人、武士、祭司、文書及統治者。

值得注意的是，這種社會階層化的加劇現象具有一種荒謬性。原則上，農業革命所帶來的生產力提升，應該能夠提高社會全體成員的平均物質生活水準。但現實卻非如此發展。水在累積升高的時候仍傾向於保持水平；但與水不同，物質財富在複雜社會中卻傾向於將自身堆疊成一座巨大的金字塔。本章的一個主要任務就是要對複雜社會的這種奇特卻很根本的特徵做出一些解釋。不過我們現在就可以說明其基本原理。隨著人口密度的增加，人類，就像白蟻一樣，發現他們需要找到方法來組織和協調眾人的活動。這就意味著需要將權力讓渡給一些組織者，而這些組織者就利用這種權力，為自己獲取與他們所管理的社群一樣多（其實往往更多）的利益。一切關於國家形成的由上而下理論都預料到了這種不平等的產生。

考古學家有許多種方式來追溯不平等的起源。在農耕時代早期，即使是在最成熟發展的社群中——例如安那托利亞的加泰土丘（Çatal Hüyük），其鼎盛時期大約在西元前六二五〇至五四〇〇年間，他們在廣泛的地區進行黑曜石貿易，大約擁有人口四千至六千人——在財富方面也沒有發現存在明顯的差別。然而，人們的喪葬方式卻出現了些許的差異，考古學家認為這種區分顯示了對於人口密度增加的最初反應：宗族等級的出現。隨著社群規模的擴大，親屬觀念和基於此種觀念的社會機制達到了它的極限；再也難以想像由四千人所組成的社群屬於單一家庭。但是，想像社群的所有成員都來自於一個共同的祖先（不論這個祖先是神話或真有其人都不重要），以能夠維持某種鬆散的親屬意識，這一點卻是有可能作到的。一旦發生這種情況，親屬關係的象徵邏輯，就會要求各個不同的世系追溯其血統到同一祖先的不同子孫那裡，有的世系是長子傳下來的，有的則是較後輩的子孫傳下來的。在這種情況下，整個世系就會被想像成具有長幼不同輩分的分支，如同家庭中的成員會依據長幼輩分來排序一樣。世系的層級化從親屬觀念中自然地興起，因為即使是在最平等的親屬式族群中，人們在其家庭內也往往會依照長幼與輩分來排序。因此，親屬觀念自然使人們易於接受尊長宗族裡年長成員的權威。

當住宅的規模大小不同，而且其所擁有的物品價值多寡也出現差異的時候，考古學家就能斷定社會不平等的出現。特殊的器物或服飾類型也暗示著較高的身分地位。福利與營養狀況也能告訴我們社會階層化的情況，因為菁英群體幾乎總是比那些被統治者吃得還要好。因此，生物考古學家經常發現，不同的社會群體之間，其成員也有著身高的差異。約翰・科斯沃茲寫道：「在古代的中美洲，貴族、祭司、武士等統治菁英控制著糧食的取用，尤其是那些珍貴的蛋白質來源。……在西元一八〇〇年的英格蘭……封爵貴族的成年男性成員，其身高比全體人口平均足足多了五英吋。」[19]

同樣引人注意的是紀念性建築的出現。某些巨大的結構物，例如英格蘭的巨石陣，顯然不具有實用上的功能；它們可能被拿來作為祭儀的中心，或者可能是天文觀測台。其他的，像是出現在美索不達米亞、埃及、或中美洲的塔廟和金字塔，常常包含著陵墓、或者可能是宮殿或神廟，這些都顯示存在著較高社會地位的人群。這些建築結構出現在所有那些日後發展成國家的社會中，也出現在許多後來沒有形成國家結構的社會裡。其中最引人注目的，無疑是埃及的金字塔，其中最早的興建在西元前三千年代中期。這些結構體的出現，顯示隨著人類社會變得更大、更複雜，宗教觀念也跟著發生變化。如同在人類中出現了階層化的等級制度，菁英地位的神靈也開始出現，要求人們給予適當的崇敬。如社會學家愛彌爾・涂爾幹最早提出的，我們思考宇宙萬物的運行方式往往反映了我們自己社會的運作方式。對於這些令人敬畏的遙遠神靈表示崇敬的最佳方法，就是為祂們打造特殊的建築，比普通的民居更加接近天空，讓人們能夠在此獻祭和贈禮以表示敬懼。凡是有紀念性建築出現的地方，我們能夠確定那裡一定存在強有力的領袖或管理者，因為必須要有人能夠協調好幾百、甚至數千人的勞動力。在這種情況下，世俗的與宗教性的權力往往緊密相連。領導者希望透過興建這樣的建築來激起敬畏感——對於神靈權力的敬畏，也是對威嚴的祭司與統治者的敬畏，他們能夠直接與強大的諸神溝通，也監管著神靈住所的興建工程。紀念性建築不僅是權力的象徵，更是權力行使的工具。

在美索不達米亞，最早的紀念性建築也許是埃里都（Eridu）神廟，年代大約在西元前五千年。西元前四千年代晚期的塔廟是拾級而上的宏偉建築，動用了無數的勞動力興建，並展示著精巧細緻的建築細部。它們為宗教和政治的儀式提供了發人敬畏的舞台。在美索不達米亞，最早的金字塔出現在西元前兩千年代，由奧爾梅克人（Olmec）所興建。早在西元前兩千年，在人口不甚密集的地方也出現了宏偉的墳陵，包括歐亞大草原，這裡只有為數不多的城鎮，而大多數的人口都是游牧民族。圖瓦（Tuva）地區的阿爾贊（Arzhan）巨墓遺址，年代大約在西元前八世紀，顯示了當時強大的草原領袖所擁有的大量財富與勞動力，他們的資源常常都是從周遭的定居型聚落那裡掠奪而來的。阿爾贊墓地包含了七十個墓室，像車輪的輻條一樣呈放射狀排列；在直徑長達一百二十公尺的墓塚底下共掩埋了一百六十匹配有鞍韉的陪葬馬。[20]在墓地的中央埋葬著一男一女，身穿皮衣，並配戴精美的飾品。顯然他們曾經統治過一個龐大而強盛的部落聯盟，因為隸屬的王公和貴族都埋葬在他們的南面、西面，和北面，有的也許是作為葬禮的一部分而跟著殉葬。尺度驚人的紀念性建築也出現在農耕文明時代最遙遠的一個社群之中：拉帕努伊島（Rapa Nui，即復活節島〔Easter Island〕）。在島上，人口不過數千人，但當地的酋長卻競相建造巨大的雕像。

在人口密集居住的地區，新的社群開始將自己安置在一個生活網路之中，此網路的結構形態與土地的自然特徵也許有關，但更重要的是與其他既存聚落間的分布關係。這種發展模式甚至與今日人口稠密的地區一樣。較小的村莊容易均勻對稱地分布在較大聚落的周圍，這些較大的聚落便成為地區性的交換網路中心。以這種方式，就可能會出現聚落的階層網路，其中小型的村莊環繞著較大的村落，大的村落環繞著小城鎮，而小城鎮再環繞著主要的都市中心。即使是較小的城鎮也往往包含在村落裡所沒有的一些機構，例如神廟、倉庫、也許還有祭司或酋長的住所。因此，一般而言，作為地區性引力中心的較大聚落，常常比周圍的村莊表現出更高程度的內部分化。在美索不達米亞，有明確的證據顯示，在西元前五千年代的埃里都時期已經出現了二級制的架構。較大城鎮的人口往往達到一千至三千人，其中許多城鎮都擁有某種形式的祭儀平台以及清楚區隔的倉儲場所，因此它們已經扮演著商業與宗教中心的角色。

更為引人注目的不平等證據，乃是大規模的衝突或戰爭的出現。這裡，最重要的見證就是堡壘和掩埋著兵器隨葬品的墓地。烏克蘭的特里波利耶（Tripolye）文化，起初是早期農耕時代的典型平等社會，到了西元前四千年以後，村落開始擴張，並更常選擇在易守難攻的地點出現。在歐亞大草原，戰爭反映了定居農業社群與新興游牧民族之間日益增加的衝突。西元前三千年代晚期游牧民族的富厚墓塚顯示，到了這個時期，這些游牧民常常向其他防禦較弱的農耕社群掠奪財富。

在這種階層化社會的底層，乃是奴隸和其他依附者。這些男男女女被他們的主人視為能量的貯藏所、活電池、人形的牲畜。用物理學的術語來說，人類是能夠將食物轉變成能量的高效能轉換器，因此奴隸往往比牲畜更加值錢，如果一個人負擔得起的話。㉑人類作為一種能量來源的重要性，有助於說明為什麼強制勞動在前現代社會中普遍存在，如同化石燃料的發現有助於說明何以奴隸制度在今日大多已消失。強制勞動與奴隸制度以多種形式存在於農耕文明中；有時奴隸或依附者，在某些情況下，也可能提高社會地位，擁有財富與權力。但大部分都是被他們的主人作為能量儲備的來源：在當時，勞動力的重要性就如同今天的石油一樣，要掌控能源就意味著要能控制人民。為了使奴隸更易受控制，他們往往一生下來就與原生家庭分開。此外，許多奴隸就像家畜一樣，被蓄意地保持在一種嬰兒般的依賴狀態中，就像對他們進行了某種精神性的切除手術一般——讓他們始終像小孩一樣，而這種無助的孩童狀態讓他們更易於控制。不管是動物還是奴隸，只要能使他們在經濟上與心理上都依賴於主人，那就非常容易操控了。

社會階層化的出現改變了男女角色的社會定義，社會階層也開始依據性別、階級與職業的界線而組織起來。在大部分的情況下，最終是男性菁英支配了所有的階層。為什麼等級制度常常就意味著父權體制呢？最簡單的假設也許可以提供最好的解釋——亦即，在家庭內部，這個人類社會的最小單元，男人並非像女人那樣地不可或缺。隨著勞動分工的日益精細化，在家戶的層級之上出現了新的權力形式。權力的代理人是在權力、管理、蒐集資訊、戰鬥或宗教方面的專家。但專業者的角色，一般而言，更容易為那些在家庭（社會的最基本單元）之中扮演最不重要角色的人所獲取。㉒在沒有避孕措施與奶瓶餵養的社會裡，這就意味著男人（或者貴族女性，因為她們的某些功能可以由其他婦女來完成）。因此，在許多社會裡，雖然紡紗織布被視為是婦女的工作之一，不管其產品是提供家庭使用或拿到市場販賣，但是專業的或全職的紡織者卻更有可能是男性。隨著勞動分工的日益精細複雜，專業化的角色，不管是在軍事、宗教活動或政治領域，通常（並非總是）更對男人而不是女人開放，因為男人通常發現自己更容易在地方性的交易網路中找到一個位置。在這種情況下，許多大型的農業社會都出現了領域的區隔化：一邊是通常由婦女所主導的家庭世界，另一邊則是通常由男人所支配的公共領域。

父權體制是日益加劇的財富與權力不均等的現象，在性別關係方面的表現，因為許多專業角色使男人能夠獲取新形態的財富與權力。新增加的權力，接下來，又使男性菁英對於性別角色的社會定義有了更大的影響力。有文字紀錄的歷史最早是在新興的公共領域中出現，而且主要是由男性所書寫，這個事實有助於解釋為什麼許多現代的歷史書寫所依賴的文獻紀錄，主要聚焦在公共領域與男性的活動上。也很有可能男性所撰寫的史料紀錄，讓父權體制看起來比它本身還要簡單得多，它可能在現代的研究者面前掩藏了所有家庭內部所進行的各種複雜協商，也掩蓋了男男女女試圖迴避或軟化令人壓抑的社會規範的各種方式。

權力與控制的新形式：基於同意的權力

我們要如何解釋大型農耕社群中財富與權力梯度的急遽增加呢？人類學家已經指出，在小型的游牧社群中，人們通常會抵制任何想要奪權以圖控制整個社群的嘗試。那麼究竟為何儘管存在這種抵抗，社會階層還是興起了呢？

當代的農村社群研究以及一些考古學的證據指出，在某些階段，特定的群體或個人開始控制他人的勞動與資源。㉓在許多人類社群中，人們自願地將權力和資源讓渡給受到信任的領袖。我們可以把這種情形稱作基於同意的權力，或者由下而上的權力。然而，在大型的社會裡，領袖能夠使用在他們掌控之下、不斷增加的資源來創造新的權力形式，用以壓制某些被他們統治的人群。這是一種強制性的權力，或稱作由上而下的權力。㉔這二者的區別對應著本章先前所討論的，由下而上與由上而下兩種國家形成的理論。在現實上，所有的國家都依賴於這兩種類型的權力，且這兩種權力也總是相互交纏在一起的。儘管如此，從基於同意的權力轉變成同時也基於強制的權力，仍有一個清楚的歷史與邏輯發展的過程。㉕

在沒有國家架構的情況下，任何人都可以訴諸暴力，因此這種控制人群與資源的方式並不可靠。但有許多理由，讓農村社群自願將某些對於資源和勞動的控制交付他們所信賴的領袖。其中的邏輯與白蟻群的生存是一樣的。隨著社群的成長，新問題隨之浮現，必須要找到一種能夠集體共同解決的方法。農業、經濟以及宗教的活動必須更仔細地加以協調；內部的衝突必須加以排解；而與周遭社群的衝突必須得到管理。是否能夠有效地掌控這些問題往往是生死攸關的，因為一旦遭遇失敗可能就意味著饑荒、疾病或戰敗。但這些問題又不能通過單一的家庭各自解決，因此各家庭就對委任權威產生了興趣。簡而言之，社群中的大多數人可能願意參與簡易公共壩堤的興建，將剩餘資源集中在蓄水池中，交由部落或宗教領袖來進行管理。或許，我們可以恰當地將這些早期的權力結構比擬作最早的灌溉渠道。如同我們所看到的，這種簡易的結構由溝渠和小土堤所構成，並是透過整個社群或多或少的自願參與合作下興建與管理的。

一旦決定要將權威委派出去，重要的便是要選出好的領導者。許多因素影響著領袖的選擇方式，以及他們將被賦予何種權力。許多領袖的角色需要勝任專門的工作、掌握特殊的技能，這說明了為什麼男人比女人更常擔任領導者的角色，因為男人在家庭中常常不是不可或缺，因而有更多的機會去從事專門的工作。在有世系階層的地方，大宗族的長輩更有可能被選派為代表或管理者，除非他們明顯地無能。在內部衝突中，那些被認為與神靈親近的、待人處事圓融得體的，或智慧出眾的人，更有可能獲選；而在外部衝突時，則是那些具有戰鬥技能的人容易被選任。當發生危機且需要神靈的幫助時，那些被認為具有特殊能力可溝通神靈的人，如薩滿和祭司，就很可能成為領袖。利用這種權威，宗教領袖常常徵集豐盛的資源來作為奉獻給神靈的祭品或禮物。

不過，有時候權威的授予是為了回報先前的恩惠，這是一種基本互惠原則的變異形式。這可以解釋一種我們現代人看起來覺得很古怪的習俗規則：「大人物」（big man）。這個稱號可以說是名副其實，因為「大人物」的角色高度地專門化，而且主要由男人來承擔。這種角色在近期的許多社群中都曾以某種形式出現過，而且很可能在很多史前社會就已經存在了。二十世紀初，出生於波蘭的英國人類學家布朗尼斯勞・馬凌諾斯基（Bronislaw Malinowski）在美拉尼西亞對此作過經典的研究。在布干維爾島（Bougainville），大人物被稱作姆米（mumi）。姆米會努力地積攢財物來舉辦一場盛宴。他會騷擾他的親戚，自己並辛勤地勞作，以生產那些能夠獲得聲望的額外財物，像是芋薯和豬隻。當他累積了夠多的物品，他就會舉辦一場盛宴來散盡所有的財貨。以下是一個例子，摘錄自馬文・哈里斯於布干維爾所進行的關於大人物的研究：「有一千一百人出席了一九三九年一月十日所舉辦的盛大筵席，作東的姆米名叫蘇尼，他發送了三十二頭豬，外加大量的西米杏仁布丁。然而，蘇尼和他最親密的夥伴卻餓著肚子。隨行的人說：『我們要吃掉蘇尼的聲望。』」[26]從商業的角度來看，這種活動毫無意義。但從社會的角度來看卻很有其價值，因為贈禮創造了義務。在親屬世界中，禮物饋贈就如同商業社會裡的投資一般：投入一些資源，希望在將來獲得更大的回報（當然不一定就能如願以償）。雖然舉辦這樣的盛宴可能會使姆米傾家蕩產，但卻讓他獲得一種權力，能夠呼喚那些因此而承擔義務的人來為他服務。

人類學家在許多社會中都觀察到這種盛宴或「散財」的活動。其中最著名的例子是在太平洋西北區的北美印第安人社群，如夸扣特爾人（Kwakiutl）所舉行的誇富宴（potlatch）。夸扣特爾的首領會積攢許多的毛毯和其他財物，然後會在盛大的誇富宴中將它們發送掉。有時候，對大人物的服務義務會轉化成更為顯著的權力形式——像是，如果他要求那些賦有義務的人參與一場掠奪其他部落的活動的話。這樣的劫掠活動，接著，又會獲得更多的財物用來進行新的重分配。

人類學家還注意到前國家社會中的一種更顯著的權力形式：酋長制。各種對於酋長制的定義多少都有些武斷，無法真正捕捉真實世界中的細微差異，但人類學家一般使用這個術語來描述掌握權力的貴族世系的首領，他們對許多其他較小的村落、群體與氏族享有權威，人數達到數千人之多。他們的權威通常是基於世系階層體系中的位階，這個地位使他們能夠動用相當大的資源。在特羅布里恩群島（Trobriand Islands），根據馬凌諾斯基的研究，酋長統治著許多不同的村落以及數以千計的屬民。他們時常掠奪其他的島嶼，並且屬民們對酋長總是另眼相待。馬凌諾斯基一次曾經目睹到，當酋長現身的時候，整個村子的居民突然俯臥在地，就像是「被颶風颳倒了一般。」[27]各個村落將他們的芋薯奉獻給酋長以履行其親屬義務。如此，通過親屬關係的統治，酋長最終掌控了遠比其他人都還要多的資源。通常這些芋薯會在盛宴的時候被分配掉，創造出新的義務關係，或者用來支付給某些專門人士，例如戰士或造獨木舟的工匠。酋長制還不是國家，因為它們很容易就會分裂成獨立的部落或氏族。然而，集中在酋長手中的資源賦予他們巨大的權力，有時酋長能夠運用這種權力來壓制某些不情願接受其權威的個人或群體。

這種權力形式仍然是有限的、不穩固的。統治者必須遵守他們置身於其中的親屬秩序的要求，因為在很大的程度上，他們也是那些被統治的人的公僕。如果他們不能履行作為領導者的義務，那麼他們將很快地失去其影響力，他們的擁護者也將四散離去。人類學家將這種結構稱作片段式的（segmentary），因為它們很容易從原本聚集的狀態中分崩離析，成為各自散落的碎片。

儘管存在這些限制，基於同意的權力仍賦予統治者控制著重要的物質與人力資源；這個特徵使得基於同意的權力成為建構更大型、更持久性的權力結構的必要基礎。讓權力結構得以過渡到具有持續性以及壓制性的權力形式的重要條件，就是出現了更大、更集中的人口中心——尤其是，最早城市的出現。

最早的城市

城市（在表9.1第五層級上較小的一端）和較大的鄉村並不相同。在最早出現的城鎮與都市裡，首次出現了整體人化的環境。在這裡，大量的人群完全依賴於其他人而生存，新形態的複雜度與階層體制出現了。城市得以存在的最根本的前提，乃是生產力達到了新的水準，讓農業人口不僅能夠

圖9.3　人類歷史上生產力的門檻：不同生活方式下的人口密度

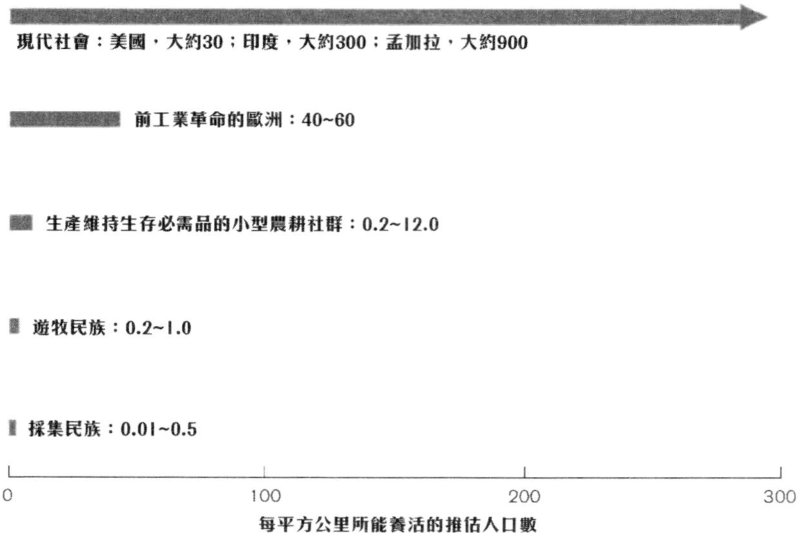

資料來源：數據來自於Massimo Livi-Bacci, *A Concise History of World Population*，頁27，以及Allen W. Johnson and Timothy Earle, *The Evolution of Human Societies*，頁125。

養活自己，而且還可以養活一些剩餘的非農人口（見圖9.3）。城市的存在以複雜的勞動分工為前提，在垂直與水平的向度上皆然。

最早的城市出現在美索不達米亞平原。考古學家對此地區的發展過程已有非常詳盡的研究，因此我將先描述這裡所發生的事，然後討論這種過程所具有的代表性意涵。[28]在底格里斯河和幼發拉底河的河口三角洲地帶，在西元前四千年的那段時間，人口迅速地增長。這或許是受到了氣候變遷的刺激，因為在西元前三千五百年左右，氣候變得較寒冷乾燥，而在此之後，曾經長期是乾草原和熱帶疏林草原的撒哈拉，變成了乾涸的沙漠。在美索不達米亞的部分地區，這種變化可能導致了農業的衰退；但其南方是一片沼澤地帶，在一些小島上散布著一些村落。氣候的乾燥讓更多的土地適宜人居，讓沼澤地變成肥沃的良田，憑藉著最簡易的灌溉技術就可以獲得一年好幾次的收成。最重要的作物有小麥、大麥、椰棗，以及多種不同的蔬菜。家畜很重要，兩大河所出產的魚類也是。這裡成了「伊甸園」的晚期版本，吸引著全新世早期眾多採集食物的人口來此定居。

其他因素也有助於解釋美索不達米亞南部的人口成長，像是地區交易網路的結構性變化。安德魯・謝拉特曾論證道：

> 在早期歐貝德（Ubaid）時期，美索不達米亞低地乃是，嗯，一片荒涼之地：就只是一大堆的爛泥。確實有人在那裡生活，住在草寮裡，能夠使用泥刀，但這裡絕不是地球上最有生氣的地方。那麼，哪裡才有比較刺激的事情發生呢？附近有兩個地方：肥沃月彎的北部弧形地段，忙碌地流通著各色各樣的寶石、金屬與彩陶……；以及波斯灣沿岸地帶，雖然我們對其所知甚少，因為大多數地方都被河口沖積出來的美索不達米亞爛泥所掩沒，但在這裡，與今天的波灣國家地區之間，一定曾經存在著活躍的海上貿易。這兩個地區之間的這片爛泥地是最不重要的——直到這兩個貿易地帶相連在一起。[29]

謝拉特指出，沿著大河川流不息的商人正好提供了美索不達米亞低地所需要的機會。隨著交易活動的興盛，原本荒涼的地方突然變身成為廣大的貿易網路中的核心地區，交易著黑曜石、金屬、陶器，以及來自南方的副熱帶商品。在肥沃月彎與波斯灣這兩個資源豐富的地區之間，發生了一種「間隙之中冒出的火花」。而美索不達米亞的南方地帶就正處在這個間隙的位置上。[30]這裡的人口增長，反映的不僅僅是當地環境條件的改變，更是交易網路的結構變化，延伸到涵蓋了西南亞洲的大多數地區。

也許這兩種解釋屬於同一種類型。逐漸乾燥的氣候迫使人口移居到更為集中的居住地區；它同時也創造了更狹窄的走廊以進行長距離的交易活動。像這樣的情形也發生在埃及，隨著撒拉哈的乾燥化，使得人口、可能還有交易網路，變得更為集中，讓愈來愈多的人沿著尼羅河居住。[31]不管是何種因素，美索不達米亞南部吸引了許多新的定居者，而其中有些人可能來自那些土地荒旱而無法耕作的地區。在西元前三五〇〇年至三二〇〇年之間，這個後來被稱作蘇美（Sumer）的地區，成為當時世界上人口最為密集的農業地帶。這些新的拓居地很快地發展出三個、甚至到四個層級的階層結構。而在此階層結構的頂部乃是一些大型的區域中心，像是烏魯克（Uruk）與尼普爾（Nippur）。

在西元前四千年的最後幾個世紀裡，好幾個這樣的城鎮迅速地擴張，成為真正的城市——我們所知最早的城市。農耕時代早期的村莊與城鎮大多由相似的、自給自足的家戶所構成，而這些城市則有所不同，它們具有複雜的內部勞動分工，而且大多數的糧食需要從其他地方進口。早在西元前四千年代，烏魯克已經是一個區域中心，包含也許一萬多的居民與幾座神廟。到了西元前三千年，它已經是一個具有五萬人口、由堅固的城牆所環繞的城市。城市裡有許多灰白色泥磚砌成的房屋，這種屋型在今日仍可見到，而狹窄的街道穿行其間。大多數為一層樓的平房，但有錢人的房屋通常會有兩層樓高。在市中心，一座十二公尺高的塔廟（ziggurat）上方，矗立著一棟「白色神廟」。

到了王朝時代的早期（約西元前二千九百至八百年），美索不達米亞南部幾乎已經沒有小型的聚落了。這個地區幾乎所有的人口現在都已居住在城市裡。這種人口密集居住的情況是前所未見的。顯然，是因為財富以及三角洲地區的豐沛水土才有可能養活如此密集的人口。但是，為什麼這麼多的村民移居到城鎮裡頭呢？在逐漸擴張的城鎮與都市之間，衝突日漸增多；村民可能因此而移入城鎮中避難，那裡比較安全，白天時再到附近的農地去耕作。但日益增加的乾旱也可能迫使村民往城鎮移居。

城市，就如同星體一樣，能夠把周遭地區的社會時空折曲，吸引著附近村落與城鎮的財貨、人群和技術。因此，它們會自動地成為重要的交易中心。區域性的交易網路需要更為複雜、更階層化的結構，以及更多往城市集中的活動、財富與知識。邊緣的地區發現它們自己的未來日漸地依賴這些新的權力與財富的網路，而必須找出生存的利基點。

城市需要新形態的社會組織。漢斯・尼森（Hans Jörg Nissen）曾指出，隨著美索不達米亞南部逐漸乾旱，有規畫、謹慎管理的灌溉系統對於支撐這個地區急遽增加的人口來說，變得更加地生死攸關。[32]考古學家已經勘測到，當時大量出現了許多密密麻麻、詳細規畫的灌溉溝渠網路，尤其分布在主要的人口中心的周圍。對於大型灌溉系統的依賴，以及對於獲得保護的需要，迫使村民們加強彼此之間的合作，他們也必須更緊密地與城鎮合作，因為城鎮擁有控制和管理他們所賴以維生的灌溉系統的資源和權力。城鎮的領導者能夠徵集勞工來挖掘和清理溝渠，他們也有能力排解那些依靠大型灌溉系統的社群之間，在用水問題上難以避免的複雜糾紛。

最早的國家：基於強制的權力

為了要「解決」人口稠密的社群所產生的諸多問題，最早的國家便建立了。但是為什麼呢？我們已經看到，像簡易水堤這樣的初級權力結構能夠創造出貯存剩餘資源的小型蓄水庫。然而，城市卻需要更強健的公用水壩。要能夠管理巨大的財富貯存，它們需要像蘇美城市那樣的大型灌溉系統。基於同意的政治再也不能夠處理規模如此龐大的社會工程了。

為因應這些變化，城市的角色變得十分重要，因為就其本質而言，城市就是一個權力的集中器。[33]一方面，它將原本廣大地區上分散在各個不同社群中的各種形式的權威與勞動力集中在一處。另一方面，這些如此龐大與密集的共同體的形成需要新的權力型式；因為隨著社群規模的成長，它們所面臨的組織問題變得更加敏感而劇烈。城市要能夠有特殊的機制來解決紛爭、組織農民和不同專門人士之間的交易活動、建造糧倉以防饑荒、供水排汙、修建城牆與灌溉溝渠，以及處理戰事的攻防。幸運的是，經濟與人口的成長不僅創造了這些需求，也讓領導者手中握有更多的資源。當集中管控的需求增加時，權威中心所掌握的資源同樣也愈來愈多。這兩個因素結合在一起，能夠解釋為什麼隨著大規模的人口集居——不管是在城市中（如美索不達米亞南部）或者是在人口稠密的鄉村聚落與小城鎮（如埃及模式）——這種地方就很有可能出現國家。在人們居住在城市的地方，像美索不達米亞，最早的國家形態通常為城邦國家；但是像埃及所出現的領土國家，則發生在人口不太集中，且資源需要從大範圍區域來調動流通的地方。[34]

國家（表9.1的第五層級）與部落（第四層級的上半部分）並不相同，主要的差別在於國家有能力系統性地、大規模地進行壓制。[35]就像酋長一樣，國家也常常宣稱自己代表著「高級的世系」，只是它往往與真實的世系關係愈來愈少。但與酋長制不同的是，在傳統形式的忠誠失效之處，國家可以採取各種強制的手段，並運用它們現在所握有的龐大資源來支付其代價。

用最簡單的方式去想像國家權力的最初級形式，就是酋長有足夠的資源來負擔一支軍隊或一批隨扈。馬文・哈里斯以烏干達的本悠羅人（Bunyoro）來說明這樣的權力，他們在十九世紀的時候受到一個被稱為姆卡瑪（mukama）的世襲統治者所統轄。[36]他統領了大約十萬人，他們主要以種植小米和香蕉為生。形式上，姆卡瑪只不過是一群頭目們的首領。就像傳統的酋長一般，他被看成是「偉大的恩賜者」以及貢品的接受者。但實際上，他的權力不僅僅奠基於親族間的義務，因為他還運用他所獲得的大量進貢來組織一支宮廷護衛隊，以及一批由僕役、巫師、樂師等等所組成的隨扈。他的勇武侍從使他有能力剝奪個別酋長或村莊所擁有的土地。就像李爾王一樣，他會帶著所有的隨扈巡視他的領土，要求地方的酋長與村莊在他們到訪的時候款待他們。

這種早期的國家模式還沒有演化出更具科層結構的賦稅制度。這種模式也符合我們所知的最早的華夏國家：商。[37]同樣的邏輯在中世紀羅斯編年史中所記載的以下文字裡也是顯而易見的，這是關於十世紀的弗拉迪米大公（Grand Prince Valdimit）的一段描述：

> 有一次，……在賓客們都醉倒之後，（他的隨扈）開始咕噥抱怨大公，說他們的待遇很差，因為大公只允許他們用木匙吃飯，而不是銀湯匙。當弗拉迪米聽到這些抱怨之後，他便下令要為這些隨扈打造給他們用餐的銀匙，說，他留著金銀也無法換來一隊隨扈，但有了一批隨扈他就能夠獲取贏得這些財富的地位，即使是他的祖父和父親也是依靠隨扈來致富的。[38]

弗拉迪米的話只說出了這粗鄙的權力辯證法中的一半；實際上，他完全明白，金銀需要用來收買能夠幫助他獲取更多金銀的士兵。在拜占庭皇帝君士坦丁・波菲羅根尼蒂斯（Constantine Porphyrogenitus，西元九一三—九五九年在位）的作品中，我們可以讀到一段關於弗拉迪米的「祖父和父親」如何依靠他們的武裝扈從或者稱作「勇士軍」（'druzniny）的幫助下，搜刮貢賦的精采描述：

當十一月開始的時候，他們的首領會一起和全部的俄羅斯人迅速離開基輔，開始進行「poliudie」，這個俄文的意思乃是「巡迴」，也就是跑到維爾維人（Vervians）、德魯戈維奇人（Drugovichians）、克里維奇人（Krivichians）和塞維利安人（Severians）所居住的斯拉夫地區，以及其他向俄羅斯人進貢的斯拉夫地區。他們會在那裡度過整個冬天，然後到了四月，等聶伯河（Dnieper）解凍時，他們就會回到基輔去。[39]

雖然像本悠羅人的姆卡瑪或十世紀的基輔羅斯這樣的國家，僅僅是由統治者，以及運用他們所掌控的資源所支撐士兵隨扈而構成，這種國家顯然已經超越了基於同意的權力，而走向系統性地依靠強制壓迫的權力。儘管如此，它們仍是十分初級，以至於有許多政治學者不願意將它們稱為「國家」，而願將這個術語保留給那些統治者能夠創造出特定的官僚體制與組織化的軍隊等更為複雜的權力結構。在這個階段，前述的這種權力結構已開始符合查爾斯・提利（Charles Tilly）對國家所下的定義：「是一種能夠行使強制權力的組織，但與家庭和親族團體不同，它在一定的領土範圍內比其他各種組織都更具有清楚的優勢地位。這個術語因而包含了城邦、帝國、神權政體以及許多其他的政府形式，但不包括部落、世系、公司與教會等。」[40]

但我們不應該過度誇大這種大型結構所擁有的權力。雖然它們能夠使用暴力，而且這種暴力有時還極其恐怖驚人，但是對於大多數的人口，尤其是居住在鄉村地區的人而言，它們對其日常生活的實際控制能力，與現代國家相比還是十分微弱的。其中部分的原因在於它們所掌控的能量十分有限：如約翰・麥克尼爾所指出的，它們所掌控的能量主要是人類的體力，實際上這就意味著「明朝的皇帝和埃及的法老王所能獲得的力量還不如一位現代的推土機手或者坦克手。」[41]部分的原因則是前工業化國家的弱點，反映了它們科層化的範圍極其有限。事實上，早期國家時常憑藉暴力或廣泛地動用軍隊以進行統治，反映的是它們的虛弱，而不是強大。傳統國家往往以暴虐來彌補行政管理能力的缺乏。[42]安東尼・紀登斯指出：「如果臣民不服從，或者主動地反叛，那麼統治者就可以刀劍擊殺之，是在這個意義上，統治者掌控著其屬民的性命。但這種『生殺大權』與管理大量人口的日常生活的能力並不相同，這點統治者是做不到的。」[43]傳統國家甚至連正規軍事組織也很少能夠完全掌控在自己手中，也幾乎不知道它們的權力範圍到哪裡結束，其他區域性的統治權威又從何處開始。在城市之外，對於地方上處理徵稅、興訟、抵禦劫匪、報復還理等等具有地方色彩的暴力形式，它們所享有的權威是很少的。這些權力主要由地方的菁英或親屬團體來行使。對於大多數的人而言，主持正義乃是家庭或親族團體的任務，雖然有時會尋求地方領主或官員的協助。並且，即使是在家庭內部，暴力也是普遍的，主要是用來維護男人和長者的權威。[44]

但是儘管存在這些局限，儘管缺少國家對於暴力的真正壟斷，早期國家仍然是比酋長制還要更為強大的權力結構。而且，在出現國家的地方，它們都具有類似的特徵，包括新形態的專業化與廣泛的勞動分工、科層體制、會計和書寫制度、軍隊和財政制度等。

勞動分工　在美索不達米亞南部，在西元前四千年代結束之際，早先農耕時期的那些自給自足與相對平等的村莊已成為遙遠的往事。至少長達兩千年，農業的生產力已發展到足夠養活如祭司、陶器工以及其他專門人士等非農業人口。全職的陶器工在西元前五千年代已經出現，顯示了專業分工的逐漸成長。考古挖掘出了具有特殊工具如陶輪的工作坊，證明了此一現象的存在。從西元四千年代晚期開始，存留了一份記錄了不同職業的詳細列表，即所謂的「標準職業清單」，[45]其中包括了祭司、官吏以及多種不同種類的工匠，像是銀匠、石匠、陶器工、抄寫員，甚至還有耍蛇人。其中許多職業似乎還有某種特殊的行會組織。存在著複雜的階級結構，從神——王、貴族、商人、工匠、農民、抄寫員，最後還有奴隸（大多數的奴隸乃是赤貧的農民、流浪漢、或戰俘）。考古學家倫納德・伍萊（Leonard Woolley）在烏爾（Ur）地區挖掘到許多令人驚奇的墳墓，年代可以追溯到西元前四千年代晚期，它們很能夠說明當時統治者的財富。在墓地裡，統治者擁有多不勝數的陪葬品，顯然還有人被獻祭，要去服侍死後的統治者。商人是城市的勞動分工中不可或缺的一部分，因為像烏魯克這樣的城市所需要的物品比附近農民所能提供的還要多。他們還需要石材、木材及一些奢侈品，這些商品透過航行在底格里斯河與幼發拉底河上的船隻來進行貿易——有的商隊直接由統治者所組織，有的則是由商人自行發起。在光譜的另一端，則是以奴隸、流浪漢、戰俘和破產農民所構成的貧困階層。存在此一階級的最佳佐證，乃是烏魯克時代早期就已經出現的斜邊碗，雖然作工粗糙但顯然是大量製造出來的，這種碗可能就是用以餵食那些被徵募來的勞工。支持這種解釋的相關證據還有烏魯克晚期代表吃飯的符號，似乎表現著一個人用這種碗將食物倒入這些人的嘴裡。[46]可能正是這樣的勞工所構成的勞動大軍，用來建造堡壘、城牆，以及維持灌溉渠道的暢通。

到了西元前三千二百年之前，蘇美人的社會已經發展到一個、讓傳統基於親屬關係的生活方式再也無法掌握的規模。這個社會太龐大、太複雜，以至於再也無法將每一個人都安置於愈來愈繁複的親屬模式之中。取而代之的，是新的範疇開始出現——依據職業、出生的城市，或依據現代社會學家所稱的「階級」或「地位」等。儘管如此，親屬觀念仍然是社會最底層人際關係的基礎；也許正因為如此，在早期國家的宗教觀念裡，象徵形式的親屬關係依舊存在。統治者經常將自己描繪成他的屬民的「父母」，而同樣的，更為強大的神靈也經常被當作是某個特定民族的父親或母親。

科層體制、會計與書寫　要管理匯聚在早期國家中的龐大資源是一件複雜的行政和會計工作，因此所有的早期國家都設有掌管物品資源清單的官吏。由於需要清點和追蹤記錄國家所儲備的大量糧食和其他資源，這也解釋了為什麼在世界不同的地區，在國家形成的過程中都出現了文字系統，包括美索不達米亞、埃及、印度北部、中國和中美洲都是這樣。文字，最早是作為一種會計和權力的形式，而不是作為口語紀錄的方法而出現的。[47]（中國也許有些例外，這裡最早的書寫形式似乎比較與宗教活動相關，而不是會計。）[48]不管它是如何演化發展的，文字構成了一種儲存資訊，因而也是管理資訊的新方法。因為文字依靠的不是含意模糊的圖像符號，所以能將口頭語言精確地儲存下來成為知識。因此書寫穩定甚至固化了經驗知識，避免了口語傳播所必然伴隨的易變性。但是，幾千年以來，它所需要的技能一直局限在菁英階層內，而且主要是這個階層中的男性。菁英和男性，因此從這種貯藏資訊的能力中獲得了最大的利益。文字提供了一種非常強大的方法，能夠將無數大眾所累積起來的知識集中在少數人的手裡。

在美索不達米亞南部，早在西元前八千年代，黏土所做成的陶牌，不僅用來表示不同種類的商品，也用來作為所有權的象徵。到了西元前四千年代之前，流行的方式是將這些陶牌包裹在一團黏土做成的球體之中，稱作「泥包」（bullae）。到了西元前四千年代晚期，當最早的城市開始出現之際，泥包的所有人開始使用所謂的「圓筒印章」（cylinder seal），用來在泥包外頭滾動一下，以記錄裡面的物品內容。這樣的做法反而使泥包顯得多餘，很快地印章就用來蓋在平板的泥塊上了。接下來，官吏不再使用印章，而代之以蘆葦管，就像筆一樣，可以在泥板上刻出規格化的楔形符號

（即楔形文字）。起初的符號是一種對其所代表之物的簡單圖畫，後來很快地就變得更為規格化了。一開始，楔形文字只能夠用來羅列項目清單，但光憑這點，就使它成為能夠進行有效的計算的一種方法。烏魯克地區所保存下來的大多數文字都是關於接收或發配的物品清單。

早在西元前三千年代，一開始作為僅是留存紀錄的方法已經轉變成一種真正的文字系統，用來表示物品和動作的符號逐漸地能夠承擔更為抽象的角色，可以用來表達情感、甚至是文法功能或獨立的音節。只有到了這個階段，文字才不僅僅是一種會計的系統。導引這個變化過程的關鍵正是一種畫謎原則（rebus principle）：以一個代表特定事物的既有符號用來表示另外一個發音相似的字。例如，蘇美人「箭」字的發音是ti，箭頭也很容易就畫出來。但是另一個具有比較抽象含義的詞語，「生命」，發音也是ti，因此表示弓箭的符號也就用來表示「生命」。漸漸地，這個符號體系愈來愈簡化，即使在西元前一九〇〇年它還包含六百至七百個元素，這使得它更接近於當代的中國方塊字而不是現代的表音字母。

在埃及，象形文字的使用至少在西元前三一〇〇年的美尼斯（Menes）時代就已開始。在印度河谷地，文字大約在西元前二五〇〇年開始使用。在中國，文字系統至少在西元前一二〇〇年就已經存在，其所使用的符號今人仍能解讀。最早的字母系統在西元前兩千年地中海東部的腓尼基地區，在埃及象形文字中的輔音符號的基礎上發展起來。母音字母的使用到了古希臘時期才出現。創造出僅由若干符號所組成的字母系統，使得書寫和閱讀變得更為簡便，首次使得處在訓練有素、高度專業化的文士這個封閉世界以外的人也有可能識文斷字。但是，儘管在讀寫能力上有了局部的民主化，它所能產生的權力直到最近仍然一直被壟斷在菁英團體裡面。

在中美洲，最早的文字系統出現在大約西元前六百年的墨西哥南部。大多數最早的文字系統的主要功能是為了能夠記帳會計，印加文明的反例卻同樣支持了此一學說。印加王國統治著唯一一個沒有文字系統的大型農業文明，他們卻擁有一個龐大的管理結構，使用一種基於結繩記事的會計系統，稱為「奇普」（quipu）。這並不令人驚訝，所有的農耕文明都創立了精緻複雜的數學和書寫系統。它們還發明了曆法——另外一項複雜社會所不可或缺的工具，它能夠協調成千上萬人口的社會活動並確保他們能夠準時繳稅。早期的曆法運用了先前各種農耕社會所積累下來的豐富天文學知識，這在西元前三千至兩千年代，在古遠的不列顛建造的巨石陣那裡也同樣得到印證。

軍隊和稅賦　國家能夠進行強制是因為它們能夠動員大量持有武力的扈從或人群。在西元四千年代中期，美索不達米亞南部的聚落大多設置了防禦工事，這顯示了在當時衝突十分常見。在西元前三千年代，考古的證據和文字的紀錄都指向一個戰爭頻仍的世界。自西元四千年代中期開始，河流逐漸乾涸，再加上人為的干預致使河流經常改道，導致衝突加劇。在早期王朝年代的末期，大約是西元前三千年代的前半期，幼發拉底河改道流經烏魯克的東邊。由於缺乏水源，烏魯克迅速衰落，卻讓像烏瑪（Umma）和吉爾蘇（Girsu，位在拉格什〔Lagash〕）這種鄰近新水道的城市，快速崛起。這樣的變化導致了激烈的軍事衝突，因此，並不令人訝異，出現在西元前三千年代的最早的文獻和歷史記述，主要就是描寫這些戰爭的。

軍隊使國家能夠調停內部的衝突，也使得徵稅變得更加有效。早期國家的稅收幾乎都是從農民的手中徵集糧食，用來養活貴族或政府官員，或者徵召勞役，用以提供貴族領地或政府工程所需的勞動力。[49]正因為有了強制的力量，賦稅制度與前國家社會獲取資源的方法大不相同。的確，正如人類學家艾瑞克·沃爾夫所主張的，這也許是國家和前國家社會之間最重要的區別。[50]

「收取貢賦」的社會

在沃爾夫所稱的「親屬式」（kin-ordered）的社會裡，資源的獲取大多是在貢獻者自願的前提下進行的。一旦國家出現，就一定伴隨著強制的因素，因為資源的徵集採取了稅收的形式，或者沃爾夫所稱的「貢賦」（tributes）。依據這個理由，他便將有國家出現的社會視為一種截然不同的新形態社會結構。沃爾夫把他稱之為「收取貢賦」社會的出現當成人類社會生活方式與組織形態的重大轉型。表9.3說明了他對主要「生產方式」的分類如何對應於其他常見的社會分類模式。社會理論家安東尼・紀登斯用約略不同的術語表達了類似的觀點：「在階級分化的社會中（即沃爾夫的「貢賦社會」），榨取剩餘生產的能力一般是透過脅迫或使用暴力等直接方式而得到支持的。」51

本章所描述的各種要素，以不同的方式組合，都曾出現在世界各地早期國家的形構過程中：歐亞非大陸、美洲，甚至是東加和夏威夷等較大的太平洋島嶼上。這些要素包括人口稠密聚集的興起，由此造成了複雜的勞動分工並產生新的組織性問題，導致了衝突的愈益頻繁以及對於解決衝突之道的需求日增，並刺激人們建造大型的紀念性建築以及發明某種形式的書寫系統。這裡，我們還有一些篇幅再舉一個例子。這次我們來談談中美洲。

在中美洲，定居型農耕社會存在的最早證據可以追溯到大約西元前兩千年。在安地斯山區，出現此種社群的跡象可能略早一些，大約在西元前兩千五百年。52在此之後，出現了社會複雜性日益增加的證據，像是紀念性建築以及兩到三層的聚落形式迅速地出現，到了西元前一千年代就可以辨認出最早的國家結構。如同舊大陸一般，集約化和人口成長可以視為變遷的主要動力。早在西元前兩千年代，在安地斯山區和中美洲就已經出現含有大型墓地或金字塔的聚落。這些聚落可能是許多

表9.3 主要的技術與生活方式的類型

技術／生活方式	生產方式	特色	流行時代
採集社會	親屬式	舊石器時代的主要技術為使用石製工具，主要生活方式為採集；小型規模（組織最多到第三層級，但有些區域性的文化與跨部落體系已出現第四層級的某些特徵）；人口數低，成長緩慢，特別是在距今5萬年前之後	舊石器時代：距今約1萬年前的全世界；某些區域至今尚存
農耕社會（早期農耕社會）	親屬式	農耕時期的主要技術是基於馴化動植物；足以支持小規模、前國家階段、（第四層級以下的）社會；以及……	農耕：距今約1萬年前至兩百年農耕時代早期：距今約5千年前；某些區域較晚開始；在某些區域持續至今
農耕社會（農耕文明）	收取貢賦	較大規模的社會，組織形式為城市與國家（第六層級以下）；更快速的人口成長，但偶會出現人口危機、以畜牧為生，典型新石器時代的生活方式，主要依賴家畜，經常游牧	農耕時代晚期：距今約5千年至兩百年前；在某些區域很晚才開始
現代社會	資本主義	主要技術仰賴現代科學技術；足以支持一個全球體系（第七層級）；快速、前所未有的人口成長	現代：約始於西元1750年

*參見表9.1與圖9.1關於社會組織的層級。

周遭隸屬村莊的祭儀中心和交易中心。它們的出現顯示了早期酋長制度的存在。

到了西元前兩千年代中期，在今日墨西哥灣地區的低地帶，出現了奧爾梅克（Olmec）文明。這裡的人口主要依賴刀耕火種的農業方式維生，有些地區也出現了在肥沃的沖積土壤上的耕作活動。像西元前四千年代中期的美索不達米亞一樣，奧爾梅克文明也由數量眾多的城鎮等級所構成。它也擁有紀念性建築以及技藝高超的工匠。在拉文塔（La Venta）與聖羅倫索（San Lorenzo）等遺址，就建有大型的祭儀中心，有的還有高達三十三公尺的金字塔。它們原本是陵墓，因為大部分都藏有精巧的陪葬品，提供了證據顯示當時存在著巨大的社會與政治階層差異，也為這種階層制度提供了貼切的象徵。建造拉文塔最大的金字塔需要八十萬個人／工作日，而大約有一萬八千人居住在附近的城鎮中。[53]奧爾梅克人建造了龐大的、在現代人看來也十分美麗的雕像與大型頭像，石材是從八十公里以外的地方運來的巨大玄武岩，可能動用了數以百計的勞動力。某些奧爾梅克的遺址顯示曾遭到無情的摧毀，說明了當時曾經發生過組織性的戰爭。也有跡象顯示存在著早期形式的書寫系統，很有可能奧爾梅克所發明的書寫系統後來在中美洲繼續發展，這種後期的形式直到最近才被人解譯出來。有一尊晚期奧爾梅克雕像的殘骸似乎使用了一種與馬雅曆法相似的日曆系統，說明了奧爾梅克人可能發明了某種計算日期的方式，然後傳布到了整個中美洲。[54]最後，大量的黑曜石從墨西哥中部高地進口過來，這個證據顯示了存在著廣泛的納貢或者貿易網路。

與美索不達米亞一樣，中美洲最早的文明從水源豐沛的沼澤地區發展起來，然後逐漸轉型成依靠降水灌溉的農業。在距離今天墨西哥城以南大約五百公里遠的瓦哈卡（Oaxaca）河谷，大約在西元前一千三百年前後，一片原本分布著小型村莊的地區開始出現了大型的聚落，其中有的包含著大型的、顯然是公共性的建築物。在西元前一千年以後，這類建築物的規模開始迅速擴大。人口倍增，而且由於大型灌溉水渠系統的興築，農業變得更加集約化。有跡象顯示，專業化的程度提高了，尤其是在製作陶器的工藝方面；交易和行銷的體系也有所擴張。也有些記號看起來很像是早期的書寫形式。接下來，到了西元前六百年，有清楚的證據表明，具有國家性質的政體出現了，定都在阿爾班山（Monte Alban）。到了大約西元前四百年的時候，在瓦哈卡河谷至少出現了七個城邦國家，使得這個區域開始有點像是西元前四千年代晚期的蘇美。到了西元二〇〇年之前，整個河谷地區的人口幾乎已達至十二萬人。在西元兩百至七百年之間的鼎盛時期，首都城市阿爾班山的人口可能已經高達一萬七千人。[55]

雖然美洲的農業文明比美索不達米亞的晚出現兩千多年，但兩者在歷史發展過程的相似性再一次證明，國家的形成乃是社會的大爆炸，其導火線在早期的農耕時代就已經被點燃。在人類歷史中由農業所帶動的人口增長，使得人類就像白蟻一樣，早晚都要面對自身物種密集居住所帶來的新挑戰。儘管有著地區性的差異，但世界各個不同地區的人們所找出的解決之道，卻表現出顯著的相似之處——也和白蟻以及其他群居性昆蟲有著驚人相似。

本章摘要

全新世早期的技術動能創造出新的技術，讓產量得到提高，並支撐起更為龐大、人口更為密集的聚落環境。這些技術包括游耕、次級產品革命，以及灌溉系統。隨著社群規模的成長，所要面對的管理困難也日漸增多，人類發現他們所面臨的問題，與其他的社會性動物如社會性昆蟲，有著許多相似之處。為了要解決這些問題，人們發現他們必須將管理的權力交給菁英階層。起初，統治者的治理得到其屬民的主動同意。隨著時間的發展，他們掌握了大量資源的控制權，這些資源使得統治者能夠創造出更具有強制性的權力形式。因此，在西元前四千年代晚期，最早的城市與最早的國家同時出現，這絕非巧合。國家標誌的新形態共同體的誕生，沃爾夫稱之為「收取貢賦」的社會。在這樣的社會之中，菁英團體使用暴力或威脅使用暴力來掌控剩餘資源。收取貢賦的社會是有紀錄以來，人類史上出現過最強大、最引人注目的社群形式。

延伸閱讀

本章的討論大量引用了漢斯・尼森關於蘇美國家興起的研究《古代近東早期史》（*The Early History of the Ancient Near East, 9000-2000*, 1988）；並從馬文・哈里斯的經典論文借重了若干觀念：〈原始國家的起源〉（"The Origin of Pristine States", 1978）。其他概論性研究可參見戈蘭・布倫哈特主編的《圖說人類歷史》（第三、四卷，一九九四）；麥可 D. 柯伊（Michael D. Coe）的《墨西哥》（*Mexico: From the Olmecs to the Aztecs*, 4th ed, 1994）；羅伯特・溫克的《史前史中的模式》（第三版，一九九〇）；查爾斯・邁塞爾（Charles Maisels）的《文明的崛起》（*The Emergence of Civilization*, 1990）；以及布魯斯・特里格（Bruce Trigger）的《早期的文明》（*Early Civilizations: Ancient Egypt in Context*, 1993）。另有許多論述國家形成的文獻；艾爾曼・塞維斯（Elman Service）在其著作中嘗試提出一些重要觀念：《原始社會的組織》（*Primitive Social Organization: An Evolutionary Perspective*, 2nd ed., 1971），還有羅伯特・科恩（Robert Cohen）和艾爾曼・塞維斯主編《國家的起源》（*Origins of the State: The Anthropology of Political Evolution*, 1978）。亞倫・莊遜

（Allen W. Johnson）與提摩西・埃爾利（Timothy Earle）的《人類社會的進化》是最新的概述研究；其採取了許多人類學家可能會反對的進化論觀點。安德魯・謝拉特的論文〈次級產品革命〉（"The Secondary Products Revolution", 1983）是關於主要技術革命的經典著作，而瑪格麗特・艾倫伯格的《史前時代的婦女》探討了這些變化對於男女性別分工的若干影響。安那托利・哈札諾夫（Anatoly Khazanov）的《游牧民族和外在世界》（*Nomads and the Outside World*, 2nd ed., 1994），以及湯瑪斯・巴菲爾德（Thomas Barfield）的《游牧民族的選擇》（*The Nomadic Alternative*, 1993），對於畜牧提供了優秀的論述；彼德・戈爾登（Peter Golden）的〈歐亞大陸的游牧民族和定居民族（"Nomads and Sedentary Societies in Eurasia", 2001）是一篇傑出的導論性短文。D. T. 帕茲（D. T. Potts）的《美索不達米亞文明》（*Mesopotamian Civilization*, 1997）是一部研究生態議題的近著。

注釋

❶ 安東尼・紀登斯（Anthony Giddens）將控制自然與控制人類分別稱為「配置性」與「權威性」的力量。參見*The Nation-State and Violence*, vol. 2 of *A Contemporary Critique of Historical Materialism* (Cambridge: Polity Press, 1985), p. 7。

❷ Marvin Harris, "The Origin of Pristine States," in *Cannibals and Kings*, ed. Marvin Harris (New York: Vintage, 1978), p. 102.

❸ 近期在對於城市與國家出現模式的研究中，此書十分出色：Allen W. Johnson and Timothy Earle, *The Evolution of Human Societies: From Foraging Group to Agrarian State* (Stanford: Stanford University Press, 2000, 2nd ed.)，他們提出了前工業社會的類型，其總結參見頁三二、三六。亦可參見Brian M. Fagan, *People of the Earth: An Introduction to World Prehistory* (Upper Saddle River, N.J.: Prentice-Hall, 2001, 10th ed.), pp. 368-85。

❹ 莊遜與埃爾利在《人類社會的進化》一書中，認為人口增長是促使社會複雜化的主因，例如：「雖然人口增長所扮演的

角色仍具高度爭議，但其無疑影響了社會文化的進化過程，因為其必然造成人們得想辦法滿足自己的基本需求。無論在何種環境下，人口增長都為技術、生產的社會組織與政治規則方面帶來亟需解決的問題。我們將會指出這些解決方式如何造成了改變，也就是人們所稱的社會文化之演進」（頁二）。

❺ Lynn Margulis and Dorion Sagan, *Microcosmos: Four Billion Years of Microbial Evolution* (London: Allen and Unwin, 1987), p. 130.

❻ William H. McNeil, *The Pursuit of Power: Technology, Armed Force, and Society since A.D. 1000* (Oxford: Blackwell, 1982), p. vii.

❼ Lewis Thomas, *Societies as Organisms* (London: Viking, 1974)；引自C. Tickell, "The Human Species: A Suicidal Success?" in *The Human Impact Reader: Readings and Case Studies*, ed. Andrew Goudie (Oxford: Blackwell, 1997), p. 450。

❽ 莊遜與埃爾利為這種回饋循環下了一個較為簡單的定義：「我們將人口與技術之間的回饋過程視為推動進化的引擎」（*The Evolution of Human Societies*, p. 14）。羅伯特・賴特也探討了類似的回饋循環，參見*Nonzero: The Logic of Human Destiny* (New York: Random House, 2000), chap. 4, 尤其是頁五〇。

❾ Neil Roberts, *The Holocene: An Environmental History* (Oxford: Blackwell, 1998, 2nd ed), p. 112.

❿ Andrew Goudie, *The Human Impact on the Natural Environment* (Oxford: Blackwell, 2000, 5th ed.), p. 82；高迪指出，一項在丹麥進行的現代實驗使用了一把沒有磨過、四千年前的燧石斧，結果成功砍倒了超過一百棵樹。

⓫ Goudie, *The Human Impact*, p. 52.

⓬ Andrew Sherratt, "Plough and Pastoralism: Aspects of the Secondary Products Revolution," in *Patterns of the Past: Studies in Honour of David Clarke*, eds. Ian Hodder, Glynn Isaac, and Norman Hammond (Cambridge: Cambridge University Press, 1981), pp. 261-305; 並參見他在新版本中的主張，"The Secondary Exploitation of Animals in the Old World (1983, revised), in *Economy and Society in Prehistoric Europe: Changing Perspectives* (Princeton: Princeton University Press, 1997), pp. 199-228。

⓭ I. G. Simmons, *Changing the Face of the Earth: Culture, Environment, History* (Oxford: Blackwell, 1996, 2nd ed.), p. 94.

⓮ David Christian, *A History of Russia, Central Asia, and Mongolia*, vol. 1, *Inner Eurasia from Prehistory to the Mongol Empire* (Oxford: Blackwell, 1998)，尤其第四章；Christian, "Silk Roads or Steppe Roads? The Silk Roads in World History," *Journal of World History* 11.1 (Spring 2000): 1-26。

⓯ Margaret Ehrenberg, *Women in Prehistory* (Norman: University of Oklahoma Press, 1989), p. 99；參見頁九九－一〇七，該部

分討論了次級產品與父系社會的關聯。亦參見Elizabeth Wayland Barber, *Women's Work: The First 20,000 Years: Women, Cloth, and Society in Early Times* (New York: W. W. Norton, 1994), pp. 97-98。

16 關於家畜豐富的非洲—歐亞大陸與家畜貧乏的美洲之間的鮮明對比，此書有詳細論述：Jared Diamond, *Guns, Germs, and Steel: The Fates of Human Societies* (London: Vintage, 1998)，特別參見第十八章。

17 約翰・麥克尼爾指出，即使到了西元一八〇〇年，仍大約有百分之七十的能源來自於人力（J. R. McNeill, *Something New under the Sun: An Environmental History of the Twentieth-Century World* [New York: W. W. Norton, 2000], p. 11）。

18 Robert J. Wenke, *Patterns in Prehistory: Humankind's First Three Million Years* (New York: Oxford University Press, 1990, 3rd ed.), p. 336.

19 John H. Coatsworth, "Welfare," *American Historical Review* 101.1 (February 1996): 6-7.

20 Christian, *A History of Russia, Central Asia, and Mongolia*, 1: 129-31.

21 人類將大約百分之十八的食物轉化為能量，而馬只有百分之十；因此，在奴隸主眼中，奴隸是儲備能源的有效方式（J. R. McNeill, *Something New under the Sun*, pp. 11-12）。

22 Barber, *Women's Work*, pp. 29-33，認為在農業社會，女性的角色主要受到了需要扶養孩子的限制。

23 這個部分的概念，是來自我於一九九〇年代早期首次聆聽鮑勃・諾頓在麥覺理大學，關於權力的社會學精采演講。

24 麥可・曼（Michael Mann）劃分了「分配性」的權力（A統治B的權力）與「集體性」的權力（基於合作的權力）；分配性的權力傾向於強制與非法，而集體性的權力則傾向於自願與合法，但實際上這兩種權力是重疊的，彼此關係也是辯證的。參見Mann, *The Sources of Social Power*, vol. 1, *A History of Power from the Beginning to A.D. 1760* (Cambridge: Cambridge University Press, 1986)。

25 麥可・曼也提出了相似的觀點，唯獨用詞稍有不同，他主張「集體權力先於分配權力」（*The Sources of Social Power*, 1: 53）。

26 Harris, "The Origin of Pristine States," p. 106.

27 Malinowski，引自Harris, "The Origin of Pristine States," p. 109。

28 我對於美索不達米亞城市發展的敘述，主要根據：Hans Jörg Nissen, *The Early History of the Ancient Near East, 9000-2000 B.*

C., trans. Elizabeth Lutzeier, with Kenneth J. Northcott (Chicago: University of Chicago Press, 1988)；亦參見Susan Pollock, *Ancient Mesopotamia: The Eden That Never Was* (Cambridge: Cambridge University Press, 1999)，以及D. T. Potts, *Mesopotamian Civilization: The Material Foundations* (Ithaca, N.Y.: Cornell University Press, 1997)。

29 Andrew Sherratt, "Reviving the Grand Narrative: Archaeology and Long-Term Change," *Journal of European Archaeology* 3.1 (1995): 17.

30 Sherratt, "Reviving the Grand Narrative," p. 19:「在資源豐富的地區之間，『間隙之中冒出的火花』這一要素，對於刺激勞動密集的生產是不可或缺的……在這方面，紡織品特別有用，而且總是與都市化的發展相關。」此一對於紡織品的觀察，之後也適用於工業革命。

31 Christopher Ehret, "Sudanic Civilization," in *Agricultural and Pastoral Societies in Ancient and Classical History*, ed. Michael Adas (Philadelphia: Temple University Press, 2001), pp. 244-45.

32 Nissen, *The Early History of the Ancient Near East*, pp. 55-61, 67-73.

33 Anthony Giddens, *A Contemporary Critique of Historical Materialism* (Basingstoke: Macmillan, 1995, 2nd ed.), p. 96，該脈絡下所指的是路易斯・芒福德（Lewis Mumford）的概念，認為城鎮是權力的容器與集中地。

34 我們可以在所有早期國家形成的地區，觀察到城邦與有邊界的國家之間的區別，參見Bruce G. Trigger, *Early Civilizations: Ancient Egypt in Context* (Cairo: American University in Cairo Press, 1993), pp. 8-14。

35 馬克斯・韋伯（Max Weber）認為國家的本質就是暴力手段，即使國家未必能透過這些手段壟斷法律控制，但它一定是目指這個方向；紀登斯將國家定義為「一種政治組織（亦即能夠行使權力的組織），其規則限定於其領土範圍內，而且可以動用暴力的手段來維持該規則」（*The Nation-State and Violence*, p. 20）。

36 Harris, "The Origin of Pristine States," pp. 113-15.

37 Valerie Hansen, *The Open Empire: A History of China to 1600* (New York: W. W. Norton, 2000), p. 35.

38 *The Russian Primary Chronicle: Laurentian Text*, trans. and ed. Samuel Hazzard Cross and Olgerd P. Sherbovitz-Wetzor (Cambridge, Mass.: Mediaeval Academy of America, 1953), p. 122（西元九九四—九九六）。

39 Constantine Porphyrogenitus, *De Administrando Imperio*, ed. G. Moravcsik, trans. R. J. H. Jenkins, rev. ed. (Washington, D.C.:

Dumbarton Oaks Center for Byzantine Studies, 1967), p. 163.

40 Charles Tilly, *Coercion, Capital, and European States, A.D. 990-1992*, rev. ed. (Cambridge, Mass.: Blackwell, 1992), pp. 1-2。然而我並不接受提利的主張，亦即杰里科或加泰土丘存在這些政治實體。

41 J. R. McNeill, *Something New under the Sun*, p. 12.

42 「武力，或者威脅要使用武力，乃是一般構成傳統國家的重要基礎，因為國家缺乏『直接治理』臣服於其統治之下的區域的工具」（Giddens, *The Nation-State and Violence*, p. 58）。

43 Giddens, *A Contemporary Critique of Historical Materialism*, p. 104.

44 紀登斯有力地論證了傳統國家的弱點；可參見《民族國家與暴力》（*The Nation-State and Violence*），頁五七，此處他簡單概述了在他所稱「階級劃分」的社會中國家權力之限制；亦可參見其概述與總結當代法國歷史學家論鄉村暴力的層級（頁六〇）。

45 Nissen, *Early History of the Ancient Near East*, p. 80.

46 Nissen, *Early History of the Ancient Near East*, pp. 83, 84（圖片頁）。

47 紀登斯強調書寫與權力之間的關聯，將書寫視為儲存的資訊；參見*A Contemporary Critique of Historical Materialism*, pp. 94-95。他在《民族國家與暴力》中寫道：「書寫並不是言說的同一再現形式，而是一種管理概念的方法，用來保存紀錄或核對」（頁四一）。

48 Hansen, *The Open Empire*, pp. 17-28.

49 Trigger, *Early Civilizations*, p. 44.

50 參見Eric R. Wolf, *Europe and the People without History* (Berkeley: University of California Press, 1982), chap. 3。

51 Giddens, *A Contemporary Critique of Historical Materialism*, p. 112.

52 Wenke, *Patterns in Prehistory*, pp. 480-81, 534.

53 Michael D. Coe, *Mexico: From the Olmecs to the Aztecs* (New York: Thames and Hudson, 1994, 4th ed.), p. 71.

54 Coe, *Mexico*, pp. 75-76.

55 Fagan, *People of the Earth*, pp. 540-41.

農耕文明時代之所以在人類歷史敘事中占有主要位置，部分原因是由於現代的歷史研究大多以文字為基礎，而農耕文明正是最早創造文字的人類社群。因此，我們得以獲知這個時代的許多細節。不過，如果我們要以大歷史的時間尺度看，則毋須深究這個時期的各種細節。此外，目前也已有許多優秀的歷史著作，所以本章旨在考察一些形成農耕文明時代的大型結構與趨勢。傳統的歷史研究很容易忽視這些大趨勢，因為學者們都聚焦在特定的文明或文化。正如羅伯特・萊特所言，世界古代史的文明與民族興亡，在我們眼裡經常是模糊的。然而「如果我們擴大我們的視野，不再注意這些細節，那麼我們反而會看見一幅巨大的風景：隨著時間流逝，各文明也可能歷經興衰更迭，但是人類文化的範疇與複雜度則會持續累積成長。」❶

本章考察農耕文明成為世界上最強大社群的這段時期，其時間長達四千年以上，首先我們將聚焦於大規模的結構，接著討論該時期一些較為重要的長程趨勢，特別是人類用來控制自然環境的集體知識的變化。在人口成長以及提升生產力的技術上，都展現了這些變化。本章提出的一個核心問題是，哪些過程造成了農耕文明集體知識和革新的長程模式？而這些過程又如何在世界上不同地區發生作用？

大型結構

這個時期有兩個明顯的結構特徵。第一，隨著城市與國家的出現，人類社會變得比過去更具多樣性。多樣性是推動集體知識發展的強大動力，因為其擴大了不同社群在生態、技術及組織方面的可能性，也提高了使用新方式結合技術的潛在綜效。但是國家也擴大了人類互動的規模。因為國家比之前的人類社群來得龐大許多，它們能對廣大的範圍產生引力，可從遙遠的地區吸引來資源、人口與觀念。透過這個過程，農耕文明創造了大型的新形態交換網路。這可說是此一時期第二個主要的結構特徵。與過去的任何時代相比，範圍更大、更多變及更具活力的交換網路，促進了交換的規模與多樣性，也擴大了集體知識的潛在綜效。

多樣性的新形態

儘管也許會冒過度簡化的危險，我們姑且可把這個時代的社會類型分為四種：在前三種社會類型中——亦即採集民族、自耕農與畜牧民族——國家形態並不存在；而最後一種社會類型——亦即農耕文明——則產生了國家形態。

採集民族存在於整個農耕文明時代，他們為小型、流動頻繁的社群，大致上依賴不需要金屬工具的技術為生。在澳洲雖然有一些集約化的現象出現，但直到兩百年前，當地主要的居民都是採集民族。直到數世紀之前，在北美、南美大部分地區、西伯利亞、南亞與東南亞許多地區，以及非洲的部分地區，也都有類似的社群在這些地方生活。

就像農耕時代早期一樣，許多地方具有大量的農業或游耕人口，而沒有出現大型權力結構。巴布亞紐幾內亞直到最近數十年，仍由這樣的社群構成：他們經常與相鄰的農耕或採集民族接觸，進行貿易或交戰，有時也與來自印度尼西亞的商人交易。在非洲大部分地區、南美與北美的部分區域，都存在著這種無國家的農耕社會。在大型納貢帝國的邊界，從滿洲國到德國北部，都可以發現該類型的社會。

凡是一地的生產力增加以及人口成長，該地的農業社群和技術就會擴散到以往地廣人稀的地方，而為新的地區奠下農耕文明的基礎。例如在東歐，從西元一千年代中期開始，大量講古斯拉夫語的農民，在現在的俄羅斯地區定居下來，為最早的俄羅斯國家奠定了人口基礎。許多人經常過度簡化這些變遷的原因，將其歸於掌握高生產力技術的族群之遷徙。例如，印歐語系從黑海北部某地區傳播到地中海、伊朗、中亞和印度北部，就被認為與農業或畜牧文明的傳播有關。同樣地，班圖語從喀麥隆地區傳播到非洲中部及南部的大部分地區，也被解釋為是民族遷徙造成的結果，認為這些移民因為擁有較先進的農業及煉鐵技術，所以取代了當地的社會。當代學者對所有語言群體傳播的見解則更為複雜，將這些語言群體看成許多不同過程造就的產物。語言可以透過貿易或政治和文化上的占領，而融入當地人口；同樣地，人口擴張、技術變遷或遷徙也會造成類似結果。不過，整個語言群體的擴張，仍意味著各種具更高生產力的技術，產生了緩慢的傳播，包括作物改良，例如東歐的黑麥；以及工具改良，例如鐵鋤和鐵犁。❷

在這些驚人的擴張運動中，在太平洋所形成的全新「世界地區」，可說清楚地反映了民族的遷徙過程。但是，包括密克羅尼西亞與玻里尼西亞離島在內的「遙遠大洋洲」，在大約三千五百年前，亦即在具備先進造船與航海技術的專業航海文化尚未出現之前，並無人定居於此處。這些民族也許來自中國南方或台灣，而這些地方可能是南島語系群體的共同家鄉。在太平洋，透過稱之為拉皮塔這種特殊的陶器傳播路徑，我們可以追蹤這些民族的遷徙足跡。他們的遷徙最遠可達復活島（伊斯特島），在西元三〇〇年，最先到達當地的移民在那裡定居下來，夏威夷島和（位於最西部的）馬達加斯加島，都在最早約西元五〇〇年時就有人定居；而紐西蘭（奧特亞羅瓦〔Aotearoa〕）最早大約在西元八〇〇年，或者西元一〇〇〇年至一二〇〇年間就有人定居。❸賈德・戴蒙已從太平洋島嶼社會的進化過程，證明了生態因素如何對社會發展產生影響：在一、兩千年的時間裡，太平洋出現了大量不同類型的社會，從擁有簡單技術的採集社會，到夏威夷、東加群島中具有嚴格階級體系、人口達到三至四萬的原型國家（proto-state）皆有。❹

第三種類型的族群僅限於非洲—歐亞大陸，因為其主要依賴家畜為生。在非洲—歐亞大陸許多比較乾旱的地區，以及西伯利亞北部的部分區域，住著游牧及半游牧的畜牧民族，他們放牧牛、羊、馬或馴鹿。與大多數自耕農一樣，畜牧民族通常會透過戰爭、貿易及宗教與技術觀念的交流，與其周遭的農耕文明建立關係。尤其在歐亞大陸，騎馬的畜牧民族由於在戰爭中使用了馬和駱駝，具有駕馭的優秀技巧及機動性，因此為鄰近民族帶來嚴重的軍事威脅。從西元前一千年代晚期開始，一些畜牧民族從鄰近更富有的定居族群之處奪取資源，在歐亞大草原上建立了強大的帝國。在這些帝國中，最宏偉、影響力最廣大的，無疑是成吉思汗於十三世紀建立的蒙古帝國：這也是最早從太平洋延伸到地中海的政治帝國。

無國家的族群在農耕文明時代扮演著非常吃重的角色，然而他們留下的文字記載很少，因而經常被歷史學家忽視。由於他們生活在大型農耕文明族群之間，所以經常能將其強大的鄰居串聯成巨大的交換網路，尤其在非洲—歐亞大陸更是如此。絲路就是這種機制的最明顯例子，❺無國家族群也將逐漸形成的中美洲及祕魯文明串聯起來。農耕文明經常是區域性的，但無國家族群則跨越了疆域，將影響力擴散到他處，正是透過這些不同類型社會之間的接觸，才得以構築出前現代世界裡最大的交換網路。

不過，具有國家的社群，才是造成此一階段社會變遷的真正動力。農耕文明與眾不同之處，就是他們的規模、定居人口稠密度與社會複雜性。過去的社群在規模與複雜性上完全無法與之比擬。農耕時代早期最大的社群不會超過五百人，多數連五十人的規模都不到。相對地，像是最早的城市之一烏魯克，人口規模就曾高達五萬人。這些大量人口所需的食品與勞動力，大多數從鄰近的鄉村社群獲得，他們與美索不達米亞南部十三個左右的城邦緊密連結，並越過波斯灣與地中海進行貿易，甚至遠達印度北部及中亞。在美索不達米亞南部這些相互關聯的城邦中，人口規模高達數十萬。這種稠密人口以及階層化交換網路的結合形態，不僅涵蓋了數十萬甚至數百萬生活在不同類型社群中的人口，也超越了政治領土的邊界，是農耕文明時代最重要的結構特徵之一。

農耕文明總是包含若干（至少三個）管理與剝削的社會階層。位於最底層的是初級生產者，大多為居住在村落裡的小農或游耕民族。這些人居住的社群與早期農耕文明相似，但是在其之上，多了由統治者與收取貢賦者所組成的階層制度。農村社群生產食物、紡織品，還有燃料，例如木柴。他們還為大型工程提供人力與畜力，如灌溉工程、大型建築工事，還有戰爭的發動。然而村莊的形成，主要仍是基於農家戶口的需要，因此與其他地方相比，這裡的男性與女性乃是合作夥伴的關係。在這個層級之上的階層，分工變得更為重要，男性開始擔任獨立的、通常也是主導的角色，父權體系則變得更加制度化。

位於村落之上的階層，乃是由地方菁英與權力中介者組成——酋長、貴族、官員或教士。地方權力中介者從主要生產者之處榨取資源，但是他們通常不願直接介入底層人民的生活。因此，農耕文明的普遍特徵，即是大量初級生產者和上層的貢賦收取者，兩者之間的地位、財富、生活方式以及思維模式，皆存在巨大的鴻溝。❻在地方權力中介者之上，通常還有至少一個階層以上的城市和統治者，他們藉由地方權力中介者交給他們的資源為生。有時候，在這些統治者之上，甚至還存在著另一個更高的統治者——以波斯的王室稱號來說，就是「王中之王」。

所以，即使是在形式最單純的農耕文明中，政治、經濟與意識形態的權力網路也已網羅許多不同類型的社群，透過這個網路，菁英階層得以調度其所需的資源。資源流動的方式決定了菁英與初級生產者的生活方式。這些方式甚至延伸到作為社會生產基礎的家庭組織內部。在農戶之中，雖然兩性地位大致平等，但是男性經常希望能夠在家庭裡，複製（只是成功程度不一）家庭及村落等基本單位之上階層的男性所享有的優勢地位。宗教、文化及法律的結構，往往支持維護了這類父權主張。

在將資源從家戶轉移到菁英階層的方式中，最重要的就是利用結合宗教、法律和身體上的脅迫，以達到這類索求。因此，艾瑞克・沃爾夫將農耕文明描述為「收取貢賦」的社會。❼不同於親屬社會以「禮物餽贈」為特點（類似於生物界的共生現象），收取貢賦的社會，實際上是一種不平等的交換。它更接近於寄生現象，即一方獲得的比另一方更多，並能將自己的意志強加於另一方身上。

不過，正如我們所見，即使在收取貢賦的社會中，還是存在著一種對等或互惠的共生現象。在所有收取貢賦的社會中，基於強制的權力及基於同意的權力可以共存，而且也確實共存。初級生產者經常獲得貢賦收取者所提供的保護及其他服務。當發生戰爭時，村民會躲藏在城堡或城牆內。在和平時期，城市裡的市場提供了外來商品與各種雇傭機會，而城市中的神殿，則為人們提供了更崇高及更具說服力的方式去接近諸神。此外，貢賦菁英關心的，就是確保他們的農民擁有足夠的土地養活自己，並生產剩餘產品。在合理的情況下，貢賦管理者與最高領主應確保大多數農民能有權利擁有土地。這造成了在實際上（雖然理論上不見得必然如此），農耕文明比起現代社會更能平均分配生產資源。農耕文明呈現了一種複雜的共生形式，雖不盡然平等——在某種情況下，可以將其類比為馴養家畜。我們在第九章引述了威廉・麥克尼爾如何比喻寄生現象，該比喻微妙地捕捉到寄生中的不平等狀況，對於寄生者而言，如果他們想要生存下去，就必須保護他們的宿主，就像人類必須保護他們的家畜及養活他們的奴隸一樣。威廉·麥克尼爾在最近一篇論文中，將城市與鄉村的關係稱為「文明的妥協」，指出這種關係是所有農耕文明的核心。❽

收取貢賦的關係不僅存在於一國之內，也存在於相鄰的國家之間，而且有些關係的影響極為重大。我們可以將農耕帝國想像為一種貢賦制度，強大的國家會從較弱的國家索討貢賦。不過有時候，兩者的關係也會顛倒過來。畢竟在生物界，寄生者可以是大至知更鳥，或小至細菌。就像凶猛的慈鯛科會突然攻擊其他魚類，撕咬牠們的肉一樣，小國有時也會組織具威脅性的軍隊騷擾龐大的鄰國，逼迫後者繳納貢賦或保護費。最佳的例子就是歐亞國家的游牧民族，和中國、波斯及地中海東部大國之間的關係。❾

綜合來說，農耕文明具有以下數種結構，只是在各群體中呈現的程度不一，包括：

- 供給大部分資源的農耕群體。他們大多與菁英團體分隔，但是卻占了人口大多數，並繁殖生產該社會的絕大部分人口、食物、能源及原物料。
- 城市與鄉鎮。
- 性別階層制，使男性得以主張他們在社會各階層具有主宰地位。
- 在城市與鄉鎮、城市與腹地之間，具有複雜分工。
- 由國王領導的官吏、法官與統治者組成的社會階層。
- 受統治者管轄的軍隊，保護國家不被其他貢賦收取者侵犯，並使統治者能夠向他們的臣民或鄰國強索貢賦。

- 記錄並管理資源的文官體制。
- 國家與城市依賴交換網路，以獲取那些無法用武力奪得的資源。
- 宗教與意識形態體系，經常由國家管理，使國家機制合法化，並經常建造紀念性建築及高級藝術作品。
- 廣大的腹地，雖沒有直接受到國家掌控管轄，但這些地區的資源，對國家的運作發揮重要作用。這些腹地可能位在其他的農耕文明地區，或者是其他自耕農、畜牧或採集者所在之處。

交換網路

與過去相比，在農耕文明時代，交換行為更有效、也更廣闊地把各地不同類型的社群聯繫起來。這些複雜的交換網路，是農耕文明時代的第二個大型的結構性革新。

世界史學者已日漸意識到這些龐大互動體系的重要性，並以世界—體系的概念對其進行分析。該理論的首倡者為伊曼紐爾・華勒斯坦（Immanuel Wallerstein），他主張，特別在現代，我們應分析的對象與其是特定的國家與文明，不如更應該分析更大型的、串聯起這些國家文明的權力與商業網路，因為這些網路可以說明單單檢視特定地區歷史所無法解釋的特徵。華勒斯坦將這些網路稱為「世界—體系」，縱使就許多方面而言，這個體系只限於在個別地區發揮作用，並沒有包含整個世界。世界—體系是多層次、多區域的結構，聯繫不同類型的社群；在這些體系裡，有些地區比起其他地區具有更重大的影響力。

華勒斯坦關注的是早期現代社會裡的資本主義世界—體系，以歐洲國家為主。事實上，他主張這是歷史上首次出現真正的世界—體系。為了了解歐洲在現代社會早期日益增強的勢力，他認為歷史學家必須明白歐洲是如何進入此一涵蓋世界大部分區域的交換與權力網路，並從中獲益。在華勒斯坦提出此一概念後，後繼學者也在世界史早期階段發現了類似的體系存在。珍娜・阿布—路哈德（Janet Abu-Lughod）認為，早在十三世紀，就有一個橫跨歐亞大陸的世界—體系出現；安德烈・貢德・弗蘭克（Andre Gunder Frank）、巴瑞・吉爾斯（Barry Gills）等學者主張，區域性的「世界體系」（此處不加連字號的原因，是因為其意涵較為寬鬆）早在西元前三千年代就存在了；[10]克里斯多福・切斯—鄧與湯瑪士 D. 霍爾則將其推得更遠，他們主張在所有世界地區，甚至在無國家的區域，也存在著具備部分世界體系特徵的交換體系。[11]

這些龐大的網路標出了一個範圍，在該範圍之內的族群可以共享訊息、技術與適應方式。人們因此能夠廣泛地積累集體知識，並長期地掌握技術革新的進展與範圍。在這些經過修正的世界體系理論中最為重要的洞見，就是認為有各種類型的網路存在，它們透過不同的方式，在不同的範圍內發生作用。麥可・曼主張，即使是那些邊界十分明確的國家，實際上也會利用各種方法施行數種不同形式的權力，就像是擁有數個不同的力場。[12]他指出了四種不同權力與影響的「網路」：意識形態、經濟、軍事及政治。政治力量通常限於在可辨識的邊界內行使。相反的，軍事力量則超越國界，經由當前擁有的後勤及軍事技術而展現。因此，中國漢朝的將軍非常清楚他們能夠派遣多少人數的軍隊到蒙古草原，以及他們能夠在戰場上維持多久而不至於負擔超支。意識形態力量則擴散得更廣，像中國這種地區的文化疆域，要界定十分困難；經濟力量的範圍則更難判斷。所以，經濟與資訊網路通常比那些透過武力控制的網路擴展得更大。

切斯—鄧與湯瑪士霍爾以這個洞見為基礎，指出數種不同類型的交換網路，每種都具有不同的範圍與特徵。他們指出的是大宗商品網路、貴重商品網路、政治／軍事網路與訊息網路。[13]物品的可攜性決定了這些網路的大小差異。直到最近，像是穀物之類的大宗商品，由於運輸的困難與昂貴，一般只會進行短途運輸。軍隊的移動距離通常可以更長，但由於他們攜帶沉重的軍備，所以移動的速度也慢。然而，絲綢之類的貴重商品，則較易於攜帶與長途運輸，而資訊的傳播則更為容易。這就是為何最大型與最古老的網路，是由資訊及貴重商品的交換所形成（事實上，貴重商品往往能夠比資訊移動到更遠之處。例如裝飾品，由於被不斷轉手，後來都已經不再具備其原始的意義了）。這也是為何我在此要將討論聚焦於最大型的交換網路，即包含全部世界地區的資訊網路。

大型交換網路具有特殊的區域性「地誌學」（topologies）。或許回頭使用社會的引力法則做類比，能夠幫助我們更易於理解這個概念。在這個想像的法則下，人類社群對於其他社群及其中的物品、觀念與人民，會產生一種引力。隨著人類社群的成長，這個引力會變得更為強大。大致上來說（其與牛頓定律驚人地相似），社群之間引力的大小與社群的規模成正比，與社群間的距離則成反比。

在舊石器時代，交換行為有限，且只存在於小範圍裡，因為沒有一個群體大到能對其他群體產生吸引力。但隨著更大型的社群出現，有些社群產生了更頻繁且更廣闊的商品與訊息交換，因為大型社群能夠吸引大範圍的資源與人口。當許多大型社群存在時，資訊、物品與人員的交換最為活躍。這些地區聚集了比其他地方更多的資訊和商品，所以我們可以將其視為引力中心（centers of gravity）。它們吸納了來自遙遠腹地的人、思想與產品。但也會對它們與腹地之間、那些人口較稀疏的地區產生強大引力。為了了解這種影響力如何發揮作用，我們需要想像一個現代的、愛因斯坦式的引力，在其中，大型物體造成周遭的時空變形，發生傾斜與扭曲，並改變了引力場內小型物體

圖10.1 不同交換網路類型的模型

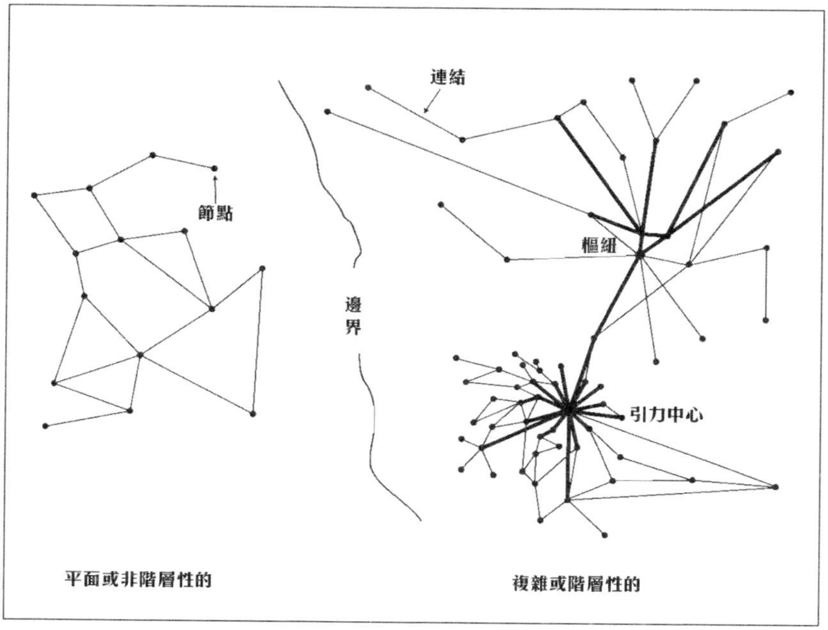

目前所知，舊石器時代的交換網路都是「平面」或「非階層性」的。換言之，各地之間的稠密度差異不大，交換的速度與強度也大致相同。在稠密的農業定居文化開始發展後，交換網路變得愈來愈複雜與階層化，而且有些地區的訊息交換非常密集，使得「集體知識」的發展急速增長。因此，革新技術的發展在全新世要比舊石器時代快得多。

的行為與運動。大型城市與國家改變了周遭區域的社會地貌，在這個過程中，有時會形成我們所說的樞紐地區（hub region）。樞紐地區位於各區的引力中心之間。在這些「引力走廊」，或數個不同引力場的交叉處，可以感受到不同中心所產生的引力。不論樞紐地區本身人口是否稠密，這些地區都具有繁忙的交通（參見圖10.1）。

只要朝世界地圖看一眼就不難察覺，中美洲以及連接美索不達米亞與埃及的走廊，有很大的機會成為樞紐地區，因為它們連結起不同的大型區域。某些地區，諸如十九世紀的歐洲，或阿巴斯王朝統治下的美索不達米亞，既可以被視為樞紐，也同時是引力中心。這些地方由於擁有稠密人口，而吸引著資訊與物品。在其他地區，例如十九世紀晚期的中國，雖然是引力中心，但並非樞紐地區；相反的，西元前五世紀的雅典、四千年前的中亞，與十三世紀的蒙古，即使是樞紐地區，但因人口不足而無法成為引力中心。引力中心和樞紐地區都會造成巨大改變，因為透過這些地方來往流通的大量訊息，使這些地方成為各地資訊積累的資料交換中心。不過，這兩種類型的中心彼此之間的差異，也是非常重要的。引力中心造就了大型交換網路的結構與形式，而樞紐地區則較易受到該地流通的交換活動影響並產生轉變。所以重大的技術革新，往往是從樞紐地區開始嶄露頭角，因為革新在這些地方能夠發揮最大的影響力，而引力中心的密度和重力，則使其變化較為緩慢。

交換網路日益擴大的規模、多樣性與複雜性，在廣大地區刺激了集體知識的產生，並促進了農耕文明時代的技術、政治與文化動力。

長期趨勢

農耕文明日漸擴大的範圍與力量

在西元前三千年，只有美索不達米亞南部及尼羅河畔具有農耕文明；儘管這些地方的人口眾多，其實也只占了當時人類總數的一小部分。大多數人仍居住在無國家的社群中。經過了四千年，到了西元一千年之時，雖然農耕文明控制的地區仍不足地表的五分之一，但從許多方面來看，農耕社群已在地球上占據主宰地位。在非洲—歐亞大陸的許多地區，與美洲的部分區域，都可以發現農

表10.1 早期農耕文明年表

日期	事件
大約西元前3200年	蘇美出現第一個國家
大約西元前3000年	埃及出現第一個國家
大約西元前2500年	北印度／巴基斯坦出現第一個國家（西元前兩千年滅亡）
大約西元前2200年	美索不達米亞出現第一個地域國家／帝國
大約西元前2000年	中國北部出現第一個國家（黃河流域）
大約西元前1000年	北印度／恆河國家復興
大約西元前500年	東南亞出現第一個國家
大約西元前500年	波斯出現第一個「次級帝國」
大約西元前500年	中美洲出現第一個國家
大約西元前500年	中美洲出現第一個地域國家／帝國
大約西元600年	非洲撒哈拉沙漠以南出現第一個國家
大約西元1400年	中美洲／南美洲出現第一個次級帝國

耕社群的蹤跡。在太平洋地區，甚至還出現了小型的原型國家（參見表10.1）。

這些農耕文明為什麼、又如何成為了主流呢？在人口不夠稠密的地區，由於沒有大量糧食的需求，農耕文明是不會產生的。因此農耕文明的傳播，與農業的擴張息息相關，且如我們所見，其有賴於技術的革新，好讓農民能在更多條件不同的環境下耕作。本章第二部分談論的革新技術趨勢，是幫助我們了解前半部分談論的變遷之關鍵。在第一部分，我們將先探討四千年間農耕文明傳播所經歷的主要階段。

西元前三千年，農耕文明僅存在於美索不達米亞及埃及。到了西元前兩千年，蘇丹到埃及南部出現了城邦（即強大的亞穆〔Yam〕城邦，或稱科爾瑪〔Kerma〕），並在美索不達米亞擴張。在阿卡德（Akkad）的薩爾貢（Sargon）統治期間（自大約西元前二千三百五十年起，其在位約五十年），出現了最早的證據，顯示當地已邁入形成國家的新階段：當時已出現國家的統治形式，控制著數個不同的城邦與其腹地。[14]薩爾貢聲稱自己每天必須餵飽五千四百人，這個數字指的可能是他的隨扈數目。[15]他發動了可能是世界上最早的常備軍隊，擊敗了敵對城邦。然後，他並沒有向戰敗的城邦收取貢賦，而是將他們併入自己的帝國，拆毀他們的城牆，並任命自己的兒子擔當總督或首長。他也支撐了貿易網路，範圍橫跨美索不達米亞，抵達中亞與印度河流域，並貫穿埃及，進入撒哈拉沙漠以南地區。美索不達米亞是這些網路的主要樞紐，不過，阿卡德人統治時的人口密度以及政治統轄範圍，也使得此地成為第一個區域性交換網路的引力中心。

至於位於積累眾多財富與資訊的大型交換網路中心，究竟意味著什麼，以下這段描述西元前兩千年時阿卡德首都阿加德（Agade）的文字，可讓我們略窺一二：

那時，阿加德的房屋中堆滿黃金，
金碧輝煌的房子內裝滿了白銀，
穀倉中收藏著從其他地方運來的銅、錫、天青金岩塊，
貯存草料的倉庫滿到側邊鼓出……

碼頭停泊的船隻熙熙攘攘……
城牆聳立有如一座高山……
城門——就像底格里斯河貫流入海，

神聖伊南娜敞開了她的大門。[16]

到了西元前兩千年，克里特島與安那托利亞的西台文明也出現了農耕文明。在印度次大陸西北部沿印度河一帶，西元前三千年代晚期出現了一個特殊的農耕文明，名為哈拉帕（Harappan）文明，就像蘇美文明一樣，其建立在一些大城市的財富與權力上，這些位於乾旱沖積平原上的大城市有賴灌溉工程而得以繁榮。哈拉帕文明與中亞和蘇美具有貿易與文化上的接觸，但是它的書寫系統與藝術形式，就像埃及一樣極富特色。因此，我們可以把哈拉帕文明，視為某個世界體系中的區域樞紐之一，該體系也包含了東地中海農耕文明在內。[17]哈拉帕文明在西元前兩千年代前半期就沒落了。它的傾圮可能是因為北方民族的入侵，或因過度灌溉所造成的生態問題，或者其建立的河道系統發生變化所致。

在西元前兩千年代，美索不達米亞文明的引力中心逐漸北移至巴比倫尼亞，最終移到亞述。巴比倫產生的引力，使其成為早期城市中最大型的一座，人口可能超過二十萬。[18]大約在西元前一七九二年，漢摩拉比在此建立了新帝國。其刻在四十九根玄武岩柱上的兩百八十二條漢摩拉比法典，為法律與官僚體制結構提供了最早的詳細文字紀錄。與此同時，地中海日益膨脹的貿易網路，將美索不達米亞與埃及文明的技術與風格傳入地中海沿岸。這個擴張的區域涵蓋了荷馬史詩所述的愛琴海世界。埃及的貿易網路，還向南延伸到蘇丹與撒哈拉沙漠以南的非洲地區。因此，出現了一個包含美索不達米亞、地中海沿岸大部地區、撒哈拉沙漠以南部分區域、中亞與部分印度次大陸的交換區域。

這個交換體系的引力中心在美索不達米亞，並連結埃及、蘇丹、中亞與印度北部的樞紐地區，是非洲—歐亞大陸世界地區中最大型的網路。該世界地區也因此是地球上最大的一個相互聯繫的區域。因此，就原則上來看，非洲—歐亞大陸應是集體知識最為集中、革新速度最快的世界地區。美索不達米亞位於非洲—歐亞大陸交換網路的樞紐位置，或可解釋為何從國家形成的初期，直到過去五百年出現重大變遷、使其中心位置被取代為止，此區域一直在非洲—歐亞大陸及世界歷史扮演中心角色。

但美索不達米亞並非是唯一的引力中心，即使在非洲—歐亞世界地區裡亦然。西元前兩千年代，在中國北方黃河流域也出現了農耕文明。考古和文獻證據顯示，到了西元前一千六百年，中國北方與西方有一系列相互纏鬥征戰的城邦，其範圍遠達長江地區。許多城邦擁有富有且強大的君主，有些還產生了文官科層制度。在西元前十四世紀，安陽（譯者注：時稱「殷」）成為半傳奇的商朝主要的宗教儀式中心，許多城邦為其臣屬。現今研究指出，過去的史學家可能誇大了商朝君主對其他地區的統治權，因為唯一留傳下來的只有王朝的紀錄。不過，商王統馭的軍隊達到一萬三千人，並有大量生產的武器及國家工廠紡織的布料作為後勤。他們還建造了龐大而精緻的陵墓，並經常舉行人祭。周朝大約從西元前一〇五〇年存續至前二二一年，早期的組織鬆散，其後的數世紀中，中國北方地區由上百個規模不一的王國所控制；分布於黃河中部流域的七個主要「中心國家」主宰了中國，在西元前一千年代，中國北方為非洲—歐亞大陸世界地區的第二個引力中心。秦（前二二一年—前二〇七年）與西漢（前二〇七年—前八年〔譯者注：此處原文有誤，應為西元八年〕）的人口、技術與行政基礎在此時奠定，傳統中華文明的技術、藝術及學術根基也由此建立起來。

中國的世界體系，是否與印度北部與美索不達米亞全然隔絕呢？在大約西元前四千年，出現了逐水草而居的畜牧文化，他們加入了延伸至歐亞內陸草原的交換體系，意味著在農耕時代，他們至少與歐亞地區具有非直接的接觸。[19]我們知道在西元前三千至兩千年代，語言、技術（如輪子與戰車）、生活方式（包括畜牧文化的基本技術），或者還包括製作青銅的方法，以及農作物如小麥、大麥（向東傳播）或雞跟小米（向西傳播）傳布橫跨了草原地帶。大約西元前兩千年，在阿姆河（Oxus，媯水）文明出現了一個新的樞紐地區，他們是中亞一群從事貿易的城邦，與蘇美、中國及印度北部都有聯繫，中亞是跨歐亞地區交換網路的天然樞紐，所以在四千年前，此地已有重要的交易進行。至於跨歐亞交換網路的影響力，是否大到足以證明在西元前兩千年已存在一個非洲—歐亞大陸體系，則尚存在著爭議。[20]不過，至少我們能夠確定，當時歐亞大陸任何地區的農耕文明都不是完全孤立的。

在西元前一千年代，農業帝國的勢力與範圍急速增加。亞述帝國在西元前十至七世紀主宰了美索不達米亞北部。居魯士大帝（Cyrus the Great）在第六世紀建立的阿契美尼德帝國（The Achaemenid Empire），比起先前的農業帝國都來得龐大許多。其在波斯的地理位置——位於交換網路的中心，從非洲橫跨美索不達米亞，東至印度、中亞及中國——似乎可以解釋波斯和美索不達米亞在非洲—歐亞歷史上的悠久重要性。不過，由於波斯多屬乾旱區，這也說明了為何此區域扮演的角色是樞紐地區，而非引力中心。

在這些大帝國的影響下，農耕文明散播到地中海地區，經由埃及進入現在的蘇丹與衣索匹亞。這些新的農耕文明地區，為希臘、迦太基、羅馬與蘇丹帝國奠定了基礎。起初這些新出現的農耕文明地區，為小型的、互相競爭的國家，其中不少國家既從事貿易往來，也彼此交戰。但經過一段時間後，其中一些地方性的樞紐區域也變成了引力中心。西元前三三四年至前三二三年，亞歷山大大帝驚人的東征戰績，締造了一個雖然短暫但幅員遼闊的帝國，其疆域涵蓋希臘、整個波斯帝國、中亞大部以及印度北部大部地區。亞歷山大帝國囊括了整個非洲—歐亞大陸交換網路的樞紐地區。在其衰亡後，波斯、埃及和中亞，以及往西更遠的義大利與北非，紛紛出現了接觸過希臘文明的地方王朝。地中海地區農耕文明的傳播，為羅馬統治的新帝國體系奠定了基礎。羅馬在義大利之外的擴張，始於西元前二四一年征服西西里，及在布匿戰爭（Punic Wars，前二六四年—前一四六年）與次級樞紐迦太基的百年對戰。在羅馬帝國於西元四世紀分裂之前，其鼎盛期間控制了地中海大部分地區及歐洲農耕地區的廣大殖民地。

在西元前一千年代前半期，印度次大陸北部，尤其是恆河沿岸的種稻區，部分是由於與地中海世界接觸受到刺激，再次出現了農耕文明。此地形成了重要的區域性樞紐，並最終成為區域性的引力中心。孔雀帝國（大約西元前三二〇年—前一八五年）是西元前一千年代最大的印度帝國，控制了次大陸的大部分地區；數個世紀後，阿育王（前二六八年—前二三三年在位）統治了大片疆域，在印度史上，無君主能出其右。然而，由於人口稠密的印度文明出現，創造了新的引力中心，在西元前一千年代末，刺激了一個橫跨南海的交換網路產生。如琳達•謝弗（Lynda Shaffer）所指出的，印度出口的棉花、砂糖，印度所控制的印尼黃金與麻六甲香料貿易，及印度在宗教（特別是佛教）與數學上的發展，影響了從東非延伸到中國南方這一塊拱形區域。謝弗將其稱為「南方化」（Southernization），類比於一般人所熟知的「西方化」（Westernization）。[21]

在西元前一千年代晚期，歐亞大陸東方、南方及西方的農耕文明，彼此之間的聯繫變得更為緊密。歐亞大陸的引力中心受到兩項發展的影響，連結成一個涵蓋歐亞範圍的交換體系。第一項重大發展，是在西元前六世紀波斯阿契美尼德對中亞的影響擴大後，以及西元一世紀初期中國政府征服了新疆，並開始積極推動與印度、波斯和地中海之間的貿易後，絲路的交通變得繁忙。第二個發展，隨著航海家學會利用季風，西南亞、印度與東南亞的海上貿易也隨之擴大。這些變化促使了商品、宗教和技術觀念、甚至疾病的交流，在非洲—歐亞陸塊上大為增加。在埃及南方，庫什（Kush，位於現今的蘇丹）出現了一個重要的國家（西元前七一二年—前六六四年），在短暫的強盛期間征服了埃及大部分地區，這標誌了一個重要階段，亦即非洲撒哈拉以南地區被納入這個龐大網路。

在西元一千年代，非洲—歐亞大陸網路主要由地中海（以羅馬及之後的拜占庭為首都）、美索不達米亞或波斯（帕提亞〔Parthian〕帝國、薩珊〔Sassanid〕帝國及阿巴斯〔Abbasid〕帝國）、印度與中國（漢、唐與宋）所主宰。在這些文明中，或許最具影響力的為控制美索不達米亞與波斯樞紐地區的帝國——特別是伊斯蘭時代，當時美索不達米亞再度成為貨物、技術觀念與新宗教觀的交換中心，包括了大三角帆、造紙、零的數字觀念到新作物，以及融合數個歐亞大陸不同地區的思想元素。不過在這些交換上，印度次大陸也扮演了比一般想像還來得吃重的角色，尤其是從東非到地中海，以及經東南亞到中國的傳播，印度次大陸在這些日漸重要的海上貿易中，起了中介的作用。如謝弗所主張的，伊斯蘭世界繼承了地中海世界與印度次大陸的知識與技術傳統，而中國唐、宋歷史上，許多宗教、商業與技術方面的重大發展，從佛教、零的數字概念，到占城稻的引進，都反映出印度的影響。[22]在這段時期，農耕文明傳播到了歐亞陸塊上的四個新地區：中國南方、東南亞、撒哈拉以南的非洲，以及歐洲。在這些地區，稠密的農業人口，為新興的城市與國家，或已具文明的殖民帝國之建立，提供了人口學上的基礎。

在埃及南邊，位於紅海附近衣索匹亞的阿克蘇姆（Axum）帝國，在西元三世紀征服了位於蘇丹的國家庫什，並掌控了阿拉伯與撒哈拉以南非洲之間、印度與地中海之間的多數貿易路線。[23]在第六世紀，阿克蘇姆皈依基督教。在西非，地中海與撒哈拉以南的非洲，開始經由撒哈拉的乾旱地帶取得聯繫，就像歐亞草原將地中海世界與中國連接起來一樣。駱駝於西元一千年代早期在撒哈拉出現，並且從西元三世紀起，騎駱駝的畜牧民族與商人，像是圖阿雷格人（Tuareg）的祖先，連結起撒哈拉以南非洲與地中海的貿易網路，將西非的黃金與銅（有時則是奴隸）運送到北方。這些貿易網路的財富，在以高粱、小米，或者有時是水稻為主的農民聚居地，刺激了大量城市與國家產生。西元九世紀前，由迦納（Ghana）統治的瓦加杜（Wagadu）帝國，在現今馬利（Mali）與茅利塔尼亞（Mauretania）交界處形成一個區域性的樞紐。九世紀中葉，查德湖北邊出現了貿易帝國卡農（Kanem）。統治該地的王朝薩伊夫（Sayf）存續了千年之久。

通常當新的農耕文明地區出現，其對周遭引力中心的影響，很容易就可以察覺——如中國北方之於中國南方與越南、印度之於東南亞、地中海之於美索不達米亞、美索不達米亞（後來的伊斯蘭）之於撒哈拉以南非洲、羅馬之於西歐，以及拜占庭之於東歐。其中以中國南方受到的影響最為明顯，其在中國北方王朝的統治下，人口大幅增長。中國在西元一世紀時，有四分之三的人口住在北方，但是到了西元一千三百年，北方只剩下不到四分之一的總人口。歐亞陸塊的西邊也經歷了類似的轉變，只不過人口是往北方移動。

許多地區仍不利於農耕文明傳播。凡是技術與生態條件不適合密集人口的地方，傳統的社群就會存續得較為長久，這個現象，在因為缺乏密集農業人口所以農耕文明無法傳入的地區（如歐亞草原），尤為明顯。[24]後來併入莫斯科（Muscovy）帝國的羅斯（Rus'），從早期農耕文明時代之後，僅有少數地區能夠進行耕作，包括現在的烏克蘭部分地區。該地區的嚴苛氣候條件，以及好戰的畜牧民族，阻礙了農業人口形成，以致不足以支撐城市或國家。相反地，該地的農耕社群孤立且脆弱，使他們容易成為貢賦收取者覬覦的對象，像是希羅多德（Herodotus）筆下的斯基泰（Scythian）人。接著，從西元一世紀中期之後，新作物（包括黑麥）與金屬犁的使用，加上東歐人口過剩，促使大量移民遷入歐洲與烏拉山之間的地區。如同西非的情況一樣，稠密聚落會吸引外地商人。這些商人來自歐亞草原或波羅的海地區，與中亞和拜占庭進行貿易。他們創造了一些區域國家，其中最早出現的是可薩（Khazar）帝國，首都位於裡海北部。在西元十世紀，一個王朝將波羅的海到拜占庭這條貿易路線上的小國連結起來，形成強大的國家基輔羅斯（Kievan Rus'）。由於其與中亞和巴格達很早就有貿易往來，基輔羅斯原可輕易地皈依伊斯蘭教，成為伊斯蘭世界的一部分。然而在西元九八八年，基輔的弗拉迪米大公（第九章曾提及）改信了東正教；自此之後，羅斯與其後繼的國家，至少在文化上，就屬於基督教世界了。

除了維京人在大約西元一千年左右，試圖在紐芬蘭定居，卻功敗垂成外，歐亞大陸與美洲之間，在十六世紀以前沒有任何重要接觸，因此我們有理由將美洲視為一個不同的世界地區。[25]不過，在美洲也有農耕文明傳播，而且彼此之間也有接觸，最後形成了具備雛形的世界體系。在中美洲，如同我們所見，第一個農耕文明在西元前兩千年代中葉，出現於奧爾梅克（Olmec）文明中，雖然有一些學者主張奧爾梅克人並沒有建立真正的國家，但是無論如何，他們為中美洲後繼的文明留下了文化傳統遺產。在西元前一千年代中期，已確定有真正的國家出現，但直到西元一千年代中期，北方的墨西哥才出現了帝國。特奧蒂瓦坎（Teotihuacán）的歷史顯示，只要奠定適合的基礎，大型的帝國結構就能快速建立。這同時提醒了我們，早期的國家是何等脆弱。特奧蒂瓦坎位於現代的墨西哥城北方約五十公里處，由西元前五百年的若干小型村落組成。自西元前一百五十年後，特奧蒂瓦坎快速地成長。三個世紀後，其人口達到了六萬至八萬人。就像在其六千年之前，繁盛的安那托利亞的加泰土丘一樣，特奧蒂瓦坎依賴的可能是黑曜岩貿易，黑曜岩在前金屬時代的作用相當於鋼鐵。特奧蒂瓦坎在大約西元五百年時達到鼎盛，擁有十萬至二十萬人口，其紀念性建築與非洲—歐亞大陸中的一樣高大。[26]特奧蒂瓦坎受鄰近村落與城鎮網路的支持，這些村鎮利用灌溉農業與奇南帕（chinampa）系統種植作物（之後將會詳述）。但它也依賴包含更大規模的中美洲世界體系的大型貿易網路，以進口食物。所以其可以被視為一個區域樞紐，或者甚至是美洲第一個引力中心。在西元六百年到七百年之間，特奧蒂瓦坎滅亡了。由於人口快速成長，導致土地過度開發，可能破壞了當地的生態環境，而敵對的城鎮可能阻斷了供應該城的貿易網路，或甚至侵略與擊敗該城。在其衰落的五十年內，只有數個村落保留了下來。其殖民時期的一份資料，描述了該城的領袖如何在逃走時，攜帶了「著作、書籍及畫作；他們帶走了全部的工藝品及金屬鑄品。」[27]

與馬雅文明同時間，在猶卡坦半島到南方之間的低地，出現了一些區域中心，聯繫起跟特奧蒂瓦坎相同的交換網路。這些區域中心幾乎在同一時間傾圮，或許是由於人口過剩，也可能與氣候變遷破壞了農地的肥力有關。在西元一千年代晚期，墨西哥中部的都市化與國家建設增加。這些進展最終在十五世紀阿茲特克（Aztec）帝國建立時達到頂峰。在一五一九年，其首都特諾奇提特蘭（Tenochititlán）擁有二十萬至三十萬人口，而墨西哥河谷也有數座規模接近此數的城市。科爾提斯（Cortés）中尉貝爾納爾・迪亞斯・德爾・卡斯蒂略（Bernal Diáz del Catillo），曾於一五一九年描述他第一次見到特諾奇提特蘭的印象：

> 第二天一早，我們走上了一座寬闊的棧橋，繼續往伊斯塔帕拉帕（Iztapalapa）前進。當我們

看到各種建築在水面上的城市和村莊、其他建造在乾地上的大城，以及通往墨西哥（特諾奇提特蘭）的水平棧橋時，簡直目瞪口呆。這些大城、寺廟與水面上的建築皆為石造，就像阿瑪迪斯（Amadis）故事中的幻境。事實上，我們其中有些士兵還脫口問了這是不是一場夢。因為眼前的一切實在太美了，我甚至不知道如何描述這個我首次目睹、從未見聞也不曾夢想過的地方。㉘

在西元一千五百年，大約有兩百萬人住在特諾奇提特蘭和周邊地區。他們靠著培高田地農業技術生活，亦稱為奇南帕系統。早期在特諾奇提特蘭周圍沼澤地的定居者，利用河川植被與淤泥建造了土丘，並用柳樹作為「籬笆」以保土。他們在土丘間疏通運河，並利用運河底的淤泥、腐敗的植物和廚餘施肥；如果細心耕耘，一年可以收獲七次。這些早期居民以魚類與水鳥作為補充飲食。㉙

南美洲第一個農耕文明在西元一千年代出現，伴隨著快速的人口增長與都市化。此處出現的第一個大帝國，是十五世紀建立的印加（Inca）帝國。南美的農耕文明與中美洲接觸頻繁，不過，這些接觸是否足以創造一個世界體系，則還有待討論。在北美，由於人們在西元一千年代晚期廣種玉米，使得人口急速增長；所有我們現在熟知的、意味著農耕文明成形的跡象，當時都在這個稱為「密西西比文化（Mississippian caltures）」中開始出現。這個文化的中心是大型城鎮，其中有高築的儀式中心，有的甚至高達三十公尺。像是卡霍基亞（Cahokia）這樣的中心城市，在西元一千二百年有三萬至四萬人居住，與蘇美埃里都（Eridu）時期的儀式中心相當。密西西比社群可能是大型的酋長社會；然而因為大部分人民仍居住在小型的農業社群中，所以不能算是發展完全的農耕文明。該區人口靠著玉米持續增加，因此我們可以合理地將密西西比地區視為區域樞紐，其位於一個廣泛的美洲交換網路中，以中美和南美洲作為引力中心。

如果我們將其視為一個樞紐，就可以說，在西元兩千年代，世界各地的農耕文明，透過交換網路的擴張，已連結成了兩個主要的世界體系：非洲—歐亞大陸以及美洲。相較之下，非洲—歐亞大陸體系的歷史較悠久、人口較密集，力量也較為強大。其勢力範圍在十六世紀這兩大體系終於接觸時，變得十分清晰。當時另外兩個世界地區，雖在某些耕作區域出現了強大的酋長制度，有些甚至接近國家形態，包括巴布亞紐幾內亞及東加、夏威夷等島嶼，但是這兩個世界地區都不存在農耕文明。

我們可以將四千年來農耕文明的擴張，進行大致的量化分析。雷恩・塔格派拉（Rein Taagepera）計算了非洲—歐亞大陸「帝國體系」在不同時期的統治範圍。他所指的帝國體系，意為包含數個農業國家的大型政治體系。雖然他的定義會將一些農耕文明地區排除在外，但針對非洲—歐亞大陸農耕文明的政治與軍事擴張，該研究仍提供了一個概略的索引。塔格派拉估算了國家體系在各時期所控制的土地面積，並將這些數字與現今國家體系的控制面積兩相比較。表10.2歸納整理了他的研究資料。

其中可以歸納為三個時代。第一個時代從西元前三千年代至前一千年代中期。在這段期間，農耕文明只存在於非洲—歐亞大陸地區，而且直接控制的範圍只有現今國家體系所統治區域的百分之二。第二個時代從西元前一千年中期阿契美尼德帝國出現開始，至西元一千年為止。在這個時代結束前，農耕文明控制的區域是現今國家的百分之六至十三。在這段時間內，美洲也出現了農耕文明，但其控制的範圍比非洲—歐亞大陸的農耕文明要小得多。在西元一千年之後，隨著蒙古帝國與五百年前歐洲帝國的興起，大型帝國的統治面積急速大幅增加。美洲帝國在西元一千年之後也有所

表10.2　農耕文明在非洲—歐亞大陸上的區域

時代	日期	所控制的平方千公里（1千公里＝十萬平方公里）*	占現今國家控制面積的百分比
晚期農耕1	西元前3千年代初期	0.15（皆位於西南亞）	0.2
	西元前2千年代—前1千年代中期	1-2.5	0.75-2.0
晚期農耕2	約西元前6世紀	8	6.0
	西元前1世紀	16	
	西元1千年	16	13.0
晚期農耕3	約西元13世紀	33（主為蒙古帝國）	25.0
	約西元17世紀	44（美洲計入）	33.0
現代	約西元20世紀	大約130	100.0

資料來源：William Eckhardt, “A Dialectical Evolutionary Theory of Civilizations, Empires, and Wars,” in *Civilizations and World Systems: Studying World-Historical Change*, edited by Stephen K. Sanderson (Walnut Creek, Calif.:Altamira Press, 1995), pp. 79-82；主要取材自Rein Taagepera, “Expansion and Contraction Patterns of Large Polities: Context for Russia,” *International Studies Quarterly* 41 (1997): 108-27。

* 譯者注：作者此處引用的單位（包含頁439正文內兩處、頁454的表10.5、頁453多處及頁455兩處）似有誤，千公里（megameter，Mm）是長度單位，非面積單位，一個千公里（1 megameter）＝1,000km。而一個Mm^2應等於1,000,000 km^2 ，而不是本書作者說的10^5 km^2。根據表格下方的引用資料，作者表示數據來自*Civilizations and World Systems*一書，而該書又引用Taagepera的研究，書中（頁79）提到：“[Taagepera] measured empires in terms of square megameters, ...”，所以原始資料指的是平方千公里（square megameters，Mm^2），而非千公里（megameters，Mm）。

附上*Civilizations and World Systems*該頁連結：

https://books.google.com/books?id=8DJKxgdJsWMC&lpg=PP1&dq=Civilizations%20%20and%20World%20%20Systems&hl=zh-TW&pg=PA79#v=onepage&q&f=false

另外，這個判斷也符合作者在表10.2所提供的數據，他指出蒙古帝國的面積是33 Mm。如果把33 Mm改成33 Mm^2，就符合wikipedia資料，即蒙古帝國的面積是3300萬平方公里。

請見：https://zh.wikipedia.org/zh-hant/%E6%9C%80%E5%A4%A7%E5%B8%9D%E5%9C%8B%E5%88%97%E8%A1%A8

換算公式如下：33 Mm^2= 33x10^6 Km^2= 33x10^2x10^4 km^2= 3300萬平方公里

故此得證，原書對於該單位的使用似有誤。請參酌。

擴張，但其對於帝國疆域快速成長的貢獻較小。在西元一千五百年，印加帝國統治了大約二平方千公里的土地，阿茲特克帝國僅有零點二二平方千公里。即使把太平洋地區剛形成的國家都算進去，像是夏威夷與東加，也不致對這些數據造成實質上的差異。[30]

雖然擴張的歷史很長，我們仍應記得，即使到了十七世紀，也就是三百年前，國家體系統馭的疆域，還不到二十世紀國家所吞併土地的三分之一。即使他們能夠主宰世界上的交換網路，並包含了世界上的大部分人口，他們仍沒有用當代資本主義國家的方式控制世界。

積累、革新與集體知識

農耕文明之所以能夠往外傳播，是因為從全新世早期開始出現的連續集約化過程。對於變遷的步調與性質而言，革新速度是重要的決定性因素。而有哪些原因影響了革新的速度呢？哪些領域的革新最為劇烈，以及在農耕文明時代的革新速度究竟有多快呢？

規模本身就是革新的泉源，交換網路的擴大，有助於產生新的知識與商業的綜效。但更進一步來說，還有其他三個因素影響了此時期的革新速度與性質：人口成長、國家行動的擴張，及日漸發展的商業化與都市化。我將分別描述這三項革新的泉源，即使實際上他們是彼此交織在一起的。雖然每個源頭都對長期的革新與成長有所貢獻，但就中期或短期來看，它們也可能對成長造成破壞。對當時的人而言，在短期內出現的週期模式通常是最明顯的，因此前現代的歷史學者所關注的多為這些短期週期變化，而非長期趨勢。我們將會看到，這三項革新泉源的影響是分歧及不確定的，這些特徵有助於解釋為何農耕時代的革新要比現代緩慢得多。

革新的泉源之一：規模　一般而言，訊息網路的規模、多元性與交換的強度，會對革新的平均

表10.3　人類歷史上的運輸革命

時期	存在的大約年分	運送人與貨物的方式
舊石器時代	距今大約70萬年前起	最早的人亞科從非洲移出
	距今大約10萬年前起	歐亞大陸南部的現代人；現代人首次移出非洲
	距今大約西元前6萬年起	首次有人跨海移入澳洲；為最早的海上運輸船隻
農耕時代	大約西元前4千年起	獸力運輸
	大約西元前3千5百年起	輪式運輸
	大約西元前1千5百年起	玻里尼西亞出現長程航行船隻
	西元前1千年代	國家建造的道路與運河；鑄幣制度
現代	西元1千年代	造船及航海技術革新
	西元19世紀早期起	鐵路與輪船
	西元19世紀晚期起	內燃機
	西元20世紀早期起	航空運輸
	西元20世紀中期起	太空旅行

速度產生長期影響。資訊交換的數量與多元性愈高，就愈可能促成各種大大小小的革新。在此處所討論的時期中，在非洲—歐亞世界地區，以及範圍較小的美洲地區，資訊網路的規模與多元性顯然都有所增加。這些網路也把許多不同類型的社會連接起來，所以北歐蠻族的革新技術，能夠傳播到地中海；從歐亞草原開始發展的騎馬技術，傳播到了中國與美索不達米亞；金屬加工技術和農作物，也散布至非洲—歐亞大陸的農耕文明地區及其外圍。

由於運輸方式與傳播技術的改良，使得革新技術散播得更快速且更遠。（參見表10.3與10.4）。在非洲—歐亞地區，次級產品革命也大大增加了交流的強度與速

表10.4 人類歷史上的資訊革命

時期	存在的大約年分	傳送資訊的方式
舊石器時代	舊石器時代，人類歷史的開端	現代語言形式；不同團體彼此分享資訊
	舊石器時代晚期	岩洞壁畫
	舊石器時代晚期起？	利用鼓、燈塔、烽火傳遞訊息到遠方
農耕時代	大約西元前3千年起	擁有固定意義的書寫文字
	大約西元前2千年起	音節書寫
	農耕文明時代	政府或軍方支持的信差系統
	大約西元8世紀起	木板印刷
現代	大約西元16世紀	全球世界體系；傳播與運輸全球系統
	大約西元18、19世紀	印刷用於大眾傳播：報紙、郵政服務
	西元1830年代起	電報
	西元1880年代晚期	電話
	西元20世紀	電子大眾媒體：收音機、電影、電視
	西元20世紀晚期	網際網路；全球即時資訊交流

度，就像其可能早在西元前四千年就推動了新形態的傳播一樣。牛、驢與馬的軛具，也可能催生了輪式運輸的革命。在海上，雖然歐洲的航海家不具備與玻里尼西亞航海者同等優秀的技術，但他們的速度、可靠性與精準度已有大幅進步，特別是在西元第一千年代。主要幹道的修築，也刺激了中國到波斯及羅馬的交通。溝通形式的主要革新，與文字及書寫方式有關。不過某些帝國，包括阿契美尼德王朝與漢朝，建立了長途的信差系統（如同很久之後在祕魯的印加帝國一樣）。許多社會也構築了以烽火台為基礎的原始預警系統，使得訊息可以在短時間內傳播到遠方。

非洲—歐亞大陸的範圍與多元性，還有相對先進的運輸系統，有助於說明為何在全新世時期，此地的革新速度要比許多世界地區快得多。這裡的交換資訊集用場，比他處都要來得龐大與多元，因此新技術的積累與交流，也較過去進展更為神速。在美洲，由於出現了大型農耕文明區域與廣大貿易網路，所以也發生了類似的過程。大型的資訊網路，使人們得以交換不同生活方式、作物、技術與生態上的知識，由此帶動的生態革新，更加快了交流的強度與速度。文字也是這些進程的一部分，就像開創重要的鋪路工程一樣，然而，美洲不像非洲—歐亞大陸地區一般，具有與次級產品革命相關的整體革新系統。

人口成長　在農耕時代早期，人口成長與技術變遷是相輔相成的。這種相互關係在農耕文明時代，仍是技術革新與積累的一大泉源，尤其在單作的畜牧或農業地區，當地社群發明了許多重要的新技術，特別在農業以及牲畜的利用方面。

從西元前三千年至西元一世紀，世界人口從大約五千萬增加至兩億五千萬（參見表 6.2 與表 6.3）。此一增幅標誌了農耕時代早期人口動力的和緩成長，意味著農耕文明，對於人口成長具有顯著、但非革命性的影響。長期的人口學趨勢帶給人們一個假象，讓我們以為人口一向是穩定成長的。但若從人的生命週期或以數世紀為範圍來看，人口模型呈現的其實是一種循環態勢——其中有上升也有下降。歷史學家已日益意識到這些漲跌互見的大型循環，然而對於其週期及成因則迭有爭議。法國歷史學家埃馬紐埃爾・勒魯瓦・拉迪里（Emmanuel Le Roy Ladurie）在一九六六年首刷出版的名著《朗格多克的農民》（*The Peasants of Languedoc*）中，回顧了朗格多克地區數百年的興衰循環，以及當代法國早期的整體經濟。這些循環週期對生活的各層面都產生了影響：羅伯特・洛佩茲（Robert Lopez）將這類循環描述為「起起落落的交替」，而且「不僅在經濟領域可以觀察到，在生活的各個層面幾乎皆然：文學與藝術、哲學與思想、政治與法律，即使程度不一，但無不受其影響。」[31]勒魯瓦・拉迪里也對這些循環做出令人印象深刻的形容，稱其為「社會結構的呼吸」。[32]其影響如此深遠的原因之一，是因其對於農業區的重要性。大多數的生產方式依賴有機物質與能源，在這些地方，農業生產所影響的不僅是農作物產量，還包括衣服、住屋、能源、生產工具，甚至羊皮紙與紙張的產量。[33]由於在農耕時代，農業是經濟成長的主要動力，所以農業革新技術的速度，主宰了中程的經濟、政治，甚至政治上的循環。隨著人口成長，生產量、需求與勞動力也跟著增加。逐漸增多的人口，使得若干需求也跟著水漲船高，包括維持日益擴張的貿易系統、更大型的國家、紀念性建築的建造，以及對藝術家和工匠的贊助，而這些也都刺激了文化交流。在這個時期，農耕文明使得經濟、政治與藝術方面都欣欣向榮。因此，經濟的擴張與萎縮、都市化、貿易與政治權力等若干運動，也都與這些節奏產生連動。在這些循環下所形成的長期累積，通常會以當代人無法察覺的方式進行。只有透過對世界歷史的長期觀察，才能明顯地看出每個循環都比前一個循環提升到更高的水平。

當代法國早期的情況，也普遍地發生在其他農耕文明中。為了了解勒魯瓦・拉迪里所描述的循環週期，我們或許可以檢視不同地區農耕文明的人口成長情形。圖10.4中的圖表，顯示了J. R. 比拉本（J. R. Biraben）對西元前四百年至西元一千九百年間，中國、印度次大陸及歐洲人口約略數目的計算。[34]每個地區的人口，很明顯的，在成長期之後接著就出現衰落期——而且有時是劇烈的下降。我們如何解釋這些似乎形塑了各地農耕文明歷史的中程節律？雖然這些節律混合了許多相互重疊的發展趨勢，包括人口成長、收成波動、戰爭以及商業與國家政策，但仍有一組因素主宰了這些變化：就是與革新（特別是農業方面）、人口成長、生態惡化、健康衰退、衝突增加相關的負回饋循

圖10.4　西元前4百至1千9百年間，中國、印度與歐洲的馬爾薩斯循環

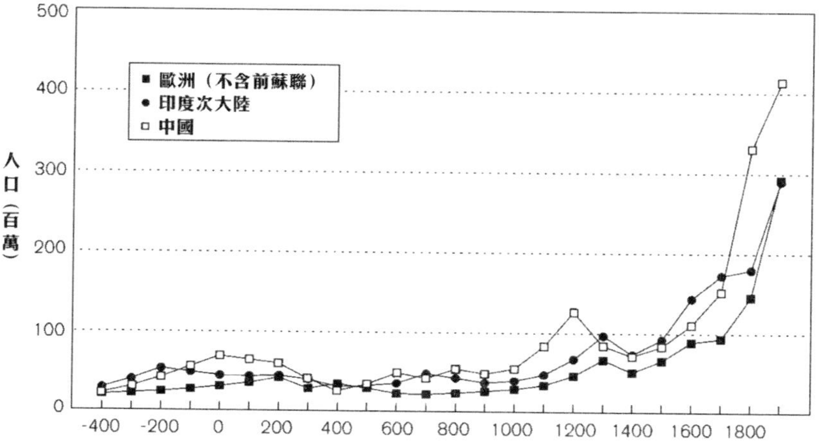

圖表顯示出馬爾薩斯的人口成長模型，會被突然的下降打斷，這是農耕時期歷史的典型。引自：J. R. Biraben, "Essai sur l'évolution du nombre des homes," *Population* 34 (1979): 16.

圖10.5　負回饋循環：人口、農業與環境

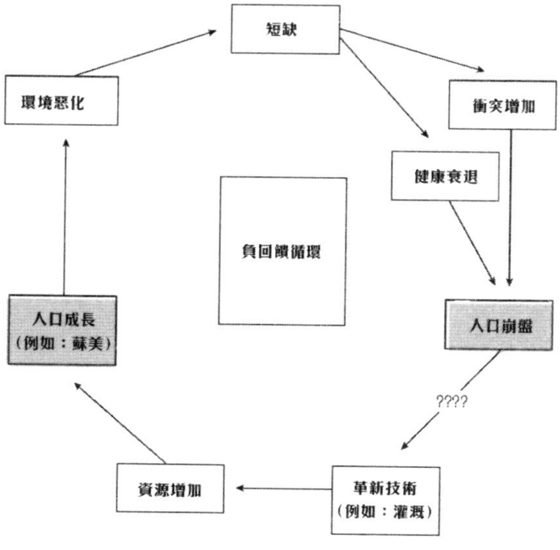

環，導致了人口的減少（參見圖10.5）。

英國人口研究的先驅托瑪斯・馬爾薩斯（Thomas Malthus），是最早分析人口成長與可取得資源的研究者之一。他在十八世紀末就主張，若純然從數學的角度來看，任何物種都是以幾何速率成長，呈現一種如複利般的曲線上升趨勢。然而可用來養活物種的資源，一般是以算數速率增加，所以是一種直線上升的趨勢。正如我們在第五章最後部分所看到的，這意味著現有資源對人口成長造成了限制。在自然界，現有資源取決於各物種所擁有的生態區位。然而人類之所以與眾不同，是因為他們持續革新：人們探索、修正、改善，甚至創造出新的生態區位。因此，人口成長的限制，只受限於各時代革新技術所形成的生態區位數量與生產力。每當出現重大的革新，人口成長的上限就更加提高。只要有重大革新發生，人口數量就會向上爬升，直到超過了新的上限為止。然後，崩盤將會出現。土地衰竭，歉收造成饑荒，疾病奪走營養不良者的性命，而且為了爭奪稀少資源，政府往往會發動戰爭，導致城鄉中的士兵或人民喪生。最後，人口數量回到了一個新的平衡。革新技術能使每一個循環，原則上比前一個循環達到更高的水準，然而革新的速度通常都不夠快，以至於在一個循環中，當人口超過了現有資源可負擔的數量時，將無可避免地走向崩潰。

生態因素對這些節律而言非常重要，因為人口的崩盤，通常是由於對脆弱的環境過度開發，尤其在那些人口成長仰賴灌溉的乾旱地區更是如此。致命病毒寄生蟲的演化過程也是依照著同樣的節律。在農耕文明時代，這明顯是導致整個文明崩潰的主要因素。在西元前三千年代末期，美索不達米亞南部逐漸乾旱，再加上過度灌溉造成土壤鹽化，破壞了蘇美的生態基礎。考古紀錄中有一個跡象可佐證當地土壤鹽化的加劇，即當地居民食用大麥的比例增加，因為大麥的耐鹽性比小麥更高。然而，人口最終還是崩潰了，從西元前一千九百年約六十三萬人，減少至西元前一千六百年約

圖10.6　人口與技術變遷：美索不達米亞低地區域的馬爾薩斯循環與灌溉技術

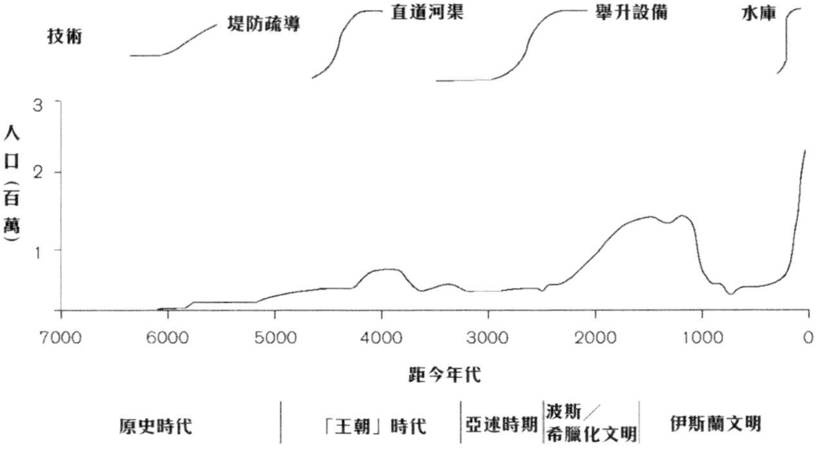

引自Neil Roberts, The Holocene，頁175；根據M. J. Bowden et al., "The Effect of Climate Fluctuations on Human Populations: Two Hypotheses," *Climate and History: Studies in Past Climates and Their Impact on Man*, edited by T. M. L. Wigley, M.J. Inagram and G. Farmer (Cambridge: Cambridge University Press, 1981)，頁479-513。

二十七萬人，直至一千年後，在阿契美尼德王朝統治下才再度回升。[35]遺憾的是，到了美索不達米亞文明的晚期，同樣的模式再度發生（參見圖10.6）。馬雅文明在十八世紀末，可能也是基於相似的原因而崩潰（參見地圖10.1）。麥可D.柯伊指出：

> 在馬雅的古典期，南方低地上的人口，可能已經成長到了土地難以負荷的地步，無論當時使用的是何種農業技術。有愈來愈多證據顯示，整個中央地區森林砍伐與土壤侵蝕嚴重，僅靠在一些條件較好的區域實行旱坡梯田才得以緩解當時的情況。總之，人口過剩與環境破壞的程度，已與現今許

地圖10.1 哥倫布到達之前的美洲世界地區

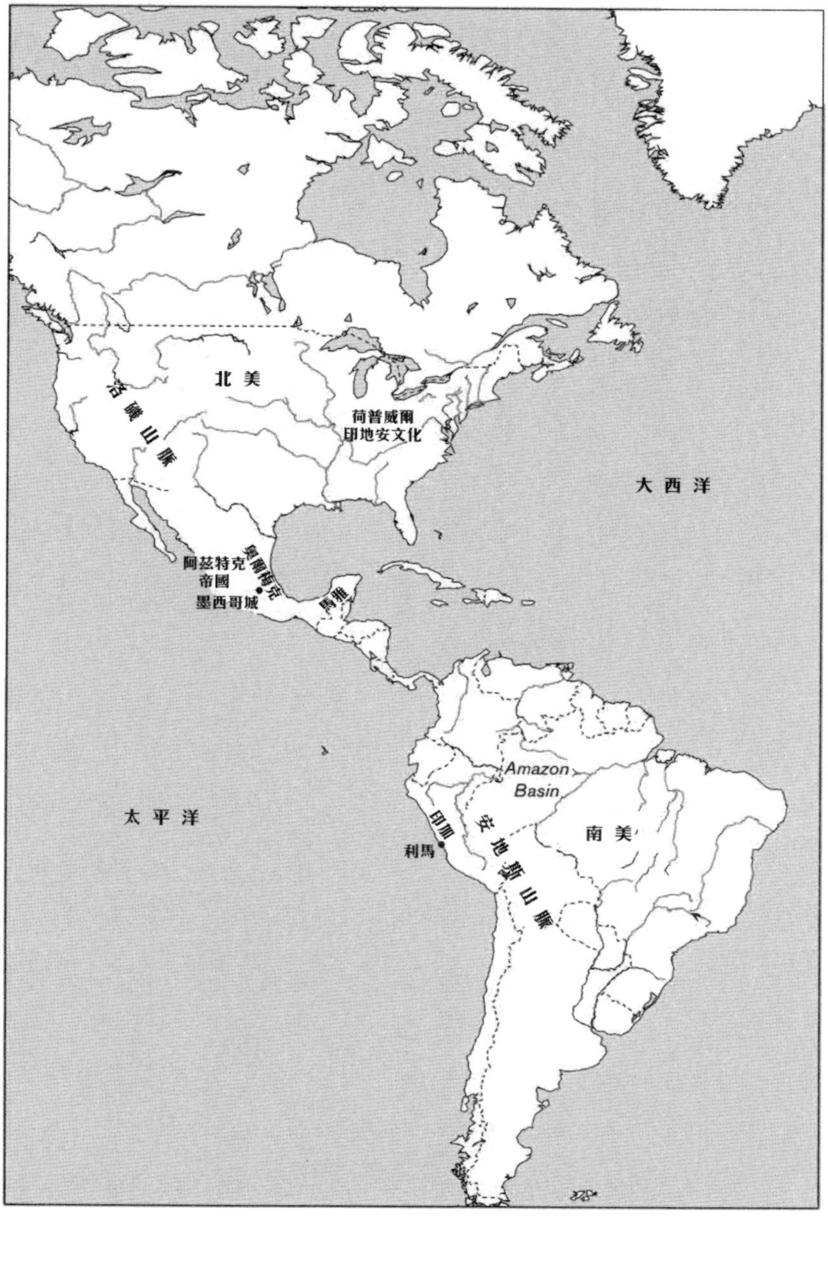

多條件最差的熱帶國家情況相去不遠。馬雅的覆亡，由此可見，一定具有生態上的因素。[36]

在這些例子中，新技術或機會刺激了人口成長，然而無論是技術或經營的方法，都不足以支撐無限的增長。在所有這些情況裡，革新雖然足以推動成長，但是卻無法支撐這樣的成長，或避免人口過剩與生態惡化發生。這種緩慢革新的特殊模式（艾瑞克・瓊斯稱之為「技術偏移」）拖緩了人口成長的速度，是整個農耕時代會出現階梯形週期的主要原因。[37]我將其稱為馬爾薩斯循環。

與環境破壞一樣，疾病也是這些循環週期中的一環。人類與疾病之間發展出的關係，在歐亞大陸最為明顯——或許就像賈德・戴蒙所主張的，只有在這裡，人類與家畜因為生活得夠密切，所以會彼此交換疾病的病原體。[38]表6.3中的數據顯示，世界人口在西元前一千年至前一年之間急速地增長（這些數據主要來自歐亞大陸，所以我們獲得的結論也主要適用於歐亞大陸）。從西元前三千年至一千年，這兩千年之間，世界人口翻倍所花費的時間，從早期農耕時代約莫一千六百三十年，減少至需要一千五百八十年；然而從西元前一千年至前一年，則降到了僅需九百四十五年。這些統計數字，增強了其他趨勢所揭露的印象：在西元前一千年代，至少在大部分的非洲—歐亞世界地區，是人口成長異常快速的時期，隨後成長就減緩下來。這是什麼原因造成的呢？

威廉・麥克尼爾針對歐亞大陸的人口增長，提出了最為細緻的解釋。無論從大處或小處著眼，其都與人類和寄生物的關係變化有關。「大型寄生物」（即收取貢賦的國家）學會了以較不暴力以及讓人們更能預期的方式收取貢賦；而人口增長與流行病的交換，使得各區域與地方病的關係變得更為穩定：

在西元前一千年代，在三個重要的人口中心地區（中國、印度與地中海）內，大型與小型寄生現象會自我調節以尋求平衡，以使文明社會能夠維持人口成長及領土擴張。因此，在西元紀年開始時，中國、印度與地中海文明，都達到了能與古老的中東文明抗衡的規模及人口數量。[39]

政治體系愈來愈能夠判斷貢賦收取的合適比例應為多少，人們（與他們的免疫系統）也愈來愈能夠對付傳染性疾病。

遺憾的是，這個解釋也具有反面效果。當之前相互隔絕的地區開始頻繁接觸，他們也就開始交換疾病。在某些缺乏免疫性的地區，這些交流可能會造成毀滅性的後果。有時，瘟疫和流行病會對原先位於該疾病分界的兩方，造成人口的減少或減緩人口增長速度。在進入現代的第一個千年中，直至西元一千年為止，世界人口完全沒有成長。這個人口的反向趨勢極為重要，但卻大大地被歷史學家忽視。在此之前的時期，也可能有過與此相似的緩慢成長，然而因為能找到的證據太少以致無法確認。在地中海的世界體系裡，我們發現在西元前三千年代晚期與西元前兩千年末期，具有一些可能導致人口與政治崩盤的線索。無論早期這數次衰退的原因為何，麥克尼爾主張西元第一千年代的人口停滯，是由於歐亞大陸主要交通網路的交通日增，如絲路與連接地中海與南亞、東亞的海路。病菌隨著人類、貨物與技術傳播，由於各地的人們缺乏生物上或文化上的抗體，這些地區都面臨了新型疾病的威脅，造成大量與一再發生的瘟疫。麥克尼爾將這個過程稱為「歐亞大陸人類生存時代的終結」。[40]

新疾病對歐亞大陸世界體系的兩極地區影響最大，即中國與地中海地區，這兩個區域早期與其他地方的接觸極為有限。新疾病對美索不達米亞與印度的影響較小，這兩個區域因為靠近歐亞交換網路的樞紐中心，所以對疾病的抵抗力也較強。麥克尼爾主張，直至西元前一千年代，在那些人口密集的居住區，都與地方性病菌發展出了更為穩定的關係，這或許也解釋了為何在那一千年內，人口出現更快速的成長；而歐亞大陸上兩個主要文明地區的病菌交流，可能亦說明了西元一千年代人口成長緩慢的緣由。

樞紐地區的免疫性相對來得高，也可能是西元一千年代薩珊（Sassanid）王朝及其後的伊斯蘭（Islamic）帝國崛起的原因。這兩個王朝皆位於波斯與美索不達米亞的中心地帶，還有北印度的笈多王朝（西元三二〇年—五三五年）也是同樣情形。然而在遠東與遠西地區的人民就難逃厄運了。如麥克尼爾所言，「在西元開始數世紀內，……歐洲與中國，即舊大陸兩個對疾病最沒有抵抗力的文明，整個社會在新型傳染性疾病的破壞性摧毀下不堪一擊，就像後來的美國印第安人在流行病學上的情況一樣。」[41]看起來，在西元一千年代之前的地中海地區，像天花、麻疹與德國麻疹這樣的疾病並不存在。[42]在羅馬，大規模的流行病在西元一六五年首次發生。這些疾病可能是某種形式的天花，然而麻疹與腺鼠疫在接下來數世紀之間也出現了。「查士丁尼瘟疫（plague of Justinian）」在西元五四二至五四三年襲擊了拜占庭，透過歷史學家普羅科匹厄斯（Procopius）的詳細記載，幾乎可以確定是腺鼠疫。[43]在接下來至少兩個世紀中，瘟疫仍一再發生。

這些極具毀滅性的細菌交流，對人口模型的改變影響甚鉅。其也影響到國家結構，甚至宗教史與思想史。例如，人口的損失必然影響了羅馬帝國走向衰亡。中國的情況比較不明朗，但是有證據顯示，在西元二世紀中葉曾爆發嚴重的傳染病，可能包括天花與麻疹。我們也發現在漢代衰落（西元二二〇年）至唐代興起（西元六一八年）之間，中國的人口急遽減少，而帝國的政治與意識形態結構也隨之崩解。[44]與此同時，美索不達米亞、伊朗，也許還包括印度北部，人口數量的維持則平穩得多，因此這些地區在西元一千年代晚期達到繁盛。十四世紀的黑死病，標誌了致病媒介的交流進入一個新階段，當時最流行的疾病是腺鼠疫。

在農耕文明時代，還有其他一些減緩人口累積的殺手。其中最重要的是由饑荒、戰爭與都市化三個因素結合所帶來的影響。我們將在之後的章節深入討論。

積累的泉源之一 國家與城市在其統治的區域內強勢地聚集財富，同時它們也是該區域積累與革新的泉源，因為統治者的力量，就是來自於動員人力與經濟資源的能力。更進一步說，城市在本質上就是觀念與貨物交換的重要樞紐。不過，城市與國家也可能會壓抑革新。

雖然各個國家會經歷興衰起伏，但長期趨勢都顯示，最強大的國家，其疆域與力量都會持續擴展。與此同時，還有一些比較小型及較原始的國家體系，它們的數量也會增加，其具有有限的官僚體制與分立的統治權，我們通常把這種政治體制稱為封建，或者逕稱為早期國家。[45] 農耕文明時代的國家，並不像現代國家一樣，能夠規定他們臣民的日常生活。大多數的君主都是透過中介者進行統治，對多數臣民的生活既所知甚少，也毫無興趣。不過，國家無疑慢慢地愈來愈能掌握統治方式，也開始懂得如何有效使用較不致命、有所節制的手段，從人民那裡掠取好處。

有一種間接的衡量方式，可讓我們了解國家日益增加的權力，亦即最大型的國家所統治的面積。雷恩・塔格派拉估算了此一發展趨勢。[46] 表10.5中的數據，顯示有三個明顯的分期存在。

首先，從大約西元前三千年至前六百年，即使是最大的國家體系，統治疆域也沒有超過一平方千公里（1 megameter = 100,000 km^2）。最早的帝國體系由阿卡德的薩爾貢所締造，其涵蓋面積約零點六平方千公里，而其最近的競爭對手，西元前三千年代的埃及王朝，在巔峰時期大約控制了零點四平方千公里。薩爾貢帝國的疆域紀錄，直至西元前二千年代中期才被打破，當時埃及法老圖特摩

表10.5　一些特定國家與帝國的統治面積

時期	年代	國家或帝國	統治面積（千公里）
農耕時代晚期之一	西元前3千年代晚期	美索不達米亞南部阿卡德的薩爾貢	0.6
	西元前3千年代晚期	埃及	0.4
	西元前2千年代中期	埃及圖特摩斯三世（西元前1490—前1463年）	1.0
	西元前2千年代晚期	中國商朝	1.0
農耕時代晚期之二	西元前1千年代中期	伊朗阿契美尼德王朝（及繼承者）	5.5
	西元前1千年代晚期	印度孔雀王朝	3.0
	西元前1千年代晚期	中國漢朝	6.0
	西元1千年代早期	地中海羅馬帝國	4.0
	西元1千年代中期到晚期	伊斯蘭帝國早期	10.0
	西元1千年代中期到晚期	內陸歐亞第一突厥帝國	7.5
農耕時代晚期之三	西元2千年代早期到中期	內陸歐亞蒙古帝國	25.0
現代	約西元1500年	美洲印加與阿茲特克帝國	2.2

資料來源：數據引自Rein Taagepera, "Size and Duration of Empires: Systematics of Size," *Social Science Research* 7 (1978): 108-27.

斯三世（Thutmosis III），在埃及與美索不達米亞東部建立了一個短暫的帝國，其面積可能接近一平方千公里。在西元前十三至十二世紀，中國的商朝也可能具有同等面積的疆域。

其後，在西元前六世紀，阿契美尼德王朝締造了新紀錄。在其鼎盛時期，其統治疆域大約達五點五平方千公里。在接下來的兩千年中，歷經阿契美尼德王朝、塞琉古（Seleucids）王朝、帕提亞（Parthians）王朝、薩珊王朝以及阿巴斯王朝，波斯一直是這些統治相似領域的帝國之中心。在這段時期中，這些王朝為帝國的疆域設立了標準。在印度，西元前三世紀，孔雀帝國短暫統治了超過三平方千公里的領土。往後的印度帝國，直至西元十六世紀蒙兀爾帝國建立為止，再也沒有達到同樣的面積。到了西元前一世紀，中國漢朝統治的疆域開始超越波斯（大於六平方千公里）。亞歷山大大帝的帝國比波斯人的帝國更為遼闊，但維持的時間也更短暫。進入西元一世紀時，羅馬共和國控制了一個超過四平方千公里的帝國。在西元七到八世紀，伊斯蘭的征服創造了新帝國，其以美索不達米亞與波斯為基地，控制了非洲—歐亞大陸的主要樞紐地區，在解體前大約統治了十平方千公里的疆域。

第三個時期，除了十三世紀的蒙古帝國明顯特別突出，在鼎盛期統治了二十五平方千公里的領土，以及更晚之後，現代早期的歐洲帝國，在十七世紀也控制了二十五平方千公里之外，絕大多數傳統帝國，最多也只擁有五到十平方千公里的領域。直到進入現代，藉著傳播與運輸技術的改良，加上現代軍事與官僚技術，創造更大型的帝國方才成為可能。

在美洲，國家體系的發展也具有類似的趨勢，不過在時間上相差了大約兩千年。在西元前兩千年代晚期或西元前一千年代早期，此處出現了與蘇美或埃及規模相似的農耕文明。然而，美洲的政治疆域一直沒有達到像阿契美尼德王朝一樣的規模，直到歐洲人抵達為止。西元一千五百年，印加統治的疆域大約占二平方千公里，阿茲特克帝國更小，其領土僅達零點二二平方千公里。[47]

宗教思想的變遷，反映了國家結構日漸增加的權力與疆域，因為宗教可以推動人民對國家的忠誠，並把貢賦交換合理化，達到鞏固國家權力的目的，特別是那些有著建制化教堂的地方。農耕早期文明的宗教，就像舊石器時代的宗教一樣，其訴求與影響力都傾向於地方性與區域性。[48]他們對神祇的冀求，就像對家庭成員一樣，都是希望他們可以保護某個部落或城市，並消滅他們的敵人。隨著最初的帝國建立，區域性的神靈被納入了更大的、更具帝國特色的萬神殿；但是宗教仍然是地區性的事務，與朝代、城市與帝國的繁榮密切相關。我們可以在阿卡德的薩爾貢之孫納拉姆辛（Naram-Sin，約西元前二二五〇—前二二二〇年在位）當時的宗教藝術中，觀察到這些關聯性，在其中他被描繪成統治眾神的神。

直至西元前一千年代，第一個普世宗教才出現。這些宗教雖然實際上都與某個特定王朝或帝國有關，但都聲稱擁有普遍真理，並崇拜全能的神。當帝國與交換網路擴展到了已知世界的邊境，並控制了擁有不同信仰體系與生活方式的人民後，普世宗教的誕生絕非偶然。祆教作為最早的普世宗教之一，於西元前一世紀中期，在最大的帝國阿契美尼德王朝中出現，而且其位於將非洲—歐亞大陸連成世界體系的貿易樞紐上，也必有原因。實際上，絕大多數的普世宗教出現在美索不達米亞與印度北部之間的樞紐區域，包括波斯的祆教與摩尼教、印度的佛教、中國的儒教，以及地中海世界的猶太教、基督教與伊斯蘭教。這些宗教的產生，使德國存在哲學學者卡爾・雅斯培（Karl J. Jaspers），在其一九四九年首次出版的世界歷史著作中，將這個時期命名為「軸心時代」。[49]有個現象非常能夠說明非洲—歐亞大陸不同地區之間的聯繫愈來愈強，就是宗教沿著貿易路線傳播出去，佛教沿著絲路進入了中國，還有摩尼教及景教。伊斯蘭教得益於對美索不達米亞樞紐區域的控制，因而能夠傳播得更遠：西抵西班牙，南至東非，東到中亞與中國北方，並最終向東南傳至印度與東南亞大部地區。基督教雖然曾成功傳到地中海地區，但在許多世紀中並無法與伊斯蘭教匹敵。直至西元二千年代晚期，基督教才興盛起來。

就像人口成長一樣，收取貢賦的國家，對於積累具有深遠但也有矛盾的影響。從積極的方面看，國家大有理由去鼓勵革新及積累，以增加其權力與績效。就像病毒一樣，它們能夠選擇以或快或慢、輕重不一的方式，去掠取它們的獵物。最穩定的國家，與最明智的統治者，會透過輕徭薄賦、維護基礎設施、維持法律與秩序，以及鼓勵鄉村人口成長與農業生產，保護其社會的生產基礎。適量的賦稅與穩定的統治，可以促進農業與手工業的生產。但透過其他方式刺激成長也同樣重要，像是維護道路與灌溉系統等基礎建設。在所有的歐亞農耕文明中，這些統治方式是反覆被強調的主題。許多古代的作家都說明了並鼓勵課徵較輕與較穩定的賦稅制度。因此，十一世紀塔巴里斯坦（Tabaristan）一名穆斯林君王，在寫給他兒子的書中提到：「時時務求改善耕作與治理有方；因為你必須了解這個道理：國家靠的是軍隊，而軍隊靠的是財富；財富是透過農業發展而產生，而農業靠的是公正與平等。因此，你必須保持平等與公正。」[50]中國宋朝政府也抱持著類似的統治哲學，他們命令官員在南方推廣更多產的稻米。更早的中國朝代投資了運河的修築以及改善道路工程，讓稻穀與貨物能夠更便利地運送到大城市。凡是人口必須依賴大型灌溉工程的地區，政府都必須費心維護這些系統。

國家可以透過許多方式刺激積累。大多數收取貢賦的國家，最關心的是戰事的爆發，因為征服鄰近的社會，是獲取資源最快的方式之一。所以收取貢賦的國家，總是投注許多心力在軍事革新上。蘇美政府收購黃銅與錫，因為他們需要青銅兵器。羅馬在橋梁建築、輸水管與防禦工事方面的技術卓越；他們也精於混凝土的使用，以及戰爭工具的建造，諸如利用棘輪、滑車、齒輪的複雜系統，製造彈射器或攻城坦克。漢朝的科技（與官僚技術）在某些領域令人印象深刻，例如防禦工事（如中國的長城）、武器與裝甲的大量製造、戰爭資源的動員，以及運輸食物的運河修築。

統治者經常會為了增加自己的威望，而支持大型建築方案。羅馬用來維護並美化首都的技術，尤其令人印象深刻。「西元一百年的羅馬，」有人認為，「擁有比西元一千八百年的歐洲文明首都更優秀的馬路、汙水處理、供水系統及防火設施。」[51]就像大型軍隊的建立一樣，這些建築方案刺激了貿易並創造了需求，從而增加了積累。強大的國家在創造聲望的方案上不惜揮霍大筆經費，就像阿契美尼德王朝的首都波斯波利斯（Persepolis）。這些方案雖然是用來威懾臣民與對手的，但它們也提供了就業機會，並吸引商人與工匠前往。國家為了追求管理上的效率，也會致力於提高讀寫能力，雖然通常僅針對它們的官員。還有若干改變或許提高了官僚體制的效率，包括大約在西元一千年，腓尼基的城市開始使用字母書寫，在數學與天文學方面的進步，也幫助國家得以更能控制曆法與計算。為了掌控至少從亞述帝國時期就開始使用的大型常備軍，更大型且更有效率的官僚體系也是不可或缺的。最終，穩定的政府與財政，會鼓勵農民生產更多的剩餘產品，也刺激商人拓展貿易。

不過，雖然收取貢賦的國家常常會幫助積累，但也可能會對積累產生反效果，有的甚至相當嚴重。事實上，農耕文明的基本結構，使得這種現象必然發生。由於土地是絕大多數剩餘產品的來源，如果初級生產者沒有土地，收取貢賦的菁英就無法生存。因此，在多數農耕文明中，絕大部分人都以某種形式使用著土地。生產資源的整體分配，使得財富梯度的擴大受到限制，並使得財富不至於集中在菁英團體手中。這意味雖然政府與菁英團體仍掌握了主要的剩餘財富，但是他們無法掌握所有農業社會的基本生產資源，亦即土地。不論菁英如何象徵性地主張對土地的所有權，他們仍然必須將大多數土地交給那些在其上勞動的農民。這個要件使他們管理與監督農業生產的能力受到限制。這也解釋了為何貢賦國家可以靠著如此初級的官僚制度生存下來：他們將絕大部分基礎生產任務幾乎悉數交付給鄉村農戶的技術與勞動。

就像馬克思所指出的，這些關係解釋了為何收取貢賦的菁英在榨取資源時，必須常常禁止革新與壓抑生產力。52 如果農民擁有足夠的土地養活自己，那麼他們就沒有動機去屈從菁英的大量需索。也正是因為這個原因，菁英們通常不得不使用武力威脅以榨取剩餘產品。在短期或中期階段中，這些威脅都是獲取資源最有效的方式，無論是榨取日常稅收或透過武力征服以獲得新財富，因為實際上的生產成長速度通常都太慢，不足以滿足統治者。因此摩西斯・芬利（Moses Finley）主張：「古時候的經濟增長，都是透過對外擴張獲得的。」53 他的說法並不至於太過誇張。在這種環境下，只有那些具有遠見或信心的統治者，才會大量投資在那些需花上數十年才能提高生產力的計畫。當面臨立即的危機時，即使是最有能力的統治者，也會變成殘忍與具破壞力的掠奪者。能力較弱或處於絕境的統治者，就會理所當然地使用破壞性的財政方式，即使他們或者他們的軍師明白這些做法正在破壞他們統治的基礎。在俄羅斯歷史上，恐怖伊凡（Ivan the Terrible）的統治，就是一個過度掠奪導致危機的可怕例子。在他死後，花費了數世紀建設起來的強大俄羅斯帝國，在內戰、饑荒、侵略以及人口下降的「混亂時代」中，走向分崩離析。伊凡橫徵暴斂的政策是導致國家瓦解的主因，逼得身為農耕文明生產基礎的農民不是破產就是逃亡。

這些農耕文明的基本結構特徵，產生了一些重大的結果。首先，收取貢賦的社會菁英，必須是脅迫與管理的專家，而非生產。大體上而言，收取貢賦的菁英總是鄙視生產工作及勞動者，這個態度使得他們大多對於構成其財富的生產技術一無所知。菁英生活方式的範型是官員和戰士（管理者與脅迫者），而非工匠、農民或商人。收取貢賦的菁英大多滿足於挑選自身所需之物，並且關心軍事與財政技術，以讓他們可以繼續挑選所需。一般而言，他們必須是財富的奪取者，而非財富的生產者，因此對他們而言，治理技巧優先於經濟計算。[54]馬基維利（Machiavelli）對於世上戰略與技術規則的描述，雖然不無諷刺之意，但非常具有參考價值：

> 因此，君王除了戰爭，以及其組織與紀律外，不應該有其他的目的或思想，也不需要具備其他技巧。戰爭的藝術是統治者唯一該學會的事，其可使繼任的王儲維持統治地位，也往往能讓一般市民有機會成為統治者……。如要失去你的國家，最首要的方法就是忽視戰爭的藝術；如要贏下一個國家，最首要的方法就是精通戰爭的藝術。

在這樣的世界裡，男性菁英自然會將自我訓練的重心放在如何進行威脅，而非智識或商業活動。因此，把時間花在打獵或騎馬比武上，要比待在帳房來得有用得多。

> （君王）永遠不應讓自己的思想偏離軍事訓練，而且在和平時期應比戰爭時期更加投入。這些訓練可以是身體或心理的。就前者而言，君王除了必須妥善地組織訓練他的人馬外，還必須經常出外打獵，讓身體習慣處於艱困環境，並認識一些實際的地理形態：包括山脈的走勢、峽谷的凹陷，以及平原的開展。[55]

由於收取貢賦的菁英將暴力視為統治的主要工具，這使得他們以一種在現今工業化社會中，幾乎不會出現的理所當然態度，盡情地施加暴力。賽爾柱（Seljuk）蘇丹的首相尼查姆・穆爾克（Nizam al-Mulk），曾引述阿巴斯帝國的哈里發馬蒙（Ma'mun）之言：「我有兩名侍衛長，他們從早到晚忙於斬首、絞刑、砍掉人的四肢、杖笞與將人關進監獄。」一名十二世紀的法國作家描寫了戰爭的愉悅：「老實說，聽到兩方人馬高喊『衝啊！』、失去了騎士的戰馬在灌木叢中嘶鳴、眾人哭喊『救命啊！救命啊！』、看到人紛紛倒下……以及飾有華麗旗幟的長矛插在屍身上，這些在在令我胃口大開、酣睡得無比香甜。」[56]

菁英在某些情況下會停止行使暴力，而專注於高壓統治。在帝制中國，從秦朝（西元前二二一年—西元前二〇七年）建立第一個帝制國家開始，一個龐大的官僚體系就監控著軍隊與稅吏；而行政與法律上的高壓統治形式，經常比肉體上的脅迫更能取得威信，具有雄心者花在學習上的時間超過狩獵，只不過他們學習的是掌控的技術，而非農耕或貿易。

同時，農民（初級生產者）通常只求維持生計，並沒有太大興趣提升產量，因為即使產量增加，也會輕易地被領主掠奪。像中國這樣穩定並長壽的政治體，其繁榮的部分原因是它們夠富裕，並足以長期維持收取可預期且相對輕的賦稅，使得農民願意在提高生產力的革新技術方面進行更多投資。[57]但是即使在較不那麼橫徵暴斂的國家，農民革新的誘因也是有限的。一般而言，他們欠缺財務資源、承擔風險的能力，以及實驗新技術所需的訓練。

整體而論，如喬爾・莫基爾（Joel Mokyr）所主張的，在勞動者缺乏財富、教育與威信的地方，以及在那些擁有財富、教育與威信的人對於生產工作一無所知的地方，是不太可能迅速地出現技術革新的。在農耕文明中，收取貢賦的菁英對於資訊交換網路具有極大控制力，而他們對技術思想抱持的敵意，則大幅減緩了生產技術革新的流通。[58]緩慢的成長速率抑制了投資，因為這意味著投資要在很久之後才可能獲得回收，傳統的統治者很少能執政如此長久，這就形成了一個惡性循環。在一個成長怠速的世界裡（以現代的標準來說），為了增加生產所作的投資，就擴增歲收的方法而言，實在是太慢了：相形之下，征討是更加大有可為的策略。這些例子，都說明了收取貢賦國家賴以建立的社會經濟結構，如何減緩了生產技術的革新。

交換、商業和都市化

不過，在農耕文明時代，商業交換也是革新的動力之一。經商者必須是操作這種兩相合意交換系統的專家，雖然他們常常也希望動用武力達到目的，但是武力起的作用通常較小，因為商業交換發生的地點，經常超出強制力所能控制的範圍，或者他們關心的商品引不起掌權者的興趣。由於在商業交換中，效率與雙方的合意，一般比起武力更為重要，所以人們普遍相信，商業比起收取貢賦，更可能激發出提升效率的革新技術。

雖然大多數的前現代國家主要都以收取貢賦為交換方式，但是由於統治者的勢力難以操控領土之外的資源，所以除了那些可以利用武力進犯討到便宜的地方，國與國之間的交換通常都是兩相合意的。因此，這種合意性的商業交換，通常比統治者控制下的貢賦交換更加無遠弗屆。長期來看，人口成長、農耕文明的散播、與傳播方式的改良，都增加了商業交換的數量與範圍。而它們反過來又使得新的生產性軍事技術與管理技術的傳播加快，以及使新產品在持續擴張的世界體系裡加速傳布，因為商人通常會尋求為他們帶來商機的革新技術（正是這種壓力，促使歐亞大陸西部的國家與商人，在西元一千年代成功獲得了絲綢製造的祕密）。但是，商業交換本身也會展生一種綜效，因為不同地區的革新技術，通常會在新的地方，造成新的而且更多的加乘效果，因而增強了其影響的範圍及程度。[59]有個顯著的例子，就是在農耕文明引進草原文明的騎馬技術後，產生軍事上的綜效，而造成了戰爭的變革。另一方面，我們發現區域間的交換行為，也會妨礙農耕文明的積累過程，主要是因為它們對疾病類型所產生的間接影響；同時，區域間的聯繫也常遭那些掠奪成性的貪婪國家阻斷。因此，商業能刺激變革，然而其在前現代國家對變革的影響力不若現代一般強大。

大多數收取貢賦的菁英，都輕視非強制性的商業交換以及從事這類交換的人。這種輕視的態度明顯存在於絕大部分帝國體系的官方價值觀中：儒家思想、印度種姓制度、羅馬的輕商態度，以及大多數農耕國家給予商人的低下地位。儘管如此，長期來看，交換體系仍在農耕文明時代得以擴張；並且隨著交換體系的發展，商人和企業家掌握的財富與日俱增，最終使得他們的影響力也隨之增強。

隨著交換網路擴大，以及長程交換行為益發頻繁，愈來愈多的資訊與財富經由樞紐地區而流通，使這些位置的戰略重要性逐漸增加。因為城市高度依賴商業，都市化成為間接促成這些趨勢的良方。歐亞大陸的都市化歷史即吻合我們觀察到的模式（參見表10.6）。同樣地，人類在西元前一千年代，似乎也跨越了一個重要的門檻。[60]在西元前三千年代，大約有八座城市的居民達至三萬人以上。這些城市都位於美索不達米亞與埃及的非洲－歐亞大陸樞紐地區，人口總計達至二十四萬。到了西元前一千兩百年，具備同等規模的城市可能達到了十六座，合計有五十萬人口，不過此時這些城市遍布在地中海東部、印度北部與中國。在西元前六百五十年，具此等規模的城市尚僅有二十座，總人口未超過一百萬。但是到了西元前四百三十年，城市數量已經增加到五十座以上，西元一百年更成長至七十座，城市人口分別達至兩百九十萬和五百二十萬。西元一千年代人口轉趨減少，意味著在西元兩千年代之前，都市化已達到了臨界點。西元一千年時，人口和城鎮的數量甚至不比西元一年的時候來得多。

表10.6 非洲—歐亞大陸都市化的長期趨勢

年代	最大型城市的數量	最大型城市的規模	最大型城市的總人口
西元前2250年	8	約30,000	240,000
西元前1600年	13	24,000-100,000	459,000
西元前1200年	16	24,000-50,000	499,000
西元前650年	20	30,000-120,000	894,000
西元前430年	51	30,000-200,000	2,877,000
西元100年	75	30,000-450,000	5,181,000
西元500年	47	40,000-400,000	3,892,000
西元800年	56	40,000-700,000	5,237,000
西元1000年	70	40,000-450,000	5,629,000
西元1300年	75	40,000-432,000	6,224,000
西元1500年	75	45,000-672,000	7,454,000

資料來源：Stephen K. Sanderson, "ExpandingWorld Commercialization: The Link between World Systems and Civilizations," in *Civilizations and World Systems: Studying World-Historical Change*, edited by Stephen K. Sanderson (Walnut Creek, Calif.: Altamira Press, 1995)，頁267；根據Tertius Chandler. *Four Thousand Years of Urban Growth: An Historical Census* (Lewiston, N.Y.: St. David's University Press, 1987)，頁460-78。

在農耕文明時代，都市化與國家活動直接或間接地帶動了各式各樣的貿易活動。美索不達米亞、埃及與中國最早期的政府，都曾積極地規畫與管理必需品及奢侈品的交換活動。到了西元前三千年代中期，政府和廟宇以金子或銀元作為交換貨幣，大量地從事貿易活動，有時甚至辦理有息借貸或銀行業務。一般來說，在那些貢賦制度無法有效施行的區域，市場交換的行為就會蓬勃發展。[61]因此，國家對於那些憑藉武力無法取得的奢侈品和戰略物資，就必須祭出貿易手段。威廉・麥克尼爾指出這些情形：「統治者和握有權力的人，不得不學習多多少少去平等對待這些商品持有者，並以外交的手段及方式代替強制手段。」[62]不過軍事擴張因為具有野蠻凶橫的特性，同樣能夠強而有力地刺激商業和智識交流。舉例而言，阿契美尼德王朝和希臘王朝的遠征，幫助商業與智識交流的範圍擴及到中亞、印度及地中海西岸。在東方，漢朝和唐朝的擴張在中國境內也具有相似的催化效果。這些交流留下的遺產，形塑了波斯、印度、中國與地中海世界的文化傳統。[63]

收貢領主對於規模太小的地方貿易網路通常不感興趣，小販、市場商人或農民通常比政府官員更擅於進行小型交換行為。所以即使在最早期的農耕文明中，也有市場競爭存在。商人之間同樣具有競爭關係，不過在最早期的國家裡，商人經常與政府關係密切，並擁有等同於政府高官的權力與地位。[64]到了西元前兩千年代早期，埃勃拉（Ebla）和馬里（Mari）等城市的記載資料即顯示，美索不達米亞存在獨立的貿易公司，不過他們的貿易行為可能受到政府的管制或是必須獲得政府許可。[65]

到了西元前兩千年代，商業在一些地區已相當繁盛，比起貢賦制度，這些商業活動為小型城邦提供了更重要的經濟基礎。早期這類型的城邦，像是敘利亞北邊的埃勃拉，在薩爾貢時期極為繁榮。一九七四年在埃勃拉出土的著名楔形文字文獻，即詳細記載了當時的貿易與國家從事的貿易活動。安那托利亞中部的城邦卡內許（Kanesh，今日的庫爾特普〔Kül-tepe〕），也提供了西元前兩千年代早期市場、價格與信用制度的詳細紀錄。[66]在西元前兩千年代上半葉還有個更為人熟知的例子，即克里特（Crete）島上的米諾斯（Minoan）城邦，其控制了連接整個地中海農耕地區的貿易網路。在中亞，西元前兩千年代早期在阿姆河文明（Oxus civilization）中也出現了繁榮的貿易城市體系。以貿易為基礎的政體，較為晚近的例子，還包括大約在西元前一千四百年，傳承了米諾斯貿易網路的希臘邁錫尼（Mycenaean）文明；位於今黎巴嫩境內的泰爾（Tyre）和西頓（Sidon）等腓尼基人的城市；以及西元前一千年代的古希臘時期（譯者注：原文為西元一千年代，應為西元前一千年代）。此外還包括東非、印度沿岸和東南亞的貿易城邦。地中海世界的貿易城邦建立起了殖民網路，希臘人主要沿著北部的內陸海岸，腓尼基人則沿著南部海岸前進。腓尼基人最重要的殖民地是迦太基（在今日的突尼西亞境內），於西元前八一四年由泰爾人建立。

非洲—歐亞大陸的貿易網路，在西元前一千年之後迅速地擴大。在歐亞大陸西部，像白銀這類商品在西元前三千年代開始逐漸被當作貨幣，而在中國，自西元前兩千年代中期，瑪瑙貝與布帛也開始具備類似用途。[67]但是將面值刻於幣上的鑄幣技術，則是在西元前一千年代中期首次出現。安那托利亞在西元前七世紀就有貨幣流通，中國北部大約也是在同樣早的時間就出現了貨幣；到了西元前四世紀，歐亞大陸所有主要的農耕文明都採用了貨幣。此一革新使商業交換變得簡單許多。而在西元前一千年代中葉，還有另一件同樣具有重大意義的事發生，就是在歐亞大陸的東部、南部與西部之間，出現頻繁的海路與陸路商業交換活動。[68]起初，國家在刺激這些商路貿易及保護本國商人方面，扮演至關重要的角色。中國漢朝的例子尤其明顯，西元前二世紀晚期，在漢武帝的統治下，投注了大筆資金物力，將疆域拓展到中亞。不過，一般主要負責運輸貨品的還是商人，他們在游牧民族或地方海軍力量的幫助及保護下，用接力方式將貨品從非洲—歐亞大陸的一端運輸到另一端。

正如每本經濟學入門教科書都會說明的，若商人可以自由地在競爭市場中透過交易獲利，則商業就會大大地刺激革新。在競爭的環境下，由於明目張膽地使用暴力是行不通的，壓低成本通常是與對手競爭時最有效的手段；所以商人往往會追求效益最大化以維持低售價。他們也懂得壓低價格的手法，因為他們見多識廣，對於嶄新或更有效率的經營方式具有高度的敏感度。這些商業活動符合了經濟行為的普遍規則，因為納貢菁英目的在收取而非創造財富，所以在商業活動不受納貢菁英把持的地方，以及真正具競爭性的市場，商業行為就非常可能催生出降低成本的革新技術與提高生產力。

在農耕文明中，有兩類地區在這種情況下會特別突出。在農耕文明的周邊地區，以及財務壓力最輕的地區，農民因為能夠儲藏自己生產的剩餘產品，所以處於有利位置，可由提高生產力的革新技術獲益。在古典時代，在北歐「蠻族」的土地上，鄉村生產者比起在羅馬帝國裡享有更大的自主性，而且他們覺得更值得投資在實驗上。事實上，許多新技術就是在這些社群裡問世。例如羅馬作家將「上釉技術、輻輪、肥皂、改良的農業種植技術、先進煉鐵技術的發明」，都歸功於塞爾特（Celt）人。[69] 在東歐，黑麥的引進，使人們得以定居在東歐與烏拉爾山脈之間，那些原本不適合栽種地中海或西歐傳統作物的土地。像哥德（Goth）人這樣的農村社群，則發現透過掠奪與貿易雙管齊下，可以為他們帶來收益，特別是沿著日漸衰落的羅馬帝國邊境。然而，即使是農業國家中的農民，只要他們確保自己可以使用土地無虞，而且不會被課以重稅時，他們通常也會對提高生產量具有更濃厚的興趣。前現代時期的中國農業驚人的高產量，幾乎可以確定與適度的稅賦（因為中國不若同時期的歐洲國家窮兵黷武），以及耕者有其田的高度比例有關。[70]

另一個受到商業影響致使生產力潛能提升的地區，就是那些鄰近區域貿易體系樞紐的小型貢賦國家。這些國家因為規模小，所以經由貢賦得到的歲收有限。但是如果這些國家位在具有發達貿易網路的帝國體系附近，它們的統治者就可以與當地商人合作，透過商業賺取額外的歲入。這些地區的市場傾向於更具真正的競爭性，因為這些小國不像大型的貢賦強國，光是依賴賦稅就足以支撐整個國家。事實上，在農耕文明時代，革新技術的真正發動者，往往是那些位於區域交換網路樞紐旁的小國或城邦。而且，如果這些國家位在周遭鄰國處於緊張敵對關係的區域，則其同時尋求商業與貢賦歲入的壓力就更大。這些在商業上獲利的國家，有時也能夠獲得大量的財富與資訊流入。有些小型城邦，像是古雅典或近代的熱內亞或威尼斯，即使境內的資源有限，也仍然可以在一方稱霸。

就如安東尼・紀登斯所指出的，在農耕文明時代，小型的商業化城邦往往並非孤立的個體，而是隸屬於某個體系，這些體系通常具有高度競爭性，而且比起更大型的貢賦政體，這些體系中的商人一般都享有更高的社會地位。[71]這些地區特別可能成為革新技術的先鋒，尤其在商業手段、運輸與戰爭方面。也因此不難想見，為何腓尼基文會成為最早的書寫字母、現代數學與古典的軍事方陣多歸功於希臘城邦、中亞伊斯蘭的貿易城市對保存古典世界的的技術與科學知識貢獻良多，而現代商業技術則受惠於義大利文藝復興時期城邦。[72]

都市化與商業化鼓勵了多種不同方式的積累：財富、觀念、新技術與執行方式的積累。但是日益頻繁的商業活動，就如國家一樣，也可能阻礙成長，其中最主要的即是疾病傳染的模式。大多數前資本主義城市的環境，都對居民的健康有害；髒亂與擁擠正好為病菌提供了絕佳的環境，使得都市人的平均壽命通常都比鄉下人來得短。直至二十世紀，城市就像社會中的宇宙黑洞，將腹地過多的人口吸引過去並摧毀掉。所以都市化本身就抑制了人口成長，尤其在城市發展迅速時更是如此。如我們所見，擴張的貿易網路也具有類似的效果，但由於其刺激了疾病的交流，所以影響的範圍更為廣大。因此，雖然城市與貿易的擴張經常是革新技術發展的指標，但我們不能將之視為成長的當然手段。

最後，在農耕文明時代，貢賦強國的財政政策，往往壓抑了革新技術被商業活動刺激成長的機會。雖然貢賦國家通常會容忍或甚至鼓勵商業行為，但是其掠奪方式及訴諸武力的意圖，對於需要自由的貿易活動而言永遠是個威脅。因此收取貢賦者與商人之間的行動長期具有根本上的衝突；只要政治體系是由收取貢賦的菁英所主宰，這種衝突就無可避免地會限制商業活動提高生產力的潛能。

革新速度

我們已然了解人口成長、國家權力的擴大及商業化的增加，都會刺激農耕文明時代的革新與成長。但這些因素也都會對積累產生抑制作用。這種矛盾的模式或許有助於解釋農耕文明時代某些重要的特徵。首先，雖然有新的泉源可以刺激革新，但人口成長的速度比起農耕時代早期並無顯著差別。過度掠奪的貢賦國家以及新型疾病所帶來的負面影響，抵銷了人口成長、國家權力增加以及商業擴張的正面影響。再者，這個時期的革新速度毋寧是緩慢的。毋庸置言，此時許多領域都有革新出現，包括科層管理制度、文字、戰爭、傳播方式與冶鐵技術。此外，商業活動的增加，使得鑄銅冶鐵、騎馬或駕駛馬車打仗的技術，在非洲—歐亞大陸廣為流傳。然而，儘管如此，在這整整四千年的時間中，革新技術的發展可說是驚人地少，尤其在生產技術方面——亦即農耕與製作的方法。我們可以這麼說，正是因為這種成長緩慢的模式，說明了為何所有農耕文明都具有基本馬爾薩斯式的起落循環。整體而言，在人類歷史的這個階段中，重大新技術對於積累的貢獻，要比小幅改良既有技術的逐步傳播小得多，例如次級產品革命中的新技術，就是農耕時代早期的先鋒。

本章摘要

農耕文明在現代歷史學的敘事中占據了主流位置。自其在五千年前出現後，就逐漸擴張並日益壯大。雖然農耕文明不是獨一無二——世界上同時還有其他許多非國家形式的社群——但農耕文明最終仍成為世界上人口最多且最強大的社會族群。它們的規模、其內部以及彼此之間交換行為的範圍與頻繁程度，確保了這段時期內的革新技術能夠持續發展。革新技術的主要動力為人口成長、國家活動、日益增加的商業活動與都市化。然而這些機制也皆可能減緩革新的發展。隨著各地人口接觸增加，疾病的交流有時會造成毀滅性的傳染病出現，削弱國力並造成該地的衰落。收取貢賦的國家主要依靠武力剝削以獲取資源，它們對於商業活動通常抱持矛盾或敵意。然而商業活動本身就是革新的主要動力之一。城市也是重要的資訊與商業交換場所，但是其不健康的環境減緩了人口成長並散播疾病。經由這些方式，農耕文明中的這些活動既推動也阻礙了革新。這些互相對立的影響，造成了矛盾的結果：雖然農耕文明時代的歷史特色就是具有多項革新，然而卻沒有一項足以趕上人口成長的速度。這也是為何此段時期中歷史變遷的節律以馬爾薩斯循環為主——在人口、商業與經濟歷經長時間成長後，緊接著就是衰落期，直到下一循環的成長再度出現為止。

延伸閱讀

農耕文明時代是眾多學者的研究對象，然而其中關注大趨勢的學者卻極為有限。在這些為數不多的研究中，包括了雷恩•塔格派拉的著名論文，以及關於世界體系傳統的論文集作，其中包含史蒂芬K.桑德森（Stephen K. Sanderson）、安德烈・岡德・法蘭克、巴瑞・吉爾斯、克里斯多福・切斯—鄧與湯瑪士D.霍爾。還有不少討論世界史的優秀論文，其中許多是研究西元前三千年至西元一千五百年這段時期。部分的傑作包括：傑里・本特利（Jerry Bentley）和赫伯特（Herbert Ziegler），《傳統與相遇：過去的全球視野》（*Traditions and Encounters: A Global Perspective on the Past*）（兩卷〔Boston: McGraw-Hill, 2nd ed, 2003〕）；理查・布里耶（Richard Bulliet）等主編，《地球和它的人民》（*The Earth and Its Peoples: A Global History*, 1997）；以及霍華・斯波戴克（Howard Spodek），《世界史》（*The World's History*〔Upper Saddle River, N.J.: Prentice Hall, 2nd ed, 2001〕）。威廉。麥克尼爾的經典著作《西方的興起：人類共同體的歷史》中，有一些出色的研究；還有戈蘭・布倫哈特主編的《圖說人類歷史》（1994）歷史系列的卷三與卷四。麥可・曼的《社會力量的來源》（*The Sources of Social Power*）（1986）剖析了國家權力的歷史，特蒂斯・錢德勒（Tertius Chandler）的《城市發展四千年》（*Four Thousand Years of Urban Growth: An Historical Census*, 1987）則針對都市化進行解釋。最後，歷史社會學家諸如安東尼・紀登斯（特別是其著作《歷史唯物主義的當代批判》（*A Contemporary Critique of Historical Materialism*, 2nd ed., 1995），以及《民族國家與暴力》（1985），與麥可・曼，都對本章所討論的部分主題有所探討。

注釋

❶ Robert Wright, *Nonzero: The Logic of Human Destiny* (New York: Random House, 2000), p. 108.

❷ 近期關於歐亞大陸語言傳播的一些討論，參見Colin Renfrew, *Archaeology and Language: The Puzzle of Indo-European Origins*

(Harmondsworth: Penguin, 1989)，及J. P. Mallory, *In Search of the Indo-Europeans: Language, Archaeology, and Myth* (London: Thames and Hudson, 1989)。關於「班圖語」在非洲傳播的理論，參見Jan Vansina, "New Linguistic Evidence and 'the Bantu Expansion'," *Journal of African History* 36.2 (1995): 173-95；感謝海克・舒密特（Heike Schmidt）提供參考資料。

❸ Jared Diamond, *Guns, Germs, and Steel: The Fates of Human Societies* (London: Vintage, 1998), chap. 2 and 8；Ben Finney, "The Other One-Third of the Globe," *Journal of World History* 5.2 (Fall 1994): 273-98；以及J. R. McNeill, "Of Rats and Men: A Synoptic Environmental History of the Island Pacific," *Journal of World History* 5.2 (Fall 1994): 299-349。Tim Flannery, *The Future Eaters: An Ecological History of the Australasian Lands and People* (Chatswood, N.S.W.: Reed, 1995), pp. 164-65，認為紐西蘭人開始定居的時間應該更晚。

❹ Diamond, *Guns, Germs, and Steel*, chap. 2.

❺ David Christian, "Silk Roads or Steppe Roads? The Silk Roads in World History," *Journal of World History* 11.1 (Spring 2000): 1-26.

❻ 由於大眾與菁英之間存在著如此重大與普遍的鴻溝，安東尼・紀登斯將這類社會稱為「階級分化的社會」；參見*A Contemporary Critique of Historical Materialism* (Basingstoke: Macmillan, 1995, 2nd ed.), p. 159。

❼ Eric R. Wolf, *Europe and the People without History* (Berkeley: University of California Press, 1982)，特別是第三章。

❽ William McNeil, "The Disruption of Traditional Forms of Nurture," *The Disruption of Traditional Forms of Nurture* (Amsterdam: Het Spinhuis, 1998), pp. 7-8, 29-53；感謝麥克尼爾教授提供該文獻。

❾ 關於這些關係的最佳分析，參見Thomas J. Barfield, *The Perilous Frontier: Nomadic Empires and China* (Oxford: Blackwell, 1989)；以及Nicola di Cosmo, "State Formation and Periodization in Inner Asian History," *Journal of World History* 10.1 (Spring 1999): 1-40。

❿ Janet Abu-Lughod, *Before European Hegemony: The World System, A.D. 1250-1350* (New York: Oxford University Press, 1989)；以及Andre Gunder Frank and Barry K. Gills eds., *The World System: Five Hundred Years or Five Thousand?* (London: Routledge, 1992)。

⓫ Christopher Chase-Dunn and Thomas D. Hall, *Rise and Demise: Comparing World Systems* (Boulder, Colo.: Westview Press,

1997).

⓬ Michael Mann, *The Sources of Social Power*, vol. 1, *A History of Power from the Beginning to A.D. 1760* (Cambridge: Cambridge University Press, 1986).

⓭「由於系統邊界具有多重規則，常常會使邊界出現巢狀的層級。一般而言，大宗商品會構成最小的區域性網路。政治／軍事的互動會形成一個更大的網路，其中或許包含一個以上的大宗商品網路，而貴重商品交換將聯結起更大範圍，其中可能包括一個以上的政治／軍事網路。我們認為訊息網路與貴重商品網路的範圍約莫相當：有時略大一點，有時略小一點」（Chase-Dunn and Hall, *Rise and Demise*, p. 53）。

⓮ Hans Jörg Nissen, *The Early History of the Ancient Near East* (Chicago: University of Chicago Press, 1988), pp. 167-68.

⓯ Charles L. Redman, "Mesopotamia in the First Cities," in *The Illustrated History of Humankind*, ed. Göran Burenhult, vol. 3, *Old World Civilizations: The Rise of Cities and States* (St. Lucia: University of Queensland Press, 1994), p. 32.

⓰ 源出一名蘇美詩人，trans. S. N. Kramer, in *Ancient Near Eastern Texts Relating to the Old Testament*, ed. James B. Pritchard (Princeton, N.J.: Princeton University Press, 1969, 3rd ed.), pp. 647-48；引自A. Bernard Knapp, *The History and Culture of Ancient Western Asia and Egypt* (Chicago: Dorsey Press, 1988), p. 87。阿加德的確切所在地仍然不詳。

⓱ 此為巴瑞K.吉爾斯（Barry K. Gills）與安德烈・岡德・法蘭克（Andre Gunder Frank）的主張，參見Barry K. Gills and Andre Gunder Frank, "World System Cycles, Crises, and Hegemonic Shifts, 1700 BC to 1700 AD," in Frank and Gills eds., *The World System*, pp. 143-99，特別是頁一五三—一五五。

⓲ Paul Bairoch, *Cities and Economic Development: From the Dawn of History to the Present*, trans. Christopher Braider (Chicago: University of Chicago Press, 1988), p. 27.

⓳ 參見Christian, "Silk Roads or Steppe Roads?"。

⓴ 關於早期跨歐亞交換網路的影響力，參見Barry K. Gills and Andre Gunder Frank, "The Cumulation of Accumulation," in Frank and Gills eds., *The World System*, pp. 81-114，特別是頁八六；以及Christian, "Silk Roads or Steppe Roads?"。

㉑ Lynda Shaffer, "Southernization," in *Agricultural and Pastoral Societies in Ancient and Classical History*, ed. Michael Adas (Philadelphia: Temple University Press, 2001), pp. 308-24. 原載*Journal of World History* 5.1 (Spring 1994): 1-21。

22 Shaffer, "Southernization,".

23 關於庫什與阿克蘇姆的歷史，參見Stanley M. Burstein ed., *Ancient African Civilizations: Kush and Axum* (Princeton: Markus Wiener, 1998)；並參見Christopher Ehret, "Sudanic Civilization," in Adas ed., *Agricultural and Pastoral Societies in Ancient and Classical History*, pp. 224-74。

24 David Christian, *A History of Russia, Central Asia and Mongolia*, vol. 1, *Inner Eurasia from Prehistory to the Mongol Empire* (Oxford: Blackwell, 1988)。我在該書中對歐亞草原有更多的討論。

25 有些人主張中國可能在西元前一千年代，其海上遠征就已橫渡太平洋，影響了中美洲的馬雅與祕魯的查文文化，但是該主張只具有間接的證據；參見Louise Levathes, *When China Ruled the Seas: The Treasure Fleet of the Dragon Throne, 1405-1433* (New York: Simon and Schuster, 1994), chap. 1，以及Joseph Needham and Lu Gwei-djen, *Trans-Pacific Echoes and Resonances: Listening Once Again* (Singapore: World Scientific, 1984)。

26 Robert J. Wenke, *Patterns in Prehistory: Humankind's First Three Million Years* (New York: Oxford University Press, 1990, 3rd ed.), p. 498.

27 引自John E. Kicza, "The Peoples and Civilizations of the Americas before Contact," in Adas ed., *Agricultural and Pastoral Societies in Ancient and Classical History*, p. 190。

28 Bernal Díaz, *The Conquest of New Spain*, trans. J. M. Cohen (Harmondsworth: Penguin, 1963), p. 214.

29 Wenke, *Patterns in Prehistory*, p. 515.

30 William R. Thompson, "The Military Superiority Thesis and the Ascendancy of Western Eurasia in the World System," *Journal of World History* 10.1 (1999): 172，引自Rein Taagepera, "Expansion and Contraction Patterns of Large Polities: Context for Russia," *International Studies Quarterly* 41 (1997): 475-504。

31 Robert S. Lopez, *The Commercial Revolution of the Middle Ages, 950-1350* (Englewood Cliffs, N.J.: Prentice-Hall, 1971), p. 1.

32 Emmanuel Le Roy Ladurie, *The Peasants of Languedoc*, trans. John Day (Urbana: University of Illinois Press, 1974), p. 4.

33 E. A. Wrigley, *Population and History* (London: Weidenfeld and Nicolson, 1969), pp. 55-57.

34 亦可參見此書結論：Thomas M. Whitmore et al., "Long-Term Population Change," in *The Earth as Transformed by Human*

Action: Global and Regional Changes in the Biosphere over the Past 300 Years, eds. B. L. Turner et al. (Cambridge: Cambridge University Press, 1990), p. 37：「考察某地區長期人口紀錄，揭示了一個共同的增長和衰落的週期。」

㉟ I. G. Simmons, *Environmental History: A Concise Introduction* (Oxford: Blackwell, 1993), p. 13.。亦參見Whitmore et al., "Long-Term Population Change,"。

㊱ Michael D. Coe, *The Maya* (New York: Praeger, 1966), p. 128.

㊲ E. L. Jones, *The European Miracle: Environments, Economies, and Geopolitics in the History of Europe and Asia* (Cambridge: Cambridge University Press, 1987, 2nd ed.), chap. 3.

㊳ Diamond, *Guns, Germs, and Steel*, chap. 11，尤其是頁二一二—一四。

㊴ William H. McNeill, *Plagues and People* (Oxford: Blackwell, 1977), p. 102.

㊵ William H. McNeill, *Rise of the West* (Chicago: University of Chicago Press, 1963), chap. 7。亦參見McNeill, "Confluence of the Civilized Disease Pools of Eurasia, 500 B.C. to A.D. 1200," chap. 3, in *Plagues and Peoples*，以及Kenneth F. Kiple ed., *The Cambridge World History of Human Disease* (Cambridge: Cambridge University Press, 1993)。

㊶ William McNeill, *Plagues and Peoples*, p. 111.

㊷ Kenneth F. Kiple, introduction to Kiple ed., *The Cambridge World History of Human Disease*, p. 3.

㊸ William McNeill, *Plagues and Peoples*, p. 119.

㊹ William McNeill, *Plagues and Peoples*, pp. 116-29.

㊺ 參見Henri J. M. Claessen and Peter Skalnik eds., *The Early State* (The Hague: Mouton, 1978)。

㊻ 塔格派拉的數據引自William Eckhardt, "A Dialectical Evolutionary Theory of Civilizations, Empires, and Wars," in *Civilizations and World Systems: Studying World-Historical Change*, ed. Stephen K. Sanderson (Walnut Creek, Calif.: Altamira Press, 1995), pp. 80-81。該論文大部分根據塔格派拉的研究："Size and Duration of Empires: Systematics of Size," *Social Science Research* 7 (1978): 108-27。

㊼ Thompson, "The Military Superiority Thesis," p. 172，引自Taagepera, "Expansion and Contraction Patterns of Large Polities,"。

48 此書的討論有助於了解早期文明的宗教：Bruce G. Trigger, *Early Civilizations: Ancient Egypt in Context* (Cairo: American University in Cairo Press, 1993), chap. 4。

49 參見Karl Jaspers, *The Origin and Goal of History*, trans. Michael Bullock (New Haven: Yale University Press, 1953), chap. 1。

50 該段話引自：Christian, *A History of Russia, Central Asia, and Mongolia*, 1: 306。

51 Joel Mokyr, *The Lever of Riches: Technological Creativity and Economic Progress* (New York: Oxford University Press, 1990), p. 20.

52 馬克思的經典論述如下：「當實際勞動者，仍是生產工具與維生手段他所需的勞動條件的『所有者』，財產關係必然與直接的宰制與奴役關係同時出現，因此直接勞動者是不自由的人——這種不自由可能從農奴制與苦役工制逐漸減輕到貢賦義務……。在此情況下，名義上的地主，只能透過超經濟強制手段從勞動者身上榨取剩餘勞力，不論他們採行的是何種方式」（Karl Marx, *Capital: A Critique of Political Economy*, vol. 3, trans. David Fernbach [Harmondsworth: Penguin, 1981], p. 926）。

53 M. I. Finley, "Empire in the Greco-Roman World," *Greece and Rome*, 2nd ser., 25.1 (April 1978): 1。另外，此書對於征服的「利潤」，有著有趣的分析：G. D. Snooks, *The Dynamic Society: Exploring the Sources of Global Change* (London: Routledge, 1996), chap. 10。

54 此書的核心主題指出，利潤最大化不是古典時代統治者的首要考量之一：M. I. Finley, *The Ancient Economy* (London: Chatto and Windus, 1973)。

55 Niccolò Machiavelli, *The Prince*, trans. George Bull (Harmondsworth: Penguin, 1961), pp. 87, 88.

56 Nizam al-Mulk, *The Book of Government, or Rules for Kings*, trans. Hubert Darke (London: Routledge, 1978, 2nd ed.), pp. 131-32；法國作家之語引自：C. Warren Hollister, *Medieval Europe: A Short History* (New York, 1982, 5th ed.), p. 163。

57 R. Bin Wong, *China Transformed: Historical Change and the Limits of European Experience* (Ithaca, N.Y.: Cornell University Press, 1997), pp. 129, 134.

58 Mokyr, The Lever of Riches, p. 175.

59 這種綜效與亞當・斯密（Adam Smith）所指的與交換行為日益增加有關的成長，雖不等同，但十分類似：斯密探討的是，由於專業化增加刺激生產力所得，因此使得市場的擴大成為可能。

60 本段引用資料取自：Stephen K. Sanderson, "Expanding World Commercialization: The Link between World Systems and Civilizations," in Sanderson, ed., *Civilizations and World Systems*, p. 267。

61 安東尼・紀登斯受到德國社會學家馬克斯・韋伯思想的啟發，將經濟交換定義為「所有非強制性的協議，提供現有的或未來的服務，以交換另一種或多種回報方式」（*The Nation-State and Violence*, vol. 2, *A Contemporary Critique of Historical Materialism* [Cambridge: Polity Press, 1985], pp. 123-24）。

62 William H. McNeil, *The Pursuit of Power: Technology, Armed Force, and Society since A.D. 1000* (Oxford: Blackwell, 1982), p. 5.

63 如欲對希臘化時代具有概略的認識，參見Stanley M. Burstein, "The Hellenistic Period in World History," in Adas ed., *Agricultural and Pastoral Societies in Ancient and Classical History*, pp. 275-307。

64 María Eugenia Aubet, *Phoenicians and the West: Politics, Colonies, and Trade*, trans. Mary Turton (Cambridge: Cambridge University Press, 1993), pp. 85-87；引自Snooks, *The Dynamic Society*, p. 345。

65 William H. McNeill, *The Pursuit of Power*, pp. 22-23，此處提到，在西元前一千八百年安那托利亞的楔形文字檔案中，包含了賣錫的驢子商隊的書信。

66 Knapp, *The History and Culture of Ancient Western Asia and Egypt*, pp. 141-43.

67 Knapp, *The History and Culture of Ancient Western Asia and Egypt*, pp. 95, 142; Valerie Hansen, *The Open Empire: A History of China to 1600* (New York: W. W. Norton, 2000), p. 92.

68 Christian, "Silk Roads or Steppe Roads?"

69 Mokyr, *The Lever of Riches*, p. 26.

70 Wong, *China Transformed*, pp. 45-46, 90.

71 Giddens, *The Nation-State and Violence*, pp. 40-41, 79-81.

72 關於古希臘人對軍事的貢獻，威廉・麥克尼爾指出：「古地中海世界發展武器的主要階段，發生在打仗的統治者將商業規則運用於軍事動員任務時，此絕非偶然」（*The Pursuit of Power*, p. 70）。

第五部

現代：一個世界

年表11-1　現代的尺度：1千年

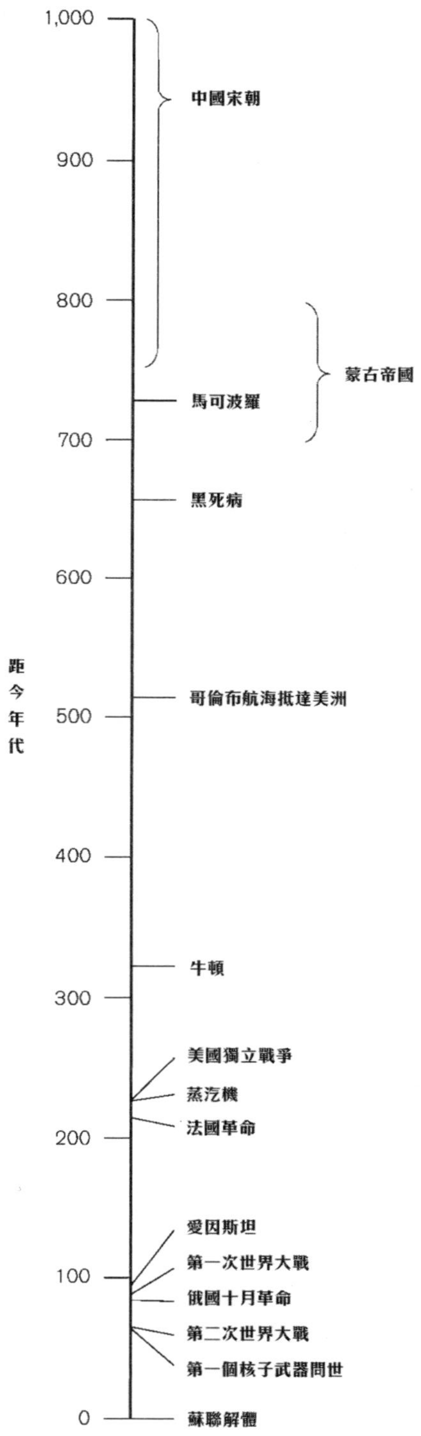

比起任何人類所處的時代，過去的一千年，尤其是過去兩、三百年間，發生了更快速、更核心的變化。歷史跨過一個新的門檻，朝向一個基本上可說是全新形態的社會前進。安東尼・紀登斯寫道：「在這段至多不超過三百年的時間內，變化的速度、戲劇性與範圍，都是先前歷史上的任何變遷所無法比擬的。社會秩序……因現代化的到來而建立，而不只是先前發展的強化而已。從某些特定且十分重要的面向來看，這一切都是全新的。」❶這個改變不僅對人類而言非常重要，也是一個全球性的重大事件，因為人類對生物圈的影響，產生了全新的面向。❷

由於我們置身於這個轉變之中，所以想要清楚且客觀地描繪其特徵實屬不易。因此，為了描述這種轉型，我特意採用了一個模糊的標籤：「現代革命」（the Modern Revolution）。

進入現代化世界的前夕

為了掌握現代革命的規模與意義，或許我們可以進行一趟想像之旅，回到即將邁入現代化世界的前夕，即西元兩千年代早期的數個世紀。

艾瑞克・沃爾夫在其著作《歐洲與沒有歷史的人》（*Europe and the People without History*, 1982）中，帶領他的讀者回到了西元一千四百年。❸這種綜觀提醒了我們，即使到了這麼晚近的年代，世界上仍有許多地區尚未被統合進農耕文明。雖然農耕文明持續穩定地蠶食著單作農民、畜牧民族、或搜食民族的土地，但到了西元一千年，農耕文明所控制的土地仍不及現代國家的百分之十五。所以我們不應將過去五百年現代國家對無國家社群的毀滅性影響，歸咎於農耕時期。事實上，即使是最強大的農業帝國，仍可能遭到由無國家社群帶來的嚴重軍事挑戰，包括北歐或滿洲地區的農民、蒙古或斯基泰草原的畜牧民族。與此同時，不同類型的社群，則透過交換與衝突建立關係。游牧民族使用馬匹與皮革，交換城市所生產的絲綢或酒；西伯利亞搜食者用海象皮或皮草交換金屬製品；中美洲及熱帶非洲叢林的粗耕民族則販賣黃金、羽毛、豹皮與奴隸，以換取城市製造的各種物品。相反地，中國、羅馬這些國家，需要的是來自草原的馬匹與傭兵，他們的商人在草原上進行交易，或者穿越草原到更遠的森林地區進行貿易。美洲的情況亦然，城市必須沿著連接城市與遠方叢林社群的貿易路線，與受無國家社群控制的區域交易，或跋涉穿越這些地區從事貿易。

分析範疇（analytical category）的概念，鼓勵我們將每一種生活方式視為自成一格的世界，但沃爾夫強調實際情況絕非如此：「在西元一千四百年的世界，每個地方的人口彼此都互有關聯。將自己視為某種獨特文化的族群，彼此間都透過血緣或儀式關係互相連結；國家對外擴張，與其他地區的居民結合成更大型的政治結構；菁英團體繼承先前的菁英團體，掌握對農業人口的控制，並建立新的政治與象徵秩序。」❹

農耕文明的菁英，往往將那些生活在其邊界之外的人（其實許多也生活在其邊界之內）視為「蠻族」。這些蠻族社群包括了搜食者、畜牧者、粗耕者及小規模農耕者，他們通常使用半游牧式的火耕，並且仍維持著使用狩獵與採集的方式獲取糧食。在這種聯繫起各個世界的網路中勞動的，就是各類型的商人——有些野蠻而富掠奪性，有些則以較兩相合意的協商方式，進行交換行為。大多數人仍居住在小型的社群裡。在此時，血緣比國家權力更為重要。即使對那些在農業文明中占據多數人口與生產大部分資源的村民而言亦然。當然，村民無法忽視那些來自地主與稅收者的壓迫所形成的負擔，或者軍隊往來所經常導致的死亡、疾病或奴役。但對大多數居民而言，家庭、親屬與鄰居在大部分時間裡，仍然是最重要的。

在遠離農耕文明地區的廣袤邊疆地帶，居住著由村落組成的農耕社群，通常由具有親屬關係的領袖統治。有些社群位處國家的邊界。亞馬遜盆地的大部分地區就有許多小型的粗耕社群，這些社群也從事狩獵與採集。在北美，沿著密西西比河一帶，農民聚居在人口稠密的社群中，其結構幾乎可與國家相比擬。密西西比文化的部分遺址，例如接近聖路易斯的卡霍基亞（Cahokia），人口可能達至三萬以上。卡霍基亞是一個大型的政治和儀式中心，由大約一百個土丘組成。密西西比文化一直延續至十六世紀，不過像卡霍基亞等主要的遺址很早就衰落了；剩下的社群則在初次與歐洲人接觸時，受到歐亞大陸疾病的侵襲而人口銳減。不過一名法國探險家，普拉茲的勒帕許（Le Page du Pratz），曾短暫地停留在密西西比河流域的納奇茲（Natchez）部落，並留下了紀錄以作為見證。如布萊恩・費根所總結的：「他發現自己身處在一個嚴格分層的社會——人們被分為貴族與平民，由名為『偉大太陽』的首領統率——成員住在村子裡，村子包含九間房屋以及一座蓋在土丘頂的神廟。普拉茲目睹了偉大太陽的葬禮。這名首領的妻子、親戚與僕人服下毒藥，與首領共赴黃泉。」[5]

在西非與中非的大部分地區，也有一些較大規模的社群存在。在某些區域，例如現今的辛巴威或迦納北部地區，從西元一千年代中期開始，甚至可能更早，就有由稠密人口及廣闊的貿易網路支撐的國家系統。西非國家主要仰賴對黃金貿易網路的控制，該網路橫跨撒哈拉沙漠，延伸到地中海沿岸靠近現今的摩洛哥地區，或抵達埃及與伊斯蘭世界。在中非與東非出現的國家，與沿海城市進行貿易，穆斯林商人將貨物（主要為黃金與奴隸）運輸到伊斯蘭世界、南亞及東南亞。西元十四世紀，中國的船隊在穆斯林太監鄭和率領下，到達了非洲東海岸。不過，這些遠征當時可以算得上是創舉的部分，只是跳過了傳統貿易網路的中間商。中國至少在西元七世紀就已有非洲奴隸，沃爾夫表示：「到了一一一九年，廣東多數的富人家中都蓄有黑奴。」[6]

北歐也為鄰近的農耕文明提供奴隸，直至西元一千年代晚期，歐洲大部分地區居住的仍是無國家的農民。這些地區雖然不像農耕帝國一樣具有常備軍，但是仍對他們「文明」的鄰居具有威脅性，尤其是當這些農耕文明的財富，刺激了鄰近地區的居民起而仿效或攻擊的時候。哥德入侵者在西元五到六世紀於羅馬帝國的遺址建立了若干國家——包括中國的最後一個王朝清朝，或稱「滿洲」（統治期為一六四四年至一九一一年）。這些衝突往往促成國家結構傳播到農耕文明的邊境之外。在西元一千年代中期，整個北歐地區都出現了國家。在東歐，農業人口迅速擴張並遷徙到今日的烏克蘭與俄羅斯；因此，到了西元一千年代末期，國家開始在東歐的大部分地區出現。

在新大陸亦是如此，農耕文明經常受到鄰近「蠻族」的威脅。中美洲的數個大城市，包括特奧蒂瓦坎與土拉（Tula），都曾遭到與他們有文化跟貿易關係的北方社群，對其進行嚴重的攻擊。阿茲特克人的成就與哥德人相仿。阿茲特克的祖先最早為人所知的名字是墨西加（Mexica），他們是位居墨西哥谷地以北的粗耕及搜食民族，在許多方面受到中墨西哥文化傳統的影響。阿茲特克人從他們的原居地遷徙到墨西哥谷地，在當地大型城邦之間的夾縫中求生存。十四世紀時，他們開始擔任傭兵，直至一四二八年他們推翻了領導者，並建立了自己的國家。❼在東南亞大部分地區，以及逐漸擴張的中國邊境，也有大範圍的無國家農耕社群開始繁榮起來。這類社群中最為遺世而獨立的是在美拉尼西亞及玻里尼西亞群島上的社群。

在非洲—歐亞大陸，還有另一種類型的重要開拓者：他們生活在農耕地區以及畜牧地區之間。畜牧民族居住的地帶由於過於乾旱，以致無法維持密集的農業人口。這些地帶從蒙古一直延伸到中亞大草原及伊朗，穿越美索不達米亞與撒哈拉沙漠，一路往南直到東非。❽在歐亞大陸的乾旱草原區與沙漠地帶，這些畜牧文化最普遍的生活方式，是以依賴馬匹、山羊、綿羊與駱駝為主。駱駝畜牧文化在阿拉伯以及撒哈拉沙漠的中心地帶尤其重要。非洲中部與東部的大多數地區，存在著大型的牧牛社群。畜牧社群一般由親族團體組成氏族、部落，有時（尤其在經歷數次大範圍的衝突後）則會形成較龐大的跨部落結盟。在和平時期，由數戶人家組成的小型畜牧團體，沿著既有的遷徙路線進行游牧。他們或者每到達一個新營地就建立帳篷，或者利用可移動的有棚房屋遷徙。一名被稱為偽希波克拉底的希臘作家，描述了兩千多年前黑海北方的斯基泰人所使用的台車：「這種更為輕便的台車擁有四個輪子，有些有六個輪子，並且用毛毯包圍住。它們建得像房子一樣，有的分成兩個隔間，有的有三個，而且防雨、防雪並防風。這些台車由兩到三頭無角公牛以牛軛拖曳，這些公牛因為天氣寒冷所以長不出角。婦女待在台車裡，男人騎馬，後面跟著他們畜養的牛馬獸群。」[9]

畜牧民族所到之處，都會對周遭的社群帶來影響，因為他們的生產能力有限，而機動性極高，促使他們與鄰近的農業或搜食民族進行交易，而由於他們的善戰，使得他們往往選擇以掠奪代替貿易。他們的掠奪也刺激了與之相對的防禦工事產生，從中國北方到中亞與巴爾幹地區，都建起了抵禦外敵的城牆。[10]歐亞內陸草原的騎馬畜牧民族，可能早在西元前兩千年代就建立了強大的軍事聯盟。因為草原能養活的人口有限，這類聯盟只能透過從鄰近的農業文明掠奪大量財富，才能長期維持其結構；所以最強大的畜牧軍隊，會出現在商路沿線或農業文明的邊界上。這些結構有些足以被稱為國家，但它們的國家形式與農業文明大為不同。它們並非畜牧文化、農耕或貿易的產物，而是不同生活方式交織的混合物。[11]最廣為人知的畜牧帝國就是成吉思汗建立的帝國。蒙古帝國創立於十三世紀，打過比亞歷山大大帝東征還要輝煌跟持久的征服戰役，最終控制了所有歐亞內陸草原地帶、伊朗的大部分，以及整個中國。這是第一個擴及到歐亞大陸所有主要區域的政治體系。

農耕文明與畜牧民族之間的交界處，可能是所有邊境中最為活躍跟複雜的。這裡或許比世界上其他地方更易出現強大的智識綜效，因為擁有不同技術與生活方式的社群，頻繁地交換觀念、貨物與人口。這些交流使得這些交界處成為非洲—歐亞世界區強大的創新動力來源。這些交流傳播了包括騎馬、冶金與戰爭在內的新技術，以及薩滿教、佛教、伊斯蘭教與基督教等宗教思想。它們也傳播了疾病、基因與語言。印歐語系藉由畜牧民族的遷徙而擴張，可能從現在的俄羅斯某地，傳到了中國、印度、美索不達米亞與歐洲。農耕文明的軍隊中，也經常包含草原騎兵分隊。畜牧民族的領袖，從安息帝國、塞爾柱帝國到蒙古帝國，有時會先在邊境成功地建立王朝後，再往城市的中心地帶推進。

在西伯利亞許多地區、北極沿岸、非洲部分地區、北美許多地區、南美南部與亞馬遜盆地，以及整個澳洲，都可以發現以親屬關係為基礎、較小型且不甚強大的國家。他們的生活方式差異很大，無法一概而論。我們在此須利用其中一個群體作為說明。

漢特與曼西人（The Khanty and Mansi）居住於烏拉山以東的西伯利亞西部。他們所使用的語言，可說是現代芬蘭語及匈牙利語的遠親。當十七世紀莫斯科商人與士兵進入他們的領土時，漢特與曼西人的人口約達一萬六千人（莫斯科公國當時約有一千萬人口，這彰顯了搜食社群與農業社群的巨大差異）。根據莫斯科旅人的描述，漢特與曼西人主要以捕漁打獵為生。但他們也借鑑了鄰近社群的技術。一些位居南方的氏族種植大麥及畜養牛馬，一些位於北方的氏族則飼養馴鹿，如同其鄰近的撒摩耶（Samoyed）人一樣。他們身穿的外袍使用馴鹿與麋鹿的毛皮製成，但有些氏族也使用羽毛或魚皮。在南方，一些氏族甚至會使用植物纖維織成衣物。大多數的漢特與曼西人住在半永久性的冬季營地；夏季則遷徙到漁獵地點，並住在樺樹皮製成的帳篷。莫斯科人發現他們雖然人數有限，卻是強大的軍事對手，因為他們懂得使用金屬盔甲、長弓與鐵矛。

以下這段關於漢特與曼西人生活方式的描述，是出自一名一六七五年到中國的莫斯科大使之手。從這段文字中，正如我們能從農耕文明的旅人文字中得到的一樣，可以讓我們了解到作者的態度以及他所描述的社會：

奧斯加克人（漢特人）捕獵大量的漁獲。有些人將其直接生吃，有些曬成魚乾，有些煮食，不過他們不知道鹽或麵包，只吃魚，並在夏天採集一種白色根莖植物蘇薩克（Susak），將其風乾，留至冬季食用。他們不能吃麵包；如果有人以麵包飽食一頓，就會致死。他們住在蒙古包裡；他們捕魚的目的不僅是為了食用，也為了取得魚皮製衣——以及靴子與帽子，並用魚腱縫製。他們製造出最輕巧的木舟，可搭載五到六人，甚至更多，他們總是隨身攜帶弓箭，以便隨時發動攻擊。他們擁有多名妻子——想要多少個，就可以有多少個。⑫

就像漢特與曼西人一樣，許多搜食族群，與比他們來得大型的族群接觸頻繁，並交換各種技術與商品。有些交換體系延續了數千年之久。其中包括北極的商品貿易，如海象的象牙與珍貴毛皮，這些貿易連接起西伯利亞搜食族群，與位於他們西邊或南邊的農耕或畜牧族群，並間接使他們與更南邊的城市產生聯繫。在南美洲，居住在安地斯山西坡的大量農耕人口，與位於東邊山坡的無國家族群，進行奢侈品的買賣，如羽毛、古柯及美洲豹皮，或經由多次轉手，透過間接管道以獲得亞馬遜盆地的金子。即使是南美洲西部一些農作物，例如甘薯與花生，也可能是由亞馬遜盆地的熱帶雨林傳入的。⑬這些貿易有時能幫助當地領袖建立前所未有的強大政治體系。十八世紀在北美與加拿大南部形成的軍事聯盟，即是透過毛皮貿易，由歐洲進口武器與酒類而建立起基礎。雖然起初這些交易看似十分平等，然而長期而言，此舉對於當地的社群帶來了危機。毛皮吸引俄羅斯國家深入西伯利亞，也使得法國與英國商人深入北美與加拿大，為當地許多與其進行貿易的搜食及游耕社群，帶來巨大且悲慘的浩劫。

即使最偏遠的社群，也經常會與農業社群有所聯繫，或進行最簡單形式的畜牧。在最近幾世紀裡，蘇拉威西（Sulawesi）的商人頻繁地造訪澳洲西北海岸沿岸社群，帶去了玻璃、陶藝、菸草與金屬製品，以交換海參，再把這些海參作為珍饈及壯陽藥，賣到東南亞與中國。

透過這些與其他多種方式，位於農耕文明之內及之外的農耕、畜牧與搜食社群，形塑了彼此的歷史。但是對農耕時期的大部分時間而言，農耕文明與其他社群之間的力量，並不像現代那麼均衡。在西元一千年，現代革命主要消滅的對象之一，就是人類聚居地區的生態與文化異質性。

現代革命

前文所描述的世界中，有許多特徵已經存在了數千年——不過大部分到西元兩千年都消失了。二十一世紀初期的世界，與七、八百年前的世界截然不同。事實上，現代革命造成的轉變無所不包，以致簡直無法想像有哪個具有生命的地區沒有產生改變。以下基本上是針對一些較重要變化的檢核表。

人口成長

人口急遽成長，這從表11.1或圖11.1便可窺得。在一九六〇年，有人嘗試計算過去兩千年全球人口的數學成長趨勢，結論是在二〇二六年十一月十三日星期五，人口將達到無限（infinity）。[14]這個算式（就是著名的「末日等式」）提醒了我們成長速率無法永遠保持下去。在西元一千年，世界人口大約為兩億五千萬。到了二十世紀末，人口已經成長了二十四倍，達到六十億人。大部分的人口成長發生在二千年代的後半葉。在一五〇〇年，世界人口大約為四億六千萬；到一八〇〇年為九億五千萬，已接近十億人；到一九〇〇年則超過了十六億。在一八〇〇年前的八百年內，人口成長了四倍，而到了一八〇〇年之後的兩個世紀，人口卻增加了六倍。由此可見，人口翻倍所需的時間急速減少，尤其在過去兩百年之內（參見表6.3）。如表11.1所示，在過去兩個世紀裡，人口成長的情況遍布了全世界。

表11.1顯示人口成長可能會在二十一世紀達到頂峰。即使如此，這仍是一個具有全球性意義的現象，因為其影響到的是整個生態圈。如琳・馬古利斯與多里翁・薩根所言，人類已變成「如野草般叢生的哺乳類」。[15]卡洛・契波拉（Carlo Cipolla）評論道：「如果一個生物學家長時間檢視近期世界人口成長圖表，他會認為這個成長曲線就像是人突然罹患了傳染病，導致體內的微生物突然暴增一樣。」[16]人類身為一種大型物種，獲得了前所未有的能力，將地球的資源作為己用。如我們所見，透過陽光與光合作用進入生物圈的能量，已經至少被人類使用了四分之一（參見頁二一三—一四）。因此人口的增長，使得其他物種數量急速減少，也就不足為怪了。

技術能力

人口持續成長的先決條件是衣食資源也必須增加，才可能維持人口數量。但如此迅速的成長，需要的不只是使用土地的增加，還需要更高的生產力，這意味在生態與科技方面的創新速度都必須

圖11.1 西元1千年至今的人口

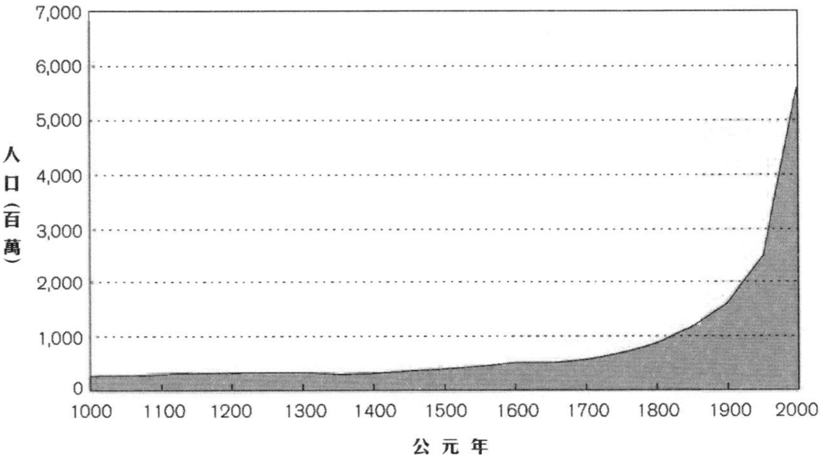

根據表6.2繪製

加快。因此伴隨著急速的人口成長，花樣百出的技術能力，也就相應而生（事實上，人口也才有可能成長）。在過去兩個世紀裡，創新技術不再是偶發的，而是常態且普遍的。而且也沒有跡象顯示這種創新技術的大爆發會走向終結。相反地，在二十世紀後期，創新技術出現的速度還比過去更為快速。

新技術促成了醫學及醫療照顧的進步，使嬰兒與成人可以活得更長，因此直接對人口發展趨勢產生影響。但是新技術造成的間接影響其實更大，因為其大幅提升了農業及工業生產力。農業生產力跨過了決定性的門檻，使得土地上一小部分人口的勞動力可以養活大多數人（參見圖9.3）。在工業生產方面，這些變遷更為顯著。大衛・藍迪斯（David Landes）指出了工業革命在現代歷史中的影響：

> 在一些領域中，生產力的提升範圍達到了數千比一：像是原動機比上紡絲（如馬匹與

西元800年	56	43	29	4	14	25	10	9	16	2	15	1	224
西元900年	48	38	33	4	16	28	11	8	20	2	13	1	222
西元1000年	56	40	33	4	19	30	13	9	30	2	16	1	253
西元1100年	83	48	28	5	24	35	15	8	30	2	19	2	299
西元1200年	124	69	27	7	31	49	17	8	40	3	23	2	400
西元1300年	83	100	21	10	29	70	16	8	60	3	29	2	431
西元1400年	70	74	19	9	29	52	13	8	60	3	36	2	375
西元1500年	84	95	23	10	33	67	17	9	78	3	39	3	461
西元1600年	110	145	30	11	42	89	22	9	104	3	10	3	578
西元1700年	150	175	30	25	53	95	30	10	97	2	10	3	680
西元1800年	330	180	28	25	68	146	49	10	92	5	19	2	954
西元1900年	415	290	38	45	115	295	127	43	95	90	75	6	1634
西元2000年	1262	1327	181	127	680	514	290	151	659	313	516	30	6057

來源：J. R. Biraben, "Essai sur levolution du nombre des hommes," *Population* 34 (1979): 16；2000年的數字來自大約相等的土地面積，根據*World Development Indicators* (Washington, D.C.: World Bank, 2002), table 1.1, "Size of Economy," 頁18-20。

表11.1　西元前4百年至西元2千年的世界各地區人口

年代	地區（百萬人）												世界人口
	中國	印度次大陸	西南亞	日本	亞洲其他地區	歐洲	蘇聯	北非	撒哈拉以南非洲	北美	中南美	大洋洲	
西元前400年	19	30	42	1	3	19	13	10	7	1	7	1	153
西元前300年	30	42	47	1	3	22	13	12	8	1	7	1	187
西元前200年	40	55	52	1	4	25	14	14	9	2	8	1	225
西元前100年	55	50	50	1	4	28	13	14	1	2	9	1	237
西元零年	70	46	47	2	5	31	12	14	12	2	10	1	252
西元100年	65	45	46	2	5	37	12	15	13	2	9	1	252
西元200年	60	45	46	2	5	44	13	16	14	2	9	1	257
西元300年	42	40	45	3	6	30	13	14	16	2	10	1	222
西元400年	25	32	45	4	7	36	12	13	18	2	11	1	206
西元500年	32	33	41	5	8	30	11	11	20	2	13	1	207
西元600年	49	37	32	5	11	22	11	7	17	2	14	1	208
西元700年	44	50	25	4	12	22	10	6	15	2	15	1	206

波音七四七的比較）。其他領域的成就只是在對比之下顯得較不那麼明顯：如紡織、鑄鐵或製鞋業，提升範圍是數百比一。有些領域的對比則確實較低：如男子花在刮鬍上的時間，大致與十八世紀差不多。[17]

紡織業或許是前現代世界中第二重要的消費商品產業，傳統印度的紡紗工，每紡一百磅的棉花需花費五萬小時；英國十八世紀發明的機器，在一七九〇年代將這個數字降低到了三百小時，而在一八三〇年代更降到了一百三十五小時。[18]新技術同時改變了傳播與訊息交換的方式，使得現代交換網路能夠運作得更快速、有效率且涵蓋面積更廣。十八世紀訊息的傳播速度最快只能達到馬車遞送或船運的速度，但時至今日，電話與網際網路可使世界各地數百萬人進行即時的通訊（參見表10.3與表10.4）。

或許更為重要的是，新技術賦予人類方式，使人類得以廣泛地利用之前未碰觸過的能源，而不再限於過去由植物、動物或其他人類提供的資源，使得人類作為一種物種，能夠跨越基本生態條件的限制。人類社會不需再大量依靠人類及獸類的肌力，或柴薪、風力與水力，以滿足對能源的需求。與其利用這些最近才由太陽獲得的能源，人類開始開發自遠古時代廣泛儲藏在煤、石油與天然氣中的太陽能源，促成了所謂的「石化能源革命」。學習如何使用煤與石油，以生產蒸汽動力或電力，在人類的開發史上，其意義等同於發現數個新大陸。如安東尼・里格利（Anthony Wrigley）所主張的，在一八二〇年左右，英國僅靠煤炭獲得的能源，就相當於使用傳統技術，在比英國全部牧地加上可耕地還大的林地面積上所獲得的能源。[19]大體而言，人類社會使用的能源，在十九世紀成長了五倍，到了二十世紀又增加了十六倍。在二十世紀，個人所使用的能源甚至增長了四到五倍。[20]約翰・麥克尼爾主張：「在人類歷史上，我們自一九〇〇年之後使用的能源，比一九〇〇年前全部的總和還要多。」[21]（參見表6.1）總而言之，石化能源革命提供了數量驚人的富礦體，讓人類能夠利用的總能源或增至百倍，並能夠運輸穀物到世界的另一端——這在之前根本是天方夜譚，因為缺乏所需的技術，而且也無法負荷其所須消耗的能源。有段時間內，至少在工業化程度較高的國家，能源幾乎是取之不盡的。因此在這層意義上，現代革命就像人類歷史上其他發現大量新資源的時期，在當下這些資源都看似無窮無盡。比如人類剛到達美洲、澳洲或紐西蘭之時，覺得土地、獵物及其他資源用之不竭，在人類開始大規模使用水灌溉農田時亦然，或者在十六世紀後，當歐洲人再度進入美洲與澳洲時，覺得土地與其他資源是無限的，同樣地，在蒸汽、煤與石油的年代，也認為石化資源是無窮盡的，並且就獲得的效用而言，其幾乎可說是免費的。在往後的年代，也與之前相同，新資源的大量發現，往往刺激了危險且短視的開發方式。

與日俱增的政治與軍事力量

隨著人口與技術出現改變，社會、政治與軍事結構也產生了巨大變化。現代經濟製造的大量資源，多數集中在少數人的手中，這意味著現代國家擁有的資源雖然比起前現代國家超出許多，他們也必須想辦法讓貧富差距合理化，並面對更多更複雜的結構性挑戰。就像水壩一樣，現代經濟的規模、強度與複雜性，必須與其背後支撐的資源相匹配。自法國革命以來，世界各地的國家已懂得如何透過一些早期年代無法想像的方式，控制規定其臣民的日常生活。事實上，現代國家具有強大能力，將臣民限制在一張由法律和行政規定構成的緊箍網內，這解釋了為何它們不再像農耕文明時代一樣經常訴諸恐怖統治手段。然而除了這些新的力量，因為武器快速生產，現代國家也展示了前所未有的暴力——武器的快速發展，使得人類只要願意，可以在數小時內毀滅自己與大部分的生物圈。

生活方式的轉變

個人的生活也跟著改變了。在農耕時代晚期，大部分的家戶住在鄉村，實行小規模的農業。時至今日，許多地方的小型農業團體已經不復存在或凋零。在國家默許之下存活下來的少量搜食族群，多生活在邊緣地帶；他們被吸納進現代經濟與法律體系只是遲早的問題，其傳統的文化與經濟結構也遭到破壞。畜牧民族亦被排擠到邊緣。僅僅在數百年間，現代革命已使得數千年來繁盛的生活方式消失或邊緣化。

在人類大部分的歷史中，勞動意味著在土地上生活，並生產自己所需的食物，然而典型的現代家庭，卻是生活在都市環境中，透過工作賺取薪資，並購買其他人所生產的食物。一九八〇年，在工業化更加發達的經濟體中，大約有百分之六十五的人口住在城鎮，而全球則有百分之三十八的城市人口，到二十一世紀早期，全球的都市化人口很可能將跨越具有指標意義的百分之五十。[22]在城鎮中，家庭仍是消費的基本單位，但不再是生產的基礎單位與社交的基本結構。親屬網路已被國家規訓的網路取代。此外，新的避孕方式、兒童養育方法以及教育與公共福利，也促使性別角色重新定位。

隨之發生改變的，還有生活的意義與內容。在富裕的地區，醫療條件改善延長了人類的壽命。二十世紀晚期，富裕社會的平均餘命與典型的繁盛農業社會比起來，大概高出了一倍，與石器時代的社會相較則高出三倍。在二〇〇〇年，布吉納法索出生的嬰兒可以期望活至四十四至四十五歲，印度出生的嬰兒可期望活至六十二到六十三歲，在美國出生的嬰兒可期望活至七十四至八十歲（參見表14.4）。在富裕程度較高的社會中，現代人享有的物質財富，達到了早期社會無法想像的水準。另一方面，從許多標準來看，現代人勞動的程度，比早期社會的農民和搜食者來得更為辛苦。隨著現代用時鐘定義時間的概念興起，人們工作的節奏逐漸不再是由自己控制。[23]更甚者，人們不那麼確定他們究竟為何工作。對自給自足的農業家庭以及搜食遊群（band）來說，他們十分清楚工作的「意義」，因為工作與生存息息相關，然而這兩者之間的連結，對於現代企業與公司中高度專業化的勞工而言，並不那麼明確。所以無論是好是壞，親屬網路與傳統社會角色的式微，剝奪了傳統社會中，許多能夠賦予人們目的與地位的明確身分認同。無論是透過奴隸販賣、大規模遷徙、強迫逐離等方式，大型的人口流動，已使許多人不再像他們的父執輩一樣對族群具有同等的情感。

就整體上來說，現今在工業化最盛行的國家，人際關係間的暴力減低了。舉例而言，英國現代的謀殺率是八百年前的十分之一，是三百年前的二分之一。謀殺率的降低是因為大多數國家禁止人民擁有武力，壟斷了暴力的使用。查爾斯・提利指出：「人民一小步一小步地被解除武裝：包括叛亂行動結束後的大舉掃蕩武器、禁止互鬥、控制武器生產、對私有武器實行執照制度、約束公開展示武力。」[24]然而即使在整體上已不那麼崇尚暴力，現代都市社群的人際關係，卻缺乏大多數傳統社會所擁有的親密性與連續性。人際關係逐漸變得偶然、匿名與短暫。這些變化或許有助於解釋為何現代生活中，缺乏一種對價值與意義的確切感受，現代生活品質具有一種微妙與缺乏方向的轉變，就如法國社會學家涂爾幹指十九世紀末的社會為「失序」（anomie）。

德國社會學家諾伯特・愛里亞斯指出，現代的工作形式與時間規範，隨著市場而強化，這些改變已經深入人們的心智，形塑了人際關係、餐桌禮儀，以及人們對性的態度。他指出現代世界特有的「情感經濟」是如何在外在條件限制的鬆弛，及內在條件限制的緊繃其兩相作用下產生的：「直接透過武器與肢體暴力的強迫逐漸減少……而那些利用自我約束，造成情緒規訓（感受與情緒）的形式逐漸增加。」[25]新紀律的內化似乎與新的時間觀念密切相關。隨著人口成長，加上居住在城鎮的人口比例增加，日常活動中的照表操課，愈來愈是為了配合他人的行為，而非配合身體、季節與日夜的自然節律。現代日曆與鐘錶，以及許多規定的出現，例如國際換日線，和以格林威治時間為基準所劃定的地方時區（一八八四年建立），是這些變化的最佳指標，因為日曆與鐘錶所提供的是一種精準的社會時間測量方式，而非生態或心理時間。所以這些刻度，顯示了人類為了社會，而非自然生態，去調整自身行為與態度的程度——為了一個主要是建立在他人需求之上的生態。現代革命也為消費者帶來更多足以改變人類心智的物質，大衛・柯特萊特（David Courtwright）將其稱為「精神刺激革命」（Psychoactive Revolution）。[26]包括鴉片劑、咖啡、茶和糖等在內的物質，已被無數人採用，以對付現代生活中的高壓與束縛。

新的思維模式

現代社會特徵的科學思維模式，既為人們帶來信心，也造成了廣泛的異化。現代科技讓人們對自然界產生前所未有的操縱力量。然而這樣的世界是由無生命的機械力主導的，與過去人們所居住、豐富的精神世界大相逕庭。古代的神靈被排除了，現代科學的世界改由為非人格的科學定律所操控。神祇與魔鬼的地位被重力與熱力學第二定律取代。科學亦缺乏大部分的前現代知識體系所講究的特殊性與感受，因為其希望能建立縱貫古今、放諸四海皆準的通則。[27]這樣的知識體系雖然更能幫助人類操縱物質環境，但卻無法像傳統宗教能提供情感慰藉與倫理指導。然而在人口爆炸的世界，這種取捨是勢在難免的。人類需要的正是足以操縱物質世界的知識體系。若沒有這樣的體系，我們也不可能維持六十億人口。

加速度

這些轉型具有一種與眾不同的特徵，就是速度，因為其變化速度愈來愈加快。事實上，這種變化至關重要，以致我們在看待現代革命時，必須使用與早期革命不同的方式。農業的轉型是一個區域接著一個區域發生，時間跨越數千年，但現代革命卻是在不超過二至三個世紀內的時間，幾乎同步發生。創新傳播快速地發生於訊息互通的全世界，以致幾乎已不可能出現單獨的創新。在這種高速發展下，只會出現一次性的重要技術躍進。這種單一性使得那些率先出現現代化的地區具有極大優勢，並使現代性對於其他大多數的社群而言，成為一種外來的新壓迫規範，就像一場粗暴的龍捲風般對社會帶來肆虐，而它們幾乎無力反抗。變化的快速傳播，說明了為何現代革命的形式，強烈地受到世上一個地方之文化的影響，即是歐洲。然而，如果現代革命不是首見在歐洲，我們也確信其會在世界上其他地方發生。

現代性的理論

我們該如何解釋這些驚人的轉變呢？人們至今對於現代革命的性質或動因，仍眾說紛紜。一個世紀以來，詳細的歷史研究，已產出了大量的現代史知識，尤其是對於歐洲與美洲的，然而對於現代性的興起，目前仍未出現一個廣被接受的理論。理論難產的原因，除了缺乏共識，以及資訊與觀念的數量龐大，還有一個原因是我們至今仍生活在現代革命之中。我們不了解現代革命的全貌；也許人們要在將來的幾世紀後，才會看清這一切，畢竟轉型在西元兩千年才剛發生沒多久。即使我們現在對現代革命下的是最概括的定義，都可能會產生極大的誤導。

像這樣的一本書，並沒有辦法「解決」關於現代化的問題。然而我們必須嘗試從大歷史的範疇，以及從廿一世紀初期的觀點出發，去探究這場革命究竟是怎麼一回事。如果說接下來我提出的主張，具有任何與眾不同之處，那就是我將現代革命放置於人類、乃至於地球的歷史這個大範圍內加以考察，而不僅僅將它視為最近幾世紀、甚至是在世界某些特定地區所發生的議題。因此，此處採取的視野是全球性的——這個特點將使我的主張與許多標準的論述不同。關於現代革命的眾多論述經常立基於一個（往往是隱晦的）假設，亦即現代性是由歐洲社會創造的；因此，這意味著若要了解現代化，就等於要考察歐洲的歷史。然而，這種歐洲「特殊論」的假定，使得人們難以進行詳細的比較分析，以判斷這類主張是否真的成立。[28]如果現代性如我所述，是一個全球現象，那麼歐洲中心論的觀點就必然會誤導我們。最近，研究世界史的歷史學家，嘗試把現代性視為一個全球性問題，認為應對其進行全球性的解釋。[29]下文所述並非忽視歐洲以及大西洋世界在現代革命中所扮演的特殊角色，而是將論述構築在世界史的範疇內，並聚焦在問題的全球性上。

人口成長與創新速率

在試圖解釋現代革命時，為了弄清楚我們面對的一些問題，我打算進行一場方法論上的冒險，從人口成長開始談起。我主張如果可以解釋在過去二或三世紀裡驚人的人口爆炸，我們也就能夠解釋現代革命的許多其他面向。但是若要對人口成長提出解釋，我們馬上就必須面對關於技術創新的問題。人口快速而持續地成長，必然意味著創新速度的加快。因此，創新速度的變化，絕對是解釋現代革命的關鍵。如喬爾・莫基爾所說：「技術變遷……是持續成長的原因。它不是經濟增長所造成的，而是它造成了經濟增長。」[30]

那麼問題就是，如果創新技術是現代革命的關鍵，我們應如何解釋其快速與全球化的進展。我們已經明白，在某種隱而不顯的意義上，迅速進展的創新技術，就等同於集體知識的概念，所以現代革命所展現出來的，實際上是過去兩個世紀集體知識如換檔加速般的過程。如丹尼爾・希德里克（Daniel Hedrick）所述：「知識既是經濟增長的原因，也是經濟增長的結果，在過去兩百年裡，資訊工業是技術變化加速的主要動因。」[31]我們已經看到，在過去的年代以及地球上不同地方，有些機制會對創新的速率產生正面或負面的影響，例如交換網路的規模、種類與網路內交換行為的強度。這些機制中還包括了人口成長本身，人口成長不僅使交換網路的規模擴大，也或多或少為人口密度較大的地區帶來一種較溫和的壓力，刺激了生產力的提升。在農耕文明時代，國家與商業交換是創新技術的泉源。然而它們也會阻礙發展，比方若其導致人口過剩或疾病傳播，也會對人口造成壓力。所以這些壓力，即使同時存在，也無法產生足以與潛在人口成長速度相匹敵的創新速度。因此，週期性的饑荒與馬爾薩斯循環，決定了農耕文明時代人類歷史的基本節律。

過去兩個世紀中，創新技術最驚人的特徵，就是至少在某段時間裡，創新技術迅速而持續成長，以致生產力水準能夠跟得上人口成長的速度，甚至在某些方面還超越了人口成長速度。事實上，如我們接下來會看到的，受限於生產力不足的馬爾薩斯循環，對現代歷史節律的影響，已比不上過度生產的商業循環所造成的影響。的確，世界上仍有許多饑荒發生，有時甚至是毀滅性的；但是就全球而言，食物生產的速度比人口成長還快，而這正是人口何以如此迅速增加的原因。不僅食品，其他領域的產品生產，從服飾、住屋、消費品、能源到武器，莫不如此。所以集體知識、創新速度及生產力水準的全球性急速增長，是我們接下來必須加以解釋的對象。

一些可能的原動力

我們可以列出一些現有關於現代革命原動力的解釋，以了解有哪些可能的選項。學術界長久以來針對現代革命所進行的爭論，給予了我們幾名有力的候選者。[32]這些理論通常都是用來解釋歐洲如何發展而進入現代世界。不過原則上，它們同樣可以用於解釋全球現象。

人口學理論　人口學理論（往往與埃斯特・博塞拉普〔Ester Boserup〕的著作有關）主要是用人口壓力來解釋創新的增長速率。[33]如我們所見，在整個農耕時代，人口成長帶來的壓力促使了創新技術問世。而且當人口成長與逐漸增加的商業化程度結合，其有時也會刺激勞動力的供給與造成需求上揚。例如十八世紀的英國，由於需要更多木材以供給燃料、建屋與製造業，造成濫伐現象，反過來對人們造成壓力，而必須找尋利用其他燃料的更佳方式。英國在工業革命時期的一些重大發明，包括燃煤蒸汽機、使用煤炭而非木材煉鐵等，都可說是針對這種壓力的回應。

儘管如此，對於現代世界人口飆高的特殊現象，人口壓力至多只是其中一小部分原因。因為人口壓力經常沒有導致所需的創新技術產生，因此人們不是餓死，就是即使沒有這些發明，也存活過來了。畢竟英國不是唯一缺乏木材的國家——在其他地方，例如中國，木材短缺的問題可能更為嚴重。[34]需求不見得總是發明之母。

地理學理論　地理學理論主要是用特殊的地理因素，來解釋創新技術增加的速度。例如在工業革命時期，英國之所以能夠使用煤代替木材，只是因為其具有豐富的煤蘊藏量以及易於開採。

E. A.里格利（E. A. Wrigley）用這些觀察支持他的主張，強調「偶然」的地理因素在現代革命中所起的作用。[35]這些理論家指出，世界上某些地區擁有眾多人口，以及生產力與商業化程度高，可能是因為地理位置所造成的巧合，比方煤的蘊藏位置，或相對上鄰近美洲，這或許最能夠解釋歐洲以及其他地區，例如十九與二十世紀的中國，為何會出現不同的發展軌跡。

這類地理特徵無疑值得重視，而且在接下來的敘述裡也扮演重要角色，但是其解釋力並不強，理由很簡單，因為它們老早就在那裡了。有機會造成改變，不表示一定會產生改變。實際上，雖然亞伯拉罕・達比（Abraham Darby）於十八世紀早期，向英國的煉鐵者引介焦炭，然而幾乎在兩個世紀之前，這些煉鐵者就開始嘗試使用煤了。正如莫基爾所主張的，這類地理特徵可以形成變化，但是不能被視為變化產生的主要原因。[36]我們必須解釋的是，為何像煤礦這樣的地理因素，會突然被有效地開採利用，這促使我們必須在現代工業社會的智識、經濟或社會的歷史中，去尋找形成這種情況的特殊原因。

觀念理論

抱持第三類主張的，可稱之為觀念論者。他們認為創新的速率受到不同思維方式的影響。此類理論中最簡單的一種，就是將現代革命解釋成新發明的持續出現。T. S.阿希頓（T. S. Ashton）嘲諷了這個取徑，他將這些理論的程度比擬為學校作業，將其總結為：「大約於一七六〇年，有一波小型工具的浪潮，席捲了英格蘭。」[37]當然，在簡化的意義上，這些理論毋寧是正確的。創新技術的數量增加了，而且每一種都幫助了生產力的提升。然而即使是這類理論中最為複雜的版本，包括阿希頓自己的理論，[38]都存在著缺陷，因為它們無法解釋為何創新速率會加快，而且在何時加快。為何會出現那麼多的發明？為什麼人們如此熱衷於生產力更高或更具效益的科技以及物質技術？以及為何在當下、在當地發生？

較精緻的觀念論假設，在思維態度與方法上所發生的深刻改變，刺激了新的商業與技術方法產生。這種取徑中最著名的例子（而作者後來撤回了他的主張，至少一部分），就是馬克斯・韋伯關於基督新教倫理與資本主義精神關聯的論著，在一九〇四至一九〇五年之間首次發表。他主張，不同於天主教，基督新教形成了一種重視勤奮工作、儲蓄及理性的新倫理，鼓勵企業家以一種新的方式勤儉度日與創新。[39] 然而，事情並沒有那麼簡單。因為宗教並不是只有單一樣貌：正如所有思想體系一樣，它們是複雜、多面向的，並具有適應不同環境的可塑性。在佛教、伊斯蘭教、儒教甚至天主教歷史的不同時期中，都曾經鼓勵了某些被韋伯歸於新教和資本主義的道德品質。「自由」（特別對於企業家而言）經常被視為創新技術的重要原動力，「科學的興起」亦然。但是對於這些主張來說，困難之處仍是該怎麼解釋這些特定因素，為什麼以及如何變得重要。[40] 即使是最細緻的觀念論，也很難說明為何人類歷史會在特定時期，出現態度的急遽變化。假如是新教導致了科學、理性或現代性，那麼，又是什麼導致了新教出現呢？在試圖解釋創新技術的加速時，態度的改變自然是其中的重要一部分，但是它們是更深層因素所造成的結果，而不是導致變化的獨立動因。

交易理論

第四類理論著重的是商業交換的角色。經濟史學者研究了至少從亞當・斯密開始的傳統，強調逐漸擴大的商業交換網路所起的作用。斯密主張創新速率與商業化的程度直接相關。他在《國富論》（*The Wealth of Nations*，1776）第一章開宗明義便說：「勞動生產力最大的進步，以及當勞動生產力被引導或運用到任何地方時，所展現的大部分技術、熟練度與判斷力，似乎都是分工帶來的結果。」換句話說，分工的增加造成了生產力的提升。但是斯密解釋道，日益增加的分工本身，就是市場崛起所導致的。他在第二章開頭寫道：「為人類帶來許多利益的勞動分工，並不是來自於人類的智慧，例如能夠預見與試圖利用勞動分工以達到普遍的富裕。雖然過程是緩慢而漸進的，但這是人類本性中的傾向所必然造成的結果，這種傾向，並沒有預見到其作用會如此廣大；這種傾向就是運輸、以物易物以及交換。」[41]隨著交換網路擴大，便宜的外來商品，將會使商品售價較高的當地生產者削低價格，或迫使他們進行更細緻的分工，以獲得更有效的生產，或者轉向其他更能高效生產的商品。透過這種方式，廣大的交換網路，很快就使得最有生產效率的方式，達到最佳實踐（best practice）的結果。此外，在市場規模龐大的地方，人們能夠將分工更加細緻化，因為將有足夠的消費者全力支持專業的工藝。《國富論》第三章的標題，說明了市場與勞動分工的關係：「論市場範圍對勞動分工的限制」。換言之，擴大的交換網路鼓勵了分工，而分工刺激了生產技術的創新——我們將這類型的成長稱為「斯密式」（Smithian）的成長。[42]

正如前一章所述，很明顯地，貿易網路的擴張、日益細化的分工，與創新速率的增快之間具有深刻的關係。大致上來說，商業行為（亦即非以強迫方式為主，而是相形之下以算是合意的交換行為獲取營收）比起收取貢賦（以脅迫為主的交換方式獲取營收），更能激發創新技術，因為這些獲取商業收入的人，必須以效益來提高收入武力脅迫方式則無此必要。不過我們也發現這條規則具有許多例外；收取貢賦者有時會對高效率的創新技術產生興趣，而商人也不見得樂於放棄使用武力。更甚者，許多前現代國家都相信，在農耕文明中，收取貢賦的方式比起商業交換更能聚積財富與權力。這種差異有助於我們理解一些起初看起來難解的事物：雖然商業網路與農耕文明歷史同樣悠久，但它們對於創新速率的影響，在過去二到三個世紀裡是很有限的。然而為什麼到了現代，商業交換卻突然變得如此重要？是否因為發展已達到了某個決定性的門檻？如果真是如此，我們有辦法說明這個現象嗎？是不是由於其他影響因素，突然提高了它們的重要性？為了對現代性提出解釋，我們必須說明在近幾世紀裡，市場的角色與重要性，是如何與為何發生改變。

有一種常見的取徑（往往與現代性的觀念論有關）主張當時歐洲的商業化到了超乎異常的程度，歐洲市場也是異常地熱絡。但這類主張有個問題，就是近期研究顯示，最晚到了十八世紀末之際，中國、日本與印度北部的商業化程度以及整體生產力，大概都與歐洲旗鼓相當，然而，其中卻只有大西洋地區的創新速率在十九世紀開始迅速成長。安德烈・貢德・弗蘭克最近主張，亞洲經濟體擁有最多的人口，並且可能直至一七五〇年、甚至到一八〇〇年，都是最龐大也最具生產力的經濟體。事實上，他認為中國的人均收入，直至一八〇〇年前都高過歐洲。[43]

社會結構論　不過，若我們忽視歐洲特殊論，就幾乎無法解釋為何十九世紀時各地會產生不同的發展。在這些主張中，有一個說法至少從卡爾・馬克思的時代之後就很重要，就是在一八〇〇年時，即使從斯密的觀點來看，西歐並未與眾不同，但若從制度與社會的角度觀之，歐洲的表現確實令人刮目相看。在解釋創新速率為何陡增的理論中，這種觀點是典型的第五種取徑。社會結構論者認為不同的社會結構，透過各種不同的方式影響了創新速率。大體上而言，他們試圖解釋，在強大的社會團體愈來愈倚賴商業而非貢賦交換的情況下，商業如何提升生產的能力。在先前的章節裡，我曾援引了這類主張，來說明為何親族社會的創新速率偏慢，以及為何貢賦國家的結構雖然會刺激創新，但過程卻往往充滿矛盾與遲疑。社會結構論在解釋現代性時，必須證明新的社會結構，強而有力地刺激了現代性產生。這些理論應大幅歸功於馬克思，他將現代性的社會結構特徵稱為「資本主義」。馬克思在《資本論》（*Das Kapital*）中，詳細論述資本主義典型的普遍交換，如何激發了一種新的且特別強大的技術綜效。艾瑞克・沃爾夫則對馬克思「生產方式」的框架加以修正，提出一個較簡化的理論。[44]

馬克思的理論如今已經不流行了；事實上，有些人主張一九八〇年代社會主義的崩潰，已證明馬克思主義是「無效」的，而且其中許多內容在今日來說已過時了。然而，就像安東尼・紀登斯所言，我相信馬克思對資本主義的分析「仍然是試圖探討十八世紀以來橫掃世界的巨大轉型所不可或缺的核心思想」。[45]在馬克思的著作中，每一種「生產方式」都代表了一種社會類型，其特定的生活方式與技術，與特定的社會結構相關聯。在討論親族社會與貢賦社會生產方式時，我們已經引用了艾瑞克・沃爾夫的模型。現在我們必須更仔細考察資本主義的生產方式。其理想型具有三項主要元素：（a）一個由擁有生產資源（亦即資本）的企業家或「資本家」組成的階級，並使用這些資源獲取商業利潤以維持他們的菁英生活方式；（b）一個由人民組成的階級，與農民不同的是他們無法擁有生產工具，所以只能出售自己的勞力以維生，因而成為雇傭勞動者或「無產階級」；以及（c）連接上述兩個團體的競爭市場，由市場的力量主宰商業交換，而非透過法律或身體的脅迫。在一個理想的資本主義世界中，菁英集團主要由資本家構成，其他人則大部分是無產階級，而大多數的交易都在市場上進行。

確切地說，在這種形態的世界中，財富分配會比收取貢賦的世界還要不平等，因為大多數無產階級無法直接擁有生產資源，例如土地。一般而言，財富的巨大差距，恰恰是資本主義最顯著的動力，正如是太陽與旁邊的宇宙之間的巨大溫差，才造成了地球上的複雜形態。資本主義造成的巨大不平等，有助於解釋為何人們不再像貢賦社會一樣，主要依賴赤裸裸的肢體暴力（或威脅）來轉移資源。相反地，國家動用武力的主要原因，是為了維繫法律與所有權的結構，以保持財富的集中。財富的巨大差距使其在資本主義社會中能夠有效運作，而且看似矛盾地，恰恰解釋了為何現代國家必須遠比貢賦社會來得更為大型與複雜。

而這樣的結構為何能夠刺激創新？馬克思主張的論點是社會上的這兩個主要階級，都發現自己處在一個被迫必須持續不斷創新的環境裡。就像環境產生劇烈變化時，例如冰河時期，物種會因為生態條件的改變而急速演化，資本主義嶄新且持續變遷的社會生態，也迫使各階層的人類持續尋找更具生產力的工作方式以茲利用。因此，資本主義的結構造成了新行為的演化，並以革命性的方式推動創新的能力。

到此為止，馬克思的主張與其他正統的經濟學家並沒有太大不同。在企業家、競爭市場、與雇傭勞動者所構成的世界裡，企業家與雇傭勞動者的生存條件就是追求創新。企業家必須如此做的原因，是由於在競爭市場上，最成功的長期策略永遠是減少生產成本與銷售價格，而為了將此策略付諸實行，就需要引進降低生產、運輸與管理成本的創新方式。就好比在人類之外的世界中，演化過程是無止盡的，因為競爭者會迅速地複製成功創新者，使企業家的創新變得普遍、持續與加快。

雇傭勞動者也必須主動尋求改進生產的方法。作為勞動力的出售者，他們必須與其他雇傭勞動者競爭。為了找到購買他們勞動力的買主，雇傭勞動者必須提供比他們潛在的競爭者更具有生產效率且價格低廉的勞動。同時，競爭愈益增加，也使得勞動生產力必然會穩定成長。這些規則解釋了一個奇特的詭論，就是列夫•托洛斯基（Leon Trotsky）所指資本主義的「經濟的鞭子」（economic lash）——失業的威脅——是個比奴隸或農奴制的鞭子更能有效增加勞動生產力的工具。奴隸主不能讓他們的奴隸或農奴餓死，但也無意給予他們高品質的生活。這樣的制度無法激發勞動者的創造力。然而，資本主義中的雇主並不擁有替他們工作的工人，也不需要保護他們免於受飢餓或貧窮之苦。事實上，他們普遍把失業或貧困的威脅，視為一種鼓勵加倍辛勤工作的良方。所以勞工就有責任確保他們的勞動具有足夠的生產效益，才可以找到買主。透過這樣的方式，經濟的鞭子能夠刺激真正的、甚至具創造力的自我規範，相對地，來自監督者的鞭笞，頂多只能產生心不甘情不願的服從。比起貢賦社會中典型地更為直接與蠻橫的方法，資本主義產生的紀律，以一種難以察覺的力量影響了雇傭勞動者的理智、心靈與身體。資本主義的結構彷彿是強迫人們在腦中安裝新的軟體。或者用一種較不那麼嚴謹的譬喻來形容，就像是資本主義結構，將新形態的動機與意義注入人類的腦中（假如用理查・道金斯［Richard Dawkins］的話來說，就是「文化基因」［memes］）。[46]

在這個社會模式中，創新永不停歇，因為社會的兩大主要階級都會發現自己被束縛在一座不斷運轉的跑步機上，只能持續地提升生產力。現代性的社會結構理論代表著，如果我們可以解釋現代社會如何及為什麼會開始去服膺此一理想型，就大大有助於我們解釋現代革命了。

但是，這個解釋中仍有難題待解決。近期研究顯示，要區分歐洲的資本主義與中國或印度的非資本主義，似乎並不如以前所想像的容易。在東亞大部分地區，雇傭勞動與資本主義生產都很常見。事實上，彭慕蘭與王國斌（R. Bin Wong）的全面性比較研究都已表明，中國與西歐的資本主義發展十分類似，以至於不可能單純地用歐洲資本主義水準更高這個理由，來解釋工業革命。[47]實際上，由於兩者是如此相像，上述兩位學者的研究都讓我們覺得，在現代歷史中，關鍵性的成長加速原因，只是來自一些偶然的差異，例如煤礦的分布等。

在接下來的兩章，我將對現代的創新速率提出解釋，除了指出許多不同的原動力外，我還將再加上一項原因。

交換網路的規模與綜效　我在第七章主張，普遍而言，創新速率取決於資訊網路的規模與異質性。換句話說，交換的規模和種類，可能是改變創新速率的重大決定性因素。在第十二與十三章，我將提出，在現代社會的早期階段，資訊交換的規模，以及或許更重要的——資訊交換種類的急遽增加，尤其在那些交換最集中、差異性最大的樞紐地區，可能大大地刺激了集體知識的產生。但是我將把這種假設，與說明現代性興起之原動力的論述結合。首先，我將大致描述一些造成創新速率加快的因素。其次，我將解釋為何創新速率的加快首先在歐洲明顯出現。在此不妨先概略介紹一下這個論述。

・對於創新加速的全球性解釋

積累　過去數千年積累的過程，已經造就了多個地區的繁榮，特別是在非洲—歐亞大陸地區，在農耕文明時代採行傳統收取貢賦的社會結構下，這些地區所產生的創新技術，已經盡其所能地傳播到遠方。到十八世紀時，這些地區包括了中國、日本、部分印度與部分西歐地區。[48]

交換網路的擴大　十六世紀以來出現的全球性交換體系，迅速且決定性地推進了集體知識及商業化的全球性過程。資訊交換網路的擴大，為創新技術開啟了新的可能性，幫助世界人口最高度集中區原先的技術上限得以突破。由於這樣的變化，交換資訊的數量與種類急遽增加，流通的速度亦然，導致全世界各社會所能汲取的知識庫產生驚人的成長。商業交換的增加也刺激了商業行為，因此就如斯密和馬克思主義者對現代性的主張，造成了創新過程的加快。

・歐洲在現代革命中的特殊角色

交換的新地誌學　有一小部分社會，因為優良的地理位置，因此在全球性的集體知識急速增長時大為受益。資訊交換的全球體系出現後，改變了大規模交換網路的地誌學。歐亞板塊的大西洋沿岸，原本處在非洲—歐亞大陸交換網路邊緣，卻突然發現自己變成了全球交換體系的新樞紐。歐洲之後，接著是北美大西洋沿岸，成為第一個新世界體系的樞紐地區，即使這個體系的引力中心在之後很長一段時間內，仍位於印度與中國。直至十九世紀，貿易的數量仍以東亞為最多，但是大量的思想、貨物、財富及技術，開始在歐洲及大西洋地區流動。[49]這種地誌學的重新配置，令西歐在商業及學術上都獲得了意外的利益。與此同時，數千年來一直身為歐亞交換網路樞紐地區的美索不達米亞，卻突然發現自己已經不再是全球交流新體系的中心了。在全球交換網路中發生的急遽變化，給歐洲帶來了巨大優勢。[50]由此看來，現代性並不是某種始於歐洲而傳播到世界其他地方的產物；相反地，是全球化過程賦予了大西洋沿岸國家一個嶄新的角色。

歐洲的預先適應　然而，為何歐洲有辦法善加利用這些意想不到的好處？因為歐洲同時兼為新出現的世界體系和高度商業化的中心。歐洲的優勢，不僅僅是因為在地理上受惠。相反地，西歐社會預先適應了如何去利用新的全球化交換網路所創造的機會。許多西歐地區的社會、政治以及經濟結構，幫助歐洲得以利用與全球交換網路一同出現的新交換體系，而正是在此點上，我將回到人們所熟悉的對於歐洲歷史重要特徵的論述。恰如王國斌在其對中國與西歐現代早期的重要比較研究中所指出的：「歐洲的政治經濟並沒有創造工業化，歐洲的政治經濟也沒有特意設計以推動工業化。相反地，歐洲的政治經濟創造了一套機制，使得工業化出現後得以被推廣。」[51]

本章摘要

世界在過去二到三個世紀裡發生了轉型。接下來兩章的任務，將是使用本章所述的策略去解釋這個轉變。我將焦點放在人口成長上，希望對現代的人口大幅成長現象提出有利解釋，幫助我們釐清現代性的許多面向。這個主張必須說明人類為何並且如何學會從環境中獲得龐大的所需資源，以維持數十億的人口。亦即必須解釋現代世界中典型的創新技術與生產力的驚人增長。

很多人都試圖對現代革命的關鍵，亦即這個革命性的技術創新成長提出解釋。每個解釋都聚焦在不同的原動力——人口壓力、地理因素、觀念改變、市場與交換網路擴張、社會結構變遷等等。以下數章在說明現代革命時，會援引上述的部分因素，不過將主要聚焦在交換網路的地誌學變化以及社會結構的變遷。我將主張全球交換網路的出現，大幅刺激了整個世界的商業活動與生態創新。全球資訊網路中資訊交換規模的擴大，提高了生態創新速率，成長的商業交換則加快了斯密與馬克思所說的現代性模式的創新。在全球體系中，歐洲迅速成為一個新的樞紐地區，所以得天獨厚地可以利用新全球體系所創造的巨大商業機會。但是我將主張歐洲的社會與經濟機制，有助歐洲在新全球化交換網路中利用其所處的優勢位置。

延伸閱讀

J. L.安德森（J. L. Anderson）的《關於長期經濟變遷的解釋》（*Explaining Long-Term Economic Change*, 1991）介紹了理論性文獻，具有參考價值。近期的重要作品包括：安東尼・紀登斯的《歷史唯物主義的當代批判》（第二版，一九九五）；喬爾・莫基爾的《財富的槓桿》（*The Lever of Riches: Technological Creativity and Economic Progress*, 1990）；安東尼・里格利的《連續，偶然和變化》（*Continuity, Chance, and Change*, 1988），以及《民族，城市與財富》（*People, Cities, and Wealth*, 1987）。E. L.瓊斯（E. L. Jones）的《歐洲的奇蹟》（*European Miracle*, 1987）與《成長再現》（*Growth Recurring*, 1988）是引發大量關於現代世界興起之討論的經典作。安德烈・貢德・弗蘭

克的《白銀資本：重視經濟全球化中的東方》（*ReOrient: Global Economy in the Asian Age*, 1998）；彭慕蘭的《大分流》，以及王國斌的《轉變的中國》，針對歐洲在一八〇〇年之前相對落後及弱小的情況，提出強而有力的論點，削弱了曾經風行一時、將現代性歸因於中世紀歐洲的理論。這些作品證明現代革命的影響範圍，是一項全球性進程的產物。瑪格麗特・雅各的《科學革命的文化意》（*The Cultural Meaning of the Scientific Revolution*, 1998）是劃時代的重要著作，強調了科學革命對於解釋歐洲現代性興起的重要性；在查爾斯・提利的《強制、資本與歐洲國家，西元九九〇—一九九二年，修訂版，一九九二）對歐洲國家體系的現代性，給予了最全面性的概括說明。艾瑞克・沃爾夫在其著作《歐洲與沒有歷史的人》指出了沒有國家結構的群體，在現代史上所扮演的重要角色。除了上述這些著作，還有浩瀚的文獻探討了「現代世界興起」的議題，我將在下兩章列出其中部分作品。

注釋

❶ Anthony Giddens, *The Nation-State and Violence*, vol. 2, *A Contemporary Critique of Historical Materialism* (Cambridge: Polity Press, 1985), p. 33.

❷ 約翰・麥克尼爾（J. R. McNeill）針對這種轉變所造成的全球性影響，提出了有力的論述，參見*Something New under the Sun: An Environmental History of the Twentieth-Century World* (New York: W. W. Norton, 2000)。

❸ Eric R. Wolf, *Europe and the People without History* (Berkeley: University of California Press, 1982), pp. 24-72。約翰・曼（John Man）也進行了一趟回到西元一千年的時光之旅，參見*Atlas of the Year 1000* (Cambridge, Mass.: Harvard University Press, 1999)。

❹ Wolf, *Europe and the People without History*, p. 71.

❺ Brian M. Fagan, *People of the Earth: An Introduction to World Prehistory* (Upper Saddle River, N.J.: Prentice-Hall, 2001, 10th ed.), p. 362.

❻ Wolf, *Europe and the People without History*, p. 42.

❼ Michael D. Coe, *Mexico: From the Olmecs to the Aztecs* (London: Thames and Hudson, 1994, 4th ed.), p. 158.

❽ 關於畜牧文化，以下這些書中有絕佳的概述，參見Thomas J. Barfield, *The Nomadic Alternative* (Englewood Cliffs, N.J.: Prentice-Hall, 1993)，以及Anatoly M. Khazanov, *Nomads and the Outside World*, trans. Julia Crookenden (Madison: University of Wisconsin Press, 1994, 2nd ed.)。

❾ Pseudo-Hippocrates, "Airs, Waters, Places," 引自*Hippocratic Writings*, ed. and intro. G. E. R. Lloyd, trans. J. Chadwick and W. N. Mann (Harmondsworth: Penguin, 1978), p. 163.

❿ 參見David Christian, *A History of Russia, Central Asia, and Mongolia*, vol. 1, *Inner Eurasia from Prehistory to the Mongol Empire* (Oxford: Blackwell, 1998)。

⓫ Christian, *A History of Russia, Central Asia and Mongolia*, 1:85-94, 149-57，及第八章：Nicola di Cosmo, "State Formation and Periodization in Inner Asian History, "*Journal of World History* 10.1 (Spring 1999): 1-40。

⓬ 該名大使之言引自：Terence Armstrong, *Russian Settlement in the North* (Cambridge: Cambridge University Press, 1965), p. 36；並參見詹姆士・佛塞斯（James Forsyth）卓越的西伯利亞史著作：*A History of the Peoples of Siberia: Russia's North Asian Colony, 1581-1990* (Cambridge: Cambridge University Press, 1992)，特別是頁一〇至一六。

⓭ Wolf, *Europe and the People without History*, p. 65.

⓮ Allen W. Johnson and Timothy Earle, *The Evolution of Human Societies* (Stanford: Stanford University Press, 2000, 2nd ed.), p. 9.

⓯ Lynn Margulis and Dorion Sagan, *Microcosmos: Four Billion Years of Microbial Evolution* (London: Allen and Unwin, 1987), p. 228.

⓰ Carlo M. Cipolla, *The Economic History of World Population* (Harmondsworth: Penguin, 1974, 6th ed.), pp. 114-15.

⓱ David S. Landes, *The Unbound Prometheus: Technological Change and Industrial Development in Western Europe from 1750 to the Present* (London: Cambridge University Press, 1969), p. 6.

⓲ Joel Mokyr, *The Lever of Riches: Technological Creativity and Economic Progress* (New York: Oxford University Press, 1990), p. 99.

⓳ E. A. Wrigley, *Continuity, Chance, and Change: The Character of the Industrial Revolution in England* (Cambridge: Cambridge University Press, 1988), pp. 54-55.

⓴ McNeill, *Something New under the Sun*, pp. 14-15，並參見第六章。

㉑ McNeill, *Something New under the Sun*, p. 15.

㉒ Paul Bairoch, *Cities and Economic Development: From the Dawn of History to the Present*, trans. Christopher Braider (Chicago: University of Chicago Press, 1988), p. 513.

㉓ 關於鐘錶計時的興起，此書有優秀的分析：Norbert Elias, *Time: An Essay*, trans. Edmund Jephcott (Oxford: Blackwell, 1992)：作者主張，現代對時間排程日益要求精確與一致，最主要是因為必須協調日益複雜的相互依賴網路。

㉔ Charles Tilly, *Coercion, Capital, and European States, AD 990-1992* (Cambridge, Mass.: Blackwell, 1992, rev. ed.), p. 69：作者也指出，在現代國家獨占暴力工具這方面，美國可說是個例外（頁六八）。

㉕ Norbert Elias, *The Civilizing Process*, vol. 1, *The History of Manners*, trans. Edmund Jephcott (New York: Pantheon, 1978), p. 186.

㉖ David T. Courtwright, *Forces of Habit: Drugs and the Making of the Modern World* (Cambridge, Mass.: Harvard University Press, 2002).

㉗ 關於感受在前現代世界觀中所占的地位，可參見此書豐富且具啟發性的論述：Tony Swain, *A Place for Strangers: Towards a History of Australian Aboriginal Being* (Cambridge: Cambridge University Press, 1993)。

㉘ 近期部分歷史學家進行了一些重要的比較研究，參見R. Bin Wong, *China Transformed: Historical Change and the Limits of European Experience* (Ithaca, N.Y.: Cornell University Press, 1997)；Kenneth Pomeranz, *The Great Divergence: China, Europe, and the Making of the Modern World Economy* (Princeton: Princeton University Press, 2000)；以及Andre Gunder Frank, *ReOrient: Global Economy in the Asian Age* (Berkeley: University of California Press, 1998)。亦可參見此書針對這些討論的優秀簡介：Robert B. Marks, *The Origins of the Modern World: A Global and Ecological Narrative* (Lanham, Md.: Rowman and Littlefield, 2002)。

㉙ 此書對於現代化的討論有扼要的探討：Craig Lockard, "Global Historians and the Great Divergence," *World History Bulletin*

17.1 (Fall 2000): 17, 32-34。

30 Mokyr, *The Lever of Riches*, p. 148.

31 Daniel Headrick, "Technological Change," in *The Earth as Transformed by Human Action: Global and Regional Changes in the Biosphere over the Past 300 Years*, eds. B. L. Turner II et al. (Cambridge: Cambridge University Press, 1990), p. 59.

32 此書對於成長有扼要的探討：J. L. Anderson, *Explaining Long-Term Economic Change* (Basingstoke: Macmillan, 1991)；並可參見此書的討論：Mokyr, *The Lever of Riches*, chap. 7 ("Understanding Technological Progress")。

33 比方可參見Ester Boserup, *Population and Technology* (Oxford: Blackwell, 1981)。

34 即使中國木材短缺的嚴重程度不比英國糟很多，參見此書中的討論：Pomeranz, *The Great Divergence*, pp. 220-36。

35 以下著作都強調煤的重要性，參見Wrigley, *Continuity, Chance, and Change*，以及Pomeranz, *The Great Divergence*，還有一些影響深遠的作品也點出地理因素的重要性：E. L. Jones, *The European Miracle: Environments, Economies, and Geopolitics in the History of Europe and Asia* (Cambridge: Cambridge University Press, 1987, 2nd ed.)，以及*Growth Recurring: Economic Change in World History* (Oxford: Clarendon, 1988)。

36 Mokyr, *The Lever of Riches*, p. 162.

37 T. S. Ashton，引自Gary Hawke, "Reinterpretations of the Industrial Revolution," in *The Industrial Revolution and British Society*, ed. Patrick O'Brien and Roland Quinault (Cambridge: Cambridge University Press, 1993), p. 55。

38 參見T. S. Ashton, *The Industrial Revolution, 1760-1830* (London: Oxford University Press, 1948)。

39 Max Weber, *The Protestant Ethic and the Spirit of Capitalism*, trans. Talcott Parsons (1930; reprint, New York: Scribners, 1958).

40 近期有人重啟了細緻的研究，探討觀念是現代革命的重要推動力，參見Margaret Jacob, *Scientific Culture and the Making of the Industrial West* (New York: Oxford University Press, 1997)。我將在第十二章中援用其主張。

41 Adam Smith, *An Inquiry into the Nature and Causes of the Wealth of Nations*, ed. Edwin Cannan (New York: Modern Library, 1937 5th ed.), pp. 1, 13.

42 參見Mokyr, *The Lever of Riches*, p. 5：「貿易增加所促進的經濟成長，我們稱其為斯密式的成長。」

43 Frank, *ReOrient*, pp. 173, 166。關於中國的生產力水準，亦參見Pomeranz, *The Great Divergence*，以及Wong, *China*

Transformed。關於探討歐洲早自十五世紀經濟優越論的不同觀點，參見Angus Maddison, *The World Economy: A Millennial Perspective* (Paris: OECD, 2001)。

44 參見Wolf, *Europe and the People without History*, chap. 3。

45 Anthony Giddens, *A Contemporary Critique of Historical Materialism* (Basingstoke: Macmillan, 1995, 2nd ed.), p. 1。我引用的這段文字，並不是在說紀登斯有多麼認同馬克思，而是指出他認為馬克思的思想，仍有值得保留的價值。費南德・布勞岱爾（Fernand Braudel）也主張，如果我們重新給予其機會，並用較大的彈性與微調去理解馬克思的社會模型，其對於歷史學家仍具有相當大的意義：參見Braudel, "History and the Social Sciences," in *On History*, trans. Sarah Matthews (Chicago: University of Chicago Press, 1980), p. 51。

46 此書提到文化基因是一種實體，像寄生蟲般入侵人的大腦，參見Daniel C. Dennett, *Consciousness Explained* (London: Penguin, 1993), p. 204。理查・道金斯創造了這個詞彙，用來指任何可以透過模仿，從一個人傳遞到另一個人的智識或文化資訊，參見第一版的*The Selfish Gene* (Oxford: Oxford University Press, 1976)。由於人們廣泛運用「文化基因」的概念，也開始發現這個概念的局限，參見Susan Blackmore, *The Meme Machine* (Oxford: Oxford University Press, 1999)。

47 Pomeranz, *The Great Divergence*; Wong, *China Transformed.*

48 關於積累過程的論證，參見Pomeranz, *The Great Divergence*。

49 對於新樞紐地區的經濟史，最出色的論述之一仍是Ralph Davis, *The Rise of the Atlantic Economics* (Ithaca, N.Y.: Cornell University Press, 1973)。

50 安德魯・謝拉特與馬克思一樣，強調全球交換網路的地誌學變化在經濟上的重要性：「在大型的匯集點上，資本的集中化成為可能，節點匯合了通往各洲的道路，使得人們可以在機械、勞動紀律以及居住密集地進行投資，形成新規模的具附加價值的製造業」（Sherratt, "Reviving the Grand Narrative: Archaeology and Long-Term Change," *Journal of European Archaeology* 3.1 [1995]: 21)。這些主張既重要且為眾人所熟知，但是新的資訊網路對創新變化速率的幫助，可能也同樣重要。

51 Wong, *China Transformed*, p. 151.

第十二章

全球化、商業化與創新

安恆地（Arnhem Land）的原住民將他們見到的第一批歐洲人叫作「白蘭達」（Balanda），這是印尼稱呼歐洲人的用語，該詞源自「荷蘭人」（Hollander），是當時人們稱呼尼德蘭人的方式。❶

本章將探討西元一千年至大約一千七百年的世界史，說明這段時期的變化，如何奠定邁向現代革命的基礎。本章將首先聚焦於全球化的進程，指出交換網路的擴張，從十六世紀之前的緩慢成長，到後來的加速擴大，是如何為資訊與貨物的交換與創新技術，創造出新的可能性。本章主張在十六世紀出現了一個真正的全球交換網路，使得資訊與商業交換的規模、重要性與多樣性，產生決定性的成長。在全新世之際，不同的世界地區聚合，為人類歷史劃下一個革命性的時刻。

此外，本章將說明全球性交換網路在地誌學上的變化。隨著交換網路在地理上發生改變，資訊與財富的流向進入了新的管道。這些影響對於西歐尤其重要，西歐過去位處非洲—歐亞世界地區交換網路的邊緣，但如今卻突然發現自己成為人類歷史上第一個全球交換網路系統的樞紐。交換網路的規模與地理上的變化，為現代革命打下知識與商業的基礎，並決定了其地理特徵。

我們或許可以從三種不同的解釋角度去思考。首先，現代革命在某種意義上，在過去跟現在都是一種全球化的進程；如果忽略了這個特徵，就無法對現代革命產生正確認知。現代革命在知識、物質與商業方面的材料來自世界各地。而其連結起非洲—歐亞大陸與美洲這兩個最大型的世界地區，產生的創新綜效達到了新高，這在過去、或者直到如今，可能仍是造成現代世界變遷最強大的因素。現代革命的影響也遍及全球，無論是建設性還是破壞性的。在某種形式上，世界各地很快都感受到了現代革命的影響。

然而，不同的世界地區，經歷現代性的方式也相異，為了了解其影響的差別，我們就需要從第二個層面加以解釋。不同世界地區的聚合，對於三個相似、較小型世界地區中的原住民（不論是人類或非人類）而言，已證明是個殘忍與具毀滅性的過程：包括美洲、澳洲與太平洋地區。非洲—歐亞地區部分區域的優勢不成比例地擴大，之後是美洲、澳洲與太平洋地區的「新歐洲」（neo-Europes）區域，亦即非洲—歐亞民族（不論是自願或被迫）遷入其他三個世界地區後建立的新社會。在某種意義上，非洲—歐亞地區的歷史，確保了其民族在進入其他世界地區的社會時，能夠使非洲—歐亞社會勝出。

我們已經了解造成這種優勢的某些原因。比方其中之一為非洲—歐亞社會的家畜畜養文化。這些家畜用於運輸和拖曳，透過將交換過程擴展與加快，使其在各世界地區的規模，縱使已是最大型與多元，依然能持續將優勢最大化。這個廣大與活絡的交換網路，有助於解釋非洲—歐亞社會享有的某些技術優勢。不過畜養動物也使其與飼主間的病菌交流增加；因此，人畜共居除了帶來高效的傳播系統，也使得非洲—歐亞地區的居民，比起其他世界地區，對疾病具有更強的抵抗力。[2]這些疾病在非洲—歐亞民族的征服過程中，可能比他們先進的航海與軍事技術發揮了更大的作用。例如天花，就像艾弗瑞・克羅斯比所述：「其在白人帝國主義向外征服的過程中，扮演著跟槍炮同等分量的角色——甚至可能更為重要，因為原住民還能夠對入侵者舉起步槍與來福槍，但天花卻極少站在原住民這一邊。」[3]

然而，即使在廣大的非洲—歐亞世界地區，現代革命的優勢，也是以不規則且不平衡的方式積累，這使得我們必須採用第三種、即區域性的角度去觀察。如果我們認為現代革命，就是在第一個全球體系下，由新的智識與商業綜效帶來的產物，那麼自然會認為現代性的知識與商業原料，會優先在既存的交換樞紐或引力中心積累，像是地中海世界、美索不達米亞、北印度或是中國。或許事實的確是如此。在本章所討論的年代中，這些地方的成長甚至創新速率，一直維持在高點。❹不過儘管全球交換網路的出現，造就了這些傳統的區域中心，但是現代革命的全部力量及重要性卻都產生於其他地區。象徵現代性的加速創新現象，首先在非洲—歐亞世界地區的西部邊緣變得顯著，這個地區直到西元一千年代仍未被整合進不斷擴張的農耕文明中。甚至晚至一七七六年，在亞當・斯密評論「中國比歐洲的任何地方都來得富有。」❺之際，適應現代革命的特徵尚未在此處出現。

若想適切地解釋現代革命，就必須從這些不同的層面去說明其起源。如伊斯蘭學者馬歇爾・哈濟生（Marshall Hodgson）於一九六七年首次發表的一篇論文中指出：

> 正如在農耕基礎上建立的文明，先是出現在一個或少數幾處，然後傳播到世界上更多地方一樣，新的現代生活形態也不是同時在這些民族中產生，而是一開始只在西歐出現，再傳播到他處。產生這些新生活方式的條件並非僅存在於西方。就像若沒有許多民族大大小小的社會習俗與發明的積累，即無法產生最早的都市文明生活一樣，這些東半球的城市文化，也是大型現代文化突變的先決條件。這些民族的眾多創新與發現，不僅是必備的——而且大多數早期的基礎發明都不是在歐洲出現。相對稠密的廣大地區、以城市居民為主的人口，也是不可或缺的條件，它們透過跨區域的大型貿易網路聯繫在一起，逐漸在東半球形成一個龐大的世界性市場，造就了歐洲的財富，並使歐洲的想像成真。❻

如今距哈濟生寫下這些文字已逾三十五年，我們可以更容易看到現代革命如何成為全球化進程的產物，即使一開始其大幅影響力是出現在非洲—歐亞世界地區的西部邊緣。

在前幾章中，我們已經看到，交換網路的規模、種類與強度，在很大範圍上是創新速率的重要決定因素，另外在一些較小的範圍裡，人口成長、國家行為以及商業擴張也同樣具有影響力。這些因素皆受到馬爾薩斯循環的影響，而馬爾薩斯循環則是大多數農耕文明的特徵。商業、政治及資訊的交換網路，在人口膨脹時期擴大得最為迅速；在人口衰退時則會萎縮。在擴張的期間，交換行為規模的增大、人口成長、國家行為與貿易活動都會刺激創新技術產生。在工業革命發生之前的一千年裡，有兩次大型的馬爾薩斯循環，大大影響了整個非洲—歐亞世界地區的歷史，並間接影響到其他世界地區（參見圖10.4）。第一次循環始於一千年代後半的人口復甦，而在十四世紀中期黑死病發生時驟然告終。第二次循環從黑死病後開始，在十七世紀結束於相較不那麼劇烈的人口衰退。

後古典時期的馬爾薩斯循環：十四世紀之前

擴張階段

從人口成長的節律，最容易看出馬爾薩斯循環的存在（參見表11.1與圖10.4）。我們或許能夠在所有馬爾薩斯循環中，發現某些重要的創新技術，會使得人口大幅躍升。後古典時期的循環與農耕技術進步有部分關聯，例如重型的畜力犁引進歐洲，或者新農作物如黑麥、新稻米品種的引進（在政府行為鼓勵下，雖然稻米品種的改良是由農民實現的），以及設計更優秀的灌溉系統。在八至十二世紀間，中國、歐洲北部以及伊斯蘭世界的農業方式發生了變革。各處的人口成長刺激了殖民運動。事實上這些成長，在古典時期的邊疆地帶最為迅速，像是中亞、北歐、東歐與中國南方等。在

中國曾有六成人口居住在北方黃河流域，但過了兩百五十年後只剩下四成，而南方則變成中華帝國的人口中心。❼

而在西方的邊疆地帶，就是我們現在所稱的歐洲，由於人們開始開墾曾被視為荒地的區域，使得人口的重心透過內部殖民往北移。在英格蘭，十二與十三世紀時開始墾植沼澤地、林地與溼地。阿薩‧布里格斯（Asa Briggs）寫道：「例如，人們開始開墾達特穆爾（Dartmoor）的『荒地』，將威爾特（Wiltshire）郡的米爾（Mere）與多塞特（Dorset）郡……的山坡地開墾成梯田，薩塞克斯（Sussex）巴特爾修道院（Battle Abbey）的僧侶，建造了綿延的堤防以開墾溼地。到了十三世紀末期，人們開墾的土地已經超過十二世紀戰爭前的任何時期。」❽沿著歐洲西北海岸，從萊茵河到羅亞爾河，殖民者與其地主開墾了沿岸的沼澤地與溼地，這種浩大的國家工程造就了荷蘭。在東歐，從六世紀以來，眾多且大部分沒有被文獻記載的農民遷徙，為最初的俄羅斯國家建立了人口基礎。

人口成長刺激了都市化。在歐洲與俄羅斯，在西元一千年至一千三百年之間，人口超過兩萬的都市從四十三座增加至一百〇三座。❾伊斯蘭世界城市的繁榮程度尤其突出。在第九世紀，阿巴斯王朝的首都巴格達，人口可能達到五十萬之譜。但即使在伊斯蘭世界的邊緣，在鹹海區域的花剌子模，西伯利亞林地、草原以及南方都市化地區，位於其間貿易路線樞紐的城鎮也相當繁榮。花剌子模具有大多數前現代都市混合高等文化與墮敗的特徵。阿拉伯地理學家穆卡達西（al-Muqaddasi）指出，其首都柯提（Kath）有一座雄偉的清真寺和富麗的宮殿，當地的喚禮員（mueszzin）在整個阿巴斯統治時期，都以「聲音美妙，吟誦、儀態與學識豐富」而著稱。然而，「該座城市經常發生河水氾濫，居民們必須搬離堤防（愈來愈遠）。城裡……有許多汙水排放系統，公路上經常淹水。居民在街上如廁，扒出坑裡的糞便，然後成袋地運到田裡。由於街上的穢物過多，對當地不熟悉的人只讓弗蘭德（Flanders）與義大利及地中海的傳統貿易網路連接起來。在歐洲，貿易與城市的擴張如此顯著，以致歷史學家羅伯特・洛佩茲稱這種「中世紀商業革命」是當代世界史上的重要轉捩點。另一位歷史學家卡洛・契波拉則指出：「第十與十二世紀歐洲城市的興起，是西方歷史的轉捩點——所以在這個意義上，這也是整個世界的轉捩點。」[16]這些觀點呈現出歐洲的變遷步伐，雖然他們同時也低估了非洲—歐亞大陸其他地方的變遷規模與重要性。

從日益繁盛的跨區域貿易體系所展現的穩固與統一性，就可看出整個非洲—歐亞地區的商業化十分顯著。珍娜・阿布—路哈德在其重要的著作中，適切地描繪出十三世紀的世界體系，指其將中國、東南亞、印度次大陸、伊斯蘭世界、中亞、撒哈拉以南非洲部分地區、地中海地區及歐洲，連成一個比古典時期網路還要繁忙的商業網路。[17]正如湯瑪斯・埃爾森（Thomas Allsen）所述，大量的政治、文化與技術資訊，在這個網路中傳遞，而貨物與疾病亦然。[18]畜牧民族在這個體系內扮演了重要角色，他們既是保護者、嚮導，有時也是商人。摩洛哥學者伊本・巴圖塔（Ibn Battua）在回憶錄中，生動地描繪了這個以伊斯蘭為主的商業與文化網路，他從摩洛哥出發，前往麥加、歐亞草原、印度、中國，並在一三二五年至一三五五年間橫跨撒哈拉沙漠，造訪了這個網路內的大部分地區。[19]在蒙古族統治下，跨歐洲的貿易網路更為欣欣向榮，因為蒙古族在其統轄區域內積極地維護貿易。不過，雖然陸地網路刺激了整體歐亞商業網路中的各種貿易，但是海路貿易的影響可能更為重大——尤其是連接中國、印度與伊斯蘭世界的路線。歐洲商業早熟的一個徵兆，就是商人開始扮演起許多體系的重要角色。到了第十世紀，從格陵蘭島（甚至曾短暫地自紐芬蘭）到巴格達與中亞，都可以發現維京人與定居者的身影。早在十四世紀，由於義大利商人（追隨著馬可・波羅的腳步）經常往來於地中海與中國之間，甚至還有幫助他們的導遊書籍出版。他們也不是單獨的個案。

亞美尼亞與猶太商人也在跨歐亞貿易中扮演重要角色。[20]基督教、祆教、佛教、摩尼教與伊斯蘭教等宗教，亦沿著非洲—歐亞大陸的主要貿易網路，以相當大的自由度廣泛傳播。同樣廣為傳布的還有疾病。最終，腺鼠疫由東至西蔓延開來。然而即使疫情終結了後古典時期的成長循環，但其傳播本身就說明了非洲—歐亞大陸交換網路的範圍與強度。

這些網路的樞紐仍位於伊斯蘭世界之內，因此伊斯蘭教在這時期的擴張也就不足為奇了。在西元一千年之前的數世紀裡，美索不達米亞與波斯樞紐地區，在非洲—歐亞交換網路中的薩珊王朝與伊斯蘭帝國，就扮演舉足輕重的角色。在伊斯蘭歷史的前一千年中，主宰這個地區的伊斯蘭文明，鼓勵了非洲—歐亞網路不同地區的思想、貨品與技術交流，也因此激發了商業與資訊網路的綜效。正如安德魯・華森（Andrew Watson）所指出的，伊斯蘭教能夠持續擴張，部分原因是由於早期伊斯蘭國家對於創新抱持開放態度，尤其在農業方面。[21]在數世紀之間，伊斯蘭世界的農民引進並學會使用多種新作物——包括果樹、蔬菜、穀物，以及纖維作物、辛香料與麻醉品——或許我們可以將其稱作「阿巴斯交換」（Abbasid exchange），以與後來發生的哥倫布交換（Columbian exchange）相對照。許多新的作物來自印度、非洲或東南亞。而且就像農作物與技術一樣，資訊也匯集到伊斯蘭世界，因此伊斯蘭世界除了商業之外，亦成為歐亞科學的中心。對未來具有絕大貢獻的古典地中海哲學與科學，也是由此處孕育而生，而非歐洲。在西元一千年，非洲—歐亞世界的樞紐地區幾乎毫無疑問地，是位於伊斯蘭世界，而在後古典時期的馬爾薩斯循環中，伊斯蘭一直持續擴張。到了西元一千五百年，伊斯蘭國家已包含地中海世界最強大的帝國，即奧圖曼帝國；波斯的薩法維（Safavid）帝國；以及一系列從菲律賓跨越東南亞與南亞，直到撒哈拉沙漠以南非洲的國家。

不過，雖然非洲—歐亞大陸的交換網路樞紐位於西南亞，但是他們的引力中心卻在印度與中國。縱使跨地中海東部的交換可能更為多元，且來自較大的範圍，然而最大的交換量卻是出現在東亞。歐洲商人被吸引至亞洲，尤其是中國，因為當地具有世界上由最多人口與最活絡的經濟所維持的最大市場。人們對東亞經濟史的研究還沒有像對歐洲那麼深入；而且自十八世紀以來，由於受到對「亞洲式」經濟與社會屬於靜態的印象影響，大大局限了亞洲經濟史的模型。這與事實相去甚遠。㉒亞洲的經濟體不僅是世界上最大型的，他們在社會各階層可能也都擁有最高的商業化程度，並且在農村與城鎮中都具有最高的生產力。

事實上，如第十章指出的，琳達．謝弗認為可將此一時期世界史的主要地理特徵稱為「南方化」。㉓她主張，南方化類似於近代的西方化現象，始於紡織品生產、冶鐵、天文學、醫學與航海方面的技術與商業創新，以印度及東南亞為先鋒。西元第九世紀的穆斯林作家賈希茲（al Jahiz）寫道：

> 說到印度人，他們是天文學、數學……及醫學的領導者；他們單獨掌握了醫學的祕密，並透過驚人的治療手法實踐這些知識。他們擁有雕刻及人物繪畫的技藝。他們有象棋，是一種最高尚的遊戲，需要最高度的判斷力與智力。他們製造吉打劍（Kedah sword），並精於使用。他們譜寫美妙的音樂……他們的文字可以表達出各種語言發音，也懂得如何運用各種數字。他們有大量的詩作、長篇論文，深刻的哲學與文字……他們良好的判斷能力，與感知的習慣使他們發明出別針、軟木塞、牙籤、袍子及染髮劑……他們發明了解藥，可以在中毒後解除毒性，也發明了天文定位，並被全世界採用。當亞當從天堂下到凡間，他必定是降落在印度並在此取得成就。㉔

在印度次大陸創造且保存的創新技術，流傳到東南亞與中國，然後又傳播到伊斯蘭世界，為後古典時期的馬爾薩斯循環，提供了巨大動力。謝弗指出，「到了一二〇〇年之際，南方化過程創造了一個繁榮的南方，從中國直至穆斯林地中海世界。」[25]

商業化及其影響

在後古典時期的馬爾薩斯循環期間，非洲—歐亞大陸市場的擴張，使得商業及從事商業活動的人，獲得了前所未有的文化、經濟及政治地位。我們已經看到，商人在所有的農耕文明扮演重要角色，但是他們通常只屬於次等階級，甚至遭到上層階級的鄙視。然而，隨著農耕文明貿易網路數千年的擴張，大量的財富也集中到商人手中，經手以及依靠商業財富者的數量與重要性，也與日俱增。到後古典時期的馬爾薩斯循環結束之際，在大多數地中海與伊斯蘭世界、印度次大陸與中國，商人都形成了一個重要、富裕與獨特的社會階層。在某些地區與國家，例如義大利、荷蘭與東南亞的城邦，商人則位居小型國家的主導地位。

這些國家的稅收對商業依賴日深，造成觀念、國家結構與政策都在根本上起了變化。如我們所見，那些與主要貿易體系關係密切的政體，對於商業稅收的依賴往往超過貢賦。在後古典的馬爾薩斯循環期間，歐洲小國的數量倍增，因為此處再也沒有出現收取貢賦的帝國（不像地中海東部、北印度與中國），足以像古典時期一樣成為主宰的力量。歐洲就像南亞、東南亞部分地區，出現了許多小型且具高度競爭性的國家。他們的規模使其只能收取有限的貢賦；激烈的競爭使其生活成本提高；由於鄰近主要商路，使其吸引商業收入的機會增加。在這種環境中，利用商業增加歲收，不再是端不上檯面的權宜手段：對許多小國而言，商業不僅是財政的救星，還塑造了他們的經濟與政治結構，甚至是他們的價值與社會組成。

義大利與西北歐出現了一些積極進行商業的城邦——特別在弗蘭德（Flander）與漢薩同盟（Hanseatic League），進行皮毛與大西洋及波羅的海魚類交易。因為這些國家對商業依賴很深，他們的統治者通常都跟商人結盟，有時統治者本身就是商人。這類國家不出意料地，會不惜動用所有政治與軍事力量支持商業活動，將貢賦與商業交換相互混用，有必要使用武力時，它們不會手軟，但若情況允許，也會依靠商業手腕。在義大利，湯瑪斯・布雷迪（Thomas Brady）觀察到，「商人、或由商人與地主共同統治的國家……在西元一千年之後不久興起。比薩、熱內亞與威尼斯是其中的先鋒，但這些國家都位於中歐地區，從托斯卡尼到弗蘭德，從布拉奔（Brabant）到利伏尼亞（Livonia），商人不僅供應武器——這普遍見於全歐洲——他們也坐鎮在政府裡發動戰爭，有時甚至親自披掛上陣。」[26] 有時候，這些貿易政治體系，軍事力量甚至強大到足以擊敗強盛的收取貢賦政治體系，就如一千五百年前的雅典城邦，它們（分別於西元前四九〇年與四八〇年）在馬拉松（Marathon）與薩拉米斯（Salamis）打敗了波斯帝國。在一一七六年的萊尼亞諾（Legnano）戰役，北義大利的同盟聯軍擊敗了日耳曼將軍腓特烈一世，而脫離帝國的統治。腓特烈一世的叔叔描述了這個少見的現象：「義大利的同盟，不將武士腰帶或榮譽地位授予地位卑微的年輕人視為恥辱，甚至會賜給骯髒的機械工人，不像其他民族那些尊貴及崇高的階層，會對這些人避之唯恐不及。」[27]

這些擁有強大軍事力量的商業國家，反映了一項長期的規則，就是隨著商業網路擴張，流經這些網路的財富增加，商業菁英的潛在影響力也跟著擴大，直到他們開始發現自己不僅在商業上，在戰力上也已經足以跟鄰近的收取貢賦菁英抗衡。現代革命決定性的標誌之一，就是那些以商業為經濟基礎、而非依賴如土地稅等傳統貢賦的國家，在經濟與軍事力量上出現了長足發展。但是直到十九世紀，情況才變得明朗化：隨著愈來愈多財富在國際商業網路中流通，即使是最強大的收取貢賦國家，在他們曾經的擅場——武力使用方面，也終被商業國家超越。

宋朝的工業革命流產？

中國提供了一個有趣案例，說明即使在強大的收取貢賦的帝國之中，商業化仍具有潛在的影響力。商業活動到了西元前一千年代，已廣見於中國大部分地區；人們甚至已經開始買賣土地。到一千年代中期，晚周的文學經典作品中已記載了強大而獨立的商人階層出現，包括孔丘（即孔子，「Confucius」是「孔夫子」的拉丁語化，年代約西元前五五一年—前四七九年）的言論集在內。到了漢朝初年，已有富裕的商人存在，他們滿足了統治者與貴族的需求，小商賈在省城中心進行買賣，小販則在村落裡做生意，因此也將村民們帶進商業網路之中。漢朝的首都長安（今西安），面積大約為三十四平方公里，比同時期的羅馬還大得多，後者只有十三平方公里。㉘在大型城鎮中，根據帝國歷史學家司馬遷之言（寫於西元前二世紀末），人們可以買到「酒、飧、絲、麻、染料、皮、裘、漆、銅與鐵器」。㉙一份同時期的文獻指出，獨特與富有的商人階級愈來愈顯著，同時也點出當時傳統貴族階層對商人感到不甚苟同的風氣：

> 而商賈大者積貯倍息，小者坐列販賣，操其奇贏，日遊都市，乘上之急，所賣必倍。故其男不耕耘，女不蠶織，衣必文采，食必粱肉，亡農夫之苦，有阡陌之得。因其富厚，交通王侯，力過吏勢，以利相傾。㉚（譯注：出自鼂錯，《論貴粟疏》）

由於商業活動逐漸增加，為國家提供了新的歲收方式，因此對國家體系產生了微妙而深遠的影響。然而，那些依靠簡單的傳統稅收方式的國家，譬如徵收土地稅，卻幾乎不會因此發生變化——其中大多數是領土廣袤、特別龐大的收取貢賦國家，例如中國的漢朝。儘管如此，只要在傳統稅賦方式失效的地方，即使是最強大的收取貢賦國家，都會受到商業化的影響而改變。在後古典馬爾薩斯時期，中國就出現了明顯的變化。西元三世紀初東漢瓦解後，帝國陷入長期分裂，直到隋（西元五八九—六一七年）、唐（西元六一八—九〇六年）時期中國才再度統一。在唐朝統治下，強大的中央集權以及相對來得有秩序的政府，使得人口與商業活動迅速增加，特別是在南方。而且唐朝對於外來影響皆抱持開放態度，不論是宗教（此時為中國佛教的輝煌時期）或貿易。不過，唐朝並非十分支持私人商業活動。他們的稅收主要來自於土地，直到安祿山叛變（西元七五五—七六三年）之前，他們徵收土地稅的效率無與倫比。所以他們並不怎麼需要商業收入，也對此興趣缺缺。因此，唐朝長期在傳統上對於國內與海外的商業與買賣行為抱持蔑視態度。例如禁止商人參加科舉考試。

然而，宋朝（西元九六〇—一二七六年）的統治者不再擁有那麼大的權力。唐朝在西元第十世紀滅亡後，中國北方大部分成為契丹（遼國）的疆域。西元一一二五年，宋朝在北方僅存的勢力範圍，落入滿族女真（金國）之手。宋朝被迫將首都從開封遷至杭州，移往較為商業化的南方。南宋的君主由於不再擁有大一統帝國的豐富貢賦，在面對北方不斷的軍事挑釁下，加上置身於中國南方的商業環境，他們對於商業及商人的態度轉趨溫和。在十二世紀，他們甚至允許成功的商賈買官鬻爵；馬可・波羅聽聞宋朝皇帝會邀請富商進宮，而這在唐朝是無法想像的。[31]這種態度的轉變，源於國家嚴峻的財務現實狀況。到了十三世紀中葉，宋朝有百分之二十的稅收來自於與外地的貿易，而在兩百年前只占大約百分之二。[32]因此南宋開始積極推動商業活動與技術創新，也就不令人意外了。廣州（廣東）是唐朝唯一開放外貿的港口，相形之下，宋朝開放的港口就有七個。此外，南宋還擁有進步的帆船製造業，這也幫助了貿易發展。他們使用羅盤與艉舵，還有水密艙壁與特殊的浮力室。[33]國內貿易亦十分繁榮，尤其是南方的人口急速增加，和東南亞以及日本之間的貿易也迅速成長。宋朝為了改善貨幣制度而大量鑄幣；到了一〇八〇年，他們大約每年鑄造六百萬貫錢（平均每人約兩百枚錢幣），而唐朝每年發行的貨幣一般不超過十到二十萬（平均每人約十枚錢幣）。[34]

我們業已了解，商業交換比起貢賦交換，更可能激發足以提高效率的創新技術，因為貢賦的強制性，會使得效率被犧牲。只要國家寬待商業活動，並營造有利於商業活動的政治和法律環境，就有可能出現創新技術。這個理論可說在宋朝歷史中得到了驗證，即使宋朝在政治上積弱不振，卻引領了一個具有驚人成長與創新的時代。

到十一世紀中期，中國被三大勢力瓜分：宋朝、占據北方與東北的契丹，以及西北方的党項人建立的西夏。這個分治時期預示了技術創新的輝煌時代來臨，在這段時間，長期的南方化過程達到了巔峰。首先，宋朝經濟的農業基礎產生了革命性的變化。根據伊懋可（Mark Elvin）所述：

> 農業革命……包含四個面向：（一）農夫由於新知識、工具的改良或發明、採用畜肥、河泥與石灰施肥的普及化，習得了更有效地培育土壤的方法。（二）引進高產量、抗旱的品種，或者更快熟成，得以一年兩穫的品種。（三）水利技術與空前複雜的灌溉網路建造技術，提升到新的精通程度。（四）商業使得農產品項目更加專業化，不再僅是作為基礎食品，而且也更有

效地開發各種自然資源。[35]

事實上，他指出到十三世紀之前，中國可能是除了印度之外，世界上農業產量最高的地區。政府的支持也刺激了其他經濟領域的創新。由於政府與官員廣泛地使用活字印刷以傳播技術知識，使得採礦、武器製作、農耕與工程的新技術迅速傳布。鑄鐵業需要煤，或者還有焦炭；官方統計顯示，到了一〇七八年，鐵產量每年達至十一萬三千公噸，大約相當於每人一・四公斤。這個生產水準大約是唐朝產量的六倍，而歐洲遲至十八世紀才趕上該產量。[36]大約在同一時期，兩個政府的兵工廠每年生產多達三萬兩千副、共十三種不同規格的盔甲。黃銅的產量急速成長，現今格陵蘭島的冰川顯示，該時期大氣中的銅汙染量曾大幅增加。[37]宋朝的火藥技術也十分進步，雖然炮彈的威力是在一二二一年，由他們北方的敵人女真在戰事中首次展現。到了十三世紀末，中國北方首次使用槍械。[38]在十一世紀，繅絲機被發明出來——此為世界上最早的機械化紡織生產。[39]商業方式也出現了重大創新。早在十一世紀，政府甚至已開始支持紙幣發行。[40]

這段時期的創新技術不僅對中國人具有意義，更反映了部分政府與菁英人士逐漸願意採用新的生產與商業觀念，不論其源頭為何。許多中國的創新技術，是源於非洲—歐亞系統累積知識的匯聚。例如，維繫南方人口繁榮的新稻米品種，就是從越南引進的。還有許多技術來自印度與伊斯蘭世界。伊斯蘭世界的水利技術尤其發達，當地的灌溉技術已具有數千年歷史；印度則擁有高度發達的紡織製造業技術。李約瑟（Joseph Needham）對於中國科學技術的研究，彰顯了中國科技文化的豐富內涵，不過也在無意中忽視了非洲—歐亞世界體系其他地區的創新技術。[41]

不過，宋朝的創新速率的確十分突出。事實上，宋朝的商業化與創新規模驚人，使人認為中世紀的中國，已經快要邁入工業革命階段。然而，即使中國曾經發生工業革命，也未能維持很久，無法對世界帶來革命性的變化。有三個主要原因造成其無法引發廣大的變革。首先，刺激宋朝君主去支持經濟與企業活動的因素，只存在了短暫的時間；其次，在非洲—歐亞交換網路中，中國地處邊緣，而非樞紐位置，降低了其創新技術流傳到其他地區的速度；第三，當時的世界體系規模不夠龐大，也不夠一體化，使得中國的創新技術難以迅速影響其他地區。

境內多國的競爭體系，使中國處於不穩定的組成狀態。由於中國具有政治與文化大一統的悠久傳統，以及整合良好的傳播體系，使得國家遲早會再度統一，而宋朝的商業與科技財富會再度發揮作用，支持一個強大的一統王朝誕生。事實上，這個過程到了一二七九年，就由蒙古族的忽必烈經由征服中國南方而完成了。在重新統一後，鼓勵國家支持商業化的三個條件中（包括規模小以及緊張的敵對關係），有兩個已不復存在，而第三個條件（靠近富有的貿易體系）也僅僅多存續了一陣子。中國不再是由脆弱、彼此競爭、致力從各種來源獲得收入的國家所組成的地區。在元朝與明朝統治時期，政府歲收方式回復到傳統的貢賦來源，例如農民的賦稅。[42]大一統中國的整體規模，意味著商業收入無法與傳統的歲收來源相比擬。在往後的數百年間，這個龐大體系的巨大慣性，使其比起小型的、相互競爭的國家，讓傳統歲收的轉型變得更為複雜與困難。

十五世紀時，中國政府幾乎完全與世界貿易網路絕緣，即使其許多屬地在眾多不利條件下，仍繼續進行商業活動。宋朝的航海傳統一直延續到十五世紀。事實上，在一四〇五年至一四三三年之間，在穆斯林太監鄭和的率領下，組成了包含六十艘船與四萬名士兵的艦隊，七度造訪西洋。[43]他們航行至錫蘭、麥加與東非，甚至可能踏上澳洲北部的土地。不過這些航程並非出於商業任務，政府之所以支持這些航行，並不是為了尋求商業收入，而是為了宣揚中國的政治力量。因此不意外的，他們並沒有很大的興趣持續投資，尤其是當國庫已為此消耗甚多之時。明朝政府最終對這些昂貴的遠征航行失去了興趣，決定將資金轉而用在防禦脆弱的北方邊境。數十年後，中國政府就禁止了所有的海運，雖然意志頑強的中國商人往往仍能找到方法繞過這些禁令，另尋其他出路。

削弱宋朝經濟革命影響力的第二個因素，是由於中國的地理位置處於非洲—歐亞交換網路的邊緣。雖然中國的交換量極大，但是中國交換網路延伸得不夠遠，而且傳遞的資訊與貨物，與位於伊斯蘭世界心臟地帶的美索不達米亞交換網路相形之下，也不夠多元。誠然，中國的創新技術在其他地區開花結果，包括活字印刷術、紙鈔（及造紙技術）、火藥都傳到西方，並最終產生革命性的影響。此外，中國巨大的商業能量，也吸引商人經由海路或陸路至東方。然而這些技術發展在中國之外卻幾乎不具直接的重要性。

第三個因素與前一個因素有關，是非洲—歐亞網路的鬆散性，以及與其他世界地區相互隔絕的程度。其他地區吸取中國創新技術的緩慢速度，意味著無論在中國或世界上其他地方，全球性工業革命的先決條件都尚未誕生。由於傳播技術自西元前一千年代以來幾乎沒有改變，貨品、思想與財富的交換仍受到局限。訊息交換有限的表徵之一，就是中世紀的歐洲普遍對中國幾乎一無所知，同樣地，中國對於西方的非洲—歐亞大陸也全然陌生。

簡言之，在後古典馬爾薩斯循環期間，非洲—歐亞交換網路雖然不若現代那樣聯繫緊密，但比起過去已更加具有一統性，而且商業活動已在所有農耕文明中興起。比起古典時期，創新技術傳播得更為迅速，特別在宋朝出現驚人成長。而且就如先前的年代一樣，許多創新技術，從統治者與商業菁英緊密結盟的國家中誕生，並連接起商業與資訊交換的廣大網路。

近世的馬爾薩斯循環：十四世紀到十七世紀

第一個全球交換網路

十五世紀時，在經歷黑死病造成的長期蕭條後，非洲—歐亞大陸的人口再度攀升。人口成長又一次促進了商業與都市化。前一次循環中建立的商業網路，在十四世紀晚期與十五世紀大抵凋零，到十六世紀早期出現復甦——而且延伸得更遠。歐洲商人在這些連結的建立上厥功至偉，其中大部分是海路。這些歐洲商人與航海家的活動背後往往有政府支持，使該時期終於產生最重要的突破：環繞全球的交換網路首度出現。大西洋兩岸在十六世紀早期連接起來，對世界史而言絕對是劃時代的重大事件，許多現代歷史學家，特別是馬克思主義者，將此認定為過去一千年間具決定性意義的事件之一，自有其道理。正如馬克思所言：「世界貿易和世界市場在十六世紀揭開了資本主義的現代生活史。」[44]

十六世紀第一個出現的交換體系，將非洲—歐亞大陸、美洲、撒哈拉沙漠以南非洲，甚至包括美拉尼西亞、澳洲、玻里尼西亞的市場，都納入這個首度橫跨全球的世界體系。[45]這個新體系的規模幾乎是過去的兩倍，並具有更豐富的貨品與資源。新體系的範圍與其中進行的交換，其財富流通的程度可謂史上空前。龐大金額在跨國交換體系中流動，擴大了貧富地區之間的差距，而掌握這些財富交換的商人與金融家，影響力也隨之增加。貧富之間逐漸加大的鴻溝，刺激了各種商業流動，新的全球體系中積累的經濟「伏特」，產生了前所未有的商業動力。西班牙從美洲掠奪的白銀，流通到歐洲或經由菲律賓到印度，再進入中國，為歐洲與世界貿易提供了能量。中國對白銀的需求（受到紙幣與銅幣貶值、鄉村中普遍的商業化，以及稅收的貨幣化影響使然），則促進了全球的白銀貿易。46

不過其他的交換也具有重要性。在艾弗瑞・克羅斯比的《哥倫布大交換：一四九二年以後的生物影響和文化衝擊》（*The Columbian Exchange: Biological and Cultural Consequences of 1492*, 1972）一書中，就提到由於非洲—歐亞大陸與美洲世界體系的連接，使得農作物、技術、人民甚至病菌相互流通。在全球性的整合中，疾病傳布對較小型的世界地區，帶來了毀滅性的災害。到了西元一五〇〇年，在非洲—歐亞大陸人口較為稠密的地區，疾病的傳播已經使當地的免疫力提高。不過美洲或澳洲、太平洋世界地區一些與外界接觸較少的社群，就沒有產生相對的抵抗力。因此，當歐洲人在十六世紀抵達美洲時，他們也將疾病傳播過去，結果這些歐亞大陸的疾病，成為美洲人大量死亡的主因，影響遠超過其他緣由。47

此處的數字只是基於經驗法則的推算，但是在南美洲與祕魯人口較為密集的居住區，人口數字在十六世紀人口急遽縮小：人口減少了大約百分之七十，而整個美洲各地人口都變少，可能下降了百分之五十至七十。48當時置身於分水嶺兩邊的人，都感受到了疾病交流造成的失衡。猶卡坦（Yucatán）一位原住民描述，在歐洲人抵達之前：「那時並不存在什麼疾病，當地人沒有骨頭疼痛、高燒、天花、胸口灼熱、腹痛、癆病、頭痛這些毛病。當時人類的命運是有秩序的，外地人的到來卻改變了這一切。」49英國殖民者在一五八五年到達羅阿諾克島（Roanoke）時也觀察到同樣的情況，只不過以流行病的分界來說，他們恰恰是處於另一邊。一名殖民地的測量員托馬斯・哈里奧特（Thomas Hariot），寫下他造訪當地城鎮或村落後的見聞：

> 在我們離開當地城鎮數天後，居民們開始快速地死亡，許多人在短時間內斷氣；有些城鎮死

> 了約二十人，有些死了約四十人，有些達到六十人、甚至一百六十人，以他們的規模來說，死亡的數量非常高……當地人完全不曉得這是什麼怪病，也不知道如何治療；根據鎮裡最年長的人表示，這種情況在記憶中從未發生過。[50]

歐洲人移民到澳洲與太平洋群島時，也為當地人帶來了同樣的災難。撒哈拉以南的非洲由於位在廣義的非洲—歐亞大陸網路之中，得以免遭此禍，因為他們所處的環境具有比歐亞更厲害的病菌。在其他地方，歐亞大陸的疾病使當地人口減少，讓歐亞大陸的移民更容易定居，並將這些較小的世界地區大舉變成歐亞殖民地，擔負起歐亞的作物、家畜、害蟲與疾病。[51]

歐亞大陸培育馴化的動植物引進，改變了美洲的經濟、社會結構與交換網路，同時，美洲馴化動植物的引入也一樣影響了非洲—歐亞大陸。其從美洲進口了玉米、豆類、花生、多種馬鈴薯、甘薯、木薯（樹薯）、長瓜、南瓜、木瓜、番石榴、酪梨、鳳梨、番茄、辣椒、可可。[52]木薯成為非洲—歐亞大陸許多熱帶地區的主食；玉米及馬鈴薯則成為許多溫帶地區的主食。中國從十六世紀自葡萄牙引進美洲作物後，接受這些作物的速度比非洲—歐亞大陸其他地方都快。[53]中國自一五六〇年代就開始種植甘薯，時至今日，當地有三分之一的作物原產自美洲。[54]由於這些作物可以在一些主食作物收成欠佳的地區種植，因此美洲作物有效地擴大了耕作面積，並自十六世紀以來，幫助非洲—歐亞大陸許多地區的人口成長。

成長與創新的範型

此一時期，財富與資訊流通大為擴展，對整個世界的國家與社會都產生了深遠的影響。在美洲，其最初發生的影響既快速亦具破壞性。全球整合造成了數百萬人死亡，以及傳統帝國、國家、文化與宗教的終結。每當歐洲人進入一個新世界，這種情況就會重複上演，從模里西斯到夏威夷皆然。

非洲—歐亞地區受到的影響看起來較為輕微及緩慢。不過，非洲—歐亞地區許多地方，即那些人口較稠密的核心地區，在擴張的新交換網路、人口成長、國家行為以及商業化的影響下，激發出成長與創新技術。如喬爾·莫基爾所述：

> 發現的年代……是受到接觸所影響的年代，技術改變的主要模式，是透過觀察外來技術與農作物，並將其移植至他處。野心勃勃的歐洲人接納了美洲作物，以交換他們引進新世界的家畜、小麥與葡萄。此外，他們也大舉將非歐洲的植物，從美洲移植到非洲與亞洲，或從這些地方傳入美洲，進行所謂的生態套利（ecological arbitrage）。因此，他們將香蕉、糖與稻米引進新世界，將木薯（又稱樹薯）引進非洲，最終使這些食物成為當地許多地方的主食。[55]

人口成長的原因，部分是由於歐洲、中國與非洲採用了美洲作物這樣的「創新」。種植這些新作物，需要一系列的小型農業創新技術，包括不同的輪作、耕地與灌溉方法。在中國，新的農作物尤其重要，因為它們可以種在不適合稻米的地方；這些新作物也為非洲帶來了巨大變化。[56]不過，在航海、戰艦（其為十六世紀統一世界體系的誕生，提供了技術上的資源）、礦採技術、戰爭與商業方式上，也有長足的發展。

儘管如此，創新的速率可說並不驚人；沒有一個地方達到工業革命的程度。即使全球世界體系出現後，很快就在歐洲引發最大的商業影響，在這個千年的中間數個世紀之內，除了戰爭、航海、工具製作與冶鐵之外，其他的領域技術創新仍然發展緩慢。[57] 彼得・史登（Peter Stearns）觀察到：

> （一七七〇年的）西方技術與生產方式仍然固守農業社會的基本傳統，尤其在對人力與獸力的依賴上。農業方法自十四世紀以來幾乎毫無改變。製造業雖然出現了一些重要的新技術，但這些技術依舊局限於使用手工具，而且只在小型的工作坊中進行。西方在新的製造業發展機會上，最重要的映證，就是鄉村（家庭）製造業的大幅擴張，特別在紡織與小型金屬製品方面。[58]

在非洲—歐亞大陸，新的全球交換網路，產生了較為細緻與間接的大範圍影響。在所有的核心地區中，人口成長，商業活動擴張。在一四〇〇年至一七〇〇年間，中國人口從約七千萬擴大為約一億五千萬。在同時間內，印度人口從七千四百萬成長至一億七千五百萬，歐洲人口則由五千二百萬增加到九千五百萬（參見表11.1）。根據一項近期的推估數據，直至十八世紀，亞洲人口的成長速度持續超越歐洲，當時亞洲人口占全世界的百分之六十六，生產總額是全世界的百分之八十。[59] 歷史學家曾經認為東亞的人口成長，使得這個年代的貧窮增加，然而這個假定是錯誤的。相反地，就如安德烈・貢德・弗蘭克所主張的，當時的情況應該是：

> 在一七五〇年或一八〇〇年之前的世界經濟與體系中，亞洲人不僅在人口與生產過程上領先，在生產力、競爭力、貿易方面都占優勢，簡言之就是擁有最多的資本形成（capital formation）。此外，與後來的歐洲神話相較，亞洲除了擁有技術，也發展出相應的經濟與金融

機構。所以，現代世界體系中積累與權力的「軌跡」，在這數世紀中並無太大改變。中國、日本與印度尤其具有執牛耳的地位，緊隨其後的則是東南亞與西亞。60

事實上，正如前文所述，歐洲的觀察家也認識到亞洲經濟的優勢，例如早在十八世紀晚期的亞當・斯密。當時的歐洲在科技上也不具領導地位。十七世紀時，菲力普・科廷（Philip Curtin）寫道：

世界史上的「歐洲時代」尚未展開。印度的經濟比歐洲更具生產力。即使就人均生產毛額來看，印度與中國在十七世紀可能都比歐洲高——即使以最近的標準去衡量其算是很低的。歐洲的科技領先只限於部分領域，例如海運；從十六到十七世紀，船舶的航行技術有長足進步。除此之外，是亞洲的製品輸入歐洲，而不是從歐洲到亞洲。61

這段時期裡，白銀大量流入亞洲，也意味著亞洲在逐漸形成的世界貿易體系之中處於中心位置。這些變化不只是表層的：商業活動對社會各層面皆造成了影響。在中國，政府開始收取紙幣形式的賦稅，取代十六世紀的稅收方式，這清楚地標誌出商業交換的程度，而且已擴展到鄉村地區。如彭慕蘭指出的，白糖、織品或其他非必需品的消耗量，以及平均餘命的統計，在在表明十八世紀中國的生活水準，達到與歐洲等量齊觀的程度。62

根據這些指標，近世馬爾薩斯循環的擴張階段——即使交換網路規模大幅擴張——對於創新的刺激仍是典型的中等程度，而非像現代一樣是帶來爆炸性的大量創新。所以我們可以認定世界上許多地區，遲早都會進入某種馬爾薩斯式的衰退。非洲—歐亞大陸許多地區，即使不像前一次循環中出現急遽衰退，在十七世紀成長速度也都減緩下來。不久之後，雖然十九世紀某些地區如印度、中國開始落後，世界上許多其他地區又恢復了成長。最晚到了一八〇〇年，像亞當・斯密與托馬斯・馬爾薩斯等學者，仍有長足的理由相信，農耕時期的馬爾薩斯循環模式會是經濟生活的永久特徵。[63] 一些現代研究者主張，若其中一兩個偶然因素沒有發生，例如在英國發現大量礦藏，情況非常可能會像斯密或馬爾薩斯假設的一樣。[64]

然而，近世的馬爾薩斯循環出現了一些其他變化，為十九世紀的決定性發展鋪下了道路。

商業化對貢賦社會的影響

社會結構論的創新模式主張，當社會各部分都被緊密整合到一個商業網路中，將會產生最快的創新速度，因為社會各部分都受到效率與生產力的規範，以確保在競爭的商業環境裡可獲致成功。前一章提及的簡化版的馬克思主義模型，指出兩個值得我們重視的商業化影響：一是商業菁英日益增加的影響力與權力；另一是鄉村從事各種商業活動的人口愈來愈多（多數農耕文明中的大部分人口），直到最後，債務與土地徵收使他們完全脫離了土地，成為雇傭勞動者，生活完全受到商業網路控制。

許多馬克思主義傳統的研究做過相關議題的討論，證明在非洲─歐亞大陸的大多數核心地區，這些過程發生得非常快速。即使在最為傳統的農耕社會中，商人與市場也具有重要的功能。商業化程度較低的國家也積極支持商業活動，如波蘭與莫斯科公國，只要一有機會，他們就會進行殖民擴張，特別是有可能獲利的地區，如盛產毛皮的西伯利亞。透過這些方式，原先以親族社會為主的世界大部分地區，被吸納進入商業交換網路，對他們的傳統生活方式產生深刻影響。[65]

隨著國家收入愈來愈依賴商業資源，削弱了封建稅與土地稅這類傳統貢賦的重要性，這些變化使國家面臨轉型，即使是大型貢賦國家，也必須更為關注商業活動。就像許多傳統國家一樣，莫斯科政府壟斷了大多數有利可圖的貿易，包括貴重金屬與毛皮。但是在十七世紀，他們開始研究如何向國內貿易課稅，並收取鹽、特別是伏特加的銷售稅。政府的課稅項目是策略性的，因為國內大多數農民能夠自給自足，然而家庭無法生產這些商品，使得他們不得不花錢購買。鹽是保存食物的必需品，伏特加很快成為農村的宗教與社交儀式不可或缺之物。在一七二四年，酒類銷售稅已經占政府稅收的百分之十一；到了十九世紀初，伏特加稅成為國家稅收的最大來源，占政府歲入的百分之三十至四十。[66]隨著商業稅收日趨重要，俄國政府雖然對商人具有戒心，卻仍須與其來往斡旋。在一八五〇年代某些時期，政府還須擔心若無法對承包酒類包稅制（liquor tax farms）的大商人提出具吸引力的條款，就可能面臨破產。由於俄國直到十九世紀，在許多方面仍屬典型的貢賦社會，其財務方式的轉變可謂十分巨大。

就像商業化為城鎮與國家帶來衝擊，農村地區也同樣受到影響。事實上，在西元兩千年代中期，非洲—歐亞大陸各大文明農村地區的農民，幾乎很少不會涉入某些商業活動。在這些文明中，已經有大量且持續成長的人口只靠薪水過活。中國的鄉村很早就商業化。伊懋可指出，早在西元一千年的中國宋朝：

> 中國農民與市場的聯繫日漸頻繁，成為一個適應性強、理性、追求利益的小企業主階級。農村出現許多新職業，山坡上的樹木成為新興造船業的原料，並為城市的擴張提供建材。他們生

> 產蔬果以供應城市的消費。榨取各種油料以提供餐飲、照明、防水，製作髮油和入藥。糖被精緻化、結晶化，用來作為防腐劑。愈來愈多池塘與蓄水池被用來養殖魚類，使養殖魚苗成為一項熱門生意……種植桑葉成為獲利豐厚的行業，還有特別的桑樹苗市場。農民也會製作漆器與鐵製工具。[67]

農民居住的地區商業化程度愈高，商業稅收的種類也就愈多。他們能夠出售更多的農作物或種植經濟作物，如荔枝與柑橘；他們可以生產並銷售纖維作物，或在業餘時從事手工業；他們可以將家庭成員送到城市打工。當這些非洲—歐亞大陸的農民透過商業活動獲取更多收入，他們就必須更加服從商業法則，而非貢賦規定。於是地主與國家開始無法獲得足夠的貢賦；而且，不論他們是歐洲的羊毛商人或附近城鎮的木材商人，都必須符合消費者或雇主要求的生產標準或品質。透過這種方式——有時非常快速，更多時候是在不知不覺中——農民發現自己成為了小型企業主或雇傭勞動者。

不過，在中國，正如非洲—歐亞大陸的大部分地區，這些過程有其局限。各地的農民雖然已大幅涉入許多商業活動，但他們仍拒絕切斷與土地的最後聯繫，而且這些曾經增加課徵傳統土地稅的政府，也往往支持農民留在他們的土地上。王國斌指出十八世紀的中國：「許多農民擁有至少部分財產，其中許多人還出租土地。事實上所有土地的產量，仍屬家戶生產的水準；地主很少為了市場，而擴大他們直接生產的成本。」[68]傳統農民經常在道德承諾上恪守一條古老原則，就是他們擁有土地；他們不認為土地可以像一袋袋的穀物一樣進行買賣。在許多國家，直至二十世紀這種觀念仍然存在。一九〇六年的俄羅斯，在一份遞交給新議會或杜馬（duma）挺農民代表的請願書中，農民反抗軍表示：

我們認為，土地是上帝的，土地是自由的，誰也無權購買、出售或抵押；購買土地的權利對富人有好處，對窮人卻是糟糕透頂……我們這些士兵是窮人，我們在退役之後沒錢買地，但每一個農民都迫切需要土地……土地是上帝的，土地不是任何人的，土地是自由的——在上帝自由的土地上辛勤耕作的，是上帝的自由勞動者，不是仕紳和富農（kulak）雇傭的勞工。[69]

雖然中國農村在十八世紀已經高度商業化，但是土地的所有權與控制結構，仍使大多數人進入商業網路的程度受到限制。而且，根據傳統馬克思主義的模型，這些局限必然會抑制長期的創新速度。

雖然商業觀念與實行方式已深入農村生活，甚至影響了某些最傳統的貢賦帝國的施政，不過，這並沒有削弱傳統農業社會的典型權力與生產結構。

新的全球地誌學：歐洲的角色變遷

在西歐，社會、政治與經濟結構的商業化程度，比非洲—歐亞大陸其他地區都來得高。比起其他傳統核心地區，歐洲社會更為年輕，也更具有可塑性，當地的國家規模較小，對於國際的商業壓力更加敏感；他們對於商業活動具有更開放的態度（其原因之後將進行討論）；或許最重要的是，全球交換網路的地誌學變化，使歐洲在近世的馬爾薩斯循環中，出現了相對大量、多樣化與高密度的資訊及商業交換，得以在世上睥睨群雄。

全球交換的地誌學變化

全球交換網路的誕生，對歐洲產生了決定性的影響，因為全球交換地誌學的重新布局也隨之而來。整體上而言，非洲—歐亞大陸交換體系的結構，在數千年中相對穩定，其樞紐地區位於地中海東部、印度北部與中亞；自西元前一千年代起，其引力中心向東移動到印度北部及中國這些人口密度較高的地區。然而，隨著非洲—歐亞大陸和美洲世界地區連接起來，西歐和整個大西洋沿岸，搖身一變成為新的樞紐地區，非洲—歐亞大陸與美洲的交換行為，大抵皆經由此地流通。一度位於非洲—歐亞地區邊緣的歐洲，突然變成了空前的大型交換中心的最重要樞紐。即使到一八〇〇年時，全球交換體系的引力中心仍位於遠東，但西歐這個新的樞紐地區卻具有最多樣的交換種類。

這個事實具有重大的影響，尤其是對歐洲的未來而言。同時這也具有某種程度的偶然性。就持續擴張的全球交換網路來說，歐洲的位置占盡地利。數千年來位於非洲—歐亞大陸交換網路邊緣的歐洲，到了十六世紀，突然發現自己幸運地處在歷史上最大、最具多樣性的全球交換網路樞紐。由於地誌的重新定位，使歐洲成為新的全球網路中心，讓整個地區的生活發生了革命性的變化。通過歐洲所進行的交換，比從前所有的交易流通都來得龐大。十六到十九世紀，白銀從美洲流向歐洲、伊斯蘭世界和遠東，而這只是歐洲作為關鍵中介角色的例子之一。[70]我們顯然不需要用歐洲例外論，去解釋歐洲在現代世界所扮演的特殊角色，就像我們不需要把蘇美出現城市文明，視為該地區例外論的象徵。如安德魯・謝拉特主張：

西歐只是由於新世界的發現和大西洋鏈的建立，碰巧成為其所扮演的角色。因此，社會或經濟的嫻熟度，與地區發展方式之間的關係並非絕對；從地方的角度來看，變化經常是任意且無法預測的。世界體系的擴大、其形態與連結的改變，推動了某些地區去擔負當時看起來並不適合的角色。71

正如四千多年前的蘇美，由於交換規模的劇增，以及交換網路的驟然重置，使這個原本平靜如一潭死水的地區，獲得刺激而進行許多新的投資。72

然而我們也不應過度強調這個因果關係，因為歐洲的戰略位置並不完全是偶然的。非洲—歐亞大陸世界地區的其他區域，原本也有能力組織並資助航行全球的商業船隊，正如明朝航海家鄭和在十五世紀早期指揮的船隊。如果它們將其付諸實行，那麼後來成為新的全球體系樞紐的，就可能是它們而不是大西洋圈。事實上，如果樞紐和引力中心皆在中國出現，可能會引發一場更為迅速和混亂的現代革命，更勝於今日我們所知的樞紐與引力中心不在同一處的世界。新體系的地誌學並不純粹取決於地理位置；歐洲變成了新全球交換體系的樞紐，部分原因是其已預先適應了此一角色。

對於如何在這個在十六世紀出現的新全球商業體系中生存，西歐社會透過兩種方式做好了準備。首先，他們都是新興而具有彈性的國家。西北歐國家的出現僅僅是過去一千五百年間的事。相較於同時期，強大而成功的國家在美索不達米亞已存在了超過三千年，在中國也至少有兩千年。這些大型貢賦國家的成功，象徵他們的政治與軍事結構、階級聯盟以及價值觀，已適應農耕時代的社會與政治生態。相反地，歐洲新興的政治組織，是在較為商業化的世界中建立起來。他們的政府結構與傳統、特有的階級聯盟與立場，以及戰爭傳統，則已適應這種大不相同的社會政治環境。不同的歐洲國家之間自然也存在著相當大的差異，在查爾斯・提利的《強制、資本與歐洲國家，西元九九〇——一九九二年》（修訂本，一九九二）中有詳細的描述。儘管如此，其中仍有基本的規律存在：地中海以北的歐洲國家體系（或者更廣泛而言，新的美洲殖民國家）在一個比起傳統時代來得商業化的世界裡，發展出他們的基礎結構與姿態。

其次，我們在前文（第十章）曾經提及，歐洲國家體系的一些特點，共同影響了菁英們以更寬容的態度對待商業活動。有別於美索不達米亞或中國，西歐在古典時期的帝國崩潰之後，就再也沒有出現新的貢賦帝國。神聖羅馬帝國雖然欲扮演這個角色，卻無法如願。因此，西歐在後古典時期的馬爾薩斯循環期間，出現了許多小型國家，他們長期競爭，並且都鄰近地中海世界的主要貿易道路。這是一個常見的組合。[73]在商業化有限的時期，正如古希臘城邦的鼎盛年代，這些因素創造了具備商業與軍事優勢的政體，而且能夠發展得非常強大。在大部分已知的世界，都可看到他們商人的足跡；而且，就如前文所述，他們的軍隊有時甚至能夠挑戰龐大的貢賦帝國，就如希臘城邦在馬拉松與薩拉米斯戰役中驅逐波斯人一樣。不過，他們無法指望能夠永久取代這些大型帝國。在十八世紀世界變得更加商業化後，國家與地區間的這類差異，證明更加具有決定性。

這兩個因素，解釋了為何歐洲社會能夠適應高度商業化世界的經濟、政治與軍事狀況。更重要的是，這有助於解釋十五世紀以來歐洲貿易體系中競爭激烈、甚至殘酷的重商主義。在黑死病之後的擴張階段，為了在歐亞貿易網路擴展所帶來的商業利潤中分一杯羹，歐洲國家捲入了你死我活的爭鬥。即使是最傳統的國家，例如將穆斯林趕出西班牙的軍事政體，或者在路易十六統治下的強大法國，也都明瞭商業稅收的重要性。鼎盛時期的西班牙王室，非常依賴商業稅收與貸款，十七世紀的法國則大量依賴新的消費稅及商業稅。[74]商業活動與日俱增，加上政府的謀利與支持，促進了歐洲改良船舶設計與航海術、紡織技術（在大多數近世的經濟體中，紡織業是第二大行業）、運河船閘，甚至可能包括印刷業在內。這些都是伊比利半島國家征服大西洋貿易網路，進而征服美洲農耕文明的間接因素。[75]從美洲攫取的巨大財富——這些收入成為巨大商業、政治、軍事力量的基礎，就如西班牙與葡萄牙的例子所顯示的——強化了野心勃勃的重商主義，成為近世歐洲的一個特徵。這種國家權力依附於商業稅收的複雜情況，也說明了為何歐洲的船舶在十六世紀就已遍布世界各地。

因此，歐洲成為新的全球交換體系樞紐，並不完全出自偶然。大西洋沿岸的擴張主義及商業化國家，造成一個高度競爭的世界出現，擔負起大西洋兩岸的橋梁。事實上，在前一個馬爾薩斯循環中，維京人的航海家已建立起脆弱、短暫的橋梁，他們預示了往後數世紀中歐洲國家充滿野心的擴張主義。

全球交換網路對歐洲的影響

由於戰略位置的優越，使得新全球體系改變對於歐洲的影響，超越世界上任何其他地方。當代世界史往往忽略了資訊交換的重要性。然而，就如我在前幾章所主張的，大體上，不同社群間資訊交換數量與種類的變化，是決定創新速率的重要因素之一。近世的歐洲發現自己被新的訊息所淹沒。位於新交換體系的樞紐，使得歐洲成為最早接受大量關於新世界與非洲—歐亞大陸其他地區知識的地方。歐洲變成了某種新地理與文化知識的資訊交換中心。因此，正是在此處，新資訊的洪流穿過第一個全球交換網路，並對人們的智識生活與活動，產生最早與最大的影響。

由於吸收了大量新資訊，歐洲的智識生活產生了改變。瑪格麗特・雅各（Margaret Jacob）指出，十六、十七世紀旅遊文學的「累積效果」，「使長期以來、特別是被教職人員視為至高無上的宗教習俗的絕對正當性，開始受到質疑。[76]隨著訊息交換場所的擴大，以及印刷出版物流通更加迅速，傳統知識體系所宣稱的真理，面臨了前所未有的考驗，不得不試圖去除其中較為狹隘的觀念。例如安德魯・謝拉特近期發表的論文中，就強調了廣泛交換行為在人類歷史中扮演的角色：「『智識進化』……主要包含適合愈來愈多人的思維模式之出現……過去五百年中科學的成長，以及其致力於不受文化影響的檢驗準則，彰顯了其可變性。」[77]新訊息與知識的注入，成為現代科學計畫的重心，在十六世紀的歐洲成為顯學，並為極端懷疑論提供了最佳的解釋，以駁斥對於真實的傳統觀點。自十七世紀以來，歐洲的「自然哲學家」就明白他們面對的是一個急速擴張的知識體系，其中許多知識會推翻傳統對於真實之觀點的可信度。史蒂文・謝平（Steven Shapin）觀察到：「基於這個原因，構築在有限知識上的哲學框架很可能是錯的，人類拓展的經驗，例如發現新大陸的航行，大幅推動了近世針對傳統哲學體系抱持懷疑主義的潮流。」[78]對知識的基礎抱持懷疑，尋找更為通用的結論（如牛頓的萬有引力原理），以及更加精確的檢驗過程（如伽利略使用的方法），可被視為在日益蓬勃的全球資訊交換網路中，知識體系檢驗框架日益擴大後形成的重要結果。

全球交換網路對於歐洲社會、政治與經濟結構的影響，既為人所熟知，意義也非常重大。歐洲商人與支持他們的統治者，獲得了巨大且迅速的回報。西班牙士兵征服了中美洲與祕魯的農業中心，葡萄牙、法國、荷蘭及英國的遠征軍，開始殖民統治過去在美洲上無國家的農耕社群和採集民族。從美洲白銀獲得的暴利，使西班牙在十六世紀得以維持強權。事實上，西班牙極度依賴美洲白銀，以致當十七世紀白銀供應中斷時，西班牙的商業與政治影響力也就一落千丈。美洲白銀也幫助了歐洲商人，他們通常都在政府的支持下，透過戰爭或買通方式進入亞洲富裕的貿易網路。如安德烈・貢德・弗蘭克所述，在這段時期，商人用海盜的方式敲開了南亞與東南亞商業網路的大門，如同三個世紀前蒙古軍隊控制絲綢之路的貿易路線一樣。[79]歐洲商人如今開始取代十三世紀蒙古人在世界體系中扮演的聯繫角色，然而他們所處的是更加龐大的新全球貿易體系。

這些活動帶來的報酬，讓商業菁英與國家想要建立過去曾有過的聯盟。對商業稅收的高度依賴，造就了特殊的國家結構及獨特的政治形態。首先，在這種政治組織中，商人往往享有特別高的地位；有些國家，例如威尼斯或荷蘭，商人階級就是國家。再者，國家既然依靠商業稅收，就不得不支持商業行為，所以他們與大多數傳統農業帝國不同，會積極地去保護商人的權利。這些政策通常會將國家直接拉進商業戰爭。最後，這種環境也會對統治菁英的立場產生更微妙的影響，刺激他們持續思考如何獲取稅收，並且累積新的企業財富。十七世紀歐洲國家的重商政策——如英格蘭聯邦的航海法，就是用來保護英國殖民地的英國商人——證明了新政府對於這些受到變遷影響的商業與行動，抱持著何種態度。始於十五世紀的威尼斯、其後蔓延至全歐洲的專利法，也是這項趨勢的表徵之一。政府也開始建立科學協會或提供獎金，以推動創新技術（其中最知名的獎金，從時間上嚴格說來，是屬於下一章討論的範圍。英國政府於一七一四年設立一項獎金，鼓勵製作經度錶，並需要堅固且準確到讓水手能在船上測量經度。直至一七六二年，這項獎金才由約翰・哈里森〔John Harrison〕獲得）。[80]

隨著時間過去，商業化改變了傳統收取貢賦的菁英。這些轉型極可能發生在菁英的財富因商業收入而大幅增加之時。其中一個經典範例是英國羊毛貿易，其誘使地主趕走佃戶，在土地上放牧綿羊，尤其是十六世紀因修道院解散而讓地主取得新土地的時候。在英國，傳統的貢賦貴族投身商業的風氣日盛，若不是為弗蘭德的市場提供羊毛，就是投資海外貿易或走私（例如法蘭西斯・德瑞克爵士（Sir Francis Drake）與約翰・霍金斯爵士（Sir John Hawkins）的遠征），或與商人聯姻。雖然貴族直到近世都還保持優越地位，但在其複雜的儀式背後，貴族的組成分子與性質都慢慢地改變了。在整個西歐，所謂的貴族，悄悄地由收取貢賦者變成從事商業或經營企業的地主。許多貴族，就像法國法學家查爾斯・盧瓦瑟（Charles Loyseau）一樣，在當時毫不懷疑地認為「貴族適合的角色就是收取租金，除此之外的收益，都是卑鄙或骯髒的，只會貶低貴族的身分。」[81] 但事實上，貴族作為收取貢賦階層的理想形象，已愈來愈不合時宜。若檢視他們的帳簿，我們就會發現，許多貴族正在慢慢變成資本家，儘管他們自身也會驚訝於這種不自覺的改變。與此同時，商人透過聯姻、購買貴族頭銜（特別在法國），或者與想要利用其金融與商業知識的貴族合作，而逐漸把貴族「商業化」。貴族如果不願增加企業行為，或者拒絕與提供他們協助的商人合作，就只能走向失敗。在十九世紀的俄羅斯文學中，這種失敗的經典形象包括史帝潘・奧布朗斯基（Stepan Oblonsky，安娜・卡列尼娜 [Anna Karenina] 的兄長），與契訶夫《櫻桃園》（*The Cherry Orchard*）中的朗涅夫斯基夫人（Mme Ranevsky）。

商人與政府的結盟最後變成了共生關係。許多政府過去就與商人緊密合作，有些已把商人納入政府機構；但如今在觸角伸及全球的大型國家裡，也出現了這種合作。有些國家的商人被統整入政府部門，最明顯的就是荷蘭，那裡的商人就是政府；另一種極端情況是西班牙與俄羅斯，這些傳統政府只會在為了放款或重大商業操作時，才會不情不願地依賴商人。處於中間位置的是英、法兩國，商人與各種商業活動逐漸地被整合進政府結構。[82]

在政府與商人逐漸共生的影響下，最引人注目的就是戰爭高度商業化，最終使得商業國家在與收取貢賦帝國的競賽中，在戰爭與商業兩方面雙雙獲勝。歐洲內部激烈的競爭環境，不僅使歐洲國家商業化，也使戰爭商業化。靠著美洲白銀流入的支持，這種狀況導致了軍事技術的革命，使戰爭的破壞性與費用都提升到了一個全新境界。查爾斯‧提利主張，在歐洲，國家就是為了戰爭的需要而誕生的。[83]正如早期蘇美，與許多相互競爭的小型或中型國家所處的地區性體系，戰爭也是地域性的。因此，為戰爭做好準備以及動員需要的士兵、武器與補給，是政府的中心任務。軍事為這些體系帶來的後果，也顯示在耶穌會士艾儒略（Giuldo Aldeni）與其中國友人的對話中，這名中國人問：「國王既多，戰爭能免乎？」（譯注：出自艾儒略《西方答問》）艾儒略回答，諸王之間會相互聯姻，教皇也具有足夠的權威去維持和平。不過他的答案並非事實。其實他的中國朋友所指出的才是正確的，他與艾儒略這段對話，恰好發生在「三十年戰爭」之際。[84]中國本身就是一個有趣的對照，因為十七世紀中葉，滿洲族正發動長期的激烈戰爭，以圖推翻明朝。在中國的歐洲人，根據鄂斯曼（Ottoman）帝國或南亞的設計，或中國獨特的製造，製造出紅夷大炮與步槍，並在戰事中發揮了重要作用。不過當滿洲族（清朝）掌握政權後，軍事創新技術就再度減緩下來，中國與歐洲軍事技術的鴻溝迅速拉大，最終導致中國在十九世紀變得不堪一擊。[85]

不過，雖然戰爭的基本形態仍是舊式的，但是歐洲國家卻已出現特殊的戰爭動員方式。提利指出，十五世紀以前，戰爭的動員是透過我們熟知的方式，亦即廣泛地收取貢賦：「部落、封建稅、城市民兵以及傳統武力，在戰爭中扮演主要角色，而王室通常則從他們能夠控制的土地與人員收取賦稅或租金，作為戰爭的資本。」[86]然而，從十五世紀至十八世紀初，國家靠著向大資本家貸款，買下或僱傭軍隊的情況日益普遍。透過這種方式，軍事勝利逐漸成為衡量商業成功的標準。早在一五〇二年，義大利戰爭中的一名法國老兵羅伯特‧德‧巴爾札克（Robert de Balsac），在他關於戰爭的研究末尾評論道：「要贏得戰爭，最重要的是要為戰事所需投注足夠的金錢。」[87]在往後的數百年內，新財富的湧入，大幅提升了歐洲持續數百年在軍備競賽上的投資。

戰爭方式日益商業化，反映了歐洲國家商業化的部分本質。同等重要的，是被稱為火藥革命（gunpowder revolution）的軍事技術，在根本上產生了變化。[88]軍事技術的根源來自整個非洲—歐亞大陸體系。中國人在宋朝就進行過火藥試驗，也許還受到拜占庭技術知識影響，因此在燃燒彈上使用了汽油（希臘之火亦靠此法製出）。這種知識經由阿拉伯人的中介，傳播到東南亞，再進入中國。最早利用火藥爆炸威力的，是一二二一年的金朝，即宋朝在北方的敵國。[89]不過，這個技術只有在歐洲被充分發展。十五世紀時，用來攻城的槍炮已使戰爭發生革命性的變化，因為這導致必須建造更複雜與造價昂貴的防禦工事。機動式的攻城炮，使更多地方必須挹注這些費用。十六世紀可攜式步槍的使用愈來愈頻繁，改變了步兵的戰術，使軍事訓練與紀律提升到一個全新的境界。戰船上裝置加農炮，則促成了海軍戰術的改變。陸軍與海軍裝備費用的提高，對於能夠迅速籌集資金、財庫充足的國家非常有利——也就是那些高度商業化的國家，例如荷蘭。不過，傳統國家如莫斯科公國，也開始尋求更加商業化的新收入來源，以支付軍事改革的費用。俄國伊凡四世在十六世紀即開始提倡伏特加的國家壟斷權，到十九世紀，伏特加已成俄羅斯最重要的國家收入來源之一，支付了大部分的國防開支。[90]

學者們大致同意，商業活動深刻影響了近世的歐洲國家。但關於商業對歐洲鄉村的影響則較莫衷一是。在傳統的歷史學裡，西歐鄉村一向被視為相當具有資本主義特色，與其他國家的鄉村相當不同，例如中國或印度。近期的研究使我們必須對這個觀點有所保留，因為我們已經得知某些農村地區的商業化程度，即使在東亞，都已經非常高。儘管如此，至少某些西歐的農村地區（特別是英國），鄉村的商業化仍遠超過東亞，傳統擁有與控制土地的方式已開始轉變，並打破了保護農民擁有土地的傳統結構。

在歐洲，就如其他地方一樣，商業在鄉村十分容易落地生根。從其他城市來的首飾或生活必需品，例如鹽等，就算僅是透過以物易物，也很早就在鄉村的市場上流通。然而，這種貿易無法使鄉村的生活方式發生革命性變化。更大的影響毋寧是其迫使農民尋求雇傭勞動，以補農耕的不足。各種壓力使得歐洲的鄉村居民，和東亞的鄉村居民一樣，進入市場以補貼他們的農業活動。這類壓力多是財政方面的。由於地主與政府依賴商業活動，他們經常要求傳統稅捐以金錢支付，而非物品或服務，迫使納稅者必須去賺取金錢。而在土地日漸歉收的情況下，人口壓力也會造成同樣結果。在歐洲許多地方，後古典時期馬爾薩斯循環中的人口成長，意味著到了十三世紀時，大概有半數的農民家庭因為土地已不足以維持生計，必須尋找其他的雇傭工作。卡薩琳娜・里斯（Catharina Lis）與雨果・索雷（Hugo Soly）在研究前工業化時期的歐洲時指出：

> 大約在一三〇〇年，皮卡第（Picardy）……有百分之十二人口是失去土地的貧民與乞討者，他們居住在村外的小木屋裡，靠勞力薪資度日；……百分之三十三的人口只擁有一小塊土地，很可能必須出賣勞動力以維持生計；……有百分之三十六的人口，雖然沒有錢可以擁有犁田的牛馬，但逐漸依賴雇傭人力；……百分之十六擁有足夠財產而不必面對這些困難；……百分之三的人口統治其他所有人。[91]

由於土地的收成不足以維持家計，也不夠支付對國家、地主及其他（包括教會）方面應負的義務，農民只能做出幾種選擇。他們可以嘗試在當地市場上，以較為有利的價格出售農產品，但卻經常必須與更大型的生產商競爭。他們可以向當地的放貸者借款，然而在高利息的時代，這種方式往往是進入金錢世界最危險的途徑。他們還可以從事家庭代工，如紡紗或編織等。這些過程被稱為原始工業化（proto-industrialization），使得鄉村地區的主要收入來自家庭工業活動。瑪欣・柏格（Maxine Berg）在討論十七世紀晚期斯塔福德郡（Staffordshire）的家庭工業時，描述了當地多樣化的家庭工業：

> 在尼德伍德森林（Needwood Forest）有木工車床、木工技術與鞣製，南斯塔福德郡有煤礦，坎諾克蔡斯（Cannock Chase）生產鐵與金屬製品，包括鎖、門把、金屬扣、鞍具、針、煤與鐵。西北的金弗森林（Kinver Forest）有大鐮刀工匠與鋒利工具師傅，斯塔福德郡與伍斯特郡（Worcestershire）交界的斯陶爾布里奇（Stourbridge）則有玻璃工匠。西北部的伯夏姆（Bursham）有陶器工廠，東北部有鐵石礦。農村內散布著皮革加工與麻、亞麻及羊毛的紡織作坊。[92]

她還補充，一六二九年在艾塞克斯郡（Essex），已有四萬至五萬人主要以製衣業為生，他們「如果不為每周發放的工資持續工作，生活就無以為繼」，若企業發生危機，就會立刻造成數以千計的人陷入困頓。[93]人們會讓一些家庭成員出外掙錢，無論留在鄉村或前往城市。最後，當情形每況愈下，直到再也無力回天，某些人發現他們終須徹底放棄土地，為了活下去而成為雇傭勞動者。

農村地區為了生存所採的策略，如今在農耕文明中隨處可見，農民承受了巨大的商業、財政或人口壓力。每個策略都使家戶收入增加，並把他們吸進商業世界的更深處。農民發現自己被迫進入資本主義世界。有一段關於十七世紀法國社會史過程的文字：

由於農民擁有的穀物與生活最低需求之間，存在著巨大和長期的不平衡，大多數農民不得不尋找臨時備援。他們出租部分土地作為補貼。每逢夏忙時節，就去一些大農場尋找打工機會。他們辛勤地耕耘果園，在附近的市場販售蔬果。他們飼養一頭瘦弱的母牛以提供乳品。博韋市（Beauvasis）的豬隻很少，因為豬隻會與人類競爭食物。農舍中有四、五隻雞，放牧數頭綿羊與共有牲口，一般農民家庭大致只養得起這麼多。在冬季的數個月中，他們會紡紗織布，賺取微薄薪資，若當年景氣良好，他們方可勉勉強強彌補虧損。然而當遇到壞年頭，農民就連稅都交不出了。當這種情況發生，他們就不得不去商借糧食。這些債務使他們遲早會失去最後一塊土地。在缺乏土地與負債累累的情況下，農民就面臨失去社群中優勢地位的危機，落入無產的窮人階級。[94]

當農民及地主進入企業活動的網路中，他們發現自己與土地的關係發生了改變。對菁英團體來說，他們的收入來自日益增加的商業資源，在農產品不斷市場化的環境裡，以土地養活農民就變得不那麼重要了。因為地主的收入來源已不必依賴農民的耕作，就像十六世紀發生在英國的極端例子，人們能夠用綿羊代替農民而過活。由於這些變化，國家、地主，甚至一些比較富裕的農民，開始把土地視為商業利潤的來源，而不只是生產來源。在某些國家，例如英國，政府鼓勵土地商業化，取消或買斷古老的土地權，或對那些只因慣例擁有地權的佃農進行徵收。僅僅在三個世紀中（從一五〇〇年至一八〇〇年），向傳統農民徵收土地所有權的圈地運動，就摧毀了傳統的農業制度。其他地區的農民，則受到較緩慢但可能更痛苦的壓力，如稅收、債務、歉收以及土地短缺，而被迫與土地脫離。有些時候，例如發生大革命之前的法國，人民對土地的權利雖受到保護，但是商業壓力使他們為了生存，不得不變成小企業主。還有一些地方，隨著商業滲透到農村，土地變成了商品，將農民轉變為雇傭勞動者或小企業主。透過這種方式，資本主義開始蔓延到鄉村生活各角落。

土地的商業化使財富差距變得更大，因為其開始破壞農耕文明的基本原則：耕者必須有其田。馬克思使用電力來比喻這個變化。他所指的資本主義「原始積累」，與前幾章描述的更為素樸的積累形式不同，而是一種社會「電解作用」，就像汽車電池的電能累積一樣。在這裡，潛在的能量是由一個離子被吸引到電池負極，同時另外一個離子走向正極而產生。[95]在原始積累中，私產與財富流向資產階級，同時另一邊的人失去財產，造成了無產階級出現。尤其在早期階段，這個過程既痛苦且充滿掠奪性；原始資本主義就像其他新出現的掠奪者一樣（如同最早、最簡單形式的收取貢賦者），他們最感興趣的是吞噬獵物，而不是保護他們。[96]然而，就如馬克思所主張的，這種透過社會電解作用、日漸增長的潛在能量，恰恰解釋了資本主義制度的動能。將農民從土地上趕走，等於永久決定了他們被迫從事雇傭勞動的命運。作為雇傭勞動者，他們發現自己必須與其他雇傭勞動者競爭；不像過去當他們身為傳統的農民時，主要的目標就只是生存。作為雇傭勞動者，當他們效率不彰，付出的代價即是被解雇並變成一無所有；身為農民，至不濟只是貧窮，因為至少還有一畝地可以餬口。因此，就像馬克思指出的，把農民從土地上驅離，是邁向新世界的重要一步，在這個世界中，大量人口被迫必須像商人般注重效率與生產力。他們必須如同商人般進行買賣（因為他們再也無法生產自己的食品與衣物）；而且也必須像商人一樣，為了在競爭愈來愈激烈的世界生存下去，他們只能不斷拚命工作。馬克思用「絕對剩餘價值」的概念，來解釋早期資本主義日益沉重的工作負擔。揚・德・弗里斯（Jan de Vries）最近就主張，十八、十九世紀時，至少在歐洲，在人們所熟悉的「工業革命」之前，還存在著一場「勤勞革命」（industrious revolution）。[97]

不過，在這個過程中，西歐是否大幅超越非洲—歐亞大陸其他地區，仍然值得商榷。不如說，到了一七〇〇年，雖然大多數農民都會從事市場活動，但土地徵收情況最為嚴重的地方就在西歐，特別是英國。儘管如此，最近的研究顯示，這些差異尚不足以證明西歐或者英國，在此時已成為「資本主義國家」，而像是中國等其他地區卻還不是。

世界是否成熟到進入了轉型？

這個結論令人感到沮喪。一個突然形成的全球交換網路，改變了世界上許多地方的經濟與社會制度。雖然這個網路為其他世界地區的原住民帶來毀滅性的影響，但也使集中到非洲—歐亞大陸較商業化地區的財富倍增。非洲—歐亞大陸與美洲被整合進全球交換體系，到了一七〇〇年，相較於前數世紀，世界已大幅地商業化。在某些地區，社會結構比過去更加接近資本主義經濟的理想型。農村生產者被深深捲入企業或某些雇傭勞動，商業活動破壞了傳統村落之間老死不相往來的狀況。此外，農耕文明核心區域之外的許多地方，也被納入企業活動的網路之中。這些地方包括北美、南美和西伯利亞的聚居處，以及非洲一大部分，到十八世紀末，更增加了太平洋與澳洲眾多地區。此外，就像先前的年代一樣，交換網路的擴張、人口與商業活動成長，以及國家行為，都刺激了某些經濟活動的發展，包括商業、採礦與戰爭，以及許多小型但極為重要的農耕創新技術（例如新作物的引進）。最後，或許也是最重要的，現代世界體系的規模本身，擴大了商業與知識產生綜效的機會，透過交易量與交易範圍的增加，使得某地的新產品與新觀念，得以刺激世界體系中其他地區的經濟行為。在這個大型的全球範圍內，商業化不僅變得更加強大，而且更推動了社會、政治、經濟上的影響。人們不禁會認為，這個世界已經達到了馬克思所定義的資本主義門檻：「使用價值的積累，不僅大到足以提供商品生產、再生產所需價值或維持生活勞動能力的客觀條件，也提供了吸引剩餘勞力的客觀條件。」[98]

在全球交換網路體系突然出現的刺激下，各種交換的數量、種類以及強度驟然增加，讓現代世界體系走到了現代化的門檻前——但是還沒有跨過去。還有許多重要因素，使一七〇〇年的世界仍明顯停留在近世與前資本主義階段。若農業生產力尚未高到足以使許多生產者能轉而從事農業之外的行業，則現代化仍是遙不可及。在十八世紀初（雖然到了該世紀末情況大有轉變），世界上尚未有任何一個地區已經明確地跨過這個門檻。英國的情形與其他地區差不多，唯獨有一點不同，因為到十七世紀末，英國相對企業化的地主階級，掌握了大約百分之七十到七十五的可耕地，四成人口已不再從事農業勞動。[99]不過這些數字也證明，有超過半數的人口仍以農耕為業，大約四分之三的人口依然住在村鎮或村落。[100]英國仍是一個農業為主的國家，就像四千年來的貢賦社會一樣，大約有百分之五十的人口務農，至少到一七五六年仍是如此。[101]「情況仍然沒有改變，」彼得・馬蒂亞斯（Peter Mathias）觀察指出，「土地仍是主要推動經濟的飛輪，是租金、利潤與薪資的最重要來源，是最大的雇主。工業原料直接或間接依賴著農業收成。英國村落中的釀酒人、磨坊主、皮革匠、紡織工、甚至打鐵師，都與農業相互支撐。」[102]其他地區的變化更不明顯；以法國為例，大約有百分之八十五的人口仍為農民，約百分之十三為城鎮居民，約百分之一為貴族。[103]

十八世紀前社會與經濟變遷條件的限制，也解釋了近世時期另一個驚人的面向：以現代的標準衡量，當時的創新速度一直非常緩慢。如果一七〇〇年有外星人造訪地球，他不太可能會觀察到現代社會的兩大特徵：歐洲的主導地位以及日益快速的創新速率。

本章摘要

在兩次大型的馬爾薩斯循環之間，第一個發生在十四世紀之前，第二個發生在十四及十七世紀間，農耕文明的主要地區，出現了持續且逐漸加快的積累過程。其中的核心地區也大幅商業化，尤其在十六世紀全球交換網路出現後。在某些地區，如中國宋朝或十六世紀之後的歐洲，商業化導致政體開始與商業形式的財富結合，而非貢賦形式。簡言之，在某些地區開始出現我們所稱的資本主義國家，而且世界市場成為一個日趨大型與整合的整體。

儘管如此，在這個時期並沒有發生革命性的變化。在十八世紀開始浮現的世界體系中，主宰的政治結構仍較接近貢賦社會，而非資本主義。即使許多地區都已出現高度的商業化，但是此時最強大的政府，在立場、經濟與社會政策上仍是傳統式的。有個象徵也許最能顯示這種對過去的延續，就是當時亞洲仍為世界體系的中心——直到最近，歷史學家才對此點有了清晰的認識。

即使在商業化程度最高的歐洲，就算當地的傳統政治結構已被打破，但鄉村生產方式受到的影響仍十分有限。雖然貿易體系大體遵循著資本主義結構，並因此形塑了大型國家的政策，但是資本主義並沒有主宰生產方式。如查爾斯・提利所述：「在歷史上大部分時間裡，其實資本家的身分主要是商人、企業家、金融家，而不是直接組織生產活動的人。」[104]他的看法直到一七〇〇年仍然成立。資本主義正在改變商業，但尚未改變大眾的生產方式。生產的基本單位依舊是家庭：亦即農場上或從事家庭工業的農家，以及城鎮裡的工匠家庭。雖然薪資對人們的重要性日增，但是民眾尚未成為雇傭勞動者。因此，商業方式與態度還沒有大幅地影響生產，仍然維持小規模與傳統的生產方式。歐洲的社會結構在許多方面也仍是傳統的，這一點尤其可從農業與農民的優勢地位上看得一清二楚。

因此，十八世紀的全球世界體系仍以傳統的貢賦結構為主。然而，這個體系的所有地區，由於知識與資源的長期與加速積累，特別是商業資源，而逐漸變得高度商業化。此外，在某些地區，尤其是歐洲，資本主義結構已發展到足以主宰國家結構與政府體制，而某些新資本主義國家結構，則壯大到可以對主要的收取貢賦國家提出軍事挑戰。這種結合——高度商業化的世界體系，以及某些政治結構正在轉型的地區——提供了先決條件，以快速創造一個完全由資本主義強制推動的世界體系。

延伸閱讀

過去一千年的世界史卷帙浩繁、內容豐富，但在一些關鍵議題上並沒有取得共識。伊懋可在《中國過去的模式》（*The Pattern of the Chinese Past*, 1973）中對宋朝經濟成長做出最佳的詮釋。羅伯特・洛佩茲在《中世紀時期的商業革命：西元九五〇—一三五〇年》（*The Commercial Revolution of the Middle Ages*, 950-1350, 1971）中，對於中世紀歐洲的擴張與其影響，提供了一個傳統歐洲中心的解釋，可作為卡洛・契波拉所著的《工業革命之前》（*Before the Industrial Revolution*，第二版，一九八一）一書的補充。艾瑞克・瓊斯引發了一輪新的辯論，探討全球走向現代化的過程，他的兩本重要著作是《歐洲奇蹟》（*The European Miracle*）（第二版，一九八七）與《重新增長》（*Growth Recurring*, 1988）。許多回應這些討論的研究也相繼問世，最近的論著提出反思，指出歐洲的角色不若過去認為的重要，並開始重視近世東亞的高生產力與高生活水準。抱持這類觀點的最新研究中，包括：珍娜・阿布—路哈德《歐洲霸權之前》（*Before European Hegemony*, 1989）、安德烈・貢德・弗蘭克《白銀資本：重視經濟全球化中的東方》、彭慕蘭《大分流》、王國斌《轉變的中國》。艾弗瑞・克羅斯比著有《哥倫布大交換：一四九二年以後的生物影響和文化衝擊》與《生態帝國主義》（*Ecological Imperialism*, 1986），強調非洲—歐亞大陸以及美洲世界地區彼此之間與內部的交換，造成生態變化，他在這方面的研究無人能出其右。威廉・麥克尼爾《追求強權》（*The Pursuit of Power*, 1982）與傑佛瑞・帕克（Geoffrey Parker）《軍事革命》（*The Military Revolution*，第二版，一九九六年）探討了近世的軍事革命，查爾斯・提利的《強制、資本和歐洲國家，西元九九〇—一九九二年》（*Coercion, Capital, and European States, AD 990-1992*）（修訂版，一九九二）則是探討歐洲國家在過去一千年中如何形成的最佳論述。

注釋

❶ Tim Flannery, *The Future Eaters: An Ecological History of the Australasian Lands and People* (Chatswood, N.S.W.: Reed, 1995), p. 334.

❷ 關於居住在非洲—歐亞大陸的人口、動植物、昆蟲所享有的生態優勢研究，可參見Alfred W. Crosby, *Ecological*

Imperialism: The Biological Expansion of Europe, 900-1900 (Cambridge: Cambridge University Press, 1986)。

❸ Crosby, *Ecological Imperialism*, p. 200.

❹ 可參見Kenneth Pomeranz, *The Great Divergence: China, Europe, and the Making of the Modern World Economy* (Princeton: Princeton University Press, 2000)、Andre Gunder Frank, *ReOrient: Global Economy in the Asian Age* (Berkeley: University of California Press, 1998)、以及R. Bin Wong, *China Transformed: Historical Change and the Limits of European Experience* (Ithaca, N.Y.: Cornell University Press, 1997)。

❺ Adam Smith, 引自Frank, *ReOrient*, p. 13。

❻ Marshall G. S. Hodgson, "The Great Western Transmutation," 收入*Rethinking World History: Essays on Europe, Islam, and World History*, ed. Edmund Burke III (Cambridge: Cambridge University Press, 1993), p. 47。

❼ Valerie Hansen, *The Open Empire: A History of China to 1600* (New York: W. W. Norton, 2000), p. 263.

❽ Asa Briggs, *A Social History of England* (Harmondsworth: Penguin, 1987, 2nd ed.), pp. 74-75.

❾ Paul Bairoch, *Cities and Economic Development: From the Dawn of History to the Present*, trans. Christopher Braider (Chicago: University of Chicago Press, 1988), p. 159.

❿ al-Muqaddasi，引自W. Barthold, *Turkestan down to the Mongol Invasion*, trans. T. Minorsky, ed. C. E. Bosworth (London: E. J. W. Gibb Memorial Trust, 1977, 4th ed.), pp. 103-104。

⓫ Mark Elvin, *The Pattern of the Chinese Past* (Stanford: Stanford University Press, 1973), p. 177.

⓬ Janet Abu-Lughod, *Before European Hegemony: The World System, A.D. 1250-1350* (New York: Oxford University Press, 1989), pp. 337-39.

⓭ Abu-Lughod, *Before European Hegemony*, p. 331，引自Jacques Gernet, *Daily Life in China on the Eve of the Mongol Invasion, 1250-1276*, trans. H. M. Wright (London: Allen and Unwin, 1962), p. 87。

⓮ Elvin, *The Pattern of the Chinese Past*, p. 177.

⓯ 該詩引自Elvin, *Pattern of the Chinese Past*, p. 169（譯注：出自宋・周密：〈瀟湘八景〉其三〈山市晴嵐〉）。

⓰ Carlo M. Cipolla, *Before the Industrial Revolution: European Society and Economy, 1000-1700* (London: Methuen, 1981, 2nd ed.), p.

143。亦參見Robert S. Lopez, *The Commercial Revolution of the Middle Ages, 950-1350* (Englewood Cliffs, N.J.: Prentice-Hall, 1971)。

17 Abu-Lughod, *Before European Hegemony*.

18 Thomas T. Allsen, *Culture and Conquest in Mongol Eurasia* (Cambridge: Cambridge University Press, 2001)，該書聚焦於十三世紀晚期與十四世紀初期，中國與波斯伊兒汗國之間的交換活動。

19 在這本經典研究中，描述了伊本・巴圖塔的旅行：Ross E. Dunn, *The Adventures of Ibn Battuta: A Muslim Traveler of the Fourteenth Century* (Berkeley: University of California Press, 1989)。

20 這本經典研究中探討了這些貿易網路，以及這些網路所依賴的商人網路：Philip Curtin, *Cross-Cultural Trade in World History* (Cambridge: Cambridge University Press, 1985)。

21 Andrew M. Watson, *Agricultural Innovation in the Early Islamic World: The Diffusion of Crops and Farming Techniques, 700-1100* (Cambridge: Cambridge University Press, 1983).

22 參見Wong, *China Transformed*。

23 Lynda Shaffer, "Southernization," 收入*Agricultural and Pastoral Societies in Ancient and Classical History*, ed. Michael Adas (Philadelphia: Temple University Press, 2001), pp. 308-24；首次發表於：*Journal of World History* 5.1 (Spring 1994): 1-21

24 al Jahiz，引自Shaffer, "Southernization," p. 312。亦參見James E. McClellan III and Harold Dorn, *Science and Technology in World History: An Introduction* (Baltimore: Johns Hopkins University Press, 1999), pp. 145-54。

25 Shaffer, "Southernization," p. 316.

26 Thomas A. Brady, "Rise of Merchant Empires, 1400-1700: A European Counterpoint," 收入*The Political Economy of Merchant Empires: State Power and World Trade, 1350-1750*, ed. James D. Tracy (Cambridge: Cambridge University Press, 1991), p. 150。

27 紅鬍子（腓特烈一世）的叔叔之言，引自：Cipolla, *Before the Industrial Revolution*, p. 148。

28 Hansen, *The Open Empire*, p. 135.

29 司馬遷（Sima Qian），引自Elvin, *Pattern of the Chinese Past*, p. 164。

30 鼂錯（Chao Cuo），寫於西元前二世紀初，引自Elvin, *Pattern of the Chinese Past*, p. 164。

31 S. A. M. Adshead, *China in World History* (Basingstoke: Macmillan, 1995, 2nd ed.), p. 117.

32 Archibald R. Lewis, *Nomads and Crusaders, A.D. 1000-1360* (Bloomington: Indiana University Press, 1991), pp. 109, 130, 161。根據王國斌所述，宋朝的商業歲入有時占總歲入的一半以上，參見*China Transformed*, p. 95。

33 關於中國的造船技術，參見Arnold Pacey, *Technology in World Civilization* (Cambridge, Mass.: MIT Press, 1990), pp. 65-66。

34 Hansen, *The Open Empire*, p. 266.

35 Elvin, *Pattern of the Chinese Past*, p. 118。此書中對於宋朝的經濟成長，有優秀而簡潔的描述，Abu-Lughod, *Before European Hegemony*, chap. 10。

36 Hansen, *The Open Empire*, p. 264.

37 J. R. McNeill, *Something New under the Sun: An Environmental History of the Twentieth-Century World* (New York: W. W. Norton, 2000), p. 56：麥克尼爾補充道，其他這類前工業時期的急速增加，發生在西元前一千年代銅幣鑄造技術引進地中海地區之後。

38 Elvin, *Pattern of the Chinese Past*, p. 88; Pacey, *Technology in World Civilization*, p. 47.

39 Pacey, *Technology in World Civilization*, pp. 24-26.

40 Hansen, *The Open Empire*, pp. 266-67, 270-71.

41 參見Joseph Needham, *Science and Civilisation in China*, 7 vols. (Cambridge: Cambridge University Press, 1954-2003)。

42 Wong, *China Transformed*, p. 131.

43 關於這數趟航行，此書有出色且廣被接受的敘述：Louise Levathes, *When China Ruled the Seas: The Treasure Fleet of the Dragon Throne, 1405-1433* (New York: Simon and Schuster, 1994)。

44 Karl Marx, *Capital: A Critique of Political Economy*, vol. 1, trans. Ben Fowkes (Harmondsworth: Penguin, 1976), part 2, p. 247（開頭章節）。馬克思主義史學的中心觀點認為，世界市場出現，對於現代性的產生至關重要。參見Immanuel Wallerstein, "World-System," in *A Dictionary of Marxist Thought*, ed. Tom Bottomore (Oxford: Blackwell, 1991, 2nd ed.), pp. 590-91。

45 如丹尼斯O.佛林（Dennis O. Flynn）與阿圖羅・吉拉爾德斯（Arturo Giráldez）指出的，嚴格來說，交換的全球體系直到一五七一年之前都尚未出現，在這一年，美洲與馬尼拉開始進行例常貿易，連接起太平洋兩岸。參見Flynn and

Giráldez, "Cycles of Silver: Global Economic Unity through the Mid-Eighteenth Century," *Journal of World History* 13.2 (Fall 2002): 393。

46 關於白銀流通情況的介紹，可參見Dennis O. Flynn and Arturo Giráldez, "Born with a 'Silver Spoon': The Origin of World Trade in 1571," *Journal of World History* 6.2 (Fall 1995): 201-21, and "Cycles of Silver,"。

47 比方可參見馬西莫・利維—巴齊（Massimo Livi-Bacci）對疾病傳播跨越各世界地區的概述：*A Concise History of World Population*, trans. Carl Ipsen (Oxford: Blackwell, 1992), pp. 50-56。

48 該數據來自此書：Angus Maddison, *The World Economy: A Millennial Perspective* (Paris: UNESCO, 2001), p. 235。關於前哥倫布時期的人口數字，以及十六世紀人口相對衰落的情況，尚存在許多爭論。光是對墨西哥一地人口減少的推估值，就從百分之十五至百分之九十之間不等。表11.1中的數據（引自：J. R. Biraben, "Essai sur l'évolution du nombre des hommes," *Population* 34 [1979]: 16）顯示拉丁美洲的人口（北美不算在內），在一五〇〇年至一六〇〇年間大約減少了百分之七十五，從約三千九百萬人降至一千萬人。安格斯・麥迪森（Angus Maddison）的估計值較為保守，他認為拉丁美洲的人口大約減少了百分之五十，從約一千七百五十萬人降至約八百六十萬人；伍德羅・鮑拉（Woodrow Borah）與薛爾邦F.庫克（Sherburne F. Cook）較早的估計，主張人口於一五〇〇年的人口可能高達一億，而人口減少的比例可能嚴重至百分之九十或百分之九十五。參見*The Aboriginal Population of Central Mexico on the Eve of the Spanish Conquest* (Berkeley: University of California Press, 1963)。亦參見Maddison, *The World Economy*, pp. 233-36，以及Massimo Livi-Bacci, *A Concise History of World Population*, pp. 50-56。謹向惠予部分參考資料的布魯斯・卡斯特曼（Bruce Castleman）致謝。

49 該原住民之言引自Alfred W. Crosby, *The Columbian Exchange: Biological and Cultural Consequences of 1492* (Westport, Conn.: Greenwood Press, 1972), p. 36。

50 托馬斯・哈里奧特之言引自：Crosby, *The Columbian Exchange*, pp. 40-41，引自David B. Quinn ed., *The Roanoke Voyages, 1584-1590*, 2 vols. (London: Hakluyt Society, 1955), 1: 387。

51 克羅斯比在《生態帝國主義》（*Ecological Imperialism*）一書中，將這種定居過程稱為「新歐洲」（neo-Europes）的誕生。

52 Crosby, *Columbian Exchange*, p. 170.

53. Crosby, *Columbian Exchange*, p. 199.
54. Frank, *ReOrient*, p. 60.
55. Joel Mokyr, *The Lever of Riches: Technological Creativity and Economic Progress* (New York: Oxford University Press, 1990), p. 70.
56. Crosby, *Columbian Exchange*, pp. 185, 199-201.
57. 關於創新速率的探討，參見Mokyr, *The Lever of Riches*, chap. 4。
58. Peter N. Stearns, *The Industrial Revolution in World History* (Boulder, Colo.: Westview Press, 1993), p. 18.
59. Frank, *ReOrient*, pp. 168, 172.
60. Frank, *ReOrient*, p. 166.
61. Curtin, Cross-Cultural Trade, p. 149.
62. Pomeranz, *The Great Divergence*，特別是第一、二、三章。
63. Wong, *China Transformed*, p. 17.
64. 此書也有類似的主張：Pomeranz, *The Great Divergence*。
65. 此書對北美皮毛交易中，商業交換的過程如何進行，有出色的描述，Eric R. Wolf, *Europe and the People without History* (Berkeley: University of California Press, 1982)。
66. David Christian, *Living Water: Vodka and Russian Society on the Eve of Emancipation* (Oxford: Clarendon, 1990), pp. 33, 384-88.
67. Elvin, *Pattern of the Chinese Past*, p. 167.
68. Wong, *China Transformed*, p. 45.
69. 該請願書引自：John Bushnell, *Mutiny amid Repression: Russian Soldiers in the Revolution of 1905-1906* (Bloomington: Indiana University Press, 1985), p. 180。
70. 關於歐洲如何扮演中間人的角色，參見Frank, *ReOrient*。
71. Andrew Sherratt, "Reviving the Grand Narrative: Archaeology and Long-Term Change," *Journal of European Archaeology* 3.1 (1995): 13.
72. Sherratt, "Reviving the Grand Narrative," p. 21.

73 此書也探討了在農耕文明長期歷史中「半邊緣」（semi-peripheral）地區的特殊角色，參見 Christopher Chase-Dunn and Thomas D. Hall, *Rise and Demise: Comparing World Systems* (Boulder, Colo.: Westview Press, 1997), chap. 5。

74 Wong, *China Transformed*, p. 129.

75 關於歐洲在中世紀的創新技術，參見Mokyr, *The Lever of Riches*, pp. 31-56。

76 Margaret Jacob, *The Cultural Meaning of the Scientific Revolution* (Philadelphia: Temple University Press, 1988), p. 109.

77 Sherratt, "Reviving the Grand Narrative," p. 25.

78 Steven Shapin, *The Scientific Revolution* (Chicago: University of Chicago Press, 1996), pp. 79-80.

79 Frank, *ReOrient*, p. 256：「蒙古人與歐洲人的結構相似性，就在於兩者都是位於（半）邊緣或偏遠地區的民族，他們受到『核心』地區與經濟的吸引，而入侵這些地區，其中以東亞為主，其次是西亞。」

80 此書描述了這個故事：Dava Sobel, *Longitude: The True Story of a Lone Genius Who Solved the Greatest Scientific Problem of His Time* (New York: Walker, 1995)。關於歐洲國家在科技創新方面扮演的角色，亦可參見Mokyr, *The Lever of Riches*, pp. 78-79。

81 Charles Loyseau, *Traité des Ordres* (1613)：引自Henry Kamen, *European Society, 1500-1700* (London: Hutchinson, 1984), p. 99。

82 Charles Tilly, *Coercion, Capital, and European States, AD 990-1992* (Cambridge, Mass.: Blackwell, 1992, rev. ed.), p. 30：此書的論述開啟了對這三種現代國家形成路線的區分。

83 Tilly, *Coercion, Capital, and European States*, p. 14 and chap. 3.

84 艾儒略這段對話引自：Tilly, *Coercion, Capital, and European States*, p. 128。

85 Nicola di Cosmo, "European Technology and Manchu Power: Reflections on the 'Military Revolution' in Seventeenth Century China," paper presented at the International Congress of Historical Sciences, Oslo, August 2000.

86 Tilly, *Coercion, Capital, and European States*, p. 29.

87 Robert de Balsac，引自Tilly, *Coercion, Capital, and European States*, p. 84。

88 參見Geoffrey Parker, *The Military Revolution: Military Innovation and the Rise of the West, 1500-1800* (Cambridge: Cambridge University Press, 1996, 2nd ed.)，以及William H. McNeill, *The Pursuit of Power: Technology, Armed Force, and Society since A.D. 1000* (Oxford: Blackwell, 1982)。

89 Elvin, *Pattern of the Chinese Past*, p. 88; Pacey, *Technology in World Civilization*, p. 47.

90 Christian, *Living Water*, pp. 5, 383, 385：十八世紀晚期，從伏特加酒獲得的稅收通常占國防支出的百分之五十至百分之六十；到了十九世紀，則平均約占國防預算的百分之七十。

91 Catharina Lis and Hugo Soly, *Poverty and Capitalism in Pre-Industrial Europe*, trans. James Coonan (Atlantic Highlands, N.J.: Humanities Press, 1979), p. 15.

92 Maxine Berg, *The Age of Manufactures, 1700-1820: Industry, Innovation, and Work in Britain* (London: Routledge, 1994, 2nd ed.), pp. 98-99.

93 Berg, *The Age of Manufactures*, p. 99；引自Keith Wrightson, *English Society, 1580-1680* (London: Hutchinson, 1982), p. 139。

94 George Huppert, *After the Black Death: A Social History of Early Modern Europe* (Bloomington: Indiana University Press, 1986), p. 72.

95 David Christian, "Accumulation and Accumulators: The Metaphor Marx Muffed," *Science and Society* 54.2 (Summer 1990): 219-24.

96 在《資本論》中，馬克思寫道：「一端的財富積累，同時也造成了另一端的悲慘、勞力折磨、奴役、無知、殘酷與道德墮落的積累，亦即將生產自己的產品作為資本的階級」（*Capital*, vol. 1, p. 799; 引自chap. 25, "The General Law of Capitalist Accumulation"）。

97 馬克思生動地描述了「絕對剩餘價值」的影響，參見*Capital*, vol. 1, part 3；亦參見Jan de Vries, "The Industrial Revolution and the Industrious Revolution," *Journal of Economic History* 54.2 (June 1994): 249-70。

98 Karl Marx, *Grundrisse: Foundations of the Critique of Political Economy*, trans. Martin Nicolaus (Harmondsworth: Penguin, 1973), p. 463.

99 關於一六八八年務農人口的比率，參見N. F. R. Crafts, *British Economic Growth during the Industrial Revolution* (Oxford: Clarendon, 1985), pp. 13-14；關於地主的推估數量，參見Lis and Soly, *Poverty and Capitalism*, p. 100。

100 Peter Mathias, *The First Industrial Nation: An Economic History of Britain, 1700-1914* (London: Methuen, 1983, 2nd ed.), p. 26.

101 Crafts, *British Economic Growth*, pp. 13-14.

102 Mathias, *The First Industrial Nation*, p. 29.

103 Huppert, *After the Black Death*, p. 59.

104 Tilly, *Coercion, Capital, and European States*, p. 17.

現代革命改變了過去兩百五十年的世界。在表13.1、表13.2與圖13.1中，對於橫跨大部分這段時期的工業生產，進行了若干比較。其中最重要的一點，就是全球的工業生產幾乎成長了一百倍。當然，這些數據是非常直觀的：像「工業潛力」這樣的原始統計數字並不十分可靠，並且也沒有包含所有國家。儘管如此，我們仍可從這些圖表中，得到一個清晰的總體印象，而且就算其中的某些細節需要大幅修正，也不會對結果造成改變。

若以大歷史的範圍來看，這些圖表所呈現的重大變化，看起來是既普遍且瞬間的。但是為了正確解讀這些數字，我們必須使用更精細一點的放大鏡，去觀察世界不同地區的轉型方式與時序。若將觀察的時間範圍縮小到一、兩個世紀，就會發現轉型具有一個清楚的序列。這個序列十分重要，因為其對於現代革命的形式和結果有著決定性的影響。位於新全球交換網路樞紐的那些地區，最先體驗到高速的創新速率，以及現代化特有的巨大能量流動。十九世紀晚期時，它們在工業方面的領導地位，賦予其經濟、政治以及軍事優勢，使它們能在全世界現代性的本質和形式留下自己的標誌。

這個轉型首先可在西歐明顯觀察到。在一個世紀內，其使歐洲的成長速率，以及歐洲社會與政治結構，發生革命性的變化。這些變化徹底改造了歐洲在全球體系中的角色。英國、德國、法國與義大利，在一七五〇年時約占全球工業生產量的百分之十一；到一八八〇年則幾乎達到百分之四十二。從整體來看，今日所謂的「已開發世界」在一七五〇年占全球生產量的百分之二十七，一八六〇年躍升至百分之六十三，到一九五三年則幾乎占據了百分之九十四。英國明顯地在工業化的第一個世紀裡扮演先鋒。英國在一七五〇年占全球生產量的百分之二；到了一八八〇年則達到百分之二十以上。

表13.1 整體工業潛力，1750-1980年（1900年的英國=100）

	1750	1800	1830	1860	1880	1900	1913	1928	1938	1953	1963	1973	1980
已開發國家	34	47	73	143	253	481	863	1,259	1,562	2,870	4,699	8,432	9,718
英國	2	6	18	45	73	100	127	135	181	258	330	462	461
德國	4	5	7	11	27	71	138	158	241	180	330	550	590
法國	5	6	10	18	25	37	57	82	74	98	194	328	362
義大利	3	4	4	6	8	14	23	37	46	71	150	258	319
俄羅斯／蘇聯	6	8	10	16	25	48	77	72	152	328	760	1,345	1,630
美國		1	5	16	47	128	298	533	528	1,373	1,804	3,089	3,475
日本	5	5	5	6	8	13	25	45	88	88	264	819	1,001
第三世界	93	99	112	83	67	60	70	98	122	200	439	927	1,323
中國	42	49	55	44	40	34	33	46	52	71	178	369	553
印度／巴基斯坦	31	29	33	19	9	9	13	26	40	52	91	194	254
世界	127	146	185	226	320	541	933	1,357	1,684	3,070	5,138	9,359	11,041

資料來源：Daniel R. Headrick, "Technological Change," 引自*The Earth as Transformed by Human Action: Global and Regional Changes in the Biosphere over the Past 300 Years*, edited by B. L. Turner II et al (Cambridge: Cambridge University Press, 1990)，頁58；根據Paul Bairoch, "International Industrialization Levels from 1705 to 1980," *Journal of European Economic History* 11 (1982): 292, 299。

注：這些數據包含手工業與工業製造。數據4捨5入取整數，根據三年期的平均，1913、1928與1938年除外。由於數據經過4捨5入，在「世界」欄位的數字，與「已開發國家」和「第三世界」欄位底下的數字總和不一定吻合。在「已開發國家」和「第三世界」欄位中的數據，也包含了部分未列入的國家。

表13.2 整體工業潛力，1750-1980年，占全球總數的百分比

	1750	1800	1830	1860	1880	1900	1913	1928	1938	1953	1963	1973	1980
已開發國家	26.8	32.0	39.7	63.3	79.1	88.9	92.5	92.8	92.8	93.5	91.5	90.1	88.0
英國	1.6	4.1	9.8	19.9	22.8	18.5	13.6	10.0	10.7	8.4	6.4	4.9	4.0
德國	3.2	3.4	3.8	4.9	8.4	13.1	14.8	11.7	12.7	5.9	6.4	5.9	5.3
法國	3.9	4.1	5.4	8.0	7.8	6.8	6.1	6.0	4.4	3.2	3.8	3.5	3.3
義大利	2.4	2.7	2.2	2.7.	2.5	2.6	2.5	2.7	2.7	2.3	2.9	2.8	2.9
俄羅斯／蘇聯	4.7	5.4	5.4	7.1	7.8	8.9	8.3	5.3	9.0	10.7	14.8	14.4	14.8
美國		0.7	2.7	7.1	14.7	23.7	31.9	39.3	31.4	44.7	35.1	33.0	31.5
日本	3.9	3.4	2.7	2.7	2.5	2.4	2.7	3.3	5.2	2.9	5.1	8.8	9.1
第三世界	73.2	67.3	60.9	36.7	20.9	11.1	7.5	7.2	7.2	6.5	8.5	9.9	12.0
中國	33.1	33.3	29.9	19.5	12.5	6.3	3.5	3.4	3.1	2.3	3.5	3.9	5.0
印度／巴基斯坦	24.4	19.7	17.9	8.4	2.8	1.7	1.4	1.9	2.4	1.7	1.8	2.1	2.3
世界	100	100	100	100	100	100	100	100	100	100	100	100	100

資料來源：表13.1。

圖13.1 全球工業生產潛力，1750-1980年

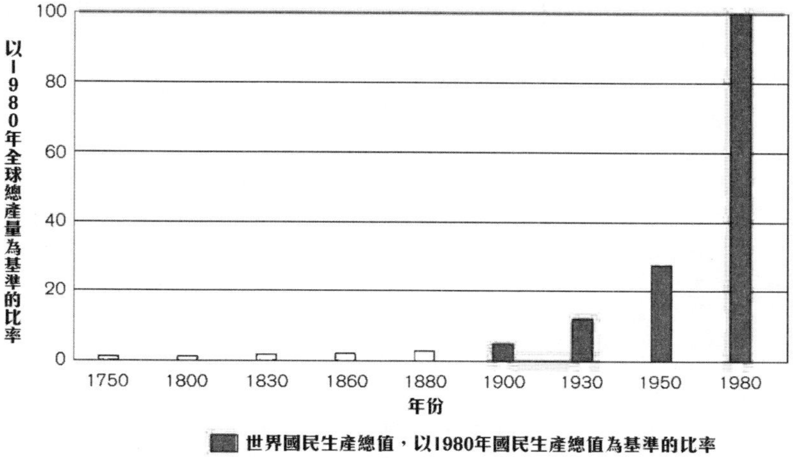

根據表13.2製圖

工業力量平衡的改變，使軍事與政治力量的均勢發生了變化。一八〇〇年時，歐洲列強控制了全球大約百分之三十五的土地；到了一九一四年，他們所掌控的土地變成百分之八十四。[1]列強的人口平衡也在轉變，雖然相形之下較不明顯。表11.1的數據顯示，在一〇〇〇年至一八〇〇年之間，歐洲占全球人口的比例為百分之十二到百分之十四之間（十四世紀短暫增加到百分之十六）。接著在一九〇〇年，其人口比例上升至百分之十八，到二十世紀末又下降到約百分之九。這些數據並未能凸顯出歐洲人口的影響力，因為它們忽略了數百萬離開歐洲，遷至美洲與歐洲那些新歐洲地區定居的人口。

在十九世紀的大多數時間裡，工業化似乎是一個歐洲現象。然而到二十世紀，當大西洋經濟樞紐以外地區的生產開始蓬勃興起，工業化就成為全球性現象了。隨著歐洲與大西洋社會的人口、經濟與軍事力量增加，其他地區的政府意識到他們有需要模仿歐洲的經濟、政治與軍事成果。由於他們的努力，也因為世界經濟和文化的一體化，世界其他地區得以套用歐洲的現代化模式。這些變化的速度與範圍，使得單一的區域工業革命，就像新石器時代單獨的區域性轉型一樣，已經是不可能的事。事實上，歐洲的現代化模式，為全球現代化提供了樣板，就如農業地區的領先技術，在農業時代早期區域交換網路中被不斷複製。所以今天全世界的商務人士穿的是西裝而不是長袍，而英語成為商業與外交的國際通用語言，絕非偶然。

轉型為何首先在歐洲發生？為何歐洲的轉型，沒有像宋朝的經濟革命一樣夭折？在邁入現代化的第一個世紀裡，大抵上發生於歐洲與美洲的現代化軌跡究竟是何模樣？早期的轉型有哪些特徵？這些是本章主要試圖探討的問題。

由於最初引領現代化的一些變遷具有重大意義，本章其他部分將集中探討西歐與北大西洋的樞紐地區。為了論述上的方便，我們將現代革命分為三個方面：經濟變遷、政治變遷，與文化變遷。事實上，這些面向都屬於同一個複雜、相互關聯的轉型，並以驚人的速度發生。

英國經濟革命

隨著經濟史學家將注意力放在經濟變遷的細節上（派翠克・歐布萊恩將其稱為歷史學上的「點描畫派」），許多人開始對「工業革命」這個概念產生質疑，就像考古學家對「新石器革命」有所懷疑一樣。雖然就近觀察時，可看到許多細節，但卻很難看出更大的範型。不過，若從世界史的大範圍看，就很難對於經濟變遷革命性的本質視而不見。歐布萊恩在他近期的研究中寫道：

當我們比較十八世紀前半與十九世紀前半的經濟變遷速率，不論是透過已建構或重構的指標，這些證據皆顯示在這段過渡期內出現了巨大的差異。在英國（抑或歐洲與美洲），資本積累的程度達到了歷史新高。簡言之，在一七五〇年至一八五〇年之間，英國經濟維持了長時間的成長，這不僅在歷史上前所未見，也成為世界上令人注目的現象。❷

在討論工業革命的早期階段時，我會將焦點放在英國。這並非表示英國是這段時期的典型：相反地，英國的領先恰恰意味著其屬於非典型。❸正如歐布萊恩與卡格拉・凱德（Caglar Keyder）主張的，法國邁向現代化的進程，雖然與英國有別，但從任何客觀標準來看絕不會「落後」於英國。法國農民存續的時間更久一些，甚至在法國大革命後還更加團結；因此，在十九世紀後，法國農業比英國更為傳統，其社會結構或許也更為平等。不過，在一七八〇年至一九一四年之間，兩國的長期技術成長速率亦不相上下。❹許多策略性的技術突破都不能算是英國的，而是「西方的」。其中包括蒸汽機設計的早期發展；法國發明的提花梭織機，是在機械控制上使用數位編碼方式的先鋒（一八〇一）；美國發明了軋棉機（一七九三）；新的漂白技術，也是在法國首先出現（一七八四）；瓷器的製作方式（德國麥森，一七〇八）；玻璃製造和造紙的新技術；以及航空技術的濫觴，由兩位造紙工匠孟格菲（Montgolfier）兄弟在法國西南的安東奈（Antonnay）進行了首次由人操控的飛行（一七八三）。儘管如此，英國的經濟轉型卻吸引了最多學者研究（參見表13.3）。相較於同時期的其他地方，這也是革命性的轉型最早變得明顯的地區。早於一八三七年，法國革命家布朗基（Blanqui）就使用了「工業革命」一詞，指出英國的經濟轉型具有革命性意義，如同法國大革命帶來顯著的政治與社會變遷一樣。❺職是之故，英國仍是觀察這個起飛的時刻與其區域性意

表13.3　英國經濟成長率的推估數值，1700年-1831年

年代	國民生產成長率		人均國民生產成長率	
	國民生產（年百分比）	倍增所需時間（年）	人均國民生產（年百分比）	倍增所需時間（年）
1700-1760	0.69	100	0.31	223
1760-1780	0.70	99	0.01	6.931
1780-1801	1.32	53	0.35	198
1801-1831	1.97	36	0.52	134

資料來源：N. F. R. Crafts, *British Economic Growth during the Industrial Revolution* (Oxford: Clarendon, 1985)，頁45。

注：「國民生產」是農業、工業與服務業產量總和的推估值。

義的良好瞭望點。

遺憾的是，布朗基的用詞誇大了工業變遷的重要性。在英國，工業生產方式的變革只是三重經濟革命的一部分。首先，經濟活動所依賴的社會與經濟結構，隨著資本主義體系特有的社會階層與經濟交換出現，發生了轉型。其次，農業的轉型，使生產的主要目標從維生變成獲取利潤，創新技術廣為傳播後，則提高了農業生產力。雖然農業技術的改變不像工業上的那麼驚人，但是至少在十九世紀早期之前，其實質上的影響更為巨大。克拉夫茨（N. F. R. Crafts）的統計指出，在十八世紀大部分時間裡，農業生產的發展速度之快，至少與工業生產旗鼓相當，甚至有時候還超越了工業生產的速度。[6]第三，新的生產方法，由於機械化與新的動力能源（例如煤與蒸汽），使得許多英國製造業的規模與生產力發生變革——特別是棉花、煤炭與鐵器的生產。生產力的大幅提升，大部分是源於新技術，使得化石燃料中儲存的古代太陽能得以被發掘利用。

社會脈絡

就像非洲—歐亞大陸的許多地區，十八世紀的英國已高度商業化。但在兩個方面更加顯著——政治結構與農村社會結構。政府與菁英的支持，有助於解釋為何至少在工業革命的早期階段，英國企業家能夠如此有效地利用新技術，包括其他地方出現的新技術。❼

十八世紀英國在全球交換網路中的戰略地位，與其恰好處在新全球體系中心的地理位置自然不無關係。地利之故，使英國政府對商業產生高度興趣。不過，如我們所見的，英國政府也預先適應了這樣的轉型。英國高度的商業化，有很大一部分是靠著貴族與商人對連續數任英國統治者的支持，持續大膽地進行金融與軍事投資，以維護英國的海外商業利益。❽政府有足夠理由支持國內外的商業活動，因為到十八世紀時，大多數國家稅收都來自關稅與貨物稅。英國透過建立英格蘭銀行，並支持海外擴張，保護了自身以及眾多具影響力的商業菁英之利益。這與中國明朝形成了強烈的對比——明朝政府輕視商業，依賴的主要是像土地稅這樣的非商業歲入。不過，這兩個社會在地理位置上的對比也十分明顯：一個位於全球交易網路的中心，另一個卻處在巨大而古老的次全球（subglobal）交換網路的邊緣。

商業活動也改變了英國鄉村社會。在都鐸（Tudor）王朝與史都華（Stuart）王朝，沒有土地的農村勞動人口大約占了百分之二十五至百分之三十。❾一六四〇年代一名英國作家指出「英國各教區有四分之一的居民生活陷入困頓，（除了收成季節之外的時間）他們無以為繼。」最近有研究根據英國統計學家葛瑞格利・金恩（Gregory King）的開拓性評估，指出於一六八八年，大約有百分之四十三的人口是「農夫與窮人」或者「勞工或在外工作的僕役」，這些人連餬口都成困難。❿這些人口大多沒有土地，或者即使有土地也不足以維持生計，使他們成為（馬克思所說的）無產階級。許多人搬遷至城鎮，移居的人口快速增加。到了一七〇〇年，英國已有百分之十的人口居住在倫敦。那裡的居住條件在許多方面還比不上鄉村（具有極高的死亡率——根據金恩的研究，高達百分之四十二），但在城市至少還有機會找到工作。⓫

至於十八世紀早期，對英國經濟最重要的行業為何？從現代的推估來看，當時百分之三十七的國家收入來自農業，百分之二十來自工業，百分之十六來自商業，百分之二十來自租賃與服務業，政府的收入來自剩餘的百分之七。換句話說，英國大約有一半的收入，來自工業、商業或租賃與服務。⓬由於有一半人口可能主要依靠工資而非以農耕維生，在國家經濟中，商業活動造就了百分之五十以上的全國收入，使英國社會開始愈來愈接近資本主義的理想型，而不再是傳統的貢賦社會。社會結構的成長模式，預示著在這種環境下，創新技術將會蓬勃出現，而也這正是我們後來所見證到的。

農業

商業的觀念與方法對農業造成的影響，也許是意義最重大的，因為農業是前現代社會最重要的行業。在十七至十八世紀，資本主義方式開始使英國農業產生轉型。這個事實具有重要的意義，因為當時農業仍然是英國經濟的引擎，正如其在所有的傳統農耕文明中一樣。在十八世紀早期，農業仍然是英國最大的生產部門，擔負著全國大多數的食品、衣服與原料。十七到十八世紀時，土地擁有者的社會結構發生變化，刺激了技術轉型，雖然這種轉型以現代標準是緩慢的，但是從世界史的範疇來看，卻具有相當的革命性。

在大多數農耕文明中，農業的主要功能是養活在土地上勞動的人。然而在英國，大約兩個世紀以來，愈來愈多土地集中到了大地主手中，對於這些人而言，土地是利潤的來源，而非用來維持生計。與此同時，愈來愈多的小農從土地上被趕走，或者被剝奪牧場、草地與林地的傳統使用權。十六世紀之後，政府通過圈地定期地鼓勵這些改變——這些措施使地主可以無視土地的傳統權力——而能擁有大片、合併與圈占的土地。英國也許有一半的土地在十八世紀中期被圈占；到了十八世紀晚期，圈地的過程大致已透過議會立法而完成。英國的農業消逝了，英國變成了第一個沒有農民階級而得以繁榮起來的大型社會。

對於大多數鄉村居民而言，這些變化是一場災難。由於再也不能依靠自給自足，農村家庭發現自己只能任憑飄忽不定的、靠不住的雇傭市場所擺布。W. G. 霍斯金（W. G. Hoskins）描述了英國萊斯特夏郡（Leicestershire）中，溫格斯頓瑪格納村莊（Wigston Magna）的變遷，農業的「進步」雖然帶來了金錢，卻沒有帶來財富：

> 整個村莊的家庭經濟徹底發生了變化。農民再也不能從物質、土地、鄉村資源與自己的辛勤耕耘獲取生活必需品。自給自足的農民變成了消費者，因為他所需要的一切現在都擺在商店裡了。在十六世紀雖然是必需品、但僅聊備一格的金錢，如今變成了維持生活不可或缺之物。商業的儉約取代了農民的儉約。現在每一個小時的勞動都具有金錢價值，一失業就陷入絕境，因為那些雇傭勞工再也沒有土地可以回去。他在伊莉莎白時期的主人間歇性地對金錢有所求，而他卻幾乎每天都需要金錢，周復一周。⓭

對溫格斯頓瑪格納來說，一七六五年的圈地法案是一場災難。擁有小片土地的人在大約六十年間都消失了，變成了農業工人、紡織機操作工或窮人。[14]

隨著農民財產縮水，他們之前的地主則變得富裕，中等規模的農場一般來說也是如此。在英格蘭中南部，超過一百公頃的農場，比例從十七世紀約百分之十二，在兩個世紀後增加到約為百分之五十七。[15]這些數字顯示，不平等的梯度在工業革命時期迅速加大。在大多數農耕文明裡，絕大部分的人都能獲得一塊耕地；事實上，農業生產的慢速，確保人們可以擁有土地，因為社會不得不將大多數勞動力分配給食物生產。但是現在土地集中在少數人手裡，所有權形式的改變，使農業生產的經濟發生了革命。因為那些在大片土地上耕作的人，不可能吃完他們生產的所有食物，他們工作必須是為了利潤。土地擁有規模的增長，因而間接為英國農業商業化鋪出了一條道路。

這種大範圍的商業化，改變了人們對待土地的態度，以及使用土地的方法。為了從圈地上產生利潤，地主不得不為市場生產，或者交給商業化的「農夫」——也就是佃農，他們能夠為市場生產，然後從利潤中分出一部分交付租金。這兩種方法都將農業變成了生意，而不再是謀生方式。但是第二種方式讓擁有土地的貴族，得以與牟利的世俗生意保持適度的距離，即使他們也喜歡利潤。艾瑞克・霍布斯邦（Eric Hobsbawn）斷言：「雖然我們沒有可靠的數據，但是很清楚地，到了一七五〇年時，地主的特殊結構已經在英國出現：數千名土地擁有者，把他們的土地出租給數萬名佃農，而這些佃農則與數十萬農工、僕役，或被矮化的、大多數時間需要付出自己勞力的地主，一起耕耘土地。」[16]

由於土地控制手段改變，使得農業技術的革命出現。商業農場主不得不投入競爭市場，因此沒得選擇地必須大量並且有效率地生產。然而他們也比農民更有辦法取得資本，所以能夠在生產方式上投資，以獲得更高的效率。最終，在圈地運動之後，他們一般都能獲得大片土地，運用小農生產所不能企及的現代農耕方法，從事規模經濟。不過，在十七、十八世紀引入的技術，大部分並不是最嶄新的；在這一階段，當務之急是有效彌補現有技術的不足。事實上，直到十九世紀，農耕機器與化學肥料才開始改變現代農業技術。在此之前，大多數農場業主引進的技術，在中世紀就為人所知，且在歐洲許多地區廣為運用。在英國出現的新情況，只是使用這些技術的人數增加，而且使用金錢投資並有效利用這些技術。

英國的農場主在中世紀時，就從低地諸國借鑑了先進的方法，這些方法經常被稱為「新畜牧法」。這種綜合農作物與牲口飼養的新方式，達到增加產量、所需耕地面積減少以休耕的效果。許多農場主開始在種植作物時使用休耕，如苜蓿或蕪菁。蕪菁可作為牛隻的飼料，幫助牲口的數量增加，而更多的家畜則能提供更多堆肥。豆科植物能夠有效幫助固氮作用，提高土壤再生能力。因此，新的作物輪耕方式，增加了土地單位面積承載的作物與牲口數量。此外還有許多變遷——包括灌溉方法的改良、土地墾植，以及更有系統的牲畜繁殖方式——都因為農業商業化需要大量及低價生產作物，而隨之產生。

在這些變化愈來愈普及後，英國農業的生產力提高了，而農業勞動者的比例也跟著下降。不過，雖然務農工作機會減少，在一七〇〇年至一八〇〇年之間，農業仍約占國家收入的百分之三十七。⓱英國農業產量，在一七〇〇年至一八五〇年間增加了三・五倍，但男性農業勞動人口的比例卻從百分之六十一（一七〇〇年）降至百分之二十九（一八四〇）。根據估計，到了一八四〇年，英國每名男性農業勞動人口大約生產一七五〇萬卡路里的食物，相較之下，法國為一七五〇萬卡路里，其他絕大多數的歐洲國家則更低。⓲表13.4顯示了若干農作物產量的成長。

表13.4　英國1700至1850年的主要農產品生產量（單位：百萬）

	1700年	1750年	1800年	1850年
產品				
穀物（蒲式耳）	65	88	131	181
肉（磅）	370	665	888	1356
羊毛（磅）	40	60	90	120
乳酪（磅）	61	84	112	157
依1815年價格（英磅）的產量				
穀物與馬鈴薯	19	25	37	56
畜牧產品	21	34	51	79
總計	40	59	88	135

資料來源：Maxine Berg, *The Age of Manufactures, 1700-1820: Industry, Innovation, and Work in Britain* (London: Routledge, 1994, 2nd ed.)，頁81；引自R. C. Allen, “Agriculture and the Industrial Revolution, 1700-1850,”，原載*The Economic History of Britain since 1700*, edited by Roderick Floud and Donald McCloskey (Cambridge: Cambridge University Press, 1994, 2nd ed.)，卷1，頁109。

注：「穀物」包含小麥、黑麥、大麥、燕麥、豆子與豌豆、家畜食用的種子與燕麥類。「畜牧產品」包含肉、羊毛、乳製品、乳酪、獸皮及農場銷售的乾草。

十八世紀英國農業生產力的成長，具有深遠的影響。首先，其使得人口得以快速增加。克拉夫茨的統計顯示，十八世紀時，生產力提升的快速程度，足以支持馬爾薩斯所觀察到的人口成長速率：但到了十九世紀，生產力增加的速度更快，因而避免了曾經打擊從愛爾蘭到印度、巴基斯坦與中國等世界上其他地區的馬爾薩斯危機。[19]在英國，人口的增加使得農產品市場擴大，刺激了更多的投資，並讓更多的勞動力能夠進入農業以外的經濟行業。

為何土地能夠吸引這麼多的經濟資本呢？其中一

個原因是人口成長，加上農業自給自足的方式不再盛行，刺激了農村生產的內需市場。失去土地的人，不管多麼貧窮，都只能透過購買獲得食物。所以農民的生產，得以常態性地仰賴擴張的市場。這個過程創造了一個全新的市場——銷售廉價消費品的大型市場。這樣的市場在主要由自給自足的農民組成的社會裡，幾乎不可能存在，也因此限制了前工業世界中農業商業化的程度與可能。像北京、巴格達或者帝國時代的羅馬這樣的城市，需要大量的食品供應；同樣地，許多菁英家庭也是如此，他們既需要奢侈品，也需要生活必需品。但是在這些大型城市之外，大多數人都是靠己力過活。大多數人必須完全依賴市場獲得生活必需品的社會，是一個全新的現象；其大大刺激了大量消費品的商業化生產。

這種變化在英國發展得特別迅速，因為其就像一些歐洲國家一樣，農村產品的外部市場在十八世紀快速成長。其中最主要的，是受到日益商業取向的政府所保護的殖民市場（這些政府有時不惜投入鉅額成本）。在英國，殖民擴張與一六五一年及一六六〇年的航海法案（Navigation Acts），為英國生產者提供了龐大的保障市場。西印度群島尤其重要，它們實行的現金作物經濟（自十七世紀中葉後以砂糖為主），意味著它們的食物幾乎全部仰賴進口。這是英國位於全球交換網路中心位置，對商業活動帶來重大刺激的許多方式之一。

工業

考量到沒有土地的潛在雇傭者數量增加、統治菁英對商業稅收的依賴日深、農業高度商業化，以及擴張全球市場的管道前所未有地暢通等因素，就不由得讓人驚訝為何工業改革會像農業改革一樣，需要花費如此長的時間。改變緩慢的其中一個原因，就是建造工廠或購買蒸汽機的投資門檻，比「改良」農業或在家庭式產業中創新所需還要高。因此，英國十八世紀末、十九世紀初的大多數工業生產仍為傳統型。大部分生產仍在手工作坊裡進行，其規模與四千年前的蘇美差別不大，或者利用農家的勞力，在家裡紡紗織布。事實上，工業革命曾經為小規模生產帶來新的刺激。第二個延緩改變的原因，也許是在一個仍然以農村為主的世界裡，對工業產品的需求仍比不上對農產品的需求。

然而，對利潤的追求，終究讓工業發生轉型，就像其對農業的影響一樣。如今仍然很難確定，前現代世界特有的創新的涓涓細流，是在何時變成滔滔江河。在十七世紀與十八世紀早期，歐洲各地的工業生產都出現了創新技術。然而，我們很難證明英國的創新速率，在十八世紀中葉之前比其他地方來得快。一七〇九年，在木材成本持續上揚的情況下（木材的成本在一五〇〇年至一七六〇年間增加了十倍，但其價格大約僅成長五倍），亞伯拉罕・達比（Abraham Darby）在沙洛普郡（Shropshire）的庫爾布魯克戴爾（Coalbrookdale）開始實驗於高爐中使用焦炭煉鐵。[20]中國早在十一世紀就已開始使用這項技術，但是缺乏證據顯示達比是直接或間接從中國承襲該技術。[21]事實上，他的方法效率並不高，而且在一七六〇年代獲得改良之前，也未能廣為傳播。但是他們的確使得成本降低，並提高了產量，亨利・考特（Henry Cort）於一七八四年發明的攪煉法，也獲得了同樣的效果。總言之，英國的鐵礦生產，在十八世紀成長了十倍。[22]

另外一項技術發明的重要意義，到後來才變得明顯，就是利用蒸汽動力從礦井裡抽出水。人們至少在十六世紀，就已認識到大氣壓力可作為潛在的機械動力來源，而且中國與歐洲對此可能都已十分熟悉。[23]法國發明家丹尼斯・帕潘（Denis Papin），在一六九一年就理解了大氣壓力的科學理論，並首先證明蒸汽可作為機械動力的來源。湯瑪斯・薩維利（Thomas Savery）在一六九八年製造了蒸汽幫浦，其引擎利用壓縮蒸汽形成真空以抽取水。湯瑪斯・紐科門（Thomas Newcomen）則在一七一二年推出了改良版本。不過因為效率不高，須將一個滾筒重複加熱及冷卻，所以未能普及。而且由於還需要消耗大量的煤，因此最早期的工業蒸汽機總是位於大型煤礦附近，以獲得充足且廉價的能源。它們提高了這些地方的生產力，特別是那些容易爆發周期性洪災之處。一七四二年，達比在庫爾布魯克戴爾的鐵工廠裡，首次將蒸汽機用於汲水之外的用途，用於發動高爐的風箱。到了十八世紀中葉，歐洲與美洲多處的企業都已經使用紐科門的蒸汽機。

紡織業者也開始試驗新技術，以因應這項前現代經濟第二大部門日益增長的需求。一七〇二年一家設立在達比的工廠，使用荷蘭一種特殊的繅絲機器，其藉由水車獲得動力。在一七一八年，一位新的工廠經營者湯瑪斯・洛姆（Thomas Lombe），使用竊取自義大利的技術，建立了改良式的工廠，這是一樁企業間諜的早期典型案例（譯按：原文指湯瑪斯・洛姆竊取了義大利的技術，但根據記載，到義大利竊取技術的是他的胞弟John Lombe）。到了一七三〇年代，亞麻生產者也開始嘗試使用類似的工廠及紡織機器，其中還包括一七三三年發明的飛梭。政府從一七三〇年代之後禁止了棉花紡織品的進口，以鼓勵技術的創新。在一七七〇年代與一七八〇年代，有三種新式機器問世，開始改變了棉紡技術：理察・阿克萊特（Richard Arkwright）的水力紡紗機，詹姆斯・哈格里夫斯（James Hargreaves）的珍妮紡紗機，以及珍妮機的改良型——山繆爾・克倫普頓（Samuel Crompton）的騾紡機。[24]這些機器都大幅地提升了產量，然而最初它們主要仍用於家庭工業。在一七八〇年代之後的二十年，它們及隨後的創新技術，使棉布織品的價格降低了百分之八十五，使得棉布在歐洲首度成為大眾消費品，而不再是昂貴的進口貨。[25]

阿克萊特將他的水力紡紗機大量生產，由工廠使用並以水車為動力來源。他的機器雖不必然要用在工廠裡，不過工廠可以讓雇主更能控制紀律與品質。這提醒了我們這段時期的主要變化不僅在技術面，也包含了管理層面。在前工業化世界，大部分的非農業生產仍是來自於家庭或小型工作坊。生產企業是由一小群人組成，有時成員都有親屬關係，他們聚在一起工作，工作內容通常很類似；工業革明的早期發明，使得這些企業大幅增加。工廠則是更大型的、匿名性更高的生產單位，比起家庭，毋寧更像是軍隊。工廠往往需要更複雜的勞力分工、技術以及權威。工廠的普及化與技術變遷有關：因為勞力集中可以使大量原動力充分被利用。然而工廠形式為了將效率最大化與控制成本，也賦予了企業家規定工作流程的權力，畢竟，你不能指望一一招募來的雇傭勞動者，可以具有像一家人一起工作般的凝聚力。所以對於工廠的普及而言，加強工作紀律與提升技術一樣重要。[26]所以既要控制機器，也要控制人。工業革命的管理技術也在萌生的全球世界體系中扎根。其中對於大群人民的紀律控制的先例，就是十六世紀後的歐洲軍隊，[27]以及美洲的農場奴隸。不過其他的控制手段則是源自中國，例如以考試制度選取文官。

本章至今描述的變化可以說明，至少在紡織、採煤與製鐵等重要工業上，技術與管理兩方面的創新具有很大影響力。但這並非指在非洲—歐亞大陸的世界體系，像是中國、印度與巴基斯坦、伊斯蘭世界或歐洲其他地方，就沒有類似的發展。令英國工業之所以能夠發生革命，是蒸汽動力、機器改良與工廠管理三個條件的聚合所致。

詹姆斯・瓦特（James Watt）在一七六〇年代對蒸汽機進行了數次改造。首先他將冷凝器與汽缸分離，消除了熱能喪失的主要原因，使他發明的機器消耗的燃料大為降低。其次，瓦特的機器不是利用壓縮蒸汽形成半真空，以產生大氣壓力（牛頓的蒸汽機就是如此），而是直接利用蒸汽本身的巨大力量去推動活塞。這些改良使得蒸汽機更加節省能源、動力更強，而且更能適應各種環境。到了一七九〇年代，紡車已經可以使用蒸汽推動，而不需人力或水力了。到一八〇〇年，一部動力驅動的騾紡機，已達到相當於兩百至三百名紡紗工人的產量。蒸汽機的改良，標誌了人類數千年來在動力使用上的重大發展。才不到六千年前，人類剛學會利用動物的牽曳力，大約在五千年前，人類首度學會系統性、大規模地運用來自同類的力量，此後在生產必需品方面的動力資源，就沒有發生任何變化。隨著蒸汽動力的使用，接著是電力與石油，人類社會終於開始發掘儲藏在無機世界裡的巨大能量（其中起初最重要的例子就是火藥，但主要是用於破壞，而非生產性的技術）。每個變遷都開啟新的利基，幫助人類更能利用環境。

改良過的蒸汽機，也迅速提高了數項重要工業的生產效率。它們也需要配合工程管理進行改變，讓多部機器同時運作以平衡支出，這使得家庭工業再也難以望其項背。這些工廠中的機器，在持續的監督檢查下有效率地運作，人類的任務只是看管機器——修復斷掉的絲線、供應材料、維護其正常運轉。隨著蒸汽機廣為流行，煤礦與金屬的需求也跟著增加。蒸汽機的產能因此刺激了採礦業、製鐵業，並推動了工程技術的進展。在數十年內，其甚至促進了陸路運輸方式的革新。利用蒸汽推動火車的想法已存在了幾十年（事實上，第一輛由蒸汽驅動的貨車在一七六〇年代已經問世），然而最早的蒸汽引擎過於龐大。一八〇二年，理查・特里維西克（Richard Trevithick）在庫爾布魯克戴爾設計了一部體積較小的高壓蒸汽機，製造出第一輛實用的蒸汽動力火車。這部火車起初被當作可以快速運煤的機械馬。往後的三十年內，鐵路與引擎的品質都獲得提升。一八二五年，斯托克頓—達靈頓鐵路（Stockton and Darlington Railway）開通，首度開始運載乘客，就像運輸煤炭一樣。

在分析這一系列的創新技術時，第一件值得注意的，就是雖然這些技術影響重大，但它們的發展卻是漸進的，是靠著整個世界體系的發展與資源而建立起來。英國發明家仰賴的是大量傳統技術，以及散布於全球世界體系知識複雜網路中的技術知識。湯瑪斯・洛姆的「繅絲」機器，淵源可以溯及至中世紀的中國。對於棉花之商業潛能的了解，反映了十七世紀以降印度紡織品進口的影響力，而染布法則大抵歸功於印度、波斯與土耳其的技術。[28]研究中國科學的歷史學家李約瑟，在〈蒸汽機誕生前的歷史〉（The Pre-Natal History of the Steam Engine）一文中，主張蒸汽機的祖先除了出現在歐洲外，也出現在中國和希臘。他總結道：「沒有哪一個人或哪一個文明，可以被稱為『蒸汽機之父』。」[29]第一次工業革命的技術來自非洲—歐亞大陸，甚至是全球，只是他們提高生產效率的潛力首先在英國獲得落實。

此外，就像農業一樣，工業革命早期階段所需的技術，更依賴的是傳統工匠的手藝，而非重要的新方法或技術革新。其中許多先驅都是操作工人，而不是科學家或理論家。彼得・馬蒂亞斯指出：

> 大體來說，創新並不是實用科學的具體應用，也不是國家教育體系的產物……。大多數創新是來自業餘愛好者的靈光乍現，或者出自優秀的工匠之手，例如鐘錶匠、技工、鐵匠，或在伯明罕從事貿易之人。他們大部分為地方人士，具實務經驗，擁有地方性的視野，通常對科學抱有興趣、知識豐富，會直接面對具體問題去尋找答案。到了十九世紀中葉，這種傳統仍然在英國製造業占據統主宰地位。因此不意外的，建於一八五一年的水晶宮，具有以鑄鐵與玻璃建造的奇觀，其外形就如十九世紀的火車站，而其是出自德文郡公爵一位園丁頭子的想法。他知曉溫室的模樣。[30]

表13.5 英國工業所增加的價值，1770-1831年（單位：百萬英鎊）

部門	產品	1770年	1801年	1831年
紡織	棉花	0.6	9.2	25.3
	羊毛	7.0	10.2	15.9
	亞麻	1.9	2.6	5.0
	絲綢	1.0	2.0	5.8
煤與金屬	煤	0.9	2.7	7.9
	鐵	1.5	4.0	7.6
	銅	0.2	0.9	0.8
建築	住屋	2.4	9.3	26.5
消費品	啤酒	1.3	2.5	5.2
	皮革	5.1	8.4	9.8
	肥皂	0.3	0.8	1.2
	蠟燭	0.5	1.0	1.2
	紙	0.1	0.6	0.8
總和		22.8	54.2	113.0

資料來源：Maxine Berg, *The Age of Manufactures, 1700-1820*，頁38。

這並不是說發明與改進新技術的任務得來不費功夫，也不是指科學與此無關；而是表明當現有的技術知識達到一定程度後，就有可能取得這些進展。[31]

對於創新浪潮的第二個解釋，是從商業與社會的面向。由於全球交換網路的地誌學變遷，以及菁英的大幅商業化，英國企業家被置於擴張的商業網路中的關鍵十字路口，並控制了印度、巴基斯坦和北美市場裡大型的、受保護的市場，因此得以利用棉花這種英國沒有的原物料。他們還能在大型的保護市場中傾銷，這些市場由於正在迅速發展，因此能夠吸收因新式機器而大幅增加的產量。但隨著英國的階級結構發生變革，愈來愈多人脫離了農村的生計經濟，成為城市的雇傭勞動者，使得英國的內部市場也迅速成長。全球世界體系中快速的市場擴張，以及高度的商業競爭，刺激了創新技術出現，特別在供應大眾市場的商品生產上，例如紡織品（參見表13.5）。受到這種刺激後起而行的，不只有知名的發明家，還有數以千計的工匠、投資者與管理者，他們在這些重大突破中獲得了商業上的成功。造成英國工業革命的發明，代表了一種高度商業化的社會對商業挑戰與機會的反應。艾瑞克・霍布斯邦概述了需求的作用：

> 出口貿易在有系統且企圖心強的政府支持下，賦予工業活力，並且透過棉花業成為「主導部門」。它們也促進了海運業的大幅發展。國內市場為一般產業經濟提供了廣泛的基礎，並且（透過城市化）刺激了內陸運輸的重要變革，成為煤礦業與一些重要技術革新的動力。政府對商人與製造業者提供有系統的支持，也為技術革新及資本商品工業的發展提供某些不可忽視的動力。[32]

然而，十八世紀英國與歐洲創新速度日增的重要原因，是由於世界受到全球資本主義持續成長的競爭力影響，因而產生必須創新的強大壓力。一些發明家的動機很明顯是來自於商業壓力。例如，詹姆斯・瓦特在他的自傳中寫到，他的興趣是製造出生產「價廉物美」商品的機器。[33]還有一個更好的證據，就是歐洲在十八世紀出現的大量創新技術。當創新的壓力在各地都隨著工業化而日增，創新速率在所有的工業化地區也都跟著加快。這意味著在西歐已經出現了一種創新文化——也就是一種鼓勵企業家主動去尋求並利用新技術的環境。這種論點對於解釋工業革命如何影響商業與社會結構，提供了最強而有力的說明。

法國的政治革命

伴隨著經濟革命，一場政治革命也在發生。自十七、十八世紀以來，國家的權力與範圍逐漸成長，在十九世紀則快速擴張，因而它們所能夠掌握的資源就愈來愈多。也因此，它們與其轄下人口之間的關係也產生了變化。今天的政治體制之於過去那些收取貢賦的大帝國之間的關係，就如同那些帝國與被它們所取代的酋長與「大人」之政治制度之間的關係一樣。查爾斯・提利就強調了這一點：

過去一千年以來，歐洲的國家經歷了一場特殊的演化：從螞蜂發展成火車頭。長久以來它們僅專注於戰爭，而將大多數活動留給其他的社會組織去從事，只要這些組織能夠按照適當的時間間隔繳納貢賦。收取貢賦的國家與其龐大笨重的後繼者相比，前者雖然殘暴、但負擔上算是輕的；它們叮咬，但不會吸乾抹淨。隨著時間發展，國家——甚至是資本密集的類型——表現成為各種活動、權力和義務，而來自於這些活動的支持正好限制著國家本身。這些火車頭行駛在由民眾供養、由公務人員維護的軌道上。一旦脫離這些軌道，這種好戰的機器就根本無法運行。㉞

歐洲國家的權力持續成長了好幾個世紀，部分原因是由於致力從事商業活動的國家所獲取的資源愈來愈多，部分則是對火藥革命所導致的財政與組織性需求所做出的回應。[35] 雖然這些變化在十七、十八世紀的「專制政治」中達到高峰，相比之下，也不過是奮起直追而已。對照中國與伊斯蘭世界的龐大帝國，西元一千年代的歐洲國家不過是脆弱的蕞爾小國罷了。激烈的軍事競爭，由於火藥的發明而愈演愈烈，最後終於消滅了那些較小型的、不具生存能力的國家。而那些存活下來的國家，歷經了躁動的青春期，吸取了許多經驗教訓，後來學會了許多那些農業帝國早已掌握的治國之術。儘管如此，與鄂圖曼或中華帝國相比較，歐洲專制主義國家的權力與範圍並沒有什麼驚人之處。

法國大革命之後的變化，乃是國家權力的所及範圍，直接伸進了大多數臣民的生活之中。如提利所指出的：

> 一七五〇年之後，進入國族化與分殊化的時代，國家開始從一個幾乎普遍的間接統治體制急遽地轉變為一個直接統治的新體制：直接干預著地方社群、家戶，以及生產事業中的生活。隨著統治者從聘僱傭兵轉向從自己的國民中招募戰士，而且隨著日益的增稅以支持十八世紀戰爭的大規模軍事力量，它們逐漸與地方社群、家庭以及產業產生直接聯繫，並在此過程中清除了那些自治的中介者。[36]

在法國大革命中可以最清楚地看到這個變化，主要是因為大革命本身掃除了許許多多在舊制度中進行統治的中介性權威。但這個變化也被從頭開始建立一支強大軍隊的需要所驅動。接著，法國軍隊的征戰也將新的統治方法（包含十進位制）傳布到歐洲的其他地方。

軍事的管理對於這些變化來說十分重要。近現代時期的歐洲國家主要依靠雇傭兵，然而從法國大革命之後，這些國家開始直接招募、組織和資助國家軍隊。因此，國家的組織作用與財政角色迅速擴張，並且發現它們必須開始為一些全新的問題而擔憂（例如潛在召募對象的健康狀況與教育水準等）。[37]這些壓力迫使政府去蒐集更多它們所統治的人口與經濟資源的訊息。到十九世紀後期，國家開始關注公共衛生，並支持公立教育制度。法國革命政府的政治意識形態，及其對於選舉政治的承諾，也逼使它們必須擔負起對於公共福利與法治秩序的責任。由公民組成的軍隊組織，將民族意識轉變成一種重要的合法化機制，促使國家主動積極地支持國族主義思想，支持那些建構國族主義意識形態的史學家和作家。

選舉政治迫使國家去關注全體人口中更為廣泛的部門，而當它們這麼做的時候，至少在一定程度上，是藉由將自己表現成是「人民」的代表。令許多傳統主義者訝異的是，當民主政治被運用得當的時候，結果會增強國家力量而非削弱國家。選舉還使政府能夠獲得新的資訊來源，讓它們知道其所統治人口的態度與需求的變化情況，且在一定程度上，限制了官員與其他中介者將傳達給統治者的訊息給過濾掉的機會。不論它們精確的形式為何，新的資訊蒐集方法——或稱「監視」（surveillance），借用安東尼・紀登斯的說法[38]——對於統治者能夠在複雜的現代政治新環境下獲取成功，是十分重要的。

警治（policing）是這些變化中特別重要的面向，因為它是現代國家開始能夠真正壟斷強制手段的過程之一。在舊制度的法國，國家很少關注警察事務，通常由地方掌權者代為處理；在極端的情況下也會使用軍隊。到了一七九〇年代末期，法國政府首創了一個官僚化的警察組織，在對付犯罪與社會失序上，開始採取預防性而不只是反應性的措施。它最初由約瑟夫・富歇（Joseph Fouché）所領導，富歇原本是雅各賓派（Jacobins），後來則成為警政大臣。如提利所下的結論：「到了富歇的時代，法國已經成為了世界上最被警察嚴密管控的國家。」❸❾

透過這些方式，法國成為現代國家典型的先驅：一個具有一定等級、權力、財富與勢力範圍的龐大官僚組織，這是前現代世界所無法想像的。這場現代性的政治革命既是經濟革命的原因，也是結果。如果資本主義要發揮它全部的動能，那麼一個有效率、對商業活動有熱情的國家則是不可或缺的；就這一點而言，它是原因。現代財富分配的差距擴大，前所未有地將更多的財富集中在少數人手裡，而為了貯存湧入的這些豐裕資源，就需要具有比農業社會更龐大、更精心製作的水壩。簡言之，國家必須強大到足以保護那些有錢人與企業家。紀登斯評論道：

> 私有財產，如馬克思始終在強調的，它的另一面是大量人群被剝奪了對生產工具的掌控……雇傭勞動的「解放」，不可否認的是早期大規模地建立資本主義事業的主要面向。然而，沒有法律強制機器的中央集權化，此一過程是否能夠實現，或者作為資本的私有財產權，是否能夠穩固地鑲嵌進社會中，都是很難說的。❹⓿

在生活中許多面向可看到許多舉措，都在捍衛著正在興起的財富梯度。在英國，包含了圈地法案的通過，對皇家森林的防禦（如E. P. 湯普森〔E. P. Thompson〕所生動描述的），對小偷小摸的監禁、驅除或甚至處死，以及保護資本家的權利免於受到產業暴力的攻擊（湯普森對這個主題也做了十分出色的研究）。❹❶但這類舉措也在許多其他領域發生。例如，現代貨幣體系的創立，如果沒有一個擁有相當的財務與管理資源，以及能夠對法律和法庭進行有效掌控的強大國家，那根本是無法想像的。

另一方面，現代國家也是現代性經濟轉型的產物。如同早期國家的出現，部分是為了要回應管理與組織早期城市大量聚集的人口與資源所帶來的挑戰一樣，現代國家的誕生，至少在一定程度上，是為了回應工業經濟產生的豐沛財富所創造的全新挑戰和可能性。即使沒有管理與調整產生經濟成長的商業機器的新需求，現代國家所獲取的龐大資源，本來就需要新的管理方法。但是現代國家也從新的技術獲益，尤其在軍事方面。新的通訊方式改變了軍隊和後勤補給的運送，而新的製造方法不僅改變了武器的生產方式，也改變了武器的性質。美國的南北戰爭是現代社會中第一場真正的工業化戰爭。同時，通訊方式的改善與識字率的提高，也增進了國家處理大量資訊的能力，以便進行有效的統治。當現代國家愈來愈依賴技術以及現代經濟所產生的龐大稅收，它們也發現，必須要學習如何在對企業活動的干預與管理中取得平衡，以最有效地促進經濟成長。如同卡爾・波蘭尼（Karl Polanyi）在一部關於現代性的經典研究中所主張的，他認為一般咸認現代國家與前現代國家相形之下較少進行干預主義，實際上是一種誤導。大致上來說，現代國家比傳統的農業國家更廣泛、也更有效地進行干預；但它們也更加意識到，在某些經濟活動領域進行過分的干預，反而會產生不良的後果。[42]

相較於前述的一般情況，在過去兩個世紀裡仍存在許多例外。有許多現代國家從未嚴密地管理其公民的生活；其他有些國家，則發現很難去創造一個框架，讓有活力的資本主義經濟得以運行。但對許多經歷了這些轉變的國家人民來說，其後果是矛盾的。一方面，現代國家管理其民眾生活的方式，對貢賦國家時代的社會而言，是無法想像、甚至是不恰當的。它要求子女離開父母以接受強制教育；它要求取得每個人生活上的各種詳細資訊，範圍從收入到他們的宗教信仰等；它也詳細規定每個人應該、不應該有哪些行為舉止。此外，這些要求與規定背後還有可怕的警察力量撐腰。現代國家已經接管了許多原本由家庭與地方社群所負責的教育、經濟與治安的功能。在這種情況下，我們的生活受到國家管理的程度是前所未見的。就像多細胞生物的神經中樞一樣，現代國家管理著每個人的生活方式，因為如今的個人與社會群體比前現代國家更龐大、更互相依賴，如果沒有某種程度的中央協調作用，就無法存活下去。

另一方面，大多數的現代國家透過公共辯論，以及透過選舉制度讓老百姓也能夠擔任公職，以此來促進對於政策的制定與執行的公共參與。透過這些方式，現代國家鼓勵公民將自己視為積極的行動者，而不僅僅是個臣民。現代政府也為自身的權力設定清楚的限制，因為它們知道，它們所掌控的財富多少取決於是否能夠避免過分地干預產業行為。同時，雖然它們所擁有的力量，比任何前現代國家都更強大廣泛，但它們在運用這些力量時通常更為節制。此外，現代國家讓許多沒有它們就不可能存在的活動成為可能。它們提供基礎建設、保護，以及從教育到公共衛生保健等多樣化的服務，並且維繫一個讓資本主義經濟能夠繁榮發展所需要的法律與行政體系。

雖然現代國家的管制權力，讓不少評論者將其描述成是「極權主義的」，但它對於含納並培育其公民的努力，解釋了為什麼許多人仍將其視為是自由與解放的同盟與守衛者。許多現代政治生活的出現，正是出於對現代國家行為的管理與支持間的平衡方式上，持續性的再協商。

文化革命

在許許多多的變遷之下，原先的農民大量進入市鎮、對於技術革新的日益關注、政府發展教育事業，以及新形態大眾媒體的普及，這些乃是改變文化生活方式的幾項重要的變化。

最重要的轉變，也許是大眾教育的普及與識字率的提升。如我們已經見到的，讀寫能力最初乃是早期國家為了應付繁重的管理工作所產生的方法之一。但在農耕時代的大部分時期，讀寫能力仍屬於菁英人士的特權，是一種拒絕向大多數平民百姓開放的權力形式。現代國家則以全然不同的方式對待它的人民，它要求廣大的民眾本身參與到現代社會巨大的組織工作當中，儘管也許只是以次要的方式參與。而讓大眾參與到生產與管理工作的前提條件，就是識字能力能夠普及。這項文化革命的影響是十分深遠的。例如，識字的普及開始了一個世界的「除魅化」過程，削弱了傳統的、而且經常是半巫術形式的思維方式的權威。以這種方式，大眾教育促進了不同世界觀的推廣——即使不是對於現代科學的準確理解，那至少也是對非科學的現實圖像的某種懷疑論。

伴隨著這些發展發生的，是高級文化的性質以及對知識的態度，出現了深遠轉變，同時這些發展也受到這種轉變的影響。現代人對於知識的態度通常具有競爭性的特徵，就如同市場的特徵一樣。在農耕文明中，大多數人都依靠口耳相傳的訊息，因而知識主要是由特定教師的權威所產生；教育則由傳遞傳統技藝與傳統知識體系所構成。然而，隨著識字能力的普遍，知識變得較為抽象、也變得較少具有人格特徵，而抽象知識就開始取得了獨立於特定教師之名望的權威性。此外，隨著社會變得更商業化，去檢驗傳統知識的習慣也變得更為普遍，如同我們在古希臘、阿巴斯王朝的波斯（Abbasid Persia）、中國的宋代，以及近現代的歐洲所看到的一樣。在歐洲，檢驗知識的方法存在著先例，如蘇格拉底哲學的辯證傳統，後來傳布到伊斯蘭世界，許多重大問題就透過伊斯蘭經院（madrassas）裡的辯論來解決。[43] 到了文藝復興時期，許多像是李奧納多・達文西（Leonardo da Vinci）或克里斯多福・哥倫布（Christopher Columbus）這樣的思想家，認為從一個宮廷到另一個宮廷，就像是知識小販一樣地兜售他們的想法，是一件十分自然的事情。[44]

新興起的觀念市場可以說是現代科學的試煉場，因為某些觀念能夠在這個市場中存活下來，並非由於特定教師的權威性，而是由於它們能夠找到那些已經檢驗過這些觀念品質的買家們。雖然科學對於生產方式的影響此時仍然有限，但科學的思維方式，已經出現在一個不論是在思想、政治以及貿易等方面，都逐漸被市場力量所支配的世界裡。如同瑪格麗特・雅各所指出的：「到了十八世紀末與十九世紀初，科學知識已極廣泛地滲透進英國文人的思維之中了，而且……這種知識直接促進了工業化的進程，創造了一個我們今日仍生活於其間的世界。」[45] 但是觀念市場，就像商品市場一樣，如今已變得全球化了；像是印刷這樣的技術，確保了新觀念能夠更快速、更廣泛地流傳。在十九世紀，從德國開始，隨著許多公司成立了專門用以提高生產力與利潤的實驗室，科學已經開始被整併到產業活動之中。到了十九世紀末，科學研究在創新過程中已發揮了主導的作用，倘若創新仍舊繼續依賴個別企業與工匠的技能與熟巧的話，那勢必會逐漸衰頹消逝的。

科學與現代文化的緊密聯繫也許還反映了一些其他更為微妙的變化。工資勞動者，與傳統的自給小農不同，他們所生活的世界，其支配勢力並不是由一些具體的地主或統治者所構成，因此能夠被辨認、指名道姓，或成為被抱怨的對象。現代世界被更廣大的、非人格的力量所統治著，從無血無肉的官僚機器到「通貨膨脹」、「法治」等等抽象概念。一旦抽象力量取代了地主、劊子手、與監工的高壓強制，會出現同樣是由抽象力量所統治的宇宙觀，這點也就不令人驚訝了。在一個更多是由商業力量而不是壓迫勢力所形塑的社會裡，也許，上帝的形象注定會消失在萬有引力的中性面具背後。

第二波與第三波浪潮

近期的研究已強調了早期工業革命的限制。在英國，生產力在農業、棉花、冶金，以及其他某些製造業方面迅速提升，但英國經濟的整體成長率在一八三〇年代之前並不十分突出。英國初次的工業革新影響了特定的經濟領域，但在十九世紀中葉以前，其他的經濟部門則少有變化（參見表13.5）。儘管英國的農業生產力有所提高，但直至一八三〇年代以前，糧食的生產一直些微地落後於人口的成長。[46]此外，英國經濟成長率在一八七〇年代之後放緩，這說明了工業革命本身所能產生的動能十分有限。就像中國宋代所發生的工業革命一樣，如果英國的工業革命僅發生在區域性的世界體系之邊緣，那麼它所產生的衝擊可能就會更為有限，而且很可能在一個世紀之內就虎頭蛇尾地消失了。

但此時的英國與宋代並不相同，它正處於有史以來最龐大、最有活力的交易網路的中心，而且整個世界也更成為一體、更加地商業化。此外，工業革命顯示了其自我激勵的能力，例如交通與通訊上的革新——包含鐵路、汽輪、腳踏車、現代印刷報刊，以及電報與電話等——加速了整體資訊的交流，尤其是新技術的交流。喬爾・莫基爾注意到：「隨著可移動性的提高，技術本身也變得更容易傳布了：移民人口的思維才智、遠銷外國的機器設備、以及技術圖書雜誌等，都是具體化的技術資訊，從一個國家傳送至另一個國家。更高的可移動性也意味著國際與區域間的更大競爭。從日本到土耳其，那些對技術變遷仍無動於衷的社會，發現自己落後、並受到威脅了，因為距離已愈來愈不能保護它們。」[47]通訊的發達也保證了那些能夠降低成本、提高利潤的革新，可以很快地被北大西洋其他已經商業化的國度所採用。這種發展的結果，是一連串最終影響了整個世界的連鎖反應，而不是一種區域性的創新狂潮，卻在一兩個世紀之後逐漸減緩消逝。

不同區域的工業化模式差異十分龐大。如亞歷山大・格申克龍於一九六〇年代所指出的，變化過程的次序本身是非常重要的。[48]到了十九世紀初，許多外部的觀察家愈來愈意識到英國正在發生的變化。從此之後，工業化就注定要成為一個更有意識的推動過程，更大地依賴於審慎的、多少是計畫性的政府干預（這個過程在二十世紀的控制經濟中達到高峰）。借用英國的技術成為可能，而漸漸地，愈來愈多政府也開始推動發展。到了十九世紀末，許多政府與大型銀行都積極地參與進管理工業變革的進程。但是各地區在既有財力、社會結構、政府組織與地理條件上的差異，影響也非常大。英國、比利時、德國、與捷克斯洛伐克的工業生產乃是早期變革的中心；然而，在法國、荷蘭與瑞典，則較晚才發展出大型的、現代化的工業部門。儘管如此，在這整個區域，十九世紀的整體經濟成長率仍令人印象深刻。

如果我們關注較為廣泛的圖景，我們可以發現一系列、先後發生的工業化「浪潮」，每一波都由不同的技術與不同的動力中心所推動構成。[49]第一波工業化發生在十八世紀末，但對英國以外的地方影響很小。蒸汽技術的全面衝擊要到了十九世紀中葉才開始顯著，也就是發生在第二波革新浪潮期間。在一八二〇至一八四〇年代之間，比利時、瑞士、法國、德國與美國都開始了真正的工業化進程。到了一八七〇年代，這些地區創造出許多新的工業，例如化工（尤其是染料和人造肥料的生產）、電力與鋼鐵業等，因而丹尼爾・海綴克（Daniel Headrick）將其視為是第三波的革新浪潮。

至此，工業革命已迅速地傳遍了整個大西洋經濟體；事實上，許多發展，像是電力的開發運用，就依賴於許許多多在這個樞紐地帶不同區域所開創出來的多重革新，包含義大利、巴爾幹、德國、斯堪地那維亞、法國、英國與美國等。

德國的實業家首先將科學系統性地運用到生產過程上，而美國則在農業的工業化、大量製造可交換的商品組件（如來福槍）等方面領先群雄，並在南北戰爭時期，將軍事工業化。到了一九〇〇年，美國的製造業生產已超越英國，而德國則緊隨在後：美國占全球製造業產量的百分之二十四，英國接近百分之十九，而德國則為百分之十三（參見表13.2）。德國與美國還開創了兩種新的、多單元形式的工業組織：全國性企業，將原本分散在不同公司的工作，從原物料的生產，到製造、批發與零售，垂直整合起來；以及多部門企業（multidivisional corporation），將原本生產過程中的不同部門水平整合。㊿第二波與第三波的革新浪潮共同創造了十九世紀後半的長期繁榮，直到二十世紀下半葉以前，沒有其他的經濟榮景可以與其比擬。

如海嘯般的巨大變化，第二波與第三波工業化浪潮將現代革命帶往世界其他地方，而其衝擊大體上是毀滅性的。正如全球化的第一階段摧毀了美洲的傳統社會，此次新一輪的全球整合，對於傳統的政治、社會與經濟體系的破壞力所及，則超越了大西洋沿岸的新興工業化重鎮。隨著工業化樞紐地區生產力的提高，以及像是英國機器生產紡織品的商品價格下跌，許多其他地區生產者的生計遭到歐洲進口商品的嚴重破壞。小型生產者被納入了全球市場，並發現他們必須與那些掌握著最新科技的大型企業競爭，長久下來，不難看出誰會在這場競爭中落敗。凡是在歐洲列強有能力開展此種競爭的地方，例如在印度與巴基斯坦，它們通過設置關稅壁壘，或迫使弱小的國家與殖民地接受歐洲的進口商品，來加速此一進程。在這項計畫之中，新興工業化的軍隊，配以現代化、大量生產的武器，以及例如汽船和鐵路這種更先進的運輸系統，這些因素展現了決定性的作用——其作用之大，以至於歐洲甚至能夠在十九世紀晚期，當印度次大陸遭逢可怕的大饑荒時，還能從印度進口穀物到歐洲。[51] 隨著大西洋經濟體系日益增長的重力拉扯扭曲了國際貿易的地誌學結構，連中國這樣曾經自給自足的經濟體也不得不屈服。從一八四二年第一次鴉片戰爭起——當時英國威脅要切斷替北方運補穀物的大運河——英國就強迫中國接受歐洲的進口商品，就從鴉片這一項開始。在往後的六十年裡，工業化的歐洲列強開始在經濟上與政治上控制了中國，就像英國早已掌控了蒙兀兒王朝印度的龐大經濟體一樣。在十九世紀的最後二十年裡，就在最後一波大規模的政治帝國主義浪潮下，歐洲國家已對大部分的非洲強行施加了直接的帝國主義統治。歐洲的經濟與政治殖民地目睹了十九世紀資本主義最為掠奪殘暴的一面。

十九世紀晚期的一系列轉型創造了一個分裂的世界：一邊是工業化的社會，另一邊是尚未工業化的社會。同一個過程讓大西洋沿岸的社會變得富裕，卻摧毀了世界上大多數的其他地方；原先國家內部的不平等梯度——這種不平等隨著傳統農業的衰落而大幅度地加深——現在擴大成為區域與國家之間的不平等梯度。隨著經濟與軍事勢力均衡的轉變，中國占世界工業生產總量的分額，從一八〇〇年的百分之三十三跌落至一九〇〇年的百分之六，與一九五〇年的百分之二；印度與巴基斯坦則是從一八〇〇年的百分之二十，下降到一九〇〇年的不到百分之二。第三世界這個二十世紀的用語，在一七五〇年可能不具任何意義，尤其是今天第三世界國家占了全球工業生產總量的近百分之七十五。在十九世紀（譯按：原文為二十世紀，應為筆誤）晚期，它們僅占不到百分之十五。第三世界的工業生產在十九世紀下半葉急速隕落，整體產量下降到一八六〇年的百分之三十七、一八八〇年的百分之二十一、以及二十世紀前半葉大部分時期裡的百分之七（參見表 13.2 與

圖13.3　「西方的興起」：中國與英美兩國的工業潛力，1750-1980年，占全球總額的百分比

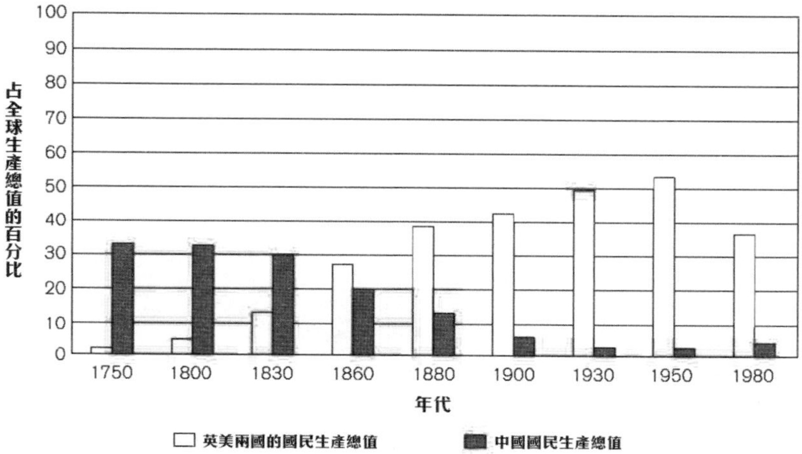

根據表13.2繪製。

圖13.3）。

「第一」與「第三」世界之間的鴻溝，這個在二十世紀人所熟悉的國際地景，最早出現在十九世紀晚期。如邁克・戴維斯（Mike Davis）所寫下的：

> 當巴士底監獄被攻打的時候，世界各個主要社會內部的垂直階級分化，並無法以不同社會之間的巨大財富差異來概括。例如，法國的無套褲漢（Sans-culotte）與德干（Deccan）高原的農夫之間在生活水準上的差別，比起他們各自與其統治階級之間的鴻溝相較，可以說是微不足道的。然而，到了維多利亞統治的末期階段，國家之間的不平等，已發展到如同階級之間的不平等一樣鴻深。人類全體已不可挽回地被劃分開來。而〈國際歌〉所疾聲呼籲要起來反抗、那著名的「飢寒交迫的奴隸」，其

實是維多利亞晚期社會的現代性產物，就如同電燈、馬克沁（Maxim）機槍、以及「科學的」種族主義一樣。[52]

一八七〇年代晚期的饑荒，影響了全球赤道帶與亞赤道帶的所有區域，是現代世界歷史上的一個分水嶺事件，因為歐洲帝國主義破壞性的經濟與社會衝擊，惡化了傳統與聖嬰現象有關之旱災的影響，因而造成了自十五世紀以來最嚴重的大饑荒。[53]更糟糕的情況在接下來的二十五年內發生，由於新生的第三世界更緊密地被整合進全球的運輸網路之中，饑荒與傳染性疾病比以往都還要更廣泛、更快速地傳布開來。死於這些危機之中的人，比在第一次世界大戰中死亡的人數還要更多。

隨著工業化核心地帶之外的傳統統治者意識到他們自己的脆弱不堪，他們開始思考是否也需要將自己所統治的領地工業化。但問題是，要怎麼做？從前一章得出的結論可以看出，他們所面臨的問題不僅是經濟上的，也是政治與文化上的。要趕上北大西洋樞紐地帶的革新速度，意味著要改變政治體系、文化態度以及經濟結構，才能創造出一個完善整合的資本主義社會。這勢必會是一個精巧且痛苦的政治操作——尤其是對更為傳統的政府而言更是如此，例如沙皇俄國，其社會還固守著傳統貢賦帝國的許多反商態度。最終而言，傳統政府不得不對工業化的新世界進行妥協；但不管採取何種妥協形式，都勢必會威脅到這些政府的既有支持基礎，並侵害它們的穩定性。在十九世紀末二十世紀初，兩個極為傳統的政府，在其社會已多少適度商業化的情形下，展開了由國家領導推動的工業化進程。日本的明治政府快速地推行工業化，並獲得了相當大的成功，然而沙皇政府卻沒能達成；於是，這項事業留給了史達林的共產主義政權，嘗試展開一場沒有實業家參與的矛盾的工業化運動。雖然史達林主義的工業化在初期獲得了顯著的成效，但其最終的失敗說明了，在一個缺乏市場競爭的環境下，創新是難以為繼的。54其他曾經強大的地區——包含伊斯蘭世界、印度與巴基斯坦、以及中國——進行了草率的改革嘗試，卻導致它們在經濟上、有時是在軍事上愈來愈依賴歐洲。

本章摘要

十八世紀與十九世紀初的西歐，首先跨越了現代性的門檻。這場變遷包含了三個互相關聯的面向：經濟的、政治的與文化的。工業革命（這個標籤用於表示經濟方面的變革）在英格蘭已獲得了許多很出色的研究，它正是這些變化開始變得顯著的地方。英格蘭的社會結構在十八世紀已與資本主義的社會模式極為相符，工薪勞動階級快速地成長，政府也與商業利益緊密結盟。英國資本主義的創新能力首先表現在農業方面，具有商業頭腦的地主，透過大規模地引進技術改良，而提升了農業生產力。工業的突破性進展緊隨在後；最重要的革新乃是在大型工廠中使用蒸汽動力，並出現了利用化石燃料等能源富礦的機會。財富的增長、對管理市場經濟與保護新財富形式的需求，對政府提出了新的挑戰，因而政府也需要採取新的方式來調動各種資源與政治支持。這些變化，在十八世紀後期以來，改造了法國政府的革命性變遷中，可以最為清楚地觀察到。有史以來，政府首次開始將其管理職能延伸進大多數老百姓的日常生活當中，關注他們的教育、健康與行為態度。這個時期最重要的文化變遷，可能就是以科學方法來面對世界的重要性逐漸增加。雖然科學態度在二十世紀的公眾教育普及之前，尚未影響到廣泛的大眾，但是它們在工業革命的技術創新中扮演了十分重要的角色。科學的影響在十九世紀的第二、第三波革新浪潮中愈來愈顯著。工業革命此時傳播到了西歐與北美，而英國的革新速度則放緩。在工業化的核心地帶之外，現代革命的早期階段大體上是破壞性的。到了十九世紀晚期，世界不同地區的財富差異，首次與一國之內的財富不均狀況一樣嚴重；勉勉強強運轉了數千年的傳統結構，於是土崩瓦解，使得那些仍然倚賴它們生存的人群陷入苦境。

延伸閱讀

關於工業革命的文獻卷帙浩繁。經典的研究仍具有其價值，儘管某些細節已顯得過時，其中包括霍布斯邦的《工業與革命》（*Industry and Empire*, 1969），以及大衛・藍迪斯的《無所不及的普羅米修斯：西歐一七五〇年至今的技術變遷和工業發展》（*The Unbound Prometheus: Technological Change and Industrial Development in Western Europefrom 1750 to the Present*, 1969）。較新的研究包括：瑪欣・柏格的《製造業時代，一七〇〇—一八二〇》（*The Age of Manufactures, 1700-1820*，第二版，一九九四）；派特・哈德森（Pat Hudson）的《工業革命》（*The Industrial Revolution*, 1992）；以及E. A.里格利的《連續，偶然和變化》。克拉夫茨的《工業革命時期英國經濟的增長》（*British Economic Growth during the Industrial Revolution*, 1985）是一本計量經濟學研究。瑪格麗特・雅各的《科學文化與西方工業化的形成》（*Scientific Culture and the Making of the Industrial West*, 1997）是一部探討工業化與科學出現之間關係的經典著作。近期彼得・史登的《世界史上的工業革命》（*The Industrial Revolution in World History*, 1993），是一項關於全球工業化的出色研究。在《英國和法國的經濟成長，一七八〇—一九一四》（*Economic Growth in Britain and France*, 1780-1914, 1978）

一書中，派翠克・歐布萊恩與卡格拉・凱德比較了通往現代性的兩種不同道路。彭慕蘭的《大分流》，王國斌的《轉變的中國》，以及安德烈・貢德・弗蘭克的《白銀資本：重視經濟全球化中的東方》，論證了中國在許多方面都與西歐一樣非常接近工業化，甚至晚近至十八世紀晚期亦然。喬爾・莫基爾的《財富的槓桿》，以及詹姆斯・麥克勒蘭三世（James McClellan III）與哈洛德・多恩（Harold Dorn）的《世界史上的科學與工業導論》（*Science and Technology in World History: An Introduction*, 1999），考察了科學技術的發展。查爾斯・提利的《強制、資本和歐洲國家，西元九九〇—一九九二年》，在論述一些與工業革命相關的政治變遷方面十分出色。彼得・馬蒂亞斯與約翰・戴維斯（John Davis）所編的《第一次工業革命》*The First Industrial Revolutions*, 1989），是一部探討歐洲工業化的論文集。邁克・戴維斯的《維多利亞時代後期的大屠殺》（*Late Victorian Holocausts*, 2001）是一本超凡的著作，論述現代革命對工業中心以外的世界所帶來的毀滅性後果。克里斯・貝雷（Chris Bayley）的《現代世界的誕生》（*The Birth of the Modern World*, 2003），是一本關於「漫長的」十九世紀的全球史優秀論著，其中著重描寫了戰爭與國家建設之間的關聯性。

注釋

❶ Daniel R. Headrick, *The Tools of Empire: Technology and European Imperialism in the Nineteenth Century* (New York: Oxford University Press, 1981), p. 3.

❷ Patrick O'Brien, "Introduction: Modern Conceptions of the Industrial Revolution," in *The Industrial Revolution and British Society*, eds. Patrick O'Brien and Roland Quinault (Cambridge: Cambridge University Press, 1993), p. 2；關於他提出的歷史學「點描畫派」說法，參見頁五。亦參見R. Bin Wong, *China Transformed: Historical Change and the Limits of European*

Experience (Ithaca, N.Y.: Cornell University Press, 1997), p. 279：「許多人試圖弱化工業革命造成的斷裂。但是世界上的物質條件在一七八〇年與一八八〇年之間發生了劇烈改變。這麼劇烈的變化在之前從未發生過。」

❸ 英國的領先使其成為一非典型，例如可參見亞歷山大・格申克龍（Alexander Gerschenkron）的開拓性著作，其對工業化進行了比較性研究：*Economic Backwardness in Historical Perspective, a Book of Essays* (Cambridge, Mass.: Harvard University Press, Belknap Press, 1962)。

❹ Patrick O'Brien and Caglar Keyder, *Economic Growth in Britain and France, 1780-1914: Two Paths to the Twentieth Century* (London: Allen and Unwin, 1978), p. 196.

❺ Gary Hawke, "Reinterpretations of the Industrial Revolution," in O'Brien and Quinault eds., *The Industrial Revolution and British Society*, p. 54.

❻ N. F. R. Crafts, *British Economic Growth during the Industrial Revolution* (Oxford: Clarendon, 1985), p. 115.

❼ 關於利用其他地方科技發明的例子，參見Joel Mokyr, *The Lever of Riches: Technological Creativity and Economic Progress* (New York: Oxford University Press, 1990), pp. 100-09。

❽ 參見Patrick O'Brien, "Political Preconditions for the Industrial Revolution," in O'Brien and Quinault eds., *The Industrial Revolution and British Society*, pp. 124-55。

❾ Catharina Lis and Hugo Soly, *Poverty and Capitalism in Pre-Industrial Europe*, trans. James Coonan (Atlantic Highlands, N.J.: Humanities Press, 1979), p. 108.

❿ 一六四〇年代的英國作家之言，引自Lis and Soly, *Poverty and Capitalism*, p. 108：根據葛瑞格利・金恩的評估所做的研究，引自Crafts, *British Economic Growth*, p. 13。

⓫ 數據來自葛瑞格利・金恩，對此的概述參見Lis and Soly, *Poverty and Capitalism*, p. 111。

⓬ Crafts, *British Economic Growth*, pp. 13, 16.

⓭ W. G. Hoskins, *The Midland Peasant: The Economic and Social History of a Leicestershire Village* (London: Macmillan, 1965), p. 269：引自Maxine Berg, *The Age of Manufactures, 1700-1820: Industry, Innovation, and Work in Britain* (London: Routledge, 1994, 2nd ed.), p. 85。

⓮ Asa Briggs, *A Social History of England* (Harmondsworth: Penguin, 1987, 2nd ed.), p. 206.

⓯ Berg, *The Age of Manufactures*, p. 80.

⓰ E. J. Hobsbawm, *Industry and Empire* (Harmondsworth: Penguin, 1969), pp. 28-29.

⓱ Crafts, *British Economic Growth*, pp. 62-63.

⓲ Crafts, *British Economic Growth*, pp. 62, 121.

⓳ 克拉夫茨認為總體生產力從十八世紀的百分之〇・二至百分之〇・三年成長率，到一八〇一年至一八三〇年間提高至百分之〇・七，一八三一年至一八三〇年間更提高至百分之一。參見*British Economic Growth*, pp. 2, 76-77, 81。

⓴ James E. McClellan III and Harold Dorn, *Science and Technology in World History: An Introduction* (Baltimore: Johns Hopkins University Press, 1999), p. 279.

㉑ Arnold Pacey, *Technology in World Civilization* (Cambridge, Mass.: MIT Press, 1990), p. 113.

㉒ McClellan and Dorn, *Science and Technology*, pp. 280-81.

㉓ Mokyr, *The Lever of Riches*, pp. 84-85.

㉔ 更多關於這些紡織機的細節描述，參見Mokyr, *The Lever of Riches*, pp. 96-98。

㉕ Mokyr, *The Lever of Riches*, p. 111.

㉖ 關於工廠制度的討論，參見Anthony Giddens, *A Contemporary Critique of Historical Materialism* (Basingstoke: Macmillan, 1995, 2nd ed), pp. 124-25。

㉗ 馬克思與韋伯都評述過現代軍隊對於工業體系所產生的影響，參見Giddens, *A Contemporary Critique of Historical Materialism*, p. 125。

㉘ Pacey, *Technology in World Civilization*, pp. 106, 117-19.

㉙ Joseph Needham, *Clerks and Craftsmen in China and the West* (Cambridge: Cambridge University Press, 1970), p. 202；引自George Basalla, *The Evolution of Technology* (Cambridge: Cambridge University Press, 1988), p. 40。

㉚ Peter Mathias, *The First Industrial Nation: An Economic History of Britain, 1700-1914* (London: Methuen, 1983, 2nd ed.), pp. 124-25；並參見McClellan and Dorn, *Science and Technology*, pp. 287-89。

31 瑪格麗特・雅各強調了科學知識廣為傳播造成的間接影響，參見*Scientific Culture and the Making of the Industrial West* (New York: Oxford University Press, 1997)；喬爾・莫基爾則著重某些工程師的創造力，參見*The Lever of Riches*, pp. 111-12。

32 Hobsbawm, *Industry and Empire*, pp. 50-51.

33 James Watt，引自Mokyr, *The Lever of Riches*, p. 87。

34 Charles Tilly, *Coercion, Capital, and European States, AD 990-1992* (Cambridge, Mass.: Blackwell, 1992, rev. ed.), p. 96.

35 參見Charles Tilly, "How War Made States, and Vice Versa," *Coercion, Capital and European States*，第三章。

36 Tilly, *Coercion, Capital, and European States*, pp. 103-104.

37 Tilly, *Coercion, Capital, and European States*, pp. 106-107.

38 Anthony Giddens, *A Contemporary Critique of Historical Materialism*，以及*The Nation-State and Violence*, vol. 2, *A Contemporary Critique of Historical Materialism* (Cambridge: Polity Press, 1985)，散見於此二書。紀登斯所用的「監視」一詞，是借用自米歇爾・傅柯（Michel Foucault）作品。

39 Tilly, *Coercion, Capital, and European States*, p. 110.

40 Giddens, *The Nation-State and Violence*, p. 152.

41 保護皇家森林免被盜獵，是此書的中心主題：E. P. Thompson, *Whigs and Hunters: The Origin of the Black Act* (London: Allen Lane, 1975)，而企業財產權的保護與勞工激進主義的對抗，則是此書的主題：*The Making of the English Working Class* (London: Victor Gollancz, 1968)。

42 Karl Polanyi, *The Great Transformation: The Political and Economic Origins of Our Time* (Boston: Beacon, 1957).

43 參見此書頁八十三之後對於經院之中學術交流的生動描述：John Merson, *Roads to Xanadu: East and West in the Making of the Modern World* (French's Forest, N.S.W.: Child and Associates, 1989), pp. 83 ff。

44 默森（John Merson）引用了一封達文西寄給米蘭大公的信，信中羅列出許多種他必須銷售的軍事發明，參見*Roads to Xanadu*, p. 70。

45 Jacob, *The Cultural Meaning of the Scientific Revolution*, p. 221.

46 Crafts, *British Economic Growth*, p. 98.

47 Mokyr, *The Lever of Riches*, pp. 134-35.

48 Gerschenkron, *Economic Backwardness in Historical Perspective*.

49 此文對於工業化有出色、精簡的概述：Daniel R. Headrick, "Technological Change," in *The Earth as Transformed by Human Action: Global and Regional Changes in the Biosphere over the Past 300 Years*, eds. B. L.Turner II et al. (Cambridge: Cambridge University Press, 1990), pp. 55-67。

50 關於現代生產單位的不同類型，參見Richard Barff, "Multinational Corporations and the New International Division of Labour," in *Geographies of Global Change: Remapping the World in the Late Twentieth Century*, eds. R. J. Johnston, Peter J. Taylor, and Michael J. Watts (Oxford: Blackwell, 1995), p. 51。

51 比方可參見Mike Davis, *Late Victorian Holocausts: El Niño Famines and the Making of the Third World* (London: Verso, 2001), p. 51。

52 Davis, *Late Victorian Holocausts*, p. 16；亦參見第九章。

53 Davis, *Late Victorian Holocausts*, p. 115，並散見於本書。

54 在我的另一本著作中，對此點有更多的論述：David Christian, *Imperial and Soviet Russia: Power, Privilege, and the Challenge of Modernity* (Basingstoke: Macmillan, 1997)。

第十四章

進入二十世紀後的大幅加速

如果要為二十世紀作個總結，
我會說其為人類燃起了最大的希望，
並摧毀了一切的幻象與理想。[1]

加快的速度

二十世紀距離我們如此近，以致我們可能會以為我們了解它。然而從某種程度上來說，二十世紀比本書討論的其他歷史都更難掌握。從大歷史的觀點來看，二十世紀或許是人類各個發展階段中，最難以看清楚的。我們對於未來幾百年內有哪些事物仍會存在，完全沒有概念。在艾瑞克・霍布斯邦《極端的年代：一九一四—一九九一》（*The Age of Extremes: A History of the World, 1914-1991*）一書中，探討了二十世紀這段「短暫」的精采歷史，其中的重大事件包括：二十世紀前半發生的兩次世界大戰、經濟大恐慌、共產主義實驗、去殖民化，以及第二次世界大戰後的長期榮景。但就大歷史的範疇而言，二十世紀在其他方面也有突出表現。令人印象最深刻的是人類與生物圈的關係，產生了巨大的變化。在一本關於二十世紀環境史的近作中，約翰・麥克尼爾主張：「人類在不經意間，於地球上進行了一項大型且未受控制的實驗。我相信，遲早我們會發現這是二十世紀歷史中最重要的一面，其重要性甚至超過第二次世界大戰、共產主義勢力、識字率普及、民主傳播以及婦女解放。」[2]

本章將聚焦於二十世紀變遷速度與規模的急速提升。直至進入二十世紀，現代革命的重要性才充分顯現出來。由於變遷的速率如此之快，而其盤根錯節的影響廣及全球，使人類歷史、人類與其他物種及地球之間的關係，在這段時間內進入一個全新的階段。事實上，如果說二十世紀代表了整個生物圈歷史的一個重大時刻，是絲毫不誇張的。

從宇宙論的範疇來看，變遷大都是經過數百萬年、甚至數十億年的緩慢變化才看得出來。在生物世界中，變遷的速率由天擇來決定，所以往往需要數千年或數百萬年才會發生重大改變。在人類歷史上，這種變化日漸受到文化變遷的影響，使得速度變得更快。在舊石器時代，重大變遷往往需要好幾千年才會發生。農業社會由於具有更大的人口動力，大幅縮短了變遷所需的時間，整個農耕社會在歷史上所占的長度僅是一萬年，而農耕文明的歷史更只有其一半長度。現代革命的巨大動能，再次把全球變遷的速度推動得更快。時間本身在二十世紀似乎被壓縮了。

藉由空中運輸與網際網路這種現代的交通與傳播方式，人們對於空間的概念，也發生了革命性的變化。如今人們不再只能透過望遠鏡，去探索宇宙的邊境與時間的開端。在人類社會中，資訊與金錢幾乎可以在全球同步轉移，而人們的旅行只是稍微多花一點時間而已。如今全世界都被包含在集體學習的範圍裡，但所需的時間只要一席私人對話的長度即可。羅伯特・賴特觀察到：「歷史的核心主題，就是眾多看不見的社會型大腦，彼此時不時且永不終止地相互連結，最終形成一個更大型的頭腦。這個過程的累積——建構出一個單一且全球性的頭腦——具有獨立但終將統合的效果，這就是我們今日所見證到的。」[3]空間也跟時間一樣被壓縮了。流行病學家D. J.布萊德里（D. J. Bradley），透過勾勒他一家四代男性「一生的旅遊軌跡」，生動地描繪了這些變遷對個人生命經驗的意義。他的曾祖父終其一生的旅遊範圍，都包含在一個邊長四十公里的正方形裡。之後每經歷一個世代，這個正方形的邊長就大約增加十倍。其祖父一生涉足的界域，大約是一個邊長四百公里的

正方形大小，而他的父親到過大於四千公里平方的土地，至於他自己的遊歷範圍則遍及全球。❹

德國的文化評論家華特・班雅明（Walter Benjamin），在一九四〇年以一幅圖畫作為說明，指人類社會在二十世紀經歷的變化，有如暴風雨般襲來：

> 克利（Klee）有幅名為《新天使》（Angelus Novus）的畫，畫的是一個天使看起來彷彿正要飛離他所專心凝視的事物。他的眼睛瞪得大大的，嘴巴張開，一雙羽翼展開著。人們就是這樣描繪歷史的天使。他把臉轉而朝向了過去。當我們看到一連串的事件，天使看到的是單一的災難，這個災難將成堆遺骸拋到他的跟前。天使雖然想要佇足，並將死者喚醒，把所有的碎片完整拼湊回去，但是一陣風暴卻從天堂而降；風暴猛烈吹襲天使的羽翼，使他再也無法將其收攏。這個難以抵擋的風暴，將天使吹向他所背對著的未來，而他面前的斷垣殘壁卻愈堆愈高，直達天際。這場風暴就是我們所稱的進步。❺

就如艾瑞克・霍布斯邦所主張的，這場宛如風暴般的變遷，已經嚴重威脅到我們與過去之間的聯繫，以至於改變了我們對於歷史本身的思考方式。❻

在許多重要的面向上，二十世紀發生的變遷比過去人類歷史上的各階段都多。本章用一整章的篇幅去討論一個世紀，而討論農耕文明時代的另一章節（第十章）卻橫跨了四千年，而這只是其中一項指標，讓我們得以衡量現代社會發生改變的程度。

為描述這些變遷，我們仍可從人口成長切入，因為不論其他因素的影響，例如新技術與社會結構的新形態，每一次的人口成長，都無可避免地造成對於地球資源的新需求（參見表14.1）。❼世界

表14.1 1900-2000年的世界人口

年分	人口（單位：10億）	年分	人口（單位：10億）
1900	1.634	1960	3.019
1910	1.746	1970	3.698
1920	1.857	1980	4.450
1930	2.036	1990	5.292
1940	2.267	2000	6.100
1950	2.515		

資料來源：Massimo Livi-Bacci, *A Concise History of World Population*，頁147；1910年的數據有所改變；2000年的數據字引自Lester R. Brown, *Eco-Economy: Building an Economy for the Earth* (New York: W. W. Norton, 2001)，頁212。

人口在一九〇〇年時為十六億。一個世紀之後，人口激增了四倍，達到約六十億。人類花了十萬年才站上十億人口的關卡，但僅用了一百年就增加了另外五十億。在這個世紀中，人口翻倍的時間，在上半世紀尚需八十年，到下半世紀卻僅花了四十年就達成。

人類社會中的變遷

二十世紀的創新技術浪潮

技術創新速度的加快，是造成轉型的主要催化劑。首先，技術變遷使得維持大量人口生活不再是空想。西歐到了十八世紀，農業已完全商業化，但是農業生產的顯著成長卻出現在二十世紀。在一九〇〇年至二〇〇〇年間，地球上的農地增加了三倍，而穀物產量成長了五倍，從四噸增至將近二十噸。❽二十世紀的農業生產速度，超越了人口增長。食物產量的增加，部分是因為傳統灌溉技術的推廣，以及不同地區持續進行穀物的交換，像是玉米、大豆等。但新技術也是不可或缺的，尤其是人工肥料的使用，以及有系統地培育新作物，其中最重要的是各種高產率的穀類以及混種玉米。

除了農業之外，許多最重要的技術變遷，在二十世紀如潮水般湧來，其影響與規模都超越了十九世紀。❾創新技術的第四波浪潮肇始於十九世紀末，接著幾乎延續至整個二十世紀上半葉。內燃機就是一項重要的新技術，不管是安裝在轎車、卡車、坦克還是飛機上的；汽油則是另一項至關重要的能源，雖然其他石化燃料也具有舉足輕重的價值（包括煤與天然氣）。在這個階段，大型、多元分工的企業，以工業化程度最高的國家為基地，開始突破所在國境的限制，成為在不同國家生產的跨國企業。❿跨國企業的出現，是工業化程度最高的國家獲得主宰地位的表徵之一。在這段期間，工業化在地理上緩慢傳布，而這些已經工業化的區域，其產能則以壓倒性的優勢勝過其他地方。根據保羅・貝羅奇的統計（參見表 13.1 與表 13.2），顯示在工業化核心地區之外的地區，自十九世紀中葉到二十世紀中葉，將近一個世紀的時間內，其工業產量的絕對數值，跟相對於工業化地區的差異數值，皆呈現衰落之勢。

創新技術的第五波浪潮在第二次世界大戰後發生，其以原子能源與電子學為主。電子學提升了許多技術的效能，讓使用、獲取與處理資訊的成本降低，所以也加快了集體學習的速度與效率，並確保集體學習的成果能夠運用到全球，不再局限於地方範圍。這波浪潮使得前幾波浪潮未曾觸及的許多地區，大大提高了工業產量，尤其是拉丁美洲、東亞以及西南亞。這波浪潮也見證了跨國企業的財力與逐步增加的財力與影響力。不過，在工業化較盛的區域——亦即世界經濟的動力泉源所在——戰後的榮景似乎在一九七〇年代後期及一九八〇年代減緩。

接下來的第六波浪潮中，經濟成長的速度再次加快。此波浪潮直至二十一世紀初仍是澎湃洶湧。其中的主導技術是電子學與遺傳學，其一開始最驚人的影響，就是將世界各部分比過去更緊密地聯繫在一起。曼威・柯司特（Manuel Castells）主張，二十世紀的最後二十年，標誌了資本主義歷史轉型進入一個新階段，就是他所稱的「資訊時代」。⓫他認為在這個階段，資訊流是獲取利潤的關鍵；個人與企業的界線消除了，因為生產與服務的組織管理，是由不斷改變的聯盟或企業網路所進行，許多企業會將工作發包給個人或小型公司。資訊的控制與移動，使其變成了可能是工業中唯一最大型的部門。⓬全球的資訊與財富流動變得如此快速，幾乎不受傳統的框架所限，以至於國家之間與企業之間的界線都不再壁壘分明。在二〇〇〇年，許多跨國公司的市場價值可與眾多大國相匹敵，而大部分這類大型聯合企業都與傳播有關（參見表14.2）。

總而言之，第五波與第六波創新浪潮所維持的生產榮景，比起十九世紀末與二十世紀初要持久得多。在一九〇〇年至一九五〇年之間，全球經濟的產量總額，從兩兆多美元增加到五兆多美元。在接下來的五十年中，則成長至大約三十九兆美元。這些數字顯示全球產量在二十世紀幾乎增加了二十倍。僅僅於一九九五年至一九九八年這三年內，據估計就超過一九〇〇年前一萬年之間的成長量。⓭

創造：消費資本主義與新生活方式

變遷帶來的好處，在工業化最高的地區非常明顯，就是驚人的財富。這些地方有許多人口，享受著高檔且不斷升級的豐饒物質生活。在十九世紀，批評者觀察到了資本主義製造貧窮的能力，但低估了其創造物質財富的能力。其中有些認可資本主義生產潛力的評論家（例如羅莎・盧森堡〔Rosa Luxemburg〕），認為資本主義傑出的動力，正驗證了其毀滅性。其生產得愈多，就愈難找

表14.2　2000年1月依照市場價值排列的經濟個體

排名	國家	企業	價值（10億美元）
1	美國		15013
2	日本		4224
3	英國		2775
4	法國		1304
5	德國		1229
6	加拿大		695
7	瑞士		662
8	荷蘭		618
9	義大利		610
10		微軟（美國）	546
11	香港		536
12		通用電氣（美國）	498
13	澳洲		424
14	西班牙		390
15		思科系統（美國）	355
16	台灣		339
17	瑞典		318
18		英特爾（美國）	305
19		埃克森—美孚（美國）	295
20		沃爾瑪（美國）	289
21	南韓		285
22	芬蘭		276
23		日本菸草（日本）	274
24		美國線上時代華納（美國）	289
25	南非		232
26		諾基亞（芬蘭）	218
27	希臘		217
28		德國電信（德國）	218
29		國際商業機器（IBM）（美國）	213
30	巴西		194

資料來源：*Sydney Morning Herald*，2000年1月15日。

到買者。相對地，在人類歷史中更早期的年代，匱乏是人民與政府面對的根本問題，然而現在的主要議題卻是如何處理生產過剩（馬克思主義者將其稱為「實現」〔realization〕的問題——如何透過銷售實現利潤）。然而，從十九世紀末以降，資本主義經濟找到了一個解決之道，就是不再把勞工僅僅視為受雇對象，而將他們當作傾銷龐大生產商品的潛在市場。正如病毒往往會為了讓它們的獵物保命而自我進化，資本主義也學會了如何保護、甚至取悅它們的無產階級（這是馬克思似乎沒有預期到的行動），以變成一個新的、較不失衡的共生形態。這個行動促成了二十世紀的消費資本主義。消費資本主義的獨特之處，就是要求大眾應當為了整體利益，去消費源源不絕生產出來的各樣商品。為了維持住大眾消費市場，除了工資必須提高外，也必須強力傾銷消費商品，這使得大部分人類歷史上，多數社群所秉持的儲蓄與保存的傳統民風走向終結。這些變化雖然肇始於十九世紀，然而現代消費資本主義直到一九二〇年代，在美國引起關注時才成形。一些早期對於消費資本主義的批評——例如辛克萊・路易斯（Sinclair Lewis）在一九九二年發表的小說《巴比特》（*Babbitt*）——於二十世紀初也在美國問世。

當然，對於現代的政府而言，面對剩餘生產的處置問題，畢竟還是比起大多數早期國家必須處理匱乏問題，要來得有餘裕。具有高生產力的現代資本主義社會經濟制度，為置身在社會底層的階級，提供了連早年歷史階段中的貴族，都會感到滿意的生活水準，以平息這些底層人民的敵意。透過這種方式，消費資本主義改變了傳統的政治困境，使現代菁英得以藉由廣泛地略施小惠，而換取人民的忠誠。正是這種轉變，解釋了為何在世界上工業化程度最高的地方，自由資本主義社會得以存續與具備韌性。

消費資本主義改變了歷史變遷的節奏。農業世界之所以受到馬爾薩斯循環控制，是因為人口成長總是超越生產能力。在一八七〇年代的「經濟大蕭條」中，人們首次明顯見到生產過剩也跟生產不足一樣，都可能危害經濟成長。製造部門在生產力快速成長下，發現市場過小，以致無法吸收他們生產的商品。在接下來的幾十年內，人們愈來愈了解到在生產力持續攀升的世界裡，尋找（或創造）市場的問題將決定經濟活動的運作，就像農業時代生產力不足所帶來的問題一樣。因此，主宰現代的是一種不同（一般而言更短）的週期循環，亦即所謂的商業循環（business cycles）。在工業化程度最高的國家中，企業家、政府與消費者為了對付這種循環，產生了許多新的行為模式。首先，許多政府與企業家對生產力提升的因應之道，是保護自身的市場，並在殖民地創造受到保障的市場。但這已被證明是一個適得其反的策略，不僅造成許多令人無法忍受的軍事衝突，也把十九世紀以來對於推動工業成長貢獻甚多的全球市場分割得支離破碎。約翰・梅納德・凱因斯與其他學者，在長期觀察後，認識到若要避免週期性的衰退，就必須維護和支持市場，而非加以壟斷。所以二十世紀的消費資本主義，關注的焦點是創造與擴大市場。這個變化有助於解釋為何現代會發生一場道德革命，使消費成為一種基本美德，就像前資本主義世界崇尚節儉一樣。這同時也說明了為何會出現一個由廣告主組成的強力傳道階層，在電視上常可見到他們無止盡地宣揚消費的好處。

這些受益於改變的人們，享受到了前所未有的優渥物質與全新的自由生活。在富裕的國家中，醫學的進步改善了健康條件，並消除了過去許多造成身體痛苦的不可抗力。事實上，生活方式的變化幅度之大，對人類的身體產生了革命性的重大影響。美國的研究顯示，二十世紀晚期的人類，比起一個世紀之前的人類，除了身材變高外，骨骼也變得較為疏鬆。營養與醫療照顧的提升，與較為不費力的生活形態相應而生，其對人類這種物種所施加的演化壓力，也許比我們所了解的還要多。⓮

人際關係也發生了變化。雖然人與人之間的暴力仍舊頻繁，但是現代民主社會已不再輕易容許這種行為發生；比起傳統貢賦社會中，將身體脅迫視為可以接受的控制形式，如今大多數人已較能免於受到暴力的威脅。民主國家的政治結構，雖然仍具有許多缺失，但也為人民提供了前所未有的法律保障。由於大眾教育的普及，過去為了維護菁英特權而進行的資訊管制，變得較為寬鬆。尤其令人驚訝的是，從前使婦女機會受限的傳統性別角色，也慢慢被打破。由於避孕方法的普及，以及新形態工作較少倚賴體力粗活，使得女性比較能夠從事過去由男性壟斷的職務，而開始擔任許多家務之外的專業工作。因此，雖然在大多數工業化程度最高的經濟體中，女性的工資與晉升速度仍遠不如男性，但是以發展程度較高的國家而言，長期來看，女性在教育程度與就業機會上已有大幅成長。一九九〇年時，工業化國家已有同樣多的男性與女性接受中等教育與高等教育，而從事有酬工作的比例，相對於每一百名男性，就有八十名女性。相較之下，若將範圍擴大到全世界，在高等教育方面，男女比例是一百比八十，接受中等教育的比例是一百比六十五，而從事有酬工作的男女比例則低到一百比六十。[15]

富裕國家人民在二十世紀的巨大獲益，顯示出現代革命具有驚人的創造力。而這種創造力也給予各地人民一個誘人的承諾，彷彿藉此就能擁有更美好的未來。

資本主義的矛盾：不平等與貧窮

雖然二十世紀出現了一些重大的正向變遷，但在許多方面，對很多人來說，現代革命的影響並不可喜。原則上，現代社會中逐漸增加的生產力，首次提供了機會，去建設一個各部分能不因物質匱乏而受到壓迫的社會。這是社會主義的遠大願景。然而大多數的社會主義者都明白，雖然資本主義為這個制度提供了物質上的前提，但是資本主義的基本結構是不平等的。生產的動能看起來是資本主義的最大優勢，而驅動它的就是控制生產資料的不平等分配。資本主義似乎需要在財富分配上維持懸殊的梯度差異，才能夠生存與繁榮。馬克思主張，若缺乏了生產資料擁有者與非擁有者的適當組合，資本主義就無法運作。馬克思的結論似乎意味著，只要資本主義存在一天，不平等的情況就會與日俱增。對社會主義者而言，由此可導出一個結論，就是為了讓所有人都可以享受到高生產力所帶來的利益，必須推翻資本主義。然而社會主義的社會，也能擁有媲美資本主義的高生產力嗎？一個更為平等的社會，生產力是否有可能與資本主義相匹敵，並如社會主義者所冀望般，終能達到一個免於物質匱乏的世界？二十世紀就是必須為這些令人苦惱的問題，提出可能的答案。

二十世紀的發展，相當程度上驗證了社會主義者對資本主義的批判。為二十世紀生產出豐裕物質的這股動力，同時也加劇了全球性的國內以及國際間的不平等。財富有如大型水庫中的水愈積愈高，但水庫之間卻有無數的山谷愈顯乾涸。資本主義業已證明了其有能力生產充沛的物質財富；然而，資本主義也證明了其無法平均、人道地，以及長治久安地分配全球財富。

雖然我們測量這些不平等的方式是簡略且粗估的，但其仍可告訴我們一些清楚的趨勢。全球的每人平均收入，從一九〇〇年的一千五百美元，增加至一九九八年的六千六百美元。在同一段時間中，全球預期壽命從大約三十五歲提高至六十六歲，這是生活幸福指標中最重要的項目之一。[16]這些都是重大的成果，然而正如表14.3與14.4所示，人類並沒有分均受益。美國在二〇〇〇年的國民所得毛額是三萬四千一百美元（當時高收入國家的平均國民所得約為兩萬七千六百八十美元），而巴西的國民所得毛額約三千五百八十美元，中國（僅僅在兩百年前，其尚為世界上的經濟強權）為約八百四十美元，印度（另一個前經濟強國）與布吉納法索則分別是四百五十美元與兩百一十美元。若以比例來看，差距則會更加驚人（參見表14.3）。這些數據顯示布吉納法索的國民所得毛額，還不

表14.3　2000年的國民所得毛額

國家或地區	所得（美元）
世界	5,170
美國	34,100
高所得國家平均	27,680
布吉納法索	210
撒哈拉沙漠以南地區	470
印度	450
中國	840
巴西	3,580
拉丁美洲與加勒比海地區	3,670

資料來源：Table 1.1, “Size of the economy”, *World Development Indicators* (Washington, D.C.: World Bank,2002)，頁18-20。

表14.4　2000年的預期壽命

國家或地區	預期壽命（年）	
	男子	女子
世界	65	69
美國	74	80
高所得國家平均	75	81
布吉納法索	44	45
撒哈拉沙漠以南地區	46	47
印度	62	63
中國	69	72
巴西	64	72
拉丁美洲與加勒比海地區	67	74

資料來源：Table 1.5, “Women in Development”, *World Development Indicators* (Washington, D.C.: World Bank,2002)，頁32-34。

到最高所得國家平均收入的百分之一，而印度與撒哈拉沙漠以南僅達該平均值的百分之一・五。預期壽命統計的比率差距誠然沒有那麼懸殊，且現代醫療知識提高了全球的預期壽命，但儘管如此，統計數字仍清楚地顯示出，貧窮會相對造成壽命縮短（參見表14.4）。

在二十世紀的最後十年，貧富差距似乎更為擴大。一九六〇年時，世界上最富裕的前百分之二十人口，收入大約是最貧窮的百分之二十人口的三十倍；到了一九九一年，兩者的差距陡增至六十一倍。[17]南美洲與撒哈拉沙漠以南的情況更為惡劣。在一九七〇年代早期，非洲的糧食生產尚可自給自足，甚至能將剩餘產品出口。所以在一九九〇年代，若考慮到不計南非，非洲撒哈拉沙漠以南地區四・五億人口的產值，竟比人口只有一千一百萬的比利時還少時，就不免令人感到驚愕。[18]

這些統計數字提醒了我們，對於數百萬人而言，現代性帶給他們的是更加惡劣的生活條件。成年人感染後天免疫缺乏症候群（愛滋病）的數目，在富裕國家一直保持在百分之一以下，因為他們擁有醫療與教育資源，所以能採取必要的防護措施。與其形成鮮明對比的，是一九九〇年代中期的辛巴威，有百分之二十六的成年人為HIV陽性，波札那（Botswana）、納米比亞（Namibia）、史瓦帝尼（Swaziland）與尚比亞（Zambia）的情況也同樣嚴重。[19]糧食短缺情況是另一個凸顯不平等的重要指標。其中，饑荒僅是其最極端的呈現方式；一般來說，糧食短缺意味著嚴重的慢性營養不良，會導致壽命減短。如保羅・哈里森（Paul Harrison）所言：「第三世界每天發生的營養不良情況是……成人勉強度日，身心俱疲並對疾病缺乏抵抗力。兒童往往不只處在經常性的飢餓之下，而且因為飢病交迫而面臨死亡；而那些存活下來的，往往已病痛纏身。」[20]在一九九〇年代末期，據估計有超過八億人口（約占世界人口的百分之十四）營養不足，約十二億人（約占全世界人口百分之二十）沒有乾淨而安全的飲用水。[21]表14.5提供了一九九四年人口及經濟指標的匯整。

表14.5　1994年一部分的全球人口與經濟指數

地區	人口（百萬）	自然增長（每年的百分比）	出生率（每千人）	死亡率（每千人）	預期壽命（出生時）	國民平均生產總值（1992年，美元）
世界	5,607	1.6	25	9	65	4,340
高度開發地區[註]	1,164	0.3	12	10	75	16,610
開發中地區						
較未開發地區	4,443	1.9	28	9	63	950
非洲	700	2.9	42	13	55	650
亞洲	3,392	1.7	25	8	64	1,820
拉丁美洲與加勒比海地區	470	2.0	27	7	68	2,710
歐洲	728	0.1	12	11	73	11,990
北美洲	290	0.7	16	9	76	22,840
大洋洲	28	1.2	20	8	73	13,040

資料來源：Allan Findlay, “Population Crises: The Malthusian Specter?”，原載*Geographies of Global Change: Remapping the World in the Late Twentieth Century*, edited by R. J. Johnston, Peter J. Taylor and Michael J. Watts (Oxford: Blackwell, 1995)，頁156；引自*1994 World Population Data Sheet*, compiled by the Population Reference Bureau,Washington, D.C.。

注：根據聯合國公約，包括北美洲、歐洲（含蘇俄）、澳洲、日本與紐西蘭。

傳統生活方式的破壞

這些圖表中的數字，反映的不僅是落後國家與富裕國家的差距，也告訴了我們傳統生活方式如何遭到破壞——還有利用這些方式所建立的安全網，包括傳統地方的慈善工作或特殊機構，例如緊急救濟的糧倉。從表13.2中可以看出，那些在二十世紀中期尚未工業化的國家，其生產能力明顯衰退，而生產力的下降使得傳統的安全網瓦解。十八世紀英國農民面臨圈地運動時的命運，在今日以人口壓力、債務、賦稅或戰爭的方式重新上演，摧毀了傳統的鄉村生活方式。都市化的相關統計也為這樣的變遷提供了間接的數據。在一八〇〇年，世界上有百分之九十七的人口居住在少於兩萬人的聚居地內。到了二十世紀中期，這個數字降到了大約百分之七十五，到了一九八〇年，則降至約百分之六十。到了二〇〇〇年，生活在兩萬人以上的聚居地及住在小型聚落的人數，在人類歷史上首次打平。[22]在一八〇〇年，世界上僅有英國與比利時這兩個國家，從事農業與漁業的人口比率不到百分之二十。如今，世界上只剩下三個主要地區，仍以農耕生活形態為主——非洲撒哈拉沙漠以南地區、南亞與東南亞，以及中國——而這些地區中許多社區的農民也陷入了生計困難。艾瑞克・霍布斯邦主張：「本世紀下半葉最戲劇性與影響深遠的社會變遷，並使我們與過去的世界永遠斷絕的，就是農業生活的終結。」[23]

統計數據赤裸裸地呈現了這些變遷過程；下面一段文字，表達了這些變遷對於家庭與個人的意義，這是保羅・哈里森於一九八〇年代，在布吉納法索對一名戶長所作的訪談。布吉納法索是位於非洲的國家，在象牙海岸、迦納、多哥的北邊。如薩赫爾（Sahel）草原大部分地區一樣，布吉納法索的農業主要是輪耕形態。居民會在數十年未行耕作的土地上砍倒植被並放火燒林，將其開墾為農地。農民會在這些布滿灰燼的土壤上種植作物：雜穀、高粱作為食用，棉花與落花生拿來販賣。通常土地在前一、兩年的肥力較高，接著就會大幅下降，所以社群必須再遷往下一塊土地開墾。這種耕作方式能養活的人口有限，其原因十分明顯：因為經過一段時間後，大多數的土地都必須進入休耕。然而在最近幾年，人口壓力迫使農民必須加快輪迴，並在地力恢復前就得再度使用土地。到了最後，對土地的過度利用對土壤造成致命的破壞，使其再也無法回復。

保羅・哈里森在此地遇見並訪談了一位名為穆慕尼（Moumouni）的六十歲農夫，他親眼見證了發展問題對撒哈拉沙漠南部邊境傳統農地，造成大幅破壞的數個階段。

> 穆慕尼記得當他年幼時，他父親住的聚落裡只有十二個人。現在人數增加到了三十四個，其中有五名年輕人離家到象牙海岸工作。村裡的土地由族長進行分配，分配的原則是根據個人所需……然而村落的傳統土地未曾增加過……所以就從原本需要休耕的土地中撥了六分之五，來補上不足的土地。休耕期在過去數十年中漸漸變得愈來愈短，到現在只能有四到五年的時間，然而土地至少需要十二年才能讓耗盡的地力恢復。

穆慕尼領引哈里森去看他的土地。

> 即使是這些靠近聚落的土地，土壤看起來也非常貧瘠，布滿石頭與塵埃，完全沒有腐植質。而且這還是唯一有施肥的土地，使用來自一頭驢子與數頭山羊的排泄物。以這些住家為中心，直徑五十哩圓圈之外的地區，土地是暗紅色的，既乾涸又堅硬。該片土地去年曾開墾過，但是

收成慘澹。穆慕尼認為那片土地今年也長不出東西。[24]

這些困難造成的影響是全國性的。一份世界銀行報告，估算出布吉納法索在一九八八年，因「土地退化所造成的作物、牲畜與木柴的損失」，大約相當於國民生產總值的百分之八・八。[25]

傳統搜食者的生活在二十世紀同樣受到嚴重打擊。比較特別的是，即使搜食社群與現代資本主義國家之間的規模與資源，有著天壤之別，但搜食社群並沒有發生徹頭徹尾的改變。事實上，或許正是因為這種巨大的落差，反而使得一些社群能夠保存他們的傳統。當他們的土地被用來居住或採礦，他們就被蠻橫且不客氣地移走；否則，他們就被冷落在一旁不受打擾。他們與現代社會的軍事衝突，通常是游擊戰或小規模戰爭。這些衝突是貨真價實的，而且有時國家也會直接參戰，就像美國的印第安戰爭，及從澳洲到西伯利亞之內，發生於國家與親族社群的眾多游擊戰。不過，每當戰爭結束，親族社群往往能夠從那些大量掠奪他們的社會找到利基。因此，從某種意義上來看，這些社群能夠倖存下來並延續至今，並可能比農業社會的農耕族群，把更多的傳統保留下來。而且這些社群的生活方式，有許多讓現代社會足以借鏡，因為其存在的時間比工業資本主義社會要悠久得多。

傳統貢賦帝國的崩潰

現代資本主義也摧毀了農耕文明時期的大型政治結構。主宰著農耕文明時期的大型貢賦帝國，以驚人的速度崩解了。一七九三年，當喬治三世（George III）派遣喬治・馬戛爾尼（George Macartney）以特使身分到中國，要求具有平等的外交代表與貿易權利時，清朝的乾隆皇帝拒絕了他的要求，他認為英國「遠在重洋」，不過對於喬治三世派遣「使臣」前來，對其「恭順之誠」表示嘉許，並鼓勵他持續表示恭順，「以保義爾有邦，共享太平之福」。㉖一個世紀之後，歐洲對全世界展現的也是這種高傲的態度。在當下，他們似乎完全有理由這麼做；畢竟歐洲那時能夠生產的物品，中國幾乎也都有能力製造，而且更為物美價廉，所以歐洲人必須用白銀購買大量的中國商品。

不過，很快地，英國商人發現了一些中國消費者想要的物品：在中國不准銷售印度生產的鴉片。英國商人先是進行非法買賣，到了一八四〇年代，英國商人搭著炮艦重返中國，掀起了所謂的鴉片戰爭，逼迫中國政府開放新的鴉片貿易，即使可能引發無窮的後患。一八三九年，中國的地方官員在廣州強迫英國商船交出鴉片，並予以銷毀。中國官員林則徐寫信給維多利亞女王，信中表示：「聞該國禁食鴉片甚嚴，是固明知鴉片之為害也，既不使為害於該國，則他國尚不可移害，況中國乎？」㉗英國首相巴麥尊勳爵（Lord Palmerston）則宣稱，問題的實質是自由貿易，而非鴉片，於是派遣一支艦隊將廣州封鎖，並與中國水師發生衝突。接下來兩年中，英國艦隊開始攻擊其他港口，最終控制了長江流域的城市，但北京的糧食需要利用大運河從這些城市供應，迫使中國人於一八四二年做出讓步。中國的軍隊與海事技術，自馬可・波羅的時代以來毫無變化，無法與英國的裝備相提並論。工業化加深了兩者技術與生產力水準的鴻溝，終導致中華帝國在二十世紀初期一敗塗地。到了二十世紀末，世界上已經不再有任何政治或經濟體，符合艾瑞克・沃爾夫的「貢賦國家」模型，即使它們僅僅於兩個世紀前，還在世界上具有主宰地位。

雖然古代貢賦帝國的迅速傾圮，成為過去兩個世紀當中突出的特徵，但有另一個特徵卻被人大大忽略：許多傳統貢賦世界的特色，在二十世紀的共產主義國家被保留了下來。㉘在現代化革命運動的引領下，共產主義政府先後在蘇俄及中國出現。不過，他們的意識形態既是反資本主義的，也是反專政的。此一特徵有助於解釋為何這種意識形態會吸引若干社會，這些社會中的菁英分子強烈地感受到，資本主義對於他們傳統尊嚴與文化的攻擊，成為了一種汙辱。史達林在一九三〇年代初的集體化運動時期，對資本主義強烈排斥，這代表蘇聯必須在缺乏資本主義創新技術作為動力的情形下，與主要的工業強權競爭。中央對經濟與知識交流嚴格控管，使資本主義的生命線——商業與智識的交換——受到箝制，審查制度也阻礙了市場經濟中能產生許多小型創新技術的集體學習網路。在一九四九年之後，毛澤東時代的中國也步上其後塵。市場的力量被禁止，在選擇有限的情況下，只能以更為傳統的手段去使用資源，像是利用稅收方法，以及類似於大型貢賦帝國的社會與經濟組織——只是加上了一些二十世紀的技術，像是從電話到坦克。與傳統的貢賦帝國一樣，共產主義世界的管制經濟，偏重於動用資源，而非提高生產力。最近的統計顯示，蘇聯在史達林主政時的前三個五年計畫，在效率上的成長幅度不超過百分之二十四，在出口方面更只有增加百分之二。大多數蘇維埃工業化運動取得的成就，是依賴於對資本、原物料與勞力的大量及高度強制性動員。[29]當蘇聯政府決心要與實行資本主義的對手國，在工業與軍事上一決高下，結果就是蘇維埃人民的勞動力與其資源都無法倖免於難。

有些時候——尤其是當一九三〇年代資本主義自身陷入了危機，以及一九五〇年代情況重演之際——這些新型、由國家操控的結構，看起來彷彿可以產生足以與資本主義媲美的動力。企業家能力方面的不足，可以經由其他方式彌補，包括高等教育的系統規畫、引進現代科技，及運用現代通訊技術，讓強大及無情的國家具有巨大的組織能力。但它們在革新方面腳步遲滯，這種讓農耕文明時代同樣陷入創新緩慢的特性，使它們在生產力水準、創新技術，以及最終在軍事力量方面，落後給它們的資本主義對手。它們既難以改變建設時期的揮霍習慣，而蘇維埃管制經濟又一直無法從資源密集，轉變為資源節約的成長形式，最終會將資源耗盡。米哈伊爾・戈巴契夫（Mikhail Gorbachev）認為蘇聯的垮台，是因為在經濟與科技上缺乏競爭力。長遠來說，動員的力量還是無法彌補遲滯的創新速度：

> 在某些階段——尤其在一九七〇年代下半葉——發生的一些現象，起初看來令人費解。國家開始失去了動力……就像出現了一種「煞車裝置」，影響了社會與經濟發展。這些都發生在科學技術革命為經濟社會進步打開了新展望之際。一些奇怪的情況出現了：重機器的大型飛輪還在運轉，但連接飛輪到工作台的傳輸裝置卻打滑了，傳動皮帶也鬆掉了。
>
> 我們分析當時的情況後，首先發現的就是經濟成長放緩。在最後十五年裡，我國的國民所得成長率已滑落超過一半，在一九八〇年代已經跌至接近經濟停滯的狀態。曾經快速攀上接近世界最發達國家的我們，開始在各方面節節敗退。更甚者，在生產效率、產品品質、科學與技術發展、先進科技的開發及使用方面，我們與他國的差距都日漸擴大，讓我們置於不利之地。[30]

戈巴契夫試圖放鬆政策制定者對經濟與社會的控制，以引進新的動力，但整個政體最終走向了崩解。在一九九〇年代，俄國不得不回頭以資本主義重建，幾乎是一切從頭來過。

中國也面臨著相似的挑戰，但卻走上了不同的道路。在表面之下，共產主義的中國愈來愈像是資本主義社會，他們使用了蘇聯領導者不會採取的方式，因為中國與蘇聯不同，在中國仍殘留著一些資本主義的結構與習慣。共產主義時期的實驗顯示，就算除去了資本主義，也不見得就能提出一個解決之道，以處理資本主義造成的諸多問題。二十世紀的共產主義社會，無法創造出與其資本主義對手相等的生產力，而兩者都遠遠無法達到平等的境界。

衝突

因此，在一個如此不穩定、不平等梯度日趨擴大的世界，可以想見必定充滿各種衝突。過去一百年發生的暴力衝突，比人類歷史上的任何世紀都來得多。人類與物質因戰爭而遭受損失的規模，反映了現代軍隊與武器的「生產力」，以及日益增加的軍隊及捲入戰爭的人數。威廉・艾克哈特（William Eckhardt）大致估計出截至西元一五〇〇年，已有三百七十萬人在這一千五百年裡因戰爭喪生。據他估計，十六世紀有一百六十萬人死於戰爭；十七與十八世紀分別是六百一十萬人與七百萬人；十九世紀則是一千九百萬人。在二十世紀，戰爭造成的死亡人數達到一千零九十七億，幾乎是過去一千九百年戰爭致死人數總和的三倍（參見表 14.6）。[31] 光是第二次世界大戰，死亡人數就達五千三百五十萬。如果不是因為（有幸？）核戰沒有爆發，死亡人數可能會再倍增。然而，核子戰爭還是處在蓄勢待發的狀態。截至一九八六年，已有七萬枚核子彈頭被製造出來，爆炸量相當於一百八十億噸的黃色炸藥——世界上平均每人承受三・六噸。[32] 一旦這些核彈被使用，將造成一場巨大災難，其規模及後果將接近白堊紀造成絕大部分大型恐龍滅絕的那場浩劫。

小型戰爭帶來的傷亡也不亞於世界大戰與冷戰。在一九〇〇年至一九八〇年代中期，共發生過兩百七十五次不同的戰爭。[33] 在一九四五年至二〇〇〇年之間，有九場地區性的戰役造成超過一百萬人死亡；在這些戰事中，平民的傷亡比軍隊還慘重。韓戰與越戰的死亡人數分別達到該國總人口的百分之十與百分之十三。[34] 冷戰結束後的改變，就長遠來看，具有非常深遠的影響。在一九九〇年代，全球的軍事花費下降了大約百分之四十，各項武器的儲備也減少了（二〇〇一年九月十一日

表14.6　1500年至1999年戰爭造成的死亡人數

年代	戰爭致死人數（百萬）	每千人死亡人數
1500-1599	1.6	3.2
1600-1699	6.1	11.2
1700-1799	7.0	9.7
1800-1899	19.4	16.2
1900-1999	109.7	44.4

資料來源：Lester R. Brown et al., *State of the World, 1999: A Worldwatch Institute Report on Progress toward a Sustainable Society* (London: Earrhscan Publications, 1999)，頁153；引自William Eckhardt, "War-Related Deaths Since 3000 BC," *Bulletin of Peace Proposals* 22.4 (December 1991): 437-43，以及Ruth Leger Sivard, *World Military and Social Expenditures 1996* (Washington, D.C.: World Priorities, 1996)。

紐約與五角大廈遭受攻擊後，所引起的「反恐戰爭」，可能改變了這個傾向）。戰爭變得更為地區性，發生於幾個國家，或國家與多種游擊隊之間，意味著戰爭的規模在縮小（雖然對於那些被捲入戰爭的人們而言，恐怖的程度絲毫沒有降低）。[35]這些數字顯示出的並非是暴力衝突的減少，而是戰爭性質的變化。變遷的風暴帶來的緊張與斷層，影響力遍及全球，使地區性的衝突仍然不斷，而現代武器更讓這些衝突持續造成嚴重傷害。

人與生物圈的關係變化

人類社會在二十世紀的規模以及其生產（與破壞）能力，使現代革命對地球環境產生全球性的衝擊，不再僅是區域性的。這就是為何大多數關於人口對環境影響的重要指數「在過去三世紀中均呈現同樣的指數成長曲線」。[36]

關於人類對環境的影響，可以粗略從人類社

會對能源的需求變化看出（參見表6.1）。這些數字清楚地顯示出人類的能源消耗總量在二十世紀呈現倍數成長。在二十世紀末期，人類消耗的能源總量，為新石器時代的六萬至九萬倍。由於這些變化，人類社會成為二十世紀影響生物圈的重要因素。如我們所見，由全球土地「淨初級生產力」的分配估計值得知，其中有百分之二十五、甚至可能高達百分之四十為人類所用（參見頁三〇九）。

由於生物圈的資源有限，人類利用能源、資源與空間的程度，無可避免地會壓縮其他物種所能獲取的資源。生物多樣性的衰退，因此也是必然會發生的結果。人類由於豢養家畜及其同類，如兔子、山羊與牧草，破壞或侵占了其他物種的棲息地，以致生物多樣性降低。在一九九六年，大約有百分之二十的脊椎動物面臨滅絕危機。[37] 如理查德・李奇所主張的，現代生物滅絕的規模，已被證明與古生物學家所知的另外五次大型滅絕情況十分相似，這五次至少造成百分之六十五的海洋生物消失。[38]

在可接受的範圍內，我們將會有足夠的資源，養活所有人類嗎？在一個世紀的時間內，養活一百到一百二十億人，其難易度究竟如何？像是基因工程等新技術，或許有可能讓食物產量維持二十世紀的快速成長率。不過，我們也有理由相信人類已經快達到了某種重要的極限。我們利用農田、牧地與漁場維生。畜牧用地已經很難再增加了，許多現有的土地已經嚴重劣化。一般也咸認漁獲量已經無法大幅成長。與此同時，農產量大幅依賴灌溉的使用；自一九五〇年以來，灌溉用地已從九千四百萬公頃增加到兩億六千萬公頃，現今為人們提供百分之四十的食物產量。[39] 然而在許多地區，自從現代引進由柴油提供動力的抽水機後，已經導致地下水位下降，這同時意味已經沒有多少空間可以利用。從生態的角度看，現況就是數百萬年來累積的地下水，在幾十年內被使用殆盡。

資源的過度使用，只是人類對生物圈造成的一部分影響；還有另一部分是使用上的浪費。在人類造成的汙染中，其中影響最鉅的，可能是地球的大氣層已經產生了根本上的改變。萊斯特・布朗（Lester Brown）主張「農業革命改變了地表，而工業革命改變了地球的大氣層。」[40]地球的表面溫度，是由地球大氣層內獲取的陽光能量，與釋放及反射到空間裡的陽光能量，兩者之間不穩定的平衡所決定。火星由於沒有厚的大氣層，無法大量儲存太陽能量，因此太過寒冷以致不利生存。金星的大氣層以二氧化碳為主，產生的溫室效應使其溫度達攝氏四百五十度，對生命而言又過於酷熱。決定有多少太陽能可保留在地球表面的重要因素（雖然不是唯一），是大氣層的二氧化碳量。在上一次冰河時期，平均氣溫比現在低九度，而大氣層中的二氧化碳大約為一百九十至兩百二十ppm（百萬分濃度）。到了西元一八〇〇年，二氧化碳濃度已經上升至約兩百八十ppm。此時工業革命開始大量利用煤炭與石油等無機燃料，在大氣層內產生了大量的二氧化碳。現在二氧化碳濃度已達到約三百五十ppm，是冰河時期的兩倍。如果二氧化碳的排放量持續不變，到二一五〇年之際，數值預計會再翻倍，達至五百五十至六百ppm。自石炭紀之後數千萬年來儲存在樹木中，然後埋在地底下的碳，在幾十年間被拋回了大氣層。一些通常必須花上數百萬年的碳循環，速度已經增加了好幾個數量級。在自然情況下，碳是不可能這麼快被吸收的。

我們還不太清楚這樣爆炸性地釋放二氧化碳，會造成何種實際影響。一般咸認這樣會造成氣候暖化，而全球氣溫已經比二十世紀初要來得高。暖化在某些地區會增加生產能力，但也必然會對全球帶來影響，不論是好的還是壞的方面。在過去二十年平均氣溫持續上升，導致不正常的炎熱與乾旱時期，也造成了不尋常的氣候形態。到二〇五〇年時，氣溫預計會提高攝氏二・五度（保守估計），相當於上一次冰河時期末期產生的變化。隨著冰帽消融，海水量將會增加，使海平面上升。這對低窪地區將造成可怕的後果：包括太平洋島國、荷蘭、孟加拉與其他地區。暖化也會影響到現有物種，包括一些對人類至關重要的物種。例如，水稻不耐高溫，因此產量會隨著氣候變暖而下降。[41]

或許全球暖化最令我們擔憂的，是因為其難以預測。氣象學家了解氣候系統就像其他許多混沌的系統一樣，容易出現突如其來、急遽的變化。氣候可能在某段時間變化緩慢且足以預測，但接下來就變得不穩定，快速轉變成另一種狀態。在上一次冰河時期的末尾，就出現了這種急遽的轉變。如果現在暖化的程度持續，我們就無法排除全球氣候可能會在短時間內出現質變——而這可能只需花上人類一生的時間。

人類所帶來最明顯的影響，就是生物多樣性的遞減與碳排放量的增加。年刊《二〇〇一世界現況：邁向永續社會進展報告》（*State of the World*）的前總裁萊斯特•布朗寫到，在二十世紀末，人類行為所造成最危險的影響，在六個領域最為明顯：飲用水、牧場、海洋魚種、森林、生物多樣性，以及全球大氣層。[42]後面三項的影響，對大多數人而言是間接的，所以也更容易被忽視，前三項受到的影響較為顯著，並開始在一些方面限制了人類用來維持人口成長的能力。由於飲用水難以取得，威脅到數以百萬計人口的健康，並阻礙了灌溉農業的成長潛力。此外，漁場與牧場的開發似乎也到達了上限。[43]

一項在一九九〇年代初期針對人類對環境影響的大型研究中，羅伯W.凱特（Robert W. Kates）、B. L.特納二世（B. L. Turner II）與威廉C.克拉克（William C. Clark）進行了一項有趣的嘗試，即衡量人類在若干不同領域中影響環境的程度。他們選擇了十項指標，計算從西元前一萬年（譯按：原文為「一萬年前」，但依照所引資料的研究時間範圍，是從西元前一萬年至一九八〇年代中期，所以應是約一萬兩千年前，作者引用的資料可見：https://notendur.hi.is/~bdavids/UAU_102/Readings/

Kates%20et%20al.pdf）至一九八五年之間，人類對環境的整體影響，並以一九八五年為標準，確認各項指標在何時達到百分之二十五、百分之五十及百分之七十五的變化程度。表14.7羅列出這些統計數據。判讀這個圖表最快的方法，就是觀察各項變化在何時升至一九八五年的一半程度。其中七項指標，在一九四五年至一九八五年的四十年間，發生的變化幅度比過去一萬多年（譯按：原文為一萬年，理由同上）年還要高。[44]其他三項指標——森林破壞、脊椎物種滅絕、大氣層中的碳排放量——有百分之五十的變化發生在十九世紀中期之後。表6.1中統計人類對於能源的使用，也顯示出類似的情形。從時間上來看，二十世紀雖僅為歷史的一小段，但這段時間所見證的變化程度，卻使得先前的人類歷史皆相形見絀。

在二十世紀，由於人類造成了如此重大、快速與廣泛的影響，使得我們仍須將人類歷史，視為構成生物圈歷史的一個部分。本章蒐集的統計數字，讓我們看到了一些變遷的規模與速度。然而，這只是讓我們留下某些大型事件產生急速變化的印象，不足以讓我們清楚了解其長遠的意義。這或許是在對於二十世紀歷史作一簡短回顧時，最令人擔憂的部分——這種恐懼就像是用慢動作在觀看一場車禍發生。變遷有可能在繼續加速的情況下，不對人類社會及整個生物圈造成危險的後果嗎？或者，現代革命另一面所帶來的驚人創造力，是否可能帶領我們，發展出一個與自然環境之間較為穩定與永續發展的關係？下一章將以這些問題為起始，透過幾種不同的尺度去探討未來的可能性。

本章摘要

二十世紀發生的變遷，從很多方面來看，都比過去人類歷史上的變遷更加劇烈。隨著現代革命

表14.7　西元前1萬年至西元1980年中期，由人類引起的環境變化

變化類型	達到四分位數值（以1985年為基準）的年代		
	25%	50%	75%
森林遭破壞的範圍	1700	1850	1915
	1790	1880	1910
取水量	1925	1955	1975
人口規模	1850	1950	1970
碳排放	1815	1920	1960
硫排放	1940	1960	1970
磷排放	1955	1975	1980
氮排放	1970	1975	1980
鉛排放	1920	1950	1965
四氯化碳產量	1950	1960	1970

資料來源：Robert W. Kates, B. L. Turner II and William C. Clark, “The Great Transformation,” in *The Earth as Transformed by Human Action: Global and Regional Changes in the Biosphere over the Past 300 Years*, edited by R. L. Turner II et al (Cambridge: Cambridge University Press, 1990)，頁7。

發揮巨大的影響力，生產能力突飛猛進；工業化樞紐地區的生活水準也跟著水漲船高，政府與企業開始將人民的物質滿意程度，視為資本主義社會繁榮的關鍵。然而，在樞紐地區以外的地方，現代革命所帶來的影響往往是破壞性的。在這些地區，傳統的生活方式，及其對人民提供的保護，幾乎都遭到摧毀，如同統治這些地方的國家一樣。二十世紀中期，共產主義國家希望能追趕上資本主義社會的經濟與軍事成就，並力圖消除資本主義無可避免造成的不平等。但是結果它們既無法望其對手項背，也沒有建立起另一種受歡迎的社會形態。與經濟及科技變遷同

樣引人注目的，是人類對生物圈的影響，比任何時代都更為迅速地增加。在二十一世紀初期，人類社會開始大幅地影響整個生物圈，有愈來愈多證據顯示人類已經超過了可以負擔的界限。加速的幅度與變遷的規模，或許是二十世紀的歷史中，最驚人也令人害怕（對於現代人而言）的面向。人類對生物圈及其他人類的影響範圍如此龐大，以至於二十世紀的變遷，在地球歷史上占有重要的一席之地。

延伸閱讀

J. R.麥克尼爾的《太陽底下有新事：二十世紀世界環境史》（*Something New under the Sun: An Environmental History of the Twentieth-Century World*, 2000），以及霍布斯邦的《極端的年代》，提供了可作為對照的導論：前者聚焦於生態問題，後者則是集中探討一般的歷史主題。曼威・柯司特的《資訊年代：經濟、社會與文化》（*The Information Age: Economy, Society and Culture*）三卷，一九九六—一九九八進行了一項具龐大企圖心的研究，試圖將二十世紀晚期的變遷理論化。B. L.特納二世等人所編的《人類行為導致地球的變化》（*The Earth as Transformed by Human Action: Global and Regional Changes in the Biosphere over the Past 300 Years*, 1990），嘗試將人類對環境的影響程度加以量化，而萊斯特・布朗等人編纂的年刊《二〇〇一世界現況：邁向永續社會進展報告》，則提供了生態方面的統計數據。大衛・赫爾德（David Held）等人所編的《全球變遷》（*Global Transformations*, 1999），對全球化的各方面，做了全面性的探討；保羅・哈里森的《深入第三世界》（*Inside the Third World: The Anatomy of Poverty*, 1981）以及《第三次革命》（*The Third*

Revolution: Population, Environment and a Sustainable World, 1992），提出許多關於第三世界生活現況的深入見解。保羅·甘迺迪（Paul Kennedy）的《為二十一世紀做準備》（*Preparing for the Twenty-First Century*, 1994）一書，則針對許多長期趨勢加以考察。

注釋

❶ 耶胡迪·梅紐因（Yehudi Menuhin），其言引自：E. J. Hobsbawm, *The Age of Extremes: A History of the World, 1914-1991* (London: Weidenfeld and Nicolson, 1994), p. 2，原出處為：Paola Agosti and Giovanna Borgese, *Mi pare un secolo: Ritratti e parole di centosei protagonisti del Novecento* (Turin, 1992)。

❷ J. R. McNeill, *Something New under the Sun: An Environmental History of the Twentieth-Century World* (New York: W. W. Norton, 2000), p. 4.

❸ Robert Wright, *Nonzero: The Logic of Human Destiny* (New York: Random House, 2000), p. 51.

❹ D. J. Bradley，引自：Andrew Cliff and Peter Haggett, "Disease Implications of Global Change," in *Geographies of Global Change: Remapping the World in the Late Twentieth Century*, eds. R. J. Johnston, Peter J. Taylor, and Michael J. Watts (Oxford: Blackwell, 1995), pp. 206-23，引自頁二〇七數據，及頁二〇八圖表。

❺ Walter Benjamin, "Theses on the Philosophy of History," in *Illuminations*, ed. Hannah Arendt, trans. Harry Zohn (London: Jonathan Cape, 1970), no. IX, pp. 259-60.

❻ 霍布斯邦指出「世代之間的聯繫斷裂，也就是說，過去與現代之間的聯繫斷裂了」(*Age of Extremes*, p. 15)。

❼ Robert W. Kates, B. L. Turner II and William C. Clark, "The Great Transformation," in *The Earth as Transformed by Human Action: Global and Regional Changes in the Biosphere over the Past 300 Years*, eds. R. L. Turner II et al. (Cambridge: Cambridge University Press, 1990), p. 11.

❽ 此段的資料根據自：Lester R. Brown et al., *State of the World, 1999: A Worldwatch Institute Report on Progress toward a Sustainable*

Society (London: Earthscan Publications, 1999), pp. 115-16。

9 此處時期的劃分方式仍依循自：Daniel R. Headrick, "Technological Change," in Turner et al. eds, *The Earth as Transformed by Human Action*, pp. 55-67。

10 Richard Barff, "Multinational Corporations and the New International Division of Labor," in Johnston, Taylor, and Watts eds., *Geographies of Global Change*, p. 51.

11 曼威・柯司特的主張，參見其三冊論著：*The Information Age: Economy, Society and Culture* (Oxford: Blackwell): vol. 1, *The Rise of the Network Society* (1996)；vol. 2, *The Power of Identity* (1997)；以及vol. 3, *End of Millennium* (1998)。

12 Headrick, "Technological Change," p. 59.

13 Brown et al., *State of the World, 1999*, graph, p. 10.

14 這些對於人體變化的觀察，來自田納西大學諾克斯維爾分校（University of Tennessee, Knoxville）理查與李・梅鐸斯・詹茲（Richard and Lee Meadows Jantz）的研究，引自：J. J. Stambaugh, "Human Bodies Have Changed since 1800s, Study Shows," *San Diego Union-Tribune* (22 December 2001): A21。

15 Susan Christopherson, "Changing Women's Status in a Global Economy," in Johnston, Taylor, and Watts eds., *Geographies of Global Change*, p. 202。關於女性地位變化的簡要研究，可參見Hobsbawm, *Age of Extremes*, pp. 310-19。

16 Brown et al., *State of the World*, 1999, p. 10.

17 Lester R. Brown et al., *State of the World, 1995: A Worldwatch Institute Report on Progress Toward a Sustainable Society* (London: Earthscan Publications, 1995), p. 176.

18 Paul Kennedy, *Preparing for the Twenty-First Century* (London: Fontana, 1994), p. 215.

19 Brown et al., *State of the World*, 1999, p. 10.

20 Paul Harrison, *Inside the Third World: The Anatomy of Poverty* (Harmondsworth: Penguin, 1981, 2nd ed.), p. 261.

21 Brown et al., *State of the World*, 1999, p. 11.

22 *Encyclopaedia Britannica CD 98: Multimedia Edition* (Chicago: Encyclopedia Britannica, Britannica Centre, 1994-1997)，參見「都市化」"Urbanization"條目。

㉓ Hobsbawm, *Age of Extremes*, p. 289：更概括的論述，參見頁二八九—九一。

㉔ Harrison, *Inside the Third World*, p. 67.

㉕ Brown et al., *State of the World*, 1995, p. 12.

㉖ 乾隆皇帝之言，引自：C. Y. Hsü, *The Rise of Modern China* (New York: Oxford University Press, 1975, 2nd ed.), p. 213。

㉗ 林則徐之言，引自：Arnold Pacey, *Technology in World Civilization* (Cambridge, Mass.: MIT Press, 1990), p. 143。亦參見David T. Courtwright, *Forces of Habit: Drugs and the Making of the Modern World* (Cambridge, Mass.: Harvard University Press, 2002), pp. 31-36。

㉘ 我在此書中說明了這個論點：*Imperial and Soviet Russia: Power, Privilege, and the Challenge of Modernity* (Basingstoke: Macmillan, 1997)。

㉙ Robert Lewis, "Technology and the Transformation of the Soviet Economy," in *The Economic Transformation of the Soviet Union, 1913-1945*, eds. R. W. Davies, Mark Harrison, and S. G. Wheatcroft (Cambridge: Cambridge University Press, 1994), pp. 182-97：資料引自頁一九四（並參見頁三一〇的表 41）。

㉚ Mikhail Gorbachev, *Perestroika: New Thinking for Our Country and the World* (New York: Harper and Row, 1987), pp. 18-19.

㉛ 亦參見歐洲國家傷亡人數的圖表：Charles Tilly, *Coercion, Capital, and European States, AD 990-1992* (Cambridge, Mass.: Blackwell, 1992, rev. eds.), p. 73。

㉜ Brown et al., *State of the World, 1999*, pp. 154-55.

㉝ Tilly, *Coercion, Capital, and European States*, p. 67.

㉞ Brown et al., *State of the World, 1999*, pp. 155-56.

㉟ Brown et al., *State of the World, 1999*, pp. 159, 163.

㊱ John F. Richards, "Editorial Introduction," in Turner et al. eds, *The Earth as Transformed by Human Action*, p. 21.

㊲ Lester R. Brown et al., *Vital Signs, 1998-99: The Trends That Are Shaping Our Future* (London: Earthscan, 1998), p. 128.

㊳ 海洋生物為這些變化，提供了最充分也最為確切的證據，參見Richard Leakey and Roger Lewin, *The Sixth Extinction: Patterns of Life and the Future of Humankind* (New York: Doubleday, 1995), p. 45。

39. Brown et al., *State of the World, 1999*, pp. 116-17, 123.
40. Lester R. Brown, *Eco-Economy: Building an Economy for the Earth* (New York: W. W. Norton, 2001), p. 93.
41. Kennedy, *Preparing for the Twenty-First Century*, p. 112。在二〇〇一年，太平洋島國吐瓦魯的居民，因為水平面的上升，決定遷離家鄉。
42. Brown et al., *State of the World*, 1999, p. 11.
43. Brown et al., *State of the World*, 1999, p. 116.
44. Kates, Turner, and Clark, “The Great Transformation,” p. 12.

第六部

未來面面觀

第十五章

未來的可能性

本書從宏觀的結構與時間範圍開始討論，然後慢慢將焦點縮小——從這個星球本身，接著談人類物種的歷史，最後是人類歷史其中一個世紀。如今，在我們要展望未來時，我們必須再把討論拉回一開始的時間與空間範疇。

思考未來

> 我們所處的情況，就像是於黑夜裡，在高低不平、坑坑洞洞，而且不遠處還有懸崖的未知領域中高速駕駛汽車。如果車頭有前照燈，即使燈光既微弱還閃爍不定，多少也能幫助我們避開一些最糟糕的災禍。❶

要討論未來，或許顯得有點不智。畢竟，未來根本是無法預測的。

這不僅是因為我們掌握的知識不夠。十九世紀有一些科學家，相信現實世界是既定且可以預測的。他們認為，如果我們對周遭事物的所處情況與運作方式，具有足夠的知識，我們就能精確地預測未來。如今我們已明白情況並非如此。量子物理學指出，現實的本質就是無法預測。從最小的層面來看，現實總是有不確定的地方。我們似乎總是無法確切測量到次原子粒子的運動。就某種意義而言，它們似乎在時間與空間上擴散開了，因此，我們至多只能推估其在某個特定時間與空間上的概率。我們經常把這種不可預測性稱為混沌（chaos），因為混沌理論顯示，數以億萬計的微小不確定性，會在漫長的因果鏈中逐漸累積，使人類存在的世界產生巨大的不可預測性。在一九九〇年代，嚴謹的數學證明讓我們了解到，混沌的行為並不僅是因為人類的無知或不夠精密造成的；它就是事物的本來面貌。即使變化是依照明確的決定性法則產生，我們也無從得知變化何時開始出現，亦無法準確地預測未來。所以，就算現實是依照一種決定性的模型運行，也不見得就能夠預測。

此外，還有另一種不確定性存在。即使我們了解某種事物如何運作，也不必然意味著，當其在更大的體系中與其他因素結合時，我們仍有辦法加以預測。系統中的各種因素，看起來是受到當下的條件影響而相互發生作用，我們無法光憑著對個別組成因子的知識，就能推論出結果。就算我們認識氫元素與氧元素，也不表示我們就了解由兩者化學組成的水。❷根據里卡德・蘇爾（Ricard Solé）與布萊恩・古德溫（Brian Goodwin）的觀察，「在混沌的情況下，初始條件的敏感性，使得動力學無法做出預測。根據當下的條件，觀察者通常無法藉由他們的角度與互動得到的資訊，去預測非線性系統中的行為。」❸

所以，我們已經得知在演化與人類歷史上，有兩種情況會使我們不易預測未來。在相同的天擇或文化變遷的法則下，未來的發展仍有很多不同可能性。所以某種程度而言，變化可說總是開放性的。由於未來與現在的情況有所差異，使得預測本身就像是一項有風險的賭博。為了提醒人們預測的危險性，彼得・史登列舉了美國在二十世紀做出的一些失敗預言：「超音波鬧鐘直接發射電脈衝進入大腦，把人喚醒（一九五五）；結婚對象由電子腦決定，締造更美滿的婚姻（一九五二）；只有一成的人口需要工作，其他人則坐領乾薪（一九六六年，之後該觀點仍一再被提出）；傳染病與心臟病在幾十年內會絕跡（同樣在一九六六年提出，這一年對於樂觀的研究者而言，可說是指標性的一年）。」❹因為這些理由，歷史學家一般都避免把未來視為一個整體去談論。羅賓・喬治・柯靈烏（R. G. Collingwood）嚴肅地寫道：「歷史學家的工作是要知道過去，不是知道未來，當歷史學家宣稱能預知未來會發生的事時，我們就知道他們對歷史的基本概念出了差錯。」❺

儘管有這些警告，我們仍無法完全不試著去預測未來。其實，我們至少可以且必須嘗試對兩種情況做出預測。首先是預測那些改變緩慢或簡單的事物。未來的開放性程度有大小之別，即使在混沌的進程中，一般而言，我們也能夠將不可預測性，控制在一定的範圍內。在某些過程及範圍之中，變化是較為簡單而且容易預測的。決定論者曾經認為所有的變遷都是屬於這種類型。舉例而言，化學家一般有辦法預測，若在某個溫度下將定量的簡單化學物質混合，會獲致何種結果。這並非意味著預測是一件輕而易舉的事，不過，在謹慎行事的情況下，有時候是可能做得到的。當我們發射一顆炮彈，預測其會落在何處就顯得至關重要；對於射擊手而言，則須掌握對彈道的計算，因為這攸關戰爭的成敗。決定論的思維，也能夠運用在緩慢的變化上。在這一類的變化過程中，現況似乎可以延伸到我們認為的未來。比方說，人們進行一次呼吸的時間，不過是一兩秒的事，但山脈的隆起與崩塌需要花上好幾百萬年。所以我們可以有自信地說，珠穆朗瑪峰在一千年後應該仍會存在。

未來值得我們認真去思考，尤其是在我們處理這些複雜的過程時，這不僅是由於這些結果對我們很重要，而且還因為我們能對其產生影響。比方說，要購買哪支股票，或對哪匹馬下注，就是很好的例子。這些事情的發展過程都不是已然注定的，所以我們無法像射擊手一樣具有預測結果的信心。但是其結果也不是全然開放式的。如果變化完全是隨機發生的，那麼嘗試預測就是白費力氣；用擲硬幣的方式來做決定，會跟其他的方式同樣理智。但是在對我們有所影響的系統中，哪怕只有一點點的可預測性，也值得我們努力思考接下來會發生什麼——而且這種狀況在我們身旁層出不窮。在面對這些狀況時，預測就變成了一種關乎百分比的賭局。仔細考量哪些因素會影響變化的那些人，長久下來，就會發現他們預測正確的機率，比其他未付出努力的人來得高。某些下注者確實贏得了彩金。在這種情況，為預測做出的努力就發揮了效果，而且攸關重大。動物必須經常預測何處會出現對牠們產生威脅的獵食者。預測能力優秀的動物得以存活，反之就會性命不保；透過這種方式，這種預測的技能在物種的基因結構裡保留了下來。我們必須對周遭許多事情做出選擇，雖然這些事往往既非決定性，也不是全然隨機，但是其結果卻對我們至關重要。由此看來，人類社會中所稱的專業，何以皆具有預測性質，也就不足為奇了——比如星相家、證券經紀人、職業賭徒、氣象預報員，或者……政治人物。

所有的生物，都希望能進行這兩類預測，並希望盡可能地預測準確，不論是捕捉獵物的老鷹，或是購買股份的投資者。事實上，如果沒有預測，根本無法行動。若對於預測有正確認知，就會了解這就像呼吸一樣無法避免。

若從大歷史的範疇去思考未來，我們就必須面對這兩種預測。本章將討論我們面臨的未來，範圍大約設定在一百年內。在這個範圍之內的變遷，雖然既複雜且不確定，但我們也沒有理由認為其全然是隨機發生的。此外，我們必須在這個範圍內進行預測，因為這些預測將影響我們的行為，而這些行為又將影響我們的後代子孫。因此，嘗試去預測未來百年，是一項重要的任務。在「中期的未來」，也就是數百年到數千年之間，我們幾乎不可能正確預言人類的未來。我們在此範圍內的影響力非常有限，而未來的可能性又太多。既然我們所能做的預測這麼有限，投注龐大的心力就不免顯得浪費。不過，當我們將注意力轉向遙遠的未來，把我們要檢視的時間拉長、對象擴大，例如整個行星、恆星、銀河，甚至整個宇宙，預測就會變得比較容易。因為在這種範疇下，我們面對的是較緩慢且較可預測的變化，所以決定論的思考再次變得可能有用。即使在這種情況下，仍然沒有什麼事是確定的，但可能性的範圍縮小了。

不遠的未來：下一個百年

「事情發生得很慢，以至於起先我們都沒有注意，」尚・馬利（Jean-Marie）解釋，「就像剛剛患病時，你還不了解情況會多嚴重。直到你連路都沒辦法走了，你才會意識到自己真的病了。當我們看到土地逐漸乾涸，我們知道自己應該做些什麼。但事實上我們根本不曉得能做什麼。」（尚・馬利・薩瓦多哥〔Jean-Marie Sawadogo〕，五十五歲，布吉納法索首都瓦加杜古〔Ouagadougo〕附近一個家庭的戶長）

我們現在稱之為菲羅斯（Pheleus）平原（柏拉圖在阿提卡〔Attica〕的家鄉）的地方，曾經擁有肥沃的土壤，山頭林木繁茂，至今仍可看到一些遺跡。現在我們在山上只能養蜂。但是不久之前，這裡還有大片樹林，可以用來建造大型建築的屋頂，還有木造的屋梁。當時這裡還有很多人工種植的巨大樹木，提供動物無盡的食物。此處的土壤年年都獲得「來自天神宙斯的水」滋潤。然而現在已經不復當年，雨水沖刷過貧瘠的大地，快速流入大海。從前土壤能獲得充足的養分，儲存在黏土層裡。地勢較高的地方聚集了水分，滲透進低窪地，所以各處都能享受到泉水與河水的惠澤。如今還能看到這些水源地旁遺留的聖殿。與過去的土地相比，現在所剩下的就像是一具久病纏身的軀殼。當年肥沃柔軟的土地已不復見，只剩下光禿禿的骨頭。❻

我們將範圍定在一個世紀內是有其意義的，因為這段時間會受到現在還活著的人們所形塑，並影響到其孩子和孫子輩。如果我們想要將這個世界好好地交到下一代手中，我們就必須考慮到這麼遠。此外，在二十世紀加速的轉型腳步下，事物瞬息萬變，也使我們若不以這樣的範圍去思考，在社會與政治上就顯得不負責任。加上在這個範圍內，政治意志以及創造力與預測同樣重要。所以我們的預測本身就會影響未來。我們必須擺脫現代的創世紀故事，了解到我們都是歷史下一章的共同作者。

然而，要在這個範圍內進行預測並不容易，這種預測毋寧比較接近天氣預報，而不像是規畫飛彈的彈道。為了贏得這個百分比的賭局，我們首先必須回顧前幾章談論的主要趨勢，因為就像地質改變的過程一樣，這些趨勢很可能對不遠的將來產生影響。不過我們必須了解，這些趨勢也可能改變方向，或者發生突然的、隨機的轉向。我們必須訓練我們的思考方式，以使我們對未來的描繪盡可能接近事實。新興的學科——未來學（futurology），起初目的是為了預測第二次世界大戰時的技術發展，如今則主要是試圖觀察未來的科技、軍事技術（例如赫曼・卡恩〔Herman Kahn〕一九六○年的著作《論熱核戰爭》〔*On Thermonuclear War*〕），以及對生態的影響（例如唐妮菈・米道斯〔Donella Meadows〕與同僚於一九七二年起，在麻省理工學院發表《成長的極限》〔*The Limits to Growth: A Report for the Club of Rome's Project on the Predicament of Mankind*〕中的模型）。[7]某些模型已經發展得精緻深入，但是對於建立這些模型的人，無論是從證券經紀人到氣象學者，都知道他們最多只能寄望自己正確率比他們的對手高出一點點。因此，對於嚴格的未來學而言，其基本規則是：（一）尋找主要的趨勢，並分析其如何運作；（二）建立模型以說明不同的趨勢如何相互影響；（三）在觀察長期趨勢與簡單模型時，留意與其相反的趨勢，或其他可能扭曲或縮短預測結果發生的因素。除此之外，我們只能做好準備，接受許多我們的預測都很有可能落空。我們似乎不能對未來學寄望過深，但這已比束手無策來得強，就像若對賽場的跑道形態有所研究，總好過靠擲硬幣決定。就長遠來看，靠著對這些形態的研究，你將會贏得更多金錢。

我們在上一章已提過，若干趨勢的發展令人擔憂，包括愈來愈快的變遷速度。克里夫・龐亭（Clive Ponting）在其著作《世界的綠色歷史》（*A Green History of the World*, 1992）❽已傳達出這種憂慮。在該書第一章中，龐亭從地球上最遙遠的地方之一，拉帕努伊島的歷史中，舉出一個例子來比擬全人類歷史。這座島嶼位於太平洋，在智利以西三千五百公尺；離其最近的人類聚居地是皮特肯島（Pitcairn Island），距離其西岸兩千公尺遠。西方人向來將拉帕努伊島稱為復活節島，因為荷蘭的阿雷納（Arena）船隊首次抵達這座島時，是一七二二年的復活節。阿雷納號的船員發現該島約有三千人口，住在簡陋的茅草屋或洞穴裡。他們似乎經常為爭奪島上稀有的食物資源而爭鬥。大體而言，當地環境看起來極為貧瘠。不過，這些造訪者也在島上發現了大約六百多尊石像，高度大多都超過六公尺。這些典雅的石像雕工細緻，其中許多石像頭上還有沉重的石製頭髻（有些重達十噸）。要雕刻、運輸及組裝這些石像，絕對需要相當的技術與管理能力，然而卻沒有跡象顯示十八世紀的復活節島民擁有這類技能。此外，實在很難明白如何在這麼貧瘠的環境中，維持一個從事如此浩大工程的社會。十八世紀時，島上只有一種野生樹木與灌木（野生樹木到二十世紀時已經滅絕，但後來重新引入瑞典植物園保存的物種）。唯一的動物食物來源應該只有雞隻，因為居民沒有船可以捕魚。

復活節島之謎，在考古學家利用現代技術，像是分析沉積層中的花粉，重建出古代的環境與地貌後，有部分已被解開，讓我們得知隱藏在背後的悲傷故事。人類遷入復活節島，是在全新世時移居太平洋地區的第四個階段，亦即第四個世界地區（或許更早還有來自南美的居民，但是證據尚未出現）。約一五〇〇年前，來自馬克薩斯群島（Marquesas Islands）的二、三十名移居者，即今日的法屬玻里尼西亞，乘船抵達復活節島。由於復活節島面積小，資源有限，進入此地墾殖並非易事。

這座島嶼長僅二十二・五公里，寬僅約十一公里。沒有原生的哺乳動物，周圍海域的魚類數量也很有限。移居者引進了雞與老鼠；他們很快就發現，在自己習慣食用的作物中，如薯類、芋頭、香蕉與椰子，結果只有一種甘薯適合在島上種植。所以雞肉與甘薯成為他們的主食。好消息是靠這些基本食物過活並不太費力。島上林木茂盛，還有肥沃的火山灰。

過了一段時日，人口增加了，島上各處也出現了一些獨立的村落。村落與酋長之間可能是透過戰爭對抗，不過也會採取現代的方式，就是競相建造紀念性建築。早在西元七百年，這些村落就開始在大型的石砌庭院或祭壇中樹立雕像。這些雕像可能是用來紀念活著或死去的地方首領，因為其中一些還伴有墳墓。在玻里尼西亞許多地方也有類似的紀念塑像，但是都不如復活節島的那樣高大。隨著社會步向繁榮，經濟與政治階級也發展成形，島民的管理與技術水準都提高了。許多祭壇似乎是依循星象排列，意味著他們已經具有複雜的天文知識，從其身為航海者的後代來看，其實這並不難想見。這些島民甚至可能已經創造出簡單的文字。

考古學家欲解開的主要謎團，是這些雕像如何被運輸並擺放到這些位置。答案似乎是放在由樹幹組成的滾木上運送。大約五百年前，島上的人口增加到約七千人，村落間的競爭日益激烈。為了建造與運輸更多的雕像，意味著必須砍倒更多樹木——直到最後一顆樹木倒下。社會的崩壞發生得非常急遽。由於島上主要的採石場還遺留著一些未完成的雕像，和刻到一半的火山岩，可見情況的惡化顯然令人措手不及。森林濫墾導致了毀滅性的後果，因為木材不只能夠用來運輸雕像，也得提供製造漁船、搭建房屋、編製漁網、織布（使用構樹的纖維）、作為烹飪與取暖的燃料之需。結果島民再也無法捕魚、縫製衣物或建造房屋，飲食變得不足，並開始必須住進山洞或茅草屋。森林破壞也導致土壤流失，使土地的肥力及收成下降。雞變成最重要的主食，剩下來的人口，陷入必須為了雞建造石頭碉堡的境地，並被迫進行畸形與殘酷的食物保衛戰。由於動物性蛋白質不足，人吃人的情況時有發生。為建立雕像而舉辦的儀式停止後，政治結構也隨之瓦解了。事實上，古老的傳統徹底滅亡，以至於在兩個世紀後，居民已經鮮少知道島上過去的歷史，或雕像代表的意義。簡言之，人口成長以及資源的消耗增加，加劇了政治與經濟競爭，導致環境與社會急速崩潰。

這個故事裡最駭人的一面，是島民與其領袖必然可以預見這個結果。當他們在砍伐最後一棵樹時，一定明白他們正在摧毀自己以及子孫的未來。然而他們終究還是砍倒了樹。我們是否能將拉帕努伊島的例子，用來比擬人類歷史更長遠的未來？畢竟，這些在特定時間內發生的快速變遷，對環境造成的破壞，向來是人類歷史中一再上演的主題，不論是在石器時代大型動物的滅絕，或者西元前三千年代美索不達米亞、一千年前馬雅土地的過度灌溉皆然。

拉帕努伊島的歷史，與前一章所描述的趨勢，其相似的程度不禁令人感到憂慮。隨著全球不平等的情況加劇，為了維持現代資本主義社會的階層結構，資源的消耗不斷增加。現代社會也擁有他們的競爭性紀念建築。從淡水到木材的各項資源，消耗的速度都超越了補充的速度；然而，從塑膠到碳排放等各種垃圾，產生的速度卻比自然生態循環所能吸收的還要快。不過人口還在持續增加，世界各地都有政治家主張必須保持甚至加速經濟成長，以減少貧窮國家的貧困程度，並維持富裕國家的生活水準。但是成長真的能夠持續下去嗎？如果現在的消費水準已經達到了危險的程度，那麼想像要將全世界人口的資源消耗及製造垃圾的程度，都提升到等同於富裕國家的層級，是一件多麼可怕的事。甘地（Gandhi）早在一九二八年就認識到了這個問題，他寫道：「但願印度永遠不會步上西方工業化的後塵……。如果一個擁有三億人口的國家也進行了類似的經濟開發，對世界產生的掠奪，將會如蝗蟲般橫掃殆盡。」[9]儘管如此，資本主義就是靠著增長而壯大，才能成為現代世界經濟發展的主宰力量；當今掌握最多權勢的政治與經濟領袖，用短期計畫與方案去回應選民的要求，就像拉帕努伊島上建造雕像的首領一樣。而且，如同拉帕努伊島的情況，我們似乎無力阻止這個威脅我們子孫未來的進程發生。

不過，也許我們可以做得比復活節島民好一些。❿支持我們這麼說的最主要原因，是由於如今集體知識可以傳遞到更廣大的地方，並被更有效地運用。如果有什麼辦法能夠幫助人類與整個生物圈，那麼現代人類跨全球的資訊網路一定能得知。這些網路幫助我們運用技術，去把生物圈塑造成我們希望的樣子，而集體知識的現代電子網路，也讓我們認識到在人們對生態的影響力日增時，其背後的危險性。大體來說，我們面臨的挑戰十分清楚。為了避免毀滅復活節島的浩劫在全球重演，我們必須找到更能永續的生存之道。我們使用水、木材、能源與原物料的速度，必須能讓我們維生數百年，而非數十年；而且我們必須將製造的垃圾，控制在可以被安全回收的數量之下，才不致傷害環境及生物。我們做得到這些事嗎？

如果人口成長繼續維持二十世紀末的速度，那麼就可以宣告絕望了。不過，雖然我們現在仍有理由保持樂觀，因為世界人口的成長速度似乎正在減緩，不僅在比較富裕的國家，在較為貧窮的國家亦出現這個現象。這個人口學上的變化，如今非常明顯。在農耕時代，大部分時間裡，人口成長率受到高出生率及高死亡率的影響；由於不少孩童在成年之前就會死亡，促使了父母生更多孩子。如今在較為富裕的國家，主要影響人口成長率的因素已經改變，在護理條件的改善下，死亡率與出生率都降低了。存活下來的孩童增加，人們可以期待活得更長；但是因為子女不再是養老時的唯一資源，所以人們也就不再為了長期的保險，而必須生兒育女。這造成了出生率降低，並減緩了人口成長的速度——某些國家甚至降到了零成長。最近幾十年乃至幾世紀的人口快速成長，是受到兩個極端的影響，一方面死亡率下降（由於醫療條件的改善以及食物產量的增加所致），另一方面出生率一直很高。下個世紀全球人口穩定的關鍵，在於降低較貧窮國家的出生率，這些國家的出生率仍然位居最高。要達到這個目的，最可能的方法包括增加所得、都市化、改善嬰兒的健康，以及提升教育程度，特別是第三世界的婦女（尤以避孕與健康方面的知識為首要）。投資在改善較貧窮國家的健康護理與婦女教育上，對於未來數十年的人口成長率，將會有巨大的影響。許多較貧窮國家的出生率已有顯著下降，因此在下一個世紀，全球人口成長率很可能會趨於穩定。在一九八八年之際，有三十三個國家的人口成長率為零。[11]最樂觀的預測認為，全球人口將會維持在九十億到一百億之間。增加提供食物、衣服、住房給三十到四十億人，將會是一項很大的挑戰，尤其是這些人大多生於資源最匱乏的國家；不過由於二十世紀的食物產量急速成長，以及富裕國家的豐沛資源，這個問題並不見得無解。圖15.2中的數字，顯示了較富裕及貧窮國家，在下個世紀人口增長的可能情況。

能源的消耗是否也能夠維持穩定？要實現這一點，我們必須採行兩項重要的步驟，而且都必須從小處做起。首先是將天然資源的使用轉為再生能源。再者，我們必須更加倚賴永續性與無汙染的能源供應。我們已經具備了開發太陽能、風力以及氫燃料電池的必需技術，雖然在當今的全球市場（不計入不同能源的環境成本），它們尚不能在商業層面，與為現代革命提供動力的礦物燃料競爭。不過，二十世紀晚期的電子革命，已為我們帶來廉價的資訊交換技術。原則上，我們已具備建立永續性世界經濟的技術，且不會嚴重降低較富裕國家的生活平均水準。但是正如拉帕努伊島的情況一樣，我們可能也會發現，最困難的問題往往不是技術層面，而是在政治和教育上。

政治上的困難確實十分不易克服。在這些議題上擁有最高決策權的政界與商界領袖，都必須照

圖15.2　現代的「馬爾薩斯循環」（1750年~2100年？）

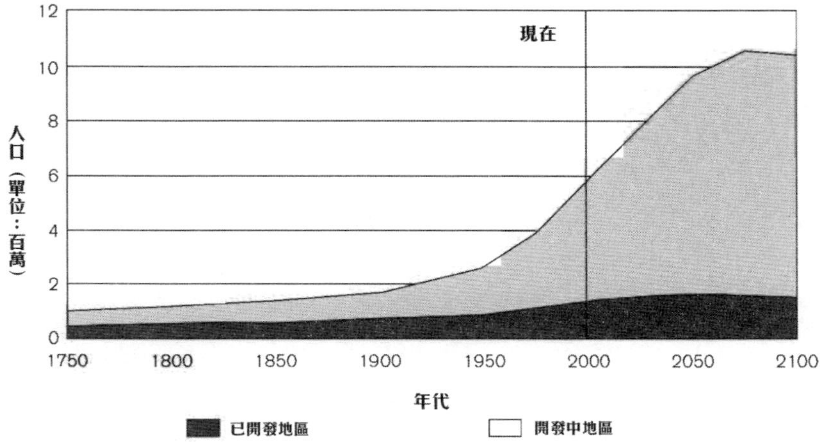

這個圖表中包含了對世界上發展中地區與已開發地區未來人口成長的推估。如今，大多數人口學者認為最近兩個世紀的人口急遽成長速度將會減緩，世界人口於2100年之前將趨於穩定。然而，就如此圖表所顯示的，那些最無力養活大量人口的地區，在一定時間內仍會持續增加。該圖引自：Paul Kennedy, *Preparing for the Twenty-First Century* (London: Fontana, 1994)，頁23。

顧特定的地方或經濟利益團體的需求，而政治運作的過程，使他們傾向於考慮短期收益，無法有效地處理全球生態與社會議題。由於他們抗拒改變現狀，他們會受到較富裕國家中的富人階層支持，對他們而言，生態危機比起許多已經在較貧窮國家發生的災難，仍只是個遙遠且不確定的威脅。此外，資本主義本身似乎就是必須依賴持續成長才能生存。這是否意味著我們必須推翻資本主義？遺憾的是，二十世紀的共產主義革命顯示，推翻資本主義可能是個極具破壞性的計畫，而且也無法創造出理想中的平等主義及重視生態的社會。

不過在政治方面，仍有一些可能性值得期待。其中一個正面的跡象，就是一股新興的全球生態意識正在迅速興起，並且將其與社會與經濟議題相連結。二十年前，幾乎沒有政府設立專門處理環境議題的部門——如今，大多數政府都已正視這些議題，而投票給他們的選民亦然。一九九二年在里約熱內盧召開的聯合國環境與發展會議「地球峰會」，是一個注重永續發展的重要象徵性指標，其達成了共同協議，即較富裕的國家必須幫助較貧窮國家，以「對環境無害」的方式進行發展。這是首次透過國際協議的方式，主張發展成長必須與永續性並重。這至少是一項文字上的勝利；十年之後，在約翰尼斯堡召開了第二次會議。

此外還有一些國際合作的事例，特別是在一些較容易達成廣泛共識的議題上。在一九七〇年代，愈來愈多證據顯示，由於人類使用氟氯碳化物，臭氧層因而變薄。⓬氟氯碳化物被用於冷凍、空調、清潔劑與溶劑。一九七七年，一些已發展國家力促聯合國環境署評估這個問題，在當年召開的會議中通過了一項全球行動計畫。當時人們對這個議題的重視程度，尚不足以令他們採取行動，有部分原因也是由於科學提供的證據仍不夠清楚。在一九八〇年代早期，占全球排放量百分之三十的美國，首先開始減少使用氟氯碳化物，一部分原因是找到了替代品，還有一部分原因，是國內環保遊說團體崛起所帶來的壓力。然而其他一些國家——包括占全球排放量百分之四十五的部分歐洲共同體國家——卻相當反對管制。一些發展中的國家，像是中國、印度，由於正計畫增加生產含氟氯碳化物的產品，也對管制規定採取抵制的態度。很明顯地，如果主要的當前或潛在生產國不合作，這樣的國際協議可說毫無意義。一些較為貧窮的國家表示，為了幫助他們擺脫對氟氯碳化物產品的依賴，他們需要國際援助。在一九八〇年代中期，我們具有了更確切的科學證據，還有一些「領導國家」推動特定、具約束力條款的國際公約。一九八五年「保護臭氧層維也納公約」簽署，不過僅止於要求各國監測氟氯碳化物的排放。其後，聯合國環境署於一九八七年在蒙特婁召開會議，歷經內部的紛爭、強勁的談判對手較勁，最終在領導國家（包括美國在內）的壓力下，歐洲共同體同意在一九九九年之前，減少百分之五十的排放量。「蒙特婁破壞臭氧層物質管制議定書」允許發展中國家可以在一定時間內增加生產量，但設定了排放量的最終上限。遺憾的是，由於美國與日本投下否決票，使得原先要用以協助發展中國家進行調整的資金無法到位。然而在數個月之後，新的科學發現令這個問題變得更為急迫，包括在南極上空的臭氧層發現了一個大破洞。到了一九八九年五月，已有八十個國家支持在二〇〇〇年之前全面禁止使用氟氯碳化物。在一九九〇年，設立了一項基金，以幫助發展中國家進行調整，並有三分之二的工業國家為此挹注十億美元。雖然這些協議仍有缺失，但整體而言，它們已經獲得了極大的成果。含氟氯碳化物的產品從一九八六年的一百一十萬萬噸，下降至一九九六年的十六萬萬噸，而且臭氧層的破洞已經證實開始縮小。

國際間對於臭氧層危機的反應，證明了合作是可能成功的。國家就像個人一樣，有時候可以同心協力，解決共同問題。當問題的嚴重性已經無庸置疑，人們就可能迅速且有效地組織合作行動，即使其會威脅部分地區的利益。國際間的合作機制也許並不容易推行，但仍能在面臨危機時發揮作用。對於臭氧層變薄所做出的反應，並非國際間有效合作的唯一事例，萊斯特・布朗指出：「以歐洲的空氣汙染為例，在一九七九年針對跨境空氣汙染的條約制定後，情況已大幅改善。全球氟氯碳化物排放量，在一九八七年關於臭氧層損耗的協定，以及相繼的修正案提出後，從一九八八年的高峰下降了六成。非洲獵殺大象的行為，在一九九〇年『瀕臨絕種野生動植物國際貿易公約』禁止象牙交易後，已經減少許多。」[13]

不過，還有一個更深層的問題存在。我們已經知道資本主義是現代世界產生創新技術的驅力，而資本主義經濟所依賴的，正是不斷增加的生產與銷售。成長與永續是無法兼容並存的嗎？雖然我們並沒有明確的答案，但是我們有理由認為，資本主義至少應該有能力，與某些邁向永續性的早期階段共存。其中一個原因是資本主義經濟需要增加的，與其說是產量，不如說是利潤——而利潤可以透過許多手段獲得，其中有些可以與永續經濟並行。原則上，資源回收或資訊與服務的銷售，比起貨物本身，更能有效獲取與開發原生資源一樣多的利潤。如果政府對非永續的生產方式課徵更高的稅，投資就會流向更為永續發展的一方，並製造大筆利潤。資本主義與永續發展之間，並不存在絕對的對立。市場是可以轉變的，自約翰・梅納德・凱因斯於一九三〇年代提出這個觀點後，政府們就認知到了這一點。操控市場最有效的方法中，包括透過稅收與補助去改變成本，以將經濟活動導往新方向。正如布朗所提出的有力論證，當代資本主義之所以對生態造成嚴重的破壞，部分原因是由於缺乏計算生態成本的方法。例如，現代的計算技術，無法適切地估量森林在防洪、吸收過量二氧化碳、防止土壤流失，以及維持生物多樣性上所提供的價值。理論上，將這些成本利用稅收或補助手段，納入經濟交易之中，是完全可行的。事實上有些政府已將這些機制納入常規。其中一個明顯的例子，是石化燃料方面的稅賦，可以使市場朝向更為永續性的方向發展——然後或許以降低所得稅的方式補償。透過這些稅收方式，或可改變石化燃料與其他破壞性較低的能源，如風力、燃料電池等，其獲利能力的比重，因為在市場經濟中，價格信號（price signal）可以快速改變數以百萬計的消費者與生產者的行為。

然而人類是否具有這樣的政治意志，願意採取這些行動呢？至少有兩件事必須發生，答案才可能為「是」：生態危機必須對現代世界的掌權者來說足夠明顯（假使生態危機的嚴重程度與強度，已經無庸置疑，政府就會快速回應危機），以及公眾態度必須改變，特別是那些較富裕的國家。人們的態度至關重要。改變的主要障礙之一，就是因為人們普遍認定生產的持續成長是有益的。只要人們仍接受消費資本主義的觀念，認為美好的生活，就是永無止境地消費更多且更好的商品，那麼這種情況就會持續下去。若我們打算發展出與環境更為永續性的關係，那麼，改變對於美好生活的定義，可能是相當重要的一步。

其他的主要挑戰，還包括倫理及政治層面。我們能夠忍受現代世界的巨大不平等程度嗎？這難道不會導致衝突，使我們最終動用我們所擁有的毀滅性軍事技術？畢竟，現代世界的資訊網路，不僅能傳播太陽能電池的知識，也能散布核子與生化武器的製造方法。所以我們有理由相信，在接下來數十年內，將會有更多國家擁有毀滅性武器，而像蓋達組織這般，自封為捍衛被剝奪者與無權者的游擊組織，將會持續增加。由於個人的決定與行為牽動著政治變遷，使我們更難做出預測。較富裕國家的決策者，未來是否會認為減少全球貧窮現象，可以提高他們自身的安全？或許一些較不顯著、但絕非不重要的勢力，將促使政治人物必須著手處理世界上最貧困國家的貧窮問題。資本主義經濟倚賴著市場，而且我們業已了解，消費資本主義的生產力，遠高於早期資本主義社會，所以其必須將商品推銷給自己的勞動者，就是馬克思稱之為無產階級的臣屬階級。即使在最為貧窮的國家，這個壓力最終也必然會提升臣屬階級的生活水準。透過這種方式，全球資本主義以一種掠奪性較低的形式，去提高工業化中心以外地區的生活水準。因此，如果日益成熟的全球資本主義體系，可以避免掉甘地所警告的危險，即全球性的過度消費，那麼就算相對性的不平等仍持續存在，則我們仍可期待，許多國家的臣屬階級物質生活水準，將能在下一個世紀得以提升，並刺激新的市場出現，以及降低全球性的政治與軍事衝突。雖然只要資本主義仍主宰著經濟變遷，不平等的現象就會持續存在，但這種行動方針，或許能夠改善貧窮造成的悲慘情況。

如果我們在二十世紀，可以確實地指出本世紀的一些生態與政治問題，我們就有機會將現代革命的成果傳遞給未來的世代。如果我們做不到，則現代革命將很可能失去控制，造成軍事與生態上的大災難，留給我們的兒孫輩一個像是復活節島般崩壞的世界，而且破壞的範圍將遠遠更為廣大。

中期的未來：接下來的數個世紀與千年

當我們考量的是更加遙遠的未來，比方說接下來的一千或兩千年，歷史的開放性將會使我們的預測更加作不得準。彼得・史登就直接將「預測未來千年」形容為「不可行」。⓮在這個範圍裡，未來的發展增加了許多可能性，所以我們除了猜測之外，能做的事其實很有限。再者，當預測的範圍不是一個世紀，而是擴大到一千年，我們的力量對未來的影響已經微不足道，換言之，我們需要預測的壓力也減小了許多。

要想像核子或生化戰爭、生態浩劫，或者甚至是小行星撞擊地球帶來的災難場景並不困難。如果災難是由人類所造成，那麼人類歷史的終結，可能是因為人類過度自我膨脹，今日我們視為進步的行為，事實上或許正將我們帶往終結。伊卡魯斯（Icarus）的故事，就是對人類的野心與創造力最適切的譬喻。另一方面，要想像一個烏托邦的情景幾乎也一樣容易，就是大多數現代世界的問題都獲得解決——人類找到了方法去建立永續生態的經濟，族群與區域間的不平等大幅消除、人類在科技上的能力，用來為全人類提供更美好的生活，而非製造無止盡的物質產品。這樣的結果將非常適合那些對人類歷史持進步論的人。

不過，最可能出現的情況是介於兩者之間，而且其情景也最難想像。我們當前至多只能考慮一些造就現代世界的大趨勢，並且假定它們仍會繼續對未來造成影響。

如果現在的人口趨勢可以保持一個世紀以上，人口成長將可停頓；人口將可能維持穩定或甚至減少，而平均年齡則會提高。不過，科技創新的趨勢則沒有減緩的跡象。未來科技發展很可能會出現停滯的時期，就像過去曾發生過的一樣，但是現今爆發性的科技創造力，看來仍會持續數世紀以上。穩定的人口、資訊科技創新速度愈來愈快，加上基因遺傳工程以及對新能源的掌握（可能還包含氫劇變在內），使日益增加的生產力，不只可以用來維持更多人的最低生活所需，更能提升所有人的生活水準。過去五千年的社會與經濟趨勢告訴我們，要大幅消除經濟與政治的不平等幾乎是不太可能的。相反地，財富的梯度將會更加擴大，而且強者與弱者之間的差距會持續成長。然而，正如我們所見，過去一個世紀中消費資本主義的進化，使位居財富梯度最底層的人類生活水準也得以提高，因為隨著生產力持續上升，然而人口成長卻趨於平穩，資本主義經濟對消費者的渴求愈加強烈，而窮人的數量為資本主義經濟提供了可觀的市場。

如果環境限制並沒有拖垮資本主義世界體系，反倒是把市場從富人擴大到窮人，透過生態永續的生產製造利潤，除了販賣物質商品外，還銷售更多服務與資訊，那麼依照我們對現在的觀察，我們或可預期科技在未來將會造成更多的轉變。生物科技可能會創造出新的飲食、服裝，以及發展出維持世界上一百億至一百二十億人口的新方式，或許還能為人們帶來更長壽與健康的生活。奈米科技與新型、更快速的微晶片科技，將來會讓我們身旁充斥著各式大小的機器人，有些的表現甚至可能人類智慧無甚分別。新能源同時增加了我們所能獲取的能量。俄國教師康斯坦丁・齊奧爾科夫斯基（Konstanin Tsiolkovsky）構思的太空航行理論，終於使人類於一九六一年四月十二日首度飛離地球，並在一九六九年七月二十一日首次登陸其他星體，將人類歷史帶往一個新的遷徙階段。在這個階段，今日的全球網路將再次分裂，成為一個個區域網路。這個想法不只是科幻小說般的虛構情節，試想五百年前，誰也料不到北美這個由搜食民族與小規模農業組成的社會，會轉變成今日的超級強國。

當人類開始向月球、鄰近行星與小行星進行工業探勘，可能也會漸漸往地球外的星球遷徙。在那之後，人類將會嘗試在太陽系內的其他行星定居。一個世紀之內，對小行星的工業探勘與火星移民，都可能會實現。還有一個更加推測性（在倫理上也更複雜）的理論，是將火星「地球化」——也就是改變火星的大氣層與溫度，使其變得適合人類與其他生物居住。[15]現今已有數項這類計畫正在執行，不過人們預計要花上一千年才能看到變化。一旦這些計畫獲得成效，人類將有辦法像馴化大型食草動物一樣，也能夠「馴化」星球。如果人類開始大舉向外星球移民，那麼本書迄今所描述的人類歷史，將只不過是人類在地球以外所展開的漫長歷史之第一章。移居到外星球，在某種程度上讓人想起石器時代的大遷徙，當時在非洲的人類開始探索新環境，並前往未開發的澳洲、西伯利亞與美洲。或者另一個更適合的類比是向太平洋地區殖民的大航海探險。但人類若想在地球之外生活，還需要累積更多的技術智慧。未來的移民可能必須在全然人造的環境中，創造全新的生活方式。而且就像復活節島民一樣，他們不一定能成功。即使在宇宙中距離我們最近的月球上，他們也必須住在一片荒蕪的沙漠裡，在全然漆黑的天空下忍受極端的溫度。

到太陽系之外旅行則是另外一個議題，因為必須考慮到其漫長的距離，以及愛因斯坦的理論，即任何物體的速度都無法快過光速。[16]光必須花費四年以上，才能到達最近的恆星比鄰星（Proxima Centauri），而要航行至銀河系中心則需要三萬年。要讓人類能夠在一輩子中往返比鄰星，速度最少必須達到光速十分之一，但目前我們仍然沒有能力造出具備這個速度的太空梭。即使是最樂觀的預測，也不敢說這種旅行可以在幾世紀內實現。像玻里尼西亞這樣不考慮回頭的殖民之旅，或許是比較實際的。人類可以搭乘較大型、較慢速的太空船，花上數百年前往他們的目的地。與玻里尼西亞的船隻不同的是，這些「太空方舟」可以變成人們的永久居所，而且比起他們遇到的星球還要舒適和吸引人。人類現在航行至自然形成的星球，但我們無法控制這些星球的運動，未來不同的是，人們或許能夠前往他們能夠操控的人造星球。在這種情形下，人類的未來將不需要倚賴於殖民到數千個其他星球，而是製造千千萬萬個太空方舟，並可定期降落到附近的星球，補充庫存及原物料。有人預估星際殖民浪潮將會一波接一波，以相對緩慢的速度，用數百年時間抵達銀河系最遠的彼端；我們現有的知識，能讓我們稍稍想像如何前往其他銀河系。不過，在近期的未來，我們連太空方舟都還造不出來。

如果人類展開超越太陽系的旅行，人類社會將可能再度分裂成不同世界，就像太平洋上的許多社會一樣，因為間歇而緩慢的聯繫，將使各個社會產生自己獨特的歷史。根據亞瑟・查爾斯・克拉克（Arthur C. Clarke）之言，「光速的有限性，將無可避免地讓時間與空間成為隔閡，再度將人類族群切割成多個社群。我們將擁有共同的遠祖，他們住在與我們相隔遙遠、往往無法企及的世界，因為我們正在朝向比夢想中還要廣袤的宇宙而去。」⓱ 如果分離的時間過得夠久，曾經在大部分歷史上聯繫起人類的網路就會消失。最先受到衝擊的會是文化上的網路，讓現代人成為一個獨特物種的基因連鎖，接下來將會變得脆弱，並在達到臨界點時斷裂。人類將來會像加拉巴哥群島上的雀類，演化成無數種不同的物種，每一種都因應特定的環境做出調整。

不論人類是否殖民到其他世界，物種演化都是無可避免的。只有少數的哺乳類動物能延續數百萬年，而不會演化成其他物種。人類是尚屬年輕的物種，未來還有可能延續成千上萬甚至數百萬年。但是現代的基因技術，或許很快就能讓人類開始大大地操控自己的基因組成。在二十世紀末由於人類基因體的解碼，我們已經認識到製造人類的藍圖，雖然我們對於藍圖中不同的部分如何交錯作用，尚有不明白之處。因此在接下來數世紀，人們將開始設計自己的身體，不再需要等待漫長的自然淘選過程。[18]這麼說來，我們還能夠把這樣的人類，看成跟我們一樣的人，或把他們視作我們的後代嗎？

而這些未來的人類，是否會遇到其他具有智慧及社會網路的生物？有許多理由支持我們認為這不會發生，至少在我們的銀河系無此可能。透過觀察周遭恆星旁繞行的行星，以及在那些我們曾經認為過於嚴苛的環境，發現了活存的生物後，包括海中的火山口，及岩石深處的結冰處，意味著至少在行星與恆星所在之處，都可能具有生物。再者，由地球上的第一個生命形態出現的速度來看，如果條件俱足，生命可以很快發展出來。不過，像人類這樣可以共享資訊的智慧生命形態，則是鳳毛麟角。地球花了四十億年，才發展出具有網路、腦容量大的生物，而且這些還是在偶然下發生的，原本很可能會花上更長的時間；要進化成腦容量大的機會看似微乎其微。所以即使花上很長一段時間，也沒人有把握這樣就會孕育出像我們一樣的物種。除此之外，如果聰明、互享資訊的物種並不少見，那麼令人難以置信的是，至今竟然沒有任何證據可以確認他們的存在。物理學家恩里科・費米（Enrico Fermi）於一九五〇年造訪洛斯阿拉莫斯（Los Alamos）國家實驗室時，用反問方式提出了他的觀點：「但他們在哪裡呢？」如果這類物種的存在是稀鬆平常，那麼他們應該是非常聰明、網路綿密的群體，擁有比我們更先進的技術，而且我們應該早就接收到來自他們之中某些物種發出的訊號。[19]如果人類能夠到達其他恆星旁的行星，也許會像橫渡太平洋的玻里尼西亞航行者一樣，發現那裡並沒有如人類一般複雜或擁有高等技術的生物。

不過至今我們所做的都是純粹猜想，就像我們對於未來一千年人類社會的性質，無可避免地還是會抱持很多臆測。我們可以提醒自己這些想法都只是在猜測的階段，就好比恐龍一族似乎曾經繁衍茂盛，卻在六千五百萬年前由於小行星衝擊，在地表上迅速消失一樣。

遙遠的未來：太陽系、銀河系及宇宙的未來

說來奇怪，當我們把關注的時間範圍放到最大，不確定性反倒消失了，因為比起歷史學家，天文學家研究的對象更大、更簡單，而且在長時間中變化得非常緩慢。因此天文學家對於掌握行星、恆星或甚至宇宙的未來發展，十分具有信心。

生物圈的終極命運取決於地球與太陽的演化。雖然這些體系龐大，但並不像人類社會的生物圈那麼複雜，所以它們在未來的變化，相較之下更能預測。我們的太陽正處於其生命週期的中點，其大概還有四十億年的生命。然而地球上的生命會在太陽終結之前，就早已全部滅絕。太陽的溫度會隨著時間上升，最終會使得地球也跟著變熱，雖然生物圈會在各方面演化，以減緩這些變化的影響，但地球上的生物最終還是會走到沒得選擇的境地。在未來三十億年，地球將像現在的金星一樣，大幅吸收太陽的熱能；海水將會沸騰，而產生的蒸汽將加劇全球暖化。地球會變得再也無法居住。[20]到了最後，地球將會如同今日的月球一樣荒蕪。

太陽消耗掉所有的氫氣之後，將會變得不穩定。太陽的表面會噴發物質，而其內核由於缺乏外層的壓力，將會膨脹至地球現在所處的位置。然而，由於太陽的質量與重力減少，也使得地球漂移至大約六千萬公里外的軌道。尼可斯・普朗佐斯形容了地球屆時的景象：「如果有人能夠存活下來，觀察接近攝氏兩千度、如火爐般炙熱的地球表面，那麼他看到的，將會是有如但丁筆下的地

獄景象。太陽的日輪將會占據天空的四分之三。」[21]如果有人能親眼目睹太陽吞噬地球的過程，那他們可能是來自太陽系的訪客；木星與土星的衛星，像是泰坦星（Titan）與歐羅巴（Europa），可能會一度變得適合人居。然後太陽會因為內部的氦氣開始燃燒而再度縮小，但是只會持續大約一億年。當氦氣消耗殆盡，太陽又會開始熊熊燃燒，並產生氧氣與碳。到了這個階段，即使連外層的行星也已經無法居住了。接著，太陽中心的烈焰終將熄滅，並縮成一顆白矮星：一個極端高密度、高熱的塊體，由於其內部沒有產生能量的來源，所以在晚期會漸漸冷卻並變暗，不過這段時間的長度是融合階段的好幾倍。

銀河系中的數千億顆恆星，可能都不會注意到太陽的消逝——雖然它們或許應該要留意的，因為這為銀河系遙遠的未來，提供了一個微小的預示。製造恆星所需的物質大約已有九成被消耗完，所以恆星形成的年代已經步入尾聲。在數百億年之後，將不再有恆星形成；然後，當現存的恆星開始衰弱，光將會減弱並走向熄滅。在寒冷黑暗的宇宙中，能量的梯度將再也不足以產生出形態複雜的星體，宇宙會變得愈來愈簡單，並愈加受到熱力學第二定律支配。不過這既不會快速發生，也並非不可逆：較小的恆星就像曾經強極一時的游擊軍隊的殘餘分子，其壽命仍會是現存宇宙年齡的數倍。這些恆星在數兆年之後將走到終點，宇宙會再度回到黑暗，如同起初時的情景。但是，宇宙將會變成一個大型垃圾場，充斥著寒冷、黑暗的物質，像是棕矮星、死寂的行星、小行星、中子星及黑洞等。[22]

接下來會發生什麼呢？我們並不確定，但可以掌握一些大概的方向。未來將大幅取決於兩股力量之間的平衡，就是驅使宇宙向外擴散的膨脹力量，以及將宇宙朝內聚攏的地心引力。如果有足夠的質量／能量可以讓宇宙膨脹的力量減緩停下，那麼，在數兆年之後，宇宙將會開始收縮。宇宙的收縮階段並非如一些人想像的，僅僅是膨脹階段的逆轉。甚至曾有人主張在新的大爆炸之後，將會出現大擠壓（big crunch），他們認為宇宙會出現走回頭路的狀態，是一種類似馬雅人宇宙循環論的現代版本。㉓這使得天文學家想要詳細統計出宇宙中的質量／能量。雖然起初他們一度認為宇宙中的質量不足以抑制膨脹，但後來漸漸得知其中還有許多我們尚未發現的物質與能量。而且，在人們使用多種間接方法去測量暗物質後，發現地心引力與膨脹力量看似會達到一個絕佳的平衡，這使得我們仍無法斷言宇宙的終極命運。不過，在一九九〇年代，人類發現了所謂的「真空能量」（vacuum energy），為這些爭論提供了一個解答——部分理由是因為真空能量能夠解釋這些消失的物質／能量去向，此外，由於真空能量似乎使宇宙膨脹的速度緩緩加快，這確保了宇宙的擴張將會持續，而非減慢下來。

目前大多數的天文學家，相信宇宙將會永遠膨脹下去。用天文學的術語來說，宇宙是「開放」而非「封閉」的。隨著宇宙愈來愈龐大，銀河系之間的空間也會增加，宇宙將在無止盡的緩慢弱化過程中，變得更簡單、寒冷與孤獨。美好的時光將一去不返。隨著熱的物體與冷的物體之間的溫差減少，熵將會增加，使得形態複雜的星體愈來愈難形成，然而由於宇宙持續膨脹，將永遠無法達到熱力學平衡的狀態。隨著宇宙年歲增長，只有在冷的物質團塊偶然碰撞而形成一些新星時，才會因為驟然產生的燃燒而出現光線。這些孤獨的光源，彷彿置身於一個巨大的星際墳場中，周圍環繞著數十億顆已死亡的星球。重力將把某些星球殘骸推入虛空，每顆星球都將與周遭的事物漸行漸遠，忍受煉獄般的孤獨，直到在自己的宇宙裡消失。那些留在過去銀河系中的星體殘骸，將被重力拉攏在一起，直到被巨大的銀河黑洞吞沒。黑洞外的其他物質將會開始衰變，即使是質子（如一些現代理論家所認為的）也不會永恆存在。也許在大爆炸的10^{30}年之後，宇宙會變成一個黑暗寒冷的地方，

表15.1　開放的宇宙未來編年史

大爆炸發生以來的時間（單位：年）	重大事件
10^{14}	大多數恆星已死亡；主宰宇宙的是冷物質、黑矮星、中子星、死亡的行星與小行星，以及星際黑洞；隨著宇宙膨脹，倖存下來的物質也都相隔遙遠。
10^{20}	許多物體都漂離銀河系；剩下的物體塌陷到星系的黑洞裡。
10^{32}	大多數的質子已衰變，留下一個由能量、輕子和黑洞組成的宇宙。
10^{66}-10^{106}	恆星與銀河系的黑洞蒸發。
10^{1500}	經由量子「穿隧」（tunneling）效應，剩下的物質轉變為鐵。
$10^{10^{76}}$	剩下的物質轉變成中子物質，接著變成黑洞而蒸發。

資料來源：改寫自Nikos Prantzos, *Our Cosmic Future: Humanity's Fate in the Universe* (Cambridge: Cambridge University Press, 2000)，頁263.

只有黑洞與游離的次原子粒子漂浮著，彼此相隔著數光年的距離。

不過史蒂芬・霍金於一九七〇年代早期，指出即使是黑洞也會喪失能量，並在經過漫長到難以想像的時間之後，黑洞亦會消失。黑洞在量子蒸發直到死亡，時間將持續數十億年以上，比過去歷史上所有的時期都要漫長，十億年若與這段漫長的時間相比，彷彿就是海灘上的一粒沙（參見表15.1）。普朗佐斯認為根據這個比例，在黑洞主宰宇宙之前的10^{30}年，「看起來甚至比我們今日看魯朗克時間（Planck time）還要短！」[24]黑洞死亡時會遺留下什麼嗎？其實非常少：在保羅・戴維斯的想像中，他將其形容為：「一碗難以想像的稀湯，其中飄浮著光子、核子，和愈來愈少的電子與正電子，而且彼此慢慢地逐漸遠離。就我們所知，在這其中連基本的物理程序都不會發生。沒有什麼大事會驚擾這個不毛的宇宙，其已經走到了盡頭，只剩下永恆的生命要面對——或者應稱之為永恆的死亡。」[25]

假設有一個研究者，觀察著最後的黑洞走入令人哀傷的死寂，那麼這本書所討論的數十億年，對他而言將不過只是宇宙剛開始時的一瞬之光，在電光石火間，巨大與混亂的能量挑戰了熱力學第二定律，並變出一個奇特與複雜的大觀園，構成了我們的世界。在變冷與變暗之前，宇宙經歷了短暫的春光，爆發出驚人的創造力。而至少在一個偏僻的銀河系裡，出現了一個具有社會網路與智慧的物種，將宇宙作為一個整體思考，並重建它過去的許多歷史。[26]

有人不禁會想，這個充滿創造力的光芒，是否是為了人類而出現——這或許是對於這個從無到有的宇宙，最極致的解釋。現代科學並沒有支持這種人類中心論。相反地，在宇宙的漫長生命中，現在是最年輕、精力旺盛、生產力高的階段，而我們是其中一項比較特殊的創造物。雖然我們不再將自己視為宇宙的中心，或宇宙存在的終極原因，這種想法在許多人心中仍占一席之地。

本章摘要

預測未來是一件冒險的事，因為宇宙在本質上是無法預測的。但是在一些情況下，我們仍必須做此嘗試。我們必須認真思考下一世紀，因為我們今日的行為，都可能對那些生活在下一世紀的人產生重要影響。如果我們無法進行較為長遠的預測，並根據這些預測做出理智的行為，那麼災難或許就避無可避。這些災難可能會以好幾種形式出現，包括嚴重的生態惡化，以及因資源取得的日益嚴重不均，所造成的軍事衝突。這兩個問題相互關聯；而且，如果能夠有智慧地處理這些問題，也有可能將這個世界，帶往一個與環境間更為永續發展的關係，並創造一個能夠改善窮人生活條件的全球經濟，即使整體環境仍是對富人較為有利。當時間範圍擴大到數個世紀後，可能性快速擴大，以至於嘗試預測幾乎是徒勞無功。但是一些大型的趨勢，尤其在科技方面，或許能夠提示我們一些未來可能實現的特徵。人類可能遷移到太陽系的行星或衛星上，或許還會去更遠的地方；他們可能會學習去精準地控制基因過程。但是，任何一種預測，都有可能遇上始料未及的危機而發生偏差，這些意外可以是人為的、地質因素或天文現象，例如小行星撞擊。由於時間範圍拉到全宇宙的生命，人類在進行預測上又重獲信心。太陽與太陽系將在四十億年後滅亡，但是宇宙仍會存活得更為長久。近期研究提出了證明，主張宇宙的膨脹將持續至永遠。如果事實如此，我們可以使用當代的基礎物理學知識與天文測定法，去描述宇宙持續擴張之下，如何走向衰亡的這個過程。若立足於遙遠到無法想像的未來，去觀察這一切，等到宇宙只剩下被壓縮稀薄的光子與次原子粒子游離其間，那麼本書所談論的一百三十億年，相形之下，只是一段短暫的、生氣勃勃的春日時節。

延伸閱讀

彼得・史登所著的《第三千禧年，西元二十一世紀》（*Millennium III, Century XXI: A Retrospective on the Future*, 1996），探討了未來學的歷史；尤立科・布魯門菲爾德編著的《未來掠影》*Scanning the Future: Twenty Eminent Thinkers on the World of Tomorrow*, 1999），集結了一些未來學的論文。在《生命跡象徵：複雜性如何滲透生物學》（*Signs of Life: How Complexity Pervades Biology*, 2000）一書中，里卡德・蘇爾與布萊恩・古德溫針對預測的問題以及未來的不可預測性，提

出了優秀的討論。關於生態未來的研究，一些廣為人知的作品，包括萊斯特・布朗的《生態經濟》（*Eco-Economy: Building an Economy for the Earth*, 2001）（不過，比約恩・隆伯格 [Bjørn Lomborg] 在其書《懷疑論的環保主義者》[*The Skeptical Environmentalist:Measuring the Real State of the World*, 2001]中，以及保羅・甘迺迪的《為二十一世紀做準備》，從統計學角度對布朗的統計方式提出嚴厲批評）。至於對中期未來的描寫，許多虛構文學可以作為代表。布萊恩・史達伯福德（Brian Stableford）與大衛・朗福德（David Langford）合著的《第三千禧年》（*The Third Millennium: A History of the World, AD 2000-3000*, 1985），是一部迷人的、較為樂觀取向的未來千年「歷史」描述，小沃特・米勒（Walter Miller）的《萊柏維茲的讚歌》（*A Canticle for Leibowitz*, 1959），創作於冷戰的巔峰時期，書中描繪的未來，指出人類的創造力與理性，結果只是走向一再上演的核戰浩劫。當時間的範圍拉得更大之後，科學家再度獲得了他們的舞台。尼可斯・普朗佐斯所著的《我們在宇宙裡的未來》，探討了宇宙航行的可能性，以及宇宙最遙遠的未來，保羅・戴維斯的《最後三分鐘》（*The Last Three Minutes*, 1995）一書，也進行了同樣的討論。

注釋

❶ Murray Gell-Mann, "Transitions to a More Sustainable World," in *Scanning the Future: Twenty Eminent Thinkers on the World of Tomorrow*, ed. Yorick Blumenfeld (London: Thames and Hudson, 1999), p. 79.

❷ 該例子與這兩種不可預測性的分別，均引自Ricard Solé and Brian Goodwin, *Signs of Life: How Complexity Pervades Biology* (New York: Basic Books, 2000), chap. 1。

❸ Solé and Goodwin, *Signs of Life*, p. 20.

❹ Peter N. Stearns, *Millennium III, Century XXI: A Retrospective on the Future* (Boulder, Colo.: Westview Press, 1996), p. 158.

❺ R. G. Collingwood, *The Idea of History* (New York: Oxford University Press, 1956), p. 54；引自John Lewis Gaddis, *The Landscape of History: How Historians Map the Past* (Oxford: Oxford University Press, 2002), p. 58。

❻ Paul Harrison, *The Third Revolution: Population, Environment and a Sustainable World* (London: Penguin, 1993), p. 149; Plato, *Critias* 111A-D，引自Harrison, *Third Revolution*, p. 115。

❼ 參見尤立科・布魯門菲爾德（Yorick Blumenfeld）為此書所寫的導論，Blumenfeld ed., *Scanning the Future*, pp. 7-23。亦參見Herman Kahn, *On Thermonuclear War* (Princeton: Princeton University Press, 1960)，以及參見Donella H. Meadows et al., *The Limits to Growth: A Report for the Club of Rome's Project on the Predicament of Mankind* (New York: Universe Books, 1972)。若想了解最近我們可能面臨的一些威脅，可參見相關討論：Martin Rees, *Our Final Hour: A Scientist's Warning: How Terror, Error, and Environmental Disaster Threaten Humankind's Future in This Century–on Earth and Beyond* (New York: Basic Books, 2003)。

❽ Clive Ponting, *A Green History of the World* (Harmondsworth: Penguin, 1992).

❾ Ghandi，引自J. R. McNeill, *Something New under the Sun: An Environmental History of the Twentieth-Century World* (New York: W. W. Norton, 2000), p. 330。

❿ 關於如何建立永續經濟的問題，近期最出色的討論之一為：Lester R. Brown, *Eco-Economy: Building an Economy for the Earth* (New York: W. W. Norton, 2001)；亦可參見蓋爾曼（Murray Gell-Mann）收入於此書中的短論文，"Transitions to a More Sustainable World," pp. 61-79。

⓫ Lester R. Brown and Jennifer Mitchell, "Building a New Economy," in Lester R. Brown et al., *State of the World, 1998: A Worldwatch Institute Report on Progress toward a Sustainable Society* (London: Earthscan Publications, 1998), p. 174.

⓬ Gareth Porter, Janet Welsh Brown, and Pamela S. Chasek, *Global Environmental Politics* (Boulder, Colo.: Westview Press, 2000, 3rd ed.), pp. 87-93.

⓭ Lester R. Brown et al., *State of the World, 1995: A Worldwatch Institute Report on Progress toward a Sustainable Society* (London: Earthscan Publications, 1995), p. 172.

⓮ Stearns, *Millennium III, Century XXI*, p. 74.

⓯ Nikos Prantzos, *Our Cosmic Future: Humanity's Fate in the Universe* (Cambridge: Cambridge University Press, 2000), pp. 56, 73：關於將火星地球化的計畫，參見頁七五—八〇。

⓰ 關於星際旅行，參見Prantzos, *Our Cosmic Future*, chap. 2。

⓱ 亞瑟・查爾斯・克拉克之言，引自此書導論，Blumenfeld ed., *Scanning the Future*, p. 19。

⓲ 基因工程的若干可能性，在這本寫於一九八〇年代中期、探討未來發展的優秀著作中，有十分有趣的討論：Brian Stableford and David Langford, *The Third Millennium: A History of the World, AD 2000-3000* (London: Sidgwick and Jackson, 1985)。

⓳ Prantzos, *Our Cosmic Future*, pp. 162-69：正如普朗佐斯在頁一六四所指出的，費米的疑問早在十八世紀，就被法國科學家豐特奈爾（Fontenelle）提出來了。關於宇宙中是否有其他高智慧生物存在，若要參考較樂觀的看法，可參見Armand Delsemme, *Our Cosmic Origins: From the Big Bang to the Emergence of Life and Intelligence* (Cambridge: Cambridge University Press, 1998), pp. 236-44。

⓴ Prantzos, *Our Cosmic Future*, pp. 209 ff.

㉑ Prantzos, *Our Cosmic Future*, p. 214.

㉒ Prantzos, *Our Cosmic Future*, pp. 225-29.

㉓ 宇宙循環論最早是由物理學家約翰・惠勒（John Wheeler）所提出，參見Ken Croswell, *The Alchemy of the Heavens* (Oxford: Oxford University Press, 1996), p. 216：史蒂芬・霍金（Stephen Hawking）曾經認為時間箭頭的方向，在宇宙收縮的階段，也會隨著第熱力學第二定律逆轉而跟著倒轉，但後來他推翻了這個想法。參見*A Brief History of Time: From the Big Bang to Black Holes* (New York: Bantam, 1988), pp. 150-51。

㉔ Prantzos, *Our Cosmic Future*, p. 263.

㉕ Paul Davies, *The Last Three Minutes* (London: Phoenix, 1995), pp. 98-99.

㉖ 宇宙之春天的意象，借用自Arthur C. Clarke, *Profiles of the Future* (1962)，引自Prantzos, *Our Cosmic Future*, p. 225。

在現代創世神話的核心裡，就像任何故事一樣，都存在著一份年表。現代年表是如何建構出來的？而我們又怎樣才能著手理解它那各種不同的時間尺度呢？

建構一份現代年表

現代創世神話最令人感到訝異的特點就是，它信心滿滿地描述了人類存在以前幾十億年所發生的種種事情。這些按事件發生順序排列的細節，有許多只有到了過去這幾十年才逐漸變得清晰可見，所以本書所講述的故事，有許多地方，其實背後的年表都是最近才構設出來的。這樣的年表是怎麼建構出來的？

凡是有書面紀錄的存在，定年就不會是個太大的問題，而現代的歷史學家主要都仰賴書面紀錄來建構自己對於過往的描述。但是當我們處理起書面紀錄無法涵蓋的更長時間跨度時，情況就完全不是那麼一回事了。甚至就在五十年前，嘗試建構這樣的一份年表也要比現在還困難得多。直到二十世紀中葉，要想弄清楚在遙遠的過去究竟發生了什麼事，似乎是一件不可能的任務。我們或許可以確定事件的相對順序（諸如特定岩石層疊的順序），但卻似乎沒有辦法確定它們的絕對年代究竟為何。

在基督教世界裡，《聖經》一直到十九世紀仍被視為是遠古日期定年的主要來源。推算天地萬物開創的時刻，就是把《聖經》裡所有列舉出來的世代加總在一起所得到的估計值。這樣的計算結果顯示，上帝大約在六千年前創造了地球。在十七世紀，就如同第一章裡所指出的，有一位英國學者推斷出人類是在西元前四〇〇四年十月二十三日上午九點被創造出來的。然而即使在十七世紀，有些對地質學感興趣的學者也意識到，地球必然要比那個時間還來得更古老。例如，他們注意到高山地區找到的化石物件似乎是古代魚類的遺骸，這就說明了化石所存在的高山必然是從海平面抬升上來的。學者認為，這樣的改變所需要的時間肯定超過了六千年。到了十九世紀，地質學家漸漸習慣了更大時間尺度的概念，並愈來愈能嫻熟辨識出相對的年代。他們分辨得出哪個岩層堆疊的時間最早，而這樣的知識回過頭來又能讓他們按時間排列化石出現的順序，從而大略描繪出演化史的不同階段。然而，他們似乎還是找不到絕對定年的精確方法。威廉・湯姆森（開爾文勳爵）曾做過一項影響深遠的嘗試，試圖要搞定地球的年齡。在一八六〇年代，憑著認為地球與太陽在冷卻到當前溫度以前曾是熔融物質球體的假設，他認為地球的存在還不足一億年、甚或只有少少的兩千萬年。為了估算它們的年齡，開爾文勳爵對這個冷卻過程所需的時間進行了計算。但他這麼做是不對的，因為他不了解放射性讓這兩個天體內部熱能聚而不散的作用（雖然所憑藉的方式各不相同）。事實上，就是對於放射性的理解，最終才讓我們實現了對現代創世神話精確的絕對定年。❶

放射性定年技術充分運用了各種放射性物質——包含了諸多平常相當穩定的化學物質同位素、如碳同位素——的一項特點。❷許多放射性元素的原子核裡都含有大量的質子與中子。由於質子帶有正電荷，彼此在電學上會相互排斥；在單一原子核裡塞進的質子越多，排斥力就越大。到最後，這些相斥的力量會削弱將原子核聚合在一起的強大核力；也正因為這個原因，大型原子核就比小型原子核還更加脆弱。但在某些組態下，甚至較小型的原子核也可能出現不穩定的狀態。每隔一段時間，放射性元素的原子核就會開始分崩離析。它們噴出少量的質子與中子、而有時則是單一的電子或者正電子；如此一來，它們就變成了不同的元素。這個被稱為放射性衰變（radioactive decay）的過程會持續讓原來的物質經過一步又一步的放射過程而發生質變，一直到最後變成了像是鉛元素這種穩定的元素才罷休。這種衰變的發生具有很強的統計規律性：雖然我們無法預測某個特定的原子核會在什麼時候發生分裂（正如同我們無法預測特定的某一次丟銅板的結果一樣），但是我們卻能夠精確得知許多放射性活動的行為。因此，我們就可以預測大量物質的衰變速度有多快。這個速率通常是以半衰期（half-life）來加以計算的。例如，鈾－238（最常見的鈾同位素）的半衰期約為四十五億年、比地球的年齡稍微小一點。這也就意味著，如果我們從一塊（也許在超新星上）剛生成的鈾－238開始計算，那麼在經過了四十五億年以後，就會有一半的鈾元素衰變成其他的元素。（事實上，地球上這麼多鈾元素似乎都有四十五億六千萬年左右的年紀，讓我們有理由相信，就在我們的太陽系形成之前，在我們這個部分的星系確實曾發生過超新星爆炸的情況。）放射性元素的半衰期各自並不相同。例如，碳－14（一種稀有的碳同位素）的半衰期為五千七百一十五年，這也就是為什麼考古學家會用它來測定最遠發生在大約四萬年前活動的年代。❸對於更久遠以前的年代，因為最初的碳－14遺留下來得太少、不足以作為精確分析之用，因此造成了異常的結果；所以，需要採取其他的辦法。

放射性衰變的統計規律，讓我們能計算出某個含有放射性物質的特定團塊形成的年代。藉由這種技術的運用，我們就能得知，比方說，地球形成於四十五億六千萬年前，或寒武紀的年代是在五億七千萬至五億一千萬年前之間。技術上的細節雖然相當複雜，但一般性的原理卻有夠簡單。假使你拿到一塊放射性物質，你就能測量出它分裂為其他元素的比例有多少，然後再根據這個數字你來推算這塊物質存在的時間有多久。在這一類的計算方法裡總有些不確定因素的存在，然而甚至連可靠程度的高低也能獲得某種精確程度的估算。放射性定年法的原理是由美國的威拉得・利比（Willard Libby）首先在一九五〇年代所發展出來的。從那時候開始，此項技術已獲得了極大的改善。因此，從二十世紀中葉開始，考古學家、地質學家、古生物學家以及天文學家就都可以精確計算出我們的星球與太陽系在遙遠過去發生的許多重大活動的精確絕對年代。放射性定年技術為現代年表提供了許多重要的年代。

分子定年法是一種比較新的技術，首創於一九八〇年代，主要用於確定兩個相關物種之間的演化距離（請參見第六章）。這種技術的工作原理是將兩個生物體類似的基因物質（如DNA）加以比較，然後再估算兩個樣本之間有何差異。許多這類估算的計算結果都顯示，大多數的基因變異在統計上都是隨機發生的；因此，就像放射性物質的分裂一樣，這種方法就能被用來當成某種時鐘使用。科學家首次使用分子鐘（molecular clock）來斷定人類與類人猿的血脈何時分道揚鑣，結果居然得到了一個令人愕然的超短數值——大約只在五百萬至七百萬年前之間。古生物學家很快就接受了這個結果，因而大大強化了這項技術的可信度；而這項技術現在也已用在許多其他重要過程的年代判定，諸如判定人類向世界各地遷徙的年代。

大爆炸炸出了自己本身在年代學方面的問題。哈伯發現了宇宙正不斷地擴張膨脹，也表示我們原則上有辦法來計算這種擴張的速率。為了著手進行這種計算，他首先必須確定星系之間的距離，以及它們彼此分離的速度。這兩項任務都相當的艱鉅，而且擴張的速率還可能隨著時間推移，在引力與（最近研究所發現的）某種「真空能」的影響下而出現變化，使得問題變得更加複雜。哈伯最初嘗試計算出來的擴張速率（哈伯常數）顯示，宇宙只有二十億年的歷史——這個數字顯然讓人無法置信，因為地球本身都被認為至少有四、五十億年的歷史。現代的估算結果把宇宙的起源定年在大約一百三十億年前。在沒有任何更古老放射性定年年代出現的狀況下，這個年代（恰好）與已知最古老恆星（大約一百二十億歲）的年齡吻合一致。根據威爾金森微波各向異性探測器在二〇〇三年發布的證據所進行的最新研究結果顯示，大爆炸非常精確的定年年代為一百三十七億年前。同樣的研究還指出，最古老的恆星在這之後的兩億年就開始點亮發光，所以，最古老恆星與宇宙本身年齡的估算結果是這麼險之又險地相近，似乎也就沒什麼好讓人覺得訝異的了。

理解大範圍的時間尺度

對於不習慣處理大範圍時間尺度的人來說，要想掌握現代創世神話的時間尺度是一件極其困難的事情。然而這樣的困難卻還不是現代創世神話所獨有的。有些印度教與佛教的宇宙史大事紀的記載，甚至要比現代科學還來得更加誇張。

> 假使，眾比丘啊——佛陀曾對弟子說法——有一塊堅固的大岩石，一哩長、一哩寬、一哩高，沒有一絲裂痕。而且每百年將屆的時候就會有人前來用絲綢幫它擦拭過。後來這塊巨石終將消逝，消失得比一個劫數（कल्प，kalpa）還快。但是像這樣的劫數，眾比丘啊，已經逝去了太多了，逝去了數百次、數千次、數萬次了。[4]

要想真正掌握現代創世神話的時間尺度，我們需要努力發揮類似的想像力。這個附錄裡包含了好幾份年表，容或能幫助讀者更加熟悉現代創世神話不同的時間尺度。

在本書最初幾個部分出現的年代，都是相對於現在的時間。因此，宇宙或許誕生於大約一百三十億年前；地球誕生於四十六億年前左右；最早多細胞生物體出現的證據約為六億年前；最早人亞科原人（雙足步行靈長目動物，現代人類為其後代子孫）存在的骸骨證據約為四百萬年前（雖然最近的發現又將這個年代往前推到了大約六百萬年前）。當我們著手處理人類歷史的年代，我們就更加正規地使用這套系統，採用了考古學家的定年術語「距今」（before the present，縮寫為ＢＰ）若干年的說法。嚴格說來，這樣的年代若按放射性定年法的標準來看，應該被計算成「距一九五〇年」若干年。對於所有大約在五千年前左右以後的年代（一般說來，也就是從第九章以後），我就採用了較為人所熟悉的「西元前」（before the common era，縮寫為ＢＣＥ）與「西元」（common era，縮寫為ＣＥ）系統，相當於傳統基督教定年體系的「西元前」與「西元」（也就是「主前」〔Before Christ，縮寫為ＢＣ〕與「主後」〔Anno Domini，縮寫為ＡＤ〕）。若想把「距今」的年代轉化為「西元前」，只要減掉兩千年就行。所以，距今五千年就等同於西元前三千年。

我們接下來將對現代創世神話進行一個簡要的概述，並提供三種不同的大事紀來幫助讀者了解本書所涉及廣大的時序範圍。散見於本書各處則有八份不同時間尺度的年表，也可以幫助讀者熟悉這個故事各種複雜的時間尺度。

核心故事

下文所述，只是一種總結了本書所講述故事的嘗試。

一百三十億年前什麼也沒有。甚至連虛空也沒有。時間不存在、空間也不存在。就在這一片虛無當中發生了一場爆炸，而在剎那之間，某種東西就確實存在了。早期宇宙熱得令人難以置信——就是個灼熱的能量與物質雲團，比太陽的核心還要熱得多。它在兆分之一秒的時間裡擴張得比光速還快，從一個原子的大小變成了一個星系那樣的大小。然後擴張的速度就放慢了下來，但是宇宙一直到今天仍持續不斷地擴張。隨著宇宙的擴張膨脹，溫度也逐漸下降。經過了大約三十萬年以後，它已經冷卻到足以讓氫元素與氦元素形成的條件。在大約十億年的期間裡，氫元素與氦元素開始聚積成巨大的雲團，然後在引力的壓力下向內塌縮。隨著這些雲團中心溫度的上升，原子就像個巨大的氫彈一般劇烈地融合在一起，而最早的那批恆星就開始點亮發光。數千億顆恆星就此出現，聚成我們稱之為星系的社群。早期宇宙就只是由氫元素與氦元素所構成，但是在恆星內部與巨大恆星殘暴死亡的極度煎熬當中卻誕生了新的元素。隨著時間的推移，更複雜的元素開始出現在星際空間當中。大約在四十五億年前，我們的太陽從包含有氫、氦以外許多新元素的氣體與物質雲團當中形成。幾乎與太陽同時形成的，還有從太陽誕生後遺留下來的殘餘物質所形成的太陽系各大行星。

早期的地球是一個險象環生的地方，隕石撞擊、高溫熾熱，大半的地方都還處於熔融的狀態。然而，在經過了十億年之後，地球開始冷卻下來，雨水落到地表，形成了最初的海洋。到了三十五億年前，複雜的化學反應或許已在深海火山口附近創造出了簡單的生命形式。在接下來的三十五億年裡，這些簡單的單細胞生物體變得愈來愈多樣化，透過天擇的機制進行演化。在相當早期的時候，有些生物體學會透過光合作用的過程從太陽光汲取能量。隨著其他生物體也開始以光合作用獲取能量，太陽光就成為地球生命的主要「電池」。從太陽那兒取得能量，讓活機體得以在海洋當中繁衍散播，最後還登上了陸地，創造出相互連結的生命網路，對大氣、陸地與海洋產生了深遠的影響。大約從六億年前開始，地球開始出現了更大型的生物體，各自都由數十億個個別的細胞所構成。到了區區二十五萬年前，我們這個物種才透過同樣不可預測的天擇過程，從猿猴一般的祖先演化出現。

雖然人類演化的方式並無異於其他的動物，但他們卻異乎尋常地善於從環境裡汲取各種資源。他們的優勢就在於擁有精確分享訊息與概念的能力，而這一點卻是其他的動物難以望其項背的。隨著時間流逝，他們共享的知識逐漸積累，讓每一代人都能在前幾代人的知識上有所發展。人類的數量逐漸增加，因為他們學會了如何在愈來愈多樣化的環境裡生活，起先在非洲，接著在歐亞大陸、澳洲大陸與美洲大陸，而到最後終於來到了太平洋上無數的島嶼。這些全球性的大遷徙，歷時達數萬年之久。到最後，從僅僅一萬年前開始，世界上有部分地區的人類開始能成功操控自身所處的環境，所以就有辦法從一定大小的土地上生產出愈來愈多的食物。運用了我們稱之為農業的各種技術，他們開始定居在小型的村莊社群裡。隨著人口增加，村莊的數量與規模也隨之增加，直到最早的大型城市在大約五千年前出現在世人眼前。這些龐大而稠密的聚居地區需要嶄新而複雜的規範來避免爭端，並協調這麼多住得這麼近的人們所從事的活動。於是就這樣產生了最早的國家，由強大個人所組成的群體來規範整體社群的各項活動。在社群內部和社群之間也會出現衝突矛盾，那是不同的群體彼此競爭資源與權力所造成的結果。然而不同社群也會彼此交流訊息，所以全體人類所能取得的技術資源也就還能持續不斷地累積。經過了數千年的發展，人類社會隨著國家一起，在規模、範圍與人口方面都有所擴展，最後終於使得大多數的人類都居住在以國家為基礎的社會當中，過著城市生活，從事著某種形式的農業活動。隨著人類的數量與技術專長的成長，他們對生物圈——也就是地球上其他生物體社群——的影響也跟著水漲船高。在某些地區，諸如灌溉或砍伐森林這些人類活動所帶來的影響，已證明具有相當大的破壞性，會使得當地的環境再也無法養活大量的人類人口，而導致了整個文明的崩潰。

隨著通訊與運輸技術的進步，愈來愈多的社群彼此也開始互相進行接觸。大約在五百年前，這些改變首度將世界各地的人類社群給串聯了起來。對許多社群來說，這種湊在一起的結果簡直就是一場災難，給他們帶來了征服、疾病與掠奪——而有時還是最殘酷無情的那一種。然而區域性社群的合併也有助於觸發新技術的突破，讓現在世界各地的人們都共同享有。在過去的兩個世紀裡，從掌握蒸汽動力開始的各種新技術，已經讓人類社會有辦法取得深鎖在諸如煤礦與石油這類化石燃料當中的大量能源。人類人口增長的速度如此之快乃前所未見，而管理這些龐大社群與對付不同社群彼此衝突的諸般問題，則需要創造出更強大而複雜的國家體系。如今，人類的數量如此龐大，對生物圈的影響也極其深遠，這使得我們陷入了嚴重破壞自己賴以為家的環境這種真正的險境之中。這種破壞不僅可能導致全球人類文明的崩潰，也可能帶給其他生物體災難性的後果。與此同時，如今人類分享知識的能力也比過去任何時候都還來得更大；或許，也就是種種新的技術與組織人類社會的新方式，能讓我們避免因為自己精湛的生態技藝而產生出來的種種危險。

整體時間的大事紀

第一份大事紀列出了一張（近似）年代的清單。這些年代涵蓋了某些在文本裡討論過的重大變化與轉變。

太陽出現以前的宇宙歷史（從一百三十億至四十五億年前）

- 大約在一百三十億年前：大爆炸、宇宙誕生；宇宙擴張膨脹到星系的規模；在接下來的幾秒鐘裡出現了許多至關重要的事件；在第一秒當中就出現了質子與電子。
- 大約過了三十萬年以後：宇宙已冷卻到大約攝氏幾千度的溫度，而電子被質子捕獲，形成了最早

（中性不帶電）的原子，也就是氫原子與氦原子；當宇宙變成中性不帶電的狀態，宇宙背景輻射就被釋放了出來（在一九六四年偵測到宇宙背景輻射的存在，使得大家普遍接受了宇宙起源的大爆炸理論）。

• 大約在大爆炸過了十億年以後：當氫原子受引力壓力影響而開始在巨大氣體雲團的中心融合成氦原子，第一批恆星就開始點亮發光；數十億顆恆星群聚集合成許多不同的星系；新的元素在恆星內部形成（所有在元素週期表裡排序到原子序數／擁有質子數量為26的鐵元素），或在超新星這種瀕臨死亡的恆星大爆炸當中產生（所有在元素週期表裡排序到原子序數為92的鈾元素）。

• 大約在四十六億年前：太陽、地球與太陽系從包含了更古老恆星殘骸的星塵雲團當中形成。

地球與地球生命的歷史（從四十五億年前開始）

• 大約在三十五億年前：地球上出現了最早的活機體；ＤＮＡ是繁衍生殖的基礎，至今仍存在於所有生物的細胞當中（它能藉由近乎完美的自我複製來進行繁殖；這個過程可能會出現改變或演化，因為複製品並非絕對完美無缺，而當不完美的複製品力求生存時，它們的後代子孫最終就形成了新的物種）；早期的生命包含有原核生物，差不多就是漂浮在保護容器，或我們稱之為細胞當中的幾股ＤＮＡ；能夠行光合作用的細胞利用了太陽光的能量，並生產出氧氣。

• 大約在二十五億年前：由能夠行光合作用的生物體所產生的游離氧開始改變了地球的大氣層。

• 大約在十五億年前：最早的複雜細胞或真核生物出現，擁有內含ＤＮＡ與複雜的內部細胞器官（所有複雜的生命形式都從真核生物演化而來）；成群的細胞開始群聚在一起而形成大型的群落，從而形成了最早的多細胞生物；透過有性生殖，讓兩個不完全相同的生物體交換彼此的

DNA而形成了與親代有所不同的新生物，加快了改變的步伐。

- 大約在六億年前：最早的大型多細胞生物化石出現於寒武紀；大氣層高空的氧氣形成了臭氧層，讓大地成為更適合生命演化的場所，因為它讓地表免於太陽光有害紫外線的傷害，但卻沒有遮擋掉它的光與熱；生命繁衍散播到陸地與天空，在海洋裡的生命同時也變得益發繁茂與多樣。
- 大約在六千五百萬年前：或許是小行星撞擊的緣故，發生了恐龍大滅絕，所產生的結果簡直有如核戰過後一般；哺乳動物開始取代了恐龍的地位，成為了主宰陸地的大型動物；最早的靈長目動物出現——牠們是過著樹棲生活的哺乳類動物，擁有更大的腦容量、靈巧的雙手與立體視覺。

舊石器時代的人類歷史（從七百萬至一萬年前）

- 大約在七百萬年前：最早的人亞科原人從類人猿演化而來，擁有雙足步行的特徵。
- 大約在四百萬年前：南方古猿出現。
- 大約在兩百萬至一百五十萬年前：能人，我們人類這個屬的第一個成員出現。
- 大約在一百八十萬年前：匠人／直立人出現。
- 大約在一萬年前：直立人員的成員遷徙到歐亞大陸南方。
- 大約在二十五萬年前：最早的現代人類智人出現，可能擁有充分發展的語言能力。
- 大約在十萬年前：現代人類進入到近東地區，或許就在當地邂逅了尼安德塔人。
- 大約在六萬年前：現代人類首度在莎湖大陸棚／澳洲大陸建立了殖民據點。
- 大約在兩萬五千前：現代人類進入了西伯利亞；尼安德塔人這支碩果僅存的非人類人亞科原人滅絕。

- 大約在一萬三千年前：首度出現人類跨越白令海峽，在美洲大陸殖民的明確證據。

全新世時代的人類歷史（過去的一萬年）

- 大約在一萬至五千年前：上一次冰河時期結束；集約式的狩獵採集技術、定居形態的社會以及早期的農業形式出現；人口開始快速增長；社會上錯綜複雜與階級制度的跡象初現端倪，因為大型社群需要嶄新而更複雜的組織形式。
- 大約在五千年前：最早的城市、國家與農耕文明浮出檯面；強大的菁英透過收取貢賦而控制資源；這些菁英策劃組織戰爭、大規模的崇拜祭祀，以及建造紀念性的建築；書寫文字業已發明；農耕文明傳播到各處，並成為人口眾多而強大的人類社群。

現代（過去的五百年至未來）

- 大約在五百年前：歐亞非大陸與美洲大陸連成一氣，形成了地球上最大的「世界區」；最早的全球交換體系誕生。
- 大約在兩百年前：最早的資本主義社會在西歐出現；工業革命開採化石燃料作為動力；歐洲國家的權力、財富與影響力都大幅增加；歐洲的帝國主義主宰了全世界。
- 大約在一百年前：工業革命展開了影響更為廣泛深遠的傳播；主要資本主義國家彼此之間爆發衝突；產生了共產主義出現的激烈反應。
- 大約在五十年前：人類首度動用核子武器（人類學會使用這種出現在宇宙起源時的爆炸性力量，讓自己陷於毀滅自我與整個生物圈的危機之中）。

- 大約在四十億到五十億年以後的未來：太陽開始走向死亡。
- 數十億年以後的未來：宇宙開始衰敗，進入了一種平凡無奇的平衡狀態。

以十三年衡量一百三十億年

第二份大事紀仍然涵蓋了一百三十億年的時間。然而，它打破了現代宇宙學的時間尺度，以十億年為係數，把一百三十億年縮短成十三年。這麼做，或許比較容易讓人掌握到不同類型時間尺度之間的重要差異。

太陽出現以前的宇宙歷史（從十三至四年半以前）

- 大爆炸發生於大約十三年前。
- 最早的恆星與星系大約在十二年前出現。
- 太陽與太陽系大約在四年半以前誕生。

地球與地球生命的歷史（從四年半以前開始）

- 最早的活機體大約在四年前出現。
- 最早的多細胞生物體大約在七個月前出現。
- 盤古大陸大約在三個月以前形成。
- 恐龍在隕石撞擊之後，大約在三個星期以前消亡滅絕；哺乳類動物開始茁壯成長。

舊石器時代的人類歷史（從三天前至六分鐘以前）

・最早的人亞科原人大約在三天前於非洲演化出現。
・最早的智人大約在五十分鐘前於非洲演化出現。
・人類大約在二十六分鐘前首度抵達巴布亞紐幾內亞／澳洲大陸。
・人類大約在六分鐘前抵達美洲大陸。

全新世時代的人類歷史（從六分鐘前至十五秒鐘以前）

・最早的農業社群大約在五分鐘以前開始繁榮發展。
・最早有讀寫能力的城市文明大約在三分鐘以前出現。
・中國、波斯、印度與地中海的古老文明以及最早的美洲大陸農耕文明，大約在一分鐘以前出現。
・蒙古帝國大約在二十四秒鐘以前短暫地統一了歐亞大陸；黑死病爆發。

現代（過去的十五秒鐘）

・人類社群大約在十五秒鐘以前連結成為一個單一的「世界體系」。
・工業革命大約在六秒鐘以前開始在歐洲散布蔓延。
・第一次世界大戰大約在兩秒鐘以前爆發。
・人類的人口達到了五十億、接著變成六十億；人類首度動用核子武器；人類登上月球太空漫步；電子化革命登場——這一切都發生在最後的一秒鐘當中。

地質學的時間尺度

第三份大事紀會讓學習地質學的人備感親切熟悉。這就是地質學的時間尺度。你肯定會遇到需要拿它來借鑑參考的時候；所以，相當值得我們花點時間來熟悉一下它的主要特點。表A1所呈現的，是一個極度簡化的版本。假使不同版本之間的日期年代出現了些微的差異，也不必太過於擔心；重要的是，能否掌握全局。

注釋

❶ 關於現代定年技術的全面考察，請參考Armand Delsemme, *Our Cosmic Origins: From the Big Bang to the Emergence of Life and Intelligence* (Cambridge: Cambridge University Press, 1998), p. 285；Neil Roberts, *The Holocene: An Environmental History* (Oxford: Blackwell, 1998, 2nd ed.), chap.2；以及Nigel Calder, *Timescale: An Atlas of the Fourth Dimension* (London: Chatto and Windus, 1983)。

❷ 同位素具有相同數量的質子但是核子數量不同。例如碳－14是不穩定的，而碳－13和碳－12則是穩定的，但是都有六個質子（這個事實就將它們都定義為碳原子）；碳－12和碳－13分別占所有碳原子的百分之九十八．九和百分之一．一，而碳－14僅有微量存在。

❸ 關於碳－14定年技術發展的全面考察，參考Roberts, *The Holocene*, pp. 11-25。

❹ 在尼亞納提洛卡（Nyanatiloka）所著的《佛教辭典》第三版（*Buddhist Dictionary: Manual of Buddhist Terms and Doctrines* (Colombo [Sri Lanka]: Frewin, 1972, 3rd ed.)）裡解釋了「劫數」為何，而岩石磨耗的暗喻似乎也眾所周知。因為在同樣的引用來源和標題下，格林童話裡有個小故事也講述了下列的內容：「在後波美拉尼亞有座鑽石山，長寬高各為一時（one hour）。每隔一百年會飛來一隻鳥，用小小的鳥喙啄山。等整座山都被啄掉時，永恆的第一秒就結束了。」注：坊間的格林童話中文版本，鑽石山的長寬高多半寫成兩英里。

表A1　地質學的時間尺度

地質年代	紀	起始年代（距今／年）	主要事件
冥古宙時期		46億	太陽系形成；月球；融熔與「分化」，最古老的岩石，早期大氣層
太古宙時期		40億	最初的生命；原核生物
元古宙時期		25億	氧氣增加；真核生物
	埃迪卡拉紀	5億9千萬	最早的多細胞生物體
古生代時期	寒武紀	5億7千萬	最早的有殼生物體
	奧陶紀	5億1千萬	最早的珊瑚、脊椎動物
	志留紀	4億3千9百萬	最早的硬骨魚、最早的樹
	泥盆紀	4億零9百萬	最早的鯊魚、兩棲動物
	石炭紀	3億6千3百萬	最早的爬行動物、有翼昆蟲；煤炭形成
	二疊紀	2億9千萬	生物大滅絕
中生代時期	三疊紀	2億5千萬	最早的恐龍、蜥蜴、哺乳動物
	侏羅紀	2億零8百萬	最早的鳥類
	白堊紀	1億4千6百萬	最早的開花植物、有袋目動物
新生代時期（第三紀）	古新世	6千5百萬	小行星撞擊；恐龍滅絕、哺乳動物與開花植物的輻射演化；最早的靈長目動物
	始新世	5千7百萬	最早的類人猿
	漸新世	3千6百萬	早期的人亞科原人
	中新世	2千3百萬	人科動物與猿類血脈分化
	上新世	5百20萬	南方古猿、能人
（第四紀）	更新世	1百60萬	直立人、現代人類
	全新世	1萬	冰河時期後的人類歷史

在這個附錄裡，我要來談談一些在這本書不同的時間尺度下反覆討論的東西。雖然這對於理解本書的論點並非必要，但這個附錄容或可以澄清某些細節，並或許有助於讀者更明白現代創世神話各個不同部分之間的某些關聯。

在所有出現在許多不同時間尺度下的各種模式裡，最重要的就是模式本身的存在。❶不管從哪裡著眼觀察，我們所看到的都是有組織的結構或制度。我們眼裡沒有那些毫不相干的零碎事物，就像是一種宇宙的靜滯狀態似的；太過於簡單而反覆的模式則趨向於逐漸消失在背景當中。我們關注的是那些結合了結構與多樣性的複雜模式。這些模式在無序或極度簡單的背景下顯得相當搶眼，而且本身還是有故事的。假使歷史變遷擁有一般性的規則，那麼這些通則所涉及的就是這些模式諸般創造與演化的方式。

我們之所以看得出複雜的結構，多半是因為我們就是被創造成看得見複雜的結構。所有活機體都必須勘測自身所處的環境，才能夠存活下來。它們必須能夠洞察季節的變化、日月的運行，以及獵物與天敵的一舉一動。因此，它們必須練就探查模式為何的本事，弄清楚環境裡零碎事物如何變成更大、更可預測的樣貌。人類也一樣，都不斷區辨著環境當中有無具有結構的不同部分。我們對恆星的興趣，必然超過了恆星之間近乎空無的空間。我們也還學會了如何追索感官無法立即直接感受到的許多模式，好比像是深層時間（deep time）的諸多模式。秩序與混沌聯手形塑了我們想要了解自身世界的所有嘗試。

但是我們覺察到的模式確實就在那兒，而它們的存在也是宇宙難解的一大難題。為什麼會有任何一種秩序的存在呢？究竟是什麼樣的規則能讓有序的結構得以創造與演化呢？創造無序似乎比創造秩序來來得更加容易一些。想像我們手裡有一副撲克牌。在隨意洗牌以後，幾乎不會出現任何井然有序的排列結果——譬如，十三張紅心全都按大小順序整齊排列的情況。假使那種狀況真的出現了，那麼再多洗幾次牌，那樣的排序也會消失不見。但在我們研究整體宇宙時，卻在許多不同的尺度下發現了複雜而持久的模式——從綿延數百萬光年的星系團，到人類歷史的複雜社會結構，再到把夸克鎖在我們稱之為質子與中子這種次原子粒子當中、更具持久性的模式。

許多宗教宣稱，像我們人類這種複雜實體是由一名有智慧的造物主或者神靈所創造出來的，藉以解決如何解釋這些複雜而持久模式的難題。對於現代科學來說，這麼作可能還是沒辦法解決問題，因為這只不過提出了一個更進一步的難題：這個神靈又是怎麼被創造出來的？我們能不能對複雜性提出解釋，但是別提出某種會讓人不禁會生出更多疑問的假設呢？在眼下，還沒有完全令人滿意的答案來回答這些問題；在接下來的篇幅，也只是以某些現代的手段來找尋解決方案的線索。

有件事我們當下就能弄清楚：這些模式的創造與維持都需要「作功」才行。一副撲克牌的無序狀態要比有序狀態還多得多，所以大多數洗牌的結果就都會產生無序的狀態。宇宙作功方式似乎也是如此，本來就有朝向無序和混沌的傾向。這些模式的創造與維繫就會出現對抗這種顯然趨向無序狀態的結果；這也就意味著，我們得協助讓不可能的事情發生，並讓它們持續不斷地發生。

要想了解模式，也就意味著我們得了解能量是如何作功的。在十九世紀，法國工程師薩迪・卡諾（Sadi Carnot）在研究蒸汽機的能量效率時得到了一個結論：能量從來都不會消失；它只是改變了本身存在方式。因此，當熱量被用來產生蒸汽時，蒸汽的壓力就可以產生出蒸汽引擎的機械能，而能量本身似乎是守恆的。能量守恆定律往往就被稱為熱力學第一定律。熱力學第二定律在乍看之下，似乎與第一定律相互矛盾：它指出，在一個封閉的系統（宇宙似乎就是這樣的一個系統）裡，自由能或能夠作功的能量，在數量上會有隨著時間流逝而消散的傾向。瀑布之所以能夠驅動渦輪機，就是因為渦輪機頂部的水已經被抬升到更高的高度，而在水流入大海的時候，用來抬升水位的能量（來自太陽，因為太陽讓水蒸發成水蒸汽，並上升到雲層）也就被返還了回來。等到水已經流入了海洋，這個能量就不再作功，因為所有的水在海平面的可用能量總數都大致相同；這就達到了熱力學的平衡狀態。可用的能量或自由能——也就是能夠作功的能量——需要有某種梯度、斜坡，也就是要有某種形態上的差異。熱力學第二定律預測，經過了漫長的時間以後，封閉系統裡的所有差異都會逐漸變小；而在這種情況發生時，就會有日益減少的可用能量扛起創造並維持複雜實體的艱難工作。這似乎就意味著，整個宇宙最終將隨著趨向熱力學的平衡狀態發展而變得愈來愈沒有秩序。在十九世紀，這種令人感到沮喪的觀念被描述為宇宙的「熱寂」（heat death）。德國科學家魯道夫・克勞修斯（Rudolf Clausius）把這一大堆穩定增長的無用能量貼上了一個標籤，把它叫做「熵」。以長遠的觀點來看，似乎熵的數量必然會增加，而複雜性則必然逐漸減少。❷到最後，所有的一切都必然變成背景噪音。熱力學第二定律顯然意味著，宇宙裡所有的一切正搭乘同一部走向混沌狀態的下行電扶梯。

這些都是現代物理學的基本觀念，但卻提出了兩個更加深刻的問題。首先，究竟怎麼可能會產生秩序的？為什麼我們沒有發現自己身處在一個全然無序的宇宙當中，而熱力學第二定律已在此完成它那致命的使命？宇宙是否在肇始之初就儲滿了讓一切有序實體能從中汲取的自由能呢？假使是這樣的話，那麼，能量的資本從何而來？要多久的時間會消耗殆盡呢？一定是有什麼東西（或什麼人？）在宇宙早期的時候做了某種繁重的工作，才造就了能夠創造並維繫我們身邊所見諸般模式的梯度與差異。❸假若這不是造物主的傑作，那麼這一切又是怎麼做到的呢？自由能的最終來源（所以也是秩序的最終來源）依然是個現代宇宙學的不解之謎，因為，就我們所知道的，就是早期的宇宙擁有相當驚人的同質性。

早期的宇宙顯然密度極高、極其熾熱，處在一種熱力學平衡的狀態下。但隨著它擴張膨脹，溫度就逐漸冷卻下來；溫度降了下來，對稱的狀態就也就被打破了。於是就出現了最早的各種差異，產生了最早不同的溫度與壓力梯度。一開始，電磁力與引力這些不同作用力之間似乎都沒什麼差別。它們似乎都在這熾熱無盡、稠密無邊的宇宙裡混合在狂暴的各種能量當中。然而，隨著宇宙擴張而冷卻，不同的基本作用力就各自顯露出自己特有的形式。例如，在大爆炸發生之後大約三十萬年之間，電磁力相當微弱，不足以把電子與質子束縛在原子當中。但在那一段時間之後，宇宙冷卻到一定的溫度，讓電流得以開始塑造出現代物理學與化學所研究的原子結構。在這個時候，物質與能量也開始變得截然不同了。

隨著宇宙擴張膨脹、微小的初始差異增加，每一種作用力就開始以不同的方式來發揮各自的作用。引力作用的範圍相當廣大，並形塑了宇宙的巨大結構。比起質輕而移動快速的能量來說，物質因為移動緩慢且相當沉重，就更容易讓引力給驅趕在一起。因此，隨著物質與能量的分離，引力開始發揮作用，把物質塑造成大型的複雜結構，而除非在諸如黑洞附近這種極端的區域裡，否則能量多半都能夠擺脫引力的影響。一開始，引力把氫與氦聚攏成巨大的雲團。接著開始把每個雲團都擠壓成愈來愈小的空間，直到壓力與溫度逐步累積起來、尤其是在中心的部位。當核心的溫度達到了大約一千萬度，融合反應開始出現，而恆星就此點亮發光。所有恆星核心的融合反應都抵消了引力的破壞力量，達成了某種宇宙的休兵狀態，替每一顆恆星的存在奠定了基礎。在誕生之後，恆星就提供穩定而長期的能量差，供應大量儲備的自由能或負熵（negentropy）。恆星創造了穩定的熱點，點綴在早期逐漸冷卻的宇宙當中，就像撒在麵團上的葡萄乾一樣。如今，宇宙背景輻射的溫度也只不過比絕對零度高了幾度——這就是宇宙的基本溫度。然而恆星核心的溫度必然相當地高，才能夠啟動融合反應——而在大型恆星的內部，溫度可以高達一千萬度以上。在接近這些熱點的區域，可能就會開始誕生出複雜的實體，利用恆星與周圍太空的巨大溫差，就如同地球上早期生命誕生於深海火山口周圍一樣。就像保羅・戴維斯曾說過：「在遠非平衡的開放系統裡，物質與能量擁有尋求更具組織性與複雜性的傾向。」❹

在地球上，在我們太陽與周圍太空之間的溫差，提供了創造包括我們在內大多數複雜形態所需的自由能；在我們太陽系早期歷史裡所產生的能量，驅動了地球內部推動地層板塊構造的熱力電池。這些差異讓能量產生流動，而能量流就讓模式得以產生。而且只要有足夠的時間，僅僅出現模式的可能性到最後就可能讓各式各樣的模式紛紛出現。

按照這樣的思路來推論的話，宇宙的擴張讓早期宇宙冷卻降溫，變得多采多姿，是所有溫度與壓力差異的最終根源，所以也是創造秩序所需自由能的終極來源。但我們可以把這種說法稍微變動一下。

在起源的那一瞬間，宇宙是如此微小而同質，以至於幾乎不可能出現什麼無序的狀態；這就像是一副只有一張牌的撲克牌一樣。擴張膨脹給無序創造了更大的揮灑空間與新的可能性，而這些可能性會隨著宇宙持續擴張而隨之增加。按照一般的慣例，系統越大，產生熵的可能性也就越大；若我們持續類比下去的話，這就好比一副牌的張數越多，無序狀態的可能性也就越大一樣。❺因此，儘管熱力學第二定律表示熵總是不斷增加，但是宇宙的擴張似乎能讓人確信，在通往底部絕對無序狀態的熱力學下行電扶梯上，總會有更多插入的台階。但凡是造成宇宙擴張膨脹，在某種意義上也就是秩序與模式的來源。

在回答完第一個問題——說明怎麼可能會有任何一種秩序的存在——之後，第二個問題依然還是懸而未決：複雜實體是如何出現的？一旦出現之後，又是如何讓自己支撐到被我們注意到（或者變成了我們）呢？自相矛盾的是，熵持續增加的趨勢——也就是朝向無序的驅動力——本身卻可能又是創造秩序的動力。它在創造無序的路途上創造了秩序。用充滿詩意的語言來說，我們可以把穩定增長的熵想像成宇宙想要回歸熱力學平衡的原始狀態所做的嘗試；許多創世神話同樣也描述了原本統一狀態的分裂，而這些遭受分離的部分則又試圖回歸到本身原始的狀態。柏拉圖在〈會飲篇〉裡曾提出一種對於男女情愛的解釋，認為情愫的滋生，是因為諸神把一個雌雄同體的生命分割成兩個不同的生物，而他們想要重新結合的努力，就創造出所有未來的人類。趨向無序的驅動力似乎創造了新形態的秩序，就像落水的能量會產生水滴向上飛濺，又像河裡的水流會形成讓少量水流阻擋主流的漩渦一樣。

從小範圍、短時期來看，複雜實體似乎透過了增加秩序的狀態而逆轉了熱力學第二定律的作用。但是，若從它們取得自由能的更大環境來看，它們明顯加速了自由能轉化成無用的熱能形態，其實反倒是讓熵增加了。因此就某種意義來說，複雜性其實就是一種熱力學第二定律所採用的滑頭手段，好更有效率地實現自身通向無序宇宙這個前景黯淡的目標。❻伊利亞・普里高津（Ilya Prigogine）與伊莎貝爾・斯唐熱（Isabelle Stengers）用了耗散（dissipative）這個令人費解的術語來描述這裡所提到的複雜結構。❼複雜結構的作用就在於處理巨大的能量流，並且在這個過程裡耗散大量的自由能，從而全面增加了熵的總量。雖然它們似乎暫時而局部減少了熵的數量，但其實產生熵的效率卻比簡單的結構更高、更有利於那要命的熱力學第二定律來發揮作用。

儘管如此，創造秩序並不是一件容易的事。不知怎麼的，大量的能量流需要以能夠產生少量增加有序狀態的方式來加以濃縮與聚集。複雜的現像需要恆定的生產能力，好幫助自己能在熵這座殘酷無情的下行電扶梯上往上攀爬。所以，穩定差異的存在就保證了能量的穩定供給，像是從附近恆星可以獲得溫度與壓力的差異，就是複雜性不可缺少的先決條件。我們搞不清楚的是，究竟是否存在著一種會主動尋求複雜性的機制。差異與不平衡狀態的存在，是否會主動讓物質與能量趨向複雜性發展？抑或者只是帶來了如此發展的可能？複雜性的運作方式會不會和天擇一樣都是透過隨機生成的諸般結構來達成；而在這些結構出現了之後，就會因為對環境適應良好而與這個地方契合在一起？抑或者，熱力學第二定律會透過自己迂迴的宇宙起源滑頭手段來創造出複雜性？

不管有序狀態從何而來——不管從太陽當中或證券交易所裡面——都需要創造出能引導與控制大量能量流，而不致讓它們崩潰散架的各種結構。這是個極度困難的燙手山芋。而那樣的困難，不僅說明了為何有序的實體是如此脆弱而稀有，同時也讓我們明白為何它們能在更為簡單的背景襯映下脫穎而出。大致上來說，現象越是複雜，就必須得同時盡量兼顧更多的能量流，於是也就更容易崩潰。因此我們應當預期的是，當實體變得愈來愈複雜，或許就會變得更不穩定、更短命與更稀有。甚至只是增加了一點複雜性，或許就有可能大幅提高了它的脆弱程度，因而增加了它的稀有程度。對現存所有的複雜化學物質來說，只有極小部分曾經形成了活機體；而在所有的活機體當中，只有更少部分能變成像我們人類這種擁有智慧與網路關係的物種。（表4.1，給這些泛論提供了一些證據。）然而我們也清楚明白，假使我們不依賴隨機變化不經意地產生出這些結構，而是可以找出具有主動創造出這些結構傾向的法則，那麼複雜實體出現的可能性就會大為增加。目前，我們根本就不知道這樣的法則是否存在，儘管新興的複雜科學（science of complexity/complexity science）正試圖要找出這些法則。

我們所能做的，就是來描述複雜結構出現的某些方式。基本的法則似乎是，複雜性通常都會按部就班地出現，在不同的尺度下把已經存在的各個模式連結成更大、更複雜的模式。一旦達成目標，某些模式似乎會把自身的構成要素鎖進那些比自己創造出來的簡單布置更穩定而持久的新排布當中。這樣的過程會讓我們觀察宇宙裡的複雜性產生出不同程度的等級體系，因為在每一個尺度下，似乎就是這些建構與改變的新規則在發揮著它們的作用。我們把它們稱為湧現特質，因為它們似乎並不是衍生自原本組成成分的各種屬性；相反地，它們顯然是在這些組成成分被組裝成更大型的結構體的時候才出現的。宇宙／universe這個詞彙是由八個英文字母所組成的語言結構體。但是，我們並沒有辦法藉由認識構成這個詞彙的字母而推斷出它的意義，它的意義就是一種湧現特質的表現。在化學的領域裡也同樣如此，水的屬性並不能藉由描述氫與氧的表現方式來加以說明，然而水就是由氫與氧的分子彼此結合所構成的。只有在氫原子與氧原子結合成水分子的時候，它的屬性才會顯現出來。[8]在不同尺度與不同程度的複雜性之下，這些規則逐漸以數之不盡的不同方式發揮出它們的作用，為現代知識的各個學門提供了研究的主題。每一個學門所處理的，就是在複雜性的各個新層級上頭湧現的規則——從粒子物理學到化學、生物學、生態學與歷史，不一而足。

身為複雜的生物，我們從個人的經驗得知，要從下行的電扶梯往上走，對抗這萬用溜滑梯陷入無序的狀態是多麼困難，所以我們不免對其他似乎面臨相同狀況的各種實體深感興趣。因此，這個主題——秩序狀態的實現，儘管因熱力學第二定律的存在，也或許在它協助下，才得以達成——就被穿插在整本書所述故事的各個片段當中。混沌與複雜性兩者迴旋共舞著永無止境的華爾滋，則給本書提供了一個統一性的概念。

注釋

❶ 這個關於模式的論證，深受最近以大歷史許多不同尺度，確認不同模式下兩種嘗試的影響：分別是弗雷德・史畢爾的《大歷史的構成》和艾瑞克・伽森的《宇宙的演化》。這些論證，反過來說，也得大大歸功於薛丁格在《生命是什麼》裡諸多開創而前瞻的討論。而有關複雜性出現的討論，請參考伊利亞・普里高津與斯唐熱的《混沌中的秩序》（*Order out of Chaos: Man's New Dialogue with Nature* [London: Heinemann, 1984]）、保羅・戴維斯的《宇宙藍圖》（*The Cosmic Blueprint* (London: Unwin, 1989)）、里卡德・蘇爾（Ricard Solé）與布萊恩・古德溫（Brian Goodwin）的《生命跡象》、斯圖亞特・考夫曼的《宇宙為家》，以及羅傑・盧殷的《複雜性》。

❷「熵：定義了不可用能量的數量，熵在封閉系統裡永遠不會減少。」（阿拉孟・狄辛姆，《我們宇宙的起源》，頁二九九－三〇〇。）然而，最近宇宙擴張速度正在加快的隱射卻可能會削弱這樣的概念，正如同我將在本附錄稍後所討論的那樣，假使擴張本身就是負熵或負熵來源的話；請參考尼科斯・普蘭斯托斯的《我們在宇宙裡的未來》，頁xi，二四一－四二。

❸ 對於最近對於如何形成秩序的可能性探討，請參考羅傑・潘洛斯（Roger Penrose）的《皇帝新腦》（*The Emperor's New Mind: Concerning Computer s, Minds, and the Laws of Physics* [London: Vintage, 1990]）、艾瑞克・伽森的《宇宙的演化》、馬丁・芮斯的《宇宙的六個神奇數字》，以及普蘭斯托斯的《我們在宇宙裡的未來》，頁二三九－四二。

❹ 戴維斯，《宇宙藍圖》，頁一一九。

❺ 普蘭斯托斯，《我們在宇宙裡的未來》，頁二四一。

❻ 這種複雜性的觀點是羅德・斯文森（Rod Swenson）的概念，摘錄自琳・馬古利斯與多里翁・薩根的《生命是什麼？》，頁一六。另外也請參考阿拉孟・狄辛姆的《我們宇宙的起源》，頁三〇〇：「活機體能減少自身的熵，因為它們能拒絕外部世界無法使用的能量。」

❼ 請參考伊利亞・普里高津與斯唐熱的《混沌中的秩序》。

❽ 于貝爾・雷弗等人合著的《起源：宇宙、地球與人類》（頁三五），他把早期宇宙的「原始泥糊」（primitive puree）比做字母湯（放有羅馬字母形通心粉的湯）；水的例子則是來自里卡德・蘇爾與布萊恩・古德溫的《生命跡象》，頁一二一。

regarding the single-species theory of hominine evolution.]

Wong, R. Bin. *China Transformed: Historical Change and the Limits of European Experience* (Ithaca, N.Y.: Cornell University Press, 1997).

World Commission on Environment and Development. *Our Common Future* (Oxford: Oxford University Press, 1987).

World Development Indicators (Washington, D.C.: World Bank, 2002).

World Resources, 2000-2001: People and Ecosystems: The Fraying Web of Life (Washington, D.C.: World Resources Institute, 2000).

Wright, Robert. *Nonzero: The Logic of Human Destiny* (New York: Random House, 2000).

Wrigley, E. A., *Continuity, Chance, and Change: The Character of the Industrial Revolution in England* (Cambridge: Cambridge University Press, 1988).

---. *People, Cities, and Wealth* (Oxford: Blackwell, 1987).

---. *Population and History* (London: Weidenfeld and Nicolson, 1969).

Wrigley, E. A, and R. S. Schofield. *The Population History of England, 1541-1871: A Reconstruction* (Cambridge, Mass.: Harvard University Press, 1981).

Zvelebil, Marek. "Mesolithic Prelude and Neolithic Revolution," in *Hunters in Transition: Mesolithic Societies of Temperate Eurasia and Their Transition to Farming*, edited by Marek Zvelebil (Cambridge: Cambridge University Press, 1986), pp. 5-15.

---, ed. *Hunters in Transition: Mesolithic Societies of Temperate Eurasia and Their Transition to Farming* (Cambridge: Cambridge University Press, 1986).

Weinberg, Steven. *The First Three Minutes: A Modern View of the Origin of the Universe* (London: Flamingo, 1993, 2nd ed.).
Wells, H. G. *The Outline of History: Being a Plain History of Life and Mankind.* 2 vols (London: George Newnes, 1920).
---. *A Short History of the World* (London: Cassell, 1922).
Wenke, Robert J. *Patterns in Prehistory: Humankind's First Three Million Years* (New York: Oxford University Press, 1990, 3rd ed.).
White, J. Peter. "The Settlement of Ancient Australia," in *The Illustrated History of Humankind*, edited by Göran Burenhult. Vol. 1, *The First Humans: Human Origins and History to l0,000 BC* (St. Lucia: University of Queensland Press, 1993), pp. 147-51, 153-57.
White, J. Peter, and James F. O'Connell. *A Prehistory of Australia, New Guinea, and Sahul* (Sydney: Academic Press, 1982).
Whitmore, Thomas M., et al. "Long-Term Population Change," in *The Earth as Transformed by Human Action: Global and Regional Changes in the Biosphere over the Past 300 Years*, edited by B. L. Turner II et al. (Cambridge: Cambridge University Press, 1990), pp. 25-39.
Wilkinson, David. "Central Civilization," in *Civilizations and World Systems: Studying World-Historical Change*, edited by Stephen K. Sanderson (Walnut Creek, Calif.: Altamira. 1995), pp. 46-74.
Wills, Christopher. *The Runaway Brain: The Evolution of Human Uniqueness* (New York: Basic Books, 1993).
Wilson, Edward O. *Biophilia* (Cambridge, Mass.: Harvard University Press, 1984).
---. *Consilience: The Unity of Knowledge* (London: Abacus, 1998).
---. *The Diversity of Life* (Harmondsworth: Penguin, 1992).
---. *The Future of Life* (New York: Alfred Knopf, 2002).
Wolf, Eric R. *Europe and the People without History* (Berkeley: University of California Press, 1982). [A superb, if sometimes difficult, history of the modern world by an anthropologist.]
---. *Peasants* (Englewood Cliffs, N.J.: Prentice-Hall, 1966).
Wolpoff, M. H., Wu Zinzhi, and A. Thorne. "Modern *Homo sapiens* Origins: General Theory of Hominid Evolution Involving the Fossil Evidence from East Asia," in *The Origins of Modern Humans: A World Survey of the Fossil Evidence*, edited by Fred H. Smith and Frank Spencer (New York: Alan Liss, 1984), pp. 411-83. [A definitive statement of their position

---. *The Rise of Merchant Empires: Long-Distance Trade in the Early Modern World, 1350-1750* (Cambridge: Cambridge University Press, 1990).

Trigger, Bruce G. *Early Civilizations: Ancient Egypt in Context* (Cairo: American University in Cairo Press, 1993).

Tudge, Colin. *The Time before History: Five Million Years of Human Impact* (New York: Scribner, 1996).

Turner, II, B. L., et al., eds. *The Earth as Transformed by Human Action: Global and Regional Changes in the Biosphere over the Past 300 Years* (Cambridge: Cambridge University Press, 1990).

Van Creveld, Martin L. *Technology and War: From 2000 B.C. to the Present* (New York: Free Press; London: Collier Macmillan, 1989).

Vansina, Jan. "New Linguistic Evidence and 'the Bantu Expansion'," *Journal of African History* 36.2 (1995): 173-95.

Voll, John O. "Islam as a Special World-System," in *The New World History: A Teacher's Companion*, edited by Ross E. Dunn (Boston: Bedford/St. Martin's, 2000), pp. 276-86.

Von Damm, Karen L. "Lost City Found," *Nature* (12 July 2001): 127-28.

Von Franz, Marie-Louise. *Creation Myths* (Dallas: Spring Publications, 1972).

Wallerstein, Immanuel. *The Modern World-System*. 3 vols (New York: Academic Press, 1974-89).

---. "World-System," in *A Dictionary of Marxist Thought*, edited by Tom Bottornore (Oxford: Blackwell, 1991, 2nd ed.), pp. 590-91.

Walter, Malcolm. *The Search for Life on Mars* (Sydney: Allen and Unwin, 1999).

---, ed. *To Mars and Beyond: Search for the Origins of Life* (Canberra: National Museum of Australia, 2002).

Watson, Andrew M. *Agricultural Innovation in the Early Islamic World: The Diffusion of Crops and Farming Techniques, 700-1100* (Cambridge: Cambridge University Press, 1983).

Watson, James D. *The Double Helix: A Personal Account of the Discovery of the Structure of DNA*. 1968. Reprint (Harmondsworth: Penguin, 1970).

Watts, Sheldon. *Epidemics and History: Disease, Power, and Imperialism* (New Haven: Yale University Press, 1998).

Weber, Max. *The Protestant Ethic and the Spirit of Capitalism*. Translated by Talcott Parsons. 1930. Reprint (New York: Scribners, 1958).

Ecozoic Era: A Celebration of the Unfolding of the Cosmos (San Francisco: HarperSanFrancisco, 1992).

Taagepera, Rein. "Expansion and Contraction Patterns of Large Polities: Context for Russia," *International Studies Quarterly* 41 (1997): 475-504.

---. "Size and Duration of Empires: Growth-Decline Curves, 3000 to 600 BC," *Social Science Research* 7 (1978): 180-96.

---. "Size and Duration of Empires: Growth-Decline Curves, 600 BC to 600AD," *Social Science Research* 3 (1979): 115-38.

---. "Size and Duration of Empires: Systematics of Size," *Social Science Research* 7 (1978): 108-27.

Tattersall, Ian. *Becoming Human: Evolution and Human Uniqueness* (New York: Harcourt Brace, 1998).

Taylor, Stuart Ross. "The Solar System: An Environment for Life ?" in *To Mars and Beyond: Searchfor the Origins of Life*, edited by Malcolm Walter (Canberra: National Museum of Australia, 2002), pp. 56-67.

Thompson, E. P. *The Making of the English Working Class* (London: Victor Gollancz, 1963).

---. *Whigs and Hunters: The Origin of the Black Act*. (London: Allen Lane, 1975).

Thompson, William R. "The Military Superiority Thesis and the Ascendancy of Western Eurasia in the World System," *Journal of World History* 10.1 (1999): 143-78.

Thorne, Alan G., and Milford H. Wolpoff. "The Multiregional Evolution of Humans," *Scientific American* (April 1992): 28-33.

Thorne, Alan, et al. "Australia's Oldest Human Remains: Age of the Lake Mungo 3 Skeleton," *Journal of Human Evolution* 36 (June 1999): 591-612.

Tickell, C. "The Human Species: A Suicidal Success?" in *The Human Impact Reader: Readings and Case Studies*, edited by Andrew Goudie (Oxford: Blackwell, 1997), pp. 450-59.

Tilly, Charles. *As Sociology Meets History* (New York: Academic Press, 1981).

---. *Big Structures, Large Processes, Huge Comparisons* (New York: Russell Sage Foundation, 1984).

---. *Coercion, Capital, and European States, AD 990-1992* (Cambridge, Mass.: Blackwell, 1992, Rev. ed.).

Toynbee, Arnold. *A Study of History* (Oxford: Oxford University Press, 1946).

Tracy, James D., ed. *The Political Economy of Merchant Empires: State Power and World Trade, 1350-1750* (Cambridge: Cambridge University Press, 1991).

Sproul, Barbara. *Primal Myths: Creation Myths around the World.* 1979. Reprint (San Francisco: HarperSanFrancisco, 1991).

Stableford, Brian, and David Langford. *The Third Millenium: A History of the World, AD 2000-3000* (London: Sidgwick and Jackson, 1985).

Stanford, Craig B. *The Hunting Apes: Meat Eating and the Origins of Human Behavior* (Princeton: Princeton University Press, 1999).

---. *Significant Others: The Ape-Human Continuum and the Quest for Human Nature* (New York: Basic Books, 2001).

Stanley, Steven M. *Children of the Ice Age: How a Global Catastrophe Allowed Humans to Evolve.* 1996. Reprint (New York:W. H. Freeman, 1998).

---. *Earth and Life through Time* (New York: W. H. Freeman, 1986).

Stavrianos, L. S. *Lifelines from Our Past: A New World History* (New York:W. H. Freeman, 1989). [An interpretive essay by one of the pioneers of world history; he uses Eric Wolf's typology of human societies in simplified form.]

Stearns, Peter N. *The Industrial Revolution in World History* (Boulder, Colo.: Westview Press, 1993).

---. *Millennium III, Century XXI: A Retrospective on the Future* (Boulder, Colo.: Westview Press, 1996).

Stearns, Peter N., and John H. Hinshaw. *The ABC-CLIO World History Companion to the Industrial Revolution* (Santa Barbara, Calif.: ABC-CLIO, 1996).

Stokes, Gale. "The Fates of Human Societies: A Review of Recent Macrohistories," *American Historical Review* 106.2 (April 2001): 508-25.

Stringer, Chris, and Clive Gamble. *In Search of the Neanderthals: Solving the Puzzle of Human Origins* (London: Thames and Hudson, 1993).

Stringer, Chris, and Robin McKie. *African Exodus* (London: Cape, 1996).

Suzuki, David, with Amanda McConnell. *The Sacred Balance: Rediscovering Our Place in Nature* (St. Leonards, N.S.W.: Allen and Unwin, 1997).

Swain, Tony. *A Place for Strangers: Towards a History of Australian Aboriginal Being* (Cambridge: Cambridge University Press, 1993).

Sweezey, Paul, et al. *The Transition from Feudalism to Capitalism* (London: New Left Books; Atlantic Highlands, N.J.: Humanities Press, 1976, Rev. ed.).

Swimme, Brian, and Thomas Berry. *The Universe Story: From the Primordial Flaring Forth to the*

Press, 1990).

Smil, Vaclav. *Energy in World History* (Boulder, Colo.: Westview Press, 1994).

Smith, Adam. *An Inquiry into the Nature and Causes of the Wealth of Nations*, edited by Edwin Cannan (New York: Modern Library, 1937, 5th ed.).

Smith, Bonnie. *The Gender of History: Men, Women, and Historical Practice* (Cambridge, Mass.: Harvard University Press, 1998).

Smith, Bruce D. *The Emergence of Agriculture* (New York: Scientific American Library, 1995).

Smolin, Lee. *The Life of the Cosmos* (London: Phoenix, 1998).

Snooks, G. D. *The Dynamic Society: Exploring the Sources of Global Change* (London: Routledge, 1996).

---. *The Ephemeral Civilization: Exploding the Myth of Social Evolution* (London: Routledge, 1997).

---, ed. *Was the Industrial Revolution Necessary?* (London: Routledge, 1994).

Snyder, John, and C. Leland Rodgers. *Biology* (New York: Barron's, 1995, 3rd ed.).

Snyder, Lee Daniel. *Macro-History: A Theoretical Approach to Comparative World History* (Lewiston, N.Y.: Edwin Mellen Press, 1999).

Sobel, Dava. *Longitude: The True Story of a Lone Genius Who Solved the Greatest Scientific Problem of His Time* (New York: Walker, 1995).

Soffer, Olga . "The Middle to Upper Paleolithic Transition on the Russian Plain," in *The Human Revolution*, edited by Paul Mellars and Chris Stringer (Edinburgh: Edinburgh University Press, 1989) 1: 714-42.

---. "Patterns of Intensification as Seen from the Upper Paleolithic of the Central Russian Plain," in *Prehistoric Hunter-Gatherers: The Emergence of Cultural Complexity*, edited by T. Douglas Price and James A. Brown (Orlando: Academic Press, 1985), pp. 235-70.

---. "Storage, Sedentism, and the Eurasian Palaeolithic Record," *Antiquity* 63 (1989): 719- 32.

---. "Sungir: A Stone Age Burial Site," in *The Illustrated History of Humankind*, edited by Göran Burenhult.Vol. 1, *The First Humans: Human Origins and History to l0,000 BC* (St. Lucia: University of Queensland Press, 1993), pp. 138-39.

Solé, Ricard, and Brian Goodwin. *Signs of Life: How Complexity Pervades Biology* (New York: Basic Books, 2000).

Spier, Fred. *The Structure of Big History: From the Big Bang until Today* (Amsterdam: Amsterdam University Press, 1996).

Spodek, Howard. *The World's History* (Upper Saddle River, N.J.: Prentice-Hall, 2001, 2nd ed.).

Capitalist Process (New York: McGraw-Hill, 1939).

Scott, Joan W. "Gender: A Useful Category of Historical Analysis," *American Historical Review* 75.5 (December 1986): 1053-75.

Sept, Jeanne M., and George E. Brooks. "Reports of Chimpanzee Natural History, Including Tool Use, in Sixteenth- and Seventeenth-Century Sierra Leone," *International Journal of Primatology* 15.6 (December 1994) : 867-77.

Service, Elman R. *Primitive Social Organization: An Evolutionary Perspective* (New York: Random House, 1971, 2nd ed.). [1st ed. 1962.]

Shaffer, Lynda. "Southernization," in *Agricultural and Pastoral Societies in Ancient and Classical History*, edited by Michael Adas (Philadelphia: Temple University Press, 2001), pp. 308-24. [Originally published in *Journal of World History* 5.1 (Spring 1994): 1-21.]

Shannon, Thomas R. *An Introduction to the World-System Perspective* (Boulder, Colo.:Westview Press, 1996, 2nd ed.).

Shapin, Steven. *The Scientific Revolution* (Chicago: University of Chicago Press, 1996).

Shapiro, Robert. *Origins: A Skeptic's Guide to the Creation of Life on Earth* (London: Penguin, 1986).

Sherratt, Andrew. *Economy and Society in Prehistoric Europe: Changing Perspectives* (Princeton: Princeton University Press, 1997).

---. "Plough and Pastoralism: Aspects of the Secondary Products Revolution," in *Patterns of the Past: Studies in Honour of David Clarke*, edited by Ian Hodder, Glynn Isaac, and Norman Hammond (Cambridge: Cambridge University Press, 1981), pp. 261-305.

---. "Reviving the Grand Narrative: Archaeology and Long-Term Change," *Journal of European Archaeology* 3.1 (1995): 1-32.

---. "The Secondary Exploitation of Animals in the Old World (1983, revised)," in *Economy and Society in Prehistoric Europe: Changing Perspectives* (Princeton: Princeton University Press, 1997), pp. 199-228.

Silk, Joseph. *The Big Bang: The Creation and Evolution of the Universe* (San Francisco: W. H. Freeman, 1980).

Simmons, I. G. *Changing the Face of the Earth: Culture, Environment, History* (Oxford: Blackwell, 1996, 2nd ed.).

---. *Environmental History: A Concise Introduction* (Oxford: Blackwell, 1993).

Sinor, Denis, ed. *The Cambridge History of Early Inner Asia* (Cambridge: Cambridge University

Rose, Steven, ed. *From Brains to Consciousness? Essays on the New Sciences of the Mind* (London: Penguin, 1999).

Rowlands, Michael. "Centre and Periphery: A Review of a Concept," in *Centre and Periphery in the Ancient World*, edited by Michael Rowlands, Mogens Larsen, and Kristian Kristiansen (Cambridge: Cambridge University Press, 1987), pp. 1-11.

The Russian Primary Chronicle: Laurentian Text. Translated and edited by Samuel Hazzard Cross and Olgerd P. Sherbovitz-Wetzor (Cambridge, Mass.: Mediaeval Academy of America, 1953).

Sabloff, Jeremy A., and C. C. Lamberg-Karlovsky, eds. *Ancient Civilization and Trade* (Albuquerque: University of New Mexico Press, 1975).

Sahlins, Marshall. "The Original Affluent Society," in *Stone Age Economics* (London: Tavi stock, 1972), pp. 1-39. [This essay is superb; the others are also well worth reading.]

---. *Tribesmen* (Englewood Cliffs, N.J.: Prentice-Hall, 1968).

Salmon,Wesley C. *Scientific Explanation and the Causal Structure of theWorld* (Princeton: Princeton University Press, 1984).

Sanderson, Stephen K. "ExpandingWorld Commercialization: The Link between World Systems and Civilizations," in *Civilizations and World Systems: Studying World-Historical Change*, edited by Stephen K. Sanderson (Walnut Creek, Calif.: Altamira Press, 1995), pp. 261-72.

---. *Social Transformations: A General Theory of Historical Development* (London: Blackwell, 1995).

---, ed. *Civilizations and World Systems: Studying World-Historical Change* (Walnut Creek, Calif.: Altamira Press, 1995).

Sarich,Vincent, and Alan Wilson. "Immunological Time Scale for Hominid Evolution," *Science* (1 December 1967): 1200-1203.

Schneider, Stephen H. *Laboratory Earth: The Planetary Gamble We Can't Afford to Lose* (London: Phoenix, 1997).

Schrire, Carmel, ed. *Past and Present in Hunter Gatherer Studies* (Orlando, Fla.: Academic Press, 1985).

Schrödinger, Erwin. *What Is Life? The Physical Aspect of the Living Cell; with, Mind and Matter;* and *Autobiographical Sketches* (Cambridge: Cambridge University Press, 1992). [*What Is Life?* was first published in 1944.]

Schumpeter, Joseph A. *Business Cycles: A Theoretical, Historical, and Statistical Analysis of the*

Rasmussen, Birger. "Filamentous Microfossils in a 3,235-Million-Year-Old Volcanogenic Massive Sulphide Deposit," *Nature* (8 June 2000): 676-79.

Redman, Charles L. "Mesopotamia and the First Cities," in *The Illustrated History of Humankind*, edited by Göran Burenhult. Vol. 3, *Old World Civilizations: The Rise of Cities and States* (St. Lucia: University of Queensland Press, 1994), pp. 17- 36.

Rees, Martin. *Just Six Numbers: The Deep Forces That Shape theUniverse* (New York: Basic Books, 2000).

Reeves, Hubert, Joël de Rosnay, Yves Coppens and Dominique Simonnet. *Origins: Cosmos, Earth, and Mankind* (New York: Arcade Publishing, 1998).

Renfrew, Colin. *Archaeology and Language: The Puzzle of Indo-European Origins* (Harmondsworth: Penguin, 1987).

Renfrew, Colin, and Stephen Shennan, eds. *Ranking, Resource, and Exchange: Aspects of the Archaeology of Early European Society* (Cambridge: Cambridge University Press, 1982).

Ridley, Matt. *Evolution* (Oxford: Blackwell, 1993). [An introduction to modern neo-Darwinianism.]

---. *Genome: The Autobiography of a Species in Twenty-three Chapters* (London: Fourth Estate, 1999). [A superb series of essays on aspects of modern genetics.]

The Rig Veda: An Anthology: One Hundred and Eight Hymns. Selected, edited, and translated by Wendy Doniger O'Flaherty (Harmondsworth: Penguin, 1981).

Rindos, David. *Origins of Agriculture: An Evolutionary Perspective* (New York: Academic Press, 1984).

Ringrose, David R. *Expansion and Global Interaction, 1200-1700* (New York: Longman, 2001).

Roberts, J. M. *The Pelican History of the World* (Harmondsworth: Penguin, 1988, Rev. ed.).

Roberts, Neil. *The Holocene: An Environmental History* (Oxford: Blackwell, 1998, 2nd ed.).

Roberts, Richard G. "Thermoluminescence Dating," in *The Illustrated History of Humankind*, edited by Göran Burenhult. Vol. 1, *The First Humans: Human Origins and History to l0,000 BC* (St. Lucia: University of Queensland Press, 1993), pp. 152-53.

Roberts, Richard G., Timothy F. Flannery, Linda K. Ayliffe, Hiroyuki Yoshida, et al. "New Ages for the Last Australian Megafauna: Continent-wide Extinction about 46,000 Years Ago," *Science* (8 June 2001): 1888-92.

Rose, Deborah Bird. *Nourishing Terrains: Australian Aboriginal Views of Landscape and Wilderness* (Canberra: Australian Heritage Commission, 1996).

Pomeranz, Kenneth. *The Great Divergence: China, Europe, and the Making of the Modern World Economy* (Princeton: Princeton University Press, 2000).

Pomeranz, Kenneth, and Steven Topik. *The World That Trade Created: Society, Culture, and the World Economy, 1400 to the Present* (Armonk, N.Y.: M. E. Sharpe, 1999).

Pomper, Philip, Richard H. Elphick, and Richard T. Vann, eds. *World History: Ideologies, Structures, and Identities* (Oxford: Blackwell, 1998).

Ponting, Clive. *A Green History of the World* (Harmondsworth: Penguin, 1992). [The best short introduction to the history of human impact on the environment.]

---. *World History: A New Perspective* (London: Chatto and Windus, 2000).

Poole, Ross. *Nation and Identity* (London: Routledge, 1999).

Popol Vuh: The Mayan Book of the Dawn of Life. Translated by Dennis Tedlock (New York: Simon and Schuster, 1996, Rev. ed.).

Porter, Gareth, Janet Welsh Brown, and Pamela S. Chasek. *Global Environmental Politics* (Boulder, Colo.: Westview Press, 2000, 3rd ed.).

Potts, D. T. *Mesopotamian Civilization: The Material Foundations* (Ithaca, N.Y.: Cornell University Press, 1997).

Potts, Malcolm, and Roger Short. *Ever Since Adam and Eve: The Evolution of Human Sexuality* (Cambridge: Cambridge University Press, 1999).

Prantzos, Nikos. *Our Cosmic Future: Humanity's Fate in the Universe* (Cambridge: Cambridge University Press, 2000).

Praslov N. D. "Late Palaeolithic Adaptations to the Natural Environment on the Russian Plain," *Antiquity* 63 (1989): 784- 87.

Priem, H. N. A. *Aarde en Leven: Het leven in relatie tot zijn planetaire omgeving/Earth and Life: Life in Relation to Its Planetary Environment* (Dordrecht: Kluwer, 1993).

Prigogine, Ilya, and Isabelle Stengers. *Order out of Chaos: Man's New Dialogue with Nature* (London: Heinemann, 1984).

Psillos, Stathis. *Scientific Realism: How Science Tracks Truth* (London: Routledge, 1999).

Pyne, Stephen. *Fire in America: A Cultural History of Wildland and Rural Fire* (Princeton: Princeton University Press, 1982).

---. *Vestal Fire: An Environmental History* (Seattle: University of Washington Press, 1997).

Rahman, Abdur, ed. *Science and Technology in Indian Culture: A Historical Perspective* (New Delhi: National Institute of Science, Technology, and Development Studies, 1984).

Paths to the Twentieth Century (London: Allen and Unwin, 1978).

O'Brien, Patrick, and Roland Quinault, eds. *The Industrial Revolution and British Society* (Cambridge: Cambridge University Press, 1993).

Ogilvie, Sheilagh, and Markus Cerman, eds. *European Proto-Industrialization: An Introductory Handbook* (Cambridge: Cambridge University Press, 1996).

Okladnikov, A. P. "Inner Asia at the Dawn of History," in *Cambridge History of Early Inner Asia*, edited by Denis Sinor (Cambridge: Cambridge University Press, 1990), pp. 41-96.

Oliver, Roland. *The African Experience: From Olduvai Gorge to the Twenty First Century* (Boulder, Colo.: Westview Press, 2000, 2nd ed.).

Overton, Mark. *Agricultural Revolution in England: The Transformation of the Agrarian Economy, 1500-1850* (Cambridge: Cambridge University Press, 1996).

Pacey, Arnold. *Technology in World Civilization* (Cambridge, Mass.: MIT Press, 1990).

Packard, Edward. *Imagining the Universe: A Visual Journey* (New York: Perigee Books, 1994).

Parker, Geoffrey. *The Military Revolution: Military Innovation and the Rise of the West, 1500-1800* (Cambridge: Cambridge University Press, 1996, 2nd ed.).

---, ed. *The World: An Illustrated History* (New York: Harper and Row, 1986). [Beautifully illustrated.]

Pearson, M. N. "Merchants and States," in *The Political Economy of Merchant Empires: State Power and World Trade, 1350-1750*, edited by James D. Tracy (Cambridge: Cambridge University Press, 1991), pp. 41-116.

Penrose, Roger. *The Emperor's New Mind: Concerning Computers, Minds, and the Laws of Physics* (London: Vintage, 1990).

Pinker, Steven. *How the Mind Works* (New York:W. W. Norton, 1997).

---. *The Language Instinct: The New Science of Language and Mind* (New York: Penguin, 1994).

Plotkin, Henry. *Evolution in Mind: An Introduction to Evolutionary Psychology* (London: Penguin, 1997).

Polanyi, Karl. *The Great Transformation: The Political and Economic Origins of Our Time* (Boston: Beacon, 1957.

Polanyi, Karl, Conrad M. Arensberg, and Harry W. Pearson, eds. *Trade and Market in the Early Empires: Economies in History and Theory* (Glencoe, Ill.: Free Press, 1957).

Pollock, Susan. *Ancient Mesopotamia: The Eden That Never Was* (Cambridge: Cambridge University Press, 1999).

Needham, Joseph. *Science and Civilisation in China.* 7 vols (Cambridge: Cambridge University Press, 1954-2003).

Needham, Joseph, and Lu Gwei-djen. *Trans-Pacific Echoes and Resonances: Listening Once Again* (Singapore: World Scientific, 1984). [Summarizes the slender evidence on trans-Pacific contacts before Columbus.]

Nhat Hanh, Thich. *The Diamond That Cuts through Illusion: Commentaries on the Prajñaparamita Diamond Sutra.* Translated by Anh Huong Nguyen (Berkeley: Parallax, 1992).

---. *The Heart of Understanding: Commentaries on the Prajñaparamita Heart Sutra.* Edited by Peter Levitt (Berkeley: Parallax, 1988).

Nisbet, E. G. *Living Earth—A Short History of Life and Its Home* (London: HarperCollins Academic Press, 1991).

Nissen, Hans Jörg. *The Early History of the Ancient Near East, 9000-2000 B.C.* Translated by Elizabeth Lutzeier, with Kenneth J. Northcott (Chicago: University of Chicago Press, 1988).

Nitecki, Matthew H., and Doris V. Nitecki eds. *History and Evolution* (Albany: State University of New York Press, 1992).

North, Douglass C. *Structure and Change in Economic History* (New York:W. W. Norton, 1981).

North, Douglass C., and Robert Paul Thomas. *The Rise of the Western World* (Cambridge: Cambridge University Press, 1973).

Nyanatiloka. *Buddhist Dictionary: Manual of Buddhist Terms and Doctrines* (Colombo [Sri Lanka]: Frewin, 1972, 3rd ed.).

Oates, David, and Joan Oates. *The Rise of Civilization* (Oxford: Elsevier Phaidon, 1976).

O'Brien, Patrick. "Introduction: Modern Conceptions of the Industrial Revolution," in *The Industrial Revolution and British Society*, edited by Patrick O'Brien and Roland Quinault (Cambridge: Cambridge University Press, 1993), pp. 1-30.

---. "Is Universal History Possible?" *Nineteenth International Congress of Historical Sciences* (Oslo: Nasjonalbiblioteket, 2000), pp. 3-18.

---. "Political Preconditions for the Industrial Revolution," in *The Industrial Revolution and British Society*, edited by Patrick O'Brien and Roland Quinault (Cambridge: Cambridge University Press, 1993), pp. 124-55.

O'Brien, Patrick, and Caglar Keyder. *Economic Growth in Britain and France, : 1780-1914: Two*

Human Community.]

McSween, Harry Y., Jr. *Fanfare for Earth: The Origin of Our Planet and Life* (New York: St. Martin's Press, 1997).

Meadows, Donella H., Dennis L. Meadows, and Jørgen Randers. *Beyond the Limits: Confronting Global Collapse, Envisioning a Sustainable Future* (Post Mills, Vt.: Chelsea Green, 1992).

Meadows, Donella H., et al. *The Limits to Growth: A Report for the Club of Rome's Project on the Predicament of Mankind* (New York: Universe Books, 1972). [Both this book and the preceding are on modeling futures.]

Mears, John. "Agricultural Origins in Global Perspective," in *Agricultural and Pastoral Societies in Ancient and Classical History*, edited by Michael Adas (Philadelphia: Temple University Press, 2001), pp. 36-70.

Megarry, Tim. *Society in Prehistory: The Origins of Human Culture* (Basingstoke: Macmillan, 1995).

Merson, John. *Roads to Xanadu: East and West in the Making of the Modern World* (French 's Forest, N.S.W.: Child and Associates, 1989).

Miller, Walter M. *A Canticle for Leibowitz*. 1959. Reprint (New York: Bantam, 1997).

Mithen, Steven. *The Prehistory of the Mind: A Search for the Origins of Art, Religion, and Science* (London: Thames and Hudson, 1996).

Modelski, George, and William R. Thompson. *Leading Sectors and World Powers: The Coevolution of Global Politics and Economics* (Columbia: University of South Carolina Press, 1996). [An attempt to define Kondratieff cycles for the past millennium.]

Mokyr, Joel. *The Lever of Riches: Technological Creativity and Economic Progress* (New York: Oxford University Press, 1990).

Morrison, Philip, and Phylis Morrison. *Powers of Ten: A Book about the Relative Size of Things in the Universe and the Effect of Adding Another Zero* (Redding, Conn.: Scientific American Library; San Francisco: dist. by W. H. Freeman, 1982).

al-Mulk, Nizam. *The Book of Government, or Rules for Kings*. Translated by Hubert Darke (London: Routledge, 1978, 2nd ed.).

Mulvaney, John and Johan Kamminga. *Prehistory of Australia* (Sydney: Allen and Unwin, 1999).

Myers, Norman. *The Sinking Ark: A New Look at the Problem of Disappearing Species* (Oxford: Pergamon Press, 1979). [A classic statement about extinction and biodiversity loss.]

Mazlish, Bruce, and Ralph Buultjens eds. *Conceptualizing Global History* (Boulder, Colo.: Westview Press, 1993).

McBrearty, Sally, and Alison S. Brooks. "The Revolution That Wasn't: A New Interpretation of the Origin of Modern Human Behavior," *Journal of Human Evolution* 39 (2000): 453-563.

McClellan, James E., III, and Harold Dorn. *Science and Technology in World History: An Introduction* (Baltimore: Johns Hopkins University Press, 1999).

McCrone, John. *The Ape That Spoke* (Basingstoke: Macmillan, 1990).

---. *How the Brain Works: A Beginner's Guide to the Mind and Consciousness* (London: Dorling Kindersley, 2002).

Mckeown, Thomas. *The Origins of Human Disease* (Oxford: Oxford University Press, 1998).

McMichael, A. J. *Planetary Overload: Global Environmental Change and the Health of the Human Species* (Cambridge: Cambridge University Press, 1993).

McNeill, J. R. "Of Rats and Men: A Synoptic Environmental History of the Island Pacific," *Journal of World History* 5.2 (Fall 1994): 299-349.

---. *Something New under the Sun: An Environmental History of the Twentieth-Century World* (New York: W. W. Norton, 2000).

McNeill, J. R., and William H. McNeill. *The Human Web: A Bird's-Eye View of World History* (New York:W. W. Norton, 2003).

McNeill, William H. *The Disruption of Traditional Forms of Nurture* (Amsterdam: Het Spinhuis, 1998).

---. *A History of the Human Community* (Englewood Cliffs, N.J.: Prentice-Hall, 1990, 3rd ed.).

---. "History and the ScientificWorldview," *History and Theory* 37.1 (1998): 1-13.

---. *Keeping Together in Time: Dance and Drill in Human History* (Cambridge, Mass.: Harvard University Press, 1995).

---. *Mythistory and Other Essays* (Chicago: University of Chicago Press, 1985).

---. *Plagues and People* (Oxford: Blackwell, 1977).

---. *The Pursuit of Power: Technology, Armed Force, and Society since A.D. 1000* (Oxford: Blackwell, 1982).

---. *The Rise of the West: A History of the Human Community* (Chicago: University of Chicago Press, 1963, [Still perhaps the best one-volume world history, less Eurocentric than its title suggests; more up-to-date, but less interesting, is McNeill's textbook, *A History of the*

Maddison, Angus. *The World Economy: A Millennial Perspective* (Paris: OECD, 2001).

Maisels, Charles Keith. *The Emergence of Civilization: From Hunting and Gathering to Agriculture, Cities, and the State in the Near East* (London: Routledge, 1990).

Mallory, J. P. *In Search of the Indo-Europeans: Language, Archaeology, and Myth* (London: Thames and Hudson, 1989).

Man, John. *Atlas of the Year: 1000* (Cambridge, Mass.: Harvard University Press, 1999).

Mandel, Ernst. *Late Capitalism.* Translated by Joris De Bres. [Rev. ed.] (London: Verso, 1978).

Mann, Michael. *The Sources of Social Power.* Vol. 1, *A History of Power from the Beginning to A.D. 1760* (Cambridge: Cambridge University Press, 1986).

Marcus, George E., and Michael M. J. Fischer. *Anthropology as Cultural Critique: An Experimental Moment in the Human Sciences* (Chicago: University of Chicago Press, 1986).

Margulis, Lynn, and Dorion Sagan. *Microcosmos: Four Billion Years of Microbial Evolution* (London: Allen and Unwin, 1987).

---. *What Is Life?* (Berkeley: University of California Press, 1995).

Marks, Robert B. *The Origins of the Modern World: A Global and Ecological Narrative* (Lanham, Md.: Rowman and Littlefield, 2002).

Marwick, Arthur. *The Nature of History* (London: Macmillan, 1970).

Marx, Karl. *Capital: A Critique of Political Economy.* Vol. 1. Translated by Ben Fowkes (Harmondsworth: Penguin, 1976).

---. *Capital: A Critique of Political Economy.* Vol. 3. Translated by David Fernbach (Harmondsworth: Penguin, 1981).

---. *Grundrisse: Foundations of the Critique of Political Economy.* Translated by Martin Nicolaus (Harmondsworth: Penguin, 1973).

Mathias, Peter, *The First Industrial Nation: An Economic History of Britain, 1700-1974* (London: Methuen, 1983, 2nd ed.).

Mathias, Peter, and John A. Davis eds. *The First Industrial Revolutions* (Oxford: Blackwell,1989).

Maynard Smith, John. *The Theory of Evolution* (New York: Penguin, 1975, 3rd ed).

Maynard Smith, John, and Eörs Szathmáry. *The Origins of Life: From the Birth of Life to the Origins of Language* (Oxford: Oxford University Press, 1999).

Mayr, Ernst. *One Long Argument: Charles Darwin and the Genesis of Modern Evolutionary Thought* (London: Penguin, 1991).

Liu, Xinru. "The Silk Road: Overland Trade and Cultural Interactions in Eurasia," in *Agricultural and Pastoral Societies in Ancient and Classical History*, edited by Michael Adas (Philadelphia: Temple University Press, 2001), pp. 151-79.

Livingston, John A. *Rogue Primate: An Exploration of Human Domestication* (Boulder, Colo.: Roberts Rinehart, 1994).

Lloyd, Christopher. "Can There Be a Unified Theory of Cosmic-Ecological World History? A Critique of Fred Spier's Construction of 'Big History'," *Focaal* 29 (1997): 171-80.

---. *The Structures of History* (Oxford: Blackwell, 1993).

Lockard, Craig. "Global Historians and the Great Divergence," *World History Bulletin* 17.1 (Fall 2000): 17, 32-34.

Lomborg, Bjørn. *The Skeptical Environmentalist:Measuring the Real State of the World* (Cambridge: Cambridge University Press, 2001).

Long, Charles H. *Alpha: The Myths of Creation*. 1963. Reprint (Chico, Calif.: Scholars Press and the American Academy of Religion, 1983,. [One of the best and most readily available anthologies of creation myths in English.]

Lopez, Robert S. *The Commercial Revolution of the Middle Ages, 950-1350* (Englewood Cliffs, N.J.: Prentice-Hall, 1971).

Lourandos, Harry. *Continent of Hunter-Gatherers* (Cambridge: Cambridge University Press, 1997).

Lovelock, J. E. *The Ages of Gaia: A Biography of Our Living Earth* (Oxford: Oxford University Press, 1988).

---. *Gaia: A New Look at Life on Earth*. 1979. Reprint (Oxford: Oxford University Press, 1987).

---. *Gaia: The Practical Science of Planetary Medicine* (London: Unwin, 1991). [Lovelock's books provide a rich, if controversial, theory about the role of life in the history of the planet.]

Lunine, Jonathan I. *Earth: Evolution of a Habitable World: New Perspectives in Australian Prehistory* (Cambridge: Cambridge University Press, 1999).

Lyotard, Jean-François. *The Postmodern Condition: A Report on Knowledge*. Translated by Geoff Bennington and Brian Massumi (Minneapolis: University of Minnesota Press, 1984).

Macdougall, J. D. *A Short History of Planet Earth: Mountains, Mammals, Fire, and Ice* (New York: John Wiley, 1996).

MacNeish, Richard S. *The Origins of Agriculture and Settled Life* (Norman: University of Oklahoma Press, 1992).

---. *The Origin of Humankind* (New York: Basic Books, 1994). [Superb introductions to human origins by a pioneer.]

Leakey, Richard, and Roger Lewin. *Origins Reconsidered* (London: Abacus, 1992).

---. *The Sixth Extinction: Patterns of Life and the Future of Humankind* (New York: Doubleday, 1995).

Lee, Richard. *The! Kung San: Men, Women, and Work in a Foraging Society* (Cambridge: Cambridge University Press, 1979).

Le Roy Ladurie, Emmanuel. *The Peasants of Languedoc.* Translated by John Day (Urbana: University of Illinois Press, 1974).

Leutenegger, Walter. "Sexual Dimorphism: Comparative and Evolutionary Perspectives," in *The Illustrated History of Humankind*, edited by Göran Burenhult. Vol. 1, *The First Humans: Human Origins and History to 10,000 BC* (St. Lucia: University of Queensland Press, 1993), p. 41.

Levathes, Louise. *When China Ruled the Seas: The Treasure Fleet of the Dragon Throne, 1405-1433* (New York: Simon and Schuster, 1994).

Lewin, Roger. *Complexity: Life on the Edge of Chaos* (London: Phoenix, 1993).

---. *Human Evolution: An Illustrated Introduction* (Oxford: Blackwell, 1999, 4th ed.).

Lewis, Archibald R. *Nomads and Crusaders, A.D. 1000-1368* (Bloomington: Indiana University Press, 1991).

Lewis, Martin W., and Kären E. Wigen. *The Myth of Continents: A Critique of Metageography* (Berkeley: University of California Press, 1997).

Lewis, Robert. "Technology and the Transformation of the Soviet Economy," in *The Economic Transformation of the Soviet Union, 1973-1945*, edited by R. W. Davies, Mark Harrison, and S. G. Wheatcroft (Cambridge: Cambridge University Press, 1994), pp. 182-97.

Liebes, Sidney, Elisabet Sahtouris, and Brian Swimme. *A Walk through Time: From Stardust to Us: The Evolution of Life on Earth* (New York: John Wiley, 1998).

Lineweaver, Charles. "Our Place in the Universe," in *To Mars and Beyond: Search for the Origins of Life*, edited by Malcolm Walter (Canberra: National Museum of Australia, 2002), pp. 88-99.

Lis, Catharina, and Hugo Soly. *Poverty and Capitalism in Pre-Industrial Europe.* [Translated by James Coonan] (Atlantic Highlands, N.J.: Humanities Press, 1979).

Kicza, John E. "The Peoples and Civilizations of the Americas before Contact," in *Agricultural and Pastoral Societies in Ancient and Classical History*, edited by Michael Adas (Philadelphia: Temple University Press, 2001), pp. 183-222.

Kiple, Kenneth F. Introduction to *The Cambridge World History of Human Disease*, edited by Kenneth F. Kiple (Cambridge: Cambridge University Press, 1993), pp. 1-7.

--- ed. *The Cambridge World History of Human Disease* (Cambridge: Cambridge University Press, 1993).

Klein, Richard G. *The Human Career: Human Biological and Cultural Origins* (Chicago: University of Chicago Press, 1999, 2nd ed.).

---. *Ice Age Hunters of the Ukraine* (Chicago: University of Chicago Press, 1973).

Knapp, A. Bernard. *The History and Culture of Ancient Western Asia and Egypt* (Chicago: Dorsey Press, 1988).

Knudtson, Peter and David Suzuki. *Wisdom of the Elders* (New York: Bantam, 1992).

Kohl, Philip L. ed. *The Bronze Age Civilization of Central Asia: Recent Soviet Discoveries* (Armonk, N.Y.: M. E. Sharpe, 1981).

Kuhn, Thomas. *The Structure of Scientific Revolutions* (Chicago: University of Chicago Press, 1970, 2nd ed.).

Kuppuram, G., and K. Kumudamani. *History of Science and Technology in India*. 12 vols (Delhi: Sundeep Prakashan, 1990).

Kutter, G. Siegfried. *The Universe and Life: Origins and Evolution* (Boston: Jones and Bartlett, 1987).

Lambert, David. *The Cambridge Guide to Prehistoric Man* (Cambridge: Cambridge University Press, 1987).

---. *The Cambridge Guide to the Earth* (Cambridge: Cambridge University Press, 1988).

Landes, David S. *Revolution in Time: Clocks and the Making of the Modern World* (Cambridge, Mass.: Harvard University Press, Belknap Press, 1983).

---. *The Unbound Prometheus: Technological Change and Industrial Development in Western Europe from 1750 to the Present* (London: Cambridge University Press, 1969).

---. *The Wealth and Poverty of Nations: Why Some Are So Rich and Some Are So Poor* (New York: Little, Brown, 1998).

Leakey, R. E. *The Making of Mankind* (London: M. Joseph, 1981). [Revised, with Roger Lewin, as *Origins Reconsidered*.]

Simon and Schuster, 1981).

Johanson, Donald, and James Shreeve. *Lucy's Child: The Discovery of a Human Ancestor* (Harmondsworth: Penguin, 1989).

Johnson, Allen W., and Timothy Earle. *The Evolution of Human Societies: From Foraging Group to Agrarian State* (Stanford: Stanford University Press, 2000, 2nd ed.).

Johnston, R. J., Peter J. Taylor, and Michael J. Watts eds. *Geographies of Global Change: Remapping the World in the LateTwentieth Century* (Oxford: Blackwell, 1995).

Jones, E. L. *The European Miracle: Environments, Economies, and Geopolitics in the History of Europe and Asia* (Cambridge: Cambridge University Press, 1987, 2nd ed.).

---. *Growth Recurring: Economic Change in World History* (Oxford: Clarendon, 1988).

Jones, Eric, Lionel Frost, and Colin White. *Coming Full Circle: An Economic History of the Pacific Rim* (Boulder, Colo.: Westview Press, 1993).

Jones, Rhys. "Fire Stick Farming," *Australian Natural History* (September 1969): 224-28.

---. "Folsom and Talgai: Cowboy Archaeology in Two Continents," in *Approaching Australia: Papers from the Harvard Australian Studies Symposium*, edited by Harold Bolitho and Chris Wallace-Crabbe (Cambridge, Mass.: Harvard University Press, 1997), pp. 3-50.

Jones, Steve. *Almost Like a Whale: The Origin of Species Updated* (London: Anchor, 2000).

Kahn, Herman. *On Thermonuclear War* (Princeton: Princeton University Press, 1960).

Kamen, Henry. *European Society, 1500-1700* (London: Hutchinson, 1984).

Karttunen, Frances and Alfred W. Crosby. "Language Death, Language Genesis, and World History," *Journal of World History* 6.2 (Fall 1995): 157-74.

Kates, Robert W., B. L. Turner II and William C. Clark. "The Great Transformation," in *The Earth as Transformed by Human Action: Global and Regional Changes in the Biosphere over the Past 300 Years*, edited by R. L. Turner II et al (Cambridge: Cambridge University Press, 1990), pp. 1-17.

Kauffman, Stuart. *At Home in the Universe: The Search for Laws of Complexity* (London: Viking, 1995).

Kennedy, Paul. *Preparing for the Twenty-First Century* (London: Fontana, 1994).

---. *The Rise and Fall of the Great Powers: Economic Change and Military Conflict from 1500 to 2000* (London: Unwin Hyman, 1988).

Khazanov, Anatoly M. *Nomads and the Outside World.* Translated by Julia Crookenden (Madison: University of Wisconsin Press, 1994, 2nd ed.).

2nd ed.).

Hudson, Pat. *The Industrial Revolution* (London: Routledge, 1992).

Hughes, J. Donald. *An Environmental History of the World: Humankind's Changing Role in the Community of Life* (London: Routledge, 2001).

--- ed. *The Face of the Earth: Environment and World History* (Armonk, N.Y.: M. E. Sharpe, 1999). [Essays on an environmental approach to world history.]

Hughes, Sarah Shaver and Brady Hughes. *Women in World History*. 2 vols (Armonk, N.Y.: M. E. Sharpe, 2000).

Hughes-Warrington, Marnie. "Big History," *Historically Speaking* (November 2002): 16-20.

---. *Fifty Key Thinkers on History* (London: Routledge, 2000).

Humphrey, Nicholas. *A History of the Mind* (London: Chatto and Windus, 1992).

Humphrey, S. C. "History, Economics, and Anthropology: The Work of Karl Polanyi," *History and Theory* 8 (1969): 165-212.

Hunt, Lynn. "Send in the Clouds," *New Scientist* (30 May 1998): 28-33.

Huppert, George. *After the Black Death: A Social History of Early Modern Europe* (Bloomington: Indiana University Press, 1986).

Independent Commission on International Development. *Common Crisis North-South: Cooperation for World Recovery* (London: Pan, 1983).

---. *Issues North-South: A Programme for Survival: The Report of the Independent Commission on International Development Issues* (London: Pan, 1980).

Irwin, Geoffrey. *The Prehistoric Exploration and Colonisation of the Pacific* (Cambridge: Cambridge University Press, 1992).

Jacob, Margaret C. *The Cultural Meaning of the Scientific Revolution* (Philadelphia: Temple University Press, 1988).

---. *Scientific Culture and the Making of the Industrial West* (New York: Oxford University Press, 1997).

Iantsch, Erich. *The Self-Organizing Universe: Scientific and Human Implications of the Emerging Paradigm of Evolution* (Oxford: Pergamon Press, 1980).

Jaspers, Karl. *The Origin and Goal of History*. Translated by Michael Bullock (New Haven: Yale University Press, 1953).

Jenkins, Keith. ed. *The Postmodern History Reader* (London: Routledge, 1997).

Johanson, Donald C., and Maitland A. Edey. *Lucy: The Beginnings of Humankind* (New York:

---. "The Edge of Spacetime," in *The New Physics*, edited by Paul Davies (Cambridge: Cambridge University Press, 1989), pp. 61-69.

---. *The Universe in a Nutshell* (New York: Bantam, 2001).

Headrick, Daniel R. "Technological Change," in *The Earth as Transformed by Human Action: Global and Regional Changes in the Biosphere over the Past 300 Years*, edited by B. L. Turner II et al. (Cambridge: Cambridge University Press, 1990), pp. 55-67.

---. *The Tentacles of Progress: Technology Transfer in the Age of Imperialism*, 1850-1940 (New York: Oxford University Press, 1988).

---. *The Tools of Empire: Technology and European Imperialism in the Nineteenth Century* (New York: Oxford University Press, 1981).

Heiser, Charles B. *Seed to Civilization: The Story of Food* (Cambridge, Mass.: Harvard University Press, 1990, New ed.).

Held, David, and Anthony McGrew, eds. *The Global Transformations Reader: An Introduction to the Globalization Debate* (Cambridge: Polity Press, 2000).

Held, David, Anthony McGrew, David Goldblatt, and Jonathan Perraton. *Global Transformations: Politics, Economics and Culture* (Cambridge: Polity Press, 1999).

Henry, Donald O. *From Foraging to Agriculture: The Levant at the End of the Ice Age* (Philadelphia: University of Pennsylvania Press, 1989).

Hippocratic Writings. Edited and with an introduction by G. E. R. Lloyd. Translated by J. Chadwick and W. N. Mann (Harmondsworth: Penguin, 1978).

Hobsbawm, E. J. *The Age of Capital* (London: Abacus, 1977).

---. *The Age of Empire* (London: Weidenfeld and Nicolson, 1987).

---. *The Age of Extremes* (London: Weidenfeld and Nicolson, 1994).

---. *The Age of Revolution*, 1789-1848. 1962. Reprint (New York: New American Library, [1964]).

---. *Industry and Empire* (Harmondsworth: Penguin, 1969).

Hodgson, Marshall G. S. *Rethinking World History: Essays on Europe, Islam, and World History*. Edited by Edmund Burke III (Cambridge: Cambridge University Press, 1993).

---. *The Venture of Islam: Conscience and History in a World Civilization*. 3 vols (Chicago: University of Chicago Press, 1974).

Hollister, C. Warren. *Medieval Europe: A Short History* (New York: John Wiley, 1982, 5th ed.).

Hsü, Immanuel C. Y. *The Rise of Modern China* (New York: Oxford University Press, 1975,

American (November 1992): 94-99.

Griaule, Marcel. *Conversations with Ogotemmêli*. 1965. Reprint (London: Oxford University Press for the International African Institute, 1975).

Gribbin , John. *Genesis: The Origins of Man and the Universe* (New York: Delta, 1981). [A scientist's introduction to the history of the universe, the stars, and the Earth.]

---. *In Search of the Big Bang: Quantum Physics and Cosmology* (London: Corgi, 1987).

Halle-Selassie, Yohannes. "Late Miocene Hominids from the Middle Awash, Ethiopia," *Nature* (12 July 2001): 178-81.

Hansen,Valerie. *The Open Empire: A History of China to 1600* (New York:W. W. Norton, 2000).

Haraway, Donna J. *Simians, Cyborgs, and Women: The Reinvention of Nature* ((New York: Routledge, 1991).

Harris, David, and Gordon Hillman, eds. *Foraging and Farming: The Evolution of Plant Exploitation* (London: Unwin Hyman, 1989).

Harris, Marvin. *Culture, People, Nature* (New York: Harper and Row, 1988, 5th ed.). [A clear, simple, but opinionated introduction to anthropology.]

---. "The Origin of Pristine States," in *Cannibals and Kings*, edited by Marvin Harris (New York: Vintage, 1978), pp. 101-23.

Harrison, Paul. *Inside the Third World: The Anatomy of Poverty* (Harmondsworth: Penguin, 1981, 2nd ed.).

---. *The Third Revolution: Population, Environment, and a Sustainable World* (London: I. B. Tauris, 1992).

al-Hassan, Ahmand Y., and Donald R. Hill. *Islamic Technology: An Illustrated History* (Cambridge: Cambridge University Press; Paris: UNESCO, 1986).

Haub, Carl. "How Many People Have Ever Lived on Earth?" *Population Today* (February 1995): 4.

Hawke, Gary. "Reinterpretations of the Industrial Revolution," in *The Industrial Revolution and British Society*, edited by Patrick O'Brien and Roland Quinault (Cambridge: Cambridge University Press, 1993), pp. 54-78.

Hawking, Stephen. *A Brief History of Time: From the Big Bang to Black Holes* (New York: Bantam, 1988).

---. "The Direction of Time," *New Scientist* (9 July 1987): 46-49.

---. "World System Cycles, Crises, and Hegemonic Shifts, 1700 BC to 1700 AD," in *The World System: Five Hundred Years or Five Thousand?*, edited by Andre Gunder Frank and Barry K. Gills (London: Routledge, 1992), pp. 143-99.

Gimbutas, Marija. *The Civilization of the Goddess: The World of Old Europe.* Edited by Joan Marler (San Francisco: Harper and Row, 1991).

Gleick, James. *Chaos:Making a New Science* (New York: Penguin, 1988).

Golden, Peter B. "Nomads and Sedentary Societies in Eurasia," in *Agricultural and Pastoral Societies in Ancient and Classical History*, edited by Michael Adas (Philadelphia: Temple University Press, 2001), pp. 71-114.

Goldstone, Jack A. *Revolution and Rebellion in the Early Modern World* (Berkeley: University of California Press, 1991).

Goody, Jack. *The East in the West* (Cambridge: Cambridge University Press, 1996).

Gorbachev, Mikhail. *Perestroika: New Thinking for Our Country and the World* (New York: Harper and Row, 1987).

Goudie, Andrew. *The Human Impact on the Natural Environment* (Oxford: Blackwell, 2000, 5th ed.).

---, ed. *The Human Impact Reader: Readings and Case Studies* (Oxford: Blackwell,1997).

Goudie, Andrew, and Heather Viles, eds. *The Earth Transformed: An Introduction to Human Impacts on the Environment* (Oxford: Blackwell, 1997).

Goudsblom, Johan. *Fire and Civilization* (Harmondsworth: Allen Lane, 1992).

Goudsblom, Johan, Eric Jones, and Stephen Mennell. *The Course of Human History: Economic Growth, Social Process, and Civilization* (Armonk, N.Y.: M. E. Sharpe, 1996).

Gould, Stephen Jay. *Ever Since Darwin: Reflections in Natural History* (New York: W. W. Norton, 1977).

---. *Life's Grandeur: The Spread of Excellence from Plato to Darwin* (London: Jonathan Cape, 1996). [The U. S. edition, which has the same subtitle, is titled *Full House.*]

---. *The Mismeasure of Man* (New York:W. W. Norton, 1981).

---. *The Panda's Thumb: More Reflections in Natural History* (Harmondsworth: Penguin, 1980).

---. *Time's Arrow, Time's Cycle: Myth and Metaphor in the Discovery of Geological Time* (Cambridge, Mass.: Harvard University Press, 1987).

---. *Wonderful Life: The Burgess Shale and the Nature of History* (London: Hutchinson, 1989).

Greenberg, Joseph, and Merritt Ruhlen. "Linguistic Origins of Native Americans," *Scientific*

(Cambridge: Cambridge University Press, 1992).

Fortey, Richard A. *Life: An Unauthorised Biography: A Natural History of the First Four Thousand Million Years of Life on Earth* (London: Flamingo, 1998).

Frank, Andre Gunder. *ReOrient: Global Economy in the Asian Age* (Berkeley: University of California Press, 1998).

Frank, Andre Gunder, and Barry K. Gills, eds. *The World System: Five Hundred Years or Five Thousand?* (London: Routledge, 1992).

Freedman, Wendy L. "The Expansion Rate and Size of the Universe," *Scientific American* (November 1992): 54.

Gaddis, John Lewis. *The Landscape of History: How Historians Map the Past* (Oxford: Oxford University Press, 2002).

Gamble, Clive. *The Paleolithic Settlement of Europe* (Cambridge: Cambridge University Press, 1986).

---. *Timewalkers: The Prehistory of Global Colonization* (Harmondsworth: Penguin, 1995).

Cell-Mann, Murray. "Transitions to a More Sustainable World," in *Scanning the Future: Twenty Eminent Thinkers on the World of Tomorrow*, edited by Yorick Blumenfeld (London: Thames and Hudson, 1999), pp. 61-79. [Extracts from *The Quark and the Jaguar: Adventures in the Simple and the Complex* (1994).]

Gellner, Ernest. *Plough, Sword, and Book: The Structure of Human History* (London: Paladin , 1991).

Gerschenkron, Alexander. *Economic Backwardness in Historical Perspective, a Book of Essays* (Cambridge, Mass.: Harvard University Press, Belknap Press, 1962).

Gibbons, Ann. "In Search of the First Hominids," *Science* (15 February 2002): 1214-19.

Giddens, Anthony. *Beyond Left and Right: The Future of Radical Politics* (Cambridge: Polity, 1994).

---. *A Contemporary Critique of Historical Materialism* (Basingstoke: Macmillan, 1995, 2nd ed.).

---. *The Nation-State and Violence*. Vol. 2. *A Contemporary Critique of Historical Materialism* (Cambridge: Polity Press, 1985). [Taken together, these three volumes by Giddens offer a theory of the nature of modernity and modern society.]

Gills, Barry K., and Andre Gunder Frank. "The Cumulation of Accumulation," in *The World System: Five Hundred Years or Five Thousand?*, edited by Andre Gunder Frank and Barry K. Gills (London: Routledge, 1992), pp. 81-114.

Feynman, Richard P. *Six Easy Pieces: The Fundamentals of Physics Explained* (London: Penguin, 1998). [A very good Introduction to basic concepts of modern physics by one of its pioneers.]

Finley, M. I. *The Ancient Economy* (London: Chatto and Windus, 1973).

---. "Empire in the Greco-Roman World," *Greece and Rome*, 2nd ser., 25.1 (April 1978): 1-15.

Finney, Ben. "The Other One-Third of the Globe," *Journal of World History* 5.2 (Fall 1994): 273-98).

Flannery, Tim. *The Eternal Frontier: An Ecological History of North America and Its Peoples* (New York: Atlantic Monthly Press, 2001).

---. *The Future Eaters: An Ecological History of the Australasian Lands and People* (Chatswood, N.S.W.: Reed, 1995).

Fletcher, Roland. *The Limits of Settlement Growth: A Theoretical Outline* (Cambridge: Cambridge University Press, 1995).

---. "Mammoth Bone Huts," in *The Illustrated History of Humankind*, edited by Göran Burenhult. Vol. 1, *The First Humans: Human Origins and History to 10,000 BC* (St. Lucia: University of Queensland Press, 1993), pp. 134-35.

Flood, Josephine. *Archaeology of the Dreamtime* (Sydney: Collins, 1983).

Floud, Roderick, and Donald McCloskey, eds. *The Economic History of Britain since 1700* (Cambridge: Cambridge University Press, 1994, 2nd ed.).

Flynn, Dennis O., and Arturo Giráldez. "Born with a 'Silver Spoon': The Origin of World Trade in 1571," *Journal of World History* 6.2 (Fall 1995): 201-21.

---. "Cycles of Silver: Global Economic Unity through the Mid-Eighteenth Century," *Journal of World History* 13.2 (Fall 2002): 391-427.

---. *Metals and Monies in an Emerging Global Economy* (Brookfield, Vt.: Variorum, 1997).

Fodor, Jerry A. *The Modularity of Mind: An Essay on Faculty Psychology* (Cambridge, Mass.: MIT Press, 1983).

Foley, Robert. *Humans before Humanity* (Oxford: Blackwell, 1995).

---. "In the Shadow of the Modern Synthesis? Alternative Perspectives on the Last Fifty Years of Paleoanthropology," *Evolutionary Anthropology* 10.1 (2001): 5-15.

Foltz, Richard. *Religions of the Silk Road: Overland Trade and Cultural Exchange from Antiquity to the Fifteenth Century* (New York: St. Martin's Press, 1999).

Forsyth, James. *A History of the Peoples of Siberia: Russia's North Asian Colony, 1581-1990*

Ehrlich, Paul R., and Anne H. Ehrlich. *The Population Explosion* (New York: Simon and Schuster, 1990).

Eibl-Eibesfeldt, Irenäus. "Aggression and War: Are They Part of Being Human?" in *The Illustrated History of Humankind*, edited by Gören Burenhult. Vol. 1, *The First Humans: Human Origins and History to l0,000 BC* (St. Lucia: University of Queensland Press, 1993), pp. 26-29.

Eliade, Mircea. *The Myth of the Eternal Return, or, Cosmos and History*. Translated by Willard R. Trask (New York: Harper, 1954).

Elias, Norbert. *The Civilizing Process*. Vol. 1, *The History of Manners*. Translated by Edmund Jephcott (Oxford: Blackwell, 1978).

---. *The Civilizing Process*. Vol. 2 , *State Formation and Civilization*. Translated by Edmund Jephcott (Oxford: Blackwell, 1982).

---. *The Civilizing Process: Sociogenetic and Psychogenetic Investigations*. Translated by Edmund Jephcott. Edited by Eric Dunning, Johan Goudsblom and Stephen Mennell (Oxford: Blackwell, 2000, 2nd ed.).

---. *Norbert Elias on Civilization, Power, and Knowledge: Selected Writings*. Edited by Stephen Mennell and Johan Goudsblom (Chicago: University of Chicago Press, 1998).

---. *The Norbert Elias Reader: A Biographical Selection*. Edited by Johan Goudsblom and Stephen Mennell (Oxford: Blackwell, 1998).

---. *Time: An Essay*. Translated by Edmund Jephcott (Oxford: Blackwell, 1992).

Elvin, Mark. *The Pattern of the Chinese Past* (Stanford: Stanford University Press, 1973).

Emiliani, Cesare. *Planet Earth: Cosmology, Geology, and the Evolution of Life and Environment* (Cambridge: Cambridge University Press, 1992).

Evans, L. T. *Feeding the Ten Billion: Plants and Population Growth* (Cambridge: Cambridge University Press, 1998).

Fagan , Brian M. *Floods, Famines, and Emperors: El Niño and the Fate of Civilizations* (New York: Basic Books, 1999).

---. *The Journey from Eden: The Peopling of Our World* (London: Thames and Hudson, 1990).

---. *People of the Earth: An Introduction to World Prehistory* (Upper Saddle River, N.J.: Prentice Hall, 2001, 10th ed.). [A good, comprehensive, and up-to-date textbook on prehistory.]

Ferris, Timothy. *Coming of Age in the Milky Way* (New York: William Morrow, 1988).

---. *The Whole Shebang: A State-of-the-Universe(s) Report* (New York: Simon and Schuster, 1997).

---. *Why Is Sex Fun? The Evolution of Human Sexuality* (London: Weidenfeld and Nicolson, 1997).

Díaz, Bernal. *The Conquest of New Spain*. Translated by J. M. Cohen (Harmondsworth: Penguin, 1963).

di Cosmo, Nicola. "European Technology and Manchu Power: Reflections on the 'Military Revolution' in Seventeenth Century China," Paper presented at the International Congress of Historical Sciences, Oslo, August 2000.

---. "State Formation and Periodization in Inner Asian History," *Journal of World History* 10.1 (Spring 1999): 1-40.

Diesendorf, Mark, and Clive Hamilton, eds. *Human Ecology, Human Economy* (Sydney: Allen and Unwin, 1997).

Dingle, Tony. *Aboriginal Economy* (Fitzroy, Vic.: McPhee Gribble/Penguin, 1988).

Dolukhanov, P. M. "The Late Mesolithic and the Transition to Food Production in Eastern Europe," in *Hunters in Transition: Mesolithic Societies of Temperate Eurasia and Their Transition to Farming*, edited by Marek Zvelebil (Cambridge: Cambridge University Press, 1986), pp. 109-20.

Dunn, Ross E. *The Adventures of Ibn Battuta: A Muslim Traveler of the Fourteenth Century*. (Berkeley: University of California Press, 1986).

Dyson, Freeman. *Origins of Life* (Cambridge: Cambridge University Press, 1999, 2nd ed.).

Earle, Timothy. *How Chiefs Come to Power: The Political Economy in Prehistory* (Stanford: Stanford University Press, 1997).

Eckhardt, William. "A Dialectical Evolutionary Theory of Civilizations, Empires, and Wars," in *Civilizations and World Systems: Studying World-Historical Change*, edited by Stephen K. Sanderson (Walnut Creek, Calif.: Altamira Press, 1995), pp. 79-82.

Ehrenberg, Margaret. *Women in Prehistory* (Norman: University of Oklahoma Press, 1989).

Ehret, Christopher. *An African Classical Age: Eastern and Southern Africa in World History, 1000 B.C. to A.D. 400* (Charlottesville: University Press of Virginia, 1998).

---. "Sudanic Civilization," in *Agricultural and Pastoral Societies in Ancient and Classical History*, edited by Michael Adas (Philadelphia: Temple University Press, 2001), pp. 224-74.

Ehrlich, Paul. *Human Natures: Genes, Cultures, and the Human Prospect* (Washington, D.C.: Island Press, 2000).

---. *The Machinery of Nature* (New York: Simon and Schuster, 1986).

---. *The Cosmic Blueprint* (London: Unwin, 1989).
---. *The Fifth Miracle: The Search for the Origin of Life* (Harmondsworth: Penguin, 1999).
---. *The Last Three Minutes* (London: Phoenix, 1995).
Davis, Mike. *Late Victorian Holocausts: El Niño Famines and the Making of the Third World* (London: Verso, 2001).
Davis, Natalie Zemon. Discussant's comment on "Cultural Encounters between the Continents over the Centuries," in *Nineteenth International Congress of Historical Sciences* (Oslo: Nasjonalbiblioteket, 2000), pp. 46-47.
Davis, Ralph. *The Rise of the Atlantic Economies* (Ithaca, N.Y.: Cornell University Press, 1973).
Davis-Kimball, Jeannine, with Mona Behan. *Warrior Women: An Archaeologist's Search for History's Hidden Heroines* (New York: Warner, 2002).
Dawkins, Richard. *River out of Eden: A Darwinian View of Life* (NewYork: Bantam, 1995).
---. *The Selfish Gene.* (Oxford: Oxford University Press, 1989, 2nd ed.).
Dayton, Leigh . "Mass Extinctions Pinned on Ice Age Hunters," *Science* (8 June 2001): 1819.
Deacon, TerrenceW. *The Symbolic Species: The Co-evolution of Language and the Brain* (Harmondsworth: Penguin, 1997).
Delsemme, Armand. *Our Cosmic Origins: From the Big Bang to the Emergence of Life and Intelligence* (Cambridge: Cambridge University Press, 1998).
Denemark, Robert A, et al., eds. *World System History: The Social Science of Long-Term Change* (London: Routledge, 2000).
Dennell, Robin C. *European Economic Prehistory: A New Approach* (NewYork: Academic Press, 1983).
Dennet, Daniel C. *Consciousness Explained* (London: Penguin, 1993).
---. *Darwin's Dangerous Idea: Evolution and the Meaning of Life* (London : Allen Lane, 1995).
---. *Kinds of Minds: Toward an Understanding of Consciousness* (London: Weidenfeld , 1997).
DeVries, B., and J. Goudsblom, eds. *Mappae Mundi: Humans and Their Habitats in a Long-Term Socio-Ecological Perspective* (Amsterdam: Amsterdam University Press, 2002).
de Vries, Jan . "The Industrial Revolution and the Industrious Revolution," *Journal of Economic History* 54.2 (June 1994): 249-70.
Diamond, Jared. *Guns, Germs, and Steel: The Fates of Human Societies* (London: Vintage, 1998).
---. "Human Use of World Resources," *Nature* (6 August 1987): 479-80.
---. *The Rise and Fall of the Third Chimpanzee* (London: Vintage, 1991).

Evolution (Philadelphia: Institute for the Study of Human Issues, 1978).
Coles, Peter. *Cosmology: A Very Short Introduction* (Oxford: Oxford University Press, 2001).
Collins, Randall. *Macrohistory: Essays in the Sociology of the Long Run*. Stanford: Stanford University Press, 1999).
Constantine Porphyrogenitus. *De Administrando Imperio*. Edited by G. Moravcsik. Translated by R. J. H. Jenkins (Washington, D.C.: Dumbarton Oaks Center for Byzantine Studies, 1967, Rev. ed.).
Costello, Paul. *World Historians and Their Goals: Twentieth-Century Answers to Modernism*. De Kalb: Northern Illinois University Press, 1994).
Courtwright, David T. *Forces of Habit: Drugs and the Making of the Modern World* (Cambridge, Mass.: Harvard University Press, 2002).
Crafts, N. F. R. *British Economic Growth during the Industrial Revolution* (Oxford: Clarendon, 1985).
Crawford, Ian. "Where Are They?" *Scientific American* (July 2000): 38-43.
Cronon. William. "A Place for Stories: Nature, History, and Narrative," *Journal of American History* 78.4 (March 1992): 1347-76.
Crosby, Alfred W. *The Columbian Exchange: Biological and Cultural Consequences of 1492* (Westport, Conn.: Greenwood Press, 1972).
---. *Ecological Imperialism: The Biological Expansion of Europe, 900-1900* (Cambridge: Cambridge University Press, 1986).
---. *The Measure of Reality: Quantification in Western Europe, 1250-1600* (Cambridge University Press, 1997).
Croswell, Ken. *The Alchemy of the Heavens* (Oxford: Oxford University Press, 1996).
---. "Uneasy Truce," *New Scientist* (30 May 1998): 42-46.
Curtin, Philip D. *Cross-Cultural Trade in World History* (Cambridge: Cambridge University Press, 1985).
Dalziel, Ian W.D. "Earth before Pangea," *Scientific American* (January 1995): 38-43.
Darwin, Charles. *The Origin of Species by Means of Natural Selection: The Preservation of Favored Races in the Struggle for Life*. Edited and with an introduction by J. W. Burrow (Harmondsworth: Penguin, 1968). [First published in 1859.]
Davies, Norman. *Europe: A History* (London: Pimlico, 1996, reprint, 1997).
Davies, Paul. *About Time* (London:Viking , 1995).

van het 250-jarig jubileum (Haarlem: Koninklijke Hollandsche Maatschappij der Wetenschappen, 2002), pp. 33-63.

---. "Science in the Mirror of 'Big History'," in *The Changing Image of the Sciences*, edited by I. H. Stamhuis, T. Koetsier, C. de Pater and A. van Helden (Dordrecht: Kluwer Academic Publishers, 2002), pp. 143-71.

---. "Silk Roads or Steppe Roads? The Silk Roads in World History," *Journal of World History* 11.1 (Spring 2000): 1-26.

Christopherson, Susan. "Changing Women's Status in a Global Economy," in *Geographies of Global Change: Remapping the World in the Late Twentieth Century*, edited by R. J. Johnston, Peter J. Taylor and Michael J. Watts (Oxford: Blackwell, 1995), pp. 191- 205.

Cipolla, Carlo M. *Before the Industrial Revolution: European Society and Economy, 1000-1700* (London: Methuen, 1981, 2nd ed.).

---. *The Economic History of World Population* (Harmondsworth: Penguin, 1974, 6th ed.). [Dated, particularly on kin-ordered societies, but remains an interesting overview of human history.]

Claessen, Henri J. M., and Peter Skalnik, eds. *The Early State* (The Hague: Mouton, 1978).

Cliff, Andrew and Peter Haggett. "Disease Implications of Global Change," in *Geographies of Global Change: Remapping the World in the Late Twentieth Century*, edited by R. J. Johnston, Peter J. Taylor and Michael J. Watts (Oxford: Blackwell, 1995), pp. 206-23.

Cline, David B. "The Search for Dark Matter," *Scientific American* (March 2003): 50-59.

Cloud, Preston. *Cosmos, Earth, and Man: A Short History of the Universe* (New Haven: Yale University Press, 1978).

---. *Oasis in Space: Earth History from the Beginning* (New York: W. W. Norton, 1988).

Clutton-Brock, Juliet. *Domesticated Animals from Early Times* (London: British Museum, 1981).

Coatsworth, John H. "Welfare," *American Historical Review* 101.1 (February 1996): 1-17.

Coe, Michael D. *The Maya* (New York: Praeger, 1966).

---. *Mexico: From the Olmecs to the Aztecs* (New York: Thames and Hudson, 1994, 4th ed.).

Cohen, H. Floris. *The Scientific Revolution: A Historiographical Inquiry* (Chicago: University of Chicago Press, 1994).

Cohen, Mark. *The Food Crisis in Prehistory* (New Haven: Yale University Press, 1977).

---. *Health and the Rise of Civilization* (New Haven: Yale University Press, 1989).

Cohen, Ronald and Elman R. Service, eds. *Origins of the State: The Anthropology of Political*

Chandler,Tertius. *Four Thousand Years of Urban Growth: An Historical Census* (Lewiston, N.Y.: St. David's University Press, 1987).

Chase-Dunn, Christopher. *Global Formation: Structures of the World-Economy* (Oxford: Blackwell, 1989).

Chase-Dunn, Christopher, and Thomas D. Hall. "Cross-World System Comparisons: Similarities and Differences," in *Civilizations and World Systems: Studying World-Historical Change*, edited by Stephen K. Sanderson (Walnut Creek, Calif.: Altamira, 1995), pp. 109-35.

---. *Rise and Demise: Comparing World Systems* (Boulder, Colo.:Westview Press, 1997).

---, eds. *Core/Periphery Relations in Precapitalist Worlds* (Boulder, Colo.: Westview Press, 1991).

Chaudhuri, K. N. *Asia before Europe: Economy and Civilization of the Indian Ocean from the Rise of Islam to 1750* (Cambridge: Cambridge University Press, 1990).

Chew, Sing C. *World Ecological Degradation: Accumulation, Urbanization, and Deforestation, 3000 B. C. - A.D. 2000*. (Lanham, Md.: Rowman and Littlefield, 2001).

Childe, V. Gordon. *Man Makes Himself* (London: Watts, 1936).

---. *What Happened in History?* (Harmondsworth: Penguin, 1942).

Christian, David. "Accumulation and Accumulators: The Metaphor Marx Muffed," *Science and Society* 54.2 (Summer 1990): 219-24.

---. "Adopting a Global Perspective," in *The Humanities and a Creative Nation: Jubilee Essays*, edited by D. M. Schreuder (Canberra: Australian Academy of the Humanities, 1995), pp. 249-62.

---. "The Case for 'Big History'," *Journal of World History* 2.2 (Fall 1991): 223-38. [Reprinted in *The New World History: A Teacher's Companion*, edited by Ross E. Dunn (Boston: Bedford/St. Martin's, 2000), pp. 575-87.]

---. *A History of Russia, Central Asia, and Mongolia*. Vol. 1, *Inner Eurasia from Prehistory to the Mongol Empire* (Oxford: Blackwell, 1998).

---. *Imperial and Soviet Russia: Power, Privilege, and the Challenge of Modernity* (Basingstoke: Macmillan, 1997).

---. *Living Water: Vodka and Russian Society on the Eve of Emancipation* (Oxford: Clarendon, 1990).

---. "The Longest Durée: A History of the Last 15 Billion Years," *Australian Historical Association Bulletin 59-60* (August-November 1989): 27- 36.

---. "Maps of Time: Human History and Terrestrial History," in *Symposium ter Gelegenheid*

Cairns-Smith, A. G. *Evolving the Mind: On the Nature of Matter and the Origin of Conscious* (Cambridge: Cambridge University Press, 1996).

---. *Seven Clues to the Origin of Life* (Cambridge: Cambridge University Press, 1985).

Calvin, William H. *The Ascent of Mind: Ice Age Climates and the Evolution of Intelligence* (New York: Bantam, 1991).

---. *How Brains Think: Evolving Intelligence, Then and Now* (London: Phoenix, 1998).

Campbell, Joseph. *The Hero with a Thousand Faces.* Bollingen no. 17 (Princeton: Princeton University Press, 1959).

---. *The Masks of God.* Vol. 1, *Primitive Mythology.* 1959. Reprint (Harmondsworth: Penguin, 1976).

Campbell, Joseph, with Bill Moyers. *The Power of Myth* (New York: Doubleday, 1988).

Cardwell, Donald. *The Fontana History of Technology* (London: Fontana, 1994).

Carneiro, Robert. "Political Expansion as an Expression of the Principle of Competitive Exclusion," in *Origins of the State: The Anthropology of Political Evolution*, edited by Ronald Cohen and Elman R. Service (Philadelphia: Institute for the Study of Human Issues, 1978), pp. 205-20.

Castells, Manuel. *End of Millennium.* Vol. 3 of *The Information Age: Economy, Society and Culture* (Oxford: Blackwell, 1998).

---. *The Power of Identity.* Vol. 2 of *The Information Age: Economy, Society and Culture* (Oxford: Blackwell, 1997).

---. *The Rise of the Network Society.* Vol. 1 of *The Information Age: Economy, Society and Culture* (Oxford: Blackwell, 1996).

Cattermole, Peter, and Patrick Moore. *The Story of the Earth* (Cambridge: Cambridge University Press, 1986).

Cavalli-Sforza, Luigi Luca, and Francesco Cavalli-Sforza. *The Great Human Diasporas.* Translated by Sarah Thorne (Reading, Mass.: Addison-Wesley, 1995).

Chaisson, Eric J. *Cosmic Evolution: The Rise of Complexity in Nature* (Cambridge, Mass.: Harvard University Press, 2001).

---. *The Life Era: Cosmic Selection and Conscious Evolution* (New York: W. W. Norton, 1987).

---. *Universe: An Evolutionary Approach to Astronomy* (Englewood Cliffs, N.J.: Prentice-Hall, 1988).

Champion, Timothy, et al. *Prehistoric Europe* (London: Academic Press, 1984).

Bottomore, Tom, ed. *A Dictionary of Marxist Thought* (Oxford: Blackwell, 1991, 2nd ed.).

Boyden, S. *Biohistory: The Interplay between Human Society and the Biosphere Man and the Biosphere Series*, ed. J. N. R. Jeffers, vol. 8 (Paris: UNESCO; Park Ridge, N.J.: Parthenon, 1992).

Brady, Thomas A. "Rise of Merchant Empires, 1400-1700: A European Counterpoint," in *The Political Economy of Merchant Empires: State Power and World Trade, 1350 -1750*, edited by James D. Tracy (Cambridge: Cambridge University Press, 1991), pp. 117-60.

Braudel, Fernand. *Civilization and Capitalism, Fifteenth-Eighteenth Century*. 3 vols (London: Collins, 1981-1984).

---. *On History*. Translated by Sarah Matthews (Chicago: University of Chicago Press, 1980).

Briggs, Asa. *A Social History of England* (Harmondsworth: Penguin, 1987, 2nd ed.).

Brown, Lester R., *Eco-Economy: Building an Economy for the Earth* (New York: W. W. Norton, 2001).

Brown, Lester R., and Jennifer Mitchell. "Building a New Economy," in *State of the World, 1998: A Worldwatch Institute Report on Progress toward a Sustainable Society*, by Lester R. Brown et al. (London: Earthscan Publications, 1998), pp. 168-87.

Brown, Lester R., et al. *Vital Signs, 1998-99: The Trends That Are Shaping Our Future* (London: Earthscan, 1998).

Budiansky, Stephen. *The Covenant of the Wild* (New York: Morrow, 1992). [Popular account of animal domestication.]

Bulliet, Richard, et al. *The Earth and Its Peoples: A Global History* (Boston: Houghton Mifflin, 1997).

Burenhult, Göran. "The Rise of Art," in *The Illustrated History of Humankind*, edited by Göran Burenhult. Vol. 1, *The First Humans: Human Origins and History to 10,000 BC* (St. Lucia: University of Queensland Press, 1993), pp. 97-121.

Burstein, Stanley M. "The Hellenistic Period in World History," in *Agricultural and Pastoral Societies in Ancient and Classical History*, edited by Michael Adas (Philadelphia: Temple University Press, 2001), pp. 275-307.

---, ed. *Ancient African Civilizations: Kush and Axum* (Princeton: Markus Wiener, 1998).

Bushnell, John. *Mutiny amid Repression: Russian Soldiers in the Revolution of 1905-1906* (Bloomington: Indiana University Press, 1985).

Bynum, W. E, and Roy Porter, eds. *Companion Encyclopedia of the History of Medicine* (London: Routledge, 1993).

Bellwood, Peter. *Man's Conquest of the Pacific: The Prehistory of Southeast Asia and Oceania* (New York: Oxford University Press, 1979).

---. *The Polynesians: Prehistory of an Island People* (London: Thames and Hudson, 1987, rev. ed.).

Bentley, Jerry. "Cultural Encounters between the Continents over the Centuries, "in *Nineteenth International Congress of Historical Sciences* (Oslo: Nasjonalbiblioteket, 2000), pp. 29-45.

---. *Old World Encounters: Cross-Cultural Contacts and Exchanges in PreModern Times* (New York: Oxford University Press, 1993).

---. *Shapes of World History in Twentieth-Century Scholarship*. (Washington, D.C.: American Historical Association, 1996). (Reprinted in *Agricultural and Pastoral Societies in Ancient and Classical History*, edited by Michael Adas [(Philadelphia: Temple University Press, 2001], pp. 3-35.)

Berg, Maxine. *The Age of Manufactures*, 1700-1820: *Industry, Innovation, and Work in Britain* (London: Routledge, 1994, 2nd ed.).

Berry, Thomas. *The Dream of the Earth* (San Francisco: Sierra Club Books, 1988).

Biraben, J. R. "Essai sur l'évolution du nombre des hommes," *Population* 34 (1979): 13-25.

Black, Jeremy. *War and the World: Military Power and the Fate of Continents, 1450 -2000* (New Haven: Yale University Press, 1998).

Blackmore, Susan. *The Meme Machine* (Oxford: Oxford University Press, 1999).

Blank, Paul W., and Fred Spier, eds. *Defining the Pacific: Constraints and Opportunities* (Aldershot, Hants.: Ashgate, 2002). [A survey of Pacific history on scales up to those of big history.]

Blaut, J. M. *The Colonizer's Model of the World: Geographical Diffusionism and Eurocentric History* (London: Guildford Press, 1993).

Blumenfeld, Yorick, ed. *Scanning the Future: Twenty Eminent Thinkers on the World of Tomorrow* (London: Thames and Hudson, 1999).

Bogucki, Peter. *The Origins of Human Society* (Oxford: Blackwell, 1999).

Borah, Woodrow, and Sherburne F. Cook. *The Aboriginal Population of Central Mexico on the Eve of the Spanish Conquest* (Berkeley: University of California Press, 1963).

Boserup, Ester. *The Conditions of Agricultural Growth: The Economics of Agrarian Change under Population Pressure* (Chicago: Aldine, 1965).

---. *Population and Technology* (Oxford: Blackwell, 1981).

Armstrong, Terence. *Russian Settlement in the North* (Cambridge: Cambridge University Press, 1965).

Ashton, T. S. *The Industrial Revolution, 1760-1830* (London: Oxford University Press, 1948).

Aubet, María Eugenia. *The Phoenicians and the West: Politics, Colonies, and Trade.* Translated by Mary Turton (Cambridge: Cambridge University Press, 1993).

Bahn, Paul, and John Flenley. *Easter Island, Earth Island* (London: Thames and Hudson, 1992).

Bairoch, Paul. *Cities and Economic Development: From the Dawn of History to the Present.* Translated by Christopher Brauder (Chicago: University of Chicago Press, 1988).

---. "International Industrialization Levels from 1705 to 1980," *Journal of European Economic History* 11 (1982): 269-333.

Barber, Elizabeth Wayland. *Women's Work: The First 20,000 Years: Women, Cloth, and Society in Early Times* (New York: W. W. Norton, 1994).

Barff, Richard. "Multinational Corporations and the New International Division of Labour," in *Geographies of Global Change: Remapping the World in the Late Twentieth Century*, edited by R. J. Johnston, Peter J. Taylor, and Michael J. Watts (Oxford: Blackwell, 1995), pp. 50-62.

Barfield, Thomas J. *The Nomadic Alternative* (Englewood Cliffs, N.J.: PrenticeHall, 1993).

---. *The Perilous Frontier: Nomadic Empires and China* (Oxford: Blackwell, 1989).

Barnett, S. Anthony. *The Science of Life: From Cells to Survival.* (Sydney: Allen and Unwin, 1998).

Barraclough, Geoffrey. *An Introduction to Contemporary History.* 1965. Reprint (Harmondsworth: Penguin, 1967).

Barrow, John D. *The Origin of the Universe* (London: Weidenfeld and Nicolson, 1994).

---. *Theories of Everything: The Quest for Ultimate Explanation* (Oxford: Clarendon, 1991).

Barthold, W. *Turkestan down to the Mongol Invasion.* Translated by T. Minorsky. Edited by C. E. Bosworth (London: E. J. W. Gibb Memorial Trust, 1977, 4th ed.).

Basalla, George. *The Evolution of Technology* (Cambridge: Cambridge University Press, 1988).

Bawden, Stephen, Stephen Dovers, and Megan Shirlow. *Our Biosphere under Threat: Ecological Realities and Australia's Opportunities* (Melbourne: Oxford University Press, 1990).

Bayley, Chris. *The Birth of the Modern World: Global Connections and Comparisons, 1780-1974* (Oxford: Blackwell, 2003).

Becker, Luann. "Repeated Blows," *Scientific American* (March 2002): 76-83.

Penguin , 1989).
Renfrew, Colin, and Paul Bahn. *Archaeology* (London: Thames and Hudson, 1992). [A superb introduction to archaeology.]
UNESCO. *History of Humanity: Scientific and Cultural Development*. Vol. 1, *Prehistory and the Beginnings of Civilization*. Edited by S. J. De Laet (London: Routledge, 1994).
---. *History of Humanity: Scientific and Cultural Development*. Vol. 2, *From the Third Millennium to the Seventh Century* BC. Edited by A. H. Dani and J-P. Mohen (London: Routledge, 1996).
---. *History of Humanity: Scientific and Cultural Development*.Vol. 3, *From the Seventh Century BC to the Seventh Century AD*. Edited by Joachim Herrmann and Erik Zürcher (London: Routledge, 1996).

其他著作

Abramovo, Z. A. "Two Models of Cultural Adaptation," *Antiquity* 63 (1989): 789-91.
Abu-Lughod, Janet. *Before European Hegemony: The World System, A.D. 1250-1350* (New York: Oxford University Press, 1989).
Adams, Robert M. *The Evolution of Urban Society: Early Mesopotamia and Prehispanic Mexico* (Chicago: Aldine, 1966).
---. *Paths of Fire: An Anthropologist's Inquiry into Western Technology* (Princeton: Princeton University Press, 1996).
Adas, Michael, ed. *Agricultural and Pastoral Societies in Ancient and Classical History* (Philadelphia: Temple University Press, 2001).
---. *Islamic and European Expansion: The Forging of a Global Order* (Philadelphia: Temple University Press, 1993).
Adshead, S. A. M. *China in World History* (Basingstoke: Macmillan, 1995, 2nd ed.).
Allsen, Thomas T. *Culture and Conquest in Mongol Eurasia* (Cambridge: Cambridge University Press, 2001).
Alroy, John. "A Multispecies Overkill Simulation of the End-Pleistocene Megafaunal Mass Extinction," *Science* (8 June 2001): 1893-896.
Amin, Samir. "The Ancient World-Systems versus the Modern Capitalist World-System," in *The World System: From Hundred Years or Five Thousand?*, edited by Andre Gunder Frank and Barry K. Gills (London: Routledge, 1992), pp. 247-77.
Anderson, J. L. *Explaining Long-Term Economic Change* (Basingstoke: Macmillan, 1991).

Martin's, 2000). [A collection of essays on world history.]

Dunn, Ross E., and David Vigilante, eds. *Bring History Alive! A Sourcebook for Teaching World History* (Los Angeles: National Center for History in the Schools, UCLA, 1996). [A collection of recent essays on world history.]

Emiliani, Cesare. *The Scientific Companion: Exploring the Physical World with Facts, Figures, and Formulas* (New York: John Wiley, 1995, 2nd ed.).

Livi-Bacci, Massimo. *A Concise History of World Population.*Translated by Carl Ipsen (Oxford: Blackwell, 1992).

Manning, Patrick. *Navigating World History: Past, Present, and Future of a Global Field* (Basingstoke: Palgrave Macmillan, 2003).

Mazlish, Bruce, and Ralph Buultjens, eds. *Conceptualizing Global History* (Boulder, Colo.: Westview Press, 1993).

McEvedy, Colin, and Richard Jones. *Atlas of World Population History* (Harmondsworth: Penguin, 1978).

Moore, R. L. "World History," in *Companion to Historiography*, edited by Michael Bentley (New York: Routledge, 1997), pp. 941-59.

Morrison, Philip, and Phylis Morrison. *Powers of Ten: A Book about the Relative Size of Things in the Universe and the Effect of Adding Another Zero.* Redding (Conn.: Scientific American Library; San Francisco: dist. by W. H. Freeman, 1982). [On scales from the very small to the very large.]

Myers, Norman. ed. *Gaia Atlas of First Peoples* (Harmondsworth: Penguin, 1990).

---. *Gaia Atlas of Future Worlds* (Harmondsworth: Penguin, 1990).

---. *The Gaia Atlas of Planet Management* (London: Pan, 1995, 2nd ed.). [A superb overview of the state of the planet today.]

---. *Past Worlds: The Times Atlas of Archaeology* (London: Times Books, 1988). [Magnificent!]

Penguin Atlas of World History. Edited by Hermann Kinder and Werner Hilgemann. 2 vols (Harmondsworth: Penguin, 1978). [Cheap and accessible, with superb maps and a detailed chronology for most of recorded history.]

Reilly, Kevin, and Lynda Norene Shaffer. "World History," in *The American Historical Association's Guide to Historical Literature*, edited by Mary Beth Norton, 1: 42-45 (New York: Oxford University Press, 1995, 3rd ed.).

Renfrew, Colin. *Archaeology and Language: The Puzzle of Indo-European Origins* (Harmondsworth:

參考書目

概論性

Asimov, Isaac. *Asimov's New Guide to Science* (Harmondsworth: Penguin, 1987, rev. ed.).

---. *Beginnings: The Story of Origins-of Mankind, Life, the Earth, the Universe* (New York: Walker, 1987).

Barraclough, Geoffrey ed. *Times Concise Atlas of World History* (London: Times Books, 1994, 5th ed.).

Bentley, Jerry H., and Herbert F. Ziegler. *Traditions and Encounters: A Global Perspective on the Past*. 2 vols (Boston: McGraw-Hill, 2003, 2nd ed.).

Brown, Lester R., et al. *State of the World*, 1995: *A Worldwatch Institute Report on Progress toward a Sustainable Society* (London: Earthscan Publications, 1995).

---. *State of the World*, 7999: *A Worldwatch Institute Report on Progress toward a Sustainable Society* (London: Earthscan Publications, 1999). [Series began in 1984.]

Burenhult, Göran, ed. *The Illustrated History of Humankind*. 5 vols. (San Francisco: HarperSanFrancisco, 1993-1994). [A good, up-to-date, and well-illustrated world history from an archaeological perspective.]

Calder, Nigel. *Timescale: An Atlas of the Fourth Dimension* (London: Chatto and Windus, 1983). [A remarkable chronology for the whole of time, now slightly dated.]

Cambridge Encyclopaedia of Archaeology. Edited by Andrew Sherratt (Cambridge: Cambridge University Press, 1980).

Cambridge Encyclopedia of Earth Sciences. Edited by David G. Smith (Cambridge: Cambridge University Press, 1982).

Cambridge Encyclopedia of Human Evolution. Edited by Steven Jones, Robert Martin, and David Pilbeam (Cambridge: Cambridge University Press, 1992).

Clark, Robert P. *The Global Imperative: An Interpretive History of the Spread of Humankind* (Boulder, Colo.: Westview Press, 1997). [An attempt to theorize human history, building on the notion of entropy.]

Cowan, C. Wesley, and Party Jo Watson, eds. *The Origins of Agriculture: An International Perspective* (Washington, D.C.: Smithsonian Institution Press, 1992).

Dunn, Ross E., ed. *The New World History: A Teacher's Companion* (Boston: Bedford /St.

歷史大講堂

Big History大歷史：跨越130億年時空，打破知識藩籬的時間旅圖

2018年6月初版 定價：新臺幣850元

著者	David Christian
譯者	拾已安
	王若馨
叢書編輯	王盈婷
校對	潘貞仁
內文排版	林婕瀅
封面設計	許晉維
編輯主任	陳逸華

出版者	聯經出版事業股份有限公司
地址	新北市汐止區大同路一段369號1樓
編輯部地址	新北市汐止區大同路一段369號1樓
叢書主編電話	(02)86925588轉5316
台北聯經書房	台北市新生南路三段94號
電話	(02)23620308
台中分公司	台中市北區崇德路一段198號
暨門市電話	(04)22312023
台中電子信箱	e-mail：linking2@ms42.hinet.net
郵政劃撥帳戶第	0100559-3號
郵撥電話	(02)23620308
印刷者	文聯彩色製版印刷有限公司
總經銷	聯合發行股份有限公司
發行所	新北市新店區寶橋路235巷6弄6號2樓
電話	(02)29178022

總編輯	胡金倫
總經理	陳芝宇
社長	羅國俊
發行人	林載爵

行政院新聞局出版事業登記證局版臺業字第0130號

本書如有缺頁，破損，倒裝請寄回台北聯經書房更換。 ISBN 978-957-08-5162-5 (平裝)
聯經網址： www.linkingbooks.com.tw
電子信箱：linking@udngroup.com

國家圖書館出版品預行編目資料

Big History大歷史：跨越130億年時空，打破知識藩籬的時間旅圖／David Christian著．拾已安、王若馨譯．初版．新北市．聯經．2018年6月（民107年）．760面．17×23公分（歷史大講堂）
譯自：Maps of time: an introduction to big history
ISBN 978-957-08-5162-5（平裝）

1.文明 2.人類演化 3.世界史

713 107013089